Stefan Lenz

Kommunalverwaltung und Demokratieprinzip

D1665574

Mohr Siebeck

Stefan Lenz, geboren 1989; Studium der Rechtswissenschaft in Münster und Sheffield (UK); 2015 Erste Juristische Prüfung; Wissenschaftlicher Mitarbeiter am Kommunalwissenschaftlichen Institut und am Lehrstuhl für Öffentliches Recht und Verfassungstheorie der Universität Münster; 2019 Promotion; seit 2019 Rechtsreferendar im Bezirk des Oberlandesgerichts Hamm.
orcid.org/0000-0002-4179-6784

ISBN 978-3-16-159401-4 / eISBN 978-3-16-159402-1
DOI 10.1628/978-3-16-159402-1

ISSN 1867-8912 / eISSN 2568-745X (Studien und Beiträge zum Öffentlichen Recht)

D 6

Die Deutsche Nationalbibliothek verzeichnet diese Publikation in der Deutschen National-bibliographie; detaillierte bibliographische Daten sind über *http://dnb.dnb.de* abrufbar.

© 2020 Mohr Siebeck Tübingen. www.mohrsiebeck.com

Das Buch wurde von epline in Böblingen gesetzt, von Gulde Druck in Tübingen auf alterungsbeständiges Werkdruckpapier gedruckt und gebunden.

Printed in Germany.

Meinen Eltern

Vorwort

Die vorliegende Arbeit wurde im Herbst 2019 von der Rechtswissenschaftlichen Fakultät der Westfälischen Wilhelms-Universität Münster als Dissertation angenommen. Sie ist auf dem Stand von Anfang Mai 2019.

Professor Dr. Janbernd Oebbecke förderte mich unermüdlich während meiner insgesamt nahezu siebenjährigen Tätigkeit an seinem Kommunalwissenschaftlichen Institut, gab mir seinen geschätzten Rat und brachte mir sein Vertrauen entgegen. Er stieß das Promotionsvorhaben an und betreute es über seinen Eintritt in den Ruhestand hinaus mit regem Interesse, wertvollen Anregungen und wohlwollenden Ermahnungen.

Professor Dr. Fabian Wittreck erstattete unverzüglich das Zweitgutachten und verband es mit hilfreichen Anmerkungen für die Druckfassung.

Professor Dr. Oliver Lepsius bot mir eine zweite akademische Heimat an seinem Lehrstuhl für Öffentliches Recht und Verfassungstheorie und damit ein inspirierendes Umfeld für die Fertigstellung meiner Arbeit.

Die Studienstiftung des deutschen Volkes förderte mich in der Zeit meines Studiums und meiner Promotion durch großzügige Stipendien. Die Begegnungen und Debatten, die sie ermöglichte, prägten meinen akademischen Werdegang. Verbunden bin ich auch der Konrad-Adenauer-Stiftung, die mich während meines Studiums nicht minder großzügig unterstützte.

Ich danke dem Verlag Mohr Siebeck für die Aufnahme meiner Arbeit in die Schriftenreihe „Studien und Beiträge zum Öffentlichen Recht" und für die stets angenehme Zusammenarbeit. Das Bundesministerium des Innern, für Bau und Heimat gewährte bereitwillig einen Druckkostenzuschuss.

Engagierte Gesprächspartner, gewissenhafte Probeleser und ermutigende Weggefährten trugen zum Gelingen dieser Arbeit bei. Besonders verdient gemacht haben sich Manuel Joseph, Dr. Fabian Michl, Johannes Müller-Salo, Jonas Plebuch, Kathrin Strauß, Dr. André Weßling und Dr. Sandra Westphal. Ich habe viel von ihnen gelernt!

Münster, im März 2020   Stefan Lenz

Inhaltsübersicht

Inhaltsverzeichnis

Einführung

Vor einhundert Jahren stürzte die Weimarer Reichsverfassung die Staatsrechtslehre in eine Verstehenskrise, indem sie zum ersten Mal in Deutschland ein parlamentarisches Regierungssystem etablierte und sowohl für das Reich und die Länder als auch für die Kommunen das allgemeine und gleiche Wahlrecht einführte.[1] Dass die Kommunen bestimmte Aufgaben in Selbstverwaltung und demnach eigenverantwortlich erledigen können, gefährdet die Rückbindung eines Teils der Verwaltung an die demokratische Gesetzgebung und Regierung. Da die Bürger einer Kommune ihre eigene Volksvertretung wählen, tritt das Kommunalvolk in Konkurrenz zum Staatsvolk, die Kommunalvertretung in Konkurrenz zum Parlament. Wie verträgt sich eine demokratische, verselbständigte Kommunalverwaltung mit einem demokratischen, auf Einheit angewiesenen Gesamtstaat? Ist nicht umgekehrt die Demokratisierung der Verwaltung der folgerichtige nächste Schritt nach der Demokratisierung der Gesetzgebung? Die Rechtswissenschaft überwand ihre Verstehenskrise dadurch, dass sie auf der einen Seite die Verwaltungshierarchie als Mittel der Verwirklichung der gesamtstaatlichen Demokratie begriff und auf der anderen Seite anerkannte, dass eine verselbständigte, demokratisierte Kommunalverwaltung gerade für einen demokratischen Staat wertvolle Leistungen erbringt.[2] Trotzdem beschäftigt die demokratische Verwaltung im demokratischen Staat die Rechtswissenschaft bis heute, weil die Frage nach dem rechten Maß der Verselbständigung und Demokratisierung keine allgemeingültige, zweifelsfreie Antwort zulässt.[3]

---

[1] Stellvertretend vor allem *T. Heu[ss]*, Demokratie und Selbstverwaltung, 1921; *A. [J.] Merkl*, Demokratie und Verwaltung, 1923, bes. S. 38 ff., 76 ff.; *H. Peters*, Grenzen der kommunalen Selbstverwaltung in Preußen, 1926; *E. Horneffer*, Demokratie und Selbstverwaltung, 1927; *H. Kelsen*, Vom Wesen und Wert der Demokratie, 2. Aufl. 1929, S. 69 ff.; *A. Köttgen*, Die Krise der kommunalen Selbstverwaltung, 1931; *C. Schmitt*, Der Hüter der Verfassung (1931), 5. Aufl. 2016, S. 71 ff.; *E. Forsthoff*, Die Krise der Gemeindeverwaltung im heutigen Staat, 1932.

[2] Wegweisend für die Neubestimmung der Rolle der kommunalen Selbstverwaltung in der gesamtstaatlichen Demokratie war *U. Scheuner*, Zur Neubestimmung der kommunalen Selbstverwaltung (1973), in: ders., Staatstheorie und Staatsrecht, 1978, S. 567 ff.

[3] Aus der bundesrepublikanischen Literatur mit rechtsdogmatischem Interesse vor allem *H. H. v. Arnim*, Gemeindliche Selbstverwaltung und Demokratie, in: AöR 113 (1988), S. 1 ff.; *M. Jestaedt*, Demokratieprinzip und Kondominialverwaltung, 1993, S. 524 ff.; *V. Mehde*, Neues Steuerungsmodell und Demokratieprinzip, 2000, S. 244 ff.; *J. Tischer*, Bürgerbeteiligung und demokratische Legitimation, 2017.

Die Konfrontation von Kommunalverwaltung und Demokratieprinzip ereignet sich auf einer Makro- und einer Mikroebene, sie betrifft verschiedene Organisationsdimensionen.[4] Das Demokratieprinzip gehört zu den prägenden Determinanten des Verwaltungsorganisationsrechts in Deutschland,[5] vor allem deshalb, weil es als der Sitz des „organisatorisch-formalen Modells"[6] der demokratischen Legitimation der Verselbständigung von Verwaltungseinheiten justiziable Grenzen zieht. Dieses Modell gehört zu den wenigen anspruchsvollen Entwürfen, die der Rechtswissenschaft und der Rechtsprechung für das Staatsorganisationsrecht gelungen sind,[7] stößt aber nach wie vor auf teils heftigen Widerspruch[8]. Die Kommunalverwaltung erscheint wegen ihrer starken Präsenz als der Prototyp der verselbständigten Verwaltung, ist aber systematisch betrachtet ein Sonderfall, weil sie die einzige Verwaltungsorganisationsform ist, in der sich drei bedeutende Gestaltungsprinzipien vereinen: Dezentralisation, Selbstverwaltung und Demokratie. Die Untersuchung dieses Sonderfalls gibt Aufschluss über das Ganze, nämlich die Staatsorganisation. Wer der Art und Weise nachgeht, wie das Grundgesetz die Kommunalverwaltung in eine „gegliederte Demokratie"[9] einpasst, berührt unweigerlich Fragen wie zum Beispiel nach der Bedeutung der Staatsaufsicht über die Kommunen und nach dem Verhältnis verschiedener Teilrechtsordnungen zueinander (Bundesrecht, Landesrecht, kommunales Eigenrecht). Für eine anatomisch interessierte Rechtswissenschaft ist die Analyse der Kommunalverwaltung eine vielversprechende Vivisektion.

---

[4] Verschiedene Systematisierungen von Organisationsdimensionen bei *T. Groß,* Die Verwaltungsorganisation als Teil organisierter Staatlichkeit, in: W. Hoffmann-Riem/E. Schmidt-Aßmann/A. Voßkuhle (Hrsg.), GVwR[2] I, 2012, § 13 Rn. 63 ff., 80 ff., 98 ff.; *M. Burgi,* Verwaltungsorganisationsrecht: Grundlagen, in: D. Ehlers/H. Pünder (Hrsg.), AllgVerwR, 15. Aufl. 2016, § 7 Rn. 5; *S. Kirste,* Kontexte der Demokratie: Herrschaftsausübung in Arbeitsteilung, in: VVDStRL 77 (2018), S. 161 (171 ff.).

[5] Zu den verfassungsrechtlichen Determinanten der Verwaltungsorganisationsrechts näher *H. Wißmann,* Verfassungsrechtliche Vorgaben der Verwaltungsorganisation, in: W. Hoffmann-Riem/E. Schmidt-Aßmann/A. Voßkuhle (Hrsg.), GVwR[2] I, 2012, § 15 Rn. 53 ff.; *S. Kirste,* Kontexte der Demokratie: Herrschaftsausübung in Arbeitsteilung, in: VVDStRL 77 (2018), S. 161 (175 ff.).

[6] *H. Schulze-Fielitz,* Wirkung und Befolgung verfassungsgerichtlicher Entscheidungen, in: P. Badura/H. Dreier (Hrsg.), Festschrift 50 Jahre Bundesverfassungsgericht, Bd. I, 2001, S. 385 (397).

[7] *O. Lepsius,* Die maßstabsetzende Gewalt, in: M. Jestaedt u. a., Das entgrenzte Gericht, 2011, S. 159 (219 ff.).

[8] Fundamentalkritik an dem Modell zuletzt bei *P. Lassahn,* Rechtsprechung und Parlamentsgesetz, 2017, S. 11 f., 113 ff.; *A. Kley,* Kontexte der Demokratie: Herrschaftsausübung in Arbeitsteilung, in: VVDStRL 77 (2018), S. 125 ff. Jüngste umfangreiche Verteidigung des Modells bei *S. Kirste,* Kontexte der Demokratie: Herrschaftsausübung in Arbeitsteilung, in: VVDStRL 77 (2018), S. 161 (178 ff.).

[9] *G.[-]C. v. Unruh,* Gebiet und Gebietskörperschaft als Organisationsgrundlagen nach dem Grundgesetz der Bundesrepublik Deutschland, in: DVBl. 1975, S. 1 (2; Anführungszeichen auch im Original; S. L.).

Die Kommunen sind nicht nur ein „Teil organisierter Staatlichkeit"[10], sondern lassen sich daneben selbst als Staaten im Kleinen begreifen, weil sie zwar keine Gesetze erlassen, nicht von einer Regierung geführt werden und kein Recht sprechen, aber doch eine staatsanaloge, quasi-gewaltengliedrige Binnenstruktur aufweisen. Fragen der „Staatsorganisation"[11] kehren als Fragen der Binnenorganisation der Verwaltung wieder. Aus dem Wahlrecht und dem Recht der direkten Demokratie wird Verwaltungsrecht. Das materielle „Verfassungs-Verwaltungsorganisationsrecht"[12] für die Kommunen erstreckt sich demnach über nahezu sämtliche Ebenen des Stufenbaus der deutschen Rechtsordnung von den änderungsfesten Verfassungsprinzipien des Grundgesetzes über die Kreis- und Gemeindeordnungen der Länder hinab zu Normen des kommunalen Eigenrechts wie zum Beispiel den Hauptsatzungen und Geschäftsordnungen.

Die Rechtserzeugung in einer parlamentarischen Demokratie wie der Bundesrepublik, deren Staatsorganisation sich hochgradig ausdifferenziert hat, ist ein zentrales Thema jener Rechtsstrukturtheorie oder auch „Rechtsanatomie"[13], die Hans Kelsen und Adolf Julius Merkl, die Exponenten der Wiener Rechtstheoretischen Schule, in der Zwischenkriegszeit als einen Hauptbestandteil der „Reinen Rechtslehre"[14] entfaltet[15] und die Rechtswissenschaftler wie Horst

---

[10] Topos bei *W. Krebs,* Verwaltungsorganisation, in: J. Isensee/P. Kirchhof (Hrsg.), HStR³ V, 2008, § 108 Rn. 5 ff.; *T. Groß,* Die Verwaltungsorganisation als Teil organisierter Staatlichkeit, in: W. Hoffmann-Riem/E. Schmidt-Aßmann/A. Voßkuhle (Hrsg.), GVwR² I, 2012, § 13; *M. Burgi,* Verwaltungsorganisationsrecht: Grundlagen, in: D. Ehlers/H. Pünder (Hrsg.), AllgVerwR, 15. Aufl. 2016, § 7 Rn. 7 ff.

[11] Beispiel für die nicht seltene Begriffsbestimmung unter Ausklammerung von Binnenstrukturen bei *R. A. Lorz,* Art. „Staatsorganisation", in: W. Heun u. a. (Hrsg.), EvStL, 2006, Sp. 2329 ff.

[12] *M. Burgi,* Verwaltungsorganisationsrecht: Grundlagen, in: D. Ehlers/H. Pünder (Hrsg.), AllgVerwR, 15. Aufl. 2016, § 7 Rn. 20.

[13] Kennzeichnung der Reinen Rechtslehre als „Rechtsanatomie" bei *E. v. Hippel,* Überprüfung von Verwaltungsakten durch die ordentlichen Gerichte, in: VVDStRL 5 (1929), S. 178 (178 in Fn. 2). Spätere Charakterisierung bei *C. Schönberger,* Kelsen-Renaissance?, in: M. Jestaedt (Hrsg.), Hans Kelsen und die deutsche Staatsrechtslehre, 2013, S. 207 (215): „Bauhaus-Stil der Rechtswissenschaft".

[14] *M. Jestaedt,* Hans Kelsens Reine Rechtslehre: Eine Einführung, in: Hans Kelsen, Reine Rechtslehre, Studienausgabe der 1. Aufl. 1934, 2008, S. XI (XVIII): „Die Reine Rechtslehre bezeichnet dreierlei, nämlich erstens eine konkrete, in zwei recht unterschiedlichen Auflagen 1934 und 1960 erschienene und in zahlreiche Sprachen übersetzte Schrift *Hans Kelsens,* zweitens eine mit dem Namen *Kelsens* aufs engste verknüpfte Theorie des kritischen Rechtspositivismus [...] und schließlich die von *Kelsen* begründete Formation von Rechtswissenschaftlern, die daneben unter dem Namen ‚Wiener Schule der Rechtstheorie' von sich und ihrer Spielart des Rechtspositivismus reden gemacht haben [...]" (Kursivierungen im Original; S. L.).

[15] Hauptwerke sind *A. [J.] Merkl,* Allgemeines Verwaltungsrecht, 1927 sowie *H. Kelsen,* Reine Rechtslehre, 1. Aufl. 1934; 2. Aufl. 1960. Die zweite Auflage ist ein eigenständiges Buch, keine bloße Neuauflage, weil Kelsen darin jahrzehntelange Kritik verarbeitet und seine Rechtstheorie zu einem Alterswerk verdichtet; der Umfang vervielfacht sich.

Dreier und Matthias Jestaedt in der Bundesrepublik aktualisiert[16] haben.[17] Darüber hinaus ist die Reine Rechtslehre für die Auseinandersetzung mit ideologieanfälligen Konzepten wie Demokratie und Selbstverwaltung besonders gut gerüstet, weil sie auf der „Eigengesetzlichkeit"[18] des Rechts und der Rechtswissenschaft gegenüber anderen Normensystemen bzw. anderen Wissenschaften beharrt. Sie selbst hat eine unverändert anschlussfähige Demokratietheorie gestiftet[19] und ist zu einer (als solche zu wenig beachteten) Vorläuferin des organisatorisch-formalen Modells[20] sowie der Versöhnung von Demokratie und Selbstverwaltung[21] geworden.[22]

Die Kommunalverwaltung fungiert in den Worten eines Staatswissenschaftlers, der später der erste Bundespräsident der Bundesrepublik Deutschland werden sollte, als die „Schule der Demokratie"[23]. Sie lehre die Bürger jene staatsbürgerlichen Tugenden, von denen das Gemeinwesen lebe, räume ihnen jene Möglichkeiten der Beteiligung ein, die ihnen im Bund und in den Ländern verwehrt seien, und diene der Rekrutierung politischen Personals für höhere Aufgaben.[24] Wer sich ein Bild von einer Schule machen will, zieht nicht nur den Stadtplan zurate und sieht nach, wo sie liegt, sondern erkundet das Schulgelände, betritt das Schulgebäude, wirft einen Blick in die Klassenzimmer, spricht mit Schülern, Eltern und Lehrern. Die Schule der Demokratie ist nicht in bestem Zustand, wie ein solches Vordringen in ihr Inneres offenbart. Den Parteien fällt es in einigen Ländern zunehmend schwerer, geeignete Bewerber für Ämter und Mandate zu gewinnen.[25] Sie rekrutieren Bürgermeister und Landräte aus Verlegenheit bisweilen nicht mehr aus der Mitte der Bürgerschaft, sondern mit Hilfe überregionaler, teils parteiübergreifend veranlasster Stellenausschreibun-

---

[16] Aus der Vielzahl einschlägiger Veröffentlichungen vor allem *H. Dreier*, Rechtslehre, Staatssoziologie und Demokratietheorie bei Hans Kelsen (1986), 2. Aufl. 1990; *ders.*, Hierarchische Verwaltung im demokratischen Staat, 1991; *M. Jestaedt*, Grundrechtsentfaltung im Gesetz, 1999; *ders.*, Das mag in der Theorie richtig sein …, 2006.

[17] Zur Problemlösungsfähigkeit dieser Rechtsstrukturtheorie in der Gegenwart näher *O. Lepsius*, Normenhierarchie und Stufenbau der Rechtsordnung, in: JuS 2018, S. 950 ff.

[18] *H. Kelsen*, Reine Rechtslehre, 2. Aufl. 1960, S. 111.

[19] Vor allem *H. Kelsen*, Vom Wesen und Wert der Demokratie, 2. Aufl. 1929. Werkausgabe mit den wichtigsten Texten: *ders.*, Verteidigung der Demokratie, 2006.

[20] Vor allem *A. [J.] Merkl*, Demokratie und Verwaltung, 1923, S. 76 ff.

[21] Zum Beispiel *A. [J.] Merkl*, Demokratie und Verwaltung, 1923, S. 76 ff.; *H. Kelsen*, Vom Wesen und Wert der Demokratie, 2. Aufl. 1929, S. 69 ff.

[22] Zu dieser Vorläuferrolle anhand Merkls Lehrbuchs zum Allgemeinen Verwaltungsrecht näher *H. Dreier*, Merkls Verwaltungsrechtslehre und die heutige deutsche Dogmatik des Verwaltungsrechts, in: R. Walter (Hrsg.), Adolf J. Merkl, 1990, S. 55 (68 ff.).

[23] *T. Heu[ss]*, Demokratie und Selbstverwaltung, 1921, S. 10.

[24] Deutung des Schul-Bildes bei *H. P. Bull*, Kommunale Selbstverwaltung als Schule der Demokratie, in: D. Schimanke (Hrsg.), Verwaltung und Raum, 2010, S. 131 ff.

[25] Berichtet von *J. Oebbecke*, Diskussionsbeitrag, in: P. Cancik (Hrsg.), Demokratie und Selbstverwaltung – Selbstverwaltung in der Demokratie, 2015, S. 113 (113 f.); *F. Hufen*, Diskussionsbeitrag, ebd., S. 114 (114 f.); *Hubert Meyer*, Diskussionsbeitrag, ebd., S. 116 (116).

gen. Die verbreitete Parteien- und Politikerverdrossenheit[26] geht an den Kommunen nicht vorüber und lässt die Wahlbeteiligung, die bei Kommunalwahlen ohnehin deutlich niedriger ausfällt als bei Bundestags- und Landtagswahlen, noch weiter zurückgehen. Die Bereitschaft der Bürger zur Beteiligung jedoch zählt zu den „Gelingensbedingungen" der Demokratie.[27]

In der zurückliegenden Dekade hat das Interesse an der „Arbeitsebene"[28] und am „Betriebsrecht"[29] der Demokratie zugenommen. Zuerst ließen die weltweite Finanzkrise und die europäische Währungskrise („Bankenrettung", „Eurorettung") den Eindruck entstehen, dass der Bundestag das Heft des Handelns an die Bundesregierung verloren habe („Entparlamentarisierung").[30] Der anhaltende Massenprotest gegen den Umbau des Stuttgarter Hauptbahnhofs („Stuttgart 21") löste eine Diskussion aus, ob und wie der Staat tätig werden müsse, um dem Mitsprachebedürfnis der „Wutbürger"[31] besser gerecht zu werden, die sich Mehrheitsbeschlüssen kaum beugen wollen.[32] Dass sich in einer Volksabstimmung eine Mehrheit für den Austritt des Vereinigten Königreichs aus der Europäischen Union („Brexit") fand, schadete dem Ruf der direkten Demokratie, weil sich nach verbreiteter Einschätzung viele Wähler von verantwortungslosen Eliten in die Irre führen ließen. Noch größere Verunsicherung erzeugte die Wahl eines in der überwiegenden Wahrnehmung „narzisstische[n], sexistische[n] und in manchen seiner Äußerungen gar rassistische[n] Multimillionär[s]" an die Spitze der ältesten repräsentativen Demokratie der Welt"[33]. Zuletzt erhöhten die Wahlerfolge der Alternative für Deutschland, die Verzögerungen bei der Regierungsbildung und der Fortbestand der Großen Koalition die Aufmerksamkeit für den Zustand des deutschen Parlamentarismus.[34] Die Rechtswissenschaft gleicht die Definition ihrer

---

[26] Zu diesem Phänomen näher *E. V. Towfigh*, Das Parteien-Paradox, 2015, S. 1 ff.

[27] *H. Pünder*, Wahlrecht und Parlamentsrecht als Gelingensbedingungen repräsentativer Demokratie, in: VVDStRL 72 (2013), S. 191 (202).

[28] *F. Meinel*, Vertrauensfrage, 2019, S. 15.

[29] *P. Cancik*, Wahlrecht und Parlamentsrecht als Gelingensbedingungen repräsentativer Demokratie, in: VVDStRL 72 (2013), S. 268 (280; Anführungszeichen auch im Original; S. L.).

[30] Zu diesem Phänomen näher *P. Cancik*, Wahlrecht und Parlamentsrecht als Gelingensbedingungen repräsentativer Demokratie, in: VVDStRL 72 (2013), S. 268 (281 ff.).

[31] *D. Kurbjuweit*, Der Wutbürger, in: Der Spiegel vom 11.10.2010, S. 26.

[32] Stellvertretend *J. Ziekow*, Neue Formen der Bürgerbeteiligung?, in: Ständige Deputation des Deutschen Juristentages (Hrsg.), Verhandlungen des 69. Deutschen Juristentages, Bd. I, 2012, S. D1 ff.; *M. Möstl* und *M. Schuler-Harms*, Elemente direkter Demokratie als Entwicklungsperspektive, in: VVDStRL 72 (2013), S. 355 ff. bzw. 417 ff.; *K. Waechter* und *T. Mann*, Großvorhaben als Herausforderung für den demokratischen Rechtsstaat, in: VVDStRL 72 (2013), S. 499 ff. bzw. 544 ff.

[33] *A. Thiele*, Verlustdemokratie, 2. Aufl. 2018, S. 1.

[34] Stellvertretend *H. Pünder* und *P. Cancik*, Wahlrecht und Parlamentsrecht als Gelingensbedingungen repräsentativer Demokratie, in: VVDStRL 72 (2013), S. 191 ff. bzw. 268 ff.; *C. Schönberger*, Vom Verschwinden der Anwesenheit in der Demokratie, in: JZ 2016,

Arbeitsgebiete solchen Veränderungen der Wahrnehmung und des Interesses an. Seit kurzem werden die Umrisse eines „Organisationsverfassungsrechts"[35] und eines „Rechtes der Politik"[36] sichtbar.

In der gleichen Zeit ist auch die „Repräsentativitätssensibilität"[37] gestiegen: Wähler wollen nicht nur formal repräsentiert sein, sondern sich verstärkt substanziell repräsentiert fühlen. Die Abgeordneten sollen auf die sich stetig wandelnden Bedürfnisse ihrer Wähler eingehen und sich in diesem Sinne „responsiv"[38] verhalten. Die Wähler beobachten die Gestaltung und die Wirkung von Wahlen und diagnostizieren vermehrt „Repräsentativitätsdefizite"[39]. Ausdruck findet diese Sensibilität in der Forderung nach Geschlechterquoten im Wahlrecht.[40] Gewachsen ist auch die „Wettbewerbssensibilität"[41]: Änderungen an den Spielregeln der Demokratie stehen im Verdacht, dass sie der Benachteiligung der Konkurrenz und damit dem Machterhalt dienen. Beide Formen der Sensibilität haben die Verfassungsgerichte erreicht: Die Rechtsprechung befand in den vergangenen Jahren eine Reihe von Eigenheiten des Wahlrechts für verfassungswidrig, die sie lange Zeit gebilligt hatte.[42] So hat sie die Sperrklauseln, die zum unverbrüchlichen „Inventar der Bundesrepublik"[43] gehört hatten, aus

---

S. 486 ff.; *O. Lepsius,* Editorial: Über Kompromisse und die Kompromissunfähigkeit unserer Zeit, in: Der Staat 57 (2018), S. 165 ff.; *C. Schönberger/S. Schönberger,* Die AfD im Bundestag, in: JZ 2018, S. 105 ff.; *J. Krüper* (Hrsg.), Die Organisation des Verfassungsstaats, 2019; *F. Meinel,* Vertrauensfrage, 2019; *C. Schönberger,* Machenschaften im Maschinenraum, in: FAZ vom 28.2.2019, S. 11; *F. Meinel,* Selbstorganisation des parlamentarischen Regierungssystems, 2019.

[35] *J. Krüper/A. Pilniok* (Hrsg.), Organisationsverfassungsrecht, 2019.

[36] *M. Morlok,* Notwendigkeit und Schwierigkeit eines Rechtes der Politik, in: DVBl. 2017, S. 995 ff.

[37] *P. Cancik,* Wahlrecht und Parlamentsrecht als Gelingensbedingungen repräsentativer Demokratie, in: VVDStRL 72 (2013), S. 268 (278 ff.; Anführungszeichen auch im Original; S. L.).

[38] *E.-W. Böckenförde,* Demokratische Willensbildung und Repräsentation, in: J. Isensee/P. Kirchhof (Hrsg.), HStR³ III, 2005, § 34 Rn. 33; *P. Cancik,* Wahlrecht und Parlamentsrecht als Gelingensbedingungen repräsentativer Demokratie, in: VVDStRL 72 (2013), S. 268 (279 f.); *H. Pünder,* Wahlrecht und Parlamentsrecht als Gelingensbedingungen repräsentativer Demokratie, in: VVDStRL 72 (2013), S. 191 (198 ff.).

[39] *P. Cancik,* Wahlrecht und Parlamentsrecht als Gelingensbedingungen repräsentativer Demokratie, in: VVDStRL 72 (2013), S. 268 (280; Anführungszeichen auch im Original; S. L.).

[40] Erstmalige Umsetzung durch das Zweite Gesetz zur Änderung des Brandenburgischen Landeswahlgesetzes – Parité-Gesetz vom 12.2.2019, GVBl. I, S. 1.

[41] *M. Kotzur,* Demokratie als Wettbewerbsordnung, in: VVDStRL 69 (2010), S. 173 (203 in Fn. 136; Anführungszeichen auch im Original; S. L.).

[42] Neben der Sperrklausel-Rechtsprechung erwähnungsbedürftig sind BVerfG, Urteil vom 3.7.2008, 2 BvC 1/07 und 7/07, BVerfGE 121, 266 – Negatives Stimmgewicht; BVerfG, Beschluss vom 4.7.2012, 2 BvC 1/11 und 2/11, BVerfGE 132, 39 – Dreimonatsregel; BVerfG, Urteil vom 25.7.2012, 2 BvF 3/11 u. a., BVerfGE 131, 316 – Überhangmandate.

[43] *C. Schönberger,* Lob der Fünfprozenthürde, in: Verfassungsblog vom 27.9.2013, https://verfassungsblog.de/lob-fuenfprozenthuerde/ (Abruf am 26.4.2019).

dem Europa-[44] und dem Kommunalwahlrecht[45] verbannt. Vielen Gerichtsentscheidungen ist das Ziel gemein, die Erfolgswertgleichheit der Stimmen und die Spiegelbildlichkeit der Zusammensetzung der Volksvertretung zu steigern.

Die Rechtsprechung der zurückliegenden Dekade hat die Handlungsoptionen des Wahlgesetzgebers verringert. Gleichwohl verspürt er Reformdruck, im Falle des Bundestagswahlrechts deshalb, weil der Bundestag nach der Wahl 2017 eine Größe von 709 Abgeordneten erreicht hat, sodass ihn nach einem einprägsamen Bonmot nur noch der Nationale Volkskongress in China an Mitgliedern übertrifft.[46] Für das Europäische Parlament und in einigen Ländern auch für die Kommunalvertretungen hat die Sorge um sich gegriffen, dass ihre Funktionsfähigkeit schweren Schaden erleiden werde, wenn die Fragmentierung des Parteiensystems fortschreite. Abhilfe kann schaffen, wer neue Lösungen erprobt, statt die Veränderungen im Wählerverhalten und in der Rechtsprechung nur zu beklagen. Wenn die Würdigung der Kommunen als „Keimzellen der Demokratie"[47] kein „Hohelied"[48] bleiben soll, verdient das Kommunalrecht dabei die gleiche Aufmerksamkeit wie andere Gebiete, obwohl die Befassung mit dem Bundesrecht der Sozialisation der deutschen Juristen entgegenkommt und das wissenschaftliche Gespräch über Ländergrenzen hinweg leichter fällt, wenn es landesrechtliche Besonderheiten ausblenden kann.

Die Kommunalwahl-Sperrklausel in Nordrhein-Westfalen ist die nahezu einzig verbliebene ihrer Art und fällt durch ihre geringe Höhe von 2,5 Prozent sowie ihren ungewohnten Standort in der Landesverfassung auf. Der nordrhein-westfälische Verfassungsgerichtshof hat unlängst in einer bemerkenswerten Entscheidung festgestellt, dass die Sperrklausel mit der Landesverfassung

---

[44] BVerfG, Urteil vom 9.11.2011, 2 BvC 4/10 u. a., BVerfGE 129, 300 (324) – Europawahl-Sperrklausel II; BVerfG, Urteil vom 26.2.2014, 2 BvE 2/13 u. a., BVerfGE 135, 259 (288 f.) – Europawahl-Sperrklausel III.

[45] VerfGH NRW, Urteil vom 6.7.1999, 14 und 15/98 – Kommunalwahl-Sperrklausel II; BVerfG, Urteil vom 13.2.2008, 2 BvK 1/07, BVerfGE 120, 82 – Kommunalwahl-Sperrklausel SchlH III; VerfGH NRW, Urteil vom 21.11.2017, 21/16 u. a. – Kommunalwahl-Sperrklausel III. Die Entscheidungen des nordrhein-westfälischen Verfassungsgerichtshofs (die in Zeitschriften typischerweise unvollständig abgedruckt werden) sind abrufbar unter www.vgh.nrw. de/rechtsprechung/entscheidungen/index.php.

[46] *S. Schönberger*, Geld und Demokratie, in: Merkur vom Juni 2018, S. 47 (47); *F. Meinel*, Vertrauensfrage, 2019, S. 110 ff. (Hinweis auf den Volkskongress auf S. 119). Dazu näher *Hans Meyer*, Welche Medizin empfiehlt sich gegen einen adipösen Bundestag?, in: AöR 143 (2018), S. 521 ff.

[47] BVerfG, Beschluss vom 23.11.1988, 2 BvR 1619 und 1628/83, BVerfGE 79, 127 (149) – Rastede. *A. [J.] Merkl*, Allgemeines Verwaltungsrecht, 1927, S. 341: „Gewissen demokratischen Keimzellen, wie der lokalen Selbstverwaltung, geben die Machthaber des autokratischen Staates nur wider Willen Raum – im urtrüglichen Instinkt, daß derlei Einrichtungen nicht nur Fremdkörper im Rahmen der bestehenden Staatsform, sondern auch Sprengmittel sind, die das Fundament der bestehenden Ordnung unterminieren."

[48] Kritische Kennzeichnung der verbreiteten Meistererzählung von den Verdiensten der Kommunen bei *H. P. Bull*, Kommunale Selbstverwaltung als Schule der Demokratie, in: D. Schimanke (Hrsg.), Verwaltung und Raum, 2010, S. 131 (140).

unvereinbar sei.[49] Wenn der Landesgesetzgeber seinen Worten treu bleiben will, muss er unverzüglich Schritte unternehmen, um die Funktionsfähigkeit der Räte und Kreistage über die anstehende Kommunalwahl im Jahr 2020 hinaus zu gewährleisten. Eine Option ist die Ergänzung der Sperrklausel um ein Ersatzstimmrecht. Jeder Wähler könnte eine Stimme ausschließlich für den Fall abgeben, dass er mit seiner Hauptstimme eine Partei gewählt hat, die an der Sperrklausel scheitert. Alternativ kann der Bund die Länder im Grundgesetz dazu ermächtigen, dass sie eine Sperrklausel einführen, und dadurch die nordrhein-westfälische Regelung am Verfassungsgerichtshof vorbei legalisieren.

Wer das Wahlrecht reformiert und damit am offenen Herzen der Demokratie operiert,[50] ist erneut auf anatomische, diesmal auf wahlsystematische Kenntnisse angewiesen, damit der Patient keinen Schaden nimmt.[51] Die Welt der Wahlsysteme ist größer und vielfältiger, als es die in Deutschland verbreitete Entgegensetzung von personalisierter Verhältniswahl und Mehrheitswahlrecht britischer Prägung gelegentlich vermuten lässt. Die Wahlsystemforschung, für den deutschsprachigen Raum von Dieter Nohlen konsolidiert[52], hat sich die Erkundung jener weiten Welt zur Aufgabe gemacht und vereint historische, systematische und vergleichende Erkenntnisse zu einer Struktur-, Funktions- und Wirkungsanalyse von Wahlsystemen. Sie verbessert die Grundlage für die rechtliche und politische Bewertung ganzer Wahlsysteme und einzelner ihrer technischen Elemente, indem sie deren vielfältigen mechanischen und psychischen Wirkungen verständlich macht, die Wechselbeziehung von Wahlsystem und Parteiensystem offenlegt und den Blick für Regelungsalternativen schärft.

Diese Studie soll ihren Leser in die Perspektive eines Laboranten versetzen, der durch Verstellen der Brennweite der Linsen seines Mikroskops allmählich in die Einzelheiten vordringt: Das erste Kapitel erarbeitet die allgemeinen Vorgaben des Demokratieprinzips des Grundgesetzes für den Inhalt und das Zustandekommen von Normen, schichtet dabei rechtstheoretische, rechtshistorische und rechtsdogmatische Inhalte voneinander ab und vertieft das organisatorisch-formale Modell demokratischer Legitimation. Das zweite Kapitel ermittelt die Vorgaben des Demokratieprinzips speziell für die Kommunalverwaltung, baut dafür auf einer getrennten Betrachtung der Organisationsprinzipien auf, die in der Kommunalverwaltung zusammenfinden, und stellt Überlegungen zur verfassungsgerichtlichen Durchsetzung solcher Vorgaben an. Das dritte Kapitel

---

[49] VerfGH NRW, Urteil vom 21.11.2017, 21/16 u.a. – Kommunalwahl-Sperrklausel III. Unvollständiger Abdruck der Entscheidung in: NVwZ 2018, S. 159 ff.; NWVBl. 2018, S. 147 ff.

[50] *H.J. Boehl,* Wahlrecht und Volksparteien, in: R.T. Baus (Hrsg.), Parteiensystem im Wandel, 2. Aufl. 2013, S. 121 (122): „Wer das Wahlrecht reformiert, der operiert (bildlich gesprochen) an der Herzkammer der Demokratie."

[51] *M. Jestaedt,* Das mag in der Theorie richtig sein …, 2006, S. 75 f. parallelisiert das Verhältnis von Rechtsdogmatik und Rechtstheorie mit dem von Chirurgie und Anatomie. Wahlsystematik verhält sich demnach zu Wahlrechtssetzung wie Anatomie zu Chirurgie.

[52] Hauptwerk ist *D. Nohlen,* Wahlrecht und Parteiensystem, 7. Aufl. 2014.

vermisst am Beispiel Nordrhein-Westfalens den Entscheidungsfreiraum eines Landesgesetzgebers, der eine Kommunalwahl-Sperrklausel einführen will, und bezieht dabei das Demokratieprinzip des Grundgesetzes und seine verfassungsunmittelbaren Konkretisierungen ebenso ein wie die entsprechenden Normen in der Landesverfassung. Schließlich erörtert das Kapitel zwei Optionen für den Fall, dass sich eine Sperrklausel als unzulässig herausstellt: die Aufnahme einer Sperrklausel-Ermächtigung ins Grundgesetz und die Ergänzung der Sperrklausel um ein Ersatzstimmrecht. In einer Schlussbetrachtung zieht die Studie eine Bilanz und illustriert am Beispiel der direkten Demokratie, wie sich ihre Einsichten bei der Behandlung weiterer Aspekte des Verhältnisses von Kommunalverwaltung und Demokratieprinzip verwerten lassen.

A. Demokratieprinzip des Grundgesetzes

„Demokratie" ist auf dem Weg zum hauptsächlichen Bezugspunkt der Wissenschaft vom Öffentlichen Recht neben „Staat" und „Verfassung".[1] Zwischen 2009 und 2019 war die Demokratie auf den Jahrestagungen der Vereinigung der deutschen Staatsrechtslehrer sechsmal (und damit auffallend häufig) Gegenstand von Doppelreferaten.[2] Bedauernde Einschätzungen, dass die Rechtswissenschaft der Demokratie zu wenig Aufmerksamkeit schenke oder ihr Bemühen um die Demokratie kaum Früchte trage, haben spätestens in diesen Jahren ihre Berechtigung verloren, soweit sie jemals berechtigt waren.[3] Die Wissenschaft vom Öffentlichen Recht antwortet auf innerfachliche Bestrebun-

---

[1] Programmatisch *C. Möllers,* Staat als Argument (2000), 2. Aufl. 2011; *O. Lepsius,* Rechtswissenschaft in der Demokratie, in: Der Staat 52 (2013), S. 157 ff.

[2] *A. Hatje* und *M. Kotzur,* Demokratie als Wettbewerbsordnung, in: VVDStRL 69 (2010), S. 135 ff. bzw. 173 ff.; *H. Pünder* und *P. Cancik,* Wahlrecht und Parlamentsrecht als Gelingensbedingungen repräsentativer Demokratie, in: VVDStRL 72 (2013), S. 191 ff. bzw. 268 ff.; *M. Möstl* und *M. Schuler-Harms,* Elemente direkter Demokratie als Entwicklungsperspektive, in: VVDStRL 72 (2013), S. 355 ff. bzw. 417 ff.; *K. Waechter* und *T. Mann,* Großvorhaben als Herausforderung für den demokratischen Rechtsstaat, in: VVDStRL 72 (2013), S. 499 ff. bzw. 544 ff.; *A. Kley* und *S. Kirste,* Kontexte der Demokratie: Herrschaftsausübung in Arbeitsteilung, in: VVDStRL 77 (2018), S. 125 ff. bzw. 161 ff.; *I. Spiecker gen. Döhmann* und *S. Magen,* Kontexte der Demokratie: Parteien – Medien – Sozialstrukturen, in: VVDStRL 77 (2018), S. 9 ff. bzw. 67 ff.

[3] Beispielsweise *O. Lepsius,* Braucht das Verfassungsrecht eine Theorie des Staates?, in: EuGRZ 2004, S. 370 (378): „Zur Demokratietheorie weist die bundesrepublikanische Staatsrechtslehre empfindliche Lücken auf, obwohl es sich hier um das zentrale verfassungsrechtliche Strukturprinzip des Grundgesetzes handelt – übrigens ganz im Gegensatz zum Rechtsstaatsprinzip, das sich in der Staatsrechtslehre einer erstaunlichen Beliebtheit erfreut, worin sich nicht zuletzt die Befangenheit in den Grundkategorien des 19. Jahrhunderts zeigt. Zu Unrecht wurde das Demokratieprinzip von der deutschen Staatsrechtslehre als nicht hinreichend normativierte Staatsstrukturbestimmung empfunden und zu einem Thema des politischen Prozesses erklärt. Aus der verfassungsrechtlichen Behandlung wurde es lange ausgeklammert"; *S. Unger,* Das Verfassungsprinzip der Demokratie, 2008, S. 5: „Aufgeworfen ist damit letztlich die Frage nach den normativen Vorgaben des grundgesetzlichen Demokratieprinzips für die Ausgestaltung des grundgesetzlichen Legitimationsgefüges. Die herrschende Lehre scheint bei ihrer Beantwortung in eine Sackgasse geraten zu sein: Mehr und mehr wird sie sich der Tatsache bewußt, daß in mehr als 50 Jahren ein tragfähiges *juristisches* (und nicht bloß *staatstheoretisch-philosophisches*) Demokratiekonzept nicht entwickelt worden ist, jedenfalls aber Ansätze in diese Richtung bestenfalls registriert, kaum aber kritisch rezipiert worden sind, folglich eine konstruktive staats*rechtliche* Diskussion um das Demokratieprinzip nicht stattgefunden hat" (Hervorhebungen im Original; S. L.).

gen, die Disziplin im Zeichen der Demokratie über sich selbst aufzuklären und neu auszurichten, ebenso wie auf einen allgegenwärtigen Niedergangsdiskurs, der der Demokratie bescheinigt, dass sie nicht nur an Verunsicherung leide und vor Herausforderungen stehe, sondern sich in einer existenziellen Krise befinde.[4]

Gedanklich wie in der Darstellung bedarf es zum einen einer Unterscheidung, zum anderen einer Zusammenführung. Unterscheiden muss die Rechtswissenschaft, wenn sie sich mit einem Verfassungsprinzip auseinandersetzt, vor allem drei Subdisziplinen: Verfassungsgeschichtswissenschaft, Verfassungstheorie und Verfassungsdogmatik.[5] Die eine Subdisziplin untersucht die Entstehung, den Inhalt und das Vergehen von Verfassungen in der Zeit, die andere analysiert, erklärt und bewertet mögliche Verfassungsinhalte, die dritte erschließt den Inhalt einer Verfassung zu dem praktischen Zweck der späteren Verfassungsanwendung. Daneben tritt die Unterscheidung von Gegenstand und Disziplin: „Wissenschaft schafft Wissen, nicht Recht."[6] Die Verfassungsdogma-

---

[4] (Kritischer) Überblick über die Bestrebungen bei *V. Frick,* Die Staatsrechtslehre im Streit um ihren Gegenstand, 2018, S. 133 ff., 186 ff.; *A. Funke,* Grenzen der rechtstheoretischen Aufklärung der Staatsrechtslehre, in: Der Staat 57 (2018), S. 267 ff. – (Kritische) Zusammenfassungen des Krisendiskurses bei *H. Pünder,* Wahlrecht und Parlamentsrecht als Gelingensbedingungen repräsentativer Demokratie, in: VVDStRL 72 (2013), S. 191 (193 ff.); *P. Cancik,* Wahlrecht und Parlamentsrecht als Gelingensbedingungen repräsentativer Demokratie, in: VVDStRL 72 (2013), S. 268 (270 ff.): „Dass wir derzeit – erneut – eine Intensivierung der Krisendiskurse erleben, ist nicht zu leugnen. Sie werden verstärkt durch die Finanz-, Fiskal- und Eurokrisen. Sie beziehen sich häufig nicht nur auf das Parlament, sondern auf Staat und Demokratie an sich, und werden von ganz unterschiedlichen politischen Lagern formuliert" (S. 275); *I. Spiecker gen. Döhmann,* Kontexte der Demokratie: Parteien – Medien – Sozialstrukturen, in: VVDStRL 77 (2018), S. 9 (10 ff.): „In der Tat ist dieser Befund [scil. ‚Demokratie in der Krise'; S. L.] regelrecht en vogue. Erstarken neuer (Protest-)Parteien, ein verzerrter Meinungswettbewerb mit Hate und False Speech oder religiös motivierte Segregation mögen symptomatisch zur Illustration dienen. Dies geht soweit, dass unter dem Schlagwort der ‚Post-Democracy' das Funktionieren demokratischer Strukturen zur Machtbeschränkung selbst in Frage gestellt wird. Danach stehen sich verschiedene Teile der Gesellschaft und auch des Staates unvereinbar gegenüber in einer nur noch vermeintlich funktionierenden Scheindemokratie" (S. 11 f.).

[5] Beispielhaft durchgeführt für das Bundesstaatsprinzip bei *M. Jestaedt,* Bundesstaat als Verfassungsprinzip, in: J. Isensee/P. Kirchhof (Hrsg.), HStR[3] II, 2004, § 29 Rn. 2 ff. (Geschichtswissenschaft), 7 ff. (Theorie), 15 ff. (Dogmatik). In der Auswahl fehlen beispielsweise Rechtsökonomik, Rechtsphilosophie und Rechtssoziologie. Ihre Erkenntnisse nimmt die Verfassungstheorie ebenso auf wie die der Verfassungsgeschichtswissenschaft: *M. Jestaedt,* Die Verfassung hinter der Verfassung, 2009, S. 67 ff.; *ders.,* Verfassungstheorie als Disziplin, in: O. Depenheuer/C. Grabenwarter (Hrsg.), Verfassungstheorie, 2010, § 1 Rn. 48 ff., 51 ff. Zum Stellenwert einer „wissenschaftlichen Rechtspolitik" ansatzweise *M. Jestaedt,* Das mag in der Theorie richtig sein …, 2006, S. 57 ff. mit Fn. 171, 180, S. 86 f. mit Fn. 260.

[6] *M. Jestaedt,* Die Verfassung hinter der Verfassung, 2009, S. 23: „Kreativ, schöpferisch soll auch – und gerade – der Rechtswissenschaftler sein; aber seine Kreativität bezieht sich nicht auf den Rechtserzeugungs-, sondern den Rechtserkenntnis- und Rechtsdeutungsprozess: Der Wissenschaftler – und *hier* ist die deutsche Begriffsprägung äußerst exakt – produziert nicht Recht, sondern Wissen über Recht: Wissenschaft schafft Wissen, nicht Recht" (Hervorhebung im Original; S. L.).

tik erzeugt kein Verfassungsrecht, sondern bildet es ab – entgegen dem Selbstverständnis vieler Wissenschaftler und Praktiker.[7] Diese mehrfache Unterscheidung von Ebenen ist ein Mittel der Selbstkontrolle: Wer die Subdisziplinen voneinander und von ihren Gegenständen scheidet, gewinnt größere Klarheit über den Stellenwert von Erkenntnissen, verhilft jeder der Betrachtungsweisen zu ihrem Recht und beachtet die Normativität der Verfassung.[8]

Zusammenführen muss die Rechtswissenschaft unterschiedliche Gegenstände: das Wahlrecht, das Recht der direkten Demokratie und die Legitimationsvorgaben für die repräsentative Demokratie.[9] Ganz gleich wie verschiedenartig diese Gegenstände möglicherweise sind, richtet sich in allen Fällen nach dem gleichen Demokratieprinzip, welche Entscheidungsfreiräume besonders dem Gesetzgeber offenstehen. Das gleiche Mehrheitsprinzip gilt für Wahlen *und* für Volksabstimmungen; legitimationsbedürftig sind Gesetzgebung *und* vollziehende Gewalt *und* Rechtsprechung; Krisendiagnosen und Lösungsvorschläge beziehen sich auf das Wahlrecht *und* die direkte Demokratie *und* die repräsentative Demokratie. Diese Zusammenführung von Gegenständen wirkt aufhellend, rationalisierend und vereinfachend: Wer Sonderdiskurse meidet oder abbaut, wirkt der Gefahr entgegen, dass die Rechtswissenschaft überflüssigen Mehrfachaufwand treibt, unbewusste Ungereimtheiten erzeugt und unzugängliche, einseitige Debatten führt.

Zu den wenigen anspruchsvollen Entwürfen, die der Rechtswissenschaft und der Rechtsprechung für das Staatsorganisationsrecht gelungen sind, gehört das „organisatorisch-formale Modell"[10] der demokratischen Legitimation

---

[7] Stellvertretend *M. Jestaedt,* Das mag in der Theorie richtig sein …, 2006, S. 57 ff., 62 ff., 84 f.; *J. F. Lindner,* Rechtswissenschaft als Metaphysik, 2017, S. 41 f., 139 ff.; *F. Michl,* Unionsgrundrechte aus der Hand des Gesetzgebers, 2018, S. 3 f.; *H. Dreier,* Rechtswissenschaft als Wissenschaft, in: ders. (Hrsg.), Rechtswissenschaft als Beruf, 2018, S. 1 (50 ff.).

[8] Zur mehrfachen Unterscheidung von Recht und Rechtswissenschaft (und allgemein von Gegenstand und Disziplin) sowie von Rechtserkenntnis, Rechtsdogmatik und Rechtstheorie *M. Jestaedt,* Das mag in der Theorie richtig sein …, 2006, S. 27 ff.; *ders.,* Die Verfassung hinter der Verfassung, 2009, S. 21 ff.; *ders.,* Verfassungstheorie als Disziplin, in: O. Depenheuer/C. Grabenwarter (Hrsg.), Verfassungstheorie, 2010, § 1 Rn. 13 ff. Damit verwandt ist das Modell bei *J. F. Lindner,* Rechtswissenschaft als Metaphysik, 2017, S. 24 ff., 145 ff., der vier verschiedene Diskursebenen unterscheidet, nämlich verkürzt gesprochen Rechtsphilosophie, Rechtspolitik, Rechtsdogmatik und Rechtsprechung (S. 38 ff.), und dazu auffordert, dass Rechtswissenschaftler möglichst „Ebenentransparenz" (S. 161 f.) und „Rollentransparenz" (S. 179 f.) herstellen. Besonders zu den Rollen der Person des Rechtswissenschaftlers außerdem *ders.,* Der Rechtswissenschaftler als sokratische Figur, in: NJW 2019, S. 279 (281 f.).

[9] Dreiklang entsprechend Art. 20 II GG: „[1]Alle Staatsgewalt geht vom Volke aus. [2]Sie wird vom Volke in *Wahlen* und *Abstimmungen* und durch *besondere Organe* der Gesetzgebung, der vollziehenden Gewalt und der Rechtsprechung ausgeübt" (Hervorhebungen nicht im Original; S. L.).

[10] Bezeichnung wohl erstmals bei *H. Schulze-Fielitz,* Wirkung und Befolgung verfassungsgerichtlicher Entscheidungen, in: P. Badura/H. Dreier (Hrsg.), Festschrift 50 Jahre Bundesverfassungsgericht, Bd. I, 2001, S. 385 (397).

(mit Signalwörtern wie „Legitimationskette" und „Legitimationsniveau").[11] Es erhebt den Anspruch, dass es ein Modell der Verfassungs*dogmatik* sei, nicht (allein) der Verfassungs*theorie*, obwohl seine Befürworter den Nachweis, dass es das geltende Verfassungsrecht adäquat abbilde, nach der Auffassung von Gegnern schuldig bleiben.[12] Inhaltlich muss das organisatorisch-formale Modell den Strukturmerkmalen der deutschen Rechtsordnung gerecht werden: der Gliederung der Gewalten, dem Stufenbau der Rechtsordnung und der analytischen Unterscheidbarkeit von Auslegung und Anwendung des Rechts. Wer eine Form der Verwaltungsorganisation, nämlich die Kommunalverwaltung, mit dem Demokratieprinzip des Grundgesetzes konfrontiert, muss sich des Inhalts und des Stellenwerts des organisatorisch-formalen Modells vergewissert haben.

I. Demokratie als Gegenstand von Verfassungsgeschichtswissenschaft, Verfassungstheorie und Verfassungsdogmatik

Die Auseinandersetzung mit „Demokratie" leidet daran, dass die Bedeutung des Wortes ganz besonders von seinem Verwendungszusammenhang abhängig ist (1.). Die Geschichtswissenschaft schreibt eine vergleichsweise kurze Geschichte der Demokratie speziell in Deutschland (2.). Die Verfassungstheorie bemüht sich um leistungsfähige Begriffe und Modelle der Demokratie (3.).

1. „Semantisches Chamäleon" und typisches „Wieselwort": Kontextabhängige Bedeutung des Wortes „Demokratie"

Wer die lexikalische Bedeutung des Wortes „Demokratie"[13] ermittelt, also seinen satz- und textunabhängigen begrifflichen Gehalt, erzielt mageren Ertrag.[14] Annähernd bedeutet das Wort „Herrschaft des Volkes".[15] Doch bleibt jedem

---

[11] *O. Lepsius,* Die maßstabsetzende Gewalt, in: M. Jestaedt u. a., Das entgrenzte Gericht, 2011, S. 159 (219 ff.).

[12] Besonders deutliche Kritik bei *P. Lassahn,* Rechtsprechung und Parlamentsgesetz, 2017, S. 11 f., 113 ff.: Die „Lehre vom Legitimationsniveau" (passim) habe „keinen textlichen Anhaltspunkt" (S. 114) im Grundgesetz und ihre Befürworter machten sich „nicht einmal mehr die Mühe" (S. 115), ihre Auffassung methodengerecht zu begründen: „Als Auslegung von Art. 20 Abs. 1, Abs. 2 GG jedenfalls kann sie sich nicht verstehen" (S. 115).

[13] *A. Niederberger,* Art. „Demokratietheorien" [Phil], in: Görres-Gesellschaft (Hrsg.), StL[8] I, 2017, Sp. 1234 (1234) zufolge lässt sich die Verwendung des Wortes „Demokratie" erstmals bei Herodot um 430 vor Christus nachweisen.

[14] *G. Sartori,* Demokratietheorie, 1997, S. 253 ff. wendet sich gegen die Unterscheidung von lexikalischen und festsetzenden Definitionen.

[15] Eintrag „Demokratie", in: Dudenredaktion (Hrsg.), Deutsches Universalwörterbuch,

Sprecher überwiegend selbst überlassen, was er unter „Herrschaft" und unter „Volk" versteht und was eine Herrschaft zu einer Herrschaft „des" Volkes macht. Die Bedeutungserklärung besteht aus Wörtern, die ähnlich mehrdeutig sind wie das Wort, das sie erklären (sollen).[16] Beispielsweise kann ein Volk aus einer ungebildeten Masse oder einem stolzen Bürgertum bestehen, Herrschaft muss nicht immer staatlicher, sondern kann auch privater Natur sein. Ob eine Herrschaft eine solche des Volkes ist, kann davon abhängen, wer sie innehat und ausübt, oder davon, was sie leistet. Das Volk der „Volksherrschaft" kann nach den Regeln der Grammatik genauso Objekt wie Subjekt der Herrschaft sein.[17] Die Mehrdeutigkeit des Wortes „Demokratie" ist Ergebnis seiner langen, vielfältigen Geschichte, seiner besonderen Bedeutung in der politisch-sozialen Sprache und seiner inflationären, zuweilen missbräuchlichen Verwendung.[18]

Erstens ist die Geschichte der Demokratie, die im 5. Jahrhundert vor Christus in Griechenland einsetzt, zu lang und zu vielfältig, um dazu beitragen zu können, dass sich die Bedeutung des Wortes im 21. Jahrhundert schärft.[19] Mehr als zweitausend Jahre lang bezeichnete „Demokratie" die verkommene, eigennützige Herrschaft der mittellosen, ungebildeten Massen, bevor sich das Wort in der Neuzeit zu einem Hochwertausdruck wandelte.[20] Nachdem die Demokratie für lange Zeit aus der Praxis verschwunden gewesen war und als „Staatsform ohne Zukunft"[21] gegolten hatte, begann sie an der Schwelle von der Frühen Neuzeit zur Moderne, sich in mehreren „Demokratisierungswellen" weltweit

---

8. Aufl. 2015; *G. Sartori,* Demokratietheorie, 1997, S. 29 ff.; *M. G. Schmidt,* Art. „Demokratie" [Pol], in: Görres-Gesellschaft (Hrsg.), StL[8] I, 2017, Sp. 1213 (1213).

[16] *M. G. Schmidt,* Art. „Demokratie" [Pol], in: Görres-Gesellschaft (Hrsg.), StL[8] I, 2017, Sp. 1213 (1214).

[17] *G. Sartori,* Demokratietheorie, 1997, S. 29 ff., bes. 44.

[18] Solche Klagen einen die meisten Beiträge über Demokratie: *R. Wahl,* Art. „Demokratie, Demokratieprinzip", in: M. Schröder (Hrsg.), ErgLdR, Nr. 5/170 (1990), S. 1 (1); *M. Jestaedt,* Demokratieprinzip und Kondominialverwaltung, 1993, S. 138 ff.; *K. Hesse,* Grundzüge des Verfassungsrechts der Bundesrepublik Deutschland, 20. Aufl. 1995, Rn. 127; *H. Dreier,* Das Demokratieprinzip des Grundgesetzes, in: Jura 1997, S. 249 (249); *G. Sartori,* Demokratietheorie, 1997, S. 5 ff., 11 ff.; *S. Unger,* Das Verfassungsprinzip der Demokratie, 2008, S. 85 f.; *H.-D. Horn,* Demokratie, in: O. Depenheuer/C. Grabenwarter (Hrsg.), Verfassungstheorie, 2010, § 22 Rn. 4 f.; *M. G. Schmidt,* Demokratietheorien, 5. Aufl. 2010, S. 19 ff.

[19] Geschichtlicher Überblick bei *C. Meier u. a.,* Art. „Demokratie", in: O. Brunner/W. Conze/R. Koselleck (Hrsg.), Geschichtliche Grundbegriffe, Bd. I, 1972, S. 821 ff.; *M. G. Schmidt,* Art. „Demokratie (J)", in: W. Heun u. a. (Hrsg.), EvStL, 2006, Sp. 325 (325 ff.); *H. Dreier,* in: ders. (Hrsg.), GGK[3] II, 2015, Art. 20 (Demokratie), Rn. 1 ff.

[20] *M. G. Schmidt,* Demokratietheorien, 5. Aufl. 2010, S. 19 ff.; *ders.,* Art. „Demokratie" [Pol], in: Görres-Gesellschaft (Hrsg.), StL[8] I, 2017, Sp. 1213 (1214 f.): „semantische Transformation" vom „Negativbegriff" zur „relativ besten Staatsform". Abgeordneter *[W.] Churchill,* Plenardebatte des House of Commons, 11. November 1947, Bd. 444, Sp. 206 f.: „No one pretends that democracy is perfect or all-wise. Indeed, it has been said that democracy is the worst form of Government except all those other forms that have been tried from time to time".

[21] *M. G. Schmidt,* Art. „Demokratie" [Pol], in: Görres-Gesellschaft (Hrsg.), StL[8] I, 2017, Sp. 1213 (1215).

auszubreiten.[22] Dabei bildeten sich immer neue Erscheinungsformen und Demokratietheorien sowie ein umfangreicher Kanon an Demokratietheoretikern.[23]

Zweitens ist „Demokratie" ein „Zentralbegriff" der politisch-sozialen Sprache".[24] Wer von „Demokratie" hört oder liest, schreibt oder spricht, verbindet damit nicht selten seine Hoffnungen, Ideale und Wünsche, setzt den Begriff mit der nach seiner Auffassung erstrebenswerten politischen Ordnung gleich, leistet durch seinen Gebrauch ein Bekenntnis oder zieht in den Kampf.[25] Entsprechend vielfältig sind die Bedeutungen, die verschiedene Sprecher dem Wort beimessen. „Demokratie" ist weitaus mehrdeutiger und weitaus umstrittener als die meisten Wörter der Alltags-, Rechts- und Wissenschaftssprache. Diese beiden Eigenschaften verstärken einander, weil die Mehrdeutigkeit das Wort dem Streit ausliefert und der Streit die Mehrdeutigkeit zur Geltung bringt. Es herrscht zwar Einigkeit in der Bezeichnung, aber Uneinigkeit in der Sache.

Drittens trägt die inflationäre Verwendung des Wortes „Demokratie" zu seiner inhaltlichen Auszehrung bei.[26] In jedem Fall erzeugt es Wohlklang und för-

---

[22] *S. P. Huntington,* The Third Wave, 1991. Im ersten Zugriff *M. G. Schmidt,* Art. „Demokratie (J)", in: W. Heun u. a. (Hrsg.), EvStL, 2006, Sp. 325 (329 ff.); *K. Schmitt,* Art. „Demokratisierung", in: Görres-Gesellschaft (Hrsg.), StL[8] I, 2017, Sp. 1241 ff.; *A. Thiele,* Der gefräßige Leviathan, 2019, S. 236 ff.

[23] Lehrbuch-Klassiker sind *G. Sartori,* Demokratietheorie, 1997; *M. G. Schmidt,* Demokratietheorien, 5. Aufl. 2010.

[24] *R. Wahl,* Art. „Demokratie, Demokratieprinzip", in: M. Schröder (Hrsg.), ErgLdR, Nr. 5/170 (1990), S. 1 (1).

[25] *C. Schmitt,* Verfassungslehre (1928), 11. Aufl. 2017, S. 225: „Die größte Unklarheit entsteht daraus, daß der Begriff der Demokratie, wie viele andere politische Begriffe, zu einem ganz allgemeinen Idealbegriff geworden ist, dessen Vieldeutigkeit außerdem noch verschiedenartigen Idealen und schließlich allem, was ideal, schön und sympathisch ist, Platz gewährt. Demokratie wird mit Liberalismus, Sozialismus, Gerechtigkeit, Menschlichkeit, Frieden und Völkerversöhnung verbunden und identifiziert"; *H. Dreier,* Das Demokratieprinzip des Grundgesetzes, in: Jura 1997, S. 249 (249): „[M]it dem Terminus ‚Demokratie' [ist] nicht das Gesamtensemble institutioneller Sicherungen freiheitlicher Verfassungsstaaten umschrieben, sondern nur ein (freilich zentraler) Aspekt. Eine solche Sichtweise schützt davor, Demokratie als den Inbegriff alles Guten, Wahren, Schönen zu verstehen und entsprechend ubiquitär einzusetzen, wie es nur allzuoft im politischen Diskurs geschieht"; *C. Möllers,* Demokratie, 2008, Nr. 2: „Eine Theorie der Demokratie muss auch klarstellen, was Demokratie nicht ist. Dies versteht sich nicht von selbst, schon weil der Begriff Demokratie als Projektionsfläche für politische Wünsche dient, die mit ihm wenig zu tun haben. [...] Demokratie ist nicht einfach eine gute politische Ordnung, ja in jeder Demokratie widersprechen manche unserer politischen Wünsche demokratischen Grundsätzen."

[26] *H. Kelsen,* Vom Wesen und Wert der Demokratie, 2. Aufl. 1929, S. 1: „Demokratie ist das die Geister im 19. und 20. Jahrhundert fast allgemein beherrschende Schlagwort. Gerade darum aber verliert es – wie jedes Schlagwort – seinen festen Sinn. Weil man es – dem politischen Modezwang unterworfen – zu allen möglichen Zwecken und bei allen möglichen Anlässen benützen zu müssen glaubt, nimmt dieser mißbrauchteste aller politischen Begriffe die verschiedensten, einander oft sehr widersprechenden Bedeutungen an, sofern ihm nicht die übliche Gedankenlosigkeit des vulgär-politischen Sprachgebrauchs zu einer keinen bestimmten Sinn mehr beanspruchenden, konventionellen Phrase degradiert" (ohne die Hervorhebung im Original; S. L.); *M. Jestaedt,* Demokratieprinzip und Kondominialverwaltung, 1993, S. 139:

dert die Werbung: Es begegnet in Zusammensetzungen wie Rätedemokratie, Volksdemokratie und Wirtschaftsdemokratie, ebenso in den Namen vieler politischer Bewegungen und Parteien wie der Christdemokratie, der Liberaldemokratie und der Sozialdemokratie. Die meisten Staaten der Erde verstehen sich als Demokratien, obwohl ihre politischen Systeme erheblich voneinander abweichen und bei weitem nicht alle Staaten, die für sich in Anspruch nehmen, dass sie Demokratien seien, einander als Demokratien anerkennen. Zu den vor allem selbst ernannten Demokratien gehören oder gehörten die „Deutsche Demokratische Republik", die „Volksdemokratien" in Osteuropa, China und Nordkorea und die „gelenkten Demokratien" in Indonesien und Russland.[27] Aus westlicher Sicht ist die Selbstbezeichnung als Demokratie nicht selten unglaubhaft, beschönigend, missbräuchlich. Ein Sprecher kann tendenziell entweder in relativierender Weise die Vielfalt an Verständnissen von Demokratie hinnehmen oder in wertender Weise ein bestimmtes Verständnis (sein Verständnis) für allgemeingültig erklären.[28] „Demokratie" ist ein typisches „Wieselwort": Wer es in den Mund nimmt, der redet viel, aber sagt wenig.[29]

Obwohl das Wort „Demokratie" mehrdeutig ist, wenn es für sich allein steht, ist seine Bedeutung nicht beliebig, wenn es in einem bestimmten Kontext gebraucht wird. „Das semantische Chamäleon passt sein Kolorit eben seiner Umgebung an."[30] Ein Chamäleon kann sein Äußeres ändern, aber zu jeder Zeit nur *eine* Gestalt annehmen. Für die Rechtswissenschaft ist die Bedeutung des Wortes doppelt kontextabhängig:[31] Zum einen richtet sie sich danach, in welchem

---

„Die inflationäre Steigerung des Umlaufes des Demokratiebegriffs zieht – ähnlich dem Vorgang inflationärer Geldentwertung – dessen substantielle Auszehrung nach sich."
[27] Zum Vorstehenden *S. Marschall*, Demokratie, 2014, S. 7 ff.
[28] *C. Meier u. a.,* Art. „Demokratie", in: O. Brunner/W. Conze/R. Koselleck (Hrsg.), Geschichtliche Grundbegriffe, Bd. I, 1972, S. 821 (898). *W. v. Simson,* Das demokratische Prinzip im Grundgesetz, in: VVDStRL 29 (1971), S. 3 (5 ff., 7 ff.) nimmt unter dem Eindruck des Kalten Krieges bestimmte Verständnisse von Demokratie von der lexikalischen Bedeutung des Wortes aus: Die Mehrdeutigkeit schließe kein politisches System ein, das den Volkswillen nicht erkennen, sondern verwirklichen wolle, das als verfassungsmäßige Wahrheit außer Streit stelle, was prinzipiell widerlegbar sei, und das die Leugner vermeintlicher Wahrheit verfolge – auch wenn ein solches System im Übrigen jede Freiheit und Gleichheit gewährleiste. Wertender Ansatz auch bei *G. Sartori,* Demokratietheorie, 1997.
[29] Der englische Ausdruck „weasel word" hat mit *F. A. v. Hayek,* Wissenschaft und Sozialismus (1979), in: ders., Gesammelte Schriften in deutscher Sprache, Abt. A, Bd. VII, 2004, S. 52 (61 f.) am Beispiel des Adjektivs „sozial" Einzug in die deutsche Sprache gehalten. *Ders.,* Wissenschaft und Sozialismus (1979), ebd., S. 62: „Mir will fast scheinen, als ob das nächste Wort, das daran ist, auch zum Wiesel-Wort zu werden, das Wort Demokratie selbst ist, sei es nun Volks- oder Sozial-Demokratie." Von „verfassungstextlichen Wieselworten" als einem Kennzeichen des Grundgesetzes spricht *W. Graf Vitzthum,* Form, Sprache und Stil der Verfassung, in: O. Depenheuer/C. Grabenwarter (Hrsg.), Verfassungstheorie, 2010, § 10 Rn. 25.
[30] *M. Jestaedt,* Radien der Demokratie, in: H. M. Heinig/J. P. Terhechte (Hrsg.), Postnationale Demokratie, Postdemokratie, Neoetatismus, 2013, S. 3 (5).
[31] *M. Jestaedt,* Radien der Demokratie, in: H. M. Heinig/J. P. Terhechte (Hrsg.), Postnationale Demokratie, Postdemokratie, Neoetatismus, 2013, S. 3 (5 f.).

Normtext das Wort vorkommt: in einer historischen oder in einer ausländischen Verfassung, in einer Landesverfassung oder im Grundgesetz, dort in Art. 20 I, Art. 21 I 3, Art. 23 I 1 oder Art. 28 I 1 GG. Zum anderen richtet sie sich danach, welche Disziplin sich der Demokratie annimmt: die Verfassungsgeschichtswissenschaft, die Verfassungstheorie oder die Verfassungsdogmatik.

Erstens ist Demokratie eine Angelegenheit vieler verschiedener Wissenschaften: neben der Rechtswissenschaft vor allem der Geschichtswissenschaft, Ökonomik, Philosophie, Politikwissenschaft, Soziologie und Theologie.[32] Die Vertreter dieser Wissenschaften verwenden dasselbe Wort, aber nicht denselben Begriff; sie betrachten nicht denselben Gegenstand aus verschiedenen Perspektiven, sondern verschiedene Gegenstände mit verschiedenen Erkenntnisinteressen (obwohl diese Gegenstände den gleichen Namen tragen).[33] Der Begriff der Demokratie unterscheidet sich genauso innerhalb der Verfassungsrechtswissenschaft: Verfassungsgeschichtswissenschaft, Verfassungstheorie und Verfassungsdogmatik verstehen unter ihrem Gegenstand nicht das gleiche.[34] Die eine Disziplin untersucht Entstehen, Aussehen und Vergehen von demokratischen Verfassungen in der Zeit, die andere erklärt und bewertet die Demokratie unabhängig von einzelnen Verfassungen, die dritte erschließt die Demokratie in einer bestimmten Verfassung zum Zweck der späteren Verfassungsanwendung. Im Fall eines Verfassungsprinzips wie der Demokratie steigt das Risiko über das allgemeine Maß hinaus, dass ein Interpret diese Ebenen verwechselt.[35]

Zweitens verwandelt eine Rechtsordnung jedes Wort, das sie sich einverleibt, in einen Rechtsbegriff, genauso wie der mythologische König Midas alles in Gold verwandelt, was er mit seinen Händen berührt.[36] Was das Wort „Demo-

---

[32] *H. Dreier,* Das Demokratieprinzip des Grundgesetzes, in: Jura 1997, S. 249 (249 in Fn. 3–5) gibt Hinweise auf klassische Arbeiten zur Demokratie aus anderen Wissenschaften.

[33] Ähnlich die Unterscheidung von „concept" und „conception" bei *R. Poscher,* The Hand of Midas: When Concepts Turn Legal, or Deflating the Hart-Dworkin Debate, in: J. C. Hage/ D. von der Pfordten (Hrsg.), Concepts in Law, 2009, S. 99 (100 ff.) im Anschluss an *W. B. Gallie,* Essentially Contested Concepts, in: Proceedings of the Aristotelian Society 56 (1955/56), S. 167 ff.

[34] Für den Begriff der Verfassung *M. Jestaedt,* Die Verfassung hinter der Verfassung, 2009, S. 47 ff., 54 ff.; *ders.,* Verfassungstheorie als Disziplin, in: O. Depenheuer/C. Grabenwarter (Hrsg.), Verfassungstheorie, 2010, § 1 Rn. 42 ff. Für den Begriff des Bundesstaates *M. Jestaedt,* Bundesstaat als Verfassungsprinzip, in: J. Isensee/P. Kirchhof (Hrsg.), HStR³ II, 2004, § 29 Rn. 1, 31 ff.

[35] Beispiel der Demokratie bei *M. Jestaedt,* Die Verfassung hinter der Verfassung, 2009, S. 74 ff.; *ders.,* Verfassungstheorie als Disziplin, in: O. Depenheuer/C. Grabenwarter (Hrsg.), Verfassungstheorie, 2010, § 1 Rn. 57. Zu den vielfältigen Ursachen der Ebenenverwechslung *J. F. Lindner,* Rechtswissenschaft als Metaphysik, 2017, S. 4 ff., 9 ff., 71 ff., 126 ff.

[36] *R. Poscher,* The Hand of Midas: When Concepts Turn Legal, or Deflating the Hart-Dworkin Debate, in: J. C. Hage/D. von der Pfordten (Hrsg.), Concepts in Law, 2009, S. 99 (102 ff.). In einem anderen Zusammenhang auch *H. Kelsen,* Reine Rechtslehre, 2. Aufl. 1960, S. 282: „So wie alles, was dieser [scil. König Midas; S. L.] berührte, sich in Gold verwandelte, so nimmt alles, worauf sich das Recht bezieht, Rechtscharakter an."

kratie" in einem bestimmten Normtext bedeutet, entscheidet ausschließlich der Normerzeuger; diese Bedeutung zu ermitteln, ist Aufgabe des Norminterpreten.[37] Indem ein Verfassunggeber[38] eine Demokratie errichtet, antwortet er auf geschichtliche Erfahrungen und theoretische Probleme, macht sich aber typischerweise kein fremdes Demokratieverständnis uneingeschränkt zu eigen. Ein Interpret muss im Einzelfall ermitteln, ob und inwiefern ein Verfassunggeber auf Geschichte und Theorie eingegangen ist, und kann dabei auf nachbarwissenschaftliche Erkenntnisse angewiesen sein. In jedem Fall bestimmt sich das Verhältnis des Rechts zu außerrechtlichen Inhalten einseitig vom Recht her.[39]

2. Eine kurze Geschichte der Demokratie in Deutschland

a) Ausdehnung der Demokratie im Rahmen des Konstitutionalismus: Einzelstaatliche Verfassungen, Paulskirchen- und Reichsverfassung

Das „lange 19. Jahrhundert"[40] von 1789 bis 1918 war in Deutschland davon gekennzeichnet, dass das liberale Bürgertum in einem mühsamen Prozess mit den monarchischen Staaten um Demokratie, Rechtsstaat und nationale Einheit rang.[41] Während sich der Rechtsstaat bereits beginnend mit den Preußischen

---

[37] Kritische Beobachtung bei *S. Unger,* Das Verfassungsprinzip der Demokratie, 2008, S. 86 f.: „Diskurse über den verfassungsrechtlichen Demokratiebegriff werden zu politikwissenschaftlichen oder philosophischen Diskursen, in denen die verfassungsrechtlichen Normen nur noch Anlaß, nicht aber mehr Ausgangspunkt und Grundlage des Diskurses sind" (S. 86).

[38] Die Dudenredaktion erlaubte ursprünglich ausschließlich die Schreibung ohne Fugen-s, hält aber mittlerweile daneben die Schreibung mit Fugen-s für zulässig: Eintrag „verfassunggebend, verfassungsgebend", in: Dudenredaktion (Hrsg.), Deutsches Universalwörterbuch, 8. Aufl. 2015. Das Grundgesetz spricht im ersten Satz seiner Präambel seit je von der „verfassungsgebenden Gewalt" (mit Fugen-s). Die Anwendung der bei A. Wöllstein/Dudenredaktion (Hrsg.), Die Grammatik, 9. Aufl. 2016, Rn. 980, 1088 ff. genannten Kriterien, nach denen sich der Einsatz eines Fugen-s richtet, ergibt, dass ein Fugen-s im Fall von „Verfassung(s)gebung" zwar zulässig, aber nicht geboten ist. Bei „Satzung(s)gebung" und „Verordnung(s)gebung" sind demnach ebenfalls beide Schreibweisen zulässig. *A. Neubacher,* Schwankendes Fugen-s, in: Der Spiegel vom 4.10.2004, S. 80 berichtet von Bestrebungen, die Präambel des Grundgesetzes zu ändern, die aber nach Erscheinen des Artikels gescheitert sind.

[39] *R. Poscher,* The Hand of Midas: When Concepts Turn Legal, or Deflating the Hart-Dworkin Debate, in: J. C. Hage/D. von der Pfordten (Hrsg.), Concepts in Law, 2009, S. 99 (104 ff., 109 f.). Für das Demokratieprinzip *R. Wahl,* Art. „Demokratie, Demokratieprinzip", in: M. Schröder (Hrsg.), ErgLdR, Nr. 5/170 (1990), S. 1 (1 f.); *M. Jestaedt,* Demokratieprinzip und Kondominialverwaltung, 1993, S. 150 ff.; *K. Hesse,* Grundzüge des Verfassungsrechts der Bundesrepublik Deutschland, 20. Aufl. 1995, Rn. 127 f.; *S. Unger,* Das Verfassungsprinzip der Demokratie, 2008, S. 1 ff.

[40] Begriff des langen 19. Jahrhunderts, ebenso wie der Gegenbegriff des kurzen 20. Jahrhunderts, geprägt in einer Trilogie von Veröffentlichungen, die später zusammengefasst erschienen sind als *E. J. Hobsbawm,* Das lange 19. Jahrhundert, 3 Bde. (1962, 1979, 1987), 2017.

[41] *E.-W. Böckenförde,* Verfassungsprobleme und Verfassungsbewegung des 19. Jahrhunderts (1971), in: ders., Recht, Staat, Freiheit, 6. Aufl. 2016, S. 244 ff.; *U. Di Fabio,* Art. „Demokratie" [J], in: Görres-Gesellschaft (Hrsg.), StL[8] I, 2017, Sp. 1204 (1207).

Reformen von 1807 bis 1815 und den Reformen in den süddeutschen Rhein-
bundstaaten insgesamt günstig entwickelte, gelang die Herstellung der nationalen Einheit erst 1871, als das Deutsche Reich entstand, und die Errichtung einer
Demokratie erst 1919, als die Weimarer Reichsverfassung in Kraft trat. Damit
das liberale Bürgertum die Monarchie nicht durch *Revolution* stürzte und den
alten Staat nicht *von unten* beseitigte, kamen die Monarchen ihm durch *Reformen* entgegen und erneuerten den Staat *von oben*.[42] Aus dem Umbau des auf-
geklärten Absolutismus entstand die Staatsform des Konstitutionalismus, die
den Rahmen der weiteren Auseinandersetzung bildete. Diesem Typus entspra-
chen die Verfassungen der Einzelstaaten aus der Zeit zwischen 1815 und 1850
ebenso wie die beiden Verfassungen des Deutschen Reichs von 1849 und 1871.

Der Konstitutionalismus war beherrscht von der Vorstellung, dass der Monarch zwar der alleinige *Inhaber* der Staatsgewalt sei und die Verfassung ihren
Geltungs- und Rechtfertigungsgrund allein in seinem Willen finde, er sich die
Ausübung der Staatsgewalt im Falle der Gesetzgebung aber mit einem Parlament teile.[43] Die Monarchie war verfassungsrechtlich gebunden, nicht mehr
absolut. Die deutschen Verfassungen des 19. Jahrhunderts kamen nicht demokratisch zustande, indem eine volksgewählte Nationalversammlung oder das
Volk selbst sie beschloss; der Monarch vereinbarte eine Verfassung mit den
Ständen oder gewährte (oktroyierte) sie seinem Volk, mitunter nach Verhandlungen mit den Ständen.[44] Der Monarch band sich selbst an die Verfassung;
einseitig lösen konnte er seine Bindung nicht.[45] Die Mitglieder der Regierung

---

[42] *E.-W. Böckenförde,* Der deutsche Typ der konstitutionellen Monarchie im 19. Jahrhundert (1967), in: ders., Recht, Staat, Freiheit, 6. Aufl. 2016, S. 273 (279 f.); *D. Grimm,* Deutsche Verfassungsgeschichte 1776–1866 (1988), 4. Aufl. 2015, S. 76 ff.; *H. Dreier,* Hierarchische Verwaltung im demokratischen Staat, 1991, S. 43, 49 ff.; *R. Wahl,* Die Entwicklung
des deutschen Verfassungsstaates bis 1866, in: J. Isensee/P. Kirchhof (Hrsg.), HStR³ I, 2003,
§ 2 Rn. 11 ff.

[43] *E.-W. Böckenförde,* Der deutsche Typ der konstitutionellen Monarchie im 19. Jahrhundert (1967), in: ders., Recht, Staat, Freiheit, 6. Aufl. 2016, S. 273 (277 ff., 292 f.); *E. R. Huber,*
Deutsche Verfassungsgeschichte seit 1789, Bd. III, 2. Aufl. 1970, S. 11 ff.; *D. Grimm,* Deutsche
Verfassungsgeschichte 1776–1866 (1988), 4. Aufl. 2015, S. 110 ff., 113 ff., 138 ff.; *H. Dreier,*
Hierarchische Verwaltung im demokratischen Staat, 1991, S. 75 ff.; *R. Wahl,* Die Entwicklung
des deutschen Verfassungsstaates bis 1866, in: J. Isensee/P. Kirchhof (Hrsg.), HStR³ I, 2003,
§ 2 Rn. 24 f., 51 ff.; *W. Pauly,* Art. „Konstitutionalismus", in: W. Heun u. a. (Hrsg.), EvStL,
2006, Sp. 1313 (1314 ff.).

[44] *E.-W. Böckenförde,* Der deutsche Typ der konstitutionellen Monarchie im 19. Jahrhundert (1967), in: ders., Recht, Staat, Freiheit, 6. Aufl. 2016, S. 273 (280 ff.); *D. Grimm,* Deutsche
Verfassungsgeschichte 1776–1866 (1988), 4. Aufl. 2015, S. 110 ff.; *C. Waldhoff,* Entstehung
des Verfassungsgesetzes, in: O. Depenheuer/C. Grabenwarter (Hrsg.), Verfassungstheorie,
2010, § 8 Rn. 28, 29 ff., 32 f.

[45] *R. Wahl,* Die Entwicklung des deutschen Verfassungsstaates bis 1866, in: J. Isensee/
P. Kirchhof (Hrsg.), HStR³ I, 2003, § 2 Rn. 25: „Die Pointe der Zuweisung der Substanz der
Staatsgewalt wäre gewesen, daß sich der Monarch auf seine Staatsgewalt hätte zurückziehen
und die von ihm gegebene Verfassung auch einseitig hätte zurücknehmen können. Dies war
jedoch nicht der Fall. Einmal gegeben, war der Monarch im Dualismus gefangen und verfan-

waren der Volksvertretung zwar verantwortlich, aber von ihrem Vertrauen nicht persönlich abhängig.[46] Die Regierung war noch monarchisch, nicht parlamentarisch.

Der Konstitutionalismus war ein Kompromiss zwischen verschiedenen Herrschaftsansprüchen und ließ unbeantwortet, wer der Souverän sei: das Volk oder der Monarch.[47] Wie stark sich der bürgerliche Herrschaftsanspruch durchsetzte, richtete sich nicht zuletzt nach dem sachlichen Umfang der Gesetzgebung im Verhältnis zur vollziehenden Gewalt.[48] Dieser Umfang nahm allmählich zu: Zum einen standen alle Eingriffe in Freiheit und Eigentum unter dem *Vorbehalt* des Gesetzes; mit wachsender Häufigkeit stuften die Zeitgenossen eine staatliche Maßnahme als einen solchen Eingriff ein. Zum anderen veranlasste oder duldete der Monarch mitunter, dass eine Regelung in Form eines Gesetzes erging, obwohl ein Gesetz rechtlich nicht erforderlich war; wegen des *Vorrangs* des Gesetzes bedurften Regelungen solcher Fragen, die einmal zum Gegenstand von Gesetzgebung geworden waren, künftig der Form des Gesetzes.

Die Wahlen zu den Volksvertretungen waren im Konstitutionalismus weder allgemein noch gleich und damit wenig demokratisch: Den Frauen fehlte jedes Wahlrecht; für die Männer galten ein hohes Mindestalter, in Preußen in Höhe von 24 Jahren, und ein Zensuswahlrecht, in Preußen in Form eines Dreiklassenwahlrechts.[49] Da die Frauen die Hälfte der Bevölkerung ausmachten und ein erheblicher Anteil der Männer das Mindestalter unterschritt, konnte lediglich ein kleiner Teil der Bevölkerung an Wahlen teilnehmen. Eine Ausweitung bewirkte das Wahlgesetz für den Reichstag des Norddeutschen Bundes, dann des Deutschen Reiches: Wahlberechtigt waren alle Männer ab 25 Jahren, die nicht

---

gen – Verfassungsänderung war nur einvernehmlich mit der Volksvertretung möglich." Ähnlich *W. Pauly,* Art. „Konstitutionalismus", in: W. Heun u. a. (Hrsg.), EvStL, 2006, Sp. 1313 (1314 f.).

[46] *E.-W. Böckenförde,* Der deutsche Typ der konstitutionellen Monarchie im 19. Jahrhundert (1967), in: ders., Recht, Staat, Freiheit, 6. Aufl. 2016, S. 273 (285 ff., 299 ff.); *E. R. Huber,* Deutsche Verfassungsgeschichte seit 1789, Bd. III, 2. Aufl. 1970, S. 20 ff.; *D. Grimm,* Deutsche Verfassungsgeschichte 1776–1866 (1988), 4. Aufl. 2015, S. 116 ff.; *R. Wahl,* Die Entwicklung des deutschen Verfassungsstaates bis 1866, in: J. Isensee/P. Kirchhof (Hrsg.), HStR³ I, 2003, § 2 Rn. 47 ff., 51 ff.

[47] *E.-W. Böckenförde,* Der deutsche Typ der konstitutionellen Monarchie im 19. Jahrhundert (1967), in: ders., Recht, Staat, Freiheit, 6. Aufl. 2016, S. 273 (292 f.); *E. R. Huber,* Deutsche Verfassungsgeschichte seit 1789, Bd. III, 2. Aufl. 1970, S. 9 ff.; *H. Dreier,* Hierarchische Verwaltung im demokratischen Staat, 1991, S. 75 ff.

[48] *E.-W. Böckenförde,* Der deutsche Typ der konstitutionellen Monarchie im 19. Jahrhundert (1967), in: ders., Recht, Staat, Freiheit, 6. Aufl. 2016, S. 273 (282 ff.); *H. Dreier,* Hierarchische Verwaltung im demokratischen Staat, 1991, S. 79 ff., 83 ff. Eine Ausnahme zum Vorbehalt des Gesetzes und damit einer Rückausnahme zur Herrschaft des Monarchen war das besondere Gewaltverhältnis: *M. Gerhardt,* Art. „Gewaltverhältnis, besonderes", in: W. Heun u. a. (Hrsg.), EvStL, 2006, Sp. 807 ff.

[49] § 8 (aktives Wahlrecht) und §§ 10 ff. (Dreiklassenwahlrecht) der Verordnung über die Ausführung der Wahl der Abgeordneten zur Zweiten Kammer vom 30. Mai 1849, Gesetz-Sammlung für die Königlichen Preußischen Staaten, S. 205.

von Armenunterstützung lebten; ein Dreiklassenwahlrecht bestand nicht.[50] Im Konstitutionalismus demokratisierten sich Gesetzgebung und Regierung ungleichzeitig: Die Volksvertretungen gingen aus zunehmend allgemeinen und gleichen Wahlen hervor und wirkten an der zunehmend umfangreichen Gesetzgebung mit, waren aber bis zum Ende des Konstitutionalismus nicht an der Bestellung der Regierung beteiligt.

Die Deutsche Revolution erzwang 1848 die Wahl einer Nationalversammlung, die in der Paulskirche in Frankfurt am Main tagte.[51] Die Nationalversammlung erarbeitete und beschloss eine Verfassung für ein Deutsches Reich und ein ergänzendes Wahlgesetz.[52] Die Verfassung enthielt zwar einen modernen Grundrechtsteil und sah ein Verfassungsgericht vor (und wurde damit später zu einem Vorbild für das Grundgesetz), blieb aber dem Verfassungstypus des Konstitutionalismus verhaftet.[53] Unabhängig davon, ob und in welchem Umfang sie 1849 in Kraft trat oder auch Geltung erlangte, blieb sie ohne praktische Wirksamkeit:[54] Preußen, Österreich und die mittelgroßen Staaten verweigerten ihr die Anerkennung und beendeten gewaltsam die Revolution.[55] Die Revolution war gescheitert, aber nicht folgenlos: Preußen wandelte sich zur konstitutionellen Monarchie.[56] Erst im Jahr 1867 gründeten die Monarchen den Norddeutschen Bund, sodann 1871 das Deutsche Reich – nach wie vor in der Form einer konstitutionellen Monarchie.[57] Da Österreich weder zum Nord-

---

[50] §§ 1 ff. des Wahlgesetzes für den Reichstag des Norddeutschen Bundes vom 31. Mai 1869, Bundesgesetzblatt des Norddeutschen Bundes, S. 145. Obwohl den Frauen kein Wahlrecht zustand, enthielt Art. 20 der Verfassung des Deutschen Reichs einen Grundsatz der allgemeinen Wahl.

[51] *D. Grimm,* Deutsche Verfassungsgeschichte 1776–1866 (1988), 4. Aufl. 2015, S. 201 ff.; *J.-D. Kühne,* Die Reichsverfassung der Paulskirche, 2. Aufl. 1998, S. 31 ff., 51 ff.; *W. Pauly,* Die Verfassung der Paulskirche und ihre Folgewirkungen, in: J. Isensee/P. Kirchhof (Hrsg.), HStR³ I, 2003, § 3 Rn. 19 ff.; *C. Waldhoff,* Entstehung des Verfassungsgesetzes, in: O. Depenheuer/C. Grabenwarter (Hrsg.), Verfassungstheorie, 2010, § 8 Rn. 46.

[52] Überblick über Inhalte bei *R. Wahl,* Die Entwicklung des deutschen Verfassungsstaates bis 1866, in: J. Isensee/P. Kirchhof (Hrsg.), HStR³ I, 2003, § 2 Rn. 31 ff.; *W. Pauly,* Die Verfassung der Paulskirche und ihre Folgewirkungen, in: J. Isensee/P. Kirchhof (Hrsg.), HStR³ I, 2003, § 3 Rn. 25 ff.

[53] Fazit bei *C. Möllers,* Das Grundgesetz, 2. Aufl. 2019, S. 14 f.

[54] Zur Frage der Geltung und Wirksamkeit der Paulskirchenverfassung näher *S. Kempny,* Die Staatsfinanzierung nach der Paulskirchenverfassung, 2011, S. 22 ff.

[55] *D. Grimm,* Deutsche Verfassungsgeschichte 1776–1866 (1988), 4. Aufl. 2015, S. 191 ff., 204 ff.; *W. Pauly,* Die Verfassung der Paulskirche und ihre Folgewirkungen, in: J. Isensee/P. Kirchhof (Hrsg.), HStR³ I, 2003, § 3 Rn. 25 ff., 43 ff.

[56] *D. Grimm,* Deutsche Verfassungsgeschichte 1776–1866 (1988), 4. Aufl. 2015, S. 214 ff.; *R. Wahl,* Die Entwicklung des deutschen Verfassungsstaates bis 1866, in: J. Isensee/P. Kirchhof (Hrsg.), HStR³ I, 2003, § 2 Rn. 38 ff.; *W. Pauly,* Die Verfassung der Paulskirche und ihre Folgewirkungen, in: J. Isensee/P. Kirchhof (Hrsg.), HStR³ I, 2003, § 3 Rn. 47 ff.

[57] *E. R. Huber,* Das Kaiserreich als Epoche verfassungsstaatlicher Entwicklung, in: J. Isensee/P. Kirchhof (Hrsg.), HStR³ I, 2003, § 4; *C. Waldhoff,* Entstehung des Verfassungsgesetzes, in: O. Depenheuer/C. Grabenwarter (Hrsg.), Verfassungstheorie, 2010, § 8 Rn. 35, 47 ff.

deutschen Bund noch zum Deutschen Reich gehörte, war seine künftige Entwicklung nicht mehr Teil der deutschen Geschichte. Zur gleichen Zeit, als der Norddeutsche Bund entstand, nahm Österreich durch die Dezemberverfassung von 1867 erstmals die Gestalt einer konstitutionellen Monarchie an.

b) Zwei Anläufe zur „geglückten Demokratie": Weimarer Reichsverfassung und Grundgesetz für die Bundesrepublik Deutschland

Durch die Revolution von 1918/19 fand der Konstitutionalismus nach mehr als einhundert Jahren ein jähes Ende: Das Deutsche Reich und seine Gliedstaaten wurden zu Republiken und Demokratien.[58] Die Weimarer Reichsverfassung bestimmte das Volk zum alleinigen Träger und Inhaber der Staatsgewalt; an die Stelle des erblichen Kaisers trat der vom Volk gewählte Reichspräsident.[59] In Deutschland entstand eine parlamentarische Regierung: Der Reichspräsident bestellte die Reichsregierung, aber ihre Mitglieder waren vom Vertrauen des Reichstags persönlich abhängig.[60] Dass sich die vollziehende Gewalt nicht mehr auf die Souveränität des Monarchen stützen konnte, bewirkte die Aufwertung und Ausdehnung der Gesetzgebung.[61] Die Weimarer Reichsverfassung war demokratisch zustande gekommen: Die Deutsche Nationalversammlung in Weimar hatte sie erarbeitet und beschlossen; ihre Mitglieder hatte das Volk in allgemeiner und gleicher Wahl eigens zu diesem Zweck bestellt.[62]

Die Weimarer Reichsverfassung verband Formen der mittelbaren mit Formen der unmittelbaren Demokratie: Das Volk wählte den Reichspräsidenten

---

[58] Zur Vorgeschichte der Weimarer Reichsverfassung näher *H. Schneider,* Die Reichsverfassung vom 11. August 1919, in: J. Isensee/P. Kirchhof (Hrsg.), HStR³ I, 2003, § 5 Rn. 1 ff.; *C. Waldhoff,* Entstehung des Verfassungsgesetzes, in: O. Depenheuer/C. Grabenwarter (Hrsg.), Verfassungstheorie, 2010, § 8 Rn. 50 ff.; *C. Gusy,* 100 Jahre Weimarer Verfassung, 2018, S. 11 ff.

[59] Art. 1 WRV: „(1) Das Deutsche Reich ist eine Republik. (2) Die Staatsgewalt geht vom Volke aus." Speziell zur Demokratie als einem Gegenstand der Weimarer Reichsverfassung näher *G. Lübbe-Wolff,* Das Demokratiekonzept der Weimarer Reichsverfassung, in: H. Dreier/C. Waldhoff (Hrsg.), Das Wagnis der Demokratie, 2018, S. 111 ff. Allgemeiner Überblick über den Verfassungsinhalt bei *H. Schneider,* Die Reichsverfassung vom 11. August 1919, in: J. Isensee/P. Kirchhof (Hrsg.), HStR³ I, 2003, § 5 Rn. 21 ff.; *O. Lepsius,* Art. „Weimarer Verfassung", in: W. Heun u. a. (Hrsg.), EvStL, 2006, Sp. 2680 ff.; *C. Gusy,* 100 Jahre Weimarer Verfassung, 2018, S. 109 ff., 143 ff.

[60] Art. 53 WRV: „Der Reichskanzler und auf seinen Vorschlag die Reichsminister werden vom Reichspräsidenten ernannt und entlassen"; Art. 54 WRV: „¹Der Reichskanzler und die Reichsminister bedürfen zu ihrer Amtsführung des Vertrauens des Reichstags. ²Jeder von ihnen muß zurücktreten, wenn ihm der Reichstag durch ausdrücklichen Beschluß sein Vertrauen entzieht."

[61] *H. Dreier,* Hierarchische Verwaltung im demokratischen Staat, 1991, S. 99 ff.

[62] *H. Schneider,* Die Reichsverfassung vom 11. August 1919, in: J. Isensee/P. Kirchhof (Hrsg.), HStR³ I, 2003, § 5 Rn. 7 f.; *C. Waldhoff,* Entstehung des Verfassungsgesetzes, in: O. Depenheuer/C. Grabenwarter (Hrsg.), Verfassungstheorie, 2010, § 8 Rn. 50 ff.; *C. Gusy,* 100 Jahre Weimarer Verfassung, 2018, S. 73 ff.

sowie die Abgeordneten des Reichstages jeweils unmittelbar und konnte in Volksabstimmungen ebenso unmittelbar Gesetze erlassen; praktisch aber übernahmen der Reichstag und der Reichsrat allein die Gesetzgebung. Die Wahlen zum Reichstag waren allgemein und gleich: Die Weimarer Reichsverfassung führte das Frauenwahlrecht ein, senkte das Mindestalter auf 21 Jahre und verzichtete auf jede Form des Zensuswahlrechts.[63] Die Zusammensetzung des Reichstages richtete sich nach reiner Verhältniswahl. Nahezu nirgendwo hatte sich das Wahlrecht damals so weit ausgedehnt wie in der Weimarer Republik.[64]

Die Weimarer Reichsverfassung band die Länder an einige der für das Reich prägenden organisationsrechtlichen Grundsätze: Republik; parlamentarische Regierung; Allgemeinheit, Gleichheit, Unmittelbarkeit und Geheimheit der Wahl.[65] Dadurch verpflichtete das Reich seine Gliedstaaten auf den Übergang von der konstitutionellen Monarchie zur demokratischen Republik. Daneben galten einige Normen des Abgeordnetenrechts genauso für die Landtags- wie für die Reichstagsabgeordneten; die Reichsverfassung hatte, jedenfalls in der damals herrschenden Interpretation, Geltungsvorrang auch vor inhaltsgleichem, nicht allein vor kollidierendem Landesverfassungsrecht.[66] Sie begrenzte den Entscheidungsfreiraum der Länder stärker als das spätere Grundgesetz.[67]

In den Jahren 1933/34 übernahmen die Nationalsozialisten die Macht, beseitigten die demokratische Republik endgültig und ersetzten sie durch eine totalitäre Diktatur. Bereits zuvor hatten sich Verfassungsrecht und Verfassungswirklichkeit so weit voneinander entfernt, dass sich kaum mehr die Frage stellte, ob sich die Weimarer Republik erhalten ließe, sondern welches politische System sie ablösen würde: eine andere Republik oder etwas anderes als eine Republik.[68] Die Weimarer Republik war, trotz einer Zwischenzeit der Beruhigung,

---

[63] Art. 22 I WRV: „Die Abgeordneten werden in allgemeiner, gleicher, unmittelbarer und geheimer Wahl von den über zwanzig Jahre alten Männern und Frauen nach den Grundsätzen der Verhältniswahl gewählt."

[64] *C. Gusy,* 100 Jahre Weimarer Verfassung, 2018, S. 115: „Eine derart weit reichende Öffnung des Stimmrechts war damals im internationalen Vergleich nahezu ohne Beispiel." Daten bei *D. Nohlen,* Wahlrecht und Parteiensystem, 7. Aufl. 2014, S. 47 ff.

[65] Art. 17 WRV: „(1) [1]Jedes Land muß eine freistaatliche Verfassung haben. [2]Die Volksvertretung muß in allgemeiner, gleicher, unmittelbarer und geheimer Wahl von allen reichsdeutschen Männern und Frauen nach den Grundsätzen der Verhältniswahl gewählt werden. [3]Die Landesregierung bedarf des Vertrauens der Volksvertretung. (2) [1]Die Grundsätze für die Wahlen zur Volksvertretung gelten auch für die Gemeindewahlen. [2]Jedoch kann durch Landesgesetz die Wahlberechtigung von der Dauer des Aufenthalts in der Gemeinde bis zu einem Jahre abhängig gemacht werden."

[66] Art. 13 I WRV: „Reichsrecht bricht Landrecht" („Landrecht" statt „Landesrecht" im Original; S. L.). Nachweise dazu bei *F. Wittreck,* Zur Einleitung, in: ders. (Hrsg.), Weimarer Landesverfassungen, 2004, S. 1 (5).

[67] *F. Wittreck,* Zur Einleitung, in: ders. (Hrsg.), Weimarer Landesverfassungen, 2004, S. 1 (4 f.): „Korsett der Reichsverfassung".

[68] *U. Di Fabio,* Art. „Demokratie" [J], in: Görres-Gesellschaft (Hrsg.), StL[8] I, 2017, Sp. 1204 (1208 f.): „Abwahl der bereits massiv unterhöhlten D[emokratie] in den Reichstags-

zerrüttet von Bürgerkrieg, Hyperinflation und Weltwirtschaftskrise.[69] Aus diesen Gründen ging die parlamentarische Demokratie in eine präsidiale Diktatur über, noch bevor die Nationalsozialisten an die Macht gelangten.[70]

Die Weimarer Reichsverfassung litt vermeintlich an zahlreichen „Konstruktionsfehlern".[71] Dazu gehörten die reine Verhältniswahl, die Möglichkeit von Volksabstimmungen und die starke Stellung des Reichspräsidenten.[72] Er genoss die Legitimität einer unmittelbaren Volkswahl, konnte den Reichskanzler und die Reichsminister ernennen, Notverordnungen erlassen und den Reichstag auflösen.[73] Dadurch hat die Weimarer Reichsverfassung ihren schleichenden Wirkungsverlust und den Übergang in eine präsidiale Diktatur begünstigt, aber nicht verursacht. Dass die erste deutsche Demokratie unterging, lässt sich ihrer Verfassung kaum anlasten.[74] Die Weimarer Reichsverfassung war „eine gute Verfassung in schlechter Zeit".[75] Der Parlamentarische Rat begriff sie deshalb nicht allein als Gegenentwurf, sondern auch als Vorbild für das Grundgesetz.[76]

Nachdem der Zweite Weltkrieg im Jahr 1945 mit der bedingungslosen Kapitulation Deutschlands und der Übernahme der Regierungsgewalt durch die

---

wahlen 1932"; *F. Kießling,* Art. „Deutsche Geschichte" [Moderne], in: Görres-Gesellschaft (Hrsg.), StL[8] I, 2017, Sp. 1322 (1325): „Reichspräsident Paul von Hindenburg [ernannte] Adolf Hitler am 30.1.1933 zum Reichskanzler, nachdem bereits zuvor die demokratische Regierungsweise durch die seit 1930 ohne parlamentarische Mehrheiten regierenden ‚Präsidialkabinette' erheblich geschwächt worden war"; *C. Gusy,* 100 Jahre Weimarer Verfassung, 2018, S. 320: „Besonders sinnfällig wurde dies in den Reichspräsidentenwahlen des Jahres 1932, als mit der Alternative Hindenburg oder Hitler nur noch die Auswahl bestand zwischen einer anderen Republik oder einem Ende der Republik – eine Auswahl, die sich zudem bald als scheinbar erweisen sollte. Die Weimarer Verfassung und ihre parlamentarische Staatsform kamen in diese stark reduzierten Alternative gar nicht mehr vor."

[69] Zur „Wirtschaft als Schicksal der Demokratie" näher *U. Di Fabio,* Die Weimarer Verfassung, 2018, S. 107 ff.

[70] Zu diesem Übergang näher *U. Di Fabio,* Die Weimarer Verfassung, 2018, S. 167 ff., 201 ff.; *C. Gusy,* 100 Jahre Weimarer Verfassung, 2018, S. 171 ff., 207 ff.

[71] Begriff bei *G. Roellecke,* Konstruktionsfehler der Weimarer Verfassung, in: Der Staat 35 (1996), S. 599 ff.

[72] *U. Di Fabio,* Die Weimarer Verfassung, 2018, S. 16 hebt diese drei Eigenheiten der Verfassung aus der Debatte um vermeintliche Konstruktionsfehler hervor.

[73] Art. 41 I, Art. 53, Art. 25 I, Art. 48 II WRV. Dazu *U. Di Fabio,* Die Weimarer Verfassung, 2018, S. 71 ff.; *C. Gusy,* 100 Jahre Weimarer Verfassung, 2018, S. 171 ff.

[74] Zu wirklichen und vermeintlichen Lehren aus dem Untergang der Weimarer Republik im Parlamentarischen Rat und in späterer Zeit näher *H. Dreier,* Grundlagen und Grundzüge staatlichen Verfassungsrechts: Deutschland, in: A. v. Bogdandy/P. Cruz Villalón/P. M. Huber (Hrsg.), IPE I, 2008, § 1 Rn. 8 ff.; *H. Dreier/F. Wittreck,* Das Grundgesetz für die Bundesrepublik Deutschland, in: dies. (Hrsg.), Grundgesetz, 11. Aufl. 2017, S. XIII (XV ff.); *U. Di Fabio,* Die Weimarer Verfassung, 2018, S. 15 ff., 247 ff.; *C. Möllers,* Das Grundgesetz, 2. Aufl. 2019, S. 31 ff.

[75] Würdigungen der Weimarer Reichsverfassung bei *O. Lepsius,* Art. „Weimarer Verfassung", in: W. Heun u. a. (Hrsg.), EvStL, 2006, Sp. 2680 (2682 f.); *U. Di Fabio,* Die Weimarer Verfassung, 2018, S. 247 ff.; *C. Gusy,* 100 Jahre Weimarer Verfassung, 2018, S. 299 ff. (Zitat auf S. 326); *C. Möllers,* Grundgesetz, 2. Aufl. 2019, S. 15 f.

[76] Daran erinnern *H. Dreier,* Grundlagen und Grundzüge staatlichen Verfassungsrechts:

Alliierten geendet hatte, vollzog sich der staatliche Neuanfang getrennt in den amerikanischen, britischen und französischen Besatzungszonen einerseits und der sowjetischen Besatzungszone andererseits.[77] Im Westen gründete sich 1949 die Bundesrepublik Deutschland, im Osten im gleichen Jahr die Deutsche Demokratische Republik. Die Bundesrepublik entspricht dem Typus einer liberalen Demokratie. Die DDR hingegen nahm die Demokratie zwar für sich in Anspruch, gehörte aber in Wirklichkeit zu den realsozialistischen Parteidiktaturen.[78]

Für die Bundesrepublik Deutschland erarbeitete und beschloss der Parlamentarische Rat in Bonn das Grundgesetz.[79] Die westdeutschen Landtage hatten die Mitglieder des Parlamentarischen Rates nach Verhältniswahl bestimmt; die Landtagswahlen aber waren mit keinem Auftrag zur Verfassunggebung verbunden gewesen. Dass ein solcher Auftrag fehlte, trug zur Entstehung der These bei, dass das Grundgesetz an einem „Geburtsmakel"[80] leide und seine Legitimität deshalb zweifelhaft sei.[81] Das Grundgesetz erwarb sich aber in den folgenden Jahrzehnten breite Zustimmung in der Bevölkerung. Die Wiedervereinigung kam zustande, ohne dass eine Nachfolgeverfassung das Grundgesetz abgelöst hätte, obwohl das Grundgesetz eine solche Ablösung ausdrücklich regelt(e).[82] Die These vom Geburtsmakel verlor deshalb ihre Bedeutung.

Die wesentlichen organisationsrechtlichen Grundsätze der Weimarer Reichsverfassung finden sich im Grundgesetz wieder: unter anderem Volkssouverä-

---

Deutschland, in: A. v. Bogdandy/P. Cruz Villalón/P. M. Huber (Hrsg.), IPE I, 2008, § 1 Rn. 6 f. mit Fn. 44; *H. Dreier/F. Wittreck,* Das Grundgesetz für die Bundesrepublik Deutschland, in: dies. (Hrsg.), Grundgesetz, 11. Aufl. 2017, S. XIII (XIV).

[77] *M. G. Schmidt,* Art. „Demokratie" [Pol], in: Görres-Gesellschaft (Hrsg.), StL[8] I, 2017, Sp. 1213 (1219 f.); *F. Kießling,* Art. „Deutsche Geschichte" [Moderne], in: Görres-Gesellschaft (Hrsg.), StL[8] I, 2017, Sp. 1322 (1326 f.).

[78] Zum politischen System der DDR näher *K. Schroeder,* Art. „Deutsche Demokratische Republik (DDR)" [Pol], in: Görres-Gesellschaft (Hrsg.), StL[8] I, 2017, Sp. 1281 ff.

[79] Zum Parlamentarischen Rat näher *J.-D. Kühne,* Art. „Grundgesetz", in: W. Heun u. a. (Hrsg.), EvStL, 2006, Sp. 903 (904 f.); *H. Dreier,* Grundlagen und Grundzüge staatlichen Verfassungsrechts: Deutschland, in: A. v. Bogdandy/P. Cruz Villalón/P. M. Huber (Hrsg.), IPE I, 2008, § 1 Rn. 84 ff.; *C. Waldhoff,* Entstehung des Verfassungsgesetzes, in: O. Depenheuer/C. Grabenwarter (Hrsg.), Verfassungstheorie, 2010, § 8 Rn. 55; *C. Möllers,* Art. „Grundgesetz", in: Görres-Gesellschaft (Hrsg.), StL[8] I, 2018, Sp. 1446 (1446 ff.); *ders.,* Grundgesetz, 2. Aufl. 2019, S. 21 ff.

[80] Begriffsprägend *J. Isensee,* Schlußbestimmung des Grundgesetzes: Artikel 146 (1992), in: ders./P. Kirchhof (Hrsg.), HStR[3] XII, 2014, § 258 Rn. 35 ff.

[81] Kritisch referierend *H. Dreier,* Grundlagen und Grundzüge staatlichen Verfassungsrechts: Deutschland, in: A. v. Bogdandy/P. Cruz Villalón/P. M. Huber (Hrsg.), IPE I, 2008, § 1 Rn. 4 f.; *H. Dreier/F. Wittreck,* Das Grundgesetz für die Bundesrepublik Deutschland, in: dies. (Hrsg.), Grundgesetz, 11. Aufl. 2017, S. XIII (XIII ff.); *C. Möllers,* Art. „Grundgesetz", in: Görres-Gesellschaft (Hrsg.), StL[8] I, 2018, Sp. 1446 (1449 f.); *ders.,* Grundgesetz, 2. Aufl. 2019, S. 35 ff.

[82] Art. 146 a. F. GG: „Dieses Grundgesetz verliert seine Gültigkeit an dem Tage, an dem eine Verfassung in Kraft tritt, die von dem deutschen Volke in freier Entscheidung beschlossen worden ist."

nität, Demokratie, Republik, parlamentarische Regierung, Allgemeinheit und Gleichheit der Wahl.[83] Zu den Neuheiten gehören die Regelung eines eigenständigen Demokratieprinzips, sein Schutz vor Verfassungsänderungen durch eine Ewigkeitsgarantie, das Konzept der streitbaren oder wehrhaften Demokratie und eine vergleichsweise schwache Stellung des Bundespräsidenten.[84] Das Grundgesetz behält die Gesetzgebung dem Bundestag und dem Bundesrat vor und lässt den Bundespräsidenten von einer Bundesversammlung wählen. Dem verfassungsändernden Gesetzgeber steht es allerdings frei, ein Verfahren der Volksgesetzgebung oder eine Volkswahl des Bundespräsidenten einzuführen. Allein in *diesem* Sinne ist das Grundgesetz „prononciert antiplebiszitär"[85].[86] Den Ländern schreibt es unter anderem Demokratie, Republik sowie Allgemeinheit, Freiheit, Geheimheit, Gleichheit und Unmittelbarkeit der Wahl vor.[87]

Die Bundesrepublik Deutschland entging dem Schicksal der Weimarer Republik: Dass die westlichen Siegermächte die Bundesrepublik organisatorisch einbanden, sich rasch anhaltender wirtschaftlicher Erfolg einstellte und die politische Kultur reifte, trug zur Festigung der Demokratie bei.[88] Die DDR hingegen litt von Anbeginn unter wirtschaftlicher Schwäche und politischer Ablehnung, die sich in stetem Auswanderungsdruck gen Westen äußerten.[89] In den 1980er Jahren konnten (und wollten) die Eliten der DDR dem Niedergang ihres Staates zunehmend weniger Gegenwehr leisten. Zur gleichen Zeit verlor die Sowjetunion, die Schutzmacht der DDR, den Wettbewerb von Marktwirtschaft und Sozialismus, Demokratie und Diktatur. Nach einer friedlichen Revolution trat die DDR im Jahr 1990 der Bundesrepublik bei.[90]

---

[83] Art. 20 I bis III, Art. 38 I 1 u. a. GG. Überblick über den Verfassungsinhalt bei *J.-D. Kühne*, Art. „Grundgesetz", in: W. Heun u. a. (Hrsg.), EvStL, 2006, Sp. 903 (905 ff.); *H. Dreier*, Grundlagen und Grundzüge staatlichen Verfassungsrechts: Deutschland, in: A. v. Bogdandy/P. Cruz Villalón/P. M. Huber (Hrsg.), IPE I, 2008, § 1 Rn. 84 ff.; *H. Dreier/F. Wittreck*, Das Grundgesetz für die Bundesrepublik Deutschland, in: dies. (Hrsg.), Grundgesetz, 11. Aufl. 2017, S. XIII (XXI ff.); *C. Möllers*, Art. „Grundgesetz", in: Görres-Gesellschaft (Hrsg.), StL⁸ I, 2018, Sp. 1446 (1450 ff., 1453 ff.); *ders.*, Grundgesetz, 2. Aufl. 2019, S. 38 ff.

[84] Art. 20 I, II, Art. 79 III, Art. 21 II bis IV u. a., Art. 54 ff. GG.

[85] *K. Stern*, Das Staatsrecht der Bundesrepublik Deutschland, Bd. I, 2. Aufl. 1984, S. 608.

[86] Gleiche Sinngebung bei *H. Hofmann*, Bundesstaatliche Spaltung des Demokratiebegriffs? (1985), in: ders., Verfassungsrechtliche Perspektiven, 1995, S. 146 (148 ff.); *H. Dreier*, Einheit und Vielfalt der Verfassungsordnungen im Bundesstaat, in: K. Schmidt (Hrsg.), Vielfalt des Rechts – Einheit der Rechtsordnung?, 1994, S. 113 (123); *S. Lenz*, Volksgesetzgebung als „Minderheitendiktatur"?, in: ZG 28 (2013), S. 167 (178 f.).

[87] Art. 28 I GG.

[88] *M. G. Schmidt*, Art. „Demokratie" [Pol], in: Görres-Gesellschaft (Hrsg.), StL⁸ I, 2017, Sp. 1213 (1220 ff.); *F. Kießling*, Art. „Deutsche Geschichte" [Moderne], in: Görres-Gesellschaft (Hrsg.), StL⁸ I, 2017, Sp. 1322 (1326 f.).

[89] *D. Hoffmann*, Art. „Deutsche Demokratische Republik (DDR)" [His], in: Görres-Gesellschaft (Hrsg.), StL⁸ I, 2017, Sp. 1272 ff.; *F. Kießling*, Art. „Deutsche Geschichte" [Moderne], in: Görres-Gesellschaft (Hrsg.), StL⁸ I, 2017, Sp. 1322 (1326 ff.).

[90] Gesetz zu dem Vetrag vom 31. August 1990 zwischen der Bundesrepublik Deutschland und der Deutschen Demokratischen Republik über die Herstellung der Einheit Deutschlands –

Im 21. Jahrhundert ist von einer (existenziellen) Krise der Demokratie die Rede.[91] Entparlamentarisierung und Globalisierung, Politik(er)verdrossenheit, „Postdemokratie"[92] sowie Rechts- und Linkspopulismus sind wiederkehrende Stichwörter.[93] Deutschland und andere Demokratien stehen vor Herausforderungen und leiden unter Verunsicherung.[94] Die Vorstellung einer Krise der Demokratie übt eine starke Anziehungskraft aus. Möglicherweise ist sie ein Ausdruck der menschlichen Neigung, die Gegenwart geschichtlich zu überhöhen, sie als Anfangs-, End-, Höhe- oder Wendepunkt zu deuten, nicht als Normalität. Dass das Krisenerleben wächst, kann zudem einem Anstieg der Erwartungen geschuldet sein, die viele Bürger an die Demokratie richten. Wer von einer existenziellen Krise der Demokratie spricht, übernimmt den Topos, der in der Weimarer Republik die öffentliche Debatte beherrschte.[95] Deutschland im Jahr 2019 ist hingegen, trotz aller Herausforderungen und aller Verunsicherung, im geschichtlichen Maßstab eine „geglückte Demokratie"[96].

Einigungsvertragsgesetz – und der Vereinbarung vom 18. September 1990 vom 23. September 1990, BGBl. II, S. 885 mit dem Vertragstext im Anhang. Dazu *C. Waldhoff,* Entstehung des Verfassungsgesetzes, in: O. Depenheuer/C. Grabenwarter (Hrsg.), Verfassungstheorie, 2010, § 8 Rn. 56 f.

[91] *S. Issacharoff,* Die Defizite der Demokratie, in: Der Staat 56 (2017), S. 329 (355): „Geschichte verwirrt Gewissheit. Rund 25 Jahre nach dem Zusammenbruch der Sowjetunion ist nun die Demokratie in eine Phase ernsthafter öffentlicher Prüfung geraten. Die Wahl von Präsident Donald J. Trump in den USA und die Abstimmung über den ‚Brexit' in Großbritannien markieren wichtige Momente eines populistischen Aufstands gegen den politischen Nachkriegskonsens liberaler Herrschaft"; *C. Möllers,* Wir, die Bürger(lichen), in: Merkur vom Juli 2017, S. 5 (5): „Ob liberale Demokratien überleben, erscheint heute überraschend ungewiss. Vielleicht hat eine Ordnung, an der Mehrheiten kein Interesse haben, weil sie bloß versorgt und unterhalten werden wollen, keine Zukunft – schon gar nicht, wenn sich die Ordnung selbst als Mehrheitsherrschaft versteht"; *H. A. Winkler,* Zerbricht der Westen?, 2. Aufl. 2017, S. 504: „Die liberale Demokratie des Westens ist in der Defensive. Sie wird nicht nur von außen, von immer selbstbewußter auftretenden autoritären Regimen, obenan der Volksrepublik China mit ihren weltweiten Aktivitäten, sondern auch von innen in Frage gestellt: von populistischen Bewegungen und Parteien, die von sich behaupten, sie seien die wahren Repräsentanten der Demokratie, weil sie und nur sie für ‚das Volk' sprächen."

[92] *C. Crouch,* Postdemokratie (2008), 13. Aufl. 2017.

[93] Überblick über den Krisendiskurs bei *H. Pünder,* Wahlrecht und Parlamentsrecht als Gelingensbedingungen repräsentativer Demokratie, in: VVDStRL 72 (2013), S. 191 (193 ff.); *P. Cancik,* Wahlrecht und Parlamentsrecht als Gelingensbedingungen repräsentativer Demokratie, in: VVDStRL 72 (2013), S. 268 (270 ff.); *G. S. Schaal,* Der aktuelle Diskurs über die Krise der Demokratie, in: ZfVP 10 (2016), S. 371 ff. (Literaturbericht); *I. Spiecker gen. Döhmann,* Kontexte der Demokratie: Parteien – Medien – Sozialstrukturen, in: VVDStRL 77 (2018), S. 9 (10 ff.); *A. Thiele,* Verlustdemokratie, 2. Aufl. 2018, S. 1 ff.

[94] Analyse bei *M. G. Schmidt,* Art. „Demokratie (J)", in: W. Heun u. a. (Hrsg.), EvStL, 2006, Sp. 325 (333); *M. G. Schmidt,* Art. „Demokratie" [Pol], in: Görres-Gesellschaft (Hrsg.), StL[8] I, 2017, Sp. 1213 (1222 f., 1223 ff.).

[95] *C. Gusy,* 100 Jahre Weimarer Verfassung, 2018, S. 303 ff.

[96] *E. Wolfrum,* Die geglückte Demokratie, 2007. Distanzierung von Krisendiskursen beispielsweise bei *M. Möstl,* Elemente direkter Demokratie als Entwicklungsperspektive, in: VVDStRL 72 (2013), S. 355 (361): „Vor überzogener Krisenrhetorik ist freilich zu warnen,

3. Blicke auf Theorie, Begriffe und Modelle der Demokratie

a) Theorie der Demokratie: Positivierungsnachweis als Kriterium der Unterscheidung von Verfassungstheorie und Verfassungsdogmatik

Das Wort „Demokratietheorie" ist doppeldeutig: Zum einen bezeichnet es einen Ausschnitt der rechtswissenschaftlichen Disziplin namens Verfassungstheorie, zum anderen eine bestimmte Auffassung von Demokratie innerhalb dieser Subdisziplin.[97] Als Subdisziplin leistet die Demokratietheorie zweierlei: Sie bewertet die Demokratie, die eine Rechtsordnung einrichtet, am Maßstab einer Demokratie, die (nach wissenschaftlichen Erkenntnissen) erstrebenswert ist; sie verdeutlicht den Sinn von Rechtsnormen, die eine Demokratie zum Gegenstand haben, indem sie sie einordnet und erläutert.[98] Als eine bestimmte Auffassung von Demokratie dient eine Demokratietheorie einem Interpreten als verwissenschaftlichte Form eines Vor-Verständnisses, das aus hermeneutischen Gründen für jede Interpretation prinzipiell unverzichtbar ist.[99]

Die Wahl einer Theorie der Verfassung beeinflusst praktisch, wie (genau und zuverlässig) sich ein Interpret dem Inhalt einer Verfassungsnorm nähert. Doch der Inhalt selbst bleibt unverändert: Er ist dem Interpreten vom Normerzeuger vorgegeben.[100] Der Interpret *erkennt* oder *verkennt* den Inhalt.[101] Auch wenn über den Inhalt einer Norm bleibende Uneinigkeit herrscht, auch wenn seine Erkenntnis mit praktischen Schwierigkeiten belastet ist, trifft aus-

---

nicht nur deshalb, weil ein gesundes Krisenempfinden auch eine Stärke sein kann, sondern, wichtiger noch, weil nach aller historischen Erfahrung immer dann, wenn in Zeiten des Umbruchs die Krise der Repräsentation beschworen wurde, antiparlamentarische Ressentiments und identitäre Träume mit von der Partie gewesen sind."

[97] *U. Volkmann,* Rechts-Produktion oder: Wie die Theorie der Verfassung ihren Inhalt bestimmt, in: Der Staat 54 (2015), S. 35 (35 ff.): Verfassungstheorie als „eine Form wissenschaftlichen Arbeitens mit der Verfassung" und als „eine bestimmte Lesart der Verfassung". Für die Grundrechtstheorie *M. Jestaedt,* Art. „Grundrechte", in: Görres-Gesellschaft (Hrsg.), StL[8] I, 2018, Sp. 1462 (1470 f.).

[98] Für die Verfassungstheorie allgemein *M. Jestaedt,* Die Verfassung hinter der Verfassung, 2009, S. 45 ff.; *ders.,* Verfassungstheorie als Disziplin, in: O. Depenheuer/C. Grabenwarter (Hrsg.), Verfassungstheorie, 2010, § 1 Rn. 28 ff.

[99] Grundlegend *H.-G. Gadamer,* Wahrheit und Methode (1960), 4. Aufl. 1975; *J. Esser,* Vorverständnis und Methodenwahl in der Rechtsfindung, 2. Aufl. 1972; *A. Schmitt Glaeser,* Vorverständnis als Methode, 2004.

[100] *M. Jestaedt,* Die Verfassung hinter der Verfassung, 2009, S. 90 ff.; *ders.,* Verfassungstheorie als Disziplin, in: O. Depenheuer/C. Grabenwarter (Hrsg.), Verfassungstheorie, 2010, § 1 Rn. 63 f. Gegenauffassung bei *U. Volkmann,* Grundzüge einer Verfassungslehre der Bundesrepublik Deutschland, 2013, S. 2 f.; *ders.,* Rechts-Produktion oder: Wie die Theorie der Verfassung ihren Inhalt bestimmt, in: Der Staat 54 (2015), S. 35 (60 ff.).

[101] *M. Jestaedt,* Das mag in der Theorie richtig sein …, 2006, S. 48 f.: „Im Erkenntnisakt wird das Gegebene entweder zutreffend erfasst oder verfehlt – tertium non datur. Dass sich mit mehr oder minder überzeugenden Gründen mehrere Sinndeutungen vertreten lassen, darf nicht zu dem Fehlschluss verleiten, dass dem Gegebenen, hier: einer Rechtsnorm, tatsächlich mehrfacher Sinn eignet".

schließlich eine einzige Auffassung vom Inhalt der Norm zu. Ein Interpret ähnelt einem Historiker oder einem Kriminalisten, der anhand von Indizien eine (vergangene) Wirklichkeit rekonstruiert.[102] Sowenig ein Historiker oder ein Kriminalist „bloß sagen [kann], wie es eigentlich gewesen"[103] ist, kann ein Interpret vollständig und zweifelsfrei ermitteln, welchen Inhalt ein Rechtserzeuger einer Norm wirklich beigemessen hat. Dennoch halten alle drei an ihrem Anspruch fest, dass sie die Geschichte, eine Tat oder eine Normsetzung rekonstruieren, statt sich am Geschehen zu beteiligen. Historiker, Kriminalisten und Interpreten können sich einem Gegenstand zwar lediglich annähern, aber ihre Annäherungsversuche führen zu verschieden genauen und verschieden zuverlässigen Ergebnissen.

Äußerlich lassen sich Verfassungstheorie und Verfassungsdogmatik nicht unterscheiden: Ausdrücke wie „Demokratie", „Staat" und „Verfassung" sind in beiden Subdisziplinen gleichermaßen gebräuchlich. Welcher rechtswissenschaftlichen Ebene ein Begriff oder ein Modell angehört, richtet sich allein nach geltendem Verfassungsrecht: Ein Modell der Verfassungsdogmatik ist als solches berechtigt, wenn es das geltende Verfassungsrecht adäquat abbildet, wenn sich ein „Positivierungsnachweis" führen lässt.[104] Ob ein solcher Nachweis gelingt, entscheidet sich durch Interpretation der Verfassung. Indem ein Modell, das für sich beansprucht, ein verfassungsdogmatisches Modell zu sein, beim Positivierungstest scheitert, erweist es sich als ein rein verfassungstheoretisches Modell, als die Abbildung eines allgemein möglichen Verfassungsinhalts, den sich der Verfassunggeber im Einzelfall aber nicht zu eigen gemacht hat. Dadurch wird ein verfassungstheoretisches Modell als solches zwar nicht hinfällig, verliert aber seinen Erklärungswert für die maßgebliche Verfassung.

---

[102] *M. Jestaedt,* Grundrechtsentfaltung im Gesetz, 1999, S. 155, 342 f.; *F. Michl,* Unionsgrundrechte aus der Hand des Gesetzgebers, 2018, S. 37 f.

[103] *L. Ranke,* Geschichten der romanischen und germanischen Völker von 1494 bis 1535, Bd. I, 1824, S. V f.: „Man hat der Historie das Amt, die Vergangenheit zu richten, die Mitwelt zum Nutzen zukünftiger Jahre zu belehren, beigemessen: so hoher Aemter unterwindet sich gegenwärtiger Versuch nicht: er will bloß sagen, wie es eigentlich gewesen."

[104] *M. Jestaedt,* Die Verfassung hinter der Verfassung, 2009, S. 77 ff.: „Verfassungsdogmatische Figuren haben Bestand und Rechtfertigung nur, wenn und soweit sie sich als unverfälschte Darstellungsweise positivrechtlicher Normphänomene ausweisen lassen. Für die normativen Phänomene, die sie zu beschreiben trachten, muss sich der Positivierungsnachweis führen lassen. Dieser markiert mithin den Lackmus-Test verfassungsdogmatischer Figuren, Konzepte und Begriffe: Ohne Positivierungsnachweis keine Verfassungsdogmatik. Und geführt wird dieser Nachweis durch nichts anderes als durch Auslegung der positivrechtlichen (Verfassungs-)Normen, genauer: durch Interpretation der im Verlaufe des Normerzeugungsprozesses entstandenen Indizien wie Wortlaut, Materialien und dergleichen mehr" (S. 78); *ders.,* Verfassungstheorie als Disziplin, in: O. Depenheuer/C. Grabenwarter (Hrsg.), Verfassungstheorie, 2010, § 1 Rn. 58 ff. (Zitat nahezu wortgleich in Rn. 58).

*b) Begriffe der Demokratie: Unterscheidung von Input- und Output-Theorien
der Demokratie und Vereinnahmung scheinbarer Vorläufer*

Zur Ordnung von Demokratietheorien ist seit einigen Jahrzehnten die Unterscheidung von *Input*-Demokratie und *Output*-Demokratie gebräuchlich, die aus der Politikwissenschaft stammt und in die Rechtswissenschaft eingegangen ist.[105] Im ersten Fall ist eine Entscheidung demokratisch, wenn das Verfahren, in dem sie zustande kommt, jedem Einzelnen das formal gleiche Recht auf Mitentscheidung garantiert. Im zweiten Fall ist eine Entscheidung demokratisch, wenn sie entweder bestimmten inhaltlichen Vorgaben genügt oder wenigstens aus einem Verfahren hervorgegangen ist, das im Voraus die größtmögliche Aussicht bietet, dass eine Entscheidung solchen Vorgaben genügt. In jedem Fall muss eine Output-Theorie angeben, welchen inhaltlichen Vorgaben eine Entscheidung genügen soll: Entweder gelten solche Vorgaben unmittelbar für den Inhalt von Entscheidungen, oder ihre Angabe ist mittelbar erforderlich, damit sich Maßstäbe für ein Verfahren aufstellen lassen, das bestimmte Inhalte von Entscheidungen begünstigt. Eine Entscheidung soll beispielsweise gemeinwohldienlich, gerecht und rational sein; Entscheidungsverfahren sollen zu diesem Zweck etwa Interessen von Minderheiten berücksichtigen, Sachverstand von Experten einbeziehen oder einen rationalen Diskurs einschließen.[106] Ob Herrschaft demokratisch ist, richtet sich in Input-Theorien nach ihrer Herkunft, in Output-Theorien (mittelbar oder unmittelbar) nach ihrer Leistung.

Output-Theorien leiden an zwei Schwächen. *Erstens* sind ihre inhaltlichen Vorgaben für Entscheidungen zwangsläufig das Ergebnis von Entscheidungen, die im Sinne der Output-Theorien undemokratisch sind: Wer ein Verfahren einrichten will, in dem demokratische Entscheidungen im Sinne der Output-Theorien ergehen können, muss die Vorgaben für den Inhalt solcher Entscheidungen bereits kennen.[107] Wer die vor-demokratische Ermittlung inhaltlicher Vorgaben damit rechtfertigt, dass unverrückbare Wahrheiten bestünden und Menschen zugänglich seien, spricht Mehrheitsentscheidungen ihre Berechtigung ab. Unter dieser Annahme nämlich sind Wahlen und Abstimmungen entbehrlich, wenn nicht schädlich: Falls eine begünstigte Elite im Besitz der Wahrheit ist, sollte ausschließlich diese Elite herrschen; falls jeder Einzelne im Besitz der Wahr-

---

[105] Grundlegend für die Unterscheidung *F. [W.] Scharpf,* Demokratietheorie zwischen Utopie und Anpassung, 1970, S. 21 ff.; *ders.,* Regieren in Europa, 1999, S. 11 ff., 16 ff.; *ders.,* Legitimationskonzepte jenseits des Nationalstaats, in: G. F. Schuppert/I. Pernice/U. Haltern (Hrsg.), Europawissenschaft, 2005, S. 705 (708 ff.).

[106] Der Dreiklang von Gemeinwohldienlichkeit, Gerechtigkeit und Rationalität begegnet bei *J. Isensee,* Die Rationalität des Staates und die Irrationalität des Menschen, in: AöR 140 (2015), S. 169 (172).

[107] *S. Unger,* Das Verfassungsprinzip der Demokratie, 2008, S. 278 ff.; *J. Tischer,* Bürgerbeteiligung und demokratische Legitimation, 2017, S. 225 ff.

heit ist, sollte ein beliebiger Einzelner herrschen.[108] „Angesichts des Vorhandenseins einer absolut guten, sich schon aus der Natur, aus der Vernunft oder dem göttlichen Willen ergebenden gesellschaftlichen Ordnung wäre die Tätigkeit des staatlichen Gesetzgebers der törichte Versuch einer künstlichen Beleuchtung bei hellstem Sonnenlicht."[109]

Zweitens tragen Output-Theorien, im Unterschied zu Input-Theorien, zur Abgrenzung von Demokratie und Autokratie nichts bei: Genauso wie in einer Demokratie im Sinne der Input-Theorien eine Entscheidung ergehen kann, die gemeinwohlschädlich, ungerecht und irrational ist, kann eine Autokratie im Sinne der Input-Theorien eine Entscheidung treffen, die diesen Kriterien vollends genügt.[110] Demokratisch im Sinne der Output-Theorien sind auch solche Entscheidungen, die ohne jede Beteiligung des Volkes zustande kommen, sondern von einer Elite oder einem Alleinherrscher stammen, vorausgesetzt, diese Entscheidungen sind gemeinwohldienlich, gerecht und rational oder wenigstens in einem Verfahren ergangen, das größtmögliche Aussicht auf einen solchen Entscheidungsinhalt bietet. Herrschaft im (vermeintlich) wohlverstandenen Eigeninteresse des Volkes ist demokratisch im Sinne der Output-Theorien.

Die angeblichen Vorläufer der Unterscheidung von Input- und Output-Demokratie, Aristoteles und Abraham Lincoln, lassen sich dafür nicht in Anspruch nehmen: Aristoteles unterscheidet sechs verschiedene Staatsformen, abhängig davon, welcher Bevölkerungsteil zu wessen Vorteil herrscht.[111] Die Herrschaft eines Einzelnen nennt er Monarchie oder Tyrannis, je nachdem, ob der Alleinherrscher gemeinnützig oder eigennützig regiert. Die Herrschaft von Wenigen, der Reichen und Edlen, bezeichnet er in ihrer gemeinnützigen Form als Aristokratie und in ihrer eigennützigen als Oligarchie. Die Herrschaft von Vielen, des freien, aber mittellosen Bevölkerungsteils, nennt er Politie, wenn sie dem Gemeinnutz dient, und Demokratie, wenn sie dem Eigennutz dient. Gemeinnützige und eigennützige Formen von Herrschaft unterscheiden sich auf einer gedachten Skala graduell: Je eigennütziger die Herrschaft, desto extremer; je gemeinnütziger, desto gemäßigter. Zur Mäßigung trägt nach Aristoteles bei,

---

[108] Klassisches Beispiel für eine Forderung nach Elitenherrschaft ist die nach der Herrschaft der Philosophenkönige bei *Platon,* Der Staat, bes. Bücher V–VII. Dazu *M. G. Schmidt,* Demokratietheorien, 5. Aufl. 2010, S. 37 ff. Neuerdings befürwortet *J. Brennan,* Gegen Demokratie, 2017 eine „gemäßigte Epistokratie". Zurückweisung dieser Forderung bei *A. Thiele,* Verlustdemokratie, 2. Aufl. 2018, S. 41 ff.

[109] *H. Kelsen,* Reine Rechtslehre, 1. Aufl. 1934, S. 15.

[110] *H. Kelsen,* Foundations of Democracy (1955), in: ders., Verteidigung der Demokratie, 2006, S. 248 (250 ff.); *G. Sartori,* Demokratietheorie, 1997, S. 43 ff.; *M. Jestaedt,* Radien der Demokratie, in: H. M. Heinig/J. P. Terhechte (Hrsg.), Postnationale Demokratie, Postdemokratie, Neoetatismus, 2013, S. 3 (15 f.); *P. Graf Kielmansegg,* Demokratische Legitimation, in: H. Kube u. a. (Hrsg.), Leitgedanken des Rechts, Bd. I, 2013, § 59 Rn. 21.

[111] *Aristoteles,* Politik, bes. Bücher III, IV, VI. Dazu *M. G. Schmidt,* Demokratietheorien, 5. Aufl. 2010, S. 27 ff. Zum Forschungsgebiet der Herrschaftsformenlehre allgemein *W. Heun,* Art. „Herrschaft, Herrschaftsformen", in: ders. u. a. (Hrsg.), EvStL, 2006, Sp. 945 ff.

dass die Ausübung von Macht an Gesetze und der Zugang zu Ämtern an ein Vermögen gebunden ist. Demnach bestimmt Aristoteles nicht etwa die Volksherrschaft (nach modernem Sprachgebrauch: Demokratie) danach, zu wessen Vorteil sie besteht, sondern die Erscheinungsform der Volksherrschaft (nach aristotelischem Sprachgebrauch: Demokratie oder Politie).[112]

Abraham Lincoln bekannte sich in seiner Gettysburg Address von 1863 zu „government of the people, by the people, for the people": Jede Herrschaft soll eine solche *des* Volkes sein, *vom* Volke ausgeübt werden und *für* das Wohlergehen des Volkes sorgen.[113] Der französische Verfassunggeber hat sich diese Formulierung zu eigen gemacht und neben der Losung der Französischen Revolution in die Verfassung von 1958 aufgenommen: „La devise de la République est ‚Liberté, Égalité, Fraternité'. Son principe est: gouvernement du peuple, par le peuple et pour le peuple."[114] Möglicherweise eignet sich Lincolns Formulierung zur Veranschaulichung, welche Facetten ein Demokratiebegriff haben kann.[115] Dass Lincoln selbst seine Worte in diesem Sinne wählte, ist jedoch weniger selbstverständlich, als die verbreitete begründungslose Inanspruchnahme der Wendung nahelegt: Zum einen verstand Lincoln seine Formulierung dem Wortlaut der gesamten Gettysburg Address zufolge als Kennzeichnung einer bewahrenswerten politischen Ordnung im Allgemeinen und nicht der Demokratie im Besonderen.[116] Zum anderen hatte er in einer Ansprache zwei Jahre zuvor ausdrücklich die Bedeutung des Wortes „Demokratie" bestimmt, indem

---

[112] Doppeldeutig deshalb *M. G. Schmidt.* Art. „Demokratie (J)", in: W. Heun u. a. (Hrsg.), EvStL, 2006, Sp. 325 (326): Die Staatsformenlehre des Aristoteles' „erörtert sowohl die Eingabeseite der D[emokratie], den ‚Input', als auch ihre Prozesse und ihre Ergebnisse, den ‚Output'."

[113] *A. Lincoln,* Address delivered at the dedication of the Cemetery at Gettysburg (1863), in: R. P. Basler (Hrsg.), The Collected Works of Abraham Lincoln, Bd. VII, 1953, S. 22 (23): „It is rather for us to be here dedicated to the great task remaining before us – that from these honored dead we take increased devotion to that cause for which they gave the last full measure of devotion – that we here highly resolve that these dead shall not have died in vain – that this nation, under God, shall have a new birth of freedom – and that government of the people, by the people, for the people, shall not perish from the earth." Zum Zitat näher *K. Jünemann,* Government of, by, for the people, in: JZ 2013, S. 1128 ff.

[114] Art. 2 Sätze 4 und 5 der Verfassung der Fünften Republik von 1958.

[115] Ein solches Vorgehen bei *S. Marschall,* Demokratie, 2014, S. 14 ff.; *A. Thiele,* Verlustdemokratie, 2. Aufl. 2018, S. 35 ff. Unter der Annahme, dass Lincoln in seiner Gettysburg Address den Begriff der Demokratie bestimmen wollte, bemängelt *H.-D. Horn,* Demokratie, in: O. Depenheuer/C. Grabenwarter (Hrsg.), Verfassungstheorie, 2010, § 22 Rn. 26 eine Vermengung: „Die Inklusion aller, die ihr [scil. einer Herrschaftsgewalt; S. L.] unterworfen sind, in den Zweck dieser Herrschaft ist jedoch nicht identisch mit der Inklusion, die unter die Demokratie leistet. Die Aspekte werden vermengt in der *Lincolnschen* Formel der Demokratie als ‚government of the people, by the people, and for the people'" (Hervorhebung im Original; S. L.).

[116] *G. Sartori,* Demokratietheorie, 1997, S. 43 ff. hält den Wortlaut für nichtssagend: „Diese Interpretationsübung zeigt [...], daß Lincolns Formel die Demokratie hauptsächlich nur deshalb kennzeichnet, weil sie von Lincoln ausgesprochen wurde. Weil wir etwas von Lincoln wissen, wissen wir, was er im Sinn hatte. Wäre aber zufällig Stalin als erster auf die Formel gestoßen, hätte nicht auch er sie sich zu eigen machen können?" (S. 45).

er das dritte Glied der Aufzählung unerwähnt ließ.[117] Ob sich eine staatliche Entscheidung rechtfertigen lässt, richtet sich zwar typischerweise weder allein nach ihrem Zustandekommen noch allein nach ihrem Inhalt. Leistungsfähigere Begriffe bildet aber, wer den drei Gliedern der Lincoln'schen Aufzählung verschiedene Grundsätze zuordnet, statt sie einheitlich als Facetten der Demokratie zu begreifen: neben Demokratie beispielsweise Gewaltengliederung, Grundrechte, Rechtsstaat, Republik oder Sozialstaat.[118] „Eine Theorie der Demokratie muss auch klarstellen, was Demokratie nicht ist."[119]

c) Modelle der Demokratie: Beschreibung und Bewertung von Demokratie unter den Vorzeichen von Freiheit, Wettbewerb und Frieden

Die Verschiedenheit der Modelle der Demokratie spiegelt wider, dass unterschiedliche Wissenschaften die Demokratie zum Gegenstand haben: Aus einer philosophischen Sicht lässt sich Demokratie als Ausdruck der wechselseitigen Anerkennung gleicher Freiheit aller Menschen auffassen, aus einer ökonomischen Sicht als Auslöser eines Parteienwettbewerbs um Wählerstimmen, aus einer soziologischen Sicht als Beitrag zur Akzeptanz und Friedfertigkeit von Herrschaft. Solche Modelle der Demokratie können der Beschreibung dienen (wie Demokratie rechtlich gestaltet ist, praktisch vonstattengeht und politisch wirkt) oder der Bewertung (wie Demokratie gestaltet sein und vonstattengehen soll, warum sie bewahrens- oder erstrebenswert ist). Im ersten Fall ist von einer deskriptiven, im zweiten von einer normativen Demokratietheorie die Rede.[120]

aa) Philosophie: Gleichheit und Freiheit aller Menschen

Gedanklicher Ausgangspunkt der Demokratie ist die wechselseitige Anerkennung gleicher Freiheit: Aus dem Anerkenntnis der Freiheit folgt, dass sich jeder

---

[117] *A. Lincoln,* Message to Congress in Special Session (1861), in: R. P. Basler (Hrsg.), The Collected Works of Abraham Lincoln, Bd. IV, 1953, S. 421 (426): „It presents to the whole family of man, the question, whether a constitutional republic, or a democracy – a government of the people, by the same people – can, or cannot, maintain its territorial integrity, against its own domestic foes."

[118] Ein solches Vorgehen bei *E. V. Towfigh,* Das Parteien-Paradox, 2015, S. 25 ff.: „Für die rechtliche Einfriedung des politischen Prozesses sind die Konzepte *Demokratie und Gemeinwille* [...] sowie *Republik und Gemeinwohl* [...] von besonderer Bedeutung; sie werden durch *Recht und Gemeinsinn* verschränkt [...]. Die Verwobenheit dieser Merkmale führt zu einem spezifischen Herrschaftsverständnis, das Abraham Lincoln in seiner berühmten Gettysburg Address konzise ins Wort gebracht hat: Es ist die *vom* Volk ausgehende, *durch* das Volk wahrgenommene und *für* das Volk ausgeübte Herrschaft" (S. 27; Hervorhebungen im Original; S. L.).

[119] *C. Möllers,* Demokratie, 2008, Nr. 2.

[120] *M. G. Schmidt,* Art. „Demokratietheorien" [Pol], in: Görres-Gesellschaft (Hrsg.), StL[8] I, 2017, Sp. 1226 (1226 f.). Nach der Auffassung von *G. Sartori,* Demokratietheorie, 1997, S. 11 ff., bes. 15 ff. unterscheiden sich deskriptive und normative Demokratietheorien graduell, nicht kategorial.

Angehörige einer Gemeinschaft an Entscheidungen beteiligen kann; aus dem Anerkenntnis der Gleichheit folgt, dass jedermanns Stimme gleich zählt.[121] Die Angehörigen einer Gemeinschaft gestehen sich in einer Demokratie zu, dass jeder von ihnen gleichermaßen Anspruch auf Selbstbestimmung hat, und streben danach, dass jeder seine Selbstbestimmung wahren kann, obwohl er mit den anderen in einer Gemeinschaft lebt, die auf Verhaltensregeln angewiesen ist. Demokratie stellt einen Ausgleich her zwischen dem Anspruch auf Selbstbestimmung und der Notwendigkeit von Regeln, indem sie jedem Angehörigen einer Gemeinschaft das formal gleiche Recht auf Mitentscheidung bei der Regelsetzung einräumt.

Das Höchstmaß an Selbstbestimmung verwirklicht sich, indem Entscheidungen einstimmig ergehen. Wenn die Einstimmigkeit allerdings ausbleibt, obwohl sie als Entscheidungsregel vorgeschrieben ist, tritt im Grenzfall das Gegenteil ein: Ein Einzelner kann alle anderen Mitglieder seiner Gemeinschaft fremdbestimmen.[122] Wer einen Vorschlag ablehnt, trifft ebenso eine Entscheidung wie jemand, der ihm zustimmt: eine Entscheidung zugunsten des bisherigen Zustandes. Das Erfordernis der Einstimmigkeit mindert demnach nicht die Aussicht, dass überhaupt eine Entscheidung zustande kommt, sondern die Aussicht, dass sich durch eine Entscheidung der bisherige Zustand ändert. Die Entscheidungsregel, die das Ideal der Selbstbestimmung am stärksten verwirklicht, ist die Mehrheitsregel. Sie ist die „relativ größte Annäherung an die Idee der Freiheit" unter den Bedingungen des Lebens in einer Gemeinschaft, die auf Regeln angewiesen ist.[123]

Eine mehrheitlich getroffene Entscheidung bindet auch solche Menschen, die ihr nicht zugestimmt haben, entweder weil sie bei der Wahl oder der Abstimmung unterlegen sind oder sich daran, gleich aus welchen Gründen, nicht beteiligt haben. Doch selbst wer mit der Mehrheit stimmt, aber später einen Sinneswandel vollzieht, ist nicht mehr frei: Eine mit seiner Stimme beschlos-

---

[121] *H. Kelsen,* Allgemeine Staatslehre, 1925, S. 322 ff.; *ders.,* Vom Wesen und Wert der Demokratie, 2. Aufl. 1929, S. 3 ff.; *ders.,* Foundations of Democracy (1955), in: ders., Verteidigung der Demokratie, 2006, S. 248 (282 ff.); *W. Heun,* Das Mehrheitsprinzip in der Demokratie, 1983, S. 93 ff.; *C. Hillgruber,* Die Herrschaft der Mehrheit, in: AöR 127 (2002), S. 460 (461 ff.); *W. Heun,* Art. „Mehrheitsprinzip, Mehrheit", in: ders. u. a. (Hrsg.), EvStL, 2006, Sp. 1506 ff.; *C. Möllers,* Demokratie, 2008, Nr. 11–14; *U. Volkmann,* Grundzüge einer Verfassungslehre der Bundesrepublik Deutschland, 2013, S. 241 ff.

[122] *H. Kelsen,* Vom Wesen und Wert der Demokratie, 2. Aufl. 1929, S. 6 f.; *H. J. Varain,* Die Bedeutung des Mehrheitsprinzips im Rahmen unserer politischen Ordnung, in: ZfP 11 (1964), S. 239 (249): „Auch wäre die Forderung nach Einstimmigkeit […] eine Vergewaltigung der Mehrheit durch die sich widersetzende Minderheit. Denn auch das Unterlassen einer Maßnahme kann etwas durchaus Positives, von fühlbaren Folgen Begleitetes sein"; *W. Heun,* Das Mehrheitsprinzip in der Demokratie, 1983, S. 101 f.; *C. Hillgruber,* Art. „Mehrheitsprinzip", in: M. Schröder (Hrsg.), ErgLdR, Nr. 5/450 (2005), S. 1 (2); *J. Krüper,* Das Glück der größten Zahl, in: ZJS 2009, S. 477 (478); *A. Thiele,* Verlustdemokratie, 2. Aufl. 2018, S. 51 ff.

[123] *H. Kelsen,* Vom Wesen und Wert der Demokratie, 2. Aufl. 1929, S. 3 ff. (Zitat auf S. 9).

sene Norm bleibt solange in Geltung, bis ein neuer Mehrheitsbeschluss ergeht und die Norm aufhebt.[124] Dem Wesen von Normen entspricht, dass sie *gelten*, unabhängig davon, ob sie *befolgt* werden, und dass ihre Adressaten etwas tun *sollen*, unabhängig davon, ob sie es tun *wollen*. Eine Rechtsordnung tritt ausnahmslos jedem Menschen als Ausdruck eines fremden Willens gegenüber, sie beansprucht in jedem Fall objektive Geltung. Deshalb bedürfen Normen der ständigen Rechtfertigung gegenüber jedem einzelnen Angehörigen der Gemeinschaft.

Die Rechtfertigung setzt voraus, dass sich jeder Angehörige das Ergebnis einer Mehrheitsentscheidung zurechnen lassen muss.[125] Das Kriterium der Zurechnung ist das formal gleiche Recht der Mitentscheidung. Die Unterlegenen und die Ferngebliebenen sind darauf verwiesen, dass sich jeder von ihnen an der Entscheidung beteiligen konnte und jede Stimme gleich gezählt worden wäre. Jeder Unterlegene hatte die formal gleiche Aussicht wie jeder Überlegene, seinen Willen durchzusetzen, jeder Ferngebliebene hätte diese Aussicht gehabt, wenn er sich an der Mehrheitsentscheidung beteiligt hätte.[126]

Damit die gleiche Freiheit nicht augenblicklich, sondern dauerhaft besteht, müssen Entscheidungen revidierbar sein: Jede Wahl muss sich wiederholen, jede Sachfrage muss erneut zur Abstimmung gelangen können.[127] Demokratische Herrschaft ist „Herrschaft auf Zeit"[128]. Wer mit einem Wahl- oder Abstim-

---

[124] *H. Kelsen,* Vom Wesen und Wert der Demokratie, 2. Aufl. 1929, S. 7 f. Entsprechend bezieht *E. Ehrlich,* Grundlegung der Soziologie des Rechts, 1913, S. 323 seine Wendung von der „Herrschaft des Toten über den Lebenden" auf das Recht allgemein, nicht etwa auf eine erschwert änderbare Verfassung.

[125] *U. Scheuner,* Das Mehrheitsprinzip in der Demokratie, 1973, S. 8: „Die eigentlichen Fragen entstehen in der Festlegung der Voraussetzungen, unter denen diese Zurechnung der Mehrheitsentscheidung zur Gesamtheit zulässig und ausreichend legitimiert erscheint, und der Ermittlung der Grenzen, innerhalb deren das Majoritätsprinzip mit überzeugender Kraft angewandt werden kann." Zurechnungsgedanken auch bei *C. Gusy,* Das Mehrheitsprinzip im demokratischen Staat, in: AöR 106 (1981), S. 329 (333); *C. Hillgruber,* Die Herrschaft der Mehrheit, in: AöR 127 (2002), S. 460 (463 f.); *ders.,* Art. „Mehrheitsprinzip", in: M. Schröder (Hrsg.), ErgLdR, Nr. 5/450 (2005), S. 1 (6 f.).

[126] *H.-D. Horn,* Mehrheit im Plebiszit, in: Der Staat 38 (1999), S. 399 (417); *O. Jung,* Das Quorenproblem beim Volksentscheid, in: ZPol 9 (1999), S. 863 (878); *ders.,* Die Mehrheit zur Aktivität anspornen, in: Zeitschrift für direkte Demokratie 2001, S. 12 (13) spricht von einem „Angebotsprinzip": „Jene Bürger, die aus Gleichgültigkeit oder Unentschiedenheit hinsichtlich des Abstimmungsgegenstandes nicht zur Urne gingen, erteilten damit den Teilnehmern ‚ein implizites Mandat', an ihrer Stelle zu entscheiden."

[127] *U. Scheuner,* Das Mehrheitsprinzip in der Demokratie, 1973, S. 58 f.; *C. Gusy,* Das Mehrheitsprinzip im demokratischen Staat, in: AöR 106 (1981), S. 329 (342 ff., 348); *W. Heun,* Das Mehrheitsprinzip in der Demokratie, 1983, S. 194 ff.; *H. Hofmann/H. Dreier,* Repräsentation, Mehrheitsprinzip und Minderheitenschutz, in: H.-P. Schneider/W. Zeh (Hrsg.), Parlamentsrecht und Parlamentspraxis in der Bundesrepublik Deutschland, 1989, § 5 Rn. 28, 58; *C. Hillgruber,* Die Herrschaft der Mehrheit, in: AöR 127 (2002), S. 460 (465 f.); *ders.,* Art. „Mehrheitsprinzip", in: M. Schröder (Hrsg.), ErgLdR, Nr. 5/450 (2005), S. 1 (7); *J. Krüper,* Das Glück der größten Zahl, in: ZJS 2009, S. 477 (485 f.).

[128] *J. Oebbecke,* Weisungs- und unterrichtungsfreie Räume in der Verwaltung, 1986,

mungsergebnis nicht mehr einverstanden ist oder nie einverstanden war, muss die formal gleiche Aussicht wie jeder andere haben, dass er bei künftigen Wahlen und Abstimmungen zur Mehrheit gehört. Das Kriterium der gleichen Freiheit rechtfertigt zudem die Verbindlichkeit von Entscheidungen für Nachgeborene und Einwanderer, die sich an den Entscheidungen nicht beteiligen konnten. Sobald sie zur Gemeinschaft dazugestoßen sind, haben sie die formal gleiche Aussicht wie jedes andere Mitglied, dass sie eine Entscheidung ändern können.

Ein Einzelner kann aus verschiedenen Beweggründen die gleiche Freiheit aller Zugehörigen anerkennen und sich damit auf die Demokratie einlassen. Ein möglicher Beweggrund ist eine wertrelativistische Weltanschauung: Wenn keine unverrückbare Wahrheit existiert oder sie niemandem zugänglich ist, sollte sich jeder Einzelne gleichermaßen an Entscheidungen beteiligen können.[129] Erkenntnistheoretische Gründe sind aber nicht die einzig denkbaren.[130] Wer beispielsweise als Anhänger einer Religion überzeugt ist, dass objektive Wahrheiten existierten und (ihm) zugänglich seien, kann dennoch Demokrat sein. Sein Beweggrund ist typischerweise seine Toleranz, seine vom Wertrelativismus verschiedene Bereitschaft, einen Menschen nicht deshalb geringer zu achten, weil er eine abweichende Auffassung vertritt. Toleranz kann sich vornehmlich aus zwei Quellen speisen: aus der geschichtlichen Erfahrung, dass das Beharren auf Wahrheitsansprüchen zu Unfrieden führen kann, oder der Gleichachtung der Willensfreiheit und des Selbstbestimmungsrechts der vermeintlich Irrenden.

bb) Ökonomik: Wettbewerb der Parteien um Wählerstimmen

Das Mehrheitsprinzip löst Wettbewerb aus: Wer herrschen will, benötigt Wählerstimmen.[131] Aus Sicht der Neuen Politischen Ökonomie[132], der Wissenschaft, die das politische Geschehen mit wirtschaftswissenschaftlichen Methoden untersucht, ist Demokratie der Wettbewerb um das knappe Gut der Wählergunst, die zwar auch zwischen Wahlen nicht unerheblich ist, sich aber vor allem in

---

S. 85; *O. Lepsius*, Rechtswissenschaft in der Demokratie, in: Der Staat 52 (2013), S. 157 (175); *H. Dreier*, in: ders. (Hrsg.), GGK[3] II, 2015, Art. 20 (Demokratie), Rn. 73.

[129] *H. Kelsen*, Allgemeine Staatslehre, 1925, S. 368 ff.: „Darum ist der Relativismus die Weltanschauung, die der demokratische Gedanke voraussetzt" (Zitat auf S. 370; ohne die Hervorhebung im Original; S. L.); *ders.*, Vom Wesen und Wert der Demokratie, 2. Aufl. 1929, S. 98 ff. (gleiches Zitat auf S. 101.); *ders.*, Foundations of Democracy (1955), in: ders., Verteidigung der Demokratie, 2006, S. 248 (269 ff., 303 ff.).

[130] *H. Dreier*, Kelsens Demokratietheorie, in: R. Walter/C. Jabloner (Hrsg.), Hans Kelsens Wege sozialphilosophischer Forschung, 1997, S. 79 (96 ff.) kritisiert Kelsens These, dass eine relativistische Weltanschauung notwendige Bedingung der Demokratie sei, als überschießend.

[131] Klassisch *J. A. Schumpeter*, Kapitalismus, Sozialismus und Demokratie (1946), 8. Aufl. 2005; *A. Downs*, Ökonomische Theorie der Demokratie, 1968.

[132] *E. V. Towfigh/N. Petersen*, Public und Social Choice Theorie, in: dies., Ökonomische Methoden im Recht, 2. Aufl. 2017, § 6.

der Stimmabgabe bei der Wahl ausdrückt.[133] Parteien und Wähler sind Anbie-
ter und Nachfrager eines Tauschgeschäfts: Die einen versprechen den anderen,
sich für ihre Interessen einzusetzen, falls sie ihnen im Gegenzug ihre Stimmen geben. Der Tausch kann unmittelbar vor sich gehen oder von Organisa-
tionen wie etwa Gewerkschaften und Kirchen vermittelt werden, indem sich
eine Großorganisation politische Zusagen machen lässt und im Gegenzug ihre
Mitglieder dazu bewegt, dass sie eine bestimmte Partei wählen.[134] Dieser Wettbewerb ist in einer Hinsicht ein Nullsummenspiel: Eine Stimme für die eine
Partei entgeht den anderen.[135]

Der demokratische Wettbewerb schafft Anreize, dass Parteien in der Volksvertretung und der Regierung im Sinne ihrer Wähler entscheiden und sich personell und inhaltlich stetig erneuern, damit sie Wähler anziehen; den Wählern
erlaubt der Wettbewerb, dass sie ihr Wahlverhalten ändern und die Parteien entmachten, die nicht ihre Interessen vertreten.[136] Dazu müssen die Wähler das
politische Geschehen beobachten, Sachkenntnisse erwerben und ihr Wahlrecht
nutzen. Wettbewerb ist für alle Beteiligten unbequem.[137] Wenn wirtschaftlicher
oder politischer Wettbewerb allerdings gelingt, erweitert er die Wahlfreiheit,
verhindert die Konzentration von Macht und steigert die Anpassungsfähigkeit.

Während die Philosophie das Demokratieprinzip rechtfertigt, indem sie annimmt, dass jeder Mensch gleichermaßen frei sei, untersucht die Neue Politische Ökonomie den Realbereich der Demokratie, indem sie das politische Geschehen als Wettbewerb denkt. Die beiden Sichtweisen können sich treffen,
nämlich wenn Eingriffe in den demokratischen Wettbewerb mit Eingriffen in
die gleiche Freiheit einhergehen.[138] Die philosophische und die ökonomische

---

[133] M. Morlok, Parteienrecht als Wettbewerbsrecht, in: P. Häberle/M. Morlok/V. Skouris
(Hrsg.), Festschrift für Dimitris Th. Tsatos zum 70. Geburtstag am 5. Mai 2003, 2003, S. 408 ff.;
A. Hatje, Demokratie als Wettbewerbsordnung, in: VVDStRL 69 (2010), S. 135 ff.; M. Kotzur,
Demokratie als Wettbewerbsordnung, in: VVDStRL 69 (2010), S. 173 ff.; E. V. Towfigh, Das
Parteien-Paradox, 2015, S. 19 ff., 63 ff., 161 ff.; M. Morlok/S. Jürgensen, Faktische Chancengleichheit – insbesondere im Recht der politischen Parteien, in: JZ 2018, S. 695 (697 ff.).
[134] T. Poguntke, Zur empirischen Evidenz der Kartellparteien-These, in: ZParl 33 (2002),
S. 790 (793 ff.).
[135] M. Morlok, Parteienrecht als Wettbewerbsrecht, in: P. Häberle/M. Morlok/V. Skouris
(Hrsg.), Festschrift für Dimitris Th. Tsatos zum 70. Geburtstag am 5. Mai 2003, 2003, S. 408
(413).
[136] Klassisch zu den Funktionen des Wettbewerbs allgemein F. A. v. Hayek, Der Wettbewerb als Entdeckungsverfahren (1968), in: ders., Gesammelte Schriften in deutscher Sprache, Abt. A, Bd. IV, 2003, S. 132 ff. Im ersten Zugriff A. Suchanek, Art. „Wettbewerb", in:
W. Heun u. a. (Hrsg.), EvStL, 2006, Sp. 2697 ff. Zu den Funktionen besonders des demokratischen Wettbewerbs A. Hatje, Demokratie als Wettbewerbsordnung, in: VVDStRL 69 (2010),
S. 135 (145 ff.); M. Kotzur, Demokratie als Wettbewerbsordnung, in: VVDStRL 69 (2010),
S. 173 (186 ff.).
[137] [C.] Ohler, Diskussionsbeitrag, in: VVDStRL 69 (2010), S. 227.
[138] Ähnlich J. Lege, Drei Versuche über Demokratie, in: JZ 2009, S. 756 (756 f.). A. Hatje,
Demokratie als Wettbewerbsordnung, in: VVDStRL 69 (2010), S. 135 (146) deutet diesen Zusammenhang an, während [C.] Möllers, Diskussionsbeitrag, in: VVDStRL 69 (2010), S. 228

Deutung gleichen sich darin, dass sie für ihre Zwecke voraussetzen, dass keine objektive Wahrheit existiere oder der Mensch sie nicht erkennen könne. Rationalität, Gemeinwohl und Gerechtigkeit sind keine Maßstäbe zur Bewertung politischer Entscheidungen.[139] Wenn feststeht, was gut und richtig ist, bedarf es des Wettbewerbs genauso wenig wie einer Mehrheitsentscheidung. Wettbewerb, wirtschaftlicher wie demokratischer Art, setzt die Existenz von Verborgenem voraus, das es zu enthüllen gilt: Wettbewerb ist ein „Entdeckungsverfahren"[140]. Welches Produkt oder welche Politik am besten ist, entscheidet sich in Wettbewerbsordnungen allein nach den Vorlieben von Käufern bzw. Wählern.[141]

cc) Soziologie: Akzeptanz und Friedfertigkeit von Herrschaft

Das Mehrheitsprinzip drängt zum Kompromiss: Selten findet sich spontan die nötige Anzahl von Befürwortern, wenn eine Entscheidung ansteht. Die Mehrheit ist typischerweise „eine Summe von Minderheiten"[142], die nach einer Zeit der Meinungsbildung und der Verhandlung wechselseitig nachgeben, damit sie in einem Kompromiss ihren Willen wenigstens zum Teil verwirklichen können.[143] In diesem Sinne trägt das Mehrheitsprinzip, scheinbar paradoxerweise,

---

von einem Gegensatz dieser beiden Betrachtungsweisen ausgeht. Gemeinsamkeiten und Unterschiede zwischen Kelsens und Schumpeters Demokratie-Modellen erörtert *H. Kelsen*, Foundations of Democracy (1955), in: ders., Verteidigung der Demokratie, 2006, S. 248 (369 ff.).

[139] *J. Isensee*, Die Rationalität des Staates und die Irrationalität des Menschen, in: AöR 140 (2015), S. 169 (184 ff.).

[140] *F. A. v. Hayek*, Der Wettbewerb als Entdeckungsverfahren (1968), in: ders., Gesammelte Schriften in deutscher Sprache, Abt. A, Bd. IV, 2003, S. 132 ff. Weniger angemessen ist die Auffassung von demokratischem Wettbewerb als einem „Gemeinwohl-Entdeckungsverfahren" etwa bei *M. Kotzur*, Demokratie als Wettbewerbsordnung, in: VVDStRL 69 (2010), S. 173 (183 ff.). Auch eine in freiem Wettbewerb entstandene Mehrheit kann wiederholt gegen das Gemeinwohl handeln.

[141] *H. Hofmann/H. Dreier*, Repräsentation, Mehrheitsprinzip und Minderheitenschutz, in: H.-P. Schneider/W. Zeh (Hrsg.), Parlamentsrecht und Parlamentspraxis in der Bundesrepublik Deutschland, 1989, § 5 Rn. 53: „So gesehen gehört die Mehrheitsregel [...] zusammen mit dem Konkurrenzprinzip der Marktwirtschaft und dem Grundsatz der Wissenschaftsfreiheit zu den Fundamenten der verfassungsstaatlichen Entwicklung. Was sie alle drei verbindet, ist die Erschwerung der Dogmatisierung und Versteinerung von Problemlösungen."

[142] *H. J. Varain*, Die Bedeutung des Mehrheitsprinzips im Rahmen unserer politischen Ordnung, in: ZfP 11 (1964), S. 239 (247).

[143] Zum Wesen des Kompromisses näher *H. Kelsen*, Vom Wesen und Wert der Demokratie, 2. Aufl. 1929, S. 56 ff.; *C. Gusy*, Das Mehrheitsprinzip im demokratischen Staat, in: AöR 106 (1981), S. 329 (342 ff.); *K. Hesse*, Grundzüge des Verfassungsrechts der Bundesrepublik Deutschland, 20. Aufl. 1995, Rn. 142; *H. Schulze-Fielitz*, Art. „Kompromiss (J)", in: W. Heun u. a. (Hrsg.), EvStL, 2006, Sp. 1291 ff.; *O. Lepsius*, Rechtswissenschaft in der Demokratie, in: Der Staat 52 (2013), S. 157 (170 ff.): „Durch Kompromißbereitschaft gibt man zwar seine Ursprungsposition teilweise preis. Aber man gewinnt durch die so erzielte Übereinkunft mit anderen etwas, was man zuvor nicht hatte: eine Mehrheit" (S. 173); *H. Tappe*, Festlegende Gleichheit, in: JZ 2016, S. 27 (32 f.); *O. Lepsius*, Editorial: Über Kompromisse und die Kom-

zum Minderheitenschutz bei. Da die Demokratie von vornherein auf Kompromisse angelegt ist, verdient ein Kompromiss selten das Attribut „faul".[144] Wer einem Kompromiss zustimmt, begeht keinen Verrat an der Wahrheit oder der reinen Lehre. Wie weit die Stimmberechtigten von ihren anfänglichen Standpunkten abrücken und wie viele von ihnen sich einigen müssen, damit sie eine Mehrheit bilden können, hängt von der Mehrheitsregel ab, die im Einzelfall gilt.

Das Verhältniswahlrecht und die Bundesstaatlichkeit erzeugen in Deutschland zusätzlichen Druck, dass die Beteiligten miteinander Kompromisse schließen.[145] Da sich die Zusammensetzung des Bundestages und der Landtage nach Verhältniswahl richtet, müssen sich in der Regel mehrere Fraktionen auf ein Gesetz verständigen. Bundesgesetze bedürfen, damit sie zustande kommen, der Mitwirkung des Bundesrates, in dem sechzehn Länder mit Regierungen verschiedener Couleur vertreten sind, die in der Regel wiederum von mehreren Parteien getragen werden.[146] Die Notwendigkeit von Kompromissen beugt Missbrauch und Willkür vor und begünstigt ausgewogene, maßvolle Entscheidungen.[147] Wer verlangt, dass Gesetzgebung systemgerecht, widerspruchsfrei oder folgerichtig ist, wird den Kompromisszwängen nicht immer gerecht.[148]

Kompromiss heißt nicht Konsens: Wer dem Einigungsdruck so weit nachgegeben hat, dass er die erforderliche Stimmenzahl erreicht hat, muss für die Mehrheitsfindung im Einzelfall keine Rücksicht mehr auf verbliebene Minderheiten nehmen. Doch Mehrheitsverhältnisse können sich ändern, demokratische Herrschaft besteht auf Zeit: Zum einen haben Minderheiten die Aussicht, dass sie später zur Mehrheit gehören werden und eine missliebige Entschei-

---

promissunfähigkeit unserer Zeit, in: Der Staat 57 (2018), S. 165 ff.; *A. Thiele,* Verlustdemokratie, 2. Aufl. 2018, S. 13 ff.

[144] Zurückweisung speziell dieser Attribuierung bei *O. Lepsius,* Rechtswissenschaft in der Demokratie, in: Der Staat 52 (2013), S. 157 (171 ff.); *ders.,* Editorial: Über Kompromisse und die Kompromissunfähigkeit unserer Zeit, in: Der Staat 57 (2018), S. 165 (165 f.).

[145] *A. Hatje,* Demokratie als Wettbewerbsordnung, in: VVDStRL 69 (2010), S. 135 (158 f.).

[146] *J. Oebbecke,* Das Bundesstaatsprinzip, in: B. Pieroth (Hrsg.), Verfassungsrecht und soziale Wirklichkeit in Wechselwirkung, 2000, S. 113 (120 ff.); *R. Lhotta,* Art. „Bundesstaat", in: W. Heun u. a. (Hrsg.), EvStL, 2006, Sp. 264 (264 f., 269 f.); *U. Volkmann,* Art. „Opposition", in: W. Heun u. a. (Hrsg.), EvStL, 2006, Sp. 1687 (1691). Eine neu entstandene Mehrheit im Bundestag nimmt eine wesentliche Entscheidung einer abweichenden früheren Mehrheit häufig auch deshalb nicht zurück, weil Angehörige der neu entstandenen Mehrheit durch den Bundesrat an der damaligen Entscheidung selbst beteiligt waren: *F. Meinel,* Vertrauensfrage, 2019, S. 27 f.

[147] Für das Gesetzgebungsverfahren im Bund näher *P. Lassahn,* Rechtsprechung und Parlamentsgesetz, 2017, S. 155 ff.

[148] *B.-O. Bryde,* Abweichende Meinung zu BVerfG, Urteil vom 30.7.2008, 1 BvR 3262/07 u. a., BVerfGE 121, 317 (378 ff.). – Rauchverbot; *O. Lepsius,* Die maßstabsetzende Gewalt, in: M. Jestaedt u. a., Das entgrenzte Gericht, 2011, S. 159 (247 ff.); *J. Isensee,* Die Rationalität des Staates und die Irrationalität des Menschen, in: AöR 140 (2015), S. 169 (178); *H. Tappe,* Festlegende Gleichheit, in: JZ 2016, S. 27 (32 f.).

dung rückgängig machen können.[149] Zum anderen müssen sich neu entstandene Mehrheiten gemessen am Umfang der Rechtsordnung faktisch auf Änderungen im Detail beschränken, obwohl die Rechtsordnung formal nahezu vollständig änderbar ist.[150] Ein ausgewogenes Verhältnis von Beständigkeit und Veränderbarkeit schafft Akzeptanz für Mehrheitswechsel. Zudem haben vorübergehende Mehrheiten einen Anreiz, mit den Unterlegenen rücksichtsvoll umzugehen in der Erwartung, dass sie nach einem Mehrheitswechsel die gleiche Rücksicht erfahren.[151] Es sind strukturelle Minderheiten, also solche, die trotz allgemeinen und gleichen Wahlrechts kaum Aussicht haben, zur Mehrheit zu gehören, die auf inhaltliche Grenzen der Mehrheitsherrschaft besonders angewiesen sind.[152]

In zweierlei Hinsicht trägt Demokratie zum Frieden bei.[153] *Erstens* steigert sie, indem sie Herrschaft auf Zeit vergibt und Kompromisse erforderlich macht, die Aussicht auf einen friedlichen Machtwechsel.[154] Erkennungszeichen einer gelingenden Demokratie ist nicht, dass Wahlen stattfinden (selbst wenn es freie Wahlen sind), sondern dass die Verlierer ihre Niederlage eingestehen und nötigenfalls ihre Macht gewaltlos an die Sieger übergeben. Grundrechtsschutz und Bundesstaatlichkeit erleichtern es den Verlierern einer Wahl, dass sie ihre Niederlage anerkennen: Eine neu entstandene Mehrheit muss die Grundrechte der Minderheit achten.[155] Wer sich im Bund in der Minderheit befindet, gehört typischerweise in einigen Ländern zur Mehrheit und ist, über einen Bundesrat oder einen Bundessenat, im Bund an der Herrschaft beteiligt.[156] *Zweitens* neigen De-

---

[149] *C. Möllers/L. Schneider,* Demokratiesicherung in der Europäischen Union, 2018, S. 97 ff., bes. 100 machen diese Aussicht zum entscheidenden Bewertungskriterium für den Zustand der Demokratien innerhalb der Europäischen Union.

[150] *E. Benda,* Konsens und Mehrheitsprinzip im Grundgesetz und in der Rechtsprechung des Bundesverfassungsgerichts, in: H. Hattenhauer/W. Kaltefleiter (Hrsg.), Mehrheitsprinzip, Konsens und Verfassung, 1986, S. 61 (66 ff.).

[151] *O. Lepsius,* Rechtswissenschaft in der Demokratie, in: Der Staat 52 (2013), S. 157 (169).

[152] *R. Zippelius,* Zur Rechtfertigung des Mehrheitsprinzips in der Demokratie, 1987, S. 22; *M. Kotzur,* Demokratie als Wettbewerbsordnung, in: VVDStRL 69 (2010), S. 173 (191 ff.); *O. Lepsius,* Rechtswissenschaft in der Demokratie, in: Der Staat 52 (2013), S. 157 (173 ff.).

[153] Betonung der friedensstiftenden Wirkung von Demokratie bei *H. Kelsen,* Vom Wesen und Wert der Demokratie, 2. Aufl. 1929, S. 68; *H. Schulze-Fielitz,* Art. „Kompromiss (J)", in: W. Heun u.a. (Hrsg.), EvStL, 2006, Sp. 1291 (1293); *H.-D. Horn,* Demokratie, in: O. Depenheuer/C. Grabenwarter (Hrsg.), Verfassungstheorie, 2010, § 22 Rn. 43 ff.; *M. G. Schmidt,* Art. „Demokratietheorien" [Pol], in: Görres-Gesellschaft (Hrsg.), StL[8] I, 2017, Sp. 1226 (1230 ff.).

[154] *M. G. Schmidt:* Art. „Demokratie" [Pol], in: Görres-Gesellschaft (Hrsg.), StL[8] I, 2017, Sp. 1213 (1225): „*loser's consent*-Problem".

[155] Zur akzeptanzsteigernden Wirkung des Grundrechtsschutzes stellvertretend *O. Lepsius,* Rechtswissenschaft in der Demokratie, in: Der Staat 52 (2013), S. 157 (175); *A. Thiele,* Der gefräßige Leviathan, 2019, S. 262 ff.

[156] *R. Wahl,* Art. „Demokratie, Demokratieprinzip", in: M. Schröder (Hrsg.), ErgLdR, Nr. 5/170 (1990), S. 1 (5); *J. Isensee,* Die Rationalität des Staates und die Irrationalität des Menschen, in: AöR 140 (2015), S. 169 (195 f.); *M. G. Schmidt,* Art. „Demokratie" [Pol], in:

mokratien nicht allein im Innern zum Frieden, sondern sollen dies auch im Verhältnis zu anderen Staaten tun: Die Leidtragenden eines Krieges entscheiden selbst, wer sie regiert und demnach einen Krieg beginnen, führen und beenden kann. Auch Soldaten und ihre Familien haben das Wahlrecht.

II. Verfassungsprinzip der Demokratie im Grundgesetz

Das Grundgesetz statuiert ein Demokratieprinzip (1.) und stellt es uneingeschränkt unter den Schutz der Ewigkeitsgarantie (2.). Das Demokratieprinzip macht Vorgaben für die Gestaltung des politischen Systems und das Zustandekommen der einzelnen Akte der Staatsgewalt (3.).

1. Demokratieprinzip als eine Norm des geltenden Verfassungsrechts

Damit eine Verfassung nach allgemeinem Verständnis demokratisch sein kann, muss sie nicht zwangsläufig ein Demokratieprinzip enthalten, ebenso wenig wie die Verfassung eines Bundesstaates oder eines Rechtsstaates ein Bundesstaatsprinzip oder ein Rechtsstaatsprinzip kennen muss. Die Weimarer Reichsverfassung enthielt zwar eine Bestimmung, die Art. 20 II 1 GG ähnelte, aber nicht das Wort „Demokratie" und kein Demokratieprinzip.[157] Der Herrenchiemseer Entwurf sah für das Grundgesetz kein Demokratieprinzip vor.[158] Die Landesverfassung von Nordrhein-Westfalen kennt zwar seit Anbeginn verschiedene Normen, die in ihrer Gesamtheit an Art. 20 II GG heranreichen, aber das Wort „demokratisch" und mit ihm ein Demokratieprinzip fanden erst durch eine Verfassungsänderung nachträglich Eingang.[159] Dennoch war zu keiner Zeit umstritten, dass diese Verfassungen eine Demokratie errichte(te)n.

Im Fall des Rechtsstaates und vor allem der Gewaltengliederung kann ein Interpret Zweifel hegen, ob diese Grundsätze nicht nur Gegenstände der Verfassungstheorie sind, sondern auch Normen des Grundgesetzes und damit des geltenden Verfassungsrechts. Das Wort „Rechtsstaat" begegnet in Art. 23 I 1 und Art. 28 I 1 GG, aber nicht im hervorgehobenen Art. 20 GG; „Gewalten-

---

Görres-Gesellschaft (Hrsg.), StL[8] I, 2017, Sp. 1213 (1221): „Aufgrund der Gliederung in Bund und Länder hatte ein Verlierer einer Bundestagswahl, wie die SPD in den Jahren 1949 bis 1965 oder die CDU/CSU in den Jahren der SPD/FDP-Koalition (1969–1982) und der rot-grünen Koalition (1998–2005), die Chance, durch Siege bei Landtagswahlen in den Ländern und bei Abstimmungen im Bundesrat auch im Bund mitzuregieren" (Halbgeviertstriche im Original; S. L.).

[157] Art. 1 S. 2 WRV: „Die Staatsgewalt geht vom Volke aus." Dazu *C. Gusy,* 100 Jahre Weimarer Verfassung, 2018, S. 115 ff.

[158] Entstehungsgeschichte von Art. 20 GG, in: P. Häberle (Hrsg.), JöR 1 (1951), 2. Aufl. 2010, S. 195 (195).

[159] Art. 2, Art. 3, Art. 69 I 2 NWVerf.

gliederung" oder ein ähnliches Wort kommt im Grundgesetz an keiner einzigen Stelle vor. Deshalb bestehen Zweifel, ob es überhaupt Verfassungsprinzipien der Gewaltengliederung und des Rechtsstaats enthält.[160] Von Demokratie hingegen ist im Grundgesetz gleich mehrfach die Rede: in Art. 20 I, Art. 21 I 3, Art. 23 I 1, Art. 28 I 1 GG und wann immer die Verfassung von der freiheitlichen demokratischen Grundordnung spricht.[161] Indem der Verfassunggeber das Wort „Demokratie" mehrfach und in verschiedenen inhaltlichen und sprachlichen Umgebungen verwendet, beugt er Zweifeln am Bestehen einer entsprechenden Verfassungsnorm vor, die sich andernfalls ergeben könnten.

In Art. 20 I bis III GG hebt der Verfassunggeber die prägenden rechtlichen Merkmale der Bundesrepublik hervor, indem er sie am Anfang der organisationsrechtlichen Abschnitte des Grundgesetzes zusammenfasst (Bundesstaat, Demokratie, [Gewaltengliederung], [Rechtsstaat], Republik, Sozialstaat).[162] Die Bestimmung erschöpft sich nicht in Programmsätzen, sie kommt keiner erneuten Präambel gleich, sondern bildet die textliche Grundlage von Rechtsnormen. Dadurch unterscheidet sie sich von Art. 1 II GG, der sich ausdrücklich auf ein Bekenntnis zu den Menschenrechten beschränkt und deshalb gedanklich in die Präambel gehört (ohne dass er darum jeder rechtlichen Bedeutung entbehrte).[163] Dieses Verständnis von Art. 20 I bis III GG entspricht der Natur des Grundgesetzes als „Juristenverfassung"[164]: Der Verfassunggeber hat eine Verfassung geschaffen, die sich beim Wort nehmen und vor Gericht durchsetzen lässt.[165]

Die Unantastbarkeits- oder auch „Ewigkeitsgarantie"[166] in Art. 79 III GG bestätigt, dass „Demokratie" für eine Norm des geltenden Verfassungsrechts steht, indem sie jede Änderung des Grundgesetzes für unzulässig erklärt, die einen der in den Artikeln 1 und 20 GG niedergelegten Grundsätze berührt. Zu diesen

---

[160] Wider die Existenz eines Verfassungsprinzips des Rechtsstaats etwa *P. Kunig, Das Rechtsstaatprinzip,* 1986, S. 63 ff., 109 ff., 457 ff. Wider die Existenz eines Verfassungsprinzips der Gewaltengliederung etwa *T. Groß,* Die asymmetrische Funktionenordnung der demokratischen Verfassung, in: Der Staat 55 (2016), S. 489 ff.

[161] Art. 10 II 2, Art. 11 II, Art. 18 S. 1, Art. 21 II, III 1, Art. 73 I Nr. 10 lit. b), Art. 87a IV 1, Art. 91 I GG.

[162] Diese Einschätzung der Norm bei *M. Jestaedt,* Bundesstaat als Verfassungsprinzip, in: J. Isensee/P. Kirchhof (Hrsg.), HStR³ II, 2004, § 29 Rn. 46; *H. Dreier,* in: ders. (Hrsg.), GGK³ II, 2015, Art. 20 (Einführung), Rn. 1, 5.

[163] *H. Dreier,* in: ders. (Hrsg.), GGK³ I, 2013, Art. 1 II Rn. 11: „dislozierter Teil der Präambel"; *J. Isensee,* Der Selbstand der Verfassung in ihren Verweisungen und Öffnungen, in: AöR 138 (2013), S. 325 (342): „Präambel des Grundrechtskatalogs".

[164] *J. Isensee,* Vom Stil der Verfassung, 1999, S. 57 ff. (Zitat auf S. 64).

[165] *M. Jestaedt,* Bundesstaat als Verfassungsprinzip, in: J. Isensee/P. Kirchhof (Hrsg.), HStR³ II, 2004, § 29 Rn. 46.

[166] Auseinandersetzung mit verschiedenen Bezeichnungen für die Norm in Art. 79 III GG bei *H. Dreier,* in: ders. (Hrsg.), GGK³ II, 2015, Art. 79 III Rn. 14. Anders als ein wörtliches Verständnis der Bezeichnung „Ewigkeitsgarantie" nahelegt, kann Art. 79 III GG den Verfassunggeber prinzipiell keiner Bindung unterwerfen.

Grundsätzen gehört (in welchem Umfang auch immer) die in Art. 20 I GG erwähnte Demokratie. Die Ewigkeitsgarantie setzt gedanklich voraus, dass sich diese Grundsätze ändern ließen, falls die Ewigkeitsgarantie nicht vorhanden wäre. Ändern kann ein verfassungsändernder Gesetzgeber ausschließlich Normen des geltenden Verfassungsrechts. Eine solche Norm ist das Verfassungsprinzip der Demokratie in Art. 20 I, II GG.[167]

2. Demokratieprinzip als ein Bezugsobjekt der Ewigkeitsgarantie

a) Maßstäblichkeit des Demokratieprinzips für den verfassungsändernden Gesetzgeber

Die Ewigkeitsgarantie zeugt nicht allein von der Existenz des Demokratieprinzips, sondern gibt auch Aufschluss über seinen normenhierarchischen Rang und seinen Inhalt. Nach Art. 79 III GG ist eine Änderung des Grundgesetzes unzulässig, wenn sie die Gliederung des Bundes in Länder, die grundsätzliche Mitwirkung der Länder bei der Gesetzgebung oder die in den Artikeln 1 und 20 GG niedergelegten Grundsätze berührt. Die Ewigkeitsgarantie schafft ein Stufenverhältnis zwischen den einbezogenen Normen einerseits und den verfassungsändernden Gesetzen andererseits: Ein verfassungsänderndes Gesetz, das gegen eine der unantastbaren Normen verstößt, ist verfassungswidrig. Das Grundgesetz zieht demnach auch der verfassungsändernden Gesetzgebung inhaltliche Grenzen. In _diesem_ Sinne besteht unter dem Grundgesetz die scheinbar paradoxe Möglichkeit „verfassungswidriger Verfassungsnormen"[168].

Im Grundgesetz findet sich keine Norm, die ein Stufenverhältnis zwischen der Ewigkeitsgarantie und solchen Gesetzen anordnet, die die Ewigkeitsgarantie ändern, also keine Norm, die sich zur Ewigkeitsgarantie verhält wie die Ewigkeitsgarantie zu den in den Artikeln 1 und 20 GG niedergelegten Grundsätzen. Wenn eine solche Norm bestünde, wäre sie ebenfalls änderbar, es sei denn, eine andere Norm des Grundgesetzes ordnete ihre Unabänderlichkeit an; eine solche Norm müsste ein Interpret wiederum auf ihre Änderbarkeit untersuchen. Es entsteht ein infiniter Regress. Ihn muss der Interpret durch eine Setzung beenden und sich dabei nach den Absichten des Verfassunggebers richten.[169]

Wer Normen ändern will, die den Schutz der Ewigkeitsgarantie genießen, soll sich nach dem Willen des Verfassunggebers als (juristischer) Revolutio-

---

[167] Auseinandersetzung mit verschiedenen Bezeichnungen der Normen in Art. 20 I GG bei _H. Dreier,_ in: ders. (Hrsg.), GGK³ II, 2015, Art. 20 (Einführung), Rn. 8 ff. Übergreifende Auseinandersetzung mit dem Verfassungsprinzip als Normtyp bei _F. Reimer,_ Verfassungsprinzipien, 2001.

[168] _O. Bachof,_ Verfassungswidrige Verfassungsnormen? (1951), in: ders., Wege zum Rechtsstaat, 1979, S. 1 ff.

[169] Zum Vorstehenden näher _K. F. Röhl/H. C. Röhl,_ Allgemeine Rechtslehre, 3. Aufl. 2008, S. 108 ff.

när zu erkennen geben müssen; er soll nicht beanspruchen können, sein Handeln stünde mit dem Grundgesetz in Einklang.[170] Die Ewigkeitsgarantie soll ihm die „Maske der Legalität" (Thomas Dehler) entreißen, ihm den „Schutz einer Scheinlegalität" (Carlo Schmid) nehmen.[171] Diesen Zweck verfehlte die Ewigkeitsgarantie, wenn der verfassungsändernde Gesetzgeber sie umgehen könnte, indem er als erstes die Ewigkeitsgarantie ändert und als zweites die eigentlich beabsichtigte Grundgesetzänderung vornimmt. In solchen Fällen bildete die Ewigkeitsgarantie zwar eine politische und psychische Hürde; wer die Ewigkeitsgarantie dennoch änderte, könnte aber mit Recht behaupten, dass sein Handeln grundgesetzkonform sei. Das Bestehen dieser Möglichkeit liefe den Absichten des Verfassunggebers zuwider. Die Ewigkeitsgarantie ist deshalb genauso unabänderlich wie die Normen, die unter ihrem Schutz stehen.[172]

Da die Ewigkeitsgarantie allein den verfassungsändernden Gesetzgeber verpflichtet, besteht zwischen ihren Bezugsobjekten und den anderen Normen der Erstfassung des Grundgesetzes kein Stufenverhältnis.[173] Normen der Erstfas-

---

[170] *H. Dreier,* Grenzen demokratischer Freiheit im Verfassungsstaat, in: JZ 1994, S. 741 (746 f.); *D. Zacharias,* Die sog. Ewigkeitsgarantie des Art. 79 Abs. 3 GG, in: M. Thiel (Hrsg.), Wehrhafte Demokratie, 2003, S. 57 (57 ff.); *H. Dreier,* Gilt das Grundgesetz ewig?, 2009, S. 57 ff.; *G. Roellecke,* Identität und Variabilität der Verfassung, in: O. Depenheuer/C. Grabenwarter (Hrsg.), Verfassungstheorie, 2010, § 13 Rn. 11, 57 ff.; *M. Herdegen,* in: T. Maunz/ G. Dürig u. a. (Hrsg.), GGK, Art. 79 (2014), Rn. 64 ff.

[171] Zitate: Entstehungsgeschichte von Art. 79 GG, in: P. Häberle (Hrsg.), JöR 1 (1951), 2. Aufl. 2010, S. 573 (586). Zudem eine Anmerkung des Allgemeinen Redaktionsausschusses: „Diese Bestimmung soll zum Ausdruck bringen, daß dieses Grundgesetz nicht die Hand bieten darf zu seiner eigenen Totalbeseitigung oder -vernichtung. […] Eine Revolution kann und soll dadurch nicht verhindert werden. Eine revolutionäre Bewegung kann gegebenenfalls neues Recht schaffen, aber sie soll nicht imstande sein, eine ihr selbst fehlende Legitimität und Rechtsqualität – z. B. infolge Mangel jeden Rechtsgedankens – zu ersetzen durch Berufung auf ihr äußerlich ‚legales' Zustandekommen" (Entstehungsgeschichte von Art. 79 GG, in: P. Häberle [Hrsg.], JöR 1 [1951], 2. Aufl. 2010, S. 573 [586]). Späteres Sprachbild bei *P. Kirchhof,* Die Identität der Verfassung, in: J. Isensee/P. Kirchhof (Hrsg.), HStR[3] II, 2004, § 21 Rn. 42: „Demaskierung des Verfassungsbruchs".

[172] *G. Wegge,* Zur normativen Bedeutung des Demokratieprinzips nach Art. 79 Abs. 3 GG, 1996, S. 73 ff.; *K.-E. Hain,* Die Grundsätze des Grundgesetzes, 1999, S. 67 ff.; *D. Zacharias,* Die sog. Ewigkeitsgarantie des Art. 79 Abs. 3 GG, in: M. Thiel (Hrsg.), Wehrhafte Demokratie, 2003, S. 57 (93); *P. Kirchhof,* Die Identität der Verfassung, in: J. Isensee/P. Kirchhof (Hrsg.), HStR[3] II, 2004, § 21 Rn. 78; *M. Herdegen,* in: T. Maunz/G. Dürig u. a. (Hrsg.), GGK, Art. 79 (2014), Rn. 77; *H. Dreier,* in: ders. (Hrsg.), GGK[3] II, 2015, Art. 79 III Rn. 59. Gegenauffassung bei *G. Roellecke,* Identität und Variabilität der Verfassung, in: O. Depenheuer/C. Grabenwarter (Hrsg.), Verfassungstheorie, 2010, § 13 Rn. 12, 71.

[173] BVerfG, Urteil vom 18.12.1953, 1 BvL 106/53, BVerfGE 3, 225 (231 f.) – Gleichberechtigung; *K.-E. Hain,* Die Grundsätze des Grundgesetzes, 1999, S. 72 ff.; *H. Dreier,* in: ders. (Hrsg.), GGK[3] II, 2015, Art. 79 III Rn. 14. Gegenauffassung bei *S. Unger,* Das Verfassungsprinzip der Demokratie, 2008, S. 193 ff.; *C. Grabenwarter,* Die Verfassung in der Hierarchie der Rechtsordnung, in: O. Depenheuer/C. Grabenwarter (Hrsg.), Verfassungstheorie, 2010, § 11 Rn. 31 f. Die Mehrdeutigkeit und scheinbare Paradoxie des Ausdrucks „verfassungswidrige Verfassungsnorm" erschwert die Verständigung.

sung sind mit den Bezugsobjekten in jedem Fall vereinbar.[174] Die Erstfassung beansprucht, frei von Kollisionen und Unvereinbarkeiten zu sein, weil sämtliche ihrer Normen von dem*selben* Urheber in dem*selben* Akt erlassen worden sind. In dem Augenblick, in dem eine Verfassung erst entsteht, kann sie denknotwendig keine Vorgaben für ihren eigenen Inhalt enthalten. Deshalb muss der Interpret die Normen der Erstfassung im Wege systematischer Auslegung aufeinander abstimmen.[175] Wer zu dem Ergebnis kommt, dass eine Norm der Erstfassung mit einem Bezugsobjekt der Ewigkeitsgarantie unvereinbar wäre, hat entweder die Ewigkeitsgarantie, das Bezugsobjekt oder die scheinbar damit unvereinbare Norm fehlerhaft ausgelegt. In *diesem* Sinne besteht unter dem Grundgesetz keine Möglichkeit „verfassungswidriger Verfassungsnormen".[176]

b) Vollständige Inbezugnahme des Demokratieprinzips durch die Ewigkeitsgarantie

Die Ewigkeitsgarantie hat drei Bezugsobjekte: die Gliederung des Bundes in Länder, die grundsätzliche Mitwirkung der Länder bei der Gesetzgebung des Bundes und die in den Artikeln 1 und 20 GG niedergelegten Grundsätze. Das Wort „Grundsatz" ist, jedenfalls in der Sprache des Rechts und der Rechtswissenschaft, ein Antonym zu „Einzelheit" und zu „Ausnahme". Seine Bedeutung vereint hohe Wertigkeit mit großer Entscheidungsfreiheit.[177] Die textliche

---

[174] *T. Schilling,* Rang und Geltung von Normen in gestuften Rechtsordnungen, 1994, S. 176 f., 403 f. Bereits deshalb ist zum Beispiel die Auffassung bei *H. Weber-Grellet,* Eigenständigkeit und Demokratisierung der Justiz, in: ZRP 2003, S. 145 (148) unzutreffend, dass die Normen über die Richterbestellung in Art. 95 II und Art. 98 IV GG mit ranghöherem Verfassungsrecht unvereinbar wären.

[175] *K.-E. Hain,* Die Grundsätze des Grundgesetzes, 1999, S. 172 ff.; *U. Stelkens,* Art. 79 Abs. 3 GG und die Neugliederung des Bundesgebietes (unter besonderer Berücksichtigung der Möglichkeit einer Auflösung des Saarlandes), in: M. Wittinger/R. Wendt/G. Ress (Hrsg.), Verfassung – Völkerrecht – Kulturgüterschutz, 2011, S. 295 (306 f.).

[176] Nur scheinbar anders BVerfG, Urteil vom 18.12.1953, 1 BvL 106/53, BVerfGE 3, 225 (233) – Gleichberechtigung: „Auch dadurch, daß der Gesetzgeber des Grundgesetzes in seine Grundentscheidung Normen einbezogen und damit im Grundgesetz positiviert hat, die vielfach als übergesetzlich bezeichnet werden (etwa in Art. 1, aber auch in Art. 20 GG), haben sie ihren besonderen Charakter nicht verloren. In ihrer Einzelausgestaltung, namentlich in der Frage, inwieweit Ausnahmen von ihnen zuzulassen sind, stehen sie also zur freien Disposition des Verfassungsgebers nur insoweit, als jene letzten Grenzen der Gerechtigkeit nicht überschritten werden. Die Wahrscheinlichkeit, daß ein freiheitlich demokratischer Verfassungsgeber diese Grenzen irgendwo überschritte, ist freilich so gering, daß die theoretische Möglichkeit originärer ‚verfassungswidriger Verfassungsnormen' einer praktischen Unmöglichkeit nahezu gleichkommt." Die Bezeichnung „verfassungswidrige Verfassungsnormen" in diesem Textauszug bringt nicht zum Ausdruck, was das Bundesverfassungsgericht meint: die Unvereinbarkeit einer Verfassungsnorm mit außer- oder auch überverfassungsrechtlichen (Gerechtigkeits-)Maßstäben.

[177] Einträge „Grundsatz" und „grundsätzlich", in: Dudenredaktion (Hrsg.), Deutsches Universalwörterbuch, 8. Aufl. 2015; *B. Pieroth,* Das Demokratieprinzip des Grundgesetzes, in: JuS 2010, S. 473 (473).

Umschreibung des dritten Bezugsobjekts ist umständlich und mehrdeutig: In einer Deutung beschränkt sich der Schutz der Ewigkeitsgarantie auf diejenigen Gehalte der Normen in Art. 1 und Art. 20 GG, die großen Entscheidungsfreiraum gewähren, die Rechtsordnung prägen und in diesem Sinne grundsätzlicher Natur sind. Der Verfassunggeber hat sich für die umständliche und mehrdeutige Wortwahl entschieden (statt beispielsweise die Verfassungsprinzipien einzeln beim Namen zu nennen), um eine Unterscheidung zwischen grundsätzlichen und nicht-grundsätzlichen Gehalten der Verfassungsprinzipien einzuführen und dann ausschließlich die grundsätzlichen Gehalte unter Schutz stellen zu können.

In einer anderen Deutung drückt das Wort „Grundsatz" die Eigenheiten aus, die alle Normen in Art. 1 und Art. 20 GG gemeinsam haben: dass sie großen Entscheidungsfreiraum gewähren und die Rechtsordnung prägen. Der Verfassunggeber hat zu zwei Zwecken auf die namentliche Nennung der einzelnen Verfassungsprinzipien verzichtet: erstens um den Normtext nicht zu überfrachten, weil er den Wortlaut von Art. 1 und Art. 20 I bis III GG hätte wiederholen müssen, zweitens um ausschließlich die Rechts*normen* zu schützen, nicht die Norm*texte*. Ein Normtext ist mit der Rechtsnorm nicht identisch, sondern ihr physischer Träger.[178] Im Jahr 1956 ersetzte der verfassungsändernde Gesetzgeber das Wort „Verwaltung" in Art. 1 III GG durch „vollziehende Gewalt".[179] Er wollte klarstellen, dass auch die Streitkräfte an die Grundrechte gebunden sind. Diese Änderung war unter der Voraussetzung zulässig, dass „Verwaltung" an der Stelle ohnehin „vollziehende Gewalt" bedeutete. Im Jahr 1968 konnte der verfassungsändernde Gesetzgeber den ursprünglichen Art. 20 GG deshalb um ein Widerstandsrecht ergänzen, weil die Ewigkeitsgarantie ausschließlich solche Normen schützt, die das Grundgesetz von Anfang an enthielt.[180] Dass eine nachträglich eingefügte Norm ihren Standort in Art. 20 GG hat, verhilft ihr nicht zum Schutz durch die Ewigkeitsgarantie.

Die erste Deutung setzt voraus, dass das Grundgesetz grundsätzliche und nicht-grundsätzliche Gehalte von Verfassungsprinzipien unterscheidet. Welchen Inhalt ein Verfassungsprinzip hat, richtet sich aber unter anderem danach, ob ein Grundsatz im Sinne der Ewigkeitsgarantie identisch ist mit einem Verfassungsprinzip im Sinne der Rechtswissenschaft oder ausschließlich einen Ausschnitt

---

[178] *D. Zacharias*, Die sog. Ewigkeitsgarantie des Art. 79 Abs. 3 GG, in: M. Thiel (Hrsg.), Wehrhafte Demokratie, 2003, S. 57 (68 f.): Die Ewigkeitsgarantie schütze „nicht die Verfassungsbestimmungen Art. 1 und Art. 20 GG als solche, sondern die dort enthaltenen Grundsätze. Das bedeutet zunächst, dass sich der Schutz auf den *Inhalt* der Verfassungsbestimmungen bezieht, nicht auf ihren *Wortlaut*" (Hervorhebungen im Original; S. L.). An die Verschiedenheit von Rechtsnorm und Normtext erinnern trotz voneinander abweichender Ausgangspunkte im Ergebnis übereinstimmend *R. Alexy*, Theorie der Grundrechte (1985), 7. Aufl. 2015, S. 42 ff.; *M. Jestaedt*, Grundrechtsentfaltung im Gesetz, 1999, S. 329 f.; *F. Michl*, Unionsgrundrechte aus der Hand des Gesetzgebers, 2018, S. 29 f., 31 ff., 33 f.

[179] 7. Änderungsgesetz mit Wirkung zum 22.3.1956.

[180] 17. Änderungsgesetz mit Wirkung zum 28.6.1968.

eines Verfassungsprinzips bildet. Was die *Wissenschaft* ein Verfassungsprinzip nennt, muss nicht das gleiche sein wie das, was die *Verfassung* einen Grundsatz nennt. Wenn ein Grundsatz das gleiche ist wie ein Verfassungsprinzip, liegt näher, dass die Verfassungsprinzipien geringe Vorgaben für die weitere Rechtsanwendung enthalten; im anderen Fall liegt näher, dass vergleichsweise strenge Vorgaben bestehen. Wer unter Berufung auf den Inhalt von Art. 20 I bis III GG bestimmt, in welchem Umfang die Ewigkeitsgarantie die Verfassungsprinzipien in Bezug nimmt (oder umgekehrt), begeht einen Zirkelschluss: Zuerst muss er ermitteln, ob die Unterscheidung von grundsätzlichen und nicht-grundsätzlichen Gehalten der Verfassungsprinzipien dem Grundgesetz überhaupt eigen ist.

Im Parlamentarischen Rat standen verschiedene Fassungen der Ewigkeitsgarantie zur Diskussion, die sich in ihrer Regelungstechnik und ihren Bezugsobjekten unterschieden.[181] Der Entwurf des Herrenchiemseer Konvents entzog ausschließlich die „freiheitliche und demokratische Grundordnung" dem Zugriff des verfassungsändernden Gesetzgebers (A). Der Allgemeine Redaktionsausschuss wollte zunächst die „in den Artikeln 1 und 21 [gegenwärtig Art. 20; S. L.] dieses Grundgesetzes niedergelegten Grundsätze" unter Schutz stellen (B), später den „Grundsatz der unmittelbaren Bindung an die Grundrechte (Art. 1) und die demokratische, republikanische und rechtsstaatliche Ordnung (Art. 21)" (C) und schließlich die „Gliederung des Bundes in Länder, die grundsätzliche Mitwirkung der Länder bei der Gesetzgebung des Bundes und die in den Artikeln 1 und 20 niedergelegten Grundsätze" (D). Es war diese letzte Fassung, die Eingang ins Grundgesetz fand.

Fassung D kam zustande, als der Allgemeine Redaktionsausschuss eine andere Norm mit der Ewigkeitsgarantie zusammenführte: Früh stand fest, dass Änderungen des Demokratie-, Rechtsstaats- und Republikprinzips (ganz oder teilweise) unzulässig sein sollten. Änderungen an der Gliederung des Bundes in Länder und der grundsätzlichen Mitwirkung der Länder bei der Gesetzgebung des Bundes unterlagen zunächst strengeren Voraussetzungen als gewöhnliche Verfassungsänderungen, waren aber nicht ausgeschlossen. Das Bundesstaatsprinzip gehörte in Fassung B nicht zu den „in den Artikeln 1 und 21 niedergelegten Grundsätzen", obwohl Art. 21 vom „sozialen Bundesstaat" sprach.[182] Erst als er Fassung D formulierte, ergänzte der Allgemeine Redaktionsausschuss die Bezugsobjekte um die Gliederung des Bundes in Länder und die grundsätzliche Mitwirkung der Länder bei der Gesetzgebung des Bundes.[183]

---

[181] Entstehungsgeschichte von Art. 79 GG, in: P. Häberle (Hrsg.), JöR 1 (1951), 2. Aufl. 2010, S. 573 ff. Aufarbeitung der Entstehungsgeschichte bei *M. Jestaedt,* Bundesstaat als Verfassungsprinzip, in: J. Isensee/P. Kirchhof (Hrsg.), HStR³ II, 2004, § 29 Rn. 49 ff.; *H. Dreier,* in: ders. (Hrsg.), GGK³ II, 2015, Art. 79 III Rn. 4 ff. jew. mit Nachw. aus den Protokollen.

[182] *H. Dreier,* in: ders. (Hrsg.), GGK³ II, 2015, Art. 79 III Rn. 7 in Fn. 32.

[183] Unklar ist, ob sich die Ewigkeitsgarantie auch auf das Bundesstaats- und das Sozialstaatsprinzip bezieht. Ablehnend *M. Jestaedt,* Bundesstaat als Verfassungsprinzip, in: J. Isensee/P. Kirchhof (Hrsg.), HStR³ II, 2004, § 29 Rn. 48 ff. (Bundesstaat) und Rn. 54 in Fn. 294

Die Fassungen A und C legen nahe, dass die Ewigkeitsgarantie das Demokratieprinzip in Gänze schützt, weil darin das Wort „Grundsatz" fehlt, das eine Einschränkung der Bezugnahme bedeuten kann und dadurch die Unsicherheit bei der Auslegung verursacht. Ob aber die Fassung B und vor allem die endgültige Fassung D ausschließlich redaktionell oder zudem inhaltlich von den Fassungen A und C abweichen, wird sich nicht aufklären lassen. Der Parlamentarische Rat hat die Neufassungen nicht erläutert und nicht (in dokumentierter Weise) beraten. Die Entstehungsgeschichte bleibt rätselhaft.[184]

Wie sich Odysseus an den Mast binden lässt, damit er nicht dem verlockenden wie verderblichen Gesang der Sirenen erliegt, gibt sich ein Volk eine Verfassung, um sich selbst von Entscheidungen abzuhalten, die es in Augenblicken der Vergessenheit zu seinem eigenen Schaden treffen könnte.[185] Indem die Eltern des Grundgesetzes durch die Ewigkeitsgarantie bestimmte Normen dem Zugriff des verfassungsändernden Gesetzgebers entzogen haben, verwehrten sie es ihren Nachfahren, dass sie sich von den Einsichten ihrer Vorfahren abwenden können, ohne dass sie die bestehende Verfassung aufgeben müssen.[186] Auf diese Weise haben die Urheber des Grundgesetzes eine „Herrschaft der Toten über die Lebenden"[187] errichtet. Eine Ewigkeitsgarantie wie die des Grundgesetzes ist eine von mehreren denkbaren Lösungen in einem Zielkonflikt zwischen Rigidität und Flexibilität.[188] Die Bindung der künftigen Generationen lässt sich umso überzeugender rechtfertigen, je größeren Entscheidungsfreiraum die Ewigkeitsgarantie dem verfassungsändernden Gesetzgeber lässt.

(Sozialstaat). Befürwortend *H. Dreier*, in: ders. (Hrsg.), GGK³ II, 2015, Art. 79 III Rn. 6 (Sozialstaat) und Rn. 7 (Bundesstaat).

[184] *H. Dreier*, in: ders. (Hrsg.), GGK³ II, 2015, Art. 79 III Rn. 7 in Fn. 38: „Es zeigt sich hier einmal mehr, daß die heute vermutlich kaum mehr in ihren Motiven aufklärbare, zuweilen durchaus eigenwillige (wenn nicht eigenmächtige) Arbeit des Redaktionsausschusses und des interfraktionellen Fünfer-Ausschusses zu Änderungen von erheblicher Reichweite auch und gerade in materiellrechtlichen Fragen führte".

[185] Allegorie bei *J. Elster*, Ulysses and the Sirens, 1979, S. 36 f., 88 ff., bes. 93 f. Einschränkungen und Differenzierungen später bei *dems.*, Ulysses Unbound, 2000, S. 92 ff., 154 ff.

[186] *H. Dreier*, Grenzen demokratischer Freiheit im Verfassungsstaat, in: JZ 1994, S. 741 (747 ff.); *ders.*, Gilt das Grundgesetz ewig?, 2009, S. 24 ff., 28 ff., 57 ff., 67 ff.

[187] *H. Dreier*, Gilt das Grundgesetz ewig?, 2009, S. 28 ff. Wendung, allerdings bezogen auf das Recht allgemein und nicht auf eine erschwert änderbare Verfassung, ähnlich bei *E. Ehrlich*, Grundlegung der Soziologie des Rechts, 1913, S. 323, der sie dem englischen Philosophen Herbert Spencer und mittelbar Johann Wolfgang von Goethe zuschreibt: „Das Recht, wie es auch sein mag, ist stets eine Form der Herrschaft der Toten über den Lebenden: so hat Herbert Spencer die berühmten Worte Goethes in seine Sprache übersetzt."

[188] *H. Dreier*, Grenzen demokratischer Freiheit im Verfassungsstaat, in: JZ 1994, S. 741 (747 ff.); *K.-E. Hain*, Die Grundsätze des Grundgesetzes, 1999, S. 70 ff.; *S. Unger*, Das Verfassungsprinzip der Demokratie, 2008, S. 204 ff.; *H. Dreier*, Gilt das Grundgesetz ewig?, 2009, S. 67 ff.; *G. Roellecke*, Identität und Variabilität der Verfassung, in: O. Depenheuer/C. Grabenwarter (Hrsg.), Verfassungstheorie, 2010, § 13 Rn. 16 ff.

Daraus ergibt sich eine Richtungsangabe für die Interpretation:[189] Der Interpret unterstellt dem Verfassunggeber, dass er eine Ewigkeitsgarantie geschaffen hat, die nicht allein ihrer *Struktur* nach ein Rahmen *ist*, sondern auch ihrem *Inhalt* nach ein Rahmen sein *soll*.[190] Im Zweifel hat sich der Verfassunggeber dafür entschieden, den Rechtsanwendern geringe Vorgaben zu machen und ihnen dadurch vergleichsweise großen Entscheidungsfreiraum zuzugestehen.[191] Wer die Ewigkeitsgarantie auslegt, kann dieser Richtungsangabe auf zwei Weisen gerecht werden: In der einen Deutung schützt die Ewigkeitsgarantie ausschließlich einen Ausschnitt eines Demokratieprinzips, das strenge Vorgaben enthalten kann. In der anderen Deutung nimmt die Ewigkeitsgarantie ein solches Demokratieprinzip vollständig in Bezug, das sich mit Gewissheit auf geringe Vorgaben beschränkt. In beiden Fällen gehen die Annahmen über den Inhalt des Demokratieprinzips und den Umfang seines Schutzes durch die Ewigkeitsgarantie Hand in Hand: Die eine Annahme gewinnt Überzeugungskraft aus der anderen.

Da das Demokratieprinzip eine Norm des Grundgesetzes ist, steht es aus Sicht des einfachen Gesetzgebers und der ihm nachgeordneten Rechtsanwender ohnehin an der Spitze der Normenhierarchie: Gleich in welchem Umfang es den Schutz der Ewigkeitsgarantie genießt, lässt es sich allenfalls unter ge-

---

[189] Vorsichtig erkennbar bei *M. Jestaedt,* Grundrechtsentfaltung im Gesetz, 1999, S. 302 ff. Eine solche Richtungsangabe ist nicht gleichbedeutend mit einer Änderung des Rechtsgewinnungsverständnisses, kommt einer solchen Änderung aber in ihren Beweggründen und in ihrer Wirkung im Einzelfall nahe. Nach Auffassung von *dems.,* Grundrechtsentfaltung im Gesetz, ebd., S. 276 ff., 304 in Fn. 96; *dems.,* Das mag in der Theorie richtig sein …, 2006, S. 32 ff. mit Fn. 99, 101 muss sich eine Rechtsgewinnungstheorie danach richten, in welchem Umfang und in welcher Weise das Recht seine eigene Erzeugung regelt. Je anspruchsvoller die Voraussetzungen seien, die das Recht für seine eigene Erzeugung vorsehe, desto eher könne eine Rechtsgewinnungstheorie gerechtfertigt sein, nach der ein Interpret auf den Inhalt von Normen einwirken könne. Als ein Beispiel nennt er multilaterale völkerrechtliche Verträge wie die Europäische Menschenrechtskonvention.

[190] Zum Unterschied zwischen rahmenartiger Struktur und rahmenartigem Inhalt der Verfassung *M. Jestaedt,* Grundrechtsentfaltung im Gesetz, 1999, S. 34 f. in Fn. 44, S. 302 ff. Die Wandlung des Rahmenbegriffs (vom rechtsstrukturellen zum rechtsinhaltlichen Rahmen) trifft sich mit der Theorie der Verfassung als Rahmenordnung: *E.-W. Böckenförde,* Die Methoden der Verfassungsinterpretation (1976), in: ders., Wissenschaft, Politik, Verfassungsgericht, 2011, S. 120 ff. verwendet den Rahmenbegriff zunächst, um die Verfassungsstruktur zu kennzeichnen (S. 125), und verbindet damit später zusätzlich ein Vor-Verständnis vom Verfassungsinhalt (S. 146, 152 f.). Gemeinsamkeiten von Reiner Rechtslehre und Rahmentheorie erkennt auch *U. Volkmann,* Rechts-Produktion oder: Wie die Theorie der Verfassung ihren Inhalt bestimmt, in: Der Staat 54 (2015), S. 35 (47 ff.).

[191] Weitergehende Richtungsangaben bei *O. Lepsius,* Rechtswissenschaft in der Demokratie, in: Der Staat 52 (2013), S. 157 (178): „Parlamentarische Entscheidungsspielräume sind zu erhalten und zu erweitern; die materielle Kontrolldichte der Gesetzgebung ist zurückzufahren"; *dems.,* Rechtswissenschaft in der Demokratie, ebd., S. 184 f.: „Die verfassungsrechtliche Entscheidung für zahlreiche Rechtserzeugungsorgane (zumal im Bundesstaat) darf gerade aus einer Perspektive, die Kompetenzträger, ihre jeweiligen Mehrheiten und Kompromisse ernst nimmt, nicht durch eine materielle Verfassungsinterpretation nivelliert werden."

steigerten Voraussetzungen ändern, vor allem ausschließlich durch eine Zwei-Drittel-Mehrheit im Bundestag und im Bundesrat. Im Falle der Ewigkeitsgarantie spitzt sich der Zielkonflikt zwischen Rigidität und Flexibilität zu, der dem Grunde nach auch besteht, wenn eine Verfassungsänderung eine qualifizierte Mehrheit erfordert. Die beschriebene Richtungsangabe gilt auch für das änderbare Verfassungsrecht. Ihr wird ein Verständnis besser gerecht, wonach sich das Demokratieprinzip auf geringe Vorgaben für den Rechtsanwender beschränkt und im Gegenzug in vollem Umfang den Schutz der Ewigkeitsgarantie genießt.

Indem der Verfassunggeber im Text der Ewigkeitsgarantie von Grundsätzen spricht, schränkt er die Bezugnahme auf die Verfassungsprinzipien also nicht ein, sondern gibt die Eigenheiten dieses Normtyps wieder: Zum einen lässt er dem Rechtsanwender großen Entscheidungsfreiraum, zum anderen hat er, auch wegen seines Schutzes durch die Ewigkeitsgarantie, hervorgehobene Bedeutung für die Rechtsordnung.[192] Dieselben Eigenheiten drückt die Rechtswissenschaft aus, indem sie das Demokratieprinzip vielfach als Verfassungs*prinzip* bezeichnet.[193] Ein Grundsatz in der Sprache des Grundgesetzes ist nichts anderes als ein Verfassungsprinzip in der Sprache der Rechtswissenschaft. Wer den Ausdruck „Verfassungsprinzip" gebraucht, macht sich dadurch nicht zwangsläufig die Prinzipientheorie des Rechts zu eigen.[194]

3. Verpflichtete, Gegenstände und Inhalte des Demokratieprinzips

a) Horizontale und vertikale Eigenständigkeit des Demokratieprinzips gegenüber den anderen Normen des Grundgesetzes

Wenn die Abgeordneten des Parlamentarischen Rates das Wort „Demokratie" gebrauchten, setzten sie, wenn auch unausgesprochen, die Unterscheidung von Demokratie als politischem *System* und als grundgesetzlichem *Prinzip* voraus.[195] Wenn eine Verfassung ein Demokratieprinzip enthält, sind zwei Grenz-

---

[192] *D. Murswiek,* Zu den Grenzen der Abänderbarkeit von Grundrechten, in: D. Merten/ H.-J. Papier (Hrsg.), HGR II, 2006, § 28 Rn. 33 ff.

[193] Einen ähnlichen Gebrauch des Wortes „Prinzip" befürwortet *R. Poscher,* Theorie eines Phantoms – Die erfolglose Suche der Prinzipientheorie nach ihrem Gegenstand, in: RW 1 (2010), S. 349 (370 f.): „Als Rechtsprinzipien lassen sich Normen bezeichnen, die neben einer besonderen Konkretisierungsbedürftigkeit eine besondere meist auch rechtsgebietsübergreifende Bedeutung entfalten oder die [...] die Ausdifferenzierung einer ganzen Dogmatik leiten können" (S. 371).

[194] Betont bei *S. Unger,* Das Verfassungsprinzip der Demokratie, 2008, S. 149 ff.; *H. Dreier,* in: ders. (Hrsg.), GGK³ II, 2015, Art. 20 (Einführung), Rn. 12. Grundlegung der Prinzipientheorie (der Grundrechte) bei *R. Alexy,* Theorie der Grundrechte (1985), 7. Aufl. 2015, S. 71 ff. Zurückweisung bei *M. Jestaedt,* Grundrechtsentfaltung im Gesetz, 1999, S. 206 ff.

[195] *M. Jestaedt,* Demokratieprinzip und Kondominialverwaltung, 1993, S. 145 f.: „Demokratieprinzip" im Unterschied zur „Demokratie des Grundgesetzes"; *ders.,* Demokratieprinzip und Kondominialverwaltung, ebd., S. 511: „Vom demokratischen Prinzip als solchem zu unterscheiden ist die Demokratie des Grundgesetzes: letztere ist das ins Werk gesetzte, organisati-

fälle denkbar: In dem einen Grenzfall konstituiert das Demokratieprinzip allein das demokratische System; in dem anderen Grenzfall enthält das Demokratieprinzip nicht mehr als eine einzige Vorgabe für das demokratische System. Das Demokratieprinzip muss nicht die einzige systemprägende Norm sein, sondern kann zu einer Vielzahl solcher Normen gehören. Die Regelungsabsicht des Verfassunggebers, die Errichtung einer Demokratie, muss er regelungstechnisch nicht (vollständig) dadurch verwirklichen, dass er ein Demokratieprinzip schafft:[196] Die Bedeutung, die das Wort „Demokratie" in den Redebeiträgen der Abgeordneten hatte, wenn sie über die Gestaltung des Systems sprachen, muss nicht die gleiche sein, die ihm der Verfassunggeber für den Normtext des Prinzips beigemessen hat.

Demokratie dient verbreitet als Sammelbegriff für typische Merkmale westlicher Verfassungsstaaten: Gleichheit vor dem Gesetz, Gliederung der Gewalten, Meinungs- und Medienvielfalt, Schutz von Menschenrechten und Teilhabe an politischen Entscheidungen sind einige, möglicherweise die häufigsten Assoziationen.[197] In einem solchen allgemeinen Sinne gebrauchten die Abgeordneten des Parlamentarischen Rates das Wort in ihren Beratungen: Die Errichtung einer Demokratie begriffen sie als den Kern ihres Vorhabens. Obwohl sich das Verständnis der Abgeordneten von Demokratie in Einzelheiten unterschied, bestand weitgehende Einigkeit, dass die Bundesrepublik an die Weimarer Republik anknüpfen, sich vom Nationalsozialismus und Kommunismus abgrenzen und in die Tradition der westlichen Demokratien stellen sollte.[198] Die Abgeordneten hegten demnach zwar bestimmte Vorstellungen von einem demokratischen System, aber welche Bedeutung der Verfassunggeber dem Wort „Demokratie" eigens im Normtext des Grundgesetzes beigemessen hat, lässt sich den Beratungen des Parlamentarischen Rates nicht entnehmen.[199]

Typisch für diesen Sprachgebrauch ist eine Rede des Vorsitzenden des Hauptausschusses des Parlamentarischen Rates, Carlo Schmid, in der zweiten

---

onsrechtlich umgesetzte demokratische Prinzip: sie ist das ‚Fleisch' am ‚Skelett' des demokratischen Prinzips. Demokratie im grundgesetzlichen Sinne wird daher nicht allein von Art. 20 Abs. 2 GG normativ aktualisiert, sondern sie wird konkretisiert durch und wirkt in nahezu sämtlichen (staatsorganisationsrechtlichen) Verfassungsbestimmungen"; *ders.,* Bundesstaat als Verfassungsprinzip, in: J. Isensee/P. Kirchhof (Hrsg.), HStR³ II, 2004, § 29 Rn. 15: „Bundesstaat als System und als Prinzip"; *S. Unger,* Das Verfassungsprinzip der Demokratie, 2008, S. 242: „das in den nachfolgenden Bestimmungen des Grundgesetzes im einzelnen entfaltete demokratische System" im Unterschied zum „allgemeinen Demokratiebegriff".

[196] *M. Jestaedt,* Demokratieprinzip und Kondominialverwaltung, 1993, S. 152 ff.

[197] Ähnliche Aufzählung bei *A. Thiele,* Der gefräßige Leviathan, 2019, S. 245 ff. (allgemeine Kriterien), 256 (Unterkriterien mit dem Akzent auf Demokratie).

[198] *M. Jestaedt,* Demokratieprinzip und Kondominialverwaltung, 1993, S. 153.

[199] *F. K. Fromme,* Der Demokratiebegriff des Grundgesetzgebers, in: DÖV 1970, S. 518 (521 f.); *C. Meier u. a.,* Art. „Demokratie", in: O. Brunner/W. Conze/R. Koselleck (Hrsg.), Geschichtliche Grundbegriffe, Bd. I, 1972, S. 821 (898); *M. Jestaedt,* Demokratieprinzip und Kondominialverwaltung, 1993, S. 152 ff.; *H. Dreier,* in: ders. (Hrsg.), GGK³ II, 2015, Art. 20 (Demokratie), Rn. 19 jew. mit Nachw. aus den Protokollen.

Plenarsitzung. Er nennt drei „Merkmale" einer „demokratische[n] Verfassung",
einer „klassische[n] Demokratie": die „allgemeine Gleichheit und Freiheit der
Bürger", das „Prinzip der Teilung der Gewalten", die „Garantie der Grundrech-
te".[200] Schmid bescheinigt seiner Rede am Anfang wie am Ende einen hohen
Allgemeinheitsgrad: Sie werde sich möglicherweise, in der Wahrnehmung von
Zuhörern, „zu Beginn wenigstens" in der „Ausführung von Theorien" erschöpfen und könne ihnen „vielleicht gelegentlich ein wenig theoretisch vorgekom-
men" sein.[201] Der Parlamentarische Rat müsse sich aber einiger theoretischer
Grundlagen vergewissern, „so wie der Ingenieur, der mit Rechenschieber und
Logarithmentafel umzugehen hat, gelegentlich einmal sein Physikbuch hervor-
holt, um den Ort seines Wirkens im System der Mechanik genau festzustellen
[…]."[202] Demnach sprach Schmid über das demokratische System, das der Parlamentarische Rat errichten wollte, aber nicht über einzelne Rechtsnormen, die
zu dessen Errichtung beitragen können; der Gegenstand seiner Rede war die
(von ihm angenommene) Regelungsabsicht des Parlamentarischen Rates, nicht
die Regelungstechnik des Grundgesetzes.

Verwandt mit der Unterscheidung von System und Prinzip ist die Unterscheidung von Verfassungsprinzipien summativer und integraler Art: Ein *summatives* Demokratieprinzip erschöpft sich inhaltlich in bestimmten Normen des
Grundgesetzes und des einfachen Rechts, während einem *integralen* Demokratieprinzip eigenständige inhaltliche Bedeutung zukommt.[203] Ein summatives
Demokratieprinzip ist inhaltlich entbehrlich, weil sich die gleichen Vorgaben
aus anderen Normen ergeben. Doch in diesem Fall könnte sich sein Bestehen
daraus erklären, dass es die Inhalte auf eine besondere Art und Weise gewähr-

---

[200] *C. Schmid,* Bericht über die dem Parlamentarischen Rat gestellte Aufgabe an Hand der
Vorarbeiten, in: Deutscher Bundestag/Bundesarchiv (Hrsg.), Der Parlamentarische Rat 1948–
1949, Bd. IX, 1996, S. 20 (35 ff.).

[201] *C. Schmid,* Bericht über die dem Parlamentarischen Rat gestellte Aufgabe an Hand der
Vorarbeiten, in: Deutscher Bundestag/Bundesarchiv (Hrsg.), Der Parlamentarische Rat 1948–
1949, Bd. IX, 1996, S. 20 (21, 45).

[202] *C. Schmid,* Bericht über die dem Parlamentarischen Rat gestellte Aufgabe an Hand der
Vorarbeiten, in: Deutscher Bundestag/Bundesarchiv (Hrsg.), Der Parlamentarische Rat 1948–
1949, Bd. IX, 1996, S. 20 (21).

[203] Für den Rechtsstaat *P. Kunig,* Das Rechtsstaatsprinzip, 1986, S. 6 f., 113 ff.; *E. Schmidt-
Aßmann,* Der Rechtsstaat, in: J. Isensee/P. Kirchhof (Hrsg.), HStR[3] II, 2004, § 26 Rn. 7 ff. Für
die Demokratie *M. Jestaedt,* Demokratieprinzip und Kondominialverwaltung, 1993, S. 149 ff.;
S. Unger, Das Verfassungsprinzip der Demokratie, 2008, S. 152 ff., 161. Für die Gewaltengliederung *C. Möllers,* Dogmatik der grundgesetzlichen Gewaltengliederung, in: AöR 132
(2007), S. 493 (495 f.). Für den Bundesstaat *J. Isensee,* Idee und Gestalt des Föderalismus, in:
ders./P. Kirchhof (Hrsg.), HStR[3] VI, 2008, § 126 Rn. 31, 38 f.; *J. Isensee,* Idee und Gestalt des Föderalismus im Grundgesetz, in: ders./P. Kirchhof (Hrsg.), HStR[3] VI, 2008, § 126
Rn. 293. Für die Selbstverwaltung *M. Jestaedt,* Demokratieprinzip und Kondominialverwaltung, ebd., S. 491. Verallgemeinerung für alle Verfassungsprinzipien bei *F. Reimer,* Verfassungsprinzipien, 2001, S. 206 ff., der ohne sachlichen Unterschied von normativen statt von
integralen Begriffen spricht.

leistet: Zum einen überdauert der Inhalt einer Norm des einfachen Rechts, die zu einem summativen Demokratieprinzip gehört, auch wenn der einfache Gesetzgeber die Norm aufhebt. Zum anderen überdauert ebenso der Inhalt einer Verfassungsnorm, auch wenn der verfassungsändernde Gesetzgeber sie aufhebt, soweit sich die Ewigkeitsgarantie auf ein summatives Demokratieprinzip bezieht.[204] Da ein summatives Demokratieprinzip regelungstechnisch erforderlich sein kann, ist seine Existenz nicht widerlegt, falls es inhaltlich verzichtbar ist.[205]

Doch enthält das Grundgesetz keine Kriterien, welche Normen des einfachen Rechts oder des Verfassungsrechts zu einem summativen Demokratieprinzip gehörten.[206] Eine solche Norm lässt sich nicht daran erkennen, dass sie das Demokratieprinzip konkretisiert: Damit ein Interpret feststellen kann, ob eine Norm das Demokratieprinzip konkretisiert, muss das Grundgesetz ein integrales Demokratieprinzip enthalten. Ohne ein integrales Demokratieprinzip kann Gegenstand der Konkretisierung ausschließlich eine vor-rechtliche Demokratie sein. Sie bleibt einem Interpreten von Rechtsnormen begriffsgemäß verborgen. Wer das Demokratieprinzip mit Normen des einfachen Rechts gleichsetzt, missachtet ohnehin das Stufenverhältnis von Verfassungsrecht und einfachem Recht, das dem Schluss vom Inhalt einer rangniederen auf den einer ranghöheren Norm entgegensteht. Das Demokratieprinzip ist demnach *vertikal* eigenständig etwa gegenüber dem Wahl-, Parteien- und Abgeordnetenrecht.[207]

Die Normen der Erstfassung des Grundgesetzes sind von demselben Urheber in demselben Akt erlassen worden. Eine allgemeine Unterstellung, dass sich ein Sprecher seiner Sprache möglichst ökonomisch bediente, hat zwar keine Berechtigung. Der Verfassunggeber aber hatte den Anspruch, eine „Juristenverfassung"[208] zu schaffen, die sich unter anderem durch eine rationelle Regelungstechnik auszeichnet. Deshalb besteht eine widerlegliche Vermutung,

---

[204] Unterscheidung von inhaltlicher und modaler Redundanz bei *M. Jestaedt,* Bundesstaat als Verfassungsprinzip, in: J. Isensee/P. Kirchhof (Hrsg.), HStR[3] II, 2004, § 29 Rn. 34 ff., bes. 36.

[205] *M. Jestaedt,* Demokratieprinzip und Kondominialverwaltung, 1993, S. 149 in Fn. 53.

[206] *S. Unger,* Das Verfassungsprinzip der Demokratie, 2008, S. 245 ff.

[207] Ein unausgesprochen summativer Demokratiebegriff zum Beispiel bei *R. Wahl,* Art. „Demokratie, Demokratieprinzip", in: M. Schröder (Hrsg.), ErgLdR, Nr. 5/170 (1990), S. 1 (2 ff.); *K. Hesse,* Grundzüge des Verfassungsrechts der Bundesrepublik Deutschland, 20. Aufl. 1995, Rn. 127 ff. Annähernd *M. Kriele,* Das demokratische Prinzip im Grundgesetz, in: VVDStRL 29 (1971), S. 46 (47): „Das demokratische Prinzip des Art. 20 II 1 ist bisher nur in sehr wenigen Fällen unmittelbar zur Begründung richterlicher Entscheidungen herangezogen worden und wird auch wahrscheinlich selten relevant werden; denn es lebt hauptsächlich in seinen Konkretisierungen." *S. Unger,* Das Verfassungsprinzip der Demokratie, 2008, S. 241 ff. beobachtet kritisch, dass es vielen Autoren „bei der inhaltlichen Aufbereitung des Demokratiebegriffs in erster Linie darum [geht], das in den nachfolgenden Bestimmungen des Grundgesetzes im einzelnen [sic; S. L.] entfaltete demokratische System jedenfalls in seinen wesentlichen Strukturen auch in den allgemeinen Demokratiebegriff aufzunehmen" (S. 242).

[208] *J. Isensee,* Vom Stil der Verfassung, 1999, S. 57 ff. (Zitat auf S. 64).

dass die Normen der Erstfassung des Grundgesetzes je eigenständigen Inhalt haben.[209] Diese Vermutung gilt besonders unter den Verfassungsprinzipien in Art. 20 I bis III GG, der Menschenwürde in Art. 1 I GG und der Grundrechtsbindung aller Staatsgewalt in Art. 1 III GG. Gemeinsam stehen diese Normen unter dem Schutz der Ewigkeitsgarantie, ziehen sie den Rahmen, den jede Entscheidung des verfassungsändernden Gesetzgebers einhalten muss, und genießen sie Vorrang vor den verfassungsändernden Gesetzen. Indem der Verfassunggeber in Art. 20 I und Art. 28 I 1 GG „demokratisch" und „sozial" als Attribute zu „Bundesstaat" bzw. „demokratisch", „republikanisch" und „sozial" als Attribute zu „Rechtsstaat" verwendet, verschränkt er die Verfassungsprinzipien ausschließlich sprachlich, aber nicht inhaltlich miteinander.[210] Das Demokratieprinzip des Grundgesetzes ist demnach *horizontal* eigenständig gegenüber den anderen Normen, auf die sich die Ewigkeitsgarantie bezieht.[211]

b) Doppelnatur des Demokratieprinzips als Maßstab für den Inhalt von Normen und das Zustandekommen der Akte der Staatsgewalt

aa) Vorgaben für den Inhalt von Normen: Wesensgehaltsgarantie für das demokratische System

Das Demokratieprinzip des Grundgesetzes umfasst solche Inhalte, die nach der Vorstellung des Verfassunggebers das demokratische System mitbestimmen und zusätzlich den Schutz der Ewigkeitsgarantie erfordern, aber nicht zu einem anderen ihrer Bezugsobjekte gehören, also nicht zu einem der anderen Verfassungsprinzipien in Art. 20 I bis III GG, nicht zur Menschenwürde in Art. 1 I GG und nicht zur Grundrechtsbindung aller Staatsgewalt in Art. 1 III GG. Zugleich darf sich das Demokratieprinzip in den Inhalten beispielsweise des Wahl-, Abgeordneten- und Parteienrechts, die das Grundgesetz außerhalb der Bezugsobjekte der Ewigkeitsgarantie regelt, nicht erschöpfen. Das Demokratieprinzip stellt sicher, dass vom demokratischen System, obwohl das Grundgesetz grundsätzlich änderbar ist, in jedem Fall so viel erhalten bleibt, dass es seinen Namen

---

[209] Für das Rechtsstaatsprinzip *K. Sobota,* Das Prinzip Rechtsstaat, 1997, S. 419 ff.: „Spezifizitätsmaxime" (S. 419). Für das Demokratieprinzip *S. Unger,* Das Verfassungsprinzip der Demokratie, 2008, S. 233 f.

[210] Im Fall des Sozial- und des Rechtsstaats sieht sich die Verfassungsrechtswissenschaft auch durch die sprachliche Verschränkung zuweilen zur inhaltlichen oder wenigstens darstellenden Zusammenfassung veranlasst: *E. Forsthoff* und *O. Bachof,* Begriff und Wesen des sozialen Rechtsstaates, in: VVDStRL 12 (1954), S. 8 ff. bzw. 37 ff.; *K. Hesse,* Grundzüge des Verfassungsrechts der Bundesrepublik Deutschland, 20. Aufl. 1995, § 6: „Sozialer Rechtsstaat"; *U. Volkmann,* Grundzüge einer Verfassungslehre der Bundesrepublik Deutschland, Tübingen 2013, § 7 III: „Sozialer Rechtsstaat".

[211] *M. Jestaedt,* Demokratieprinzip und Kondominialverwaltung, 1993, S. 148 f.: „analytische Isolierbarkeit des grundgesetzlichen Demokratieprinzips" (S. 148); *S. Unger,* Das Verfassungsprinzip der Demokratie, 2008, S. 228 ff.: „intranormativer' Selbstand" (S. 241 ff.) und „internormativer' Selbstand" des Demokratieprinzips (S. 230 ff.).

weiterhin verdient. Darin gleicht es der Wesensgehaltsgarantie für die Grundrechte.[212]

Der Gesetzgeber ist der vornehmliche, aber nicht der einzige Adressat dieser Vorgaben, weil er maßgeblich, aber nicht allein das demokratische System gestaltet. Die Konkretisierungen des Demokratieprinzips reichen von Verfassungsnormen, die in der Rechtswissenschaft ihrerseits als Prinzipien firmieren (Mehrheitsprinzip, Repräsentationsprinzip usw.), bis hinab zur Bundeswahlordnung, einer Rechtsverordnung des Bundesministers des Innern, die beispielsweise in allen Einzelheiten vorgibt, wie die Wahlurnen beschaffen sein müssen.[213] Zu den Gewährleistungen des Demokratieprinzips gehören (ohne Anspruch auf Vollständigkeit): eine Volksvertretung mit Gesetzgebungskompetenzen; regelmäßig wiederkehrende, allgemeine, freie und gleiche Wahlen zur Volksvertretung; Mehrheitsprinzip bei Wahlen und Volksabstimmungen und bei Beschlüssen der Volksvertretung; parlamentarische Minderheitenrechte; Rechenschaftspflichten der Regierung gegenüber der Volksvertretung.[214]

Das Demokratieprinzip des Grundgesetzes gewährleistet zwar die parlamentarische *Demokratie* (im Gegensatz zur Volksdemokratie), aber nicht die parlamentarische *Regierung* (im Gegensatz zur präsidentiellen Regierung). In einer parlamentarischen Demokratie übt überwiegend eine demokratisch gewählte Volksvertretung die Gesetzgebung aus. Das Kennzeichen einer parlamentarischen Regierung ist hingegen die persönliche Abhängigkeit der Regierungsmitglieder von der Volksvertretung: Sie sind auf eine Mehrheit in der Volksvertretung angewiesen, damit sie in ihren Ämtern bleiben können.[215] Eine Regierung ist auch dann eine parlamentarische, wenn der Regierungschef zwar nicht von der Volksvertretung gewählt wird, die Volksvertretung ihn aber abwählen kann. Die frühen Entwurfsfassungen des heutigen Art. 20 GG schrieben ausdrücklich die „parlamentarische Regierungsform" vor, doch hat der Parlamentarische Rat diese Vorgabe absichtlich nicht in die Endfassung übernommen.[216] Nach alledem kann der verfassungsändernde Bundesgesetzgeber vorsehen, dass das Volk nach dem Vorbild der Vereinigten Staaten ein Staatsoberhaupt und einen Regierungschef in einer Person wählt oder nach französischem Vorbild ein Staats-

---

[212] Art. 19 II GG. Parallelisierung der Ewigkeitsgarantie mit der Wesensgehaltsgarantie bei BVerfG, Urteil vom 15.12.1970, 2 BvF 1/69 u. a., BVerfGE 30, 1 (24) – G10-Maßnahmen; *K.-E. Hain,* Die Grundsätze des Grundgesetzes, 1999, S. 89 ff.

[213] *B. Pieroth,* Das Demokratieprinzip des Grundgesetzes, in: JuS 2010, S. 473 (473 f.).

[214] In Einzelheiten abweichende Aufzählungen bei *M. Jestaedt,* Demokratieprinzip und Kondominialverwaltung, 1993, S. 164 f.; *H. Dreier,* in: ders. (Hrsg.), GGK³ II, 2015, Art. 20 (Demokratie), Rn. 66 ff.

[215] *P. Badura,* Die parlamentarische Demokratie, in: J. Isensee/P. Kirchhof (Hrsg.), HStR³ II, 2004, § 25 Rn. 10 ff.; *M. Brenner,* Das Prinzip Parlamentarismus, in: J. Isensee/ P. Kirchhof (Hrsg.), HStR³ III, 2006, § 44 Rn. 4 ff.; *R. Sturm,* Art. „Parlamentarisches Regierungssystem", in: W. Heun u. a. (Hrsg.), EvStL, 2006, Sp. 1738 ff.

[216] Entstehungsgeschichte von Art. 20 GG, in: P. Häberle (Hrsg.), JöR 1 (1951), 2. Aufl. 2010, S. 195 ff.

oberhaupt, das sodann einen Regierungschef ernennt. Der verfassungsändernde Gesetzgeber ist jedenfalls nicht prinzipiell daran gehindert, das Amt des Bundeskanzlers abzuschaffen und dessen Kompetenzen dem Bundespräsidenten zukommen zu lassen oder den Bundespräsidenten dazu zu ermächtigen, dass er den Bundeskanzler ohne vorherige Wahl durch den Bundestag ernennt.

Dass Meinungs-, Versammlungs- und Medienfreiheit herrschen, trägt dazu bei, dass eine Demokratie praktisch gelingen kann, und ist in diesem Sinne für jede Demokratie „schlechthin konstituierend".[217] Solche Freiheiten sind Demokratievoraussetzungen.[218] Wenn eine freie Debatte und eine wirksame Opposition ausbleiben, verkümmern Wahlen und Abstimmungen zur Farce.[219] Auch wenn ein bestimmtes Verhalten erforderlich ist, damit eine Norm ihren Sinn erfüllen kann, muss das Recht dieses Verhalten nicht zwangsläufig schützen, erst recht nicht durch die Norm, zu deren Sinnerfüllung das Verhalten beiträgt. Weder enthält das Demokratieprinzip selbst Grundrechtsnormen, noch beschränkt es den verfassungsändernden Gesetzgeber, wenn er die ursprünglichen Grundrechtsnormen ändert. Das Grundgesetz trennt das Demokratieprinzip als Norm von der Demokratie als Praxis, den Voraussetzungen der Praxis und den Normen zu deren Schutz. Das Demokratieprinzip und die

---

[217] Für die Meinungsfreiheit BVerfG, Urteil vom 15.1.1958, 1 BvR 400/51, BVerfGE 7, 198 (208) – Lüth. Für die Versammlungsfreiheit BVerfG, Beschluss vom 14.5.1985, 1 BvR 233, 341/81, BVerfGE 69, 315 (344 f.) – Brokdorf. Dazu *C. Hillgruber,* Die Herrschaft der Mehrheit, in: AöR 127 (2002), S. 460 (467 f.); *S. Unger,* Das Verfassungsprinzip der Demokratie, 2008, S. 27 ff., 239 ff.; *C. Hillgruber,* Die Meinungsfreiheit als Grundrecht der Demokratie, in: JZ 2016, S. 495. – Auf der „operationalen Ebene" im Unterschied zur verfassungstheoretischen Ebene setzen die Grundrechte (und der Rechtsstaat) der Mehrheitsherrschaft rechtliche Grenzen: *C. Hillgruber,* Die Herrschaft der Mehrheit, in: AöR 127 (2002), S. 460 (471 f.); *C. Möllers,* Dogmatik der grundgesetzlichen Gewaltengliederung, in: AöR 132 (2007), S. 493 (502 ff.; dort die Unterscheidung der beiden Ebenen); *S. Unger,* Das Verfassungsprinzip der Demokratie, 2008, S. 236 f., 239 ff.

[218] Kategorie der Demokratievoraussetzungen bei *R. Wahl,* Art. „Demokratie, Demokratieprinzip", in: M. Schröder (Hrsg.), ErgLdR, Nr. 5/170 (1990), S. 1 (5 f.); *E.-W. Böckenförde,* Demokratie als Verfassungsprinzip, in: J. Isensee/P. Kirchhof (Hrsg.), HStR³ II, 2004, § 24 Rn. 58 ff.; *H. Dreier,* in: ders. (Hrsg.), GGK³ II, 2015, Art. 20 (Demokratie), Rn. 76 ff.; *S. Lenz,* Das Elfes-Urteil des Bundesverfassungsgerichts von 1957, in: RW 7 (2016), S. 149 (173); *A. Thiele,* Verlustdemokratie, 2. Aufl. 2018, S. 53 ff. – Allgemein zu Verfassungsvoraussetzungen und Verfassungserwartungen *H. Krüger,* Verfassungsvoraussetzungen und Verfassungserwartungen, in: H. Ehmke u. a. (Hrsg.), Festschrift für Ulrich Scheuner zum 70. Geburtstag, 1973, S. 285 ff.; *J. Isensee,* Grundrechtsvoraussetzungen und Verfassungserwartungen an die Grundrechtsausübung (1992), in: ders./P. Kirchhof (Hrsg.), HStR³ IX, 2011, § 190; *M. Jestaedt,* Die Verfassung hinter der Verfassung, 2009, S. 61 ff., 74 ff., 83.

[219] *H. Dreier,* Kelsens Demokratietheorie, in: R. Walter/C. Jabloner (Hrsg.), Hans Kelsens Wege sozialphilosophischer Forschung, 1997, S. 79 (95): „Wahlen ohne vorherige Präsentation und Diskussion der Kandidaten, Abstimmungen ohne Erörterungen des Für und Wider und der Vorstellung sachlicher Alternativen sind bloße Farce und Fassade"; *E.-W. Böckenförde,* Demokratie als Verfassungsprinzip, in: J. Isensee/P. Kirchhof (Hrsg.), HStR³ II, 2004, § 24 Rn. 68: „Demokratie mit abgeschotteter Information, Demokratie ohne die Möglichkeit öffentlicher Meinung kann nicht bestehen; sie bleibt Fassade für einen anderen politischen Gehalt."

Grundrechte können unabhängig bestehen: „Auch bei schrankenloser Ausdehnung der Staatsgewalt gegen das Individuum, also bei völliger Vernichtung der
individuellen ‚Freiheit' und Negation des *liberalen* Ideals, ist Demokratie –
wird solche Staatsgewalt nur von den ihr unterworfenen Individuen gebildet –
noch möglich."[220]

In begrenztem Umfang haben die ursprünglichen Grundrechtsnormen dennoch Anteil am Schutz der Ewigkeitsgarantie:[221] Die Ewigkeitsgarantie bezieht
sich auf die Grundrechtsbindung aller Staatsgewalt in Art. 1 III GG und entzieht
diese Bindung dadurch dem Zugriff des verfassungsändernden Gesetzgebers.
Die Bezugnahme muss sich mittelbar auf einen gewissen Mindestbestand an
Grundrechten erstrecken, damit der verfassungsändernde Gesetzgeber ihr nicht
die praktische Bedeutung nehmen kann, indem er die Grundrechte aufhebt, sodass keine Normen mehr bestehen, an die alle Staatsgewalt nach Art. 1 III GG
gebunden sein könnte. Allerdings schützt die Ewigkeitsgarantie die Grundrechte nicht in ihrem vollen Umfang: Die Ewigkeitsgarantie bezieht sich unmittelbar auf die in den Artikeln 1 *und* 20, nicht auf die in den Artikeln 1 *bis* 20
niedergelegten Grundsätze.[222] Im Parlamentarischen Rat fanden Anträge, nach
denen sich der Schutz der Ewigkeitsgarantie wenigstens auf die Wesensgehaltsgarantie und die Rechtsschutzgarantie erstrecken sollte, aus inhaltlichen Gründen keine Mehrheit.[223] Wer die Grundrechtsnormen vollständig in den Schutz
der Ewigkeitsgarantie einbezieht, missachtet eine Entscheidung des Verfassunggebers.

bb) Vorgaben für das Zustandekommen der Akte der Staatsgewalt:
Gebot der demokratischen Legitimation

Nach Art. 20 II GG *geht* alle Staatsgewalt vom Volke *aus* und wird vom Volke
in Wahlen und Abstimmungen und *durch* besondere Organe der Gesetzgebung, der vollziehenden Gewalt und der Rechtsprechung *ausgeübt*. Das
Präfix „aus" in „ausgehen" und „ausüben" bedeutet, dass jemand einer Tätigkeit nachgeht oder eine Wirkung an einer Stelle ihren Ausgang nimmt („aus-

---

[220] *H. Kelsen,* Vom Wesen und Wert der Demokratie, 2. Aufl. 1929, S. 10 f. (Hervorhebung
im Original; S. L.). Spätere Einschränkung der eigenen Auffassung bei *dems.,* Foundations
of Democracy (1955), in: ders., Verteidigung der Demokratie, 2006, S. 248 (286 ff.). Analyse
dieses Auffassungswandels bei *H. Dreier,* Rechtslehre, Staatssoziologie und Demokratietheorie bei Hans Kelsen (1986), 2. Aufl. 1990, S. 262 ff.; *dems.,* Kelsens Demokratietheorie, in:
R. Walter/C. Jabloner (Hrsg.), Hans Kelsens Wege sozialphilosophischer Forschung, 1997,
S. 79 (93 ff.).

[221] *D. Murswiek,* Zu den Grenzen der Abänderbarkeit von Grundrechten, in: D. Merten/
H.-J. Papier (Hrsg.), HGR II, 2006, § 28 Rn. 22 ff., 28 ff., 50 ff., 60 ff., 70 ff.

[222] Daran erinnern *H. Dreier,* Gilt das Grundgesetz ewig?, 2009, S. 57; *B. Pieroth,* Das Demokratieprinzip des Grundgesetzes, in: JuS 2010, S. 473 (474).

[223] Entstehungsgeschichte von Art. 79 GG, in: P. Häberle (Hrsg.), JöR 1 (1951), 2. Aufl.
2010, S. 573 (587).

gehen") und ein Inhaber seine Inhaberschaft wirksam werden lässt („ausüben"):[224] Vom Straßenverkehr geht Lärm, vom Extremisten geht Gefahr aus; der Sportler übt seinen Sport, der Staat seine Macht aus. Die Präposition „durch" zeigt ein instrumentelles Verhältnis an: Das Haus wurde durch Bomben zerstört.[225] Der Normtext drückt also eine Beziehung aus zwischen einem Subjekt, dem Volk, und einem Objekt, der Staatsgewalt: Jeder Akt der Staatsgewalt ist zugleich ein Werk des Volkes, nicht allein ein Werk eines anderen Staatsorgans; die anderen Staatsorgane müssen wie Werkzeuge in den Händen des Volkes liegen.[226]

Der grammatische Indikativ hat imperative Bedeutung: Indem der Verfassunggeber ein Sein beschreibt, betont er das Sollen.[227] Das Demokratieprinzip gebietet, dass sich jeder Akt der Staatsgewalt auf das Volk zurückführen, dass er sich ihm zurechnen lässt.[228] Unter dieser Voraussetzung ist ein Akt der Staatsgewalt demokratisch oder auch demokratisch legitimiert. Das Gebot der Zurechenbarkeit und das der demokratischen Legitimation unterscheiden sich allein in der (vor- oder rückwärtigen) Betrachtungsweise: Wer nach demokratischer Legitimation fragt, verfolgt die Legitimationsbeiträge ausgehend vom Volk bis zum Akt der Staatsgewalt; wer nach Zurechenbarkeit fragt, verfolgt die Legitimationsbeiträge ausgehend vom Akt der Staatsgewalt zum Volk zurück.[229] Damit ein Akt demokratisch ist, muss er einen „Herkunftstest" bestehen.[230]

---

[224] Einträge „ausgehen" und „ausüben", in: Dudenredaktion (Hrsg.), Deutsches Universalwörterbuch, 8. Aufl. 2015.

[225] Eintrag „durch", in: Dudenredaktion (Hrsg.), Deutsches Universalwörterbuch, 8. Aufl. 2015 (dort auch das Beispiel); A. Wöllstein/Dudenredaktion (Hrsg.), Die Grammatik, 9. Aufl. 2016, Rn. 804. – *E.-W. Böckenförde*, Verfassungsfragen der Richterwahl (1974), 2. Aufl. 1998, S. 73; *ders.*, Demokratie als Verfassungsprinzip, in: J. Isensee/P. Kirchhof (Hrsg.), HStR³ II, 2004, § 24 Rn. 11 versteht seine Dogmatik der demokratischen Legitimation explizit als Ausfüllung der Präposition „durch" in Art. 20 II 2 GG.

[226] *A. [J.] Merkl*, Allgemeines Verwaltungsrecht, 1927, S. 340: Durch ihre Gesetzesbindung wird die Verwaltung zum „Werkzeuge der Demokratie".

[227] *E. T. Emde*, Die demokratische Legitimation der funktionalen Selbstverwaltung, 1991, S. 327; *D. Ehlers*, Die Staatsgewalt in Ketten, in: H. Faber/G. Frank (Hrsg.), Demokratie in Staat und Wirtschaft, 2002, S. 125 (129); *S. Kirste*, Kontexte der Demokratie: Herrschaftsausübung in Arbeitsteilung, in: VVDStRL 77 (2018), S. 161 (178).

[228] Von Zurechnung und/oder Rückführung sprechen *E.-W. Böckenförde*, Verfassungsfragen der Richterwahl (1974), 2. Aufl. 1998, S. 73, 75; *J. Oebbecke*, Weisungs- und unterrichtungsfreie Räume in der Verwaltung, 1986, S. 77; *E. T. Emde*, Die demokratische Legitimation der funktionalen Selbstverwaltung, 1991, S. 42; *E. Schmidt-Aßmann*, Verwaltungslegitimation als Rechtsbegriff, in: AöR 116 (1991), S. 329 (355); *M. Jestaedt*, Demokratieprinzip und Kondominialverwaltung, 1993, S. 204 f., 265; *F. Brosius-Gersdorf*, Deutsche Bundesbank und Demokratieprinzip, 1997, S. 31; *A. Voßkuhle/G. Sydow*, Die demokratische Legitimation des Richters, in: JZ 2002, S. 673 (675); *E.-W. Böckenförde*, Demokratie als Verfassungsprinzip, in: J. Isensee/P. Kirchhof (Hrsg.), HStR³ II, 2004, § 24 Rn. 1, 3, 11; *P. Lassahn*, Rechtsprechung und Parlamentsgesetz, 2017, S. 124 f.

[229] *M. Jestaedt*, Demokratieprinzip und Kondominialverwaltung, 1993, S. 265.

[230] *S. Kirste*, Kontexte der Demokratie: Herrschaftsausübung in Arbeitsteilung, in: VVDStRL 77 (2018), S. 161 (182 et passim).

Neben den Akten der besonderen Organe müssen die Akte der Staatsgewalt zurechenbar sein, die das Volk *in* Wahlen und Abstimmungen ausübt, die also mit jeder Wahl und jeder Abstimmung einhergehen. An Wahlen oder Abstimmungen beteiligt sich nicht mehr als ein Ausschnitt der Stimmberechtigten. Die Entscheidungen der Wähler oder Abstimmenden müssen dennoch solche des Staatsorgans namens Volk sein, sie müssen einer Gesamtheit zurechenbar sein. Auch wenn sich diese Zurechnung nach anderen Kriterien richtet als die Zurechnung einer Entscheidung eines anderen Staatsorgans, besteht das Erfordernis der demokratischen Legitimation in jedem Fall: Das Gebot der Zurechenbarkeit ergibt sich nicht allein aus der Präposition „durch", sondern auch aus den Verben „ausgehen" und „ausüben": *Alle* Staatsgewalt *geht* vom Volke *aus* und wird vom Volke *ausgeübt*. Wahlen und Abstimmungen haben eine Doppelstellung: Sie vermitteln und sie benötigen demokratische Legitimation.

Aus verfassungstheoretischer Sicht ist das einheitliche Gebot der demokratischen Legitimation das Ergebnis der mehrfachen Erstreckung der Forderung, dass sich staatliche Entscheidungen dem Volk zurechnen lassen: vom Verhältnis der Wähler zu den Wahlberechtigten zuerst auf das Verhältnis der Volksvertretung zum Volk, sodann auf das Verhältnis der vollziehenden Gewalt und der Rechtsprechung zur Volksvertretung.[231] Mit jedem gedanklichen Schritt steigt der Grad der Mittelbarkeit, mit dem das Volk die Staatsgewalt ausübt. Indem sich die Akte der Staatsgewalt, die von der vollziehenden Gewalt und der Rechtsprechung stammen, auf das Volk zurückführen lassen, wird „die Mittelbarkeit der Demokratie gewissermaßen zur zweiten Potenz erhoben"[232]. Indem der Verfassunggeber vorschreibt, dass das Volk die Staatsgewalt *durch* besondere Organe der Gesetzgebung, der vollziehenden Gewalt und der Rechtsprechung *ausübt*, trägt er dem Umstand Rechnung, dass das Grundgesetz dem Volk außer der Wahl keine unmittelbare Ausübung von Staatsgewalt überlässt und sie auch der Volksvertretung nicht vorbehält, sondern drei verschiedenen Ge-

---

[231] Dies der wesentliche Gedanke bei *A. [J.] Merkl*, Demokratie und Verwaltung, 1923, S. 76 ff.; *dems.*, Allgemeines Verwaltungsrecht, 1927, S. 339 f. Im Anschluss daran und in Zurichtung auf das Grundgesetz *M. Jestaedt*, Demokratieprinzip und Kondominialverwaltung, 1993, S. 193 ff.: „Im Vordergrund des so verstandenen, grundgesetzlichen Demokratieprinzips steht die Rückführung aller Staatsgewalt auf das Volk; zweitrangig ist demgegenüber Art und Weise der organisationsrechtlichen Bewerkstelligung der Rückführung aller Staatsgewalt auf das Volk" (S. 198). In umgekehrter Richtung lässt sich der Gedanke der Repräsentation von der Volksvertretung auf Wahlen und Abstimmungen erstrecken: *H. Hofmann/H. Dreier*, Repräsentation, Mehrheitsprinzip und Minderheitenschutz, in: H.-P. Schneider/W. Zeh (Hrsg.), Parlamentsrecht und Parlamentspraxis in der Bundesrepublik Deutschland, 1989, § 5 Rn. 17; *H. Dreier*, Das Demokratieprinzip des Grundgesetzes, in: Jura 1997, S. 249 (251).

[232] *A. [J.] Merkl*, Demokratie und Verwaltung, 1923, S. 80 f.: „Organbestellung durch Ernennung von Seite eines höheren Organes, das seine Kompetenz letztlich [...] von der Volksgesamtheit ableitet, bedeutet dagegen in einem gewissen Sinn mittelbare Demokratie, Mittelbarkeit der Demokratie gewissermaßen zur zweiten Potenz erhoben".

walten überträgt. Wie die Volksherrschaft trotz Gewaltengliederung wenigstens wertungsmäßig fortbestehen kann, lautet die Frage, auf die das Grundgesetz in Form des Gebots demokratischer Legitimation seine Antwort gibt.

Demokratische Legitimation ist, im Unterschied zu Demokratie, ausschließlich ein Rechts*wissenschafts*begriff, nicht zugleich ein Verfassungs*rechts*begriff.[233] Ein Rechtsbegriff findet seinen Ausdruck im Wortlaut von Rechtsnormen; ein Rechtswissenschaftsbegriff kommt in Aussagen über den Inhalt von Rechtsnormen vor. Wer davon spricht, dass ein Akt der Staatsgewalt demokratische Legitimation genießt, kann dadurch das Demokratieprinzip des Grundgesetzes von außerrechtlichen Vorstellungen von Demokratie abgrenzen.[234] Während demokratische *Legitimation* voraussetzt, dass sich ein Akt der Staatsgewalt dem Volk zurechnen lässt, genießen staatliche Entscheidungen umso größere *Legitimität*, je stärkeren Zuspruch sie tatsächlich finden oder wertungsmäßig verdienen.[235] Im ersten Fall ist von faktischer, im zweiten von normativer Legitimität die Rede.[236] Die beiden Abwandlungen von Legitimität treten nicht zwangsläufig gemeinsam auf: Zum Beispiel kann das Volk, weil es für die Bewertung maßgebliche Umstände nicht kennt, eine staatliche Entscheidung begrüßen, obwohl es sich, wenn ihm alle Umstände bekannt gewesen wären, über dieselbe Entscheidung empört hätte. Die Unterscheidung von Le-

---

[233] Unterscheidung durchgeführt für die Grundbegriffe des Verwaltungsorganisationsrechts/der Verwaltungsorganisationsrechtswissenschaft bei *M. Jestaedt,* Grundbegriffe des Verwaltungsorganisationsrechts, in: W. Hoffmann-Riem/E. Schmidt-Aßmann/A. Voßkuhle (Hrsg.), GVwR² I, 2012, § 14 Rn. 7, 8, 12 ff. Für „Demokratie" in der Sache ebenso *M. Jestaedt,* Demokratieprinzip und Kondominialverwaltung, 1993, S. 140 ff., obwohl er statt des Begriffspaars Rechtsbegriff/Rechtswissenschaftsbegriff das Begriffspaar Rechtsbegriff im engeren/im weiteren Sinne bildet. In kritischer Absicht *P. Lassahn,* Rechtsprechung und Parlamentsgesetz, 2017, S. 8. Gleichbedeutend sind die Begriffspaare Rechtsnorm/Rechtssatz bei *H. Kelsen,* Reine Rechtslehre, 2. Aufl. 1960, S. 73 ff. und Rechtsnorm/Rechtsaussage(satz) bei *R. Lippold,* Reine Rechtslehre und Strafrechtsdoktrin, 1989, S. 127 f., 156 ff.

[234] Nach Einschätzung von *P. Lassahn,* Rechtsprechung und Parlamentsgesetz, 2017, S. 116 f. birgt der Gebrauch des Wortes „Legitimation" im Gegenteil „das Potential einer unkontrollierbaren Öffnung des Diskurses."

[235] *C. Möllers,* Gewaltengliederung, 2005, S. 38; *S. Lenz,* Volksgesetzgebung als „Minderheitendiktatur"?, in: ZG 28 (2013), S. 167 (182); *M. Jestaedt,* Democratic Legitimization of the Administrative Power, in: H. Pünder/C. Waldhoff (Hrsg.), Debates in German Public Law, 2014, S. 181 (182 f.); *J. Tischer,* Bürgerbeteiligung und demokratische Legitimation, 2017, S. 250. Ähnliches Verständnis bei *S. Kirste,* Kontexte der Demokratie: Herrschaftsausübung in Arbeitsteilung, in: VVDStRL 77 (2018), S. 161 (178 ff., 180 ff.). – Nach abweichendem Verständnis ist Legitimation ein Vorgang und Legitimität sein Ergebnis: *E. T. Emde,* Die demokratische Legitimation der funktionalen Selbstverwaltung, 1991, S. 30 ff., 32 ff.; *E. Schmidt-Aßmann,* Verwaltungslegitimation als Rechtsbegriff, in: AöR 116 (1991), S. 329 (330 mit Fn. 1); *A. Voßkuhle/G. Sydow,* Die demokratische Legitimation des Richters, in: JZ 2002, S. 673 (674).

[236] *T. Würtenberger,* Art. „Legitimation und Legitimität", in: W. Krawietz (Hrsg.), ErgLdR, Nr. 2/310 (1985), S. 1 (1); *A. Voßkuhle/G. Sydow,* Die demokratische Legitimation des Richters, in: JZ 2002, S. 673 (674); *N. Petersen,* Demokratie als teleologisches Prinzip, 2009, S. 6 ff.; *ders.,* Demokratie und Grundgesetz, in: JöR 58 (2010), S. 137 (142 f.); *E. V. Towfigh,* Das Parteien-Paradox, 2015, S. 25 in Fn. 2.

gitimation und Legitimität ist nicht identisch, aber verwandt mit der von *Input*-und *Output*-Demokratie.[237]

Zu den wesentlichen Kriterien für Legitimität gehören Rationalität und Legalität.[238] Allerdings sind sie weder notwendige noch hinreichende Voraussetzungen für Legitimität. Zum einen kann eine irrationale und illegale Entscheidung den Zuspruch des Volkes finden, etwa weil sie für eine große Mehrheit eine Wohltat bedeutet. Zum anderen kann eine demokratische Entscheidung breiten Widerspruch hervorrufen, etwa weil sie den als selbstsüchtig eingeschätzten Interessen einer kleinen, aber durchsetzungsfähigen Minderheit dient.[239] Die demokratische Legitimation einer Entscheidung steigert typischerweise ihre Legitimität, ist aber weder deren notwendige noch deren hinreichende Bedingung.[240] Eine illegitime, aber demokratische Entscheidung ist deshalb genauso denkbar wie eine legitime, aber undemokratische Entscheidung.[241]

Das Grundgesetz enthält auch solche Vorgaben für das Verfahren und den Inhalt staatlicher Entscheidungen, die zur Legitimität beitragen und in Output-Theorien der Demokratie vorkommen. Sie stammen allerdings aus anderen Normen als dem Demokratieprinzip, sei es aus einem Gebot der Gewaltengliederung, den Grundrechten, dem Rechtsstaats-, dem Republik- oder dem Sozialstaatsprinzip.[242] Das Demokratieprinzip des Grundgesetzes (nicht: das Grund-

---

[237] Die Verwandtschaft der Unterscheidung von Input- und Output-Demokratie mit der von Legitimität und Legitimation betont *S. Kirste,* Kontexte der Demokratie: Herrschaftsausübung in Arbeitsteilung, in: VVDStRL 77 (2018), S. 161 (184 ff.), die Unterscheidbarkeit hingegen *H.-H. Trute,* Die demokratische Legitimation der Verwaltung, in: W. Hoffmann-Riem/ E. Schmidt-Aßmann/A. Voßkuhle (Hrsg.), GVwR² I, 2012, § 6 Rn. 53.

[238] *M. Weber,* Wirtschaft und Gesellschaft (1921), 5. Aufl. 1985, S. 16 ff.; *C. Schmitt,* Legalität und Legitimität (1932), 8. Aufl. 2012. Dazu *W. Heun,* Art. „Legitimität, Legalität", in: ders. u. a. (Hrsg.), EvStL, 2006, Sp. 1418 ff.

[239] Beispiel bei *E. V. Towfigh,* Das Parteien-Paradox, 2015, S. 107 ff.: Durch Einfügung von § 12 II Nr. 11 UStG im Gesetz zur Beschleunigung des Wirtschaftswachstums (Wachstumsbeschleunigungsgesetz) vom 22. Dezember 2009, BGBl. I, S. 3950 hat der Gesetzgeber den Mehrwertsteuersatz für Hotelübernachtungen von 19 auf 7 Prozent gesenkt. Die Entscheidung rief Empörung hervor, weil ihr Großspenden einer Tochtergesellschaft der Mövenpick Holding AG, die in Deutschland Hotels betreibt, an die CSU für den Landtagswahlkampf 2008 und an die FDP für den Bundestagswahlkampf 2009 vorausgegangen waren.

[240] *S. Kirste,* Kontexte der Demokratie: Herrschaftsausübung in Arbeitsteilung, in: VVDStRL 77 (2018), S. 161 (180, 188 f., 199 f.) unterscheidet notwendige und hinreichende Bedingungen der Rechtfertigung von Herrschaft.

[241] *C. Möllers,* Gewaltengliederung, 2005, S. 35 ff.: „[A]uch eine benevolente Monarchie kann erwünschte Ergebnisse vorweisen und deswegen Legitimität, aber eben nicht Legitimation beanspruchen" (S. 38); *ders.,* Demokratie, 2008, Nr. 43: „Im Deutschland des Jahres 1936 stand eine überwältigende Mehrheit hinter einem totalitären rassistischen Regime. [...] Auch wenn die Bevölkerung hinter der Diktatur stand, war diese deswegen keine Demokratie"; *N. Petersen,* Demokratie und Grundgesetz, in: JöR 58 (2010), S. 137 (143): „So ist etwa der Nationalsozialismus durch breite Bevölkerungsschichten gestützt worden, ohne dass seine Herrschaft deswegen schon legitim gewesen wäre."

[242] *S. Müller-Franken,* Die demokratische Legitimation öffentlicher Gewalt in den Zeiten der Globalisierung, in: AöR 134 (2009), S. 542 (552 ff.).

gesetz) hat keine Output-, sondern ausschließlich eine Input-Orientierung.[243] Die demokratische Legitimation von Akten der Staatsgewalt unter dem Grundgesetz richtet sich danach, ob die Staatsgewalt vom Volk *aus*geht, nicht wie sie auf das Volk *ein*wirkt, nicht ob die Staatsorgane die Staatsgewalt *für* das Volk ausüben, sondern ob das Volk sie *durch* die Staatsorgane ausübt. Demokratie im Sinne des Grundgesetzes ist ausschließlich „government *by* the people".[244]

cc) Zwei Normträger, eine Verfassungsnorm: Artikel 20 Absätze 1 und 2 als Standorte eines einheitlichen Demokratieprinzips

Indem das Grundgesetz in Art. 20 II GG ein Gebot der demokratischen Legitimation aufstellt, geht es über Vorgaben für die Gestaltung des demokratischen Systems hinaus: Jeder einzelne Akt der Staatsgewalt muss demokratisch legitimiert, also dem Volk zurechenbar sein. Adressaten dieses Gebots sind neben dem Gesetzgeber die vollziehende Gewalt und die Rechtsprechung. Mit den Vorgaben für das demokratische System kann eine Norm ausschließlich wegen ihres Inhalts unvereinbar sein, mit dem Gebot demokratischer Legitimation ausschließlich wegen der Art und Weise ihres Zustandekommens. Im ersten Fall beziehen sich die Vorgaben auf den *Inhalt* der Rechtsnorm, im zweiten Fall auf die *Setzung* der Rechtsnorm. Zum Beispiel verstößt ein verfassungsänderndes Gesetz, das statt des Bundestages allein die Bundesregierung zur Gesetzgebung ermächtigt, deshalb gegen das Demokratieprinzip, weil es mit der Gewährleistung der Gesetzgebungskompetenz der Volksvertretung unvereinbar ist. Ein Gesetz, das die Bundesregierung auf Grund dieser Ermächtigung erlässt, verstößt deshalb gegen das Demokratieprinzip, weil ausschließlich die Beschlüsse des Bundestages wegen der Volkswahl der Abgeordneten das Maß an personeller demokratischer Legitimation genießen, das für die Gesetzgebung erforderlich ist.

Indem das Grundgesetz das Gebot der demokratischen Legitimation auf jeden einzelnen Akt der Staatsgewalt bezieht, unterscheidet es sich auffallend von den meisten ausländischen Verfassungen, beispielsweise von denen des Vereinigten Königreichs, Frankreichs, der Vereinigten Staaten und der Europäi-

---

[243] *S. Unger,* Das Verfassungsprinzip der Demokratie, 2008, S. 278 ff.; *S. Müller-Franken,* Die demokratische Legitimation öffentlicher Gewalt in den Zeiten der Globalisierung, in: AöR 134 (2009), S. 542 (552 ff.); *M. Jestaedt,* Democratic Legitimization of the Administrative Power, in: H. Pünder/C. Waldhoff (Hrsg.), Debates in German Public Law, 2014, S. 181 (197); *J. Tischer,* Bürgerbeteiligung und demokratische Legitimation, 2017, S. 224 ff. Für die Demokratietheorie ebenfalls ablehnend *H. Kelsen,* Foundations of Democracy (1955), in: ders., Verteidigung der Demokratie, 2006, S. 248 (248 ff.); *C. Möllers,* Gewaltengliederung, 2005, S. 37 f. Gegenauffassung bei *N. Petersen,* Demokratie und Grundgesetz, in: JöR 58 (2010), S. 137 (159 ff.); *H.-H. Trute,* Die demokratische Legitimation der Verwaltung, in: W. Hoffmann-Riem/E. Schmidt-Aßmann/A. Voßkuhle (Hrsg.), GVwR[2] I, 2012, § 6 Rn. 53 ff.

[244] *M. Jestaedt,* Democratic Legitimization of the Administrative Power, in: H. Pünder/ C. Waldhoff (Hrsg.), Debates in German Public Law, 2014, S. 181 (182 f., 197).

schen Union.[245] Diese Besonderheit beruht möglicherweise darauf, dass sich in Deutschland ein parlamentarisches Regierungssystem, eine ausgeprägte Bundesstaatlichkeit und eine umfangreiche Verselbständigung von Verwaltungseinheiten miteinander verbinden.[246] Deshalb ist das Risiko größer als in anderen Demokratien, dass das einzige vom Bundesvolk unmittelbar gewählte Staatsorgan, der Bundestag, nicht (mehr) im Mittelpunkt des politischen Systems steht. Das Gebot demokratischer Legitimation trägt dazu bei, dass der Bundestag trotz hochgradiger Ausdifferenzierung der Staatsorganisation die Stellung eines „Gravitationszentrums" oder „Zentralorgans" der Demokratie einnimmt.[247]

Nicht wenige der Vorgaben für das politische System ergeben sich auf Umwegen zugleich aus dem Gebot der demokratischen Legitimation: Dass sich zum Beispiel die Wahlen zum Bundestag nach einigen Jahren wiederholen müssen, ist zum einen eine unmittelbare Vorgabe für den Wahlgesetzgeber. Zum anderen ergibt sich die Vorgabe mittelbar aus dem Gebot der demokratischen Legitimation: Den Beschlüssen eines Bundestages, dessen Abgeordnete ihre Mandate beispielsweise auf Lebenszeit erhalten haben, fehlt generell ihre personelle demokratische Legitimation. Damit überhaupt ein Gesetz demokratisch zustande kommen kann, muss das Wahlrecht regelmäßig wiederkehrende Wahlen zum Bundestag vorsehen. Eine Pflicht des Gesetzgebers, die sich aus Art. 20 I GG ergibt, wird in diesem Fall kraft Art. 20 II GG zugleich zu einer Obliegenheit (und umgekehrt). Solche Übereinstimmungen rechtfertigen die Annahme, dass die Verfassung ein einheitliches Demokratieprinzip enthält, obwohl es auf Art. 20 I *und* II GG und damit auf zwei verschiedenen Normtexten beruht.[248]

---

[245] *M. Jestaedt,* Radien der Demokratie, in: H. M. Heinig/J. P. Terhechte (Hrsg.), Postnationale Demokratie, Postdemokratie, Neoetatismus, 2013, S. 3 (7 ff.): „Ein in dogmatischer Hinsicht auch nur im Entferntesten ähnlich akkurat und liebevoll aufbereitetes Gebot demokratischer Legitimation kennt die französische und die US-amerikanische Verfassungsrechtslehre nicht, von der englischen einmal ganz zu schweigen. […] Allenfalls in der österreichischen Verfassungsrechtslehre, ganz entfernt in der spanischen und in der italienischen Verfassungsrechtslehre lassen sich – und dann auch jeweils deutlich erkennbar als deutsche Importe – Anklänge an eine Dogmatik demokratischer Legitimation finden" (S. 7); *M. Jestaedt,* Democratic Legitimization of the Administrative Power, in: H. Pünder/C. Waldhoff (Hrsg.), Debates in German Public Law, 2014, S. 181 (183 f.).

[246] *M. Jestaedt,* Democratic Legitimization of the Administrative Power, in: H. Pünder/ C. Waldhoff (Hrsg.), Debates in German Public Law, 2014, S. 181 (184) nennt das parlamentarische Regierungssystem als eine mögliche Ursache. Zum Zusammenhang von Legitimationskettendogmatik und parlamentarischem Regierungssystem näher *F. Meinel,* Vertrauensfrage, 2019, S. 27 ff., 96 ff.

[247] *H. Hofmann/H. Dreier,* Repräsentation, Mehrheitsprinzip und Minderheitenschutz, in: H.-P. Schneider/W. Zeh (Hrsg.), Parlamentsrecht und Parlamentspraxis in der Bundesrepublik Deutschland, 1989, § 5 Rn. 24: „Gravitationszentrum"; *M. Morlok/C. Hientzsch,* Das Parlament als Zentralorgan der Demokratie, in: JuS 2011, S. 1 (1): „Zentralorgan".

[248] Nach der Auffassung von *S. Unger,* Das Verfassungsprinzip der Demokratie, 2008, S. 157 ff., 218 ff. enthält Art. 20 I GG in den Kategorien der Prinzipientheorie ein Prinzip und Art. 20 II GG eine Regel innerhalb eines im Ganzen in Art. 20 I, II GG angesiedelten Prinzips.

III. Staatsgewalt in den Ketten des Volkes: Objekt, Subjekt und Kriterien der demokratischen Legitimation

Das Gebot der demokratischen Legitimation verlangt, dass sich dem Volk (1.) jeder Akt der Staatsgewalt (2.) nach gewissen Kriterien (3.) zurechnen lässt.

1. Legitimationssubjekt: Primäres Staatsorgan namens Volk

a) Volk in der Verfassungstheorie: Lehre von der verfassunggebenden Gewalt und der Volkssouveränität

Das Wort „Volk" stellt den Verfassungsinterpreten vor die gleichen Herausforderungen wie „Demokratie":[249] Da das Wort „Volk" (lexikalisch) mehrdeutiger und umstrittener ist als die meisten Wörter der Alltags-, Rechts- und Wissenschaftssprache, richtet sich seine Bedeutung in besonders starkem Maße danach, welche der rechtswissenschaftlichen Subdisziplinen das Volk zu ihrem Gegenstand macht und in welchem Rechtstext es an welcher Stelle vorkommt. Entsprechend groß ist das Risiko, dass ein Interpret die verschiedenen Ebenen verwechselt.[250] In der Verfassungstheorie begegnet das Volk als alleiniger Träger der verfassunggebenden Gewalt und als Inhaber der Souveränität, im Verfassungsrecht und in der Verfassungsdogmatik als ein Staatsorgan.[251]

Das Volk des Verfassungsrechts ist ein vom Grundgesetz geschaffenes Staatsorgan und nicht identisch mit dem Volk der Verfassungstheorie, das möglicherweise soziologisch bestimmbar ist, jedenfalls aber allem Recht vorausgeht. Das vor-rechtliche Volk hat gemäß der Lehre von der verfassunggebenden Gewalt das Grundgesetz in einem rechtlich ungebundenen Urakt ge- oder erschaffen, die Staatsgewalten dadurch eingerichtet und an Verfassungsrecht gebunden.[252] Mit Blick auf das Verfassungsrecht kann von einem Akt der Selbstbindung des Volkes keine Rede sein: In demselben Augenblick, in dem die Verfassung zu-

---

[249] *M. Jestaedt,* Demokratieprinzip und Kondominialverwaltung, 1993, S. 157 in Fn. 87: „Die rechtswissenschaftliche Erkenntnissituation ist bei den Kategorien ‚Demokratie' und ‚Volkssouveränität' im Ausgangspunkt dieselbe".

[250] Mit dem „Volk" als Beispiel *M. Jestaedt,* Die Verfassung hinter der Verfassung, 2009, S. 74 ff. Anschauung für die Vermengung bietet *R. Grawert,* Staatsvolk und Staatsangehörigkeit, in: J. Isensee/P. Kirchhof (Hrsg.), HStR³ II, 2004, § 16 Rn. 25, 29 et passim.

[251] *K.-P. Sommermann,* Art. „Volk (J)", in: W. Heun u. a. (Hrsg.), EvStL, 2006, Sp. 2655 (2655): Volk als „soziale Größe", als „politische Größe" und als „rechtliche Größe".

[252] Ursprung der Lehre von der verfassunggebenden Gewalt bei *E. J. Sieyès,* Was ist der Dritte Stand? (1789), in: ders., Was ist der Dritte Stand?, 2010, S. 111 ff. Aus dem jüngeren Schrifttum *J. Isensee,* Das Volk als Grund der Verfassung, 1995, S. 73; *H. Dreier,* Gilt das Grundgesetz ewig?, 2009, S. 7 ff.; *H.-D. Horn,* Demokratie, in: O. Depenheuer/C. Grabenwarter (Hrsg.), Verfassungstheorie, 2010, § 22 Rn. 30 ff.; *C. Waldhoff,* Entstehung des Verfassungsgesetzes, in: O. Depenheuer/C. Grabenwarter (Hrsg.), Verfassungstheorie, 2010, § 8 Rn. 1 ff., 9 ff.; *F. Wittreck,* Geltung und Anerkennung von Recht, 2014, S. 21 ff.

stande kommt, endet die Tätigkeit des verfassunggebenden Volkes und entsteht ein Staatsorgan, das den gleichen Namen trägt, aber nicht mit ihm identisch ist.[253] In den Kategorien der Lehre von der verfassunggebenden Gewalt regelt das Grundgesetz nicht das Volk als Träger der verfassunggebenden Gewalt (*pouvoir constituant*), sondern als Teil der verfassten Gewalt (*pouvoir constitué*).[254] Prinzipiell kann eine Verfassung über die verfassunggebende Gewalt zwar *sprechen*, sie aber nicht *regeln*.[255] Der Unterschied von verfassunggebender Gewalt und verfassten Gewalten ist relativ: Aus Sicht des Grundgesetzes unterliegt der Urheber einer Nachfolgeverfassung rechtlichen Vorgaben, weil das deutsche Volk eine Nachfolgeverfassung gemäß Art. 146 GG in freier Entscheidung beschließen muss; aus Sicht der Nachfolgeverfassung ist ihr Urheber deshalb ein rechtlich ungebundener Schöpfer, weil sie Geltung beansprucht, gleich ob sie gemäß Art. 146 GG zustande gekommen ist. Diese Norm unternimmt nicht etwa den verfassungsrechtlich untauglichen Versuch, das Volk in seiner Eigenschaft als Träger der verfassunggebenden Gewalt zu binden; stattdessen handelt es sich deshalb um das Volk in seiner Eigenschaft als Teil der verfassten Gewalt, weil Art. 146 GG das Volk bindet.

Im Unterschied zu „Volk" ist „Volkssouveränität" ausschließlich ein Rechts*wissenschafts*begriff, kein Verfassungs*rechts*begriff. Die Volkssouveränität begegnet sowohl in der Verfassungstheorie als auch in der Verfassungsdogmatik.[256] In der Verfassungstheorie ist die Volkssouveränität ein Geltungs- und Rechtfertigungsgrund. Eine Verfassung kann diese Volkssouveränität prinzipiell ebenso wenig zum Gegenstand einer Regelung machen wie die verfassunggebende Gewalt.[257] Auf die Volkssouveränität und die verfassunggebende Gewalt des Volkes kann sich eine Verfassung allerdings berufen, um zu begründen, dass sie überhaupt gelte und, in einem außerrechtlichen Sinne, demokratisch zustande gekommen sei. Eine solche Bezugnahme enthält die Präambel des Grundgesetzes: „Im Bewußtsein seiner Verantwortung vor Gott und den

---

[253] *O. Lepsius,* Zwischen Volkssouveränität und Selbstbestimmung, in: H. Brunkhorst/ R. Voigt (Hrsg.), Rechts-Staat, 2008, S. 15 (20): „In dem Moment, in dem eine Verfassung in Kraft tritt, hat sich die Souveränitätsfrage erledigt. Der pouvoir constituant hat seine Schuldigkeit getan und kann gehen – aber jederzeit wiederkommen"; *A. Thiele,* Der gefräßige Leviathan, 2019, S. 246 ff., bes. 249: „Als Fiktion ist jede demokratische Verfassungsordnung auf eine solche rein demokratische und vorverfassungsrechtliche (außerrechtliche) Grundentscheidung des Souveräns angewiesen. Ist sie aber getroffen, endet unmittelbar die Aufgabe des pouvoir constituant: der Souverän hat seine Schuldigkeit getan, was bleibt ist der ‚gebändigte Leviathan'. Die Volkssouveränität bleibt zwar im Hintergrund erhalten, spielt aber solange keine Rolle, bis die bestehende Verfassungsordnung, die pouvoir constitué, durch eine umfassend neue abgelöst wird."

[254] *M. Jestaedt,* Demokratieprinzip und Kondominialverwaltung, 1993, S. 206 f.

[255] *M. Jestaedt,* Die Verfassung hinter der Verfassung, 2009, S. 81 ff.

[256] *M. Jestaedt,* Demokratieprinzip und Kondominialverwaltung, 1993, S. 155 ff.

[257] *M. Jestaedt,* Demokratieprinzip und Kondominialverwaltung, 1993, S. 157 f.; *O. Lepsius,* Zwischen Volkssouveränität und Selbstbestimmung, in: H. Brunkhorst/R. Voigt (Hrsg.), Rechts-Staat, 2008, S. 15 (20).

Menschen [...] hat sich das Deutsche Volk kraft seiner verfassungsgebenden Gewalt dieses Grundgesetz gegeben."[258] Die Präambel verbindet eine *Nominatio Dei* mit einer *Invocatio Populi*.[259] Gemessen am Hergang in den Jahren 1948/49 erzählt sie allerdings ein „Klapperstorchmärchen für Volljuristen".[260]

In der Verfassungsdogmatik kann der Ausdruck „Volkssouveränität" das Monopol des Volkes (als Staatsorgan) auf die Inhaberschaft der Staatsgewalt bezeichnen.[261] Aus zwei Gründen aber ist der Gebrauch des Ausdrucks unratsam: *Erstens* versteht er sich, weil er vor allem in der Verfassungstheorie gebräuchlich und dort mehrdeutig und umstritten ist, in der Verfassungsdogmatik keineswegs von selbst, sondern bedarf der genauen Erläuterung. *Zweitens* kann er Assoziationen wecken und Missverständnisse verursachen, die dem geltenden Verfassungsrecht inadäquat sind, beispielsweise dass eine Volksvertretung nicht den wahren Volkswillen abbilde und der Parlamentarismus deshalb gemessen an der Volkssouveränität mangelhaft wäre.[262] Der (geringe) Bedarf an begrifflicher Verkürzung steht zu diesen beiden Nachteilen außer Verhältnis.

b) Volk im Verfassungsrecht: Primäres Staatsorgan und Hauptakteur bei jeder Ausübung von Staatsgewalt

Nach Art. 20 II 1 GG geht alle Staatsgewalt vom Volke aus. Die Bestimmung enthält einen Tatbestand und eine Rechtsfolge: *Wenn* ein Akt der Staatsgewalt

---

[258] Zur Nominatio Dei und zur verfassunggebenden Gewalt in der Präambel näher *H. Dreier*, in: ders. (Hrsg.), GGK[3] I, 2013, Präambel Rn. 32 ff., 71 ff.; *U. Di Fabio*, Art. „Gottesbezug", in: Görres-Gesellschaft (Hrsg.), StL[8] I, 2018, Sp. 1407 ff. Der verfassungsändernde Gesetzgeber hat die Präambel im Zuge der Wiedervereinigung durch das 36. Änderungsgesetz mit Wirkung zum 29.9.1990 neugefasst. In der Ursprungsfassung lautet sie: „Im Bewußtsein seiner Verantwortung vor Gott und den Menschen [...] hat das Deutsche Volk [...] kraft seiner verfassungsgebenden Gewalt dieses Grundgesetz der Bundesrepublik Deutschland beschlossen" (Fugen-s in „verfassungsgebend" und Großschreibung des Adjektivs „deutsch" in alter wie neuer Fassung im Original; S. L.).
[259] Begriff der Invocatio Populi bei *J. Isensee*, Das Volk als Grund der Verfassung, 1995, S. 23 ff.; *A. Tschentscher*, Die Volkssouveränität als Grund und Grenze der Verfassungsgeltung, in: F. Wittreck (Hrsg.), Grundlagen des Grundgesetzes, 2018, S. 75 (78 ff.). Stärker im Bewusstsein verankert ist die Invocatio Populi in der Präambel der Verfassung der Vereinigten Staaten: „*We the People* of the United States, in Order to form a more perfect Union, establish Justice, insure domestic Tranquility, provide for the common defence, promote the general Welfare, and secure the Blessings of Liberty to ourselves and our Posterity, do ordain and establish this Constitution for the United States of America" (Hervorhebung und Großschreibungen im Original; S. L.).
[260] *J. Isensee*, Das Volk als Grund der Verfassung, 1995, S. 73.
[261] *M. Jestaedt*, Demokratieprinzip und Kondominialverwaltung, 1993, S. 155 ff. entfaltet einen ausdrücklich verfassungsdogmatisch verstandenen Grundsatz der Volkssouveränität, den er in Art. 20 II 1 GG verortet.
[262] *O. Lepsius*, Art. „Repräsentation", in: W. Heun u. a. (Hrsg.), EvStL, 2006, Sp. 2036 (2037 f.); *A. Thiele*, Der gefräßige Leviathan, 2019, S. 246 ff. Anschauung für ein solches Ausspielen der Volkssouveränität gegen den Parlamentarismus bietet *C. Schmitt*, Verfassungslehre (1928), 11. Aufl. 2017, S. 204 ff.

ergeht, *dann* muss diese Ausübung von Staatsgewalt vom Volke ausgehen.[263]
Der Ausdruck „Staatsgewalt" bezeichnet sowohl den Tatbestand, der das Er-
fordernis demokratischer Legitimation auslöst, als auch den Bezugspunkt des
Erfordernisses, also das Objekt demokratischer Legitimation.[264] Sodann zählt
Art. 20 II 2 GG auf, in welchen Formen das Volk die Staatsgewalt ausübt: in
Wahlen und Abstimmungen und durch besondere Organe der Gesetzgebung,
der vollziehenden Gewalt und der Rechtsprechung.

   Art. 20 II 2 GG beginnt mit dem Personalpronomen „sie". Personalprono-
mina beziehen sich nicht allein auf ein Substantiv, sondern auf eine gesamte
Nominalphrase, die dem Pronomen vorausgeht und mit ihm in Person, Nume-
rus und Genus übereinstimmt; eine Nominalphrase umfasst ein etwaiges Attribut.[265] Das Pronomen „sie" bezieht sich daher auf „alle Staatsgewalt" im
vorherigen Satz. Wenn *alle* Staatsgewalt vom Volke ausgeht, geht Staatsgewalt
stets vom Volke aus. Entsprechend ist das Volk in beiden Sätzen von Art. 20
II GG in seiner syntaktischen Funktion zwar Objekt, in seiner semantischen
Rolle aber Handelnder; „alle Staatsgewalt" und „sie" sind zwar Subjekte, aber
Handlungsunterworfene. Wenn ein Organ begrifflich Staatsgewalt ausübt, kann
dieser Akt nicht vom Tatbestand des Erfordernisses demokratischer Legitimation ausgenommen sein.

   Die semantische Rolle der besonderen Organe ist nicht offensichtlich.[266] In
einer Deutung bezieht sich „vom Volke" auf beide Satzteile, sodass das Volk in
beiden Fällen ein Akteur ist. Das wäre jedenfalls anzunehmen, wenn der Verfassunggeber den Teil des Verbs, der am Satzende steht („ausgeübt"), vorgezo-
gen hätte, um die Verbalklammer zu verkürzen: „Sie wird vom Volke ausgeübt
in Wahlen und Abstimmungen und durch besondere Organe der Gesetzgebung,
der vollziehenden Gewalt und der Rechtsprechung."[267] In einer anderen Deutung bezieht sich „vom Volke" allein auf den ersten Teil, sodass die besonderen Organe gleichberechtigt neben dem Volk handeln. Das wäre jedenfalls anzunehmen, wenn der Verfassunggeber die Reihenfolge der Satzteile umgekehrt
hätte: „Sie wird durch besondere Organe der Gesetzgebung, der vollziehenden
Gewalt und der Rechtsprechung und vom Volke in Wahlen und Abstimmungen
ausgeübt."[268]

---

[263] *C. Möllers,* Grundgesetz, 2. Aufl. 2019, S. 51.
[264] *M. Jestaedt,* Demokratieprinzip und Kondominialverwaltung, 1993, S. 225: „Was ist
Gegenstand demokratischer Legitimation, welche Verhaltensweise löst das Erfordernis demokratischer, auf das Legitimationssubjekt ‚Volk' zurückführender Autorisation im Sinne des
Art. 20 Abs. 2 GG aus?"
[265] A. *Wöllstein*/Dudenredaktion (Hrsg.), Die Grammatik, 9. Aufl. 2016, Rn. 351, 1221 ff.;
B. J. Hartmann, Volksgesetzgebung und Grundrechte, 2005, S. 92.
[266] Näher *B. J. Hartmann,* Volksgesetzgebung und Grundrechte, 2005, S. 93 ff.
[267] *B. J. Hartmann,* Volksgesetzgebung und Grundrechte, 2005, S. 93.
[268] *B. J. Hartmann,* Volksgesetzgebung und Grundrechte, 2005, S. 93.

In Passivsätzen kennzeichnen die Präpositionen „von" und „durch" einen Handelnden. Wenn beide Präpositionen in demselben Satz vorkommen, kennzeichnet „von" den mittelbar Handelnden, „durch" den unmittelbar Handelnden.[269] Art. 20 II 2 GG verwendet die beiden Präpositionen „von" und „durch" ebenfalls nebeneinander: Alle Staatsgewalt wird „*vom* Volke [...] *durch* besondere Organe der Gesetzgebung, der vollziehenden Gewalt und der Rechtsprechung ausgeübt."[270] Der Verfassunggeber wollte das Volk als den eigentlichen Akteur im Verhältnis zu anderen, vom Volk eingesetzten Akteuren kenntlich machen. Nach Art. 20 II 2 GG können das Volk und die besonderen Organe gleichzeitig handeln, aber nicht gleichrangig. Der Normtext lässt sich ohne Sinnänderung umformulieren: „Das Volk übt alle Staatsgewalt aus in Wahlen und Abstimmungen und durch besondere Organe der Gesetzgebung, der vollziehenden Gewalt und der Rechtsprechung."[271] Das „Volk" wird zum Subjekt des Aktiv-Satzes, die „besonderen Organe" werden es nicht. Sie handeln, doch sie handeln in jedem Fall als Werkzeuge eines Hauptakteurs, des Volkes.[272] Wenn ein besonderes Organ unmittelbar Staatsgewalt ausübt, so übt sie mittelbar das Volk aus.[273] Das Volk ist also nach Art. 20 II 1 GG alleiniger Inhaber

---

[269] A. Wöllstein/Dudenredaktion (Hrsg.), Die Grammatik, 9. Aufl. 2016, Rn. 804: „Die Präposition *durch* wird auch verwendet, wenn das Agens im Auftrag eines anderen handelt, also nur als Mittelsperson auftritt: Das Gelände wurde [durch die Polizei] gesichert. (Mit anderer Bedeutungsnuance: Das Gelände wurde [von Polizisten] gesichert.) Die beiden Ausprägungen der Agensrolle, ‚Urheber' und ‚Vermittler', treten dort klar auseinander, wo eine *von*- und eine *durch*-Phrase im gleichen Satz auftreten: Er wurde [von der Behörde] [durch einen Boten] verständigt" (Kursivierungen im Original; S. L.); *B. J. Hartmann*, Volksgesetzgebung und Grundrechte, 2005, S. 93 f. Auf dem gegenteiligen Verständnis von (Un-)Mittelbarkeit, aber ohne Abweichung in der Sache beruht die Bedeutungserklärung 2b) im Eintrag „durch", in: Dudenredaktion (Hrsg.), Deutsches Universalwörterbuch, 8. Aufl. 2015: „in passivischen Sätzen, wenn nicht der eigentliche, der unmittelbare Träger des Geschehens bezeichnet wird; *von:* das Haus wurde durch Bomben zerstört" (Kursivierung im Original; S. L.).

[270] Aussagelos für die Interpretation von Art. 20 II 2 GG sind hingegen Art. 10 II und Art. 53a I 2 GG: Diese Normen stammen vom verfassungsändernden Gesetzgeber und können über den Inhalt von Art. 20 II 2 GG auch nachträglich nichts aussagen, weil die Ewigkeitsgarantie das Demokratieprinzip im Rang über die verfassungsändernden Gesetze hebt. Angreifbar ist auch ein parallelisierender Hinweis auf die Eingangsformel des Grundgesetzes, nach der die Verfassung „*durch* die Volksvertretungen *von* mehr als Zweidritteln der beteiligten deutschen Länder angenommen worden ist" (Hervorhebung nicht im Original; S. L.). Die Präposition „von" kann ein Genitiv-Ersatz sein: A. Wöllstein/Dudenredaktion (Hrsg.), Die Grammatik, 9. Aufl. 2016, Rn. 918. Beide Beispiele aber bei *B. J. Hartmann*, Volksgesetzgebung und Grundrechte, 2005, S. 94.

[271] Ähnliche Umformulierungen bei *B. J. Hartmann*, Volksgesetzgebung und Grundrechte, 2005, S. 94 f.

[272] *B. J. Hartmann*, Volksgesetzgebung und Grundrechte, 2005, S. 94; *S. Lenz*, Volksgesetzgebung als „Minderheitendiktatur"?, in: ZG 28 (2013), S. 167 (177).

[273] Abweichend *M. Kriele*, Das demokratische Prinzip im Grundgesetz, in: VVDStRL 29 (1971), S. 46 (60): „Das Grundgesetz unterscheidet in Art. 20 II zwischen *Trägerschaft* und *Ausübung* der Staatsgewalt und spricht dem Volke die Trägerschaft zu. Doch wird alle Staatsgewalt durch besondere Organe ausgeübt" (Hervorhebungen im Original; S. L.).

von Staatsgewalt und nach Art. 20 II 2 GG ständiger Hauptakteur bei ihrer Ausübung.

Nach Art. 20 II 2 Hs. 2 GG übt das Volk die Staatsgewalt durch besondere Organe der Gesetzgebung, der vollziehenden Gewalt und der Rechtsprechung aus. Zum einen ist das Adjektiv „besonders" ein Synonym für „gesondert", „getrennt":[274] Die drei Staatsfunktionen (Gesetzgebung, vollziehende Gewalt, Rechtsprechung) müssen von verschiedenen Staatsorganen wahrgenommen werden. Zum anderen ist „besonders" ein Synonym für „eigens", „speziell":[275] Von den vielen verschiedenen besonderen Staatsorganen unterscheidet das Grundgesetz ein einziges allgemeines Staatsorgan: das Volk.[276] Demnach ist das Volk das *Primär*organ; alle anderen Staatsorgane sind *Sekundär*organe.[277]

In Art. 20 II GG bezeichnet „Volk" keine tatsächlich auffindbare Gemeinschaft, die sich anhand ethnischer, geographischer, geschichtlicher, kultureller, religiöser, sprachlicher oder ähnlicher Kriterien bestimmen ließe, sondern ein durch das Grundgesetz erst geschaffenes Staatsorgan. Das Volk des Grundgesetzes ist nicht gleichbedeutend mit einer (deutschen) Nation.[278] Obwohl es dem Interpreten möglicherweise widerstrebt, unterscheidet sich das Volk nicht strukturell von jedem anderen Kollegialorgan. Genauso wie beispielsweise der Bundestag besteht das Volk aus Mitgliedern.[279] In beiden Fällen richten sich der Erwerb und der Verlust der Mitgliedschaft nach rechtlichen Vorgaben, nicht nach soziologischen Kriterien. Wer Mitglied des Volkes ist, dem steht grundsätzlich das Wahlrecht zu: Die Gesamtheit der Mitglieder des Volkes ist die Bezugsgruppe der Allgemeinheit der Wahl, die nicht allein Art. 28 I 2 und Art. 38 I 1 GG gewährleisten, sondern auch das Demokratieprinzip selbst. Wem das Wahlrecht zustehen soll, der muss Mitglied des Volkes sein: Es ist das Volk, das nach Art. 20 II 2 GG die Staatsgewalt in Wahlen und Abstimmungen ausübt.

Art. 20 II GG unterscheidet Rechtsinhaberschaft und Rechtsausübungsmacht: Nach Satz 1 ist das Volk der alleinige Inhaber der Staatsgewalt; nach

---

[274] Eintrag „besonders", in: Dudenredaktion (Hrsg.), Deutsches Universalwörterbuch, 8. Aufl. 2015; *H. Dreier,* Grundlagen und Grundzüge staatlichen Verfassungsrechts: Deutschland, in: A. v. Bogdandy/P. Cruz Villalón/P. M. Huber (Hrsg.), IPE I, 2008, § 1 Rn. 117.

[275] Eintrag „besonders", in: Dudenredaktion (Hrsg.), Deutsches Universalwörterbuch, 8. Aufl. 2015.

[276] Unterscheidung auf rechtstheoretischer Ebene bei *H. Kelsen,* Allgemeine Staatslehre, 1925, S. 149 ff., 310 ff.

[277] Begriffspaar bei *H. Kelsen,* Allgemeine Staatslehre, 1925, S. 310 f.

[278] Zum Begriff der Nation näher *E. Renan,* Was ist eine Nation? (1882), in: ders., Was ist eine Nation?, 1995, S. 41 ff.; *B. Möbius,* Art. „Nation (J)", in: W. Heun u. a. (Hrsg.), EvStL, 2006, Sp. 1569 ff.; *J. Isensee,* Die Rationalität des Staates und die Irrationalität des Menschen, in: AöR 140 (2015), S. 169 (187 ff.).

[279] *J. Isensee,* Abschied der Demokratie vom Demos, in: D. Schwab (Hrsg.), Staat, Kirche, Wissenschaft in einer pluralistischen Gesellschaft, 1989, S. 705 (706): „Mitgliedschaft im Staatsvolk."

Satz 2 ist es der (wenigstens mittelbar) Ausübende aller Staatsgewalt.[280] Im Konstitutionalismus hatte der Monarch zwar alle Staatsgewalt inne, übte die Gesetzgebung aber gemeinsam mit der Volksvertretung aus. Unter dem Grundgesetz befinden sich Inhaberschaft und Ausübungsmacht ungeteilt beim Volk. Der Volksbegriff stimmt in beiden Sätzen überein. Das Grundgesetz enthält deshalb zwei getrennte Bestimmungen über die Inhaberschaft und die Ausübung von Staatsgewalt, weil es in einer eigenen Bestimmung für die Ausübung mehrfache Unterscheidungen ausdrücken kann: mittelbare und unmittelbare Ausübung; Wahlen und Abstimmungen; Gesetzgebung, vollziehende Gewalt und Rechtsprechung. Das Grundgesetz betont die Einheitlichkeit der Inhaberschaft und die Vielgestaltigkeit der Ausübung.

2. Legitimationsobjekt: Unmittelbare und mittelbare Ausübung von Staatsgewalt

a) Unmittelbare Ausübung von Staatsgewalt: Wahlen und Abstimmungen des Volkes

Das Volk übt unmittelbar Staatsgewalt aus, indem es wählt und abstimmt, und mittelbar, indem es besondere Staatsorgane für sich handeln lässt. Wahlen sind Personalentscheidungen, Abstimmungen sind Sachentscheidungen. Art. 20 II 2 GG bezeichnet ausschließlich die Wahlen und Abstimmungen des Volkes, nicht auch solche in anderen Staatsorganen.[281] Wahlen und Abstimmungen sind Akte der personal- bzw. sachunmittelbaren Demokratie; die Entscheidungen der besonderen Organe sind Akte der mittelbaren Demokratie.[282] Obwohl eine Wahl der Besetzung einer Volksvertretung dient, durch die das Volk mittelbar Staatsgewalt ausübt, äußert sich das Volk selbst in einer Wahl nicht minder direkt als in einer Abstimmung; umgekehrt ist eine Abstimmung genauso repräsentativ wie eine Wahl, weil sich in beiden Fällen zwar nicht jedes Mitglied des Volkes äußert, sich aber jedes Mitglied die Entscheidung der Mehrheit zurechnen lassen muss.[283] Die begriffliche Gegenüberstellung von repräsentativer Demokratie und direkter Demokratie kann in die Irre führen.

---

[280] *M. Jestaedt,* Demokratieprinzip und Kondominialverwaltung, 1993, S. 160, 206 unterscheidet zwischen dem Volk als Rechtsinhaber und -träger in Art. 20 II 1 GG und als Rechtsausübenden in Art. 20 II 2 GG.

[281] *E. Schmidt-Aßmann,* Verwaltungslegitimation als Rechtsbegriff, in: AöR 116 (1991), S. 329 (354).

[282] Sprachgebrauch eingeführt von *P. Neumann,* Sachunmittelbare Demokratie im Bundes- und Landesverfassungsrecht unter besonderer Berücksichtigung der neuen Länder, 2009, S. 168 ff.

[283] *H. Hofmann/H. Dreier,* Repräsentation, Mehrheitsprinzip und Minderheitenschutz, in: H.-P. Schneider/W. Zeh (Hrsg.), Parlamentsrecht und Parlamentspraxis in der Bundesrepublik Deutschland, 1989, § 5 Rn. 17; *H. Dreier,* Das Demokratieprinzip des Grundgesetzes, in: Jura

Art. 20 II 2 GG verbindet funktionelle und institutionelle Kriterien, um die drei Staatsgewalten zu bestimmen.[284] Dieses undeutliche Nebeneinander erschwert die Interpretation.[285] Der Wortlaut unterscheidet zum einen verschiedene Formen der Staatstätigkeit oder auch Funktionen, zum anderen sollen besondere Organe oder auch Institutionen diese Tätigkeiten ausüben. Der Normtext bestimmt die besonderen Organe durch Genitivattribute: Entweder gehören zur Gesetzgebung, zur vollziehenden Gewalt und zur Rechtsprechung je verschiedene Organe (Genitivus possessivus), oder die verschiedenen Organe zeichnen sich dadurch aus, dass sie gesetzgeberischen, vollziehenden und rechtsprechenden Tätigkeiten nachgehen (Genitivus qualitatis).[286] Jedenfalls ist keine Funktion einem Organ und kein Organ einer Funktion ausschließlich zugeordnet; ebenso wenig sind die Funktionen den Sekundärorganen allein vorbehalten.

Das Volk kann demnach gesetzgebende und vollziehende Gewalt auch unmittelbar ausüben. Eine Abstimmung kann gemäß Art. 20 II 2 GG mit einem Akt der Gesetzgebung oder der vollziehenden Gewalt einhergehen. Zum Beispiel kann das Volk durch einen Volksentscheid ein Gesetz und durch einen Bürgerentscheid eine Satzung erlassen. Ein solcher Beschluss des Volkes muss genauso demokratisch legitimiert sein wie ein Gesetzesbeschluss des Bundestages oder eines Landtages und ein Satzungsbeschluss einer Kommunalvertretung. Das Volk ist nach Art. 1 III und Art. 20 III GG an das ranghöhere Recht gebunden, auch wenn es unmittelbar gesetzgebende oder vollziehende Gewalt ausübt.

b) Mittelbare Ausübung von Staatsgewalt:
Bedeutung von „Staat" und „Gewalt" in Art. 20 II GG

aa) „Gewalt" im Sinne des Gebots der demokratischen Legitimation

Wörter, die mit dem Suffix „-ung" enden, sind das Ergebnis der Substantivierung von Handlungsverben: Abstimmung, Gesetzgebung und Rechtsprechung sind Tätigkeiten.[287] Das Verb „ausüben" bezeichnet eine Handlung, keinen

---

1997, S. 249 (251); *S. Lenz,* Volksgesetzgebung als „Minderheitendiktatur"?, in: ZG 28 (2013), S. 167 (182).

[284] Zum Textbefund näher *F. Wittreck,* Gewaltenteilung – Gewaltenverschränkung – Gewaltengliederung, [2009], S. 2 ff.; *T. Groß,* Die Verwaltungsorganisation als Teil organisierter Staatlichkeit, in: W. Hoffmann-Riem/E. Schmidt-Aßmann/A. Voßkuhle (Hrsg.), GVwR² I, 2012, § 13 Rn. 7 f.; *T. Groß,* Die asymmetrische Funktionenordnung der demokratischen Verfassung, in: Der Staat 55 (2016), S. 489 (491 ff.).

[285] *W. Heun,* Staatshaushalt und Staatsleitung, 1989, S. 86 ff.; *ders.,* Art. „Gewaltenteilung", in: ders. u. a. (Hrsg.), EvStL, 2006, Sp. 800 ff.

[286] A. Wöllstein/Dudenredaktion (Hrsg.), Die Grammatik, 9. Aufl. 2016, Rn. 1267 ff. (Genitivus possessivus), 1279 (Genitivus qualitatis).

[287] A. Wöllstein/Dudenredaktion (Hrsg.), Die Grammatik, 9. Aufl. 2016, Rn. 570 (Handlungs-, Vorgangs-, Zustandsverben), 1106 (Verbalsubstantive); *B. J. Hartmann,* Volksgesetzgebung und Grundrechte, 2005, S. 89 f.

Zustand. Der Ausdruck „vollziehende Gewalt" steht ebenfalls für eine Form der Staatstätigkeit, obwohl der Normtext nicht von Vollzug oder Vollziehung spricht. Legitimationsobjekt ist also in jedem Fall eine einzelne Handlung. Nicht zu den Legitimationsobjekten gehören Organisationsformen, Rechtsträger, Organe und Organwalter.[288] Die Rede von der demokratischen Legitimation der kommunalen Selbstverwaltung, der Gemeinde, des Bürgermeisters, des Rates oder des Ratsmitglieds ist eine Verkürzung. Verschiedene Tätigkeiten desselben Staatsorgans können abweichenden Anforderungen an ihre demokratische Legitimation unterliegen: der Beschluss einer Satzung durch den Rat anderen Anforderungen als die Wahl eines Beigeordneten ebenfalls durch den Rat. Ebenso wenig legitimationsbedürftig ist beispielsweise ein Großvorhaben als solches: Bezugspunkte des Gebots demokratischer Legitimation sind staatliche Genehmigungen, Vertragsschlüsse und andere einzelne Entscheidungen.[289]

Die mittelbar ausgeübte Staatsgewalt hat nach Art. 20 II 2 GG drei Ausprägungen: Gesetzgebung, vollziehende Gewalt und Rechtsprechung. Gesetzgebung ist der Erlass der in der Verfassung so bezeichneten Gesetze; Gesetzgeber sind die Staatsorgane, die Gesetze erlassen.[290] Rechtsprechung ist die grundsätzlich letztverbindliche Entscheidung von Einzelfällen durch einen Richter; Gerichte sind die Staatsorgane, die Recht sprechen.[291] Im Fall der ersten und der dritten Gewalt ist eine Funktion (Gesetzgebung, Rechtsprechung) einer einzigen Institution (Gesetzgeber, Gericht) vorbehalten.[292] In umgekehrter Richtung besteht keine Exklusivität: Der Gesetzgeber wird mitunter verwaltend tätig, zum Beispiel indem er sich am Erlass einer Verordnung beteiligt.[293] Zu der umfangreicheren verwaltenden Tätigkeit der Gerichte gehören

---

[288] *E. T. Emde,* Die demokratische Legitimation der funktionalen Selbstverwaltung, 1991, S. 46; *M. Jestaedt,* Demokratieprinzip und Kondominialverwaltung, 1993, S. 269.

[289] *F. Wittreck,* Demokratische Legitimation von Großvorhaben, in: ZG 26 (2011), S. 209 ff. am Beispiel des Umbaus des Stuttgarter Hauptbahnhofs („Stuttgart 21").

[290] *U. Di Fabio,* Gewaltenteilung, in: J. Isensee/P. Kirchhof (Hrsg.), HStR³ II, 2004, § 27 Rn. 19; *C. Möllers,* Dogmatik der grundgesetzlichen Gewaltengliederung, in: AöR 132 (2007), S. 493 (509 f.).

[291] Definitionen von Rechtsprechung unterscheiden sich etwa darin, dass sie Merkmale des Begriffs der Rechtsprechung und verfassungsrechtliche Vorgaben für die Rechtsprechung verschieden abgrenzen. Beispielsweise einerseits die Definition bei *F. Wittreck,* Die Verwaltung der Dritten Gewalt, 2006, S. 5 ff. und andererseits die Definition bei *T. Groß,* Die asymmetrische Funktionenordnung der demokratischen Verfassung, in: Der Staat 55 (2016), S. 489 (504 f.).

[292] *T. Groß,* Die Verwaltungsorganisation als Teil organisierter Staatlichkeit, in: W. Hoffmann-Riem/E. Schmidt-Aßmann/A. Voßkuhle (Hrsg.), GVwR² I, 2012, § 13 Rn. 7 f.

[293] Das wohl am häufigsten genannte Beispiel ist das Tätigwerden des Bundestagspräsidenten gegenüber den Parteien. Das Beispiel ist deshalb unpassend, weil nicht der Deutsche Bundestag handelt, sondern der Präsident des Deutschen Bundestages (§§ 18 ff. PartG), und zwar auch nicht in Vertretung des Deutschen Bundestages. Zahlreiche Beispiele für tatsächlich oder scheinbar verwaltende Tätigkeiten des Bundestages bei *F. Wittreck,* Gewaltenteilung – Gewaltenverschränkung – Gewaltengliederung, [2009], S. 18 f.

die Gerichtsverwaltung, die Justizverwaltung und bestimmte Teile der Freiwilligen Gerichtsbarkeit.[294] Die vollziehende Gewalt umfasst alle Akte der Staatsgewalt, die sich weder der Gesetzgebung noch der Rechtsprechung zuordnen lassen; Vollzugsorgane sind die Staatsorgane, die ausschließlich vollziehende Gewalt ausüben.[295]

Da sich Gesetzgebung und Rechtsprechung positiv bestimmen lassen und der Begriff der vollziehenden Gewalt als Auffangbegriff dient, betreffen die Zweifelsfälle typischerweise die dritte Ausprägung der mittelbar ausgeübten Staatsgewalt, nämlich die vollziehende Gewalt. Die Ausdrücke „Staats*gewalt*" und „vollziehende *Gewalt*" lassen erkennen, dass nicht jede Staats*tätigkeit* der demokratischen Legitimation bedarf. Das Wort „Gewalt" ist lexikalisch mehrdeutig: Es kann sowohl körperliche Anstrengung und Kraftausübung als auch legitime Autorität und Herrschaft bezeichnen.[296] Typischerweise hat es im ersten Fall einen schlechten Klang („Polizeigewalt") und im zweiten Fall einen guten („Gewaltmonopol").[297] Andere Sprachen kennen dafür verschiedene Ausdrücke: *vis* und *potestas* (oder *auctoritas*); *violence* (oder *force*) und *power* (oder *authority*); *violence* (oder *force*) und *pouvoir* (oder *autorité*).[298]

Einerseits bedeutet „Gewalt" in Art. 20 II GG nicht körperliche Kraftausübung, obwohl die Staatsgewalt im Schlagstock- und Wasserwerfereinsatz ihren sinnfälligsten Ausdruck findet. Denn die Gesetzgebung und die Rechtsprechung gehören ausdrücklich zu den Ausprägungen der Staatsgewalt, üben aber keine körperliche Kraft aus, indem sie Gesetze erlassen bzw. Recht sprechen. Andererseits bedeutet das Wort „Gewalt" nicht Autorität oder Herrschaft: Es würde lediglich eine gleichbleibende Eigenschaft des Staates ausdrücken, keine Staatstätigkeit vom Gebot demokratischer Legitimation ausnehmen und sich damit (inhaltlich) entbehrlich machen. Der Verfassunggeber hat weder die eine noch die andere lexikalische Bedeutung von „Gewalt" übernommen.

Wer Art. 20 II GG mit anderen Bestimmungen abgleicht, erzielt keinen Fortschritt bei der Bestimmung des Gewaltbegriffs: Der Ausdruck „vollziehende Gewalt" in Art. 20 II 2 GG muss nicht das gleiche bedeuten wie die gleichlautenden Ausdrücke in Art. 1 III und Art. 20 III GG. Die Normen regeln zwei ver-

---

[294] *F. Wittreck,* Die Verwaltung der Dritten Gewalt, 2006, S. 11 ff.

[295] Für die Definition der Verwaltung grundlegend *O. Mayer,* Deutsches Verwaltungsrecht, Bd. I, 3. Aufl. 1924, S. 7; *A. [J.] Merkl,* Allgemeines Verwaltungsrecht, 1927, S. 1 ff.; *W. Jellinek,* Verwaltungsrecht, 3. Aufl. 1931, S. 6. Zur Gliederung der vollziehenden Gewalt in Regierung, Verwaltung und militärische Verteidigung prägend *K. Hesse,* Grundzüge des Verfassungsrechts der Bundesrepublik Deutschland, 20. Aufl. 1995, Rn. 531 ff.

[296] Eintrag „Gewalt", in: Dudenredaktion (Hrsg.), Deutsches Universalwörterbuch, 8. Aufl. 2015.

[297] *M. Gerhardt,* Art. „Gewalt, öffentliche", in: W. Heun u. a. (Hrsg.), EvStL, 2006, Sp. 797 ff.; *C. Möllers,* Art. „Gewaltmonopol", in: W. Heun u. a. (Hrsg.), EvStL, 2006, Sp. 804 ff.

[298] *H. Dreier,* Gewalt – notwendiges Übel?, in: L. Jaeckel/B. Zabel/R. Zimmermann (Hrsg.), Grundrechtspolitik und Rechtswissenschaft, 2015, S. 63 (64 ff.).

schiedene Gegenstände: im ersten Fall das Gebot demokratischer Legitimation, im zweiten Fall die Bindung an ranghöheres Recht.[299] Wer unter Ausübung von Staatsgewalt „jedenfalls jedes amtliche Handeln mit Entscheidungscharakter"[300] versteht, verschiebt das Problem: Was *staatliches* Handeln ausmacht und in welchen Fällen der Staat dabei *Gewalt* ausübt, ersetzt er durch die Frage, was *amtliches* Handeln ausmacht und in welchen Fällen es Entscheidungs*charakter* hat. Zudem zielt diese Definition auf die vollziehende Gewalt: Die Akte der unmittelbaren Demokratie (Wahlen, Abstimmungen), der Gesetzgebung und der Rechtsprechung kann und soll die Definition nicht erfassen, obwohl sie genauso zu den Akten der Staatsgewalt gehören. Ob eine Staatstätigkeit zu den Akten der vollziehenden *Gewalt* im Sinne von Art. 20 II GG gehört, richtet sich nicht nach einer abschließenden Begriffsbestimmung von „Gewalt", sondern nach einem Bündel positiver und negativer Kriterien.[301]

In drei Fällen gehört eine Maßnahme jedenfalls zu den Akten der Staatsgewalt: *Erstens* übt der Staat seine Gewalt aus, indem er Recht erzeugt, also der Tätigkeit nachgeht, die das Grundgesetz in Form von Gesetzgebung und Rechtsprechung ausdrücklich als Ausprägungen von Staatsgewalt nennt. *Zweitens* übt der Staat seine Gewalt aus, indem er eine Norm faktisch vollzieht, also der Tätigkeit nachgeht, die das Grundgesetz als die Eigenheit der zweiten Gewalt hervorhebt, indem es sie als die „vollziehende" Gewalt bezeichnet. *Drittens* gehört zu den Akten der Staatsgewalt jede Entscheidung, die zwar keine Norm setzt und keine Norm vollzieht, aber den Tatbestand einer Norm erfüllt und dadurch eine Rechtsfolge auslöst, beispielsweise indem sie in den Schutzbereich eines Grundrechts eingreift und dadurch dem Staat eine Rechtfertigungslast auferlegt.

Auf einige andere Arten und Formen des Handelns kommt es nicht an, damit sich eine staatliche Tätigkeit als ein Akt der Staatsgewalt einordnen lässt.[302] *Erstens* muss eine Entscheidung nicht einseitig verbindlich sein: Der Abschluss eines Vertrages unter Beteiligung des Staates ist genauso ein Akt der Staats-

---

[299] Auf ähnliche Funktionsunterschiede kommt es an bei *J. Oebbecke*, Weisungs- und unterrichtsfreie Räume in der Verwaltung, 1986, S. 78; *E. Schmidt-Aßmann*, Verwaltungslegitimation als Rechtsbegriff, in: AöR 116 (1991), S. 329 (338); *E.-W. Böckenförde*, Demokratie als Verfassungsprinzip, in: J. Isensee/P. Kirchhof (Hrsg.), HStR³ II, 2004, § 24 Rn. 12.

[300] BVerfG, Urteil vom 31.10.1990, 2 BvF 3/89, BVerfGE 83, 60 (73) – Ausländerwahlrecht II.

[301] Mehr oder minder stark abweichende Definitionen bei *J. Oebbecke*, Weisungs- und unterrichtsfreie Räume in der Verwaltung, 1986, S. 78 ff.: „autonome, regelnde Entscheidungen" (S. 82); *M. Jestaedt*, Demokratieprinzip und Kondominialverwaltung, 1993, S. 225 ff.: „Inanspruchnahme von Entscheidungsbefugnissen in Wahrnehmung einer Staatsaufgabe" (S. 263); *C. Möllers*, Gewaltengliederung, 2005, S. 82 ff.: „einseitige Erzeugung von Recht" (S. 83).

[302] *J. Oebbecke*, Weisungs- und unterrichtsfreie Räume in der Verwaltung, 1986, S. 79 f.; *E. Schmidt-Aßmann*, Verwaltungslegitimation als Rechtsbegriff, in: AöR 116 (1991), S. 329 (341 f.); *M. Jestaedt*, Demokratieprinzip und Kondominialverwaltung, 1993, S. 238 ff.; *E.-W. Böckenförde*, Demokratie als Verfassungsprinzip, in: J. Isensee/P. Kirchhof (Hrsg.), HStR³ II, 2004, § 24 Rn. 12 f.

gewalt wie der Erlass eines Verwaltungsaktes. *Zweitens* muss ein Handeln nicht in subjektive Rechte eingreifen: Die Gewährung einer Sozialleistung ist genauso ein Akt der Staatsgewalt wie die Auflösung einer Versammlung. *Drittens* muss eine Entscheidung nicht nach Öffentlichem Recht ergehen: Der Abschluss eines privatrechtlichen Vertrages unter Beteiligung des Staates ist genauso ein Akt der Staatsgewalt wie der Abschluss eines öffentlich-rechtlichen Vertrages.

Eine Tätigkeit, die weder eine Norm erzeugt noch eine Norm vollzieht, kann sich auf einem Umweg als Akt der Staatsgewalt im Sinne von Art. 20 II GG erweisen.[303] Wenn beispielsweise ein Minister vor einer gefährlichen Jugendsekte oder vor gepanschtem Wein warnt, ist er an die Grundrechte gebunden.[304] Wenn seine Warnung in ein Grundrecht eingreift, dann übt der Minister deshalb Staatsgewalt im Sinne von Art. 20 II GG aus, weil der Grundrechtseingriff eine Rechtsfolge in Gestalt von Rechtfertigungslasten für den Staat auslöst.[305] Demnach sind es vor allem vorbereitende Staatstätigkeiten, die keine Rechtsfolgen auslösen und deshalb nicht zu den Akten der Staatsgewalt gehören.[306] Eine Bagatellgrenze oder ein ähnlicher Vorbehalt, der eine Staatstätigkeit vom Gebot der demokratischen Legitimation ausnimmt, ist dem Grundgesetz hingegen fremd.[307] Nach Art. 20 II 1 GG geht *alle* Staatsgewalt vom Volke aus.

bb) „Staat" im Sinne des Gebots der demokratischen Legitimation

Damit ein Akt der Staatsgewalt zu den Akten der *Staats*gewalt gehört, muss der Entscheidungsträger ein Organ des Staates sein. Staaten im grundgesetzlichen Sinne sind sowohl der Bund als auch die Länder.[308] *Erstens* teilt das Grund-

---

[303] Bei *C. Möllers,* The Three Branches, 2013, S. 80 ff. finden sich ähnliche Gedanken zu Mechanismen der Einbeziehung informellen Staatshandelns in das Gewaltengliederungsschema.

[304] BVerfG, Beschluss vom 26.6.2002, 1 BvR 558, 1428/91, BVerfGE 105, 252 – Glykol; BVerfG, Beschluss vom 26.6.2002, 1 BvR 670/91, BVerfGE 105, 279 – Osho.

[305] Jedenfalls im Ergebnis ebenso *E. Schmidt-Aßmann,* Verwaltungslegitimation als Rechtsbegriff, in: AöR 116 (1991), S. 329 (342); *M. Jestaedt,* Demokratieprinzip und Kondominialverwaltung, 1993, S. 262; *E.-W. Böckenförde,* Demokratie als Verfassungsprinzip, in: J. Isensee/P. Kirchhof (Hrsg.), HStR³ II, 2004, § 24 Rn. 12.

[306] *J. Oebbecke,* Weisungs- und unterrichtungsfreie Räume in der Verwaltung, 1986, S. 81 f.; *ders.,* Demokratische Legitimation nicht-kommunaler Selbstverwaltung, in: VerwArch. 81 (1990), S. 349 (355 f.); *M. Jestaedt,* Demokratieprinzip und Kondominialverwaltung, 1993, S. 261; *E.-W. Böckenförde,* Demokratie als Verfassungsprinzip, in: J. Isensee/P. Kirchhof (Hrsg.), HStR³ II, 2004, § 24 Rn. 12.

[307] *J. Oebbecke,* Weisungs- und unterrichtungsfreie Räume in der Verwaltung, 1986, S. 83: „Bagatell-Vorbehalt"; *ders.,* Demokratische Legitimation nicht-kommunaler Selbstverwaltung, in: VerwArch. 81 (1990), S. 349 (356); *M. Jestaedt,* Demokratieprinzip und Kondominialverwaltung, 1993, S. 228 ff., 250 ff.; *ders.,* Demokratie unter Bagatellvorbehalt?, in: Der Staat 32 (1993), S. 29 ff.

[308] *C. Möllers,* Staat als Argument (2000), 2. Aufl. 2011, S. 350 ff. (wenigstens missverständlich aber die Bezeichnung der Länderstaatlichkeit als *„verfassungstheoretische[n]* Begriff" [S. 375; Hervorhebung im Original; S. L]); *M. Jestaedt,* Bundesstaat als Verfassungs-

gesetz die Verbandskompetenz für Gesetzgebung, Verwaltung und Rechtsprechung unter Bund und Ländern auf, also unter Ausschluss der Kommunen: Die „Kompetenz-Kompetenz"[309], die Zuständigkeit für die Einräumung von Zuständigkeiten, steht dem Bund zu, doch überträgt das Grundgesetz den Ländern die grundsätzliche Zuständigkeit für Gesetzgebung, Verwaltung und Rechtsprechung.[310] *Zweitens* belegen die Dokumente des Parlamentarischen Rates, dass der Verfassunggeber die Länder als eigene Staaten neben dem Bund begriff.[311] Obwohl das Grundgesetz die Kommunen in Art. 28 I, II GG hervorhebt, sind sie keine Staaten, sondern gehören zu einem Staat, nämlich jeweils zu einem Land.[312] Sie sind „ein Stück ‚Staat'".[313]

Ungeeignet für den Zweck der Bestimmung des Staatsbegriffs des Grundgesetzes ist die Drei-Elemente-Lehre, wonach die Staatlichkeit das Bestehen von (Staats-)Gewalt, (Staats-)Volk und (Staats-)Gebiet voraussetzt.[314] *Erstens* zielt die Definition auf den Staatsbegriff des Völkerrechts oder der Verfassungstheorie, der nicht mit dem Staatsbegriff des Grundgesetzes übereinstimmen muss. *Zweitens* ist die Definition, so wie sie üblicherweise vorkommt, zirkulär, weil sie das Wort enthält, das sie definieren soll. *Drittens* erlaubt die Definition, wenn sie zur Vermeidung der Zirkularität auf das Wort „Staat" verzichtet, keine zuverlässige Unterscheidung zwischen Staaten und ihren territo-

---

prinzip, in: J. Isensee/P. Kirchhof (Hrsg.), HStR³ II, 2004, § 29 Rn. 65; *J. Isensee*, Idee und Gestalt des Föderalismus im Grundgesetz, in: ders./P. Kirchhof (Hrsg.), HStR³ VI, 2008, § 126 Rn. 65 ff.

[309] *C. Schmitt*, Verfassungslehre (1928), 11. Aufl. 2017, S. 102, 131, 386.

[310] Art. 30, Art. 70 ff., Art. 83 ff., Art. 92 GG.

[311] Entstehungsgeschichte von Art. 30 GG, in: P. Häberle (Hrsg.), JöR 1 (1951), 2. Aufl. 2010, S. 295 (295 ff.); Entstehungsgeschichte von Art. 79 GG, in: P. Häberle (Hrsg.), JöR 1 (1951), 2. Aufl. 2010, S. 573 (579 ff.); *C. Möllers*, Staat als Argument (2000), 2. Aufl. 2011, S. 350, 359 f.; *J. Isensee*, Idee und Gestalt des Föderalismus im Grundgesetz, in: ders./P. Kirchhof (Hrsg.), HStR³ VI, 2008, § 126 Rn. 65.

[312] *M. Jestaedt*, Demokratieprinzip und Kondominialverwaltung, 1993, S. 212 f.; *J. Isensee*, Idee und Gestalt des Föderalismus im Grundgesetz, in: ders./P. Kirchhof (Hrsg.), HStR³ VI, 2008, § 126 Rn. 172 ff.; *M. Jestaedt*, Grundbegriffe des Verwaltungsorganisationsrechts, in: W. Hoffmann-Riem/E. Schmidt-Aßmann/A. Voßkuhle (Hrsg.), GVwR² I, 2012, § 14 Rn. 15, 23, 32, 43.

[313] BVerfG, Urteil vom 4.11.1986, 1 BvF 1/84, BVerfGE 73, 118 (191) – Rundfunkentscheidung IV: Gemeinden als „ein Stück ‚Staat'".

[314] Die Drei-Elemente-Lehre stammt von *G. Jellinek*, Allgemeine Staatslehre, 3. Aufl. 1921, S. 183, 394 ff., 433: „Als Rechtsbegriff ist der Staat demnach die mit ursprünglicher Herrschermacht ausgerüstete Körperschaft eines seßhaften Volkes oder, um einen neuerdings gebräuchlich gewordenen Terminus anzuwenden, die mit ursprünglicher Herrschermacht ausgestattete Gebietskörperschaft" (S. 183). Einwände gegen ihre Eignung für den Zweck der Bestimmung des Staatsbegriffs des Grundgesetzes bei *J. Oebbecke*, Weisungs- und unterrichtungsfreie Räume in der Verwaltung, 1986, S. 79; *ders.*, Demokratische Legitimation nichtkommunaler Selbstverwaltung, in: VerwArch. 81 (1990), S. 349 (355); *C. Möllers*, Staat als Argument (2000), 2. Aufl. 2011, S. 149 in Fn. 80; *ders.*, Art. „Staat", in: W. Heun u. a. (Hrsg.), EvStL, 2006, Sp. 2272 (2274); *J. Isensee*, Idee und Gestalt des Föderalismus im Grundgesetz, in: ders./P. Kirchhof (Hrsg.), HStR³ VI, 2008, § 126 Rn. 69.

rialen Gliedern (etwa den Kommunen). Genauso ungeeignet ist die begriffliche Unterscheidung von Staat und Gesellschaft, weil der Begriff der Gesellschaft aus der Verfassungsrechts*wissenschaft* stammt und im Verfassungs*recht* nicht vorkommt. Ein Begriff des Verfassungsrechts lässt sich aber allein dann durch einen Gegenbegriff bestimmen, wenn auch der Gegenbegriff dem Verfassungsrecht angehört.[315]

Indem Art. 20 II GG ohne Einschränkungen von Staatsgewalt spricht, verzichtet er nicht allein auf die Unterscheidung von öffentlich-rechtlichen und privatrechtlichen *Handlungs*formen, sondern auch auf die von öffentlich-rechtlichen und privatrechtlichen *Organisation*sformen.[316] Ein privatrechtlich organisierter Verwaltungsträger kann genauso Staatsgewalt ausüben wie eine Körperschaft, Anstalt oder Stiftung des Öffentlichen Rechts.[317] Jedes Organ, das sich dem Bund oder einem Land zuordnen lässt, gehört zu einem Staat, gleich ob sein Rechtsträger in öffentlich-rechtlicher oder privatrechtlicher Form organisiert ist. Der Sammelbegriff der Staatsgewalt grenzt keine Organisations- oder Handlungsformen aus, sondern bezieht sie ein.[318] Das Gebot der demokratischen Legitimation ist ein Beispiel für die relative Ausnahmslosigkeit des Grundgesetzes, mit der es die Staatsgewalt rechtlichen Bindungen unterwirft.[319]

---

[315] Klassisch zur begrifflichen Unterscheidung von Staat und Gesellschaft *H. Ehmke,* „Staat" und „Gesellschaft" als verfassungstheoretisches Problem (1962), in: ders., Beiträge zur Verfassungstheorie und Verfassungspolitik, 1981, S. 300 ff.; *E.-W. Böckenförde,* Die Bedeutung der Unterscheidung von Staat und Gesellschaft im demokratischen Sozialstaat der Gegenwart (1972), in: ders., Recht, Staat, Freiheit, 6. Aufl. 2016, S. 209 ff.; *ders.,* Die verfassungstheoretische Unterscheidung von Staat und Gesellschaft als Bedingung der individuellen Freiheit, 1973. Zu diesem Begriffspaar und seiner begrenzten Berechtigung näher *C. Möllers,* Art. „Staat", in: W. Heun u. a. (Hrsg.), EvStL, 2006, Sp. 2272 (2273); *C. Möllers,* Der vermisste Leviathan, 2008, S. 47 ff.

[316] *E. Schmidt-Aßmann,* Verwaltungslegitimation als Rechtsbegriff, in: AöR 116 (1991), S. 329 (342 ff.); *M. Jestaedt,* Demokratieprinzip und Kondominialverwaltung, 1993, S. 238 ff.; *E.-W. Böckenförde,* Demokratie als Verfassungsprinzip, in: J. Isensee/P. Kirchhof (Hrsg.), HStR³ II, 2004, § 24 Rn. 13. Zur Unabhängigkeit der Verfassungsbindung von der privatrechtsförmigen Organisation von Verwaltung grundlegend *D. Ehlers,* Verwaltung in Privatrechtsform, 1984, S. 212 ff.

[317] *W. Krebs,* Verwaltungsorganisation, in: J. Isensee/P. Kirchhof (Hrsg.), HStR³ V, 2008, § 108 Rn. 36 ff., 44 ff.; *M. Jestaedt,* Grundbegriffe des Verwaltungsorganisationsrechts, in: W. Hoffmann-Riem/E. Schmidt-Aßmann/A. Voßkuhle (Hrsg.), GVwR² I, 2012, § 14 Rn. 25 ff., 30 ff.

[318] Fazit für den Staatsbegriff bei *C. Möllers,* Staat als Argument (2000), 2. Aufl. 2011, S. 333 f.

[319] *C. Möllers,* Grundgesetz, 2. Aufl. 2019, S. 41: „Das Grundgesetz konstituiert ganz bewusst eine *ausnahmslose Ordnung*" (Hervorhebung im Original; S. L.). Weitere Beispiele: Pflicht zu Schutz und Achtung der Menschenwürde (Art. 1 I GG); Allgemeines Freiheitsrecht (Art. 2 I GG); Allgemeines Gleichheitsrecht (Art. 3 I GG); Rechtschutzgarantie (Art. 19 IV GG); Verfassungs-, Grundrechts- und Gesetzesbindung (Art. 1 III, Art. 20 III GG).

cc) Eigenanteil des Rechtsanwenders als Ursache von Legitimationsbedarf

Da Gesetzgebung, vollziehende Gewalt und Rechtsprechung die Funktionen der Rechtsordnung sind, gehen der Stufenbau der Rechtsordnung und die Gliederung der Gewalten einher.[320] Prinzipiell kann sich eine Rechtsordnung hierarchisch gliedern, ohne dass sie verschiedene Normerzeuger vorsieht (und umgekehrt), aber praktisch ordnet ein Verfassunggeber den verschiedenen Normstufen eigene Rechtserzeuger zu. Parallel zur *Normen*hierarchie entsteht eine Norm*erzeuger*hierarchie.[321] Von Gewaltengliederung redet, wer über den Stufenbau spricht; vom Stufenbau spricht, wer über Gewaltengliederung redet.

Ein Straßenverkehrsgesetz wird beschlossen, auf seiner Grundlage eine Straßenverkehrsordnung erlassen, später ein Verkehrszeichen aufgestellt, schließlich ein rechtswidrig abgestelltes Kraftfahrzeug abgeschleppt und die Rechtmäßigkeit des Abschleppens von einem Gericht bestätigt.[322] Dieses Geschehen zeugt von einer Struktur der Rechtsordnung, die sich in das Bild eines „Stufenbaues"[323] kleiden lässt, in das einer Normenpyramide oder einer Normenhierarchie.[324] Der Stufenbau der Rechtsordnung legt die analytische Unterschei-

---

[320] Zu diesem Zusammenhang *H. Kelsen*, Die Lehre von den drei Gewalten oder Funktionen des Staates, in: ARWP 17 (1923/24), S. 374 (374 ff.); *A. J. Merkl*, Prolegomena einer Theorie des rechtlichen Stufenbaus (1931), in: ders., Gesammelte Schriften, Bd. I, 1993, S. 437 (480 ff.); *K. Hesse*, Grundzüge des Verfassungsrechts der Bundesrepublik Deutschland, 20. Aufl. 1995, Rn. 488 f.; *H.-D. Horn*, Gewaltenteilige Demokratie, demokratische Gewaltenteilung, in: AöR 127 (2002), S. 427 (447 ff., 451 ff.); *C. Möllers*, Gewaltengliederung, 2005, S. 88; *ders.*, Dogmatik der grundgesetzlichen Gewaltengliederung, in: AöR 132 (2007), S. 493 (501); *M. Cornils*, Gewaltenteilung, in: O. Depenheuer/C. Grabenwarter (Hrsg.), Verfassungstheorie, 2010, § 20 Rn. 61 ff.; *T. Groß*, Die Verwaltungsorganisation als Teil organisierter Staatlichkeit, in: W. Hoffmann-Riem/E. Schmidt-Aßmann/A. Voßkuhle (Hrsg.), GVwR² I, 2012, § 13 Rn. 11 ff.; *R. Poscher*, Funktionenordnung des Grundgesetzes, in: W. Hoffmann-Riem/E. Schmidt-Aßmann/A. Voßkuhle (Hrsg.), GVwR² I, 2012, § 8 Rn. 23 ff.; *T. Groß*, Die asymmetrische Funktionenordnung der demokratischen Verfassung, in: Der Staat 55 (2016), S. 489 (498 ff.).

[321] *M. Jestaedt*, Grundrechtsentfaltung im Gesetz, 1999, S. 346 f., 350 f. in Fn. 77; *C. Grabenwarter*, Die Verfassung in der Hierarchie der Rechtsordnung, in: O. Depenheuer/C. Grabenwarter (Hrsg.), Verfassungstheorie, 2010, § 11 Rn. 35 ff.; *T. Groß*, Die asymmetrische Funktionenordnung der demokratischen Verfassung, in: Der Staat 55 (2016), S. 489 (501).

[322] Ähnliches Beispiel bei *K. F. Röhl/H. C. Röhl*, Allgemeine Rechtslehre, 3. Aufl. 2008, S. 305 f.

[323] *A. J. Merkl*, Prolegomena einer Theorie des rechtlichen Stufenbaus (1931), in: ders., Gesammelte Schriften, Bd. I, 1993, S. 437 (478): „Unter den zum Vergleich herangezogenen Bildern, wie dem einer Kette, des Stammbaumes oder Wasserlaufes, eines technischen Produktionsprozesses usw., ist wohl das einer *Stufenfolge*, eines *Stufenbaues*, das schmuckloseste, aber sinnfälligste und bezeichnendste" (Hervorhebungen im Original; S. L.).

[324] *A. J. Merkl*, Das doppelte Rechtsantlitz (1918), in: ders., Gesammelte Schriften, Bd. I, 1993, S. 227 ff.; *ders.*, Die Lehre von der Rechtskraft entwickelt aus dem Rechtsbegriff, 1923, S. 181 ff., 200 ff., 210 ff.; *ders.*, Prolegomena einer Theorie des rechtlichen Stufenbaus (1931), in: ders., Gesammelte Schriften, Bd. I, 1993, S. 437 ff.; *H. Kelsen*, Allgemeine Staatslehre, 1925, S. 233 f., 248 ff., 362; *ders.*, Reine Rechtslehre, 1. Aufl. 1934, S. 62 ff.; 2. Aufl. 1960, S. 228 ff. – Nachweis des Stufenbaus speziell der deutschen Rechtsordnung bei *T. Schilling*,

dung zweier Phasen nahe: Rechts*erkenntnis* und Rechts*anwendung*.[325] Bei der Rechtserkenntnis ermittelt ein Interpret, welchen Inhalt die ranghöheren Normen haben, und bestimmt damit den Rahmen, der den Entscheidungsfreiraum eines Rechtsanwenders absteckt.[326] Bei der Rechtsanwendung macht ein Anwender nach moralischen, wirtschaftlichen und anderen außerrechtlichen Kriterien von seinem Entscheidungsfreiraum Gebrauch. Der Interpret ist an die Normen gebunden: Er *er*kennt oder *ver*kennt ihren Inhalt.[327] Der Rechtsanwender hingegen ist innerhalb dieses Rahmens frei: Er trifft diese oder jene Auswahl. Jede Rechtsanwendung ist anteilig fremd- und selbstbestimmt.[328] Die Bezeichnung des gesamten Vorgangs des Erkennens und Anwendens als „Rechtsgewinnung" kann das Missverständnis verursachen, dass ein Rechtserzeuger eine Norm aus einer anderen schematisch ableiten könnte, so wie sich Erz aus einer Mine *gewinnen* lässt, obwohl sich das Zwei-Phasen-Modell gerade gegen ein solches mechanistisches Verständnis wendet.[329] Die alternative Bezeichnung „Rechtsherstellung"[330] charakterisiert den zweiphasigen Vorgang treffen-

---

Rang und Geltung von Normen in gestuften Rechtsordnungen, 1994, S. 159 ff., 396 ff.; *M. Jestaedt*, Grundrechtsentfaltung im Gesetz, 1999, S. 298 ff.; *ders.*, Das mag in der Theorie richtig sein …, 2006, S. 43 ff.; *O. Lepsius*, Normenhierarchie und Stufenbau der Rechtsordnung, in: JuS 2018, S. 950 ff.

[325] Entfaltung einer „dichotomen Rechtsgewinnungstheorie" bei *M. Jestaedt*, Grundrechtsentfaltung im Gesetz, 1999, S. 279 ff.; *ders.*, Das mag in der Theorie richtig sein …, 2006, S. 18 ff., 46 ff., 57 ff., 62 ff., 67 ff.; *C. Hillgruber*, Verfassungsrecht zwischen normativem Anspruch und politischer Wirklichkeit, in: VVDStRL 67 (2008), S. 7 (14 ff., 43 ff.); *ders.*, Verfassungsinterpretation, in: O. Depenheuer/C. Grabenwarter (Hrsg.), Verfassungstheorie, 2010, § 15 Rn. 27 ff. – Angelegt ist eine dichotome Rechtsgewinnungstheorie bei *H. Kelsen*, Reine Rechtslehre, 2. Aufl. 1960, S. 346 ff. Allerdings spricht Kelsen auch in Fällen von „Interpretation" und „authentischer" Interpretation, in denen aus Sicht einer dichotomen Rechtsgewinnungstheorie von „Anwendung" bzw. „autoritativer" Interpretation die Rede sein müsste. Obwohl er einen Bindungs- und einen Selbstbestimmungsanteil unterscheidet, vollzieht er keine analytische Trennung zweier Phasen, nämlich Rechtserkenntis (Auslegung, Interpretation) und Rechtsanwendung. Kritik der Passage auch bei *M. Jestaedt*, Das mag in der Theorie richtig sein …, 2006, S. 48 f. in Fn. 137. Bei der dichotomen Rechtsgewinnungstheorie handelt es sich um eine theorieimmanente Fortentwicklung der Reinen Rechtslehre.

[326] Genau genommen ist die Rechtserkenntnis das Ziel und die Auslegung (Interpretation) von Texten (von Normtexten und Dokumenten aus dem Rechtserzeugungsverfahren) das Mittel. Solche Texte sind die eigentlichen Gegenstände der Auslegung. Normen hingegen werden nicht interpretiert, sondern anhand von Auslegungsergebnissen rekonstruiert. Dazu *M. Jestaedt*, Grundrechtsentfaltung im Gesetz, 1999, S. 338 ff.

[327] *M. Jestaedt*, Das mag in der Theorie richtig sein …, 2006, S. 48 f.: „Im Erkenntnisakt wird das Gegebene entweder zutreffend erfasst oder verfehlt – tertium non datur. Dass sich mit mehr oder minder überzeugenden Gründen mehrere Sinndeutungen vertreten lassen, darf nicht zu dem Fehlschluss verleiten, dass dem Gegebenen, hier: einer Rechtsnorm, tatsächlich mehrfacher Sinn eignet".

[328] *M. Jestaedt*, Grundrechtsentfaltung im Gesetz, 1999, S. 309 ff.; *ders.*, Das mag in der Theorie richtig sein …, 2006, S. 21 in Fn. 61.

[329] Einführung des Ausdrucks „dichotome Rechtsgewinnungstheorie" bei *M. Jestaedt*, Grundrechtsentfaltung im Gesetz, 1999, S. 320 ff.

[330] Alternative bei *T. Walter*, Kleine Rhetorikschule für Juristen, 2. Aufl. 2017, S. 149.

der, soweit sie den Selbstbestimmungsanteil unmissverständlich zum Ausdruck bringt, geht aber umgekehrt mit einer sprachlichen Untertreibung des Fremdbestimmungsanteils einher.

Zwischen dem Erlass von Gesetzen, Verordnungen, Satzungen, Weisungen, Verwaltungsakten und Gerichtsentscheidungen besteht kein struktureller Unterschied.[331] Übereinstimmend wendet ein Normerzeuger ranghöhere Normen an und erzeugt dabei auf einer unteren Stufe eine neue Norm. Normen unterscheiden sich graduell in ihrem Geltungsbereich, vor allem in der Zahl der Sachverhalte und der Personen, die sie erfassen: Normen sind abstrakter oder konkreter, genereller oder individueller. Ein Rechtsanwender konkretisiert und individualisiert Normen, aber nicht indem er durch Auslegung eine Norm auf gleicher Stufe herstellte oder vollendete, sondern indem er auf niedrigerer Stufe eine neue Norm erzeugt.[332] Recht*anwendung* und Recht*setzung* gehen einher.[333] Der Unterschied besteht in der Blickrichtung: Was im Verhältnis zu einer ranghöheren Norm Rechtsanwendung ist, erweist sich im Verhältnis zu einer rangniederen Norm als Rechtsetzung.[334] Jeder Rechtsanwender ist genauso „Normgeber" wie „Normnehmer".[335] Ausgenommen ist der faktische Vollzug von Normen: ein Realakt, der Recht anwendet, aber keine Norm erzeugt.[336]

Die Entscheidungsfreiräume, die das Recht seinem Anwender belässt, sind entweder rechtsstrukturell notwendig oder rechtsinhaltlich gewillkürt.[337] Im

---

[331] *A. J. Merkl*, Das doppelte Rechtsantlitz (1918), in: ders., Gesammelte Schriften, Bd. I, 1993, S. 227 ff.; *H. Kelsen*, Reine Rechtslehre, 2. Aufl. 1960, S. 236 ff., 239 ff.

[332] Davon unterscheidet sich die Lehre der „Verfassungsinterpretation als Konkretisierung" bei *K. Hesse*, Grundzüge des Verfassungsrechts der Bundesrepublik Deutschland, 20. Aufl. 1995, Rn. 60 ff., nach der die Konkretisierung auf derselben Stufe der Normenhierarchie stattfindet, auf der die zu konkretisierende Norm angesiedelt ist. Konrad Hesse bezieht sich auf *J. Esser*, Grundsatz und Norm in der richterlichen Fortbildung des Privatrechts (1956), 4. Aufl. 1990, S. 242 ff. Abgrenzung der beiden Verständnisse von Konkretisierung bei *M. Jestaedt*, Grundrechtsentfaltung im Gesetz, 1999, S. 135 ff., 155 ff.

[333] *A. J. Merkl*, Prolegomena einer Theorie des rechtlichen Stufenbaus (1931), in: ders., Gesammelte Schriften, Bd. I, 1993, S. 437 (476 ff.): „Der Prozeß der Rechtsanwendung läuft dem Prozesse der Rechtserzeugung parallel, und zwar derart, daß mittels jedes normativen Aktes der Rechtsanwendung ein neuer Rechtssatz (oder ein Komplex von Rechtssätzen) erzeugt wird" (S. 477); *H. Kelsen*, Reine Rechtslehre, 2. Aufl. 1960, S. 239 ff.

[334] *A. J. Merkl*, Das doppelte Rechtsantlitz (1918), in: ders., Gesammelte Schriften, Bd. I, 1993, S. 227 ff.; *ders.*, Die Lehre von der Rechtskraft entwickelt aus dem Rechtsbegriff, 1923, S. 216: „januskopfartige Doppelnatur".

[335] *M. Jestaedt*, Grundrechtsentfaltung im Gesetz, 1999, S. 317, 319; *ders.*, Das mag in der Theorie richtig sein …, 2006, S. 24.

[336] *H. Kelsen*, Reine Rechtslehre, 2. Aufl. 1960, S. 83: „Der Zwangsakt hat allerdings den Charakter reiner Vollziehung, so wie die Voraus-Setzung der Grundnorm den Charakter reiner Normsetzung hat. Alles aber, was zwischen diesen beiden Grenzfällen liegt, ist Rechtsetzung und Rechtsvollziehung zugleich." Die Grundnorm, der zweite Grenzfall, ist eine Fiktion, eine gedanklich vorausgesetzte Norm, die die Geltung des Verfassungsrechts und damit sämtlicher rangniederer Normen begründet: *ders.*, Reine Rechtslehre, ebd., S. 196 ff.

[337] Unterscheidung bei *M. Jestaedt*, Grundrechtsentfaltung im Gesetz, 1999, S. 313 in Fn. 140; *ders.*, Das doppelte Ermessensantlitz, in: ZfV 40 (2015), S. 339 (344); *ders.*, Maßstä-

ersten Fall (rechtsstrukturelle Notwendigkeit) verschafft ein Rechtserzeuger unvermeidliche Entscheidungsfreiräume, indem er überhaupt eine generell-abstrakte Norm erlässt.[338] Ausnahmslos jedes Gesetz, jede Verordnung, jede Satzung belässt dem Anwender einen mehr oder weniger großen Entscheidungsfreiraum.[339] Auch wer eine konkret-individuelle Norm erzeugt, kann die Entscheidungen anderer Rechtsanwender wegen der Personenverschiedenheit von Normerzeuger und Rechtsanwender prinzipiell nicht vollständig programmieren. Für jeden Normerzeuger sind Entscheidungsfreiräume in mehr oder weniger großem Ausmaß unvermeidlich; für einen Normanwender sind sie mit mehr oder weniger großer Intensität wahrnehmbar. Im zweiten Fall (rechtsinhaltliche Willkür) gewährt ein Normerzeuger absichtlich Entscheidungsfreiräume, die über das für ihn unvermeidliche Maß hinausgehen, indem er sich beispielsweise (für das Verwaltungsrecht gesprochen) besonders vager Begriffe bedient, einem Rechtsanwender einen Beurteilungsspielraum oder Ermessen zugesteht.[340] Damit die Gliederung der Gewalten ihre Zwecke erfüllen kann, muss jede Gewalt über eigene Entscheidungsfreiräume verfügen.[341] Entscheidungsfreiräume sind demnach weder ungewöhnlich noch grundsätzlich besorgniserregend, sondern unvermeidlich und typischerweise zweckdienlich.[342]

Indem ein Organwalter eine Norm anwendet und von seinem Entscheidungsfreiraum Gebrauch macht, erbringt er eine „persönliche Erkenntnis-

---

be des Verwaltungshandelns, in: D. Ehlers/H. Pünder (Hrsg.), AllgVerwR, 15. Aufl. 2016, § 11 Rn. 31 ff. Angelegt etwa bei *H. Kelsen,* Reine Rechtslehre, 2. Aufl. 1960, S. 347 f.

[338] Aus Sicht der Verwaltung *E. Schmidt-Aßmann,* Verwaltungslegitimation als Rechtsbegriff, in: AöR 116 (1991), S. 329 (364): „unvermeidliche Offenheit des Gesetzestatbestandes"; *H. Dreier,* Hierarchische Verwaltung im demokratischen Staat, 1991, S. 164 ff., 208 f.: „Unhintergehbarkeit der Normkonkretisierung" und „Unvermeidbarkeit offener Normen"; *M. Jestaedt,* Maßstäbe des Verwaltungshandelns, in: D. Ehlers/H. Pünder (Hrsg.), AllgVerwR, 15. Aufl. 2016, § 11 Rn. 7 ff.

[339] Daran erinnern im Zusammenhang mit dem Gebot demokratischer Legitimation *J. Oebbecke,* Weisungs- und unterrichtungsfreie Räume in der Verwaltung, 1986, S. 80 f.; *E. Schmidt-Aßmann,* Verwaltungslegitimation als Rechtsbegriff, in: AöR 116 (1991), S. 329 (364); *M. Jestaedt,* Demokratieprinzip und Kondominialverwaltung, 1993, S. 259; *V. Mehde,* Die Ministerverantwortlichkeit nach dem Grundgesetz, in: DVBl. 2001, S. 13 (15); *D. Ehlers,* Die Staatsgewalt in Ketten, in: H. Faber/G. Frank (Hrsg.), Demokratie in Staat und Wirtschaft, 2002, S. 125 (134).

[340] *H. Dreier,* Hierarchische Verwaltung im demokratischen Staat, 1991, S. 185 ff.; *M. Jestaedt,* Maßstäbe des Verwaltungshandelns, in: D. Ehlers/H. Pünder (Hrsg.), AllgVerwR, 15. Aufl. 2016, § 11 Rn. 23 ff., 27 ff. „Unbestimmt" sind ausschließlich Wörter, Ausdrücke und Sätze; Begriffe hingegen sind „vage": *K. F. Röhl/H. C. Röhl,* Allgemeine Rechtslehre, 3. Aufl. 2008, S. 33 ff.

[341] In diese Richtung *H. Dreier,* Hierarchische Verwaltung im demokratischen Staat, 1991, S. 170 f.

[342] *E. Schmidt-Aßmann,* Verwaltungslegitimation als Rechtsbegriff, in: AöR 116 (1991), S. 329 (364): „Die unvermeidliche Offenheit des Gesetzestatbestandes ist daher im verfassungsgewollten Legitimationssystem kein pathologischer, sondern ein normaler Befund."

und Wertungsleistung"[343], zum Beispiel indem er einen Sachverhalt ermittelt, unter einen Tatbestand subsumiert oder eine Abwägung vornimmt. Dabei können sich seine Eignung und seine Befähigung ebenso auswirken wie seine weltanschauliche Ausrichtung und sein politischer Standort.[344] Ein Rechtsanwender entscheidet nach moralischen, wirtschaftlichen oder anderen außerrechtlichen, in einem weiten Sinne politischen Kriterien. Gesetzgebung, vollziehende Gewalt und Rechtsprechung unterscheiden sich in ihrer Politisierung ausschließlich graduell: Unpolitisches Verwalten oder Rechtsprechen ist ebenso undenkbar wie politikfreie Gesetzgebung. Es ist daher der Eigenanteil des Organwalters an der Entscheidung, der einen Bedarf an demokratischer Legitimation erzeugt.[345]

Dass ein Organwalter das Recht interpretieren (auslegen, erkennen) muss, bevor er es anwenden kann, ruft keinen Legitimationsbedarf hervor: Die Interpretation ist ein Arbeitsschritt. Ein Student oder ein Wissenschaftler kann ihn genauso vornehmen wie ein Beamter oder ein Richter.[346] Wer das Recht zutreffend auslegt und seinen Vorrang beachtet, trifft soweit keine eigene Entscheidung, sondern lässt eine vorherige Entscheidung eines fremden Normerzeugers in der Gegenwart aufleben. In seiner Eigenschaft als ein Norminterpret (und ausschließlich in dieser Eigenschaft) ist ein Organwalter, der Recht zugleich anwendet, nichts anderes als der „Mund", der eine Norm zum Sprechen bringt.[347] Soweit das Recht eine Entscheidung vorwegnimmt, besteht kein Legitimationsbedarf; Legitimationsbedarf entsteht, soweit ein Organwalter von einem Entscheidungsfreiraum Gebrauch macht. So wie jedem Organwalter prinzipiell

---

[343] Zitat bei *M. Jestaedt,* Demokratieprinzip und Kondominialverwaltung, 1993, S. 266 und ähnlich S. 283, 346.

[344] *F. Wittreck,* Die Verwaltung der Dritten Gewalt, 2006, S. 121.

[345] *J. Oebbecke,* Weisungs- und unterrichtungsfreie Räume in der Verwaltung, 1986, S. 80 f.; *M. Jestaedt,* Demokratieprinzip und Kondominialverwaltung, 1993, S. 269.

[346] Diese Eigenschaft hat die Interpretation mit der Prüfung der Verfassungsmäßigkeit von Gesetzen gemein: *S. Lenz,* Erwiderung auf: [Hinnerk Wißmann,] Jenseits von Staatsnotar und Staatsleitung, in: ZJS 2015, S. 145 ff.

[347] *Montesquieu,* De l'esprit des loix, Bd. I, 1748, Buch 11, Kap. 6, S. 256: „Il pourroit arriver que la Loi, qui est en même tems clairvoyante & aveugle, seroit en de certains cas trop rigoureuse. Mais les Juges de la Nation ne sont, comme nous avons dit, que la bouche qui prononce les paroles de la Loi; des Etres inanimés qui n'en peuvent modérer ni la force ni la rigueur. C'est donc la partie du Corps législatif que nous venons de dire être dans une autre occasion un Tribunal nécessaire, qui l'est encore dans celle-ci; c'est à son autorité suprême à modérer la Loi en faveur de la Loi même, en prononçant moins rigoureusement qu'elle." – Dass die Interpretation einer Norm ein einziges richtiges Ergebnis kennt, bedeutet nicht, dass ein Entscheidungsträger auf eine Rechtsfrage lediglich eine „einzig richtige Antwort" („one right answer"; Ronald Dworkin) geben könnte: *M. Jestaedt,* Grundrechtsentfaltung im Gesetz, 1999, S. 309 ff.; *ders.,* Das mag in der Theorie richtig sein …, 2006, S. 21 in Fn. 61. Die Unterscheidung von einzig richtigem Interpretationsergebnis und (gerade nicht denkbarer) einzig richtiger Entscheidung bereits bei *H. Kelsen,* Reine Rechtslehre, 2. Aufl. 1960, S. 348 f. Dazu *C. Hillgruber,* Verfassungsrecht zwischen normativem Anspruch und politischer Wirklichkeit, in: VVDStRL 67 (2008), S. 7 (17 ff. mit Fn. 41).

wenigstens ein geringfügiger (möglicherweise praktisch kaum wahrnehmbarer) Entscheidungsfreiraum zukommt, besteht in jedem Fall wenigstens geringfügiger Legitimationsbedarf.

3. Legitimationskriterien: Mehrheitsprinzip bei Wahlen und Abstimmungen, personelle und inhaltliche Zurechnungskriterien bei Sekundärorganen

a) Demokratische Legitimation von Wahlen und Abstimmungen: Mehrheitsentscheidung bei freiem, gleichem und allgemeinem Stimmrecht

In Geschichte und Gegenwart begegnen Mehrheitsentscheidungen in Monarchien, Diktaturen und anderen politischen Systemen genauso wie in Demokratien.[348] In der attischen Demokratie des 5. Jahrhunderts vor Christus beschloss die Vollversammlung der selbständigen Männer die Gesetze mit Mehrheit; der einzige verbliebene absolute Monarch in Europa, der Papst in seiner Eigenschaft als Oberhaupt des Staates Vatikanstadt, wird von den wahlberechtigten Kardinälen im Konklave mit Mehrheit gewählt; im kommunistischen Einparteiensystem der Volksrepublik China entscheidet der Nationale Volkskongress mit Mehrheit. Demokratisch wird das Mehrheitsprinzip durch seine Deutung nicht etwa als praktischer Notbehelf oder als Fügsamkeit in die Übermacht der Überzahl, sondern als Ausdruck der wechselseitigen Anerkennung gleicher Freiheit der Menschen.[349] Damit eine Mehrheitsentscheidung der Ausübung von Staatsgewalt demokratische Legitimation vermitteln kann, muss sie gemäß dem Demokratieprinzip des Grundgesetzes bestimmte Vorgaben erfüllen.

Entsprechend dem gleichen Recht auf Mitentscheidung umfasst das Demokratieprinzip drei Stimmrechtsgrundsätze: Freiheit, Allgemeinheit und Gleichheit. Eine Wahl oder eine Abstimmung vermittelt keine demokratische Legitimation, wenn sie mit einem dieser drei Stimmrechtsgrundsätze unvereinbar ist. In diesem Fall scheitert die Zurechnung der Mehrheitsentscheidung zu den einzelnen Stimmberechtigten. Die Wörter „Stimmrecht" und (als Unterfall) „Wahlrecht" können drei verschiedene Bedeutungen haben: Sie können das gesamte *System* bezeichnen, nach dem Stimmberechtigte ihren Willen in Stimmen

---

[348] Prägende geistesgeschichtliche Untersuchungen bei *U. Scheuner,* Das Mehrheitsprinzip in der Demokratie, 1973; *ders.,* Der Mehrheitsentscheid im Rahmen der demokratischen Grundordnung, in: U. Häferlein/W. Haller/D. Schindler (Hrsg.), Menschenrechte, Föderalismus, Demokratie, 1979, S. 301 ff.

[349] Betont bei *H. J. Varain,* Die Bedeutung des Mehrheitsprinzips im Rahmen unserer politischen Ordnung, in: ZfP 11 (1964), S. 239 (245 f.). Grundlegend *H. Kelsen,* Allgemeine Staatslehre, 1925, S. 322 ff.; *ders.,* Vom Wesen und Wert der Demokratie, 2. Aufl. 1929, S. 3 ff.; *ders.,* Foundations of Democracy (1955), in: ders., Verteidigung der Demokratie, 2006, S. 248 (282 ff.).

ausdrücken und nach dem sich das Ergebnis richtet, also etwa bei einer Wahl die Mandatsverteilung, und das *subjektive Recht* auf Stimmabgabe und das *Rechtsgebiet*, das das System zum Gegenstand hat.[350] Die Stimmrechtsgrundsätze, deren Einhaltung das Demokratieprinzip vorschreibt, beziehen sich ausschließlich auf das subjektive Recht.

Allgemeinheit des Stimmrechts bedeutet, dass sämtliche Mitglieder eines Organs stimmberechtigt sind ohne Rücksicht auf soziale Merkmale wie Geschlecht, Rasse, Sprache, Einkommen oder Besitz, Beruf, Stand oder Klasse.[351] Historisch richtet sich der Grundsatz gegen die Knüpfung des Stimmrechts an Bildungsstand oder Zensus und seit neuerer Zeit auch gegen den Ausschluss der Frauen. Dem Demokratieprinzip ist die Kompetenz des Gesetzgebers für solche Ausnahmen eingeschrieben, die allgemein anerkannt waren, als das Grundgesetz entstand. Dazu gehört ein Mindestwahlalter. Dass es mit dem Demokratieprinzip vereinbar ist, ergibt sich daraus, dass Art. 38 II GG, der für die Bundestagswahlen ein Mindestalter von 18 Jahren bestimmt, aus der Erstfassung des Grundgesetzes stammt und deshalb mit keiner anderen Norm der Erstfassung unvereinbar sein kann. Das aktive Wahlrecht war in der Erstfassung an die Vollendung des 21. Lebensjahres, das passive an die Vollendung des 25. Lebensjahres geknüpft. Die Schwelle von 18 Jahren für aktives und passives Wahlrecht ist deshalb erst recht mit dem Demokratieprinzip vereinbar. Die Existenz einer eigenen Regelung für das Wahlalter in Art. 38 II GG spricht dagegen, dass das Demokratieprinzip ein Mindestwahlalter gebietet.

Gleichheit des Stimmrechts bedeutet, dass die Stimme eines jeden Stimmberechtigten unabhängig von seinen persönlichen Merkmalen gleich gezählt wird.[352] Historisch richtet sich der Grundsatz gegen das Klassen- oder Kurienwahlrecht, in dem verschieden große Gruppen von Stimmberechtigten eine jeweils (ungefähr) gleich große Anzahl von Mandatsträgern wählen, und gegen das Pluralwahlrecht, in dem einzelnen Stimmberechtigten zusätzliche Stimmen zustehen. Die gleichmäßige Vergabe mehrerer Stimmen an sämtliche Stimmberechtigten ist mit dem Grundsatz der Gleichheit des Stimmrechts vereinbar. „One man, one vote" ist in dieser Hinsicht nicht wörtlich gemeint. Der Gesetzgeber muss, damit die Gleichheit des Stimmrechts gewahrt bleibt,

---

[350] Unterscheidung angelehnt an *D. W. Rae,* The Political Consequences of Electoral Laws, 1967, S. 13 ff.; *D. Nohlen,* Wahlrecht und Parteiensystem, 7. Aufl. 2014, S. 67 f., 586 f.

[351] Für die Wahlgrundsätze in Art. 28 I 2 und Art. 38 I 1 GG näher *Hans Meyer,* Wahlgrundsätze, Wahlverfahren, Wahlprüfung, in: J. Isensee/P. Kirchhof (Hrsg.), HStR³ III, 2006, § 46 Rn. 1 ff.; *M. Morlok,* in: H. Dreier (Hrsg.), GGK³ II, 2015, Art. 38 Rn. 68 ff. Aus Sicht der Wahlsystemforschung näher *D. Nohlen,* Wahlrecht und Parteiensystem, 7. Aufl. 2014, S. 43 f.

[352] Für die Wahlgrundsätze in Art. 28 I 2 und Art. 38 I 1 GG näher *Hans Meyer,* Wahlgrundsätze, Wahlverfahren, Wahlprüfung, in: J. Isensee/P. Kirchhof (Hrsg.), HStR³ III, 2006, § 46 Rn. 29 ff.; *D. Nohlen,* Wahlrecht und Parteiensystem, 7. Aufl. 2014, S. 44 f.; *M. Morlok,* in: H. Dreier (Hrsg.), GGK³ II, 2015, Art. 38 Rn. 99 ff.

die Wahlkreise so einteilen, dass das Zahlenverhältnis der Wahlberechtigten zu den vergebenen Mandaten von Wahlkreis zu Wahlkreis übereinstimmt.[353] Dem Demokratieprinzip ist die Kompetenz von vornherein eingeschrieben, dass der Gesetzgeber geringe Abweichungen in Kauf nimmt, wenn er dadurch etwa Verwaltungsgrenzen berücksichtigen oder den Neuzuschnitt von Wahlkreisen in relativ kurzen Zeitabständen vermeiden kann.[354] Die Allgemeinheit ist kein Sonderfall der Gleichheit des Stimmrechts, sondern besteht neben ihr, und zwar weil die Bezugsgrößen abweichen: im ersten Fall die Angehörigen der Gemeinschaft, im zweiten Fall die Stimmberechtigten.[355]

Freiheit der Stimmabgabe bedeutet, dass der Stimmberechtigte dabei keinem physischen oder psychischen Zwang ausgesetzt sein darf.[356] § 108 StGB konkretisiert den Grundsatz und stellt unter Strafe, einen anderen unter Einsatz bestimmter Mittel zu nötigen oder zu hindern, dass er wählt oder sein Wahlrecht in einem bestimmten Sinne ausübt. Der Grundsatz der freien Stimmabgabe schützt die Willens*betätigung*, nicht die Willens*bildung*. Sozialmächtige Akteure beeinträchtigen demnach nicht den Grundsatz der freien Stimmabgabe, indem sie sich an der politischen Auseinandersetzung beteiligen.[357] Ohnehin unterliegen die Stimmberechtigten unzähligen Einflüssen, die nicht weniger wirkungsvoll sind als Stellungnahmen der Kirchen oder der Arbeitgeber, etwa dem Vorbild ihrer Angehörigen und der Ausrichtung der von ihnen konsumierten Medien. Indem Amtsträger staatliche Ressourcen für Zwecke des Wahlkampfes nutzen oder in amtlicher Eigenschaft ihre Mitbewerber kritisieren, verletzen sie nicht den Grundsatz der Freiheit der Stimmabgabe, verstoßen aber möglicherweise gegen ein verfassungsrechtliches Neutralitätsgebot.[358]

---

[353] Das Verhältnis von Mandat und Anzahl der Wahlberechtigten nennt sich Repräsentationsschlüssel: *D. Nohlen,* Wahlrecht und Parteiensystem, 7. Aufl. 2014, S. 93 ff.

[354] Dem entsprechen § 3 I BWahlG, § 13 LWahlG NRW, § 4 II KWahlG NRW. Dass ein Wahlkreis erst neu abgegrenzt werden muss, wenn seine Einwohnerzahl nach der letzten Einteilung um mehr als 25 Prozent (BWahlG, KWahlG) bzw. 20 Prozent (LWahlG) vom Durchschnitt abweicht (und nicht bei geringerer Abweichung), ist möglicherweise wegen Verletzung des grundgesetzlichen Demokratieprinzips verfassungswidrig.

[355] *W. Heun,* Das Mehrheitsprinzip in der Demokratie, 1983, S. 110; *M. Wild,* Die Gleichheit der Wahl, 2003, S. 174.

[356] Für die Wahlgrundsätze in Art. 28 I 2 und Art. 38 I 1 GG näher *Hans Meyer,* Wahlgrundsätze, Wahlverfahren, Wahlprüfung, in: J. Isensee/P. Kirchhof (Hrsg.), HStR³ III, 2006, § 46 Rn. 23 ff.; *Hans Meyer,* Kommunalwahlrecht, in: T. Mann/G. Püttner (Hrsg.), HkWPr³ I, 2007, § 20 Rn. 24 ff.; *M. Morlok,* in: H. Dreier (Hrsg.), GGK³ II, 2015, Art. 38 Rn. 86 ff. Aus Sicht der Wahlsystemforschung näher *D. Nohlen,* Wahlrecht und Parteiensystem, 7. Aufl. 2014, S. 45.

[357] Klassisch BVerwG, Urteil vom 17.1.1964, VII C 50/62, BVerwGE 18, 14 – Hirtenbrief; OVG Münster, Urteil vom 14.2.1962, III A 726/61, JZ 1962, S. 767 – Hirtenbrief.

[358] BVerfG, Urteil vom 19.6.2014, 2 BvE 4/13, BVerfGE 136, 323 – Joachim Gauck/ „Spinner"; BVerfG, Urteil vom 16.12.2014, 2 BvE 2/14, BVerfGE 138, 102 – Manuela Schwesig; BVerfG, Beschluss vom 7.11.2015, 2 BvQ 39/15, BVerfGE 140, 225 – Johanna Wanka/ „Rote Karte"; BVerwG, Urteil vom 13.9.2017, 10 C 6.16, BVerwGE 159, 327 – Thomas Geisel/„Lichter aus".

Den wirksamsten Schutz für die Freiheit der Stimmabgabe bietet der Stimmgrundsatz der *Geheimheit*, weil er den Abstimmenden hindert, dass er nachweist, wie er abgestimmt hat, und deshalb kein Nötiger prüfen kann, ob sich der Betroffene so verhalten hat wie verlangt.[359] Der Betroffene kann stimmen, wie er will. Entsprechend wird der Täter die Wählernötigung nach § 108 StGB selten vollenden, denn der Nötigungserfolg, das widerwillige Verhalten, wird häufig ausbleiben. Das Demokratieprinzip lässt die Einführung eines solchen Stimmgrundsatzes zu, ohne dass es ihn bereits selbst enthielte. Ein weiterer Grundsatz, den das Demokratieprinzip nicht enthält, dessen Einführung es aber zulässt, ist die *Unmittelbarkeit* oder Direktheit der Wahl.[360] Bei der Übertragung von Stimmen in Mandate darf keine fremde Entscheidung zwischengeschaltet sein. Ausgenommen sind Entscheidungen eines Gewählten, etwa ob er sein Mandat annimmt oder niederlegt. Gegenmodell ist die mittelbare oder indirekte Wahl des Präsidenten der Vereinigten Staaten durch ein Wahlleutekollegium. Der grundgesetzändernde Gesetzgeber ist nicht gehindert, dass er ein solches Modell beispielsweise zur Wahl des Bundespräsidenten einführt.

b) Demokratische Legitimation von Gesetzgebung, vollziehender Gewalt und Rechtsprechung: Verbindung inhaltlicher und personeller Zurechnungskriterien im organisatorisch-formalen Modell

Indem ein Organwalter eine Norm anwendet, erbringt er eine „persönliche Erkenntnis- und Wertungsleistung", zum Beispiel indem er einen Sachverhalt ermittelt, unter einen Tatbestand subsumiert oder eine Abwägung vornimmt.[361] Es ist dieser Eigenanteil des Organwalters an der Entscheidung, der den Bedarf an demokratischer Legitimation begründet.[362] Soweit ein Eigenanteil fehlt, erübrigt sich die demokratische Legitimation. Der Staat kann durch den Erlass

---

[359] Für die Wahlgrundsätze in Art. 28 I 2 und Art. 38 I 1 GG näher *Hans Meyer*, Wahlgrundsätze, Wahlverfahren, Wahlprüfung, in: J. Isensee/P. Kirchhof (Hrsg.), HStR³ III, 2006, § 46 Rn. 19 ff.; *Hans Meyer*, Kommunalwahlrecht, in: T. Mann/G. Püttner (Hrsg.), HkWPr³ I, 2007, § 20 Rn. 18 ff.; *M. Morlok*, in: H. Dreier (Hrsg.), GGK³ II, 2015, Art. 38 Rn. 121 ff.; *C. Schönberger*, Vom Verschwinden der Anwesenheit in der Demokratie, in: JZ 2016, S. 486 (487). Aus Sicht der Wahlsystemforschung näher *D. Nohlen*, Wahlrecht und Parteiensystem, 7. Aufl. 2014, S. 43 f.

[360] Für die Wahlgrundsätze in Art. 28 I 2 und Art. 38 I 1 GG näher *Hans Meyer*, Wahlgrundsätze, Wahlverfahren, Wahlprüfung, in: J. Isensee/P. Kirchhof (Hrsg.), HStR³ III, 2006, § 46 Rn. 16 ff.; *Hans Meyer*, Kommunalwahlrecht, in: T. Mann/G. Püttner (Hrsg.), HkWPr³ I, 2007, § 20 Rn. 32 ff.; *M. Morlok*, in: H. Dreier (Hrsg.), GGK³ II, 2015, Art. 38 Rn. 79 ff. Aus Sicht der Wahlsystemforschung näher *D. Nohlen*, Wahlrecht und Parteiensystem, 7. Aufl. 2014, S. 45 f.

[361] Zitat bei *M. Jestaedt*, Demokratieprinzip und Kondominialverwaltung, 1993, S. 266 und ähnlich S. 283, 346.

[362] *J. Oebbecke*, Weisungs- und unterrichtungsfreie Räume in der Verwaltung, 1986, S. 80 f.; *M. Jestaedt*, Demokratieprinzip und Kondominialverwaltung, 1993, S. 269.

von Normen eingrenzen, welchen *Inhalt* eine Entscheidung haben kann, und durch die Auswahl von *Personal* beeinflussen, in welchem Sinne ein Staatsorgan seinen Entscheidungsfreiraum wahrnimmt.[363] Entsprechend muss jeder Akt der Staatsgewalt, der von einem Sekundärorgan stammt, dem Volk nach inhaltlichen und personellen Kriterien zurechenbar sein. Dieses Verständnis firmiert als „organisatorisch-formales Modell"[364] demokratischer Legitimation.[365]

aa) Institutionelle demokratische Legitimation: Unvermögen des Verfassunggebers zur demokratischen Legitimation der verfassten Gewalten

Indem der Verfassunggeber die Staatsgewalten einrichtet und bestimmte Organisationsformen, Rechtsträger und Organe regelt, leistet er *keinen* Beitrag zur demokratischen Legitimation von Akten der Staatsgewalt.[366] Das Demokratieprinzip gebietet, dass die Ausübung von Staatsgewalt auf das Volk rückführ-

---

[363] Die Unterscheidung von inhaltlicher und personeller demokratischer Legitimation, bezeichnet als „Unterstellung" und „Bestellung", wohl erstmals bei *A. [J.] Merkl,* Demokratie und Verwaltung, 1923, S. 78 ff.

[364] Bezeichnung wohl erstmals bei *H. Schulze-Fielitz,* Wirkung und Befolgung verfassungsgerichtlicher Entscheidungen, in: P. Badura/H. Dreier (Hrsg.), Festschrift 50 Jahre Bundesverfassungsgericht, Bd. I, 2001, S. 385 (397).

[365] Prägend sind Veröffentlichungen Ernst-Wolfgang Böckenfördes und Entscheidungen des Bundesverfassungsgerichts, von denen einige in dessen Amtszeit als Richter des Zweiten Senats ergangen sind: *E.-W. Böckenförde,* Verfassungsfragen der Richterwahl (1974), 2. Aufl. 1998; *ders.,* Demokratie als Verfassungsprinzip (1987), in: J. Isensee/P. Kirchhof (Hrsg.), HStR² I, 1995, § 22 (überarbeitete Zweitveröffentlichung in: J. Isensee/P. Kirchhof [Hrsg.], HStR³ II, 2004, § 24); BVerfG, Beschluss vom 15.2.1978, 2 BvR 134, 268/76, BVerfGE 47, 253 – Bezirksvertretung; BVerfG, Beschluss vom 8.8.1978, 2 BvL 8/77, BVerfGE 49, 89 – Kalkar I; BVerfG, Beschluss vom 1.10.1987, 2 BvR 1178/86 u. a., BVerfGE 77, 1 – Neue Heimat; BVerfG, Urteil vom 31.10.1990, 2 BvF 2, 6/89, BVerfGE 83, 37 – Ausländerwahlrecht I; BVerfG, Urteil vom 31.10.1990, 2 BvF 3/89, BVerfGE 83, 60 – Ausländerwahlrecht II; BVerfG, Beschluss vom 24.5.1995, 2 BvF 1/92, BVerfGE 93, 37 – Mitbestimmung; BVerfG, Beschluss vom 5.12.2002, 2 BvL 5/98, BVerfGE 107, 59 – Lippeverband; BVerfG, Urteil vom 18.1.2012, 2 BvR 133/10, BVerfGE 130, 76 – Vitos Haina. Böckenförde weist nach, dass er das Manuskript von *E. T. Emde,* Die demokratische Legitimation der funktionalen Selbstverwaltung, 1991 bereits kannte, als er seinen Handbuchbeitrag schrieb. Wesentliche Gedanken vorweggenommen hat *A. [J.] Merkl,* Demokratie und Verwaltung, 1923, S. 76 ff. Referat des organisatorisch-formalen Modells ohne Parteinahme bei *S. Unger,* Das Verfassungsprinzip der Demokratie, 2008, S. 53 ff.

[366] Zur institutionellen demokratischen Legitimation (stets verbunden mit dem Hinweis, dass sie in irgendeiner Form auf einer anderen Ebene liege) stellvertretend *F. Ossenbühl,* Verwaltungsvorschriften und Grundgesetz, 1968, S. 196 ff.; *E. Schmidt-Aßmann,* Verwaltungslegitimation als Rechtsbegriff, in: AöR 116 (1991), S. 329 (363 ff.); *E.-W. Böckenförde,* Demokratie als Verfassungsprinzip, in: J. Isensee/P. Kirchhof (Hrsg.), HStR³ II, 2004, § 24 Rn. 15; *F. Gonsior,* Die Verfassungsmäßigkeit administrativer Letztentscheidungsbefugnisse, 2018, S. 180 f. mit Fn. 154. Ausdrückliche Zurückweisung der Möglichkeit institutioneller demokratischer Legitimation bei *M. Jestaedt,* Demokratieprinzip und Kondominialverwaltung, 1993, S. 276 ff. Offensiv befürwortend hingegen *H. H. v. Arnim,* Gemeindliche Selbstverwaltung und Demokratie, in: AöR 113 (1988), S. 1 (5 ff.).

bar ist. Das Volk des Verfassungsrechts ist ein vom Grundgesetz geschaffenes Staatsorgan und nicht identisch mit dem Volk der Verfassungstheorie. Verfassunggebung ist unter rechtlichen Gesichtspunkten kein Akt der Selbstbindung des Volkes: In demselben Augenblick der Verfassunggebung, in dem das Gebot demokratischer Legitimation entsteht, endet die Tätigkeit des verfassunggebenden Volkes und entsteht ein Staatsorgan, das den gleichen Namen trägt, aber nicht mit ihm identisch ist. Wer dem verfassunggebenden Volk zuspricht, dass es demokratische Legitimation vermitteln könnte, setzt zwei verschiedene Volksbegriffe gleich, nämlich einen rechtlichen und einen vor-rechtlichen, und verwechselt zwei Ebenen, nämlich Verfassungsdogmatik und Verfassungstheorie.[367]

Der demokratischen Legitimation bedürfen die einzelnen Akte der Staatsgewalt, nicht aber Organisationsformen, Rechtsträger und Organe. Indem das Grundgesetz einen bestimmten Urheber von Akten der Staatsgewalt erwähnt, trägt es nicht zur demokratischen Legitimation der einzelnen Akte dieses Urhebers bei; dass das Grundgesetz von einem bestimmten Urheber schweigt, schließt die Möglichkeit der demokratischen Legitimation seiner Akte der Staatsgewalt nicht aus. Ob ein Akt demokratisch legitimiert ist, richtet sich ausschließlich danach, ob er sich im Einzelfall dem Staatsorgan namens Volk zurechnen lässt.

Dass der Verfassunggeber beispielsweise die kommunale Selbstverwaltung garantiert, die funktionale Selbstverwaltung zulässt und die Errichtung der Bundesbank vorschreibt, schließt aber ein Verständnis des Grundgesetzes aus, nach dem solche Verwaltungsträger generell keine Akte der Staatsgewalt ausüben könnten, weil sie dadurch das Demokratieprinzip verletzten.[368] Die verfassungsrechtlich ausdrücklich zugelassene Einrichtung eines bestimmten Verwaltungsträgers darf nicht im Ergebnis einem Verfassungsverstoß gleichkommen, weil der Verwaltungsträger seine Zuständigkeiten kaum wahrnehmen kann.

Im Einzelfall ist die Erwähnung eines Verwaltungsträgers im Grundgesetz entweder ein zwingendes systematisches Argument für eine Auslegung des Demokratieprinzips, nach der die Akte des Verwaltungsträgers mit dem Gebot demokratischer Legitimation vereinbar sein können.[369] Jedes Auslegungsergebnis müsste sich an dieser Notwendigkeit messen lassen. Oder das Grundgesetz stellt den Verwaltungsträger vom Gebot demokratischer Legitimation frei, sodass seine Akte keiner demokratischen Legitimation bedürfen.[370] Im zweiten Fall fehlte bestimmten Akten der Staatsgewalt zwar die demokratische Legitima-

---

[367] *M. Jestaedt,* Demokratieprinzip und Kondominialverwaltung, 1993, S. 277 f.

[368] Art. 28 I 2–4, II, Art. 86 S. 1, Art. 87 II 1, III 1, Art. 130 III, Art. 88 S. 1 GG.

[369] *E. T. Emde,* Die demokratische Legitimation der funktionalen Selbstverwaltung, 1991, S. 332.

[370] Zur Möglichkeit solcher Freistellungen näher *M. Jestaedt,* Demokratieprinzip und Kondominialverwaltung, 1993, S. 277 ff., 286 f., 298 f.

tion, aber sie wären verfassungsgemäß, weil sie solcher Legitimation nicht bedürften. Der Verfassunggeber schafft in Art. 20 II GG zwar einen Tatbestand ohne Ausnahmen, indem er vorschreibt, dass *alle* Staatsgewalt vom Volke ausgeht.[371] Aber er kann eine Maßnahme, die einen Tatbestand erfüllt, von der Rechtsfolge freistellen: Zum Beispiel sind nach Art. 117 II GG alle Gesetze, die „das Recht der Freizügigkeit mit Rücksicht auf die gegenwärtige Raumnot einschränken" und demnach den Tatbestand eines Eingriffs in ein Grundrecht erfüllen, von den daraus folgenden Rechtfertigungslasten gleichwohl befreit.

Wer dem Verfassunggeber zuspricht, dass er demokratische Legitimation stiften könnte, setzt zwei verschiedene Demokratiebegriffe gleich, einen rechtlichen und einen vor-rechtlichen, und verwechselt die rechtsdogmatische Kategorie der demokratischen *Legitimation* mit der außer-rechtsdogmatischen Kategorie der *Legitimität*.[372] Obwohl der Verfassunggeber keine demokratische Legitimation vermitteln kann, trägt seine Verfassunggebung typischerweise zur Legitimität der Ausübung von Staatsgewalt bei. Wenn Abgeordnete, die das Volk der Verfassungstheorie zuvor gewählt hat, eine Verfassung beschließen oder wenn das gleiche Volk eine Verfassung in einer Abstimmung annimmt, steigt ihre Anerkennung verglichen mit einer Verfassung, die viele Bürger deshalb als Oktroi empfinden, weil sie weder an ihrer Entstehung noch an ihrem Erlass mitgewirkt haben. Eine solche aufgedrängte Verfassung ist möglicherweise in einem vor-rechtlichen Sinne undemokratisch zustande gekommen.[373]

Indem ein Verfassunggeber eine Organisationsform zum Gegenstand der Verfassung macht, kann er sie an der typischerweise gesteigerten Legitimität der Verfassung teilhaben lassen. Zum Beispiel hebt das Grundgesetz die Parteien wohlwollend hervor, während die Weimarer Reichsverfassung sie beiläufig und abschätzig erwähnt.[374] Dadurch trägt es möglicherweise dazu bei, dass die Parteienverachtung, die in der Weimarer Republik verbreitet war, in der Bundesrepublik seltener begegnet. Das Grundgesetz regelt zudem die kommunale Selbstverwaltung eingehender und garantiert sie nachdrücklicher als

---

[371] Soweit auch *E. T. Emde,* Die demokratische Legitimation der funktionalen Selbstverwaltung, 1991, S. 332.

[372] *M. Jestaedt,* Demokratieprinzip und Kondominialverwaltung, 1993, S. 277 f.

[373] *C. Möllers,* Demokratie, 2008, Nr. 19: „Historisch sind die allerwenigsten Demokratien demokratisch entstanden." Zu etwaigen verfassungstheoretischen oder völkerrechtlichen demokratischen Standards bei der Verfassunggebung *M. Herdegen,* Grenzen der Verfassungsgebung, in: O. Depenheuer/C. Grabenwarter (Hrsg.), Verfassungstheorie, 2010, § 9 Rn. 21 ff.

[374] Art. 21 I 1 GG: „Die Parteien wirken bei der politischen Willensbildung des Volkes mit"; Art. 130 I WRV: „Die Beamten sind Diener der Gesamtheit, nicht einer Partei." Hinweis auf die negative Konnotation bereits bei *C. Schmitt,* Verfassungslehre (1928), 11. Aufl. 2017, S. 248. Nach Einschätzung von *H. Dreier,* Hierarchische Verwaltung im demokratischen Staat, 1991, S. 103 ff., 107 f. spiegelt Art. 130 I WRV die monarchistische Sozialisation und die antipluralistische Mentalität weiter Teile der Beamtenschaft in der Weimarer Republik wider.

die Weimarer Reichsverfassung.[375] Dadurch trägt es dazu bei, dass die Rechtswissenschaft die kommunale Selbstverwaltung nicht mehr als Fremdkörper in der Demokratie wahrnimmt, sondern die Art und Weise der demokratischen Legitimation der kommunalen Selbstverwaltung unter dem Grundgesetz untersucht. Demokratische Legitimation können solche Regelungen aber nicht stiften.[376]

bb) Personelle demokratische Legitimation: Organwalterbestellung in ununterbrochener Abfolge von konkret-individuellen Einsetzungsakten

Damit ein Akt der Staatsgewalt personelle demokratische Legitimation genießen kann, muss ein Staatsorgan den Entscheidungsträger individuell und für das konkrete Amt bestellt haben, in dessen Wahrnehmung er den Akt der Staatsgewalt vornimmt.[377] Die Organwalterbestellung ist eine konkret-individuelle Maßnahme. Mit ihr verbindet sich die Entscheidung, dass ein bestimmter Mensch bestimmte Kompetenzen ausüben und die dabei erforderliche persönliche Erkenntnis- und Wertungsleistung erbringen soll. Die Kompetenzen eines Amtswalters müssen darum im Zeitpunkt seiner Bestellung jedenfalls im Wesentlichen feststehen. Zum Beispiel muss der Gesetzgeber ein Gesetz, das jedem Inhaber eines bestimmten Erstamtes ein bestimmtes Zweitamt zuweist, erlassen, bevor der Staat den Amtswalter konkret-individuell für das Erstamt bestellt.[378] Allein unter dieser Voraussetzung erstreckt sich die konkret-individuelle Entscheidung, wer die Kompetenzen des Erstamtes ausüben soll, auf die Ausübung der Kompetenzen, die dem Bestellten als dem Inhaber

---

[375] Art. 28 I, II GG; Art. 127 WRV: „Gemeinden und Gemeindeverbände haben das Recht der Selbstverwaltung innerhalb der Schranken der Gesetze."

[376] *M. Jestaedt,* Demokratieprinzip und Kondominialverwaltung, 1993, S. 529 in Fn. 469: „Der Verdeutlichung halber sei hier nochmals betont: der Umstand der verfassungsrechtlichen Anerkennung und Gewährleistung der kommunalen Selbstverwaltung in Art. 28 GG, also gleichsam die ‚Legitimation' durch den Verfassungsgeber, hat nichts mit der demokratischen Legitimation der Gemeinden und Kreise (bzw. der von ihnen ausgeübten Staatsgewalt) zu tun: ‚institutionelle' und ‚funktionelle' Legitimation in diesem Sinne ist der demokratischen Legitimation inkompatibel."

[377] *E.-W. Böckenförde,* Verfassungsfragen der Richterwahl (1974), 2. Aufl. 1998, S. 73; *J. Oebbecke,* Weisungs- und unterrichtungsfreie Räume in der Verwaltung, 1986, S. 84; *E. Schmidt-Aßmann,* Verwaltungslegitimation als Rechtsbegriff, in: AöR 116 (1991), S. 329 (360ff.); *M. Jestaedt,* Demokratieprinzip und Kondominialverwaltung, 1993, S. 267ff.; *E.-W. Böckenförde,* Demokratie als Verfassungsprinzip, in: J. Isensee/P. Kirchhof (Hrsg.), HStR³ II, 2004, §24 Rn. 16. Gegenauffassung bei *W. Kluth,* Funktionale Selbstverwaltung, 1997, S. 376ff.: „kollektive personelle Legitimation".

[378] *D. Ehlers,* Die Grenzen der Mitbestimmung in öffentlichen Unternehmen, in: JZ 1987, S. 218 (221 mit Fn. 47) nennt als Beispiel den Leiter der Personalrechtsabteilung (heute: Dienstrechtsabteilung) des Bundesministeriums des Innern, der gemäß §96 II 1 BBG (heute: §120 II 1 BBG) dem Bundespersonalausschuss angehört. Er zieht aus dem Vorkommen solcher Fälle einen abweichenden Schluss, indem er Zweifel äußert, dass das Demokratieprinzip in jedem Fall eine konkret-individuelle Amtswalterbestellung gebiete.

des gesetzlich und damit durch eine generell-abstrakte Maßnahme zugewiesenen Zweitamtes zustehen. Mittelbar ist dann auch die zweite Bestellung konkret-individuell.

Jeder einzelne Amtswalter muss sein Amt über eine ununterbrochene Abfolge von Einsetzungsakten auf das Volk zurückführen können.[379] Die Wahl der Abgeordneten der Volksvertretung ist der Ausgangspunkt einer „Legitimationskette"[380] oder eines „Legitimationsstammbaums"[381]. Prototypisch ist die Abfolge von Einsetzungsakten, die die Entscheidungen eines Ministerialbeamten personell demokratisch legitimiert: Der Bundestag wählt einen Bundeskanzler; der Bundeskanzler entscheidet sich für einen Minister; der Minister wählt einen Ministerialbeamten aus. Es ist zwar der Bundespräsident, der den Bundeskanzler, die Bundesminister und die Bundesbeamten ernennt. Da der Bundesprä-

---

[379] Zum Erfordernis der Lücken- und Unterbechungslosigkeit statt aller *E. Schmidt-Aßmann*, Verwaltungslegitimation als Rechtsbegriff, in: AöR 116 (1991), S. 329 (360 f.). Wer hingegen von einer ununterbrochenen Kette (statt Abfolge) von Einsetzungsakten spricht, bedient sich eines Pleonasmus': *A. Kley,* Kontexte der Demokratie: Herrschaftsausübung in Arbeitsteilung, in: VVDStRL 77 (2018), S. 125 (142 f. mit Fn. 72); *ders.,* Diskussionsbeitrag, ebd., S. 230 (233): „Ich finde es eben beachtlich, dass das Bundesverfassungsgericht diesen Pleonasmus ‚ununterbrochene Legitimationskette' benutzt. Das stört mich richtiggehend. Wenn man nur von Legitimationskette spricht, ist das in Ordnung, und das kann man sagen. Aber eine ununterbrochene Kette ist Unsinn. Es ist ein weißer Schimmel, ja klar, aber der wird nicht weißer und die Kette wird nicht stärken [sic; S. L.], wenn sie ununterbrochen ist. Es ist begriffsimmanent, dass sie ununterbrochen ist."

[380] Das Bild einer Kette, bezogen auf die inhaltliche demokratische Legitimation, wohl erstmals bei *A. [J.] Merkl,* Demokratie und Verwaltung, 1923, S. 78: „Mit anderen Worten handelt es sich darum, […] dem Deleganten […], dem Staatsvolke, Einfluß darauf zu geben, daß die delegierte Kompetenz in seinem Sinne ausgeübt werde. Mittel zu diesem Zwecke ist die strenge Unterstellung der in einer langen Kette von Delegationsprozessen fortschreitend delegierten Organe unter die delegierenden Organe, letztlich unter das Volk" (ohne die Hervorhebungen im Original; S. L.); *ders.,* Allgemeines Verwaltungsrecht, 1927, S. 239 (nahezu wortgleich). – Speziell von einer Legitimationskette spricht wohl erstmals *[U.] Scheuner,* Diskussionsbeitrag, in: VVDStRL 16 (1958), S. 122 (124): „Die entscheidende und zugleich vielleicht auch die pathologische Seite des heutigen Parlamentarismus liegt nicht so sehr in der Spannung von Regierung und Parlament, sondern in der Relation Parlament-Volk. Sie betrifft die Legitimationskette, die vom Volk über das Parlament zur Regierung reicht." Unter dem Grundgesetz bezog sich das Bild zunächst allein auf die personelle demokratische Legitimation, später auch auf die inhaltliche demokratische Legitimation. Zu dieser Doppeldeutigkeit näher *M. Jestaedt,* Demokratieprinzip und Kondominialverwaltung, 1993, S. 268 in Fn. 15; *A. Tschentscher,* Demokratische Legitimation der Dritten Gewalt, 2006, S. 138 f. Kritik an der Präsenz des Kettenbildes bei *B.-O. Bryde,* Die bundesrepublikanische Volksdemokratie als Irrweg der Demokratietheorie, in: StWStPr 5 (1994), S. 305 (324): „Legitimationskettenfetischismus".

[381] Das Bild des Stammbaums bei *M. Jestaedt,* Demokratieprinzip und Kondominialverwaltung, 1993, S. 297: „Metaphorisch bietet sich die Ersetzung des herkömmlicherweise verwendeten Bildes der (Legitimations-)Kette durch jenes des (Legitimations-)*Stammbaumes* an" (Hervorhebung im Original; S. L.). Unpassend hingegen das Bild eines „Legitimationskreislaufs" bei *E. T. Emde,* Die demokratische Legitimation der funktionalen Selbstverwaltung, 1991, S. 42. Kritisch dazu *M. Jestaedt,* Demokratieprinzip und Kondominialverwaltung, 1993, S. 268 in Fn. 15.

sident aber zur Ernennung eines Vorgeschlagenen verpflichtet ist (außer in Sonderfällen bei der Ernennung des Bundeskanzlers), trifft der Bundeskanzler oder der Bundesminister die Personalauswahl und vermittelt die personelle demokratische Legitimation.[382] Die personelle demokratische Legitimation durch Einsetzungsakte erinnert an die apostolische Sukzession: Jeder katholische Bischof führt sein Amt über eine ununterbrochene Abfolge von Weihehandlungen auf die von Jesus Christus persönlich eingesetzten Apostel zurück.[383]

Indem der Bestellende einen Organwalter nach seiner Eignung, Befähigung und fachlichen Leistung oder nach seiner weltanschaulichen Ausrichtung und seinem politischen Standort auswählt, beeinflusst er die Entscheidungen des Staatsorgans. Damit die Einsetzung eines Organwalters personelle demokratische Legitimation stiften kann, muss die Einsetzung selbst demokratisch legitimiert sein: Auch wenn sich der Zugang zu einem Amt in einem Fall ausschließlich nach Eignung, Befähigung und fachlicher Leistung richtet, erschöpft sich eine Personalentscheidung nicht in automatischem Gesetzesvollzug, sondern setzt eine persönliche Erkenntnis- und Wertungsleistung des Bestellenden voraus. Die Personalauswahl muss deshalb demokratisch legitimiert sein, weil jedem Auswählenden ein mehr oder weniger großer Entscheidungsfreiraum zukommt, gleich welche Auswahlkriterien er im Einzelfall anwendet.

cc) Inhaltliche demokratische Legitimation: Offenhaltung von Entscheidungsfreiräumen bei Gelegenheit der Erzeugung von Normen

Für die Rückführbarkeit der Entscheidungen der Volksvertretung auf das Volk lässt das Grundgesetz generell ausreichen, dass das Volk die Abgeordneten der Volksvertretung demokratisch gewählt und die Volksvertretung einen demokratischen Beschluss gefasst hat. Ob ein Akt der Staatsgewalt, der von der vollzie-

---

[382] Art. 63 I 2, Art. 64 I, Art. 60 I GG. An die Beteiligung des Bundespräsidenten erinnern *F. Brosius-Gersdorf,* Deutsche Bundesbank und Demokratieprinzip, 1997, S. 42; *V. Mehde,* Neues Steuerungsmodell und Demokratieprinzip, 2000, S. 505.

[383] Diese und ähnliche Parallelen aus Geschichte, Kirche, Kunst und Mythologie bei *A. Kley,* Kontexte der Demokratie: Herrschaftsausübung in Arbeitsteilung, in: VVDStRL 77 (2018), S. 125 (135 ff., 145 f.). Hinweise auf Ähnlichkeiten mit der apostolischen Sukzession bei *B.-O. Bryde,* Die bundesrepublikanische Volksdemokratie als Irrweg der Demokratietheorie, in: StWStPr 5 (1994), S. 305 (330 in Fn. 126): „Und das [scil. das Verfolgen von Legitimationsketten; S. L.] hat gelegentlich schon etwas Theologisches, erinnert an die Lehre von der apostolischen Sukzession"; *H. Dreier,* Kanonistik und Konfessionalisierung, in: JZ 2002, S. 1 (13); *O. Lepsius,* Versammlungsrecht und gesellschaftliche Integration, in: A. Doering-Manteuffel/B. Greiner/O. Lepsius (Hrsg.), Der Brokdorf-Beschluss des Bundesverfassungsgerichts, 2015, S. 113 (143): „Danach wäre die Legitimationskette eine Umsetzung des katholischen Amtsverständnisses und die Partizipationskultur Ausdruck presbyterialer Überzeugungen"; *ders.,* Diskussionsbeitrag, in: VVDStRL 77 (2018), S. 225. Nach der Auffassung von *H. Dreier,* Art. „Hierarchie (J)", in: W. Heun u. a. (Hrsg.), EvStL, 2006, Sp. 951 (951 f.) hat das Hierarchiedenken für Staat und Verwaltung allgemein seinen Ursprung in der römisch-katholischen Kirche.

henden Gewalt oder der Rechtsprechung stammt, auf das Volk rückführbar ist,
richtet sich danach, ob er sich der Volksvertretung zurechnen lässt. Wenn diese
Zurechnung gelingt, verstehen sich die verbleibenden Schritte der Rückführung
auf das Volk von selbst, es sei denn, die Wahl zur Volksvertretung oder ein maß-
geblicher Beschluss der Volksvertretung war ausnahmsweise undemokratisch.
Indem eine Verfassung keine Volksgesetzgebung und kein imperatives Mandat
vorsieht, macht sie die Volksvertretung *praktisch* zum alleinigen Subjekt der inhaltlichen demokratischen Legitimation:[384] Jede inhaltlich begründete Zurechnung von Akten der Staatsgewalt endet bei ihr; der letzte Schritt zurück zum
Volk führt in jedem Fall ausschließlich über die Wahlen zur Volksvertretung.
Auch deshalb ist von der Volksvertretung als dem Gravitationszentrum oder
Zentralorgan der Demokratie die Rede.[385]

Inhaltliche demokratische Legitimation vermittelt, wer einem anderen
Rechtsanwender durch Erzeugung einer Norm einen Rahmen zieht, doch den
Rahmen nicht so eng zieht, wie er ihn tatsächlich und rechtlich ziehen kann,
also den Rechtsanwender stärker gewähren lässt, als er es tun muss.[386] Ein
Normerzeuger trägt zur inhaltlichen demokratischen Legitimation nicht bei,
indem er einen Rechtsanwender an eine Norm bindet, sondern indem er durch
den Erlass der einen Norm auf den Erlass einer anderen Norm verzichtet, die
den Entscheidungsfreiraum stärker begrenzt als die erlassene Norm. Inhaltliche
Legitimationsbeiträge bestehen weniger in der Begrenzung von Entscheidungsfreiräumen als in ihrer Offenhaltung bei Gelegenheit der Erzeugung von Normen. Der teilweise Regelungsverzicht geht damit einher, dass ein Normgeber
die Entscheidung eines Rechtsanwenders billigt, soweit sie deshalb ergeht, weil
der Normgeber den Rechtsanwender stärker gewähren lässt, als er es tun muss.
Eine Norm selbst verringert den Fremdanteil an einer Entscheidung und damit
den Legitimationsbedarf, trägt aber nicht zur demokratischen Legitimation des
Fremdanteils bei.[387] Nicht die *Norm*, sondern die Norm*erzeugung* stiftet demokratische Legitimation.

Inhaltliche Legitimationsbeiträge lassen sich beispielsweise danach unterscheiden, ob sie vom Gesetzgeber oder von der vollziehenden Gewalt stammen
oder ob eine Norm einen konkret-individuellen oder einen generell-abstrakten

---

[384] *M. Jestaedt,* Demokratieprinzip und Kondominialverwaltung, 1993, S. 272, 306 f.

[385] *H. Hofmann/H. Dreier,* Repräsentation, Mehrheitsprinzip und Minderheitenschutz, in:
H.-P. Schneider/W. Zeh (Hrsg.), Parlamentsrecht und Parlamentspraxis in der Bundesrepublik Deutschland, 1989, § 5 Rn. 24: „Gravitationszentrum"; *M. Morlok/C. Hientzsch,* Das Parlament als Zentralorgan der Demokratie, in: JuS 2011, S. 1 (1): „Zentralorgan".

[386] Unterscheidung rechtlicher und tatsächlicher Grenzen der Einschränkbarkeit frem-
der Entscheidungsfreiräume bei *J. Oebbecke,* Demokratische Legitimation nicht-kommunaler
Selbstverwaltung, in: VerwArch. 81 (1990), S. 349 (357).

[387] *J. Oebbecke,* Demokratische Legitimation nicht-kommunaler Selbstverwaltung, in:
VerwArch. 81 (1990), S. 349 (356, 357).

Inhalt hat.[388] Doch sowenig der Erlass eines Gesetzes vom Erlass einer Verordnung oder einer Weisung strukturell abweicht, unterscheiden sich die inhaltlichen Legitimationsbeiträge des Gesetzgebers strukturell von denen einer Behörde oder eines Gerichts.[389] Im Prozess der Konkretisierung und Individualisierung von Normen verringern sich Legitimationsbeiträge und Legitimationsbedarf synchron: Je konkreter und individueller eine Norm, desto geringer ihr Legitimationsbeitrag, desto geringer aber zugleich der Eigenanteil des Normanwenders und damit der Legitimationsbedarf der Entscheidung, an deren Programmierung die Norm mitwirkt.

Der Gesetzgeber trägt zur demokratischen Legitimation bei, indem er den Entscheidungsfreiraum der vollziehenden Gewalt und der Rechtsprechung inhaltlich weniger eng begrenzt, als er rechtlich und tatsächlich könnte. Er kann Entscheidungsfreiräume rechtlich einschränken, soweit er das grundgesetzliche Verbot des Einzelfallgesetzes und etwaige Kernbereiche der anderen Staatsgewalten achtet, und tatsächlich einschränken, soweit nicht die Personenverschiedenheit von Gesetzgeber und Gesetzesanwender dem Rechtsanwender unweigerlich einen (kaum wahrnehmbaren) Entscheidungsfreiraum lässt.[390] Eine Behörde trägt zur inhaltlichen demokratischen Legitimation einer Entscheidung einer nachgeordneten Behörde bei, indem sie eigene Normen erlässt, etwa Rechtsverordnungen, Verwaltungsvorschriften und Einzelweisungen, und den Entscheidungsfreiraum der nachgeordneten Behörde dabei weniger eng begrenzt, als sie tatsächlich und rechtlich könnte.

Der Umfang des Rahmens, den eine Norm zieht, beeinflusst nicht allein den Entscheidungsfreiraum eines Rechtsanwenders auf der nächstniederen Stufe, sondern auch die Entscheidungsfreiräume aller ihm nachgeordneten Rechtsanwender. Demnach kann sich derselbe inhaltliche Legitimationsbeitrag eines Normerzeugers auf verschiedenen Stufen auswirken und Stufen überspringen.[391] Zum Beispiel begrenzt ein Gesetz den Entscheidungsfreiraum einer Behörde unmittelbar, ohne dass es einer konkretisierenden Rechtsverordnung oder Weisung bedarf. Der Erlass einer Norm muss allerdings selbst demokratisch legitimiert sein, damit er demokratische Legitimation stiften kann. Wenn eine Behörde oder ein Gericht eine Norm erlässt, ergibt sich die inhaltliche demokratische Legitimation dieses Aktes überwiegend aus der Gesetzgebung.

---

[388] Solche Systematisierungen etwa bei *E. T. Emde,* Die demokratische Legitimation der funktionalen Selbstverwaltung, 1991, S. 46 ff., 66 ff.; *F. Brosius-Gersdorf,* Deutsche Bundesbank und Demokratieprinzip, 1997, S. 44 ff.

[389] Die Gleichstellung von Gesetzen und rangniederen Normen unter diesem Gesichtspunkt bei *A. [J.] Merkl,* Demokratie und Verwaltung, 1923, S. 78; *ders.,* Allgemeines Verwaltungsrecht, 1927, S. 339.

[390] An das Verbot des Einzelfallgesetzes in Art. 19 I 1 GG und die Kernbereiche von Staatsgewalten erinnert *M. Jestaedt,* Demokratieprinzip und Kondominialverwaltung, 1993, S. 336 f.

[391] *M. Jestaedt,* Demokratieprinzip und Kondominialverwaltung, 1993, S. 275.

Je mehr der Erlass einer Norm eine Entscheidung auf einer rangniederen Stufe praktisch ersetzt, statt dass er sie inhaltlich teilprogrammiert, desto eher lässt sich der Verzicht auf den Erlass einer solchen Norm als Billigung der Entscheidung und damit als Legitimationsbeitrag auffassen. Je konkreter und individueller eine Norm, desto eher stiftet auch der vollständige Verzicht auf ihren Erlass inhaltliche demokratische Legitimation. Da der Gesetzgeber generell-abstrakte Normen erlässt, kann er nicht zur inhaltlichen demokratischen Legitimation beitragen, indem er untätig bleibt: Dass er beispielsweise kein Arbeitskampfrecht schafft, vermittelt der Rechtsprechung keine inhaltliche demokratische Legitimation, wenn sie Entscheidungen über Arbeitskämpfe trifft.[392]

Indem ein Minister darauf verzichtet, einem Ministerialbeamten eine Einzelweisung zu erteilen, trägt er zur inhaltlichen demokratischen Legitimation der Entscheidung bei, die der Ministerialbeamte deshalb treffen kann, weil der Minister ihm die Entscheidung durch Normverzicht überlassen hat. Wenn ausschließlich der Erlass einer Weisung zur inhaltlichen demokratischen Legitimation beitrüge, müsste der Legitimationsbeitrag eines Ministers den Entscheidungsfreiraum des Beamten so weit einschränken, dass ein kaum wahrnehmbarer Eigenanteil und somit nahezu kein Legitimationsbedarf bliebe. Ein Minister stünde vor der Wahl, entweder auf den Erlass einer Einzelweisung zu verzichten oder eine Einzelweisung zu erlassen, die den Entscheidungsfreiraum seines Beamten auf das Unvermeidliche beschränkt. In keinem der beiden Fälle vermittelte der Minister nennenswerte inhaltliche demokratische Legitimation. Nicht die Weisung, sondern die Weisungsabhängigkeit stiftet demokratische Legitimation.[393] Auch wenn ein Weisungsberechtigter deshalb keine Weisung erteilt, weil er von einer anstehenden Entscheidung oder maßgeblichen Umständen keine Kenntnis hat, muss er sich die Entscheidung des Weisungsabhängigen zurechnen lassen, wenn er sich die Kenntnis hätte verschaffen *dürfen*.

dd) Legitimationsniveau: Möglichkeiten des Ausgleichs von Schwächen der personellen und der inhaltlichen demokratischen Legitimation

Wahl und Ernennung sind gleichwertige Formen der Bestellung.[394] Die personelle demokratische Legitimation fällt aber stärker oder schwächer aus, je

---

[392] Referierend *P. Lassahn,* Rechtsprechung und Parlamentsgesetz, 2017, S. 102, 112 f. Weitere Problemfälle sind die Leistungsverwaltung und das Staatshaftungsrecht. Gegenteilig *A. Voßkuhle/G. Sydow,* Die demokratische Legitimation des Richters, in: JZ 2002, S. 673 (678); *A. Tschentscher,* Demokratische Legitimation der Dritten Gewalt, 2006, S. 127 f.

[393] *M. Jestaedt,* Demokratieprinzip und Kondominialverwaltung, 1993, S. 342 f.; *F. Brosius-Gersdorf,* Deutsche Bundesbank und Demokratieprinzip, 1997, S. 100 ff.; *F. Gonsior,* Die Verfassungsmäßigkeit administrativer Letztentscheidungsbefugnisse, 2018, S. 180, 186 f. Kritisch *V. Mehde,* Neues Steuerungsmodell und Demokratieprinzip, Berlin 2000, S. 510 ff.

[394] *H. Kelsen,* Vom Wesen und Wert der Demokratie, 2. Aufl. 1929, S. 84 ff.; *M. Jestaedt,* Demokratieprinzip und Kondominialverwaltung, 1993, S. 70.

nachdem, für welche Zeit der Staat einen Organwalter bestellt und ob er ihn vor Ablauf der Zeit abberufen, entlassen oder auf andere Weise aus dem Amt entfernen kann.[395] Zum Beispiel genießen die Akte des Bundeskanzlers stärkere personelle demokratische Legitimation als die des Bundespräsidenten, weil der vom Volk gewählte Bundestag den Bundeskanzler für eine Amtszeit von vier Jahren wählt und jederzeit abwählen kann, während die nicht vom Volk gewählte Bundesversammlung den Bundespräsidenten für eine Amtszeit von fünf Jahren wählt und ihn nicht abwählen kann. Ein Akt der Staatsgewalt muss zwar nicht mehr und nicht weniger als ein Mindestmaß an demokratischer Legitimation genießen, damit er verfassungsgemäß ist: Wenn die demokratische Legitimation eines Aktes der Staatsgewalt das Mindestmaß *über*schreitet, hat ein solcher Überschuss aber zur Folge, dass der Akt stärker zur demokratischen Legitimation eines zweiten Aktes beitragen kann, als dies ein dritter Akt tun könnte, der ein geringeres Maß an demokratischer Legitimation genießt.

Wer einen Organwalter bestellt, verwendet einen Teil der verfügbaren personellen demokratischen Legitimation und kann den Akten der Staatsgewalt, die ein anderes Organ vornimmt, weniger personelle demokratische Legitimation vermitteln, als seine eigenen Akte genießen. Je mehr Einsetzungen der Bestellung eines Organwalters vorausgehen, desto weniger personelle demokratische Legitimation kann der Organwalter stiften.[396] Dadurch entsteht eine personelle Legitimationshierarchie.[397] Statt alle Staatsorgane außer dem Volk unter den Begriff des Sekundärorgans zu fassen, lassen sich etwa Sekundär-, Tertiär-, Quartärorgane unterscheiden, je nachdem, wie viele Einsetzungsakte ihre Organwalter vom Volk trennen.[398] Prototypisch genießen die Akte einer Volksvertretung stärkere personelle demokratische Legitimation als die eines Regierungschefs als die eines Ministers als die eines Ministerialbeamten. Das Maß der personellen demokratischen Legitimation schwindet mit jedem Einsetzungsakt, der sich weiter von der Wahl durch das Volk entfernt, so wie sich das Erbgut eines Stammvaters von Generation zu Generation verflüchtigt.

Ähnlich der personellen Legitimationshierarchie bildet sich eine inhaltliche Legitimationshierarchie.[399] An ihrer Spitze steht nicht etwa der Verfassunggeber, sondern der Gesetzgeber: Der Verfassunggeber kann den Akten der verfassten Gewalten keine demokratische Legitimation vermitteln, weil seine Tätigkeit in demselben Augenblick endet, in dem das Gebot der demokratischen

---

[395] *J. Oebbecke,* Weisungs- und unterrichtungsfreie Räume in der Verwaltung, 1986, S. 84 ff.

[396] *M. Jestaedt,* Demokratieprinzip und Kondominialverwaltung, 1993, S. 273 f., 284. Gegenteilig *J. Oebbecke,* Weisungs- und unterrichtungsfreie Räume in der Verwaltung, 1986, S. 91; *E. Schmidt-Aßmann,* Verwaltungslegitimation als Rechtsbegriff, in: AöR 116 (1991), S. 329 (360).

[397] *M. Jestaedt,* Demokratieprinzip und Kondominialverwaltung, 1993, S. 274 f.

[398] *M. Jestaedt,* Demokratieprinzip und Kondominialverwaltung, 1993, S. 162 f., 274.

[399] *M. Jestaedt,* Demokratieprinzip und Kondominialverwaltung, 1993, S. 274 f.

Legitimation entsteht. Da sich Legitimationsbedarf und Legitimationsbeiträge von Stufe zu Stufe gleichmäßig verringern, lassen sich inhaltliche Legitimationsbeiträge nicht danach gewichten, auf welcher Stufe der Normenhierarchie eine Norm entsteht oder ob die Norm einen konkret-individuellen oder einen generell-abstrakten Inhalt hat, sondern allein danach, welches Maß an personeller demokratischer Legitimation der Normerzeugung zukommt. Indem die Staatsorgane Normen erlassen, verwandeln sie ihre verschieden starke personelle demokratische Legitimation in verschieden starke Beiträge zur inhaltlichen demokratischen Legitimation.[400] Die stärkste inhaltliche demokratische Legitimation vermittelt die Erzeugung von Normen durch ein Organ, dessen Organwalter direkt vom Volk gewählt werden.

Die eine Legitimationsform geht nicht in der anderen auf.[401] Die Entscheidung eines Beamten in einer nachgeordneten Behörde zum Beispiel genießt schwache personelle demokratische Legitimation, weil ihn eine Reihe von Einsetzungsakten vom Volk entfernt. Die inhaltliche demokratische Legitimation einer solchen Entscheidung aber ist stark, weil der Erlass von Gesetzen, Verordnungen und Weisungen, der seinerseits starke demokratische Legitimation genießt, zu ihrer inhaltlichen demokratischen Legitimation beiträgt. Dass im organisatorisch-formalen Modell nicht jeder Legitimationsbeitrag gleich stark ist, wirft die Frage auf, welches Maß an demokratischer Legitimation erforderlich ist, damit ein Akt der Staatsgewalt verfassungsgemäß sein kann, und wie(weit) sich Schwächen eines Legitimationsbeitrags ausgleichen lassen.

Das Demokratieprinzip gibt vor, dass jeder Akt der Staatsgewalt dem Volk im Ergebnis zurechenbar sein muss, gewährt aber Entscheidungsfreiräume beim Einsatz der Mittel. Die personelle und die inhaltliche demokratische Legitimation eines Aktes werden saldiert. Stärken der einen Legitimationsform kann Schwächen der anderen ausgleichen.[402] Allein in diesem Sinne muss jeder Akt der Staatsgewalt ein bestimmtes „Legitimationsniveau"[403] er-

---

[400] *M. Jestaedt,* Demokratieprinzip und Kondominialverwaltung, 1993, S. 274 f.; *W. Kluth,* Funktionale Selbstverwaltung, 1997, S. 358 f.

[401] *M. Jestaedt,* Demokratieprinzip und Kondominialverwaltung, 1993, S. 271.

[402] *E.-W. Böckenförde,* Verfassungsfragen der Richterwahl (1974), 2. Aufl. 1998, S. 79; *E. T. Emde,* Die demokratische Legitimation der funktionalen Selbstverwaltung, 1991, S. 328, 329 ff.; *M. Jestaedt,* Demokratieprinzip und Kondominialverwaltung, 1993, S. 281 ff.; *E.-W. Böckenförde,* Demokratie als Verfassungsprinzip, in: J. Isensee/P. Kirchhof (Hrsg.), HStR³ II, 2004, § 24 Rn. 23.

[403] Die Rede vom Legitimationsniveau ist Gemeingut: *E. T. Emde,* Die demokratische Legitimation der funktionalen Selbstverwaltung, 1991, S. 327 f.; *E. Schmidt-Aßmann,* Verwaltungslegitimation als Rechtsbegriff, in: AöR 116 (1991), S. 329 (366 ff.); *M. Jestaedt,* Demokratieprinzip und Kondominialverwaltung, 1993, S. 285 ff.; *D. Ehlers,* Die Staatsgewalt in Ketten, in: H. Faber/G. Frank (Hrsg.), Demokratie in Staat und Wirtschaft, 2002, S. 125 (134 f.); *A. Voßkuhle/G. Sydow,* Die demokratische Legitimation des Richters, in: JZ 2002, S. 673 (675); *E.-W. Böckenförde,* Demokratie als Verfassungsprinzip, in: J. Isensee/P. Kirchhof (Hrsg.), HStR³ II, 2004, § 24 Rn. 23; *F. Gonsior,* Die Verfassungsmäßigkeit administrativer Letztentscheidungsbefugnisse, 2018, S. 180.

reichen.[404] *Erstens* muss ein solcher Akt per saldo nicht mehr und nicht weniger als ein Mindestmaß an demokratischer Legitimation erreichen, damit er verfassungsgemäß ist: Einerseits darf er dieses Mindestmaß auf keinen Fall unterschreiten, andererseits muss der Staat das Maß nicht optimieren. In den Kategorien der Prinzipientheorie des Rechts ist das Gebot demokratischer Legitimation eine Regel und kein Prinzip.[405] Wenn die demokratische Legitimation eines Aktes der Staatsgewalt das Mindestmaß *über*schreitet, hat ein solcher Überschuss zur Folge, dass der Akt stärker zur demokratischen Legitimation eines zweiten Aktes beitragen kann, als dies ein dritter Akt tun könnte, der ein geringeres Maß an demokratischer Legitimation genießt, zum Beispiel lediglich das Mindestmaß. Ob ein Akt einen Überschuss an demokratischer Legitimation genießt, ist für seine eigene Verfassungsmäßigkeit unerheblich. *Zweitens* können die inhaltliche und die personelle demokratische Legitimation ihre Schwächen ausschließlich untereinander ausgleichen: Autonome, grundrechtliche, körperschaftliche, rechtsstaatliche oder andere nicht-demokratische Formen der Legitimation können (falls das Grundgesetz solche Formen überhaupt vorsieht) begriffsgemäß keinen Beitrag gerade zur *demokratischen* Legitimation leisten.[406] Das Attribut „demokratisch" zu „Legitimation" darf nicht in Vergessenheit geraten.[407]

Auffälligerweise fehlt den Entscheidungen des Bundestages und bestimmten Entscheidungen des Bundespräsidenten jede inhaltliche demokratische Legitimation. *Erstens* genießen die Entscheidungen des Bundestages keine inhaltliche demokratische Legitimation und bedürfen ihrer auch nicht: Zum einen sieht das Grundgesetz kein Verfahren der Volksgesetzgebung vor, zum anderen sind die Abgeordneten an Aufträge und Weisungen nicht gebunden, haben also ein freies und kein imperatives Mandat.[408] Da das Volk keine Ge-

---

[404] Klarstellende Bemerkungen ebenfalls bei *F. Brosius-Gersdorf,* Deutsche Bundesbank und Demokratieprinzip, 1997, S. 52 ff.; *O. Lepsius,* Steuerungsdiskussion, Systemtheorie und Parlamentarismuskritik, 1999, S. 23 ff.: Die Rede vom Legitimationsniveau wird „in der Literatur als Ermächtigung für kooperative und kompensatorische Legitimationsinstrumente fehlinterpretiert, mit denen von der gesetzesakzessorischen demokratischen Legitimation abgewichen werden soll"; *P. Lassahn,* Rechtsprechung und Parlamentsgesetz, 2017, S. 121 f.

[405] Nach Auffassung von *S. Unger,* Das Verfassungsprinzip der Demokratie, 2008, S. 157 ff., 218 ff. enthält Art. 20 II GG eine Regel innerhalb eines im Ganzen in Art. 20 I, II GG siedelnden Prinzips.

[406] *M. Jestaedt,* Demokratieprinzip und Kondominialverwaltung, 1993, S. 509 ff., bes. 514: fehlende „Verrechenbarkeit" demokratischer und autonomer Legitimation. Zudem *S. Kirste,* Kontexte der Demokratie: Herrschaftsausübung in Arbeitsteilung, in: VVDStRL 77 (2018), S. 161 (199 ff.), der allerdings das „Legitimationsniveau" als Ziel demokratischer und nicht-demokratischer Legitimationsvorgänge (miss)versteht.

[407] Diese Gefahr des Vergessenwerdens benennt *P. Lassahn,* Rechtsprechung und Parlamentsgesetz, 2017, S. 83 ff., 121 f.

[408] Art. 38 I 2 GG. *E. T. Emde,* Die demokratische Legitimation der funktionalen Selbstverwaltung, 1991, S. 44 f.; *M. Jestaedt,* Demokratieprinzip und Kondominialverwaltung, 1993, S. 272, 292. – *H. Kelsen,* Allgemeine Staatslehre, 1925, S. 314 hält den Ausdruck „freies

setze erlassen und den Abgeordneten keine Weisungen erteilen kann, hängt die demokratische Legitimation der Entscheidungen des Bundestages weder von Volksgesetzen noch von Volksweisungen ab: Andernfalls könnte der Bundestag nach der Ursprungsfassung des Grundgesetzes keine demokratisch legitimierte Staatsgewalt ausüben. Auch wenn der verfassungsändernde Gesetzgeber ein Verfahren der Volksgesetzgebung oder ein imperatives Mandat einführte, bedürften die Akte des Bundestages allein der personellen demokratischen Legitimation. Der verfassungsändernde Gesetzgeber kann den Inhalt des Demokratieprinzips nicht ändern: Wegen der Ewigkeitsgarantie siedelt das Demokratieprinzip auf einer höheren Ebene in der Normenhierarchie als das verfassungsändernde Gesetz. Die Entscheidungen des Bundestages genießen aber eine starke personelle demokratische Legitimation, weil seine Abgeordneten ihre Mandate vierjährig wiederkehrenden Bundestagswahlen durch das Volk verdanken.

Zweitens bedarf eine Entscheidung des Bundespräsidenten der demokratischen Legitimation, wenn ihr die Gegenzeichnung fehlt, durch die sich ein Regierungsmitglied die Entscheidung zu eigen macht.[409] Das Grundgesetz schreibt die Gegenzeichnung ausschließlich für „Anordnungen und Verfügungen" vor. Entbehrlich ist die Gegenzeichnung zum Beispiel, wenn der Bundespräsident einen Bewerber für die Wahl des Bundeskanzlers vorschlägt oder den Bundestag auflöst.[410] Einzig die Verfassung beschränkt in solchen Fällen den Entscheidungsfreiraum des Bundespräsidenten. Da der Verfassunggeber keine demokratische Legitimation vermitteln kann, fehlt den gegenzeichnungsfreien Akten die inhaltliche demokratische Legitimation. Doch die Akte des Bundespräsidenten genießen eine starke personelle demokratische Legitimation: Ein Bundespräsident verdankt sein Amt der fünfjährig wiederkehrenden Wahl durch die Bundesversammlung. Sie besteht zu einer Hälfte aus den Abgeordneten des Bundestages, die vom Volk gewählt werden, und zur anderen Hälfte aus Mitgliedern, die von den Landtagen gewählt werden.

Der Verfassunggeber könnte zwar speziell die Akte des Bundestages und des Bundespräsidenten von einem grundsätzlich ausnahmslosen Erfordernis der inhaltlichen demokratischen Legitimation freigestellt haben. In allen anderen Fällen wäre die inhaltliche demokratische Legitimation unverzichtbar. Die Volksvertretung und das vom Volk gewählte Staatsoberhaupt gehören aber nach alltäglichem wie nach wissenschaftlichem Verständnis zu den Prototypen eines demokratisch legitimierten Staatsorgans. Der Verfassunggeber hat nicht aus-

---

Mandat" für eine contradictio in adiecto: Ein Mandatar sei definitionsgemäß an Aufträge und Weisungen gebunden. Zwingend ist dieses Verständnis des Wortes „Mandat" allerdings nicht: Eintrag „Mandat", in: Dudenredaktion (Hrsg.), Deutsches Universalwörterbuch, 8. Aufl. 2015.

[409] Art. 58 GG. *J. Oebbecke,* Weisungs- und unterrichtungsfreie Räume in der Verwaltung, 1986, S. 126 f.

[410] Art. 63 I, IV 1, Art. 68 GG.

gerechnet ihre Akte vom Gebot demokratischer Legitimation freigestellt. Eine solche Freistellung würde bedeuten, dass diese Akte nach den Vorstellungen des Verfassunggebers nicht demokratisch legitimiert und damit, ohne die Freistellung, verfassungswidrig wären. Demnach ist die inhaltliche demokratische Legitimation vollständig entbehrlich, wenn ein Akt der Staatsgewalt im Gegenzug besonders starke personelle demokratische Legitimation genießt.[411] Deshalb kann der (verfassungsändernde) Gesetzgeber die Wahlperiode des Bundestages nicht beliebig ausdehnen: Während eine Verlängerung auf fünf Jahre verfassungsgemäß wäre, verlören die Beschlüsse des Bundestages ihre demokratische Legitimation und würden dadurch verfassungswidrig, wenn die Wahlperiode beispielsweise zehn Jahre betrüge.

Die personelle demokratische Legitimation kann schwach sein, wenn die inhaltliche demokratische Legitimation stark ist, doch vollständig verzichtbar ist sie nie:[412] Dass einem Rechtsanwender ein Entscheidungsfreiraum zukommt, lässt sich nicht als das Ergebnis eines Verzichts eines ranghöheren Normerzeugers deuten, wenn der Entscheidungsfreiraum für diesen Normerzeuger unvermeidbar ist. Dadurch, dass ein Normerzeuger einen zwangsläufig verbleibenden Entscheidungsfreiraum nicht schließt, billigt er keine Entscheidung, die ein Rechtsanwender trifft, indem er den verbliebenen Entscheidungsfreiraum ausfüllt. In diesem Umfang leistet der Normgeber keinen Beitrag zur inhaltlichen demokratischen Legitimation. Da jedem Rechtsanwender ein mehr oder weniger großer Entscheidungsfreiraum bleibt, bei dessen Ausfüllung die inhaltliche demokratische Legitimation fehlt, bedürfen seine Akte der Staatsgewalt in jedem Fall wenigstens schwacher personeller demokratischer Legitimation.[413]

---

[411] *J. Oebbecke,* Weisungs- und unterrichtungsfreie Räume in der Verwaltung, 1986, S. 126 f.; *M. Jestaedt,* Demokratieprinzip und Kondominialverwaltung, 1993, S. 284. Gegenteilig *E. T. Emde,* Die demokratische Legitimation der funktionalen Selbstverwaltung, 1991, S. 329 ff.; *E.-W. Böckenförde,* Demokratie als Verfassungsprinzip, in: J. Isensee/P. Kirchhof (Hrsg.), HStR³ II, 2004, § 24 Rn. 23. Eher unentschieden *E. Schmidt-Aßmann,* Verwaltungslegitimation als Rechtsbegriff, in: AöR 116 (1991), S. 329 (267 f.).

[412] *J. Oebbecke,* Weisungs- und unterrichtungsfreie Räume in der Verwaltung, 1986, S. 80 f.; *ders.,* Demokratische Legitimation nicht-kommunaler Selbstverwaltung, in: VerwArch. 81 (1990), S. 349 (357); *E. T. Emde,* Die demokratische Legitimation der funktionalen Selbstverwaltung, 1991, S. 231 f.; *E.-W. Böckenförde,* Demokratie als Verfassungsprinzip, in: J. Isensee/P. Kirchhof (Hrsg.), HStR³ II, 2004, § 24 Rn. 23. Gegenteilig *M. Jestaedt,* Demokratieprinzip und Kondominialverwaltung, 1993, S. 284.

[413] *J. Oebbecke,* Demokratische Legitimation nicht-kommunaler Selbstverwaltung, in: VerwArch. 81 (1990), S. 349 (357): „Organisatorische oder inhaltliche gesetzliche Vorgaben können zwar, soweit sie reichen, den Legitimationsbedarf verringern; überflüssig würde die personelle demokratische Legitimation nur bei gesetzlicher Totalprogrammierung des Verwaltungshandelns, wie sie weder praktisch möglich noch verfassungsrechtlich zulässig wäre."

ee) Empirische Anspruchslosigkeit des organisatorisch-formalen Modells:
Fehlgehende Einwände der Steuerungswissenschaft

Obwohl der Wortlaut von Art. 20 II 2 GG das Volk und die Sekundärorgane
in ein instrumentelles Verhältnis setzt, muss das Volk keinen „konkret erfahrbaren" oder „praktisch wirksamen" Einfluss auf einzelne Akte der Staatsgewalt
nehmen (können).[414] Ein solcher Anspruch ließe sich kaum einlösen: Das Volk
nimmt weder auf die Urteile des Bundespatentgerichts konkret erfahrbaren Einfluss noch auf die Lizenzvergabe beim Luftfahrt-Bundesamt. Der Grundgesetzgeber hat keine Vorgaben aufgestellt, die einer ausdifferenzierten Staatsorganisation ein Ende gesetzt hätten. Das organisatorisch-formale Modell ist demnach
empirisch anspruchslos: Die demokratische Legitimation eines Aktes der Staatsgewalt hängt davon ab, ob er sich dem Volk normativ zurechnen (nicht: realpsy-
chisch zuschreiben) lässt.[415] Der bildhafte Wortlaut von Art. 20 II GG und seine
mitunter bildhaften Ausdeutungen rechtfertigen keine Maßstäbe, die ein buch-
stabengetreues Verständnis voraussetzen. Der Wortlaut von Art. 20 II GG „ist in
seinem ganzen Gewicht ernst, nicht aber wortwörtlich zu nehmen."[416] Wer das
organisatorisch-formale Modell befürwortet und dennoch davon spricht, dass
das Volk „effektiven Einfluß"[417] nehmen müsste, trägt zu Missverständnissen
über Anspruch und Stellenwert des Modells bei.

Ausdruck von Missverständnissen ist die Kritik der Steuerungswissenschaft am organisatorisch-formalen Modell: Da ein Staatsorgan die Entschei-

---

[414] So aber BVerfG, Beschluss vom 5.12.2002, 2 BvL 5/98, BVerfGE 107, 59 – Lippeyer-
band. Ablehnend wie hier *M. Jestaedt,* Radien der Demokratie, in: H. M. Heinig/J. P. Terhechte
(Hrsg.), Postnationale Demokratie, Postdemokratie, Neoetatismus, 2013, S. 3 (15 mit Fn. 33).
[415] Begriffspaar „realpsychische Zuschreibung" und „normative Zurechnung" bei *M. Je-*
staedt, Grundrechtsentfaltung im Gesetz, 1999, S. 355.
[416] *H. Dreier,* Das Demokratieprinzip des Grundgesetzes, in: Jura 1997, S. 249 (250).
[417] Die Rede vom effektiven Einfluss des Volkes ist Gemeingut: *E. T. Emde,* Die demokratische Legitimation der funktionalen Selbstverwaltung, 1991, S. 327; *E. Schmidt-Aßmann,*
Verwaltungslegitimation als Rechtsbegriff, in: AöR 116 (1991), S. 329 (355, 366); *M. Jes-*
taedt, Demokratieprinzip und Kondominialverwaltung, 1993, S. 162, 265 f.; *F. Brosius-Gers-*
dorf, Deutsche Bundesbank und Demokratieprinzip, 1997, S. 31; *D. Ehlers,* Die Staatsgewalt
in Ketten, in: H. Faber/G. Frank (Hrsg.), Demokratie in Staat und Wirtschaft, 2002, S. 125
(133); *A. Voßkuhle/G. Sydow,* Die demokratische Legitimation des Richters, in: JZ 2002,
S. 673 (675); *E.-W. Böckenförde,* Demokratie als Verfassungsprinzip, in: J. Isensee/P. Kirchhof (Hrsg.), HStR³ II, 2004, § 24 Rn. 11, 14; *F. Gonsior,* Die Verfassungsmäßigkeit administrativer Letztentscheidungsbefugnisse, 2018, S. 180, 186 f. – Als rechtstheoretisches Postulat
bereits bei *A. [J.] Merkl,* Demokratie und Verwaltung, 1923, S. 78: „Soll die Demokratie wirklich das, was ihr Name sagt, nämlich eine Herrschaft des Volkes sein, dann muß die Organisation möglichste Sicherungen in der Richtung aufweisen, daß ihr Handeln jedes einzelnen, sei
es noch so exponierten Organes der Volkswille nicht bloß fiktionell, sondern möglichst reell
zum Ausdruck komme. Mit anderen Worten handelt es sich darum, dem Deleganten jeglicher
Kompetenz im demokratischen Staat, dem Staatsvolke, genauer der Mehrheit des Staatsvol-
kes, Einfluß darauf zu geben, daß die delegierte Kompetenz in seinem Sinne ausgeübt werde"
(ohne die Hervorhebungen im Original; S. L.); *ders.,* Allgemeines Verwaltungsrecht, 1927,
S. 339 (nahezu wortgleich).

dungen eines anderen Staatsorgans durch Normsetzung und Personalauswahl in Wirklichkeit kaum vorherbestimmen könne, sei die Vorstellung, dass durch die Sekundärorgane das Volk handele, nichts als eine Wunschvorstellung, eine Fiktion, ein Hirngespinst.[418] Gegen solche empirischen Einwände ist das organisatorisch-formale Modell unempfindlich. Wer es trotzdem zurückweist, erhebt in der Sache den Einwand, dass es auf einer fehlerhaften Auslegung des Grundgesetzes beruhe.[419] Ein verfassungsdogmatisches Modell ist berechtigt, wenn es das geltende Verfassungsrecht adäquat abbildet, wenn sich für das Modell ein „Positivierungsnachweis" führen lässt.[420] Im Fall des organisatorisch-formalen Modells gelingt der Positivierungsnachweis: Es findet seine Stütze im Wortlaut von Art. 20 II GG und wird der, jeweils vom Grundgesetz selbst angeordneten oder gedanklich vorausgesetzten, dreifachen Gewaltengliederung, der stufenweisen Rechtserzeugung und der analytischen Trennung von Auslegung und Anwendung am besten gerecht.[421]

Die Steuerungswissenschaft kann rechtspolitische Einwände erheben: gegen das verfassungsrechtliche Gebot demokratischer Legitimation und das einfache Verwaltungs(organisations)recht. Eine Aufforderung an den verfassungsändernden Gesetzgeber, dass er die Vorgaben für die demokratische Legitimation ändert, ist aussichtslos: Da sich der Schutz durch die Ewigkeitsgarantie auf das Gebot demokratischer Legitimation erstreckt, ist es dem Zugriff des verfassungsändernden Gesetzgebers entzogen. Die Steuerungswissenschaft kann dem einfachen Gesetzgeber allerdings Vorschläge unter-

---

[418] Empirische Einwände etwa bei *V. Mehde,* Neues Steuerungsmodell und Demokratieprinzip, 2000, S. 503 ff., 510 ff.; *P. Lassahn,* Rechtsprechung und Parlamentsgesetz, 2017, S. 117 ff. Inschutznahme gegen das Missverständnis bei *D. Ehlers,* Die Staatsgewalt in Ketten, in: H. Faber/G. Frank (Hrsg.), Demokratie in Staat und Wirtschaft, 2002, S. 125 (135): „Schließlich führt das (empirische) Argument, bei dem ‚Ableitungspurismus' des Bundesverfassungsgerichts zur Herstellung demokratischer Legitimation handele es sich bei immer länger werdenden Ketten um eine bloße Fiktion, nicht weiter. Dass jede Verwaltungsentscheidung dem ‚wahren' Willen des Volkes entspricht, behauptet niemand. Selbst im Falle eines Volksentscheides wird nur der Wille der Mehrheit der teilnehmenden Stimmberechtigten im Zeitpunkt der Abstimmung ermittelt. Ebenso wenig wird ein ‚Durchsteuern' der Verwaltung ‚Top-Bottom' verlangt." *J. Tischer,* Bürgerbeteiligung und demokratische Legitimation, 2017, S. 235 ff. verteidigt das organisatorisch-formale Modell, indem er sowohl dessen empirischen Anspruch als auch den empirischen Befund eines Steuerungsdefizits abschwächt.

[419] Ebenenverwechslungen bei der Kritik beobachtet und berichtigt *M. Jestaedt,* Grundbegriffe des Verwaltungsorganisationsrechts, in: W. Hoffmann-Riem/E. Schmidt-Aßmann/A. Voßkuhle (Hrsg.), GVwR[2] I, 2012, § 14 Rn. 5 f. mit Fn. 20.

[420] *M. Jestaedt,* Die Verfassung hinter der Verfassung, 2009, S. 77 ff.; *ders.,* Verfassungstheorie als Disziplin, in: O. Depenheuer/C. Grabenwarter (Hrsg.), Verfassungstheorie, 2010, § 1 Rn. 58 ff.

[421] Gegenauffassung bei *P. Lassahn,* Rechtsprechung und Parlamentsgesetz, 2017, S. 11 f., 113 ff.: Die „Lehre vom Legitimationsniveau" (passim) habe „keinen textlichen Anhaltspunkt" (S. 114) im Grundgesetz; ihre Befürworter machten sich „nicht einmal mehr die Mühe" (S. 115), ihre Auffassung methodengerecht zu begründen: „Als Auslegung von Art. 20 Abs. 1, Abs. 2 GG jedenfalls kann sie sich nicht verstehen" (S. 115).

breiten, wie sich die Verwaltungsorganisation so gestalten lässt, dass Staatsorgane die Entscheidungen anderer Staatsorgane wirksamer vorherbestimmen können. Wer den Maßstab festlegt, wie wirksam die Vorherbestimmung sein soll, muss aber bedenken, dass Entscheidungsfreiräume weder ungewöhnlich noch grundsätzlich besorgniserregend sind, sondern unvermeidlich und typischerweise zweckdienlich.[422]

---

[422] *E. Schmidt-Aßmann,* Verwaltungslegitimation als Rechtsbegriff, in: AöR 116 (1991), S. 329 (364): „Die unvermeidliche Offenheit des Gesetzestatbestandes ist daher im verfassungsgewollten Legitimationssystem kein pathologischer, sondern ein normaler Befund"; *O. Lepsius,* Steuerungsdiskussion, Systemtheorie und Parlamentarismuskritik, 1999, S. 10 ff. wendet sich unter anderem deshalb gegen die Vorstellung eines „Steuerungsdefizits" oder „Steuerungsverlustes", weil sie unangemessen hohe Ansprüche an die Programmierungsleistung des Gesetzes stelle. Nach Einschätzung von *P. Lassahn,* Rechtsprechung und Parlamentsgesetz, 2017, S. 88 f. mit Fn. 399 und 404 hat sich die Lehre vom Vorbehalt des Gesetzes in der Rechtsprechung des Bundesverfassungsgerichts auch deshalb gefestigt und verschärft, weil in Gestalt von Wolfgang Hoffmann-Riem (1999–2008) und Andreas Voßkuhle (2008–2020) zwei Staatsrechtslehrer mit einem steuerungswissenschaftlich beeinflussten Verständnis von Recht ans Gericht gelangt seien.

B. Kommunalverwaltung und Demokratieprinzip

Nicht anders als die Demokratie sind auch die Kommunalverwaltung und ihr Verhältnis zur Demokratie eine Angelegenheit vieler verschiedener Wissenschaften. Die Vertreter dieser Wissenschaften verwenden dieselben Wörter, aber nicht dieselben Begriffe; sie betrachten nicht denselben Gegenstand aus verschiedenen Perspektiven, sondern verschiedene Gegenstände mit verschiedenen Erkenntnisinteressen.[1] Begriffe wie Aufsicht, Gemeinde und Selbstverwaltung unterscheiden sich genauso innerhalb der Rechtswissenschaft: Rechtsgeschichtswissenschaft, Rechtstheorie und Rechtsdogmatik verstehen unter ihrem Gegenstand nicht das gleiche.[2] Das Risiko der Verwechslung und Vermengung von Ebenen ist entsprechend hoch.

Das Verhältnis von Kommunalverwaltung und Demokratie lässt sich unter drei verschiedenen Gesichtspunkten betrachten: was die Kommunalverwaltung für den demokratischen Staat leistet; wie ihre Binnenorganisation gestaltet sein muss, damit sie demokratischen Vorgaben genügt; wie sich die demokratische Legitimation ihrer Entscheidungen vollzieht. Die erste Frage beantwortet eine Analyse der Gestaltungsprinzipien, die in der Kommunalverwaltung zusammenfinden. Die Antwort auf die beiden anderen Fragen ergibt sich aus dem Homogenitätsgebot in Art. 28 I GG. Mit dessen Interpretation und dogmatischer Aufbereitung hat die Rechtswissenschaft bis heute Schwierigkeiten, weil sie typischerweise befangen ist in einer bildhaften Sprache, in überkommener Sonderdogmatik und falsch verstandenem Respekt vor der Eigenstaatlichkeit der Länder und den historischen Verdiensten der Kommunen. Deshalb kann keine Rede davon sein, dass sich die Diskussion inhaltlich erschöpft hätte.[3]

---

[1] Ähnlich die Unterscheidung von „concept" und „conception" bei *R. Poscher,* The Hand of Midas: When Concepts Turn Legal, or Deflating the Hart-Dworkin Debate, in: J. C. Hage/ D. von der Pfordten (Hrsg.), Concepts in Law, 2009, S. 99 (100 ff.) im Anschluss an *W. B. Gallie,* Essentially Contested Concepts, in: Proceedings of the Aristotelian Society 56 (1955/56), S. 167 ff.

[2] Für den Begriff der Verfassung *M. Jestaedt,* Die Verfassung hinter der Verfassung, 2009, S. 47 ff., 54 ff.; *ders.,* Verfassungstheorie als Disziplin, in: O. Depenheuer/C. Grabenwarter (Hrsg.), Verfassungstheorie, 2010, § 1 Rn. 42 ff. Für den Begriff des Bundesstaates *M. Jestaedt,* Bundesstaat als Verfassungsprinzip, in: J. Isensee/P. Kirchhof (Hrsg.), HStR[3] II, 2004, § 29 Rn. 1, 31 ff.

[3] *M. Möstl,* Landesverfassungsrecht – zum Schattendasein verurteilt?, in: AöR 130 (2005), S. 350 (355): „Das Verhältnis von Landes- und Bundesverfassung muss nach wie vor als erstaunlich ungeklärt gelten"; *F. Wittreck,* Grenzen der Landesverfassungen, in: M. Hein/

I. Kommunalverwaltung im Schnittpunkt von Dezentralisation, Selbstverwaltung und Demokratie

Die Kommunalverwaltung erscheint wegen ihrer starken Präsenz als der Prototyp der verselbständigten Verwaltung, ist aber systematisch betrachtet ein Sonderfall, weil sie die einzige Verwaltungsorganisationsform ist, in der drei bedeutende Gestaltungsprinzipien ausnahmsweise zueinanderfinden: Dezentralisation (1.), Selbstverwaltung (2.) und Demokratie (3.). Weder theoretisch noch praktisch ist eines dieser Gestaltungsprinzipien mit einem der anderen untrennbar verbunden. Wer die drei Gestaltungsprinzipien unterscheidet, kann deutlicher erkennen, welche Leistungen die Kommunalverwaltung für den demokratischen Staat erbringt, und differenzierter untersuchen, welche Vorgaben das Demokratieprinzip für die Kommunalverwaltung enthält.

1. Kommunalverwaltung und Dezentralisation

a) Dezentralisation als räumliche Gliederung der Rechtsordnung: Kommunalverwaltung im Vergleich mit anderen Dezentralisationsstufen

Die Rechtsordnung gliedert nicht allein die Staatsgewalt in Gesetzgebung, vollziehende Gewalt und Rechtsprechung, sondern überlässt die Ausübung der gleichen Staatsgewalt verschiedenen Organen, gliedert also die drei Gewalten in ihrem Innern. Die deutsche Verwaltung ist vielfältig und verästelt.[4] Eine Ursache ist der „Verwaltungsföderalismus"[5]:[6] Die Gesetzgebung übernimmt

---

F. Petersen/S. v. Steinsdorff (Hrsg.), Die Grenzen der Verfassung, 2018, S. 209 (231): „Bei näherer Betrachtung erweisen sich hier viele Einzelfragen als ungeklärt; das betrifft die Gewährleistung der Existenz von Ländern nach der ‚Ewigkeitsklausel' ebenso wie die Homogenitätsregel in Art. 28 GG, die Vorrangregel des Art. 31 GG oder die Kompetenzordnung. Besonders heterogen ist das Meinungsbild zu den Kompetenzen der Landesverfassungsgerichte."

[4] *H. Dreier,* Hierarchische Verwaltung im demokratischen Staat, 1991, S. 211 ff., 215 ff.: „Eindruck eines nahezu undurchschaubaren Geflechts von Verwaltungseinheiten, einer kaum zu entwirrenden Vielfalt an Gliedern, Organen, Ämtern und Institutionen" (S. 219); *W. Krebs,* Verwaltungsorganisation, in: J. Isensee/P. Kirchhof (Hrsg.), HStR[3] V, 2008, § 108 Rn. 16: „vielgliedrig ausdifferenzierte, pluralistische Gesamtheit von Verwaltungseinheiten"; *W. Seibel,* Verwaltung verstehen, 2016, S. 173 f., 174 f., 179 ff.: „bunter Flickenteppich an Organisationsformen" (S. 174).

[5] *R. Mußgnug,* Zustandekommen des Grundgesetzes und Entstehen der Bundesrepublik Deutschland, in: J. Isensee/P. Kirchhof (Hrsg.), HStR[3] I, 2003, § 8 Rn. 74: „Verwaltungsföderalismus". Ähnlich *T. Groß,* Die Verwaltungsorganisation als Teil organisierter Staatlichkeit, in: W. Hoffmann-Riem/E. Schmidt-Aßmann/A. Voßkuhle (Hrsg.), GVwR[2] I, 2012, § 13 Rn. 39: „Vollzugsföderalismus".

[6] *K. Stern,* Art. „Bundesstaat", in: M. Schröder (Hrsg.), ErgLdR, Nr. 5/130 (1996), S. 1 (3 f.); *R. A. Lorz,* Art. „Staatsorganisation", in: W. Heun u. a. (Hrsg.), EvStL, 2006, Sp. 2329 (2331 f.); *J. Oebbecke,* Verwaltungszuständigkeit, in: J. Isensee/P. Kirchhof (Hrsg.), HStR[3] VI, 2008, § 136 Rn. 1 f.; *T. Groß,* Die Verwaltungsorganisation als Teil organisierter Staatlichkeit, in: W. Hoffmann-Riem/E. Schmidt-Aßmann/A. Voßkuhle (Hrsg.), GVwR[2] I,

in der Praxis vorwiegend der Bund, obwohl das Grundgesetz ihn seiner Regelungstechnik zufolge lediglich ausnahmsweise zur Gesetzgebung ermächtigt. Die Verwaltung übernehmen vorwiegend die Länder. Grundsätzlich sind sie es nämlich, die das Bundesrecht ausführen; der bundeseigene Vollzug von Bundesrecht ist die Ausnahme. Ein Gegenbeispiel sind die Vereinigten Staaten, weil dort der Bund sein Recht flächendeckend durch eigene Behörden vollzieht, während in Deutschland dem Bund ein eigener Verwaltungsunterbau fehlt.[7] Noch folgenschwerer als der Verwaltungsföderalismus ist die umfangreiche Verselbständigung von Verwaltungseinheiten.[8] Dabei schöpft der Staat aus einer Fülle von Organisationsformen und Gestaltungsprinzipien: Körperschaften, Anstalten und Stiftungen, Dezentralisation und Dekonzentration, Ministerialfreiheit, Selbstverwaltung und Privatisierung sind die bedeutendsten.[9]

Die Rechtsordnung kann die Ausübung der gleichen Gewalt verschiedenen Staatsorganen mit eigenen örtlichen Zuständigkeiten übertragen. Dadurch gliedert sie das staatliche Territorium in verschiedene Teilgebiete und setzt für die Teilgebiete eigene Rechtserzeuger ein. Die Rechtsordnung differenziert sich in verschiedene räumliche Geltungsbereiche. Dieses organisationsrechtliche Gestaltungsprinzip nennt sich Dezentralisation.[10] Prinzipiell kann sich ein Staat zwar räumlich gliedern, ohne dass er getrennte Rechtserzeuger vorsieht, aber

---

2012, § 13 Rn. 39; *W. Seibel,* Verwaltung verstehen, 2016, S. 177 ff., 179; *H. Oberreuter,* Art. „Föderalismus", in: Görres-Gesellschaft (Hrsg.), StL[8] II, 2018, Sp. 776 (781 f.). – Daraus folgen Schwierigkeiten für die Verwaltungsorganisationsrechtswissenschaft: *H. Dreier,* Hierarchische Verwaltung im demokratischen Staat, 1991, S. 219 ff., 222 ff.; *T. Groß,* Die Verwaltungsorganisation als Teil organisierter Staatlichkeit, in: W. Hoffmann-Riem/E. Schmidt-Aßmann/A. Voßkuhle (Hrsg.), GVwR[2] I, 2012, § 13 Rn. 63 ff.; *M. Jestaedt,* Grundbegriffe des Verwaltungsorganisationsrechts, in: W. Hoffmann-Riem/E. Schmidt-Aßmann/A. Voßkuhle (Hrsg.), GVwR[2] I, 2012, § 14 Rn. 10 ff., 12 ff.

[7] *J. Oebbecke,* Das Bundesstaatsprinzip, in: B. Pieroth (Hrsg.), Verfassungsrecht und soziale Wirklichkeit in Wechselwirkung, 2000, S. 113 (122); *H. Oberreuter,* Art. „Föderalismus", in: Görres-Gesellschaft (Hrsg.), StL[8] II, 2018, Sp. 776 (782).

[8] Zum Begriff der verselbständigten Verwaltungseinheit näher *H. Dreier,* Hierarchische Verwaltung im demokratischen Staat, 1991, S. 225 ff.; *W. Krebs,* Verwaltungsorganisation, in: J. Isensee/P. Kirchhof (Hrsg.), HStR[3] V, 2008, § 108 Rn. 25 ff.

[9] *H. Dreier,* Hierarchische Verwaltung im demokratischen Staat, 1991, S. 215 ff., 228 ff., 263 ff.; *M. Jestaedt,* Grundbegriffe des Verwaltungsorganisationsrechts, in: W. Hoffmann-Riem/E. Schmidt-Aßmann/A. Voßkuhle (Hrsg.), GVwR[2] I, 2012, § 14 Rn. 19 ff.

[10] Mehr oder weniger stark abweichende Begriffsverständnisse bei *H. Kelsen,* Allgemeine Staatslehre, 1925, S. 163 ff.; *H. Peters,* Zentralisation und Dezentralisation, 1928, S. 4 ff.; *H. Kelsen,* Reine Rechtslehre, 2. Aufl. 1960, S. 315 ff.; *H. Dreier,* Hierarchische Verwaltung im demokratischen Staat, 1991, S. 222 ff.; *J. Oebbecke,* Art. „Dezentralisation, Dekonzentration", in: W. Heun u. a. (Hrsg.), EvStL, 2006, Sp. 364 (364 f.); *M. Jestaedt,* Grundbegriffe des Verwaltungsorganisationsrechts, in: W. Hoffmann-Riem/E. Schmidt-Aßmann/A. Voßkuhle (Hrsg.), GVwR[2] I, 2012, § 14 Rn. 39; *C. Waldhoff,* Art. „Dezentralisation", in: Görres-Gesellschaft (Hrsg.), StL[8] I, 2017, Sp. 1349 (1349 f.). – *M. Jestaedt,* Demokratieprinzip und Kondominialverwaltung, 1993, S. 121 f. in Fn. 5; *J. Oebbecke,* Art. „Dezentralisation, Dekonzentration", ebd., Sp. 364 ff.; *C. Waldhoff,* Art. „Dezentralisation", ebd., Sp. 1349 f. führen den Begriff zurück auf *B. Drews,* Grundzüge einer Verwaltungsreform, 1919.

praktisch gehen diese beiden Entscheidungen meistens einher.[11] Prototypen der Dezentralisation sind die Länder und die Kommunen. Ihre Eigenschaften werden deutlich im Abgleich mit einer anderen Form der Dezentralisation: den Bezirksregierungen. Dabei handelt es sich um Bündelungsbehörden, die in Baden-Württemberg, Bayern, Hessen und Nordrhein-Westfalen an verschiedenen Standorten für jeweils einen Ausschnitt des Landesgebietes bestimmte Verwaltungsaufgaben des Landes erfüllen.[12] Die Bezirksregierungen sind die allgemeinen Vertretungen der Landesregierung im jeweiligen Bezirk.

Von der Dezentralisation zu unterscheiden ist die Dekonzentration: Dekonzentration bezeichnet ein Prinzip der Verteilung sachlicher, nicht örtlicher Zuständigkeiten. Bei der horizontalen Dekonzentration verteilt sich ein Aufgabenbestand auf verschiedene gleichgeordnete Behörden (Beispiel: Ministerien), bei der vertikalen Dekonzentration die gleiche Aufgabe auf hierarchisch über- und untergeordnete Behörden (Beispiel: Oberste Landesbehörde und Landesoberbehörde).[13] Die Bezirksregierungen sind ein Beispiel für das Zusammentreffen von Dezentralisation und vertikaler Dekonzentration. Wenn eine Bezirksregierung allerdings ausnahmsweise eine Aufgabe für das gesamte Landesgebiet erledigt, ist die Verwaltungstätigkeit dekonzentriert, aber nicht dezentralisiert.[14] (De-)Konzentration ist relativ: In ihrer Eigenschaft als Bündelungsbehörden sind die Bezirksregierungen ein Beispiel für horizontale *Kon*zentration, weil

---

[11] *H. Kelsen,* Allgemeine Staatslehre, 1925, S. 163 ff., 167 ff.; *ders.,* Reine Rechtslehre, 2. Aufl. 1960, S. 315, 318 betont zwar die prinzipielle Unabhängigkeit der räumlichen Gliederung der Rechtsordnung von der Einsetzung verschiedener Rechtserzeuger und will den Begriff der Dezentralisation auf die räumliche Gliederung beschränken, behandelt aber im Fortgang die Dezentralisation als die Verbindung beider Maßnahmen („statisches" und „dynamisches Moment" der Dezentralisation). Historische Beispiele für die praktisch seltene Unabhängigkeit bei *H. Peters,* Zentralisation und Dezentralisation, 1928, S. 11 f.: Sonderjagdgesetzgebung Preußens für die Provinz Hannover und die Insel Helgoland, Sondergesetzgebung des Deutschen Reichs für Elsass-Lothringen. Bei *dems.,* Zentralisation und Dezentralisation, ebd., S. 21 hat die Unterscheidung von statischem und dynamischem Moment deshalb keinen Platz, weil er die genannten Fälle der Sondergesetzgebung überhaupt nicht zur Dezentralisation rechnet.
[12] Für Nordrhein-Westfalen geregelt in § 8 LOG: „(1) ¹Die Bezirksregierung ist die allgemeine Vertretung der Landesregierung im Bezirk. ²[...] (2) Die Bezirksregierung ist eine Bündelungsbehörde. (3) Die Bezirksregierung ist zuständig für alle Aufgaben der Landesverwaltung, die nicht ausdrücklich anderen Behörden übertragen sind. (4) [...]." Andere Bezeichnungen sind: Regierung, Regierungspräsident, Regierungspräsidium.
[13] Mehr oder weniger stark abweichende Begriffsverständnisse bei *H. Peters,* Zentralisation und Dezentralisation, 1928, S. 4 ff., 17 f.; *H. Dreier,* Hierarchische Verwaltung im demokratischen Staat, 1991, S. 224 f. mit Fn. 46; *J. Oebbecke,* Art. „Dezentralisation, Dekonzentration", in: W. Heun u. a. (Hrsg.), EvStL, 2006, Sp. 364 (364 f.); *M. Jestaedt,* Grundbegriffe des Verwaltungsorganisationsrechts, in: W. Hoffmann-Riem/E. Schmidt-Aßmann/A. Voßkuhle (Hrsg.), GVwR² I, 2012, § 14 Rn. 39; *C. Waldhoff,* Art. „Dezentralisation", in: Görres-Gesellschaft (Hrsg.), StL⁸ I, 2017, Sp. 1349 (1349 f.).
[14] Zum Beispiel ist die Bezirksregierung Arnsberg seit 2016 landesweit für die Ausführung der nordrhein-westfälischen Ausländer-Wohnsitzregelungsverordnung zuständig.

sie einheitlich Aufgaben erledigen, die auf der Ebene über ihnen verschiedenen Ministerien zugewiesen sind.

Die Erscheinungsformen der Dezentralisation lassen sich nach ihrem Umfang und ihrer Intensität unterscheiden.[15] Der *Umfang* der Dezentralisation richtet sich danach, auf wie vielen Stufen der Normenhierarchie ein dezentralisiertes Staatsorgan zur Rechtserzeugung ermächtigt ist (formell) und wie ausschließlich ihm die Zuständigkeit für ein bestimmtes Sachgebiet vorbehalten ist (materiell).[16] Die Dezentralisation der Länder ist umfangreicher als die der Kommunen: Die Länder sind das Ergebnis der Binnengliederung aller drei Staatsgewalten, nämlich der Gesetzgebung, der vollziehenden Gewalt und der Rechtsprechung. Die Kommunen hingegen sind das Ergebnis der Binnengliederung ausschließlich der vollziehenden Gewalt. Indem eine Kommune eine Satzung oder eine Verordnung erlässt, übt sie keine Gesetzgebung im verfassungsrechtlichen Sinne aus. Dennoch gehören die Satzungen und Verordnungen zu den generell-abstrakten Normen. Von ihnen ist als *materiellen* Gesetzen und von den Gesetzen im verfassungsrechtlichen Sinne als den *formellen* Gesetzen die Rede.[17] Der Umfang der Dezentralisation der Länder und der Kommunen unterscheidet sich graduell, soweit die einen wie die anderen generell-abstrakte Normen erlassen, aber kategorial, soweit ausschließlich die Länder gesetzgebende und rechtsprechende Gewalt ausüben können.

Anders als die Kommunen können die Länder, da sie jede der drei Gewalten ausüben können, bestimmte Sachgebiete (nahezu) ausschließlich regeln.[18] Die Länder sind im Rahmen des Grundgesetzes auf jeder Stufe der Normenhierarchie, von der Landesverfassung bis zum Verwaltungsakt, (nahezu) ausschließlich für Bildung, Gefahrenabwehr, Kommunales und Kultur zuständig.[19] Die Gemeinden hingegen sind nicht für (nahezu) ganze Sachgebiete zuständig: Die Gemeinden erlassen zwar die Flächennutzungs- und Bebauungspläne und voll-

---

[15] *H. Kelsen,* Allgemeine Staatslehre, 1925, S. 165 ff., 177 ff. mit Abweichungen lediglich im Sprachgebrauch, nicht in der Sache: „ganze und teilweise Dezentralisation" und „vollkommene und unvollkommene Dezentralisation".

[16] *H. Kelsen,* Allgemeine Staatslehre, 1925, S. 165 ff. Ablehnung einer Unterscheidung nach dem Umfang bei *H. Peters,* Zentralisation und Dezentralisation, 1928, S. 21.

[17] Stellvertretend *H. Maurer/C. Waldhoff,* Allgemeines Verwaltungsrecht, 19. Aufl. 2017, § 4 Rn. 16 ff. Aus rechtstheoretischer Sicht spricht nichts dagegen, gemeindliche Satzungen als „Gemeindegesetze" aufzufassen, weil sowohl Satzungen als auch formelle Gesetze einen generell-abstrakten Inhalt haben und von Volksvertretungen stammen: *H. Kelsen,* Allgemeine Staatslehre, 1925, S. 182 f., 192. Aus rechtsdogmatischer Sicht allerdings bestehen Bedenken dagegen, dass die Rechtswissenschaft den Gebrauch eines Ausdrucks noch weiter ausdehnt, den das geltende Recht grundsätzlich der Bezeichnung solcher Normen vorbehält, die die Rechtsdogmatik bereits als die formellen Gesetze von den materiellen Gesetzen scheidet. Ähnlicher Einwand bei *H. Peters,* Zentralisation und Dezentralisation, 1928, S. 10 f. mit Fn. 10.

[18] *H. Kelsen,* Allgemeine Staatslehre, 1925, S. 193.

[19] *J. Oebbecke,* Verwaltungszuständigkeit, in: J. Isensee/P. Kirchhof (Hrsg.), HStR[3] VI, 2008, § 136 Rn. 19: „Bildung, Kultur und Gefahrenabwehr" als vergleichsweise seltene Beispiele für „Landesvollzug von Landesgesetzen".

ziehen das generell-abstrakte Baurecht im Einzelfall, etwa indem sie Baugenehmigungen erteilen; im Übrigen aber ergibt sich das Baurecht aus Bundes- und Landesgesetzen, besonders aus dem Baugesetzbuch und der Bauordnung. Der Entscheidungsfreiraum der Kommunen ist in jedem Fall durch Gesetze beschränkt, der der Länder (im engeren Sinne) innerhalb der deutschen Rechtsordnung allein durch das Grundgesetz.

Der unterschiedliche Umfang der Dezentralisation äußert sich darin, dass die Kommunen, anders als die Länder, keine Verfassungsautonomie oder auch Verfassungshoheit genießen.[20] Der Begriff der Verfassungsautonomie lässt sich gleich dem Begriff der Verfassung formell und materiell bestimmen.[21] Eine Verfassung im *materiellen* Sinne enthält die subjektiven Rechte und die Vorgaben für die Staatsorganisation, die sich jeweils zum Beispiel durch ihre inhaltliche oder geschichtliche Bedeutung oder ihren Abstraktions- und Generalisationsgrad von anderen Normen abheben.[22] Eine Verfassung im *formellen* Sinne ist eine selbständige Rechtsschicht, die in einer (Teil-)Rechtsordnung auf der höchsten Stufe der Normenhierarchie angesiedelt ist, weil sie Vorgaben für die Erzeugung generell-abstrakter Normen enthält und sich ausschließlich unter solchen Voraussetzungen ändern lässt, die über die Voraussetzungen für die Erzeugung der gewöhnlichen generell-abstrakten Normen hinausgehen.[23] Die Verfassungsautonomie im *materiellen* Sinne ist dementsprechend die Kompetenz eines Rechtsträgers, die Erzeugung der generell-abstrakten Normen, die seine Staatsorgane erlassen, selbst zu regeln; die Verfassungsautonomie im *formellen* Sinne ist die Kompetenz, diese Regelungen dem Zugriff der Rechtserzeuger zu entziehen, für deren Normsetzung sie Maßstäbe enthalten.[24]

---

[20] Ausdrücklich *H. Kelsen,* Allgemeine Staatslehre, 1925, S. 167, 193; *G. Püttner,* Kommunale Selbstverwaltung, in: J. Isensee/P. Kirchhof (Hrsg.), HStR³ VI, 2008, § 144 Rn. 50.

[21] Zur Unterscheidung von Verfassung im formellen und im materiellen Sinne klassisch *G. Jellinek,* Allgemeine Staatslehre, 3. Aufl. 1921, S. 505, 534; *H. Kelsen,* Allgemeine Staatslehre, 1925, S. 248 ff.; *C. Schmitt,* Verfassungslehre (1928), 11. Aufl. 2017, S. 1 ff.; *H. Kelsen,* Wesen und Entwicklung der Staatsgerichtsbarkeit, in: VVDStRL 5 (1929), S. 30 (35 ff.). In jüngerer Zeit beispielsweise *J. Isensee,* Staat und Verfassung, in: ders./P. Kirchhof (Hrsg.), HStR³ II, 2006, § 15 Rn. 184 ff.; *U. Volkmann,* Grundzüge einer Verfassungslehre der Bundesrepublik Deutschland, 2013, S. 11 ff.

[22] Zu Varianten einer Verfassung im materiellen Sinne näher *M. Morlok,* Art. „Verfassung", in: W. Heun u. a. (Hrsg.), EvStL, 2006, Sp. 2556 (2257).

[23] Damit ist der Unterschied zwischen dem Stufenbau nach dem Bedingungs-, Erzeugungs- oder Ableitungszusammenhang einerseits und dem Stufenbau nach dem Derogationszusammenhang andererseits angesprochen: *A. Bauer/M. Jestaedt,* Das Grundgesetz im Wortlaut, 1997, S. 12 ff.; *ders.,* Grundrechtsentfaltung im Gesetz, 1999, S. 300 ff. mit Fn. 90.

[24] Unterscheidung von formeller und materieller Verfassungsautonomie angelegt bei *C. Möllers,* Staat als Argument (2000), 2. Aufl. 2011, S. 367 f. Die Rede von Autonomie und Hoheit erinnere ihn in stärkerem Maße an die (kommunale) Selbstverwaltung, als es der Staatlichkeit gerecht werde, die den Ländern eigen sei, aber nicht den Kommunen. *J. Ipsen,* Art. „Autonomie (J)", in: W. Heun u. a. (Hrsg.), EvStL, 2006, Sp. 159 ff. beschränkt den Gebrauch des Wortes „Autonomie" auf drei Fälle: Satzungsautonomie, Geschäftsordnungsautonomie und Gebietsautonomie (im Völkerrecht).

Die Gesamtheit der Normen, die eine Kommune erzeugt, lässt sich als eine Teilrechtsordnung einer Landesrechtsordnung begreifen, an deren Spitze die Satzungen und Verordnungen stehen. Die Kommunen können allerdings ausschließlich solche generell-abstrakten Normen erlassen, die der gleiche Rechtserzeuger, nämlich der Rat oder der Kreistag, unter den gleichen Voraussetzungen, besonders mit der gleichen Mehrheit, ändern kann. Die Kommunen können keine Normen erlassen, die im Rang über den Satzungen und Verordnungen stehen. Stattdessen sind es die Landesgesetze, nämlich die Kreis- und Gemeindeordnungen, die die Erzeugung generell-abstrakter Normen in den Kommunen regeln. Deshalb nennen sich Kreis- und Gemeindeordnungen mitunter Kommunal*verfassungen*. Eine Bundesverfassung stammt vom Bund, eine Landesverfassung vom Land, aber eine Kommunalverfassung nicht von einer Kommune. Die formelle Verfassungsautonomie fehlt den Kommunen ganz, ihre materielle Verfassungsautonomie ist verglichen mit der des Bundes und der Länder gering: Die Kommunen können zwar eine Organisations- oder auch Hauptsatzung erlassen und die Kommunalvertretungen eine Geschäftsordnung, aber der Entscheidungsfreiraum ist in beiden Fällen stark eingeschränkt.[25]

Dass sich die Länder und die Kommunen durch den Umfang ihrer Dezentralisation kategorial voneinander unterscheiden, ist ausschlaggebend für die wechselseitige dogmatische Zuordnung von Bund, Ländern und Kommunen: Die Kommunen gehören neben dem Bund und den Ländern zu den Hauptverwaltungsträgern und damit zu den Bezugspunkten der Unterscheidung von mittelbarer und unmittelbarer Verwaltung.[26] Das Kriterium dieser Unterscheidung ist die Rechtsfähigkeit: Zur *unmittelbaren* Verwaltung gehören die Verwaltungseinheiten, deren Tätigkeit sich einem Hauptverwaltungsträger zurechnen lässt, ohne dass in der Zurechnungskette zwischen der Verwaltungseinheit und dem Hauptverwaltungsträger ein anderer Rechtsträger vorkommt. Die Einheiten der unmittelbaren Verwaltung sind selbst nicht rechtsfähig. Die *mittelbare* Verwaltung umfasst die Verwaltungseinheiten, die die Eigenschaft einer juristischen Person haben und durch ihre eigenen Organe handeln, aber einem Hauptverwaltungsträger zugeordnet sind.[27] Die Einheiten der mittel-

---

[25] *G. Püttner*, Kommunale Selbstverwaltung, in: J. Isensee/P. Kirchhof (Hrsg.), HStR[3] VI, 2008, § 144 Rn. 51.

[26] *W. Krebs*, Verwaltungsorganisation, in: J. Isensee/P. Kirchhof (Hrsg.), HStR[3] V, 2008, § 108 Rn. 17 ff.; *M. Jestaedt*, Grundbegriffe des Verwaltungsorganisationsrechts, in: W. Hoffmann-Riem/E. Schmidt-Aßmann/A. Voßkuhle (Hrsg.), GVwR[2] I, 2012, § 14 Rn. 32; *M. Burgi*, Verwaltungsorganisationsrecht: Strukturen und Organisationseinheiten, in: D. Ehlers/H. Pünder (Hrsg.), AllgVerwR, 15. Aufl. 2016, § 8 Rn. 10.

[27] Überblick über die verschiedenen Arten von Verwaltungsträgern bei *W. Krebs*, Verwaltungsorganisation, in: J. Isensee/P. Kirchhof (Hrsg.), HStR[3] V, 2008, § 108 Rn. 36 ff., 44 ff.; *M. Jestaedt*, Grundbegriffe des Verwaltungsorganisationsrechts, in: W. Hoffmann-Riem/E. Schmidt-Aßmann/A. Voßkuhle (Hrsg.), GVwR[2] I, 2012, § 14 Rn. 25 ff., 30 ff.; *M. Burgi*,

baren Verwaltung sind selbst rechtsfähig und gehören damit zu den Verwaltungsträgern.[28]

Die Kommunen nehmen eine Doppelstellung ein: Im Verhältnis zu den Ländern sind sie Einheiten der mittelbaren Landesverwaltung, im Verhältnis zu den rechtsfähigen Verwaltungseinheiten, die sich ihnen zuordnen lassen, sind sie Hauptverwaltungsträger.[29] Die Unterscheidung von mittelbarer und unmittelbarer Staatsverwaltung wiederholt sich für die Kommunen: Die Kommunalvertretungen und die Hauptverwaltungsbeamten gehören zu den Einheiten der unmittelbaren Kommunalverwaltung; Stadthallen-GmbH, Sparkassen und Zweckverbände sind Beispiele der mittelbaren Kommunalverwaltung.[30] Die Länder hingegen sind kein Teil der mittelbaren Bundesverwaltung, wenn sie vollziehende Gewalt ausüben, auch nicht wenn sie die Bundesgesetze ausführen. Sie bleiben Hauptverwaltungsträger selbst im Verhältnis zum Bund. Mit der rechtsdogmatischen Einordnung der Kommunalverwaltung in die mittelbare Staatsverwaltung verbindet sich keine historische, politikwissenschaftliche oder sozialphilosophische Bewertung.[31] Die Einordnung bildet ausschließlich den Standort ab, den das geltende Recht der Kommunalverwaltung zuweist.[32]

Verwaltungsorganisationsrecht: Strukturen und Organisationseinheiten, in: D. Ehlers/H. Pünder (Hrsg.), AllgVerwR, 15. Aufl. 2016, § 8 Rn. 11 ff.

[28] Zum Begriffspaar von Verwaltungseinheit und Verwaltungsträger näher *W. Krebs,* Verwaltungsorganisation, in: J. Isensee/P. Kirchhof (Hrsg.), HStR[3] V, 2008, § 108 Rn. 36: „Als Verwaltungsträger werden eher rechtlich in der Regel binnendifferenzierte Verwaltungseinheiten verstanden, die die Eigenschaft einer juristischen Person haben"; *M. Jestaedt,* Grundbegriffe des Verwaltungsorganisationsrechts, in: W. Hoffmann-Riem/E. Schmidt-Aßmann/A. Voßkuhle (Hrsg.), GVwR[2] I, 2012, § 14 Rn. 20.

[29] *W. Krebs,* Verwaltungsorganisation, in: J. Isensee/P. Kirchhof (Hrsg.), HStR[3] V, 2008, § 108 Rn. 17 f., 22; *M. Jestaedt,* Grundbegriffe des Verwaltungsorganisationsrechts, in: W. Hoffmann-Riem/E. Schmidt-Aßmann/A. Voßkuhle (Hrsg.), GVwR[2] I, 2012, § 14 Rn. 15, 23, 32, 43.

[30] Diese drei Beispiele bei *H. Dreier,* Hierarchische Verwaltung im demokratischen Staat, 1991, S. 220 in Fn. 31. Die Stadthallen-GmbH ist auch das Beispiel bei *W. Krebs,* Verwaltungsorganisation, in: J. Isensee/P. Kirchhof (Hrsg.), HStR[3] V, 2008, § 108 Rn. 22.

[31] Ähnlich *H. Dreier,* Hierarchische Verwaltung im demokratischen Staat, 1991, S. 220 in Fn. 30: „Mit dieser Charakterisierung soll nichts näheres über das Wesen der kommunalen Selbstverwaltung gesagt sein"; *R. Hendler,* Das Prinzip Selbstverwaltung, in: J. Isensee/ P. Kirchhof (Hrsg.), HStR[3] VI, 2008, § 143 Rn. 40 ff.: „Mittelbare Selbstverwaltung als formale Systematisierungskategorie" (Marginalie zu Rn. 43).

[32] *H. Dreier,* Hierarchische Verwaltung im demokratischen Staat, 1991, S. 216 f. in Fn. 17: „Der juristische Disput um die angemessene Begrifflichkeit für bestimmte Dezentralisationsformen (etwa die Frage, ob die kommunale Selbstverwaltung eine Form ‚mittelbarer Staatsverwaltung' ist) war und ist ohnehin häufig nicht mehr als ein bloßer Streit um Worte. Die entscheidenden Sachfragen (Weisungs- und Aufsichtsrechte, Klagemöglichkeiten etc.) sind davon unabhängig; hier besteht häufig auch gar kein Dissens"; *M. Jestaedt,* Grundbegriffe des Verwaltungsorganisationsrechts, in: W. Hoffmann-Riem/E. Schmidt-Aßmann/A. Voßkuhle (Hrsg.), GVwR[2] I, 2012, § 14 Rn. 11: „[U]nd so werden dem Verhältnis von ‚mittelbarer Staatsverwaltung' und Selbstverwaltung ausgedehnte Überlegungen gewidmet, ohne dass deren rechtspraktische Bedeutung heute noch evident wäre."

Die *Intensität* der Dezentralisation richtet sich danach, ob ein Staatsorgan von seinem Entscheidungsfreiraum, den ihm das ranghöhere Recht belässt, innerhalb derselben Staatsgewalt „unabhängigen" und „endgültigen" Gebrauch machen kann.[33] Der Bezugspunkt der Intensität der Dezentralisation ist eine einzelne Entscheidung, nicht das Organ, das die Entscheidung trifft, oder dessen Rechtsträger: Die Intensität der Dezentralisation verschiedener Entscheidungen desselben Organs kann abweichen, genauso wie verschiedene Entscheidungen desselben Organs abweichenden Anforderungen an ihre demokratische Legitimation unterliegen können. Ob ein Organ im Verhältnis zu einem anderen Organ, das nicht derselben Gewalt angehört, unabhängig und endgültig entscheiden kann, wirkt sich auf die Intensität der Dezentralisation nicht aus.[34]

Wie groß der Entscheidungsfreiraum eines Rechtsanwenders ist, richtet sich danach, wie stark die Rechtserzeuger höheren Ranges die Entscheidungen des Rechtsanwenders teilprogrammieren. Entscheidungsfreiräume bestehen im Verhältnis eines Rechtsanwenders zu den Erzeugern des maßgeblichen ranghöheren Rechts, zum Beispiel im Verhältnis eines Gesetzgebers zu einem Verfassunggeber sowie einer Behörde zu einem Gesetzgeber. Wenn verschiedene Rechtsanwender dieselbe Norm auf denselben Sachverhalt anwenden können, muss das Recht einen von ihnen ermächtigen, dass er über die Ausfüllung des Entscheidungsfreiraums letztverbindlich entscheidet. Wer zur Letztentscheidung ermächtigt ist, kann die Entscheidung eines anderen Rechtsanwenders über die Ausfüllung des Entscheidungsfreiraums durch seine eigene Entscheidung ersetzen.[35] Solche „Letztentscheidungsermächtigungen"[458] bestehen sowohl gewaltenintern als auch gewaltenübergreifend:[37] Gewaltenintern ist etwa eine Widerspruchsbehörde ermächtigt, die Entscheidung einer Ausgangs-

---

[33] *H. Kelsen,* Allgemeine Staatslehre, 1925, S. 177 ff.

[34] *H. Kelsen,* Allgemeine Staatslehre, 1925, S. 179; *H. Peters,* Zentralisation und Dezentralisation, 1928, S. 17 ff.

[35] Zum Verhältnis von Entscheidungsfreiraum und Letztentscheidungsmacht näher *H. Dreier,* Hierarchische Verwaltung im demokratischen Staat, 1991, S. 185 ff.; *E. Schmidt-Aßmann,* in: T. Maunz/G. Dürig u. a. (Hrsg.), GGK, Art. 19 IV (2014), Rn. 184a; *M. Jestaedt,* Das doppelte Ermessensantlitz, in: ZfV 40 (2015), S. 339 (345 ff.); *ders.,* Maßstäbe des Verwaltungshandelns, in: D. Ehlers/H. Pünder (Hrsg.), AllgVerwR, 15. Aufl. 2016, § 11 Rn. 27 ff.; *F. Gonsior,* Die Verfassungsmäßigkeit administrativer Letztentscheidungsbefugnisse, 2018, S. 89 ff.

[36] Begriffsprägung in der Kommentierung von *E. Schmidt-Aßmann,* in: T. Maunz/G. Dürig u. a. (Hrsg.), GGK, Art. 19 IV (2014), Rn. 180 ff.

[37] Unterscheidung von gewalteninternen und gewaltenübergreifenden Letztentscheidungsermächtigungen bei *M. Jestaedt,* Das doppelte Ermessensantlitz, in: ZfV 40 (2015), S. 339 (345 in Fn. 53): „*Letzt*programmierung ist hier als *inter*funktioneller, nicht als *intra*funktioneller Begriff gemeint, dh als Begriff, der als Bezugspunkt die Funktionen nimmt (Legislative, Gubernative, Administrative, Judikative) und nicht die einzelnen Organe der Administrative, Judikative usf.; Letztprogrammierungsbefugnis im auch *intra*funktionellen Sinne kommt nur jenem Organ zu, dessen Entscheidungen keiner Kontrolle mehr – im Instanzenzug oder auch außerhalb dessen – unterliegen" (Hervorhebung im Original; S. L.).

behörde, die von ihrem Entscheidungsfreiraum Gebrauch macht, durch eine eigene Entscheidung zu ersetzen. Die Verwaltungsgerichtsordnung verleiht diese Letztentscheidungsmacht, indem sie regelt, dass die Widerspruchsbehörde neben der Rechtmäßigkeit die Zweckmäßigkeit des Verwaltungsaktes prüft.[38] Gewaltenübergreifend bestehen Letztentscheidungsermächtigungen etwa im Verhältnis eines Gesetzgebers zu einem Verfassungsgericht (Einschätzungs-, Gestaltungs-, Prognosespielraum) und einer Behörde im Verhältnis zu einem Verwaltungsgericht (Beurteilungsspielraum, Ermessen).

Im Fall der Verwaltung richtet sich die Intensität der Dezentralisation danach, ob das dezentralisierte Organ innerhalb der vollziehenden Gewalt zur Letztentscheidung darüber ermächtigt ist, wie es von seinem Entscheidungsfreiraum Gebrauch macht.[39] Die Verteilung der Letztentscheidungsmacht hängt davon ab, unter welcher Art von Aufsicht das Organ bei einer Entscheidung steht: unter Rechtsaufsicht oder unter Fachaufsicht.[40] Aufsichtsbeziehungen bestehen sowohl zwischen den Organen desselben Rechtsträgers (Organ- oder Behördenaufsicht) als auch zwischen den Organen verschiedener Rechtsträger (Verwaltungs- oder Staatsaufsicht in Form von Bundesaufsicht, Kommunalaufsicht usw.).[41] Die Rechtsaufsicht hat die Rechtmäßigkeit des Verwaltungshandelns zum Maßstab, die Fachaufsicht seine Zweckmäßigkeit.[42] Der Gegenstand der Rechtsaufsicht ist die Wahrung der Grenzen des Entscheidungsfreiraums, der Gegenstand der Fachaufsicht dessen Ausfüllung durch den Beaufsichtigten.[43]

---

[38] § 68 I 1 VwGO. Hinweis auf das Beispiel der Widerspruchsbehörde bei *M. Jestaedt,* Grundrechtsentfaltung im Gesetz, 1999, S. 199 f.

[39] *H. Peters,* Zentralisation und Dezentralisation, 1928, S. 17 f., 19 f. Anders als der Autor annimmt, handelt es sich bei seinen Ausführungen wohl nicht um eine „Modifikation" (S. 19) des Verständnisses Kelsens (in der Sache), sondern um eine Verdeutlichung (in der Darstellung).

[40] *H. Kelsen,* Allgemeine Staatslehre, 1925, S. 179 f.

[41] Im Wesentlichen gleiche Unterscheidungen bei *W. Kahl,* Die Staatsaufsicht, 2000, S. 349 ff.; *T. Groß,* Was bedeutet „Fachaufsicht"?, in: DVBl. 2002, S. 793 (795 ff.); *W. Krebs,* Verwaltungsorganisation, in: J. Isensee/P. Kirchhof (Hrsg.), HStR³ V, 2008, § 108 Rn. 46 ff., 51 f.; *M. Jestaedt,* Grundbegriffe des Verwaltungsorganisationsrechts, in: W. Hoffmann-Riem/E. Schmidt-Aßmann/A. Voßkuhle (Hrsg.), GVwR² I, 2012, § 14 Rn. 59; *M. Burgi,* Verwaltungsorganisationsrecht: Strukturen und Organisationseinheiten, in: D. Ehlers/H. Pünder (Hrsg.), AllgVerwR, 15. Aufl. 2016, § 8 Rn. 9, 42 ff.

[42] *W. Kahl,* Die Staatsaufsicht, 2000, S. 401; *F.-L. Knemeyer,* Die Staatsaufsicht über die Gemeinden und Kreise (Kommunalaufsicht), in: T. Mann/G. Püttner (Hrsg.), HkWPr³ I, 2007, § 12 Rn. 37, 74; *W. Krebs,* Verwaltungsorganisation, in: J. Isensee/P. Kirchhof (Hrsg.), HStR³ V, 2008, § 108 Rn. 51; *M. Jestaedt,* Grundbegriffe des Verwaltungsorganisationsrechts, in: W. Hoffmann-Riem/E. Schmidt-Aßmann/A. Voßkuhle (Hrsg.), GVwR² I, 2012, § 14 Rn. 60; *M. Burgi,* Verwaltungsorganisationsrecht: Strukturen und Organisationseinheiten, in: D. Ehlers/H. Pünder (Hrsg.), AllgVerwR, 15. Aufl. 2016, § 8 Rn. 42. Indem eine Behörde am Maßstab der Zweckmäßigkeit beaufsichtigt, bewertet sie, anders als es der Wortsinn nahelegt, neben der Zweckdienlichkeit des Mitteleinsatzes auch die Zwecksetzung als solche. Zum Begriffspaar aus Rechtmäßigkeit und Zweckmäßigkeit näher *M. Jestaedt,* Maßstäbe des Verwaltungshandelns, in: D. Ehlers/H. Pünder (Hrsg.), AllgVerwR, 15. Aufl. 2016, § 11 Rn. 1 f.

[43] Unterhalb dieser allgemeinen Unterscheidung erfährt die Fachaufsicht im geltenden

Eine Fachaufsichtsbehörde ist gegenüber dem Beaufsichtigten zur Letztentscheidung über die Ausfüllung des Entscheidungsfreiraums ermächtigt; eine Rechtsaufsichtsbehörde muss den Entscheidungsfreiraum des Beaufsichtigten achten.[44] Wenn der Gesetzgeber einer beaufsichtigten Behörde einen Beurteilungsspielraum oder Ermessen zugesteht, beschränkt sich der Maßstab einer Rechtsaufsichtsbehörde (nicht anders als der eines Verwaltungsgerichts) auf Ermessens- und Beurteilungsfehler; eine Fachaufsichtsbehörde kann (nicht anders als eine Widerspruchsbehörde) Beurteilungsspielräume und Ermessen selbst ausüben.[45]

Die *Länder* führen die Landesgesetze und überwiegend die Bundesgesetze aus.[46] Bei der Ausführung der Landesgesetze stehen sie nicht unter einer Aufsicht des Bundes. Wenn sie die Bundesgesetze ausführen, richtet sich der Aufsichtsmaßstab danach, ob sie sie als eigene Angelegenheiten ausführen oder im Auftrag des Bundes. Bei der Eigenverwaltung unterstehen die Länder grundsätzlich der Rechtsaufsicht des Bundes und einer auf den Erlass von Verwaltungsvorschriften beschränkten Fachaufsicht; Einzelweisungen sind lediglich in bestimmten Fällen zulässig.[47] Bei der Auftragsverwaltung übt der Bund in

---

Recht verschiedene Ausprägungen: *T. Groß,* Was bedeutet „Fachaufsicht"?, in: DVBl. 2002, S. 793 ff. Terminologisch bestehen ebenfalls Unterschiede: In Brandenburg und in Nordrhein-Westfalen spricht das Kommunalrecht von Sonderaufsicht statt von Fachaufsicht: § 121 I BbgKVerf.; § 119 II GO NRW, § 57 II KreisO NRW. Die Rechtsaufsichtsbehörden können, obwohl sich ihr Maßstab auf die Rechtmäßigkeit beschränkt, Mittel ergreifen, die nicht zu den den typischen Mitteln der Rechtsaufsicht wie etwa Beanstandung, Aufhebung usw. gehören (Beratung, Gestaltung), und Leistungen erbringen, die über die Rechtsdurchsetzung hinausgehen (Schutz, Entwicklung): *J. Oebbecke,* Kommunalaufsicht – nur Rechtsaufsicht oder mehr?, in: DÖV 2001, S. 406 ff.

[44] *M. Jestaedt,* Grundrechtsentfaltung im Gesetz, 1999, S. 199 f. setzt allgemein die Kompetenz einer übergeordneten Behörde zur Entscheidung über die Zweckmäßigkeit des Handelns einer untergeordneten Behörde mit der Kompetenz zur Letztentscheidung über die Ausfüllung von Entscheidungsfreiräumen gleich (allerdings ohne den Begriff der Letztentscheidungsmacht zu verwenden).

[45] *V. Mehde,* Neues Steuerungsmodell und Demokratieprinzip, 2000, S. 247; *F.-L. Knemeyer,* Die Staatsaufsicht über die Gemeinden und Kreise (Kommunalaufsicht), in: T. Mann/ G. Püttner (Hrsg.), HkWPr³ I, 2007, § 12 Rn. 37, 41; *V. Mehde,* in: T. Maunz/G. Dürig u. a. (Hrsg.), GGK, Art. 28 II (2012), Rn. 108. Abweichend *E. T. Emde,* Die demokratische Legitimation der funktionalen Selbstverwaltung, 1991, S. 84.

[46] Zur Zuständigkeitsverteilung und zu den Aufsichtsbeziehungen näher *J. Oebbecke,* Verwaltungszuständigkeit, in: J. Isensee/P. Kirchhof (Hrsg.), HStR³ VI, 2008, § 136 Rn. 18 ff.

[47] Art. 84 III, IV (Rechtsaufsicht); Art. 84 II, V GG (Fachaufsicht). Dazu *J. Oebbecke,* Die Aufsicht der Länder über den kommunalen Vollzug der Grundsicherung, in: DVBl. 2019, S. 1 (1 in Fn. 2): „Diese Befugnisse [scil. die in Art. 85 GG geregelten; S. L.] erlauben dem Bund aber keine ‚Rechts- und Fachaufsicht' (so LT-Drucks. 161732, S. 11). Diese aus dem Recht der Binnenorganisation stammenden Begriffe (s. etwa §§ 11 ff. LOG) charakterisieren das außenrechtliche Verhältnis zwischen Bund und Ländern nach Art. 85 GG nicht angemessen." Jedenfalls soweit die Bundesaufsicht über die Länder wie andere Formen der Aufsicht zur Wahrung der Einheit des Staates beiträgt und sich in einigen Fällen auf die Rechtmäßigkeit, in anderen auf die Zweckmäßigkeit erstreckt, ist die Rechtswissenschaft nicht gehindert, von Rechts- und von Fachaufsicht zu sprechen, auch wenn das Begriffspaar in Art. 83 ff. GG nicht vorkommt.

jedem Fall die Fachaufsicht aus.[48] Die *Kommunen* üben entweder Selbstverwaltung oder Auftragsverwaltung aus.[49] In beiden Fällen unterstehen sie der
Rechtsaufsicht der Länder; der Fachaufsicht unterliegen sie ausschließlich bei
der Auftragsverwaltung.[50] Kommunale Selbstverwaltung ist demnach gleichbedeutend mit intensiver, Auftragsverwaltung gleichbedeutend mit schwacher
Dezentralisation.[51]

b) Dezentralisation als Fortsetzung der Gewaltengliederung: Aussichten auf Gewinne an Leistung und Risiken für die Einheit der Verwaltung

Damit ein Akt der Staatsgewalt *er*gehen und *be*stehen kann, müssen wenigstens
zwei, typischerweise alle drei Gewalten zusammenwirken: Der Erlass und Bestand eines Verwaltungsaktes setzt voraus, dass der Gesetzgeber die Verwaltung
zu seinem Erlass ermächtigt, die Verwaltung von ihrer Ermächtigung Gebrauch
macht und die Rechtsprechung den Verwaltungsakt im Falle einer Klage nicht
aufhebt. Ein Bundesgesetz kommt zustande und bleibt bestehen, wenn der Bundestag es beschließt, der Bundesrat mitwirkt und das Bundesverfassungsgericht
es im Falle eines Verfassungsprozesses nicht aufhebt; die Bundesregierung ist
in der Mehrzahl der Fälle als (in)formeller Urheber der Gesetzesvorlage beteiligt. In einem einzelnen Akt der Staatsgewalt vereinen sich gesonderte Beiträge
der Gesetzgebung, der vollziehenden Gewalt und der Rechtsprechung.

Diese Beiträge lassen sich nach drei Kriterien idealtypisch unterscheiden:
nach ihrer Reichweite, dem Grad ihrer Verrechtlichung und ihrer Orientierung

---

[48] Art. 85 II bis IV GG.

[49] Das Landesrecht von Baden-Württemberg, Brandenburg, Hessen, Nordrhein-Westfalen, Sachsen und Schleswig-Holstein kennt keine Aufgaben der Auftragsverwaltung, sondern Pflichtaufgaben zur Erfüllung nach Weisung. Aus Sicht des Grundgesetzes besteht der
Unterschied darin, dass der Gesetzgeber eine Aufgabe der Auftragsverwaltung, die zu den
Angelegenheiten der örtlichen Gemeinschaft gehört, den Gemeinden entzogen hat; eine
Pflichtaufgabe zur Erfüllung nach Weisung, die unter die Angelegenheiten der örtlichen Gemeinschaft fällt, hat er den Gemeinden belassen, aber die Eigenverantwortlichkeit der Aufgabenerfüllung beschränkt. In jedem Fall muss sich eine Weisung auf ein Gesetz stützen und
sich der Gesetzgeber vor den Schranken-Schranken des Art. 28 II 1 GG rechtfertigen können. Das Landesrecht der genannten Länder bestimmt die Gemeinden zu alleinigen Trägern
der öffentlichen Verwaltung in ihrem Gebiet: Art. 71 II BaWüVerf., § 2 I BaWüGO; Art. 78 II
NWVerf., § 2 GO NRW usw. Zum Ganzen näher *H. Maurer/C. Waldhoff,* Allgemeines Verwaltungsrecht, 19. Aufl. 2017, § 23 Rn. 21; *H. C. Röhl,* Kommunalrecht, in: F. Schoch (Hrsg.),
BesVerwR, 2018, Kap. 2 Rn. 71. Für die Fragen von Dezentralisation, Kommunalaufsicht und
demokratischer Legitimation kommt es nicht darauf an, ob ein Land die Kommunalverwaltung, die nicht Selbstverwaltung ist, als Auftragsverwaltung oder als Pflichtaufgabe zur Erfüllung nach Weisung gestaltet.

[50] *F.-L. Knemeyer,* Die Staatsaufsicht über die Gemeinden und Kreise (Kommunalaufsicht), in: T. Mann/G. Püttner (Hrsg.), HkWPr³ I, 2007, § 12 Rn. 41; *W. Krebs,* Verwaltungsorganisation, in: J. Isensee/P. Kirchhof (Hrsg.), HStR³ V, 2008, § 108 Rn. 48.

[51] *A. [J.] Merkl,* Allgemeines Verwaltungsrecht, 1927, S. 351; *H. Peters,* Zentralisation
und Dezentralisation, 1928, S. 17 f.

in der Zeit.[52] Der Gesetzgeber trifft generell-abstrakte Entscheidungen, drückt den Mehrheitswillen aus, richtet sich in die Zukunft und handelt vergleichsweise frei von rechtlichen Vorgaben.[53] Die Rechtsprechung trifft konkret-individuelle Entscheidungen, schützt subjektive Rechte, beurteilt abgeschlossene Sachverhalte und handelt in engen rechtlichen Grenzen.[54] Die vollziehende Gewalt deckt auf einer gedachten Skala die Bandbreite zwischen den Polen Gesetzgebung und Rechtsprechung ab:[55] Es ist die gleiche vollziehende Gewalt, die den Entwurf eines Straßenverkehrsgesetzes in den Bundestag einbringt, auf Grund des Gesetzes eine Straßenverkehrsordnung erlässt, dann Verkehrsschilder aufstellt und schließlich rechtswidrig abgestellte Fahrzeuge abschleppen lässt.[56]

Mit der Gewaltengliederung können sich viele verschiedene Zwecke verbinden. Die Zweckzuschreibungen lassen sich zu zwei Bündeln zusammenfassen: Einerseits soll die Gewaltengliederung die Effektivität und die Effizienz der Staatsgewalt durch Arbeitsteilung steigern, andererseits das Gefahrenpotential der Staatsgewalt durch Diffusion und Kontrolle begrenzen.[57] Die Gewaltengliederung soll beschleunigen und verlangsamen, trennen und verschränken. „Den sprichwörtlichen Leviathan will dieses bifurkale Verständnis der Gewaltenteilung mithin im gleichen Atemzuge durch Fesselung bremsen und rascher marschieren lassen."[58] Paradox sind diese Zweckzuschreibungen ausschließlich bei vordergründiger Betrachtung: Die Gewaltengliederung beschleunigt und verlangsamt die Staatsgewalt auf verschiedenen Ebenen, nicht auf derselben.[59]

---

[52] *C. Möllers*, Gewaltengliederung, 2005, S. 88 ff., 94 ff., 403 ff. Das Typologische betont *M. Cornils*, Gewaltenteilung, in: O. Depenheuer/C. Grabenwarter (Hrsg.), Verfassungstheorie, 2010, § 20 Rn. 41 ff.: „Diese [von Möllers stammenden; S. L.] Funktionsbeschreibungen der drei Gewalten treffen vor allem in phänotypologischer Erfassung der Verfahrensunterschiede viel Richtiges, wirken aber doch auch ziemlich schablonenhaft und gelangen zu der These einer kategorischen Funktionsunterscheidung nur um den Preis fragwürdiger Verkürzungen" (Rn. 43).

[53] *C. Möllers*, Gewaltengliederung, 2005, S. 105 ff., 403 ff.

[54] *C. Möllers*, Gewaltengliederung, 2005, S. 95 ff., 405 ff.

[55] *C. Möllers*, Gewaltengliederung, 2005, S. 112 ff., 407 ff.

[56] Ähnliches Beispiel bei *K. F. Röhl/H. C. Röhl*, Allgemeine Rechtslehre, 3. Aufl. 2008, S. 305 f.

[57] Bündelungen bei *H. Dreier*, Hierarchische Verwaltung im demokratischen Staat, 1991, S. 175 ff.; *K. Hesse*, Grundzüge des Verfassungsrechts der Bundesrepublik Deutschland, 20. Aufl. 1995, Rn. 497 ff.; *U. Di Fabio*, Gewaltenteilung, in: J. Isensee/P. Kirchhof (Hrsg.), HStR[3] II, 2004, § 27 Rn. 7 ff.; *C. Möllers*, Gewaltengliederung, 2005, S. 68 ff.; *F. Wittreck*, Gewaltenteilung – Gewaltenverschränkung – Gewaltengliederung, [2009], S. 7; *M. Cornils*, Gewaltenteilung, in: O. Depenheuer/C. Grabenwarter (Hrsg.), Verfassungstheorie, 2010, § 20 Rn. 8 ff.; *R. Poscher*, Funktionenordnung des Grundgesetzes, in: W. Hoffmann-Riem/ E. Schmidt-Aßmann/A. Voßkuhle (Hrsg.), GVwR[2] I, 2012, § 8 Rn. 23 ff.

[58] *F. Wittreck*, Gewaltenteilung – Gewaltenverschränkung – Gewaltengliederung, [2009], S. 7.

[59] *R. Poscher*, Funktionenordnung des Grundgesetzes, in: W. Hoffmann-Riem/E. Schmidt-

Denn zum einen kann der Staat, indem er die Gewalten gliedert, Rechts-
funktionen und Staatsorgane einander anpassen. Er stimmt die Zusammensetzung und die Organisation, das Entscheidungsverfahren und die Bandbreite an
Handlungsformen eines Organs und den Beitrag, den es zur Rechtserzeugung
leisten soll, wechselseitig aufeinander ab. Dadurch verbessert er die Effektivität und Effizienz seiner Tätigkeit. Zum anderen lässt der Staat die Organe, die
zusammenwirken müssen, damit ein bestimmter Akt der Staatsgewalt ergehen
und bestehen kann, nach Maßstäben entscheiden, die nicht vollständig übereinstimmen; grundsätzlich trennt er die Staatsorgane zudem personell und organisatorisch.[60] Dadurch beugt er Missbrauch und Willkür vor und begünstigt
ausgewogene und maßvolle Entscheidungen. Die Gliederung der Gewalten hat
ähnliche Wirkungen wie die Notwendigkeit zum Kompromiss: Indem unterschiedliche Beteiligte ihre Kenntnisse, Interessen und Sichtweisen einbringen,
kommen Entscheidungen zustande, die größere Aussicht auf Akzeptanz und
Zweckmäßigkeit bieten. Während an einem Kompromiss von vornherein mehrere Beteiligte mitwirken und durch wechselseitiges Nachgeben eine Entscheidung herbeiführen, treffen die drei Gewalten zunächst voneinander unabhän-
gige Entscheidungen, die sich später in einem Akt der Staatsgewalt vereinen.

Die Dezentralisation setzt die Gewaltengliederung fort, indem sie die Zahl
der Staatsorgane erhöht, die zusammenwirken müssen, damit ein Akt der Staatsgewalt ergehen und bestehen kann. Der Staat vervielfältigt die Entscheidungsträger, indem er bestimmte Aufgaben nicht (allein) vom Bund, sondern (auch)
von sechzehn Ländern oder unzähligen Kommunen auf verschiedene Weise
wahrnehmen lässt. Die Dezentralisation ist eine (vertikale) Entsprechung der
(horizontalen) Gewaltengliederung.[61] Hinzu kommt im Fall der Länder und

---

Aßmann/A. Voßkuhle (Hrsg.), GVwR² I, 2012, § 8 Rn. 29: „Der mäßigende Aspekt der Gewaltenteilung und ihr Effektivität und Effizienz steigernder funktionaler Aspekt scheinen der Gewaltenteilung einen paradoxen Charakter zu geben: Einerseits soll sie staatliche Hoheitsgewalt
mäßigen, andererseits aber zu ihrer Effektivität und Effizienz beitragen. Die beiden Aspekte
der Gewaltenteilung müssen aber nicht in Widerspruch zueinander stehen. Gemäßigt werden
soll nicht die staatliche Gewalt als solche, sondern ihr willkürlicher und damit auch funktions-
inadäquater Gebrauch. Indem die Gewaltenteilung zu einer funktionsadäquaten Wahrnehmung
staatlicher Aufgaben beiträgt, mäßigt sie die inadäquate Ausübung staatlicher Gewalt, der auch
der Kontrollaspekt der Gewaltenteilung gilt."

[60] *W. Heun,* Art. „Gewaltenteilung", in: ders. (Hrsg.), EvStL, 2006, Sp. 800 (801) unterscheidet einen funktionalen, einen institutionell-organisatorischen und einen personalen Aspekt der Gewaltenteilung.

[61] *H.-D. Horn,* Art. „Gewaltenteilung", in: M. Schröder (Hrsg.), ErgLdR, Nr. 5/280 (2005),
S. 1 (5 f.); *M. Cornils,* Gewaltenteilung, in: O. Depenheuer/C. Grabenwarter (Hrsg.), Verfassungstheorie, 2010, § 20 Rn. 47 ff.: „intrafunktionale Gewaltenteilung"; *M. Jestaedt,* Grundbegriffe des Verwaltungsorganisationsrechts, in: W. Hoffmann-Riem/E. Schmidt-Aßmann/
A. Voßkuhle (Hrsg.), GVwR² I, 2012, § 14 Rn. 2 in Fn. 4; *R. Poscher,* Funktionenordnung des
Grundgesetzes, in: W. Hoffmann-Riem/E. Schmidt-Aßmann/A. Voßkuhle (Hrsg.), GVwR² I,
2012, § 8 Rn. 15 f.: „Gewaltenteilung" und „Föderalismus" als zwei Unterfälle von „Gewaltengliederung"; *H. Bethge,* Art. „Bundesstaat", in: Görres-Gesellschaft (Hrsg.), StL⁸ I, 2017,

der Kommunen, dass sie die Gewaltengliederung des Bundes in ihrem Innern wiederholen. Die Kommunen haben zwar weder Gesetzgeber noch Gerichte, aber in jeder Kommune existiert eine Behörde, die monokratisch entscheidet und konkret-individuelle Normen erzeugt, neben einer Kommunalvertretung, die kollegial entscheidet und generell-abstrakte Normen erzeugt. Die staatsanaloge Binnenstruktur der Kommunen hat Effekte, die sich zu denen der Gewaltengliederung und der Dezentralisation hinzuaddieren.

Dennoch leistet die Dezentralisation ihren eigenen Beitrag zur Leistungsfähigkeit des Staates, weil sich die Rechtsordnung in ihrem Falle nach *räumlichen* Kriterien gliedert.[62] *Erstens* kann unter den Ländern und Kommunen ein Wettbewerb etwa um Einwohner und Unternehmen entstehen: Ein solcher Wettbewerb schafft Anreize, dass die Länder und Kommunen die Lebens- und Wirtschaftsbedingungen verbessern, begünstigt Innovationen und Adaptionen und ermöglicht es den Einwohnern und Unternehmen, dass sie ungünstigen Bedingungen ausweichen, indem sie sich anderswo niederlassen. Er muss aber nicht damit einhergehen, dass die Wettbewerbsteilnehmer versuchen, die Einwohner und Unternehmen des anderen abzuwerben; sie können sich stattdessen untereinander austauschen und gemeinsam besser werden wollen.[63] *Zweitens* kann der Staat räumlich abweichenden Anforderungen besser gerecht werden: Ein industrielles Ballungszentrum muss er anders verwalten als eine ländliche

---

Sp. 869 (870 f.); *C. Starck,* Art. „Gewaltenteilung", in: Görres-Gesellschaft (Hrsg.), StL[8] II, 2018, Sp. 1314 (1317 f.). Ein wenig unentschieden *U. Di Fabio,* Gewaltenteilung, in: J. Isensee/P. Kirchhof (Hrsg.), HStR[3] II, 2004, § 27 Rn. 11 ff. – Prägende begriffliche Unterscheidung von „vertikaler" und „horizontaler Gewaltenteilung" bei *K. Hesse,* Grundzüge des Verfassungsrechts der Bundesrepublik Deutschland, 20. Aufl. 1995, Rn. 229 ff., bes. 231. Zuvor bereits *H. Peters,* Zentralisation und Dezentralisation, 1928, S. 7 f., 35 ff., 37 ff. – *C. Möllers,* Gewaltengliederung, 2005, S. 420 ff.; *ders.,* Dogmatik der grundgesetzlichen Gewaltengliederung, in: AöR 132 (2007), S. 493 (526 ff.); *F. Wittreck,* Gewaltenteilung – Gewaltenverschränkung – Gewaltengliederung, [2009], S. 29 ff., bes. 31 lehnen die Einordnung der Bundesstaatlichkeit als vertikale Gewaltengliederung dem Begriff und der Sache nach deshalb ab, weil sie darüber hinwegtäusche, dass die Landesregierungen durch den Bundesrat an der Bundesgesetzgebung mitwirkten (Exekutivföderalismus).

[62] Sammlung von Leistungen der Dezentralisation bei *H. Peters,* Zentralisation und Dezentralisation, 1928, S. 46 ff.; *J. Oebbecke,* Selbstverwaltung angesichts von Europäisierung und Ökonomisierung, in: VVDStRL 62 (2003), S. 366 (371 ff.); *S. Korioth,* Art. „Föderalismus", in: W. Heun u. a. (Hrsg.), EvStL, 2006, Sp. 596 (599 ff.); *J. Oebbecke,* Art. „Dezentralisation, Dekonzentration", in: W. Heun u. a. (Hrsg.), EvStL, 2006, Sp. 364 (367 f.); *H. Oberreuter,* Art. „Föderalismus", in: Görres-Gesellschaft (Hrsg.), StL[8] II, 2018, Sp. 776 (779 f.). Sammlung für die Verselbständigung von Verwaltungseinheiten allgemein *H. Dreier,* Hierarchische Verwaltung im demokratischen Staat, 1991, S. 270 ff., 277 ff.; *M. Burgi,* Verwaltungsorganisationsrecht: Strukturen und Organisationseinheiten, in: D. Ehlers/H. Pünder (Hrsg.), AllgVerwR, 15. Aufl. 2016, § 8 Rn. 8 f. Als Gegenstück eine Sammlung von Gefahren einer hierarchischen Verwaltung bei *H. Dreier,* Hierarchische Verwaltung im demokratischen Staat, ebd., S. 147 f.

[63] *J. Oebbecke,* Selbstverwaltung angesichts von Europäisierung und Ökonomisierung, in: VVDStRL 62 (2003), S. 366 (373 f., 399 ff.) unterscheidet dementsprechend „marktlichen Wettbewerb" und „kooperative Konkurrenz".

Gegend, eine Stadt am Meer anders als ein Dorf in den Bergen.[64] *Drittens* kann die dezentralisierte Verwaltung orts- und einwohnernäher handeln: Die Verwalter kennen die Umstände vor Ort und die Interessen der Einwohner aus eigener Anschauung; Einwohner und Verwalter können einander besser erreichen und leichter ein gemeinsames Verständnis herstellen.[65] *Viertens* ist die Dezentralisation notwendige Bedingung dafür, dass die ortsansässigen Bürger die Amts- und Mandatsträger, die für ein Teilgebiet zuständig sind, unmittelbar wählen können. Dezentralisation und Direktwahl gehen im Fall der Länder und der Kommunen einher, sind aber weder theoretisch noch praktisch untrennbar verbunden:[66] Die Bezirksregierungen gehören zu den dezentralisierten Organen, die Regierungspräsidenten aber werden von der Landesregierung ernannt.

Die Dezentralisation kann ihre Zwecke typischerweise umso besser erfüllen, je mehr Stufen der Normenhierarchie sie umfasst, je größer der Entscheidungsfreiraum des dezentralisierten Staatsorgans ausfällt und je häufiger es davon endgültigen und unabhängigen Gebrauch machen kann.[67] Der Staat gliedert die Rechtsordnung nach räumlichen Kriterien und setzt für jedes Teilgebiet getrennte Rechtserzeuger zu dem Zweck ein, dass sich Rechtsinhalte von Teilgebiet zu Teilgebiet unterscheiden (können). Verschiedene Rechtserzeuger sollen dieselben Normen nach abweichenden moralischen, wirtschaftlichen und anderen außerrechtlichen, in einem weiten Sinne politischen Kriterien anwenden (können). Wer die Rechtserzeugung dezentralisiert, fördert Regelungsvielfalt.

Allerdings steigert der Staat, indem er verschiedene Rechtserzeuger mit eigenen örtlichen Zuständigkeiten einsetzt, die Gefahr, dass ein Organ das Recht ungewollt fehlinterpretiert (Rechtsirrtum) oder absichtlich missachtet (Rechts-

---

[64] *H. Peters,* Zentralisation und Dezentralisation, 1928, S. 46 f.: „Küstengegenden erfordern andere Maßnahmen als gebirgige Landesteile. Ströme, Fauna und Flora können sehr erhebliche Verschiedenheiten bedingen. [...] Auch wirtschaftliche Eigentümlichkeiten fordern Dezentralisation. Industriebezirke müssen anders behandelt werden als landwirtschaftliche Gegenden."

[65] *A. [J.] Merkl,* Allgemeines Verwaltungsrecht, 1927, S. 322: „Der nächstliegende Grund der territorialen Dezentralisation ist der, gleicherweise den Staatsbürger für die Behörde wie die Behörde für den Staatsbürger möglichst bequem erreichbar zu machen. [...] Dazu kommt, daß ein kleiner Sprengel am besten Gelegenheit bietet, die Eigentümlichkeiten des Sprengels und die Bedürfnisse der Sprengelbevölkerung aus eigener Wahrnehmung kennen zu lernen und zu berücksichtigen." Nach Einschätzung von *J. Oebbecke,* Art. „Dezentralisation, Dekonzentration", in: W. Heun u. a. (Hrsg.), EvStL, 2006, Sp. 364 (367 f.) lässt moderne Informations- und Kommunikationstechnik diesen Vorteil abnehmen. Ebenso bereits *H. Peters,* Zentralisation und Dezentralisation, 1928, S. 47 in Fn. 1: „Telegraph und Fernsprecher sind daher der Dezentralisation nicht günstig."

[66] *H. Kelsen,* Allgemeine Staatslehre, 1925, S. 180 ff.

[67] *H. Dreier,* Hierarchische Verwaltung im demokratischen Staat, 1991, S. 170 ff. Zudem *J. Oebbecke,* Selbstverwaltung angesichts von Europäisierung und Ökonomisierung, in: VVDStRL 62 (2003), S. 366 (376): „Ohne relevante und intelligent arrangierte Entscheidungsfreiräume ist Selbstverwaltung ineffektiv."

ungehorsam). Vor allem die Gesetze können im Prozess ihrer Konkretisierung und Individualisierung, der über mehrere Stufen hinweg und an vielen Orten parallel abläuft, an praktischer Wirksamkeit verlieren.[68] Selten verharrt in Deutschland ein dezentralisiertes Staatsorgan in großflächigem Rechtsungehorsam; meist bleibt es bei vereinzelten und geringfügigen Rechtsbrüchen.[69] Eine Regierung und die sie tragende parlamentarische Mehrheit können aber gehindert sein, ihre Maßgaben für die Rechtsanwendung in der Verwaltungsorganisation durchzusetzen. Das Regierungslager kann schlichte Abweichungen bei der Rechtsanwendung als Blockade, Lähmung und „bürokratische Sabotage"[70] auffassen. Wo die (wünschenswerte) Vielfalt bei der Rechtsanwendung endet und die (illegitime) Sabotage politischer Leitentscheidungen beginnt, ist eine Wahrnehmungs- und Bewertungsfrage.[71] Dass die Verwaltung rechtmäßig handelt und das Recht gleichförmig anwendet, lässt sich zur „Einheit des Staates"[72] oder genauer zur „Einheit der Verwaltung"[73] abkürzen. Wenn sie das Recht verletzt oder abweichend anwendet, entstehen „Einheitsverlust[e]"[74]. Die Dezen-

---

[68] *H. Dreier,* Hierarchische Verwaltung im demokratischen Staat, 1991, S. 129 ff.: „Versickern von Gesetzesintentionen, Zielverschiebungen sowie Phänomene der Nichtanwendung von Normen (Vollzugsdefizit)" (S. 130).

[69] Einschätzung im Zusammenhang mit der Ausübung von Bundeszwang nach Art. 37 GG (aber verallgemeinerbar) bei *J. Oebbecke,* Verwaltungszuständigkeit, in: J. Isensee/P. Kirchhof (Hrsg.), HStR³ VI, 2008, § 136 Rn. 49: „Vor allem dürften die bei allen parteipolitischen Gegensätzen herrschende staatspolitische Gleichgestimmtheit der in Bund und Ländern maßgeblichen politischen Kräfte und die starke Politikverflechtung verhindert haben, daß Konflikte aufkamen, die es nötig machten, die Reservefunktion des Bundeszwangs zu aktualisieren. Zur Bekämpfung bundesstaatlicher Kleinkriminalität scheidet es nach seinem ganzen Zuschnitt wie nach den politischen Hürden, die bei seinem Einsatz zu nehmen sind, ohnehin aus." – Zu verschiedenen Erscheinungsformen „administrativen Unrechts" eingehend *F. Wittreck,* Administratives Unrecht, in: U. Mü ßig (Hrsg.), Ungerechtes Recht, 2013, S. 147 ff.

[70] *H. Dreier,* Hierarchische Verwaltung im demokratischen Staat, 1991, S. 195 f.

[71] Die Etablierung sogenannter Treuepflichten im Verhältnis eines rangniederen zu einem ranghöheren Rechtserzeuger lässt sich als Vorkehrung gegen an sich rechtmäßige, aber als Sabotageakte eingestufte Entscheidungen begreifen. Ein Beispiel bietet BVerfG, Urteil vom 7.5.1998, 2 BvR 1991/95, BVerfGE 98, 106 – Kommunale Verpackungssteuer: Eine städtische Satzung über die Erhebung einer Verpackungssteuer sei deshalb verfassungswidrig, weil die Stadt die landesintern übertragene, ihr also durchaus zustehende Kompetenz in unzulässiger, da einer bundesrechtlichen Konzeption zuwiderlaufender und deshalb dem Bund gegenüber rücksichtsloser Weise ausgeübt habe. Überblick über die Rechtsprechung zum für solche Treuepflichten prototypischen Grundsatz der Bundestreue, den die Gerichte auch auf das Verhältnis der Länder zum Bund anwenden, bei *F. Wittreck,* Bundestreue, in: I. Härtel (Hrsg.), Handbuch Föderalismus, Bd. I, 2012, § 18 Rn. 19 ff.

[72] Zu diesem Topos stellvertretend *H. Dreier,* Hierarchische Verwaltung im demokratischen Staat, 1991, S. 1 ff., 19 ff.

[73] Zu diesem Topos statt vieler *G.-C. v. Unruh,* „Einheit der Verwaltung", in: DVBl. 1979, S. 761 ff.; *J. Oebbecke,* Die Einheit der Verwaltung als Rechtsproblem, in: DVBl. 1987, S. 866 ff.; *B.-O. Bryde* und *G. Haverkate,* Die Einheit der Verwaltung als Rechtsproblem, in: VVDStRL 46 (1988), S. 181 ff. bzw. 217 ff.

[74] *K. Eichenberger,* Ohnmacht des Parlaments, Allmacht der Verwaltung? (1977), in: ders., Der Staat der Gegenwart, 1980, S. 485 (490): „Ließe man den zentrifugalen Kräften

tralisation ist ein zwiespältiges Gestaltungsprinzip: Wer sich seiner bedient, muss die Aussichten auf „Leistungsgewinne" und die Gefahren von „Einheitsverlusten" ausbalancieren.[75]

Ein solcher Bedarf an Ausbalancierung ergibt sich dem Grunde nach nicht erst aus der Dezentralisation: Mit jedem Schritt der Ausdifferenzierung der Staatsorganisation (von der Gewaltengliederung über die Verselbständigung von Verwaltungseinheiten innerhalb der Hierarchie und ihre Herauslösung aus der Hierarchie hin zur kommunalen Selbstverwaltung) wachsen tendenziell die Risiken von Einheitsverlusten einerseits und die Chancen von Leistungsgewinnen andererseits; die Ausbalancierung wird anspruchsvoller und erfordert besondere Vorkehrungen.[76] Obwohl dieses Denken in Eskalationsstufen zur Problemanalyse beiträgt, muss sich die Ausdifferenzierung der Staatsorganisation nicht vor einer vermeintlich (historisch oder systematisch) ursprünglichen Einheit des Staates oder der Verwaltung rechtfertigen.[77] Dass der Staat eine Verwaltungseinheit zum Beispiel durch Dezentralisation verselbständigt, ist weder ungewöhnlich noch generell besorgniserregend, sondern bis zu einem gewissen Grade praktisch unvermeidlich und typischerweise zweckdienlich.[78]

So wie die Dezentralisation ihren eigenen Beitrag zur Effektivität und Effizienz des Staates leistet, der sich aus der Anwendung eines räumlichen Gliederungskriteriums ergibt, leistet sie ihren eigenen Beitrag zu den Risiken für

---

ihren Lauf, könnte es sich dereinst verbieten, von ,der' Verwaltung und von ,ihrer' Macht oder Allmacht zu sprechen. Nur gewinnen mit der Zersplitterung und mit dem Einheitsverlust der Verwaltung die gewaltenteilende Machthemmung und die Freiheit des Bürgers nichts; denn die singulären Verwaltungseinheiten können bedrängender und zugriffiger sein, jedenfalls nicht so kontrolliert und rechtsgebunden wie die hierarchisch gegliederte, überblickbare und damit gezügelte Verwaltung."

[75] *H. Dreier*, Hierarchische Verwaltung im demokratischen Staat, 1991, S. 287 ff. (Begriffspaar aus Leistungsgewinn und Einheitsverlust auf S. 299); *J. Oebbecke*, Dezentraler Vollzug und europäische Integration, in: R. Lhotta/J. Oebbecke/W. Reh (Hrsg.), Deutsche und europäische Verfassungsgeschichte, 1997, S. 35 (37): „Die immer wieder neu zu leistende Bestimmung des Gleichgewichts zwischen dem Interesse, Unterschiede zu ermöglichen oder wenigstens hinzunehmen, und dem Interesse, die für die Rechtsgemeinschaft unerläßliche Homogenität zu wahren, ist eine ständige Herausforderung für die Ordnung des dezentralen Vollzuges"; *W. Kahl*, Die Staatsaufsicht, 2000, S. 474 f.: „nicht durch ein Regel-Ausnahme-Verhältnis gekennzeichnete[s], dialektische[s] *Spannungsverhältnis von Einheit und Pluralität*" (Hervorhebung im Original; S. L.). Charakterisierung des Spannungsverhältnisses mit modernerem Vokabular bei *S. Kirste*, Kontexte der Demokratie: Herrschaftsausübung in Arbeitsteilung, in: VVDStRL 77 (2018), S. 161 (162 ff., 171 ff.): „Arbeitsteilung", „Differenzierung", „Fragmentierung".

[76] Das Denken in solchen Eskalationsstufen bestimmt die Schrift von *H. Dreier*, Hierarchische Verwaltung im demokratischen Staat, 1991, bes. S. 211 ff.

[77] Gegen eine Überhöhung und Verabsolutierung der Einheit des Staates oder auch der Verwaltung wendet sich *W. Kahl*, Die Staatsaufsicht, 2000, S. 472 ff. Ohnehin ist die Einheit des Staates oder auch der Verwaltung kein Inhalt eines Verfassungsgebots.

[78] *H. Dreier*, Hierarchische Verwaltung im demokratischen Staat, 1991, S. 277 ff., 297 ff., 302 ff.

die Einheit des Staates: Bei dezentralisierter Verwaltung haben überwiegend gleichbleibende, relativ überschaubare Personenkreise aus Verwaltern und Verwalteten wiederkehrenden Umgang miteinander. Da ein dezentralisiertes Staatsorgan nicht zwingend, aber fast immer seinen Sitz in dem Teilgebiet hat, für das es zuständig ist, leben und arbeiten Verwalter und Verwaltete in relativ enger räumlicher Nähe zueinander.[79] Deshalb steigt die Gefahr, dass ein Verwalter einseitig die Sichtweisen der Verwalteten übernimmt, unbequeme Entscheidungen scheut, örtliche Anliegen ohne Rücksicht auf überörtliche verfolgt, sich von Interessengruppen unter Druck setzen lässt und im äußersten Fall zulasten der Recht- und Zweckmäßigkeit seines Handelns mit Verwalteten paktiert.[80]

Da die Dezentralisation die Verwalter an die Verwalteten heranrückt, entsteht zwischen den Verwaltern einerseits und den Aufsichtsführenden, der Regierung und dem Gesetzgeber andererseits eine räumliche Entfernung, die es den Beteiligten erschwert, dass sie Informationen austauschen, ein gemeinsames Verständnis entwickeln und einander im gemeinsamen Interesse beeinflussen.[81] Wenn die Bürger eines Teilgebiets die Amts- und Mandatsträger der örtlichen Verwaltung zudem selbst wählen (wie im Falle der Kommunalverwaltung), kann das Selbstbewusstsein der Gewählten gegenüber anderen Staatsorganen ebenso wachsen wie ihr Bedürfnis nach Zustimmung unter den Bürgern. Aus diesen Gründen können die Amts- und Mandatsträger dazu neigen, das geltende Recht abweichend anzuwenden und im Grenzfall bewusst zu missachten.[82]

---

[79] *H. Peters,* Zentralisation und Dezentralisation, 1928, S. 14 f. weist darauf hin, dass ein dezentralisiertes Organ nicht in dem Teilgebiet sitzen muss, für das es zuständig ist.

[80] Ähnliche Sammlung von Gefahren der Dezentralisation bei *J. Oebbecke,* Art. „Dezentralisation, Dekonzentration", in: W. Heun u. a. (Hrsg.), EvStL, 2006, Sp. 364 (367): „Distanzverlust", „Kumpanei", „Interessenverfilzung", „Klüngelwirtschaft", „Lähmungserscheinungen", „Gefahren für die staatliche Einheit". Zu den Gefahren eines „privilegierten Umweltkontakts" von Behörden allgemein *H. Dreier,* Hierarchische Verwaltung im demokratischen Staat, 1991, S. 198 ff.

[81] *J. Oebbecke,* Dezentraler Vollzug und europäische Integration, in: R. Lhotta/J. Oebbecke/W. Reh (Hrsg.), Deutsche und europäische Verfassungsgeschichte, 1997, S. 35 (37 f., 45 ff., 52); *J. Oebbecke,* Selbstverwaltung angesichts von Europäisierung und Ökonomisierung, in: VVDStRL 62 (2003), S. 366 (371 ff.). Diese Schwierigkeiten zu überwinden, gehört zu den Aufgaben der kommunalen Spitzenverbände (Städtetag, Städte- und Gemeindebund, Landkreistag): *ders.,* Selbstverwaltung angesichts von Europäisierung und Ökonomisierung, ebd., S. 372.

[82] Misstrauen äußert *H. Kelsen,* Demokratisierung der Verwaltung, in: ZfV 1921, S. 5 (13) im Zusammenhang einer österreichischen Verwaltungsreformdebatte (Wahl oder Ernennung der Bezirkshauptleute?): „Und noch weniger als ein gewählter Bezirkshauptmann würde ein Bezirksparlament sein höchstes Ziel in der Gesetzmäßigkeit erblicken. Es würde sich, wie jedes Parlament, für souverän halten und bei den ihm übertragenen Verwaltungsakten – was psychologisch durchaus begreiflich ist – mehr den Willen einer jeweiligen parteipolitischen Majorität, als den Willen des Gesetzes durchzusetzen suchen" (ohne die Hervorhebungen im Original; S. L.). Verallgemeinert bei *H. Kelsen,* Allgemeine Staatslehre, 1925, S. 366; *ders.,* Vom Wesen und Wert der Demokratie, 2. Aufl. 1929, S. 72.

Den Einheitsverlusten, die durch die Gewaltengliederung und durch gemäßigte Formen der Verselbständigung von Verwaltungseinheiten (etwa die Gründung von Bundesoberbehörden) eintreten können, wirkt das parlamentarische Regierungssystem entgegen, indem es die Regierung als ein Bindestück zwischen Volksvertretung und Verwaltung einsetzt: Die Bundesminister nehmen eine Doppelstellung ein als Leiter eines Geschäftsbereichs und als Mitglieder des Kollegialorgans namens Bundesregierung.[83] Damit die Regierungsmitglieder ins Amt gelangen und im Amt bleiben können, sind sie auf eine Mehrheit im Bundestag angewiesen: Der Bundestag wählt zu Beginn einer Wahlperiode den Bundeskanzler, kann einen Antrag des Bundeskanzlers auf Ausspruch des Vertrauens ablehnen (Vertrauensfrage) und den Bundeskanzler jederzeit durch einen Nachfolger ersetzen (konstruktives Misstrauensvotum).[84] Das Amt eines Bundesministers endet zugleich mit dem Amt des Bundeskanzlers.[85] Der Bundestag bestimmt also wenigstens mittelbar, wer die Bundesverwaltung leitet.

Die Regierungsmitglieder müssen dem Bundestag gegenüber Rechenschaft ablegen:[86] Das Grundgesetz verpflichtet jedes Regierungsmitglied, dass es auf Verlangen des Bundestages oder eines Ausschusses erscheint; die Geschäftsordnung des Bundestages sieht Große und Kleine Anfragen, Einzelfragen, Aktuelle Stunden und Befragungen der Bundesregierung vor.[87] Der Bundestag beschließt jährlich den Haushaltsplan und entscheidet damit über die Etats der einzelnen Bundesminister, überwacht den Vollzug des Haushalts und entlastet die Bundesregierung nach Abschluss eines Haushaltsjahres.[88] Der Bundeskanzler bestimmt innerhalb der Bundesregierung die Richtlinien der Politik (Richtlinienkompetenz); jeder Bundesminister leitet seinen eigenen Geschäftsbereich und kann sich innerhalb dessen grundsätzlich über jeden Vorgang unterrichten und jeden Amtswalter anweisen (Leitungskompetenz in Form von Unterrichtungs- und Weisungskompetenzen).[89] Diese Kompetenzen rechtfertigen es,

---

[83] *H. Dreier,* Hierarchische Verwaltung im demokratischen Staat, 1991, S. 129 ff.; *M. Jestaedt,* Demokratieprinzip und Kondominialverwaltung, 1993, S. 317 ff.; *P. Badura,* Die parlamentarische Demokratie, in: J. Isensee/P. Kirchhof (Hrsg.), HStR[3] II, 2004, § 25 Rn. 10 ff.; *M. Brenner,* Das Prinzip Parlamentarismus, in: J. Isensee/P. Kirchhof (Hrsg.), HStR[3] III, 2006, § 44 Rn. 4 ff.; *R. Sturm,* Art. „Parlamentarisches Regierungssystem", in: W. Heun u. a. (Hrsg.), EvStL, 2006, Sp. 1738 ff.; *F. Meinel,* Vertrauensfrage, 2019, S. 16 ff. Dass die Regierungsmitglieder der Volksvertretung rechenschaftspflichtig sind, ist kein Merkmal des Begriffs des parlamentarischen Regierungssystems.

[84] Art. 63, Art. 67 f. GG.

[85] Art. 69 II GG.

[86] Dazu *J. Oebbecke,* Weisungs- und unterrichtungsfreie Räume in der Verwaltung, 1986, S. 95 ff.

[87] Art. 43 I GG (Zitierrecht); §§ 100 ff. GOBT (Fragerechte). Zur Praxis *F. Meinel,* Vertrauensfrage, 2019, S. 173 ff.

[88] Art. 110, Art. 114 GG.

[89] Art. 65 GG. Diese Bestimmung ist der Sitz sowohl des Ressortprinzips innerhalb der

dass das Verfassungs- und Geschäftsordnungsrecht den Regierungsmitgliedern die genannten Rechenschaftspflichten auferlegt.[90] Die Landesverfassungen treffen eigene Regelungen über die Doppelstellung der Regierungsmitglieder, die mit denen des Grundgesetzes im Wesentlichen übereinstimmen.[91] Die Hierarchie ist deshalb das prägende „Bauprinzip der Exekutive" in Deutschland.[92]

Die Aufsicht der Länder über die Kommunen begrenzt die Einheitsverluste, die sich aus der Dezentralisation der Kommunalverwaltung ergeben können.[93] Nahezu ausnahmslos sind es Behörden der unmittelbaren Landesverwaltung, die die Kommunalaufsicht ausüben: die Landräte (als untere Landesbehörden), die Bezirksregierungen (falls vorhanden) und der für Kommunales zuständige Landesminister.[94] Ausnahmen machen die Länder Niedersachsen, Sachsen und Sachsen-Anhalt: Dort üben die Landräte die Kommunalaufsicht in Form der Auftragsverwaltung aus, sind dabei aber Weisungen unterworfen.[95] Die *Rechts*aufsicht hat die Wahrung der Grenzen des Entscheidungsfreiraums zum Gegenstand und wirkt deshalb Rechtsirrtümern und Rechtsungehorsam entgegen. Sie kann zwar Vorgaben durchsetzen, die sich aus ranghöherem Recht

---

Bundesregierung als auch der Leitungskompetenz innerhalb eines Geschäftsbereichs: *J. Oebbecke,* Weisungs- und unterrichtungsfreie Räume in der Verwaltung, 1986, S. 24 ff.; *M. Jestaedt,* Demokratieprinzip und Kondominialverwaltung, 1993, S. 319 ff. Kritik an der Ansiedlung von Fachaufgaben (Digitalisierung, Kultur, Migration usw.) im Bundeskanzleramt statt im Geschäftsbereich eines Ministers bei *F. Meinel,* Vertrauensfrage, 2019, S. 158 ff.

[90] *H. Dreier,* Hierarchische Verwaltung im demokratischen Staat, 1991, S. 138. Allerdings lassen sich daraus keine Kompetenzen im Einzelfall ableiten mit der Folge, dass weisungs- und unterrichtungsfreie Räume nicht generell unzulässig sind: *J. Oebbecke,* Weisungs- und unterrichtungsfreie Räume in der Verwaltung, 1986, S. 65 ff.; *M. Jestaedt,* Demokratieprinzip und Kondominialverwaltung, 1993, S. 314 ff.

[91] Art. 47 I, II, Art. 51 I BayVerf.; Art. 49 I BaWüVerf.; Art. 5 I, II NWVerf. usw.

[92] *H. Dreier,* Hierarchische Verwaltung im demokratischen Staat, 1991, S. 141 ff.; *W. Loschelder,* Weisungshierarchie und persönliche Verantwortung in der Exekutive, in: J. Isensee/ P. Kirchhof (Hrsg.), HStR[3] V, 2007, § 107 Rn. 3 ff. (dort auch der Begriff).

[93] Rechtfertigung der Rechtsaufsicht über die Kommunen aus den besonderen Gefahren der kommunalen Selbstverwaltung für die Einheit des Staates bei *J. Oebbecke,* Kommunalaufsicht – nur Rechtsaufsicht oder mehr?, in: DÖV 2001, S. 406 (407 f.). Allgemein für die Rechtsaufsicht über verselbständigte Verwaltungseinheiten *E. T. Emde,* Die demokratische Legitimation der funktionalen Selbstverwaltung, 1991, S. 82 ff.: Die Staatsaufsicht „ist der Hirtenhund, der die Herde der staatlichen Verwaltungsträger zusammenhält" (S. 83); *H. Dreier,* Hierarchische Verwaltung im demokratischen Staat, 1991, S. 287: „Wenn es ein Institut gibt, das als probates Mittel zur Reintegration der verselbständigten Verwaltungseinheiten in den staatlichen Apparat […] dienen könnte, dann kommt dafür vor allem die staatliche Rechtsaufsicht in Betracht." Die Fachaufsicht kann erst recht einen solchen Beitrag leisten.

[94] *H. Pünder,* Art. „Gemeinde" [J], in: Görres-Gesellschaft (Hrsg.), StL[8] II, 2018, Sp. 1030 (1034 f.). Der für die Kommunalaufsicht zuständige Landesminister muss nicht der Landesminister des Innern sein: In Nordrhein-Westfalen liegt die Zuständigkeit seit 2017 beim Landesminister für Heimat, Kommunales, Bau und Gleichstellung.

[95] *H. Pünder,* Art. „Gemeinde" [J], in: Görres-Gesellschaft (Hrsg.), StL[8] II, 2018, Sp. 1030 (1034 f.).

ergeben, aber keine weitergehenden Vorgaben schaffen.[96] Durch die *Fach*aufsicht kann eine Landesregierung darauf hinwirken, dass sich die Rechtsanwendung in den Kommunen nach ihren politischen Maßgaben richtet. Je mehr Entscheidungen eines dezentralisierten Organs der Fachaufsicht unterliegen (und je reger die Fachaufsichtsbehörde von ihren Aufsichtsmitteln Gebrauch macht), desto geringer sind allerdings die Aussichten, dass sich die Leistungsgewinne einstellen, um derentwillen sich der Staat für die Dezentralisation des Staatsorgans entschieden hat. Indem der Staat die Fachaufsicht ausweitet oder zurücknimmt, verändert er die Balance zwischen Leistungsgewinnen und Einheitsverlusten.[97]

2. Kommunalverwaltung und Selbstverwaltung

a) Verschiedenheit des verfassungsrechtlichen Begriffs der Selbstverwaltung und der verfassungsrechtlichen Vorgaben für den Gesetzgeber

Die Bedeutung des Wortes „Selbstverwaltung" ist genauso wie die des Wortes „Demokratie" für die Rechtswissenschaft doppelt kontextabhängig:[98] *Erstens* richtet sich die Bedeutung danach, in welchem Normtext das Wort vorkommt, sei es im Grundgesetz oder in einer Landesverfassung, in der Gemeindeordnung des einen oder in der Kreisordnung eines anderen Landes. *Zweitens* wirkt sich aus, welche rechtswissenschaftliche Subdisziplin sich der Selbstverwaltung annimmt, sei es etwa die Rechtsdogmatik, die Rechtsgeschichtswissenschaft oder die Rechtstheorie.[99] Die Selbstverwaltungsbegriffe der Rechtswissenschaft können demnach untereinander abweichen, je nachdem, welche der Subdisziplinen die Selbstverwaltung zu ihrem Gegenstand macht.[100] Der Selbstverwaltungsbegriff der Rechtsdogmatik wiederum kann sich danach unterscheiden, auf welches Rechtsgebiet sich die Dogmatik bezieht: auf das Ver-

---

[96] *H. Dreier,* Hierarchische Verwaltung im demokratischen Staat, 1991, S. 288 f.; *H. Wißmann,* Verfassungsrechtliche Vorgaben der Verwaltungsorganisation, in: W. Hoffmann-Riem/ E. Schmidt-Aßmann/A. Voßkuhle (Hrsg.), GVwR² I, 2012, § 15 Rn. 48b betonen die Abhängigkeit der Rechtsaufsicht von der Regelungsdichte des maßstäblichen Rechts.

[97] *H. Dreier,* Hierarchische Verwaltung im demokratischen Staat, 1991, S. 289 f.

[98] Hinweis auf diese Gemeinsamkeit von „Demokratie" und „Selbstverwaltung" bei *M. Jestaedt,* Selbstverwaltung als „Verbundbegriff", in: Die Verwaltung 35 (2002), S. 293 (294 f., 297 f.). Für das Wort „Demokratie" näher *M. Jestaedt,* Radien der Demokratie, in: H. M. Heinig/J. P. Terhechte (Hrsg.), Postnationale Demokratie, Postdemokratie, Neoetatismus, 2013, S. 3 (5 f.).

[99] Abgrenzung der Subdisziplinen im Zusammenhang mit dem Selbstverwaltungsbegriff bei *M. Jestaedt,* Selbstverwaltung als „Verbundbegriff", in: Die Verwaltung 35 (2002), S. 293 (296 ff.).

[100] Zum Begriff der Selbstverwaltung in der Verfassungstheorie einerseits und der Verfassungsrechtsdogmatik andererseits näher *M. Jestaedt,* Selbstverwaltung als „Verbundbegriff", in: Die Verwaltung 35 (2002), S. 293 (304 ff.).

fassungsrecht oder das Verwaltungsrecht.[101] Ein einheitlicher rechtswissenschaftlicher Selbstverwaltungsbegriff lässt sich nicht bilden.[102]

Im Grundgesetz begegnet das Wort „Selbstverwaltung" ausschließlich an zwei Stellen: In Art. 28 II 2 GG spricht das Grundgesetz vom Recht der Selbstverwaltung, das den Gemeinden und den Gemeindeverbänden zusteht. In Art. 90 II GG ermächtigt es die Länder, dass sie nicht näher bezeichneten „Selbstverwaltungskörperschaften" die Zuständigkeit für die Verwaltung der Bundesfernstraßen mit Ausnahme der Bundesautobahnen zuweisen. Die Rechtsdogmatik unterscheidet die kommunale Selbstverwaltung von der nicht-kommunalen oder auch funktionalen Selbstverwaltung (Hochschulen, Kammern, Sozialversicherungsträger usw.).[103] Möglicherweise enthält das Grundgesetz mittelbare Garantien für bestimmte Formen der nicht-kommunalen Selbstverwaltung oder ermächtigt den Gesetzgeber unausgesprochen zur Einrichtung bestimmter nicht-kommunaler Selbstverwaltungsträger.[104] Das Grundgesetz aber behält den Begriff der Selbstverwaltung einem Ausschnitt der Kommunalverwaltung vor.[105] Ein Selbstverwaltungsbegriff, der darüber hinaus nicht-kommunale For-

---

[101] *M. Burgi,* Selbstverwaltung angesichts von Europäisierung und Ökonomisierung, in: VVDStRL 62 (2003), S. 405 (408): „Vielzahl dogmatischer Selbstverwaltungsbegriffe". Zum Begriff der Selbstverwaltung in der Verfassungsrechtsdogmatik einerseits und in der Verwaltungsrechtsdogmatik andererseits näher *M. Jestaedt,* Selbstverwaltung als „Verbundbegriff", in: Die Verwaltung 35 (2002), S. 293 (301 ff.).

[102] *M. Jestaedt,* Selbstverwaltung als „Verbundbegriff", in: Die Verwaltung 35 (2002), S. 293 (301): „Kombiniert man die drei unterschiedlichen (Teil-)Disziplinen mit den zwei Rechtsebenen, auf denen der Begriff der Selbstverwaltung auftaucht, so ergeben sich sechs rechtswissenschaftliche Begriffe von Selbstverwaltung, die ein je eigenes Selbtsverwaltungsregime bezeichnen."

[103] Überblick über die vielen verschiedenen Erscheinungsformen der funktionalen Selbstverwaltung bei *R. Hendler,* Selbstverwaltung als Ordnungsprinzip, 1984, S. 191 ff.; *H. Dreier,* Hierarchische Verwaltung im demokratischen Staat, 1991, S. 228 ff.; *W. Kluth,* Funktionale Selbstverwaltung, 1997, S. 30 ff.; *R. Hendler,* Das Prinzip Selbstverwaltung, in: J. Isensee/ P. Kirchhof (Hrsg.), HStR³ VI, 2008, § 143 Rn. 61 ff. Den unverfänglichen Begriff der nicht-kommunalen Selbstverwaltung wählt *J. Oebbecke,* Demokratische Legitimation nicht-kommunaler Selbstverwaltung, in: VerwArch. 81 (1990), S. 349 (351 ff.).

[104] *M. Jestaedt,* Demokratieprinzip und Kondominialverwaltung, 1993, S. 490 ff.; *ders.,* Selbstverwaltung als „Verbundbegriff", in: Die Verwaltung 35 (2002), S. 293 (304 ff.) unterscheidet die in Art. 28 II GG verfassungsrechtlich unmittelbar garantierte kommunale Selbstverwaltung, die in Art. 5 III 1 Var. 2 GG verfassungsrechtlich mittelbar garantierte akademische Selbstverwaltung und die in Art. 87 II, III 1 Var. 2 GG verfassungsrechtlich zugelassene soziale und sonstige funktionale Selbstverwaltung.

[105] Zum Verfassungsbegriff der Selbstverwaltung näher *W. Kluth,* Funktionale Selbstverwaltung, 1997, S. 14 ff. Außer Betracht bleibt Art. 137 III 1 WRV (gemäß Art. 140 GG ein Bestandteil des Grundgesetzes), nach dem jede Religionsgesellschaft ihre Angelegenheiten selbständig verwaltet, und zwar weniger deshalb, weil die Bestimmung keinen verfassungsrechtlichen Selbstverwaltungsbegriff ausdrückte, sondern weil eine Religionsgesellschaft kein Träger öffentlicher Verwaltung ist, selbst wenn sie den Status einer Körperschaft des öffentlichen Rechts im religionsverfassungsrechtlichen Sinne innehat. Hinweis auf Art. 137 III 1 WRV bei *M. Jestaedt,* Selbstverwaltung als „Verbundbegriff", in: Die Verwaltung 35 (2002), S. 293 (304 in Fn. 49).

men der Verwaltung einschließt, ist ein Begriff der Rechtswissenschaft, aber kein Begriff des Grundgesetzes.

Wenn das Recht einem Verwaltungsträger eine Aufgabe zur Erledigung zuweist oder gleichbedeutend eine Zuständigkeit des Verwaltungsträgers begründet, kann es die Aufgabenzuweisung mehr oder weniger generell-abstrakt (Generalklausel, Katalog usw.) und auf dieser oder jener Stufe der Normenhierarchie (Verfassung, Gesetz usw.) vornehmen. Den Gemeinden überträgt Art. 28 II 1 GG verfassungsunmittelbar und generalklauselförmig die Zuständigkeit für alle Angelegenheiten der örtlichen Gemeinschaft: „Den Gemeinden muß das Recht gewährleistet sein, alle Angelegenheiten der örtlichen Gemeinschaft im Rahmen der Gesetze in eigener Verantwortung zu regeln.“[106] Neben dieser Aufgabenzuweisung enthält die Norm eine Eigenverantwortlichkeitsgarantie: Wenn die Gemeinden eine Angelegenheit der örtlichen Gemeinschaft wahrnehmen, dann können sie diese Aufgabe in eigener Verantwortung erfüllen.

Art. 28 II GG 2 räumt „auch“ den Gemeindeverbänden das „Recht der Selbstverwaltung“ ein. Durch das Adverb „auch“ erstreckt der Satz bestimmte Inhalte des vorherigen Satzes und gestattet deshalb Rückschlüsse auf dessen Inhalt. Der Begriff der Selbstverwaltung im zweiten Satz ist gleichbedeutend mit dem Inhalt des im ersten Satz gewährleisteten Rechts. Der erste Satz gibt eine Legaldefinition des Begriffs der Selbstverwaltung im zweiten Satz.[107] Selbstverwaltung in diesem Sinne ist die Regelung aller Angelegenheiten der örtlichen Gemeinschaft in eigener Verantwortung. „Im Rahmen der Gesetze“ ist kein Bestandteil der Legaldefinition: Die Wendung „im Rahmen der Gesetze“ befindet sich zwar in demselben Infinitivsatz, der den Inhalt des Rechts bestimmt, aber Art. 28 II 2 GG formuliert in Gestalt der Wendung „nach Maßgabe der Gesetze“ einen eigenen Gesetzesvorbehalt, obwohl er durch das Wort „Selbstverwaltung“ bereits auf den Inhalt des Rechts verweist. Unter der Annahme, dass der Wortlaut von Art. 28 II 2 GG kein (inhaltlich) entbehrliches Element enthält, gehört der Gesetzesvorbehalt nicht zum Begriff der Selbstverwaltung.

Das Grundgesetz gewährt das Selbstverwaltungsrecht ganz unmittelbar.[108] Der Normtext von Art. 28 II 1 GG („Den Gemeinden muß das Recht gewähr-

---

[106] Prägend *K. Stern,* Das Staatsrecht der Bundesrepublik Deutschland, Bd. I, 2. Aufl. 1984, S. 391 ff., bes. 409: „institutionelle Rechtssubjektsgarantie“, „objektive Rechtsinstitutionsgarantie“, „subjektive Rechtsstellungsgarantie“; BVerfG, Beschluss vom 23.11.1988, 2 BvR 1619 und 1628/83, BVerfGE 79, 127 (143 ff.) – Rastede. Eine neue Zeitrechnung bemerkt *H. Maurer,* Verfassungsrechtliche Grundlagen der kommunalen Selbstverwaltung, in: DVBl. 1995, S. 1037 (1041): „‚Vor Rastede‘ und ‚nach Rastede‘ […] ist inzwischen zu einem kommunalrechtlichen Leitbegriff geworden.“

[107] *K.-U. Meyn,* Gesetzesvorbehalt und Rechtsetzungsbefugnis der Gemeinden, 1977, S. 22; *G. Schmidt-Eichstaedt,* Bundesgesetze und Gemeinden, 1981, S. 134, 137 f.; *S. Engel-Boland,* Gemeindliches Satzungsrecht und Gesetzesvorbehalt, 1999, S. 17.

[108] Nachfolgende Begründung bei *K.-U. Meyn,* Gesetzesvorbehalt und Rechtsetzungsbefugnis der Gemeinden, 1977, S. 18 ff.; *S. Engel-Boland,* Gemeindliches Satzungsrecht und Gesetzesvorbehalt, 1999, S. 18 ff.

leistet sein [...].") legt zwar ein Verständnis nahe, nach dem die Norm anderen, nicht ausdrücklich genannten Rechtserzeugern vorschreibt, dass sie ein Recht mit dem grundgesetzlich vorgegebenen Inhalt schaffen. Art. 28 II 2 GG spricht aber davon, dass „auch" die Gemeindeverbände das Recht der Selbstverwaltung „haben" und gewährt ihnen demnach unmittelbar ein Selbstverwaltungsrecht. Wenn den Gemeindeverbänden ein solches Recht zukommt, hat der Grundgesetzgeber es den Gemeinden nicht vorenthalten. Vor allem hat der verfassungsändernde Bundesgesetzgeber die Kommunalverfassungsbeschwerde, die zunächst ausschließlich im Bundesverfassungsgerichtsgesetz geregelt war (und deshalb wegen des Stufenverhältnisses von Verfassung und Gesetz keine Bedeutung für die Interpretation der Verfassung hatte), im Jahr 1969 in das Grundgesetz aufgenommen.[109] Nach Art. 93 I Nr. 4b GG können Gemeinden und Gemeindeverbände „wegen Verletzung des Rechts auf Selbstverwaltung nach Artikel 28" eine Verfassungsbeschwerde erheben. Jedenfalls seit dieser Grundgesetzänderung steht fest, dass das Grundgesetz selbst die Zuständigkeit der Gemeinden für die Angelegenheiten der örtlichen Gemeinschaft begründet und die Eigenverantwortlichkeit der Aufgabenerfüllung garantiert.

Im zweiten Satz nennt Art. 28 II GG das „Recht der Selbstverwaltung" beim Namen, das er im ersten Satz bereits definiert hat, nämlich als das Recht, „alle Angelegenheiten der örtlichen Gemeinschaft in eigener Verantwortung zu regeln". Das Wort „Regelung" im ersten Satz bedeutet deshalb nichts anderes als das Wort „Verwaltung" im zweiten Satz.[110] Die Wörter „regeln" und „verwalten" können in Art. 28 II GG zwei verschiedene Funktionen haben: In einer Deutung drücken sie lediglich die Zuständigkeit der Gemeinden für alle Angelegenheiten der örtlichen Gemeinschaft aus. Das Wort „regeln" bedeutet nichts anderes als „wahrnehmen" oder „erledigen". Der Normtext spricht deshalb nicht von Wahrnehmung oder Erledigung, sondern von Regelung und Verwaltung, weil die Kommunen ihre Angelegenheiten erledigen, indem sie Regelungen treffen, und weil sie ausschließlich verwaltend tätig werden. In einer anderen Deutung verleiht das Grundgesetz den Kommunen unmittelbar Kompetenzen und ermächtigt sie also bereits selbst zur Normsetzung (etwa zur Satzunggebung), indem es ihnen gerade die Regelung und Verwaltung der Angelegenheiten der örtlichen Gemeinschaft überträgt und nicht allgemein ihre Wahrnehmung oder Erledigung.[111] Eine Regelung kann wahlweise einen gene-

---

[109] 19. Änderungsgesetz mit Wirkung zum 2.2.1969.

[110] *S. Engel-Boland,* Gemeindliches Satzungsrecht und Gesetzesvorbehalt, 1999, S. 17 f. Gegenauffassung bei *K.-U. Meyn,* Gesetzesvorbehalt und Rechtsetzungsbefugnis der Gemeinden, 1977, S. 21 f.; *H. H. v. Arnim,* Gemeindliche Selbstverwaltung und Demokratie, in: AöR 113 (1988), S. 1 (20), aber allein deshalb, weil sie annehmen, dass der Begriff der Verwaltung nicht den Erlass generell-abstrakter Normen einschließe.

[111] Diese Deutung bei *K.-U. Meyn,* Gesetzesvorbehalt und Rechtsetzungsbefugnis der Gemeinden, 1977, S. 44 f., 56 ff.; *G. Schmidt-Eichstaedt,* Bundesgesetze und Gemeinden, 1981, S. 157 ff.; *H. H. v. Arnim,* Gemeindliche Selbstverwaltung und Demokratie, in: AöR 113 (1988),

rell-abstrakten oder einen konkret-individuellen Inhalt haben; die Verwaltung beschränkt sich nicht auf die Erzeugung konkret-individueller Normen und deren Vollzug, sondern schließt den Erlass generell-abstrakter Normen ein.[112]

Der Gesetzesvorbehalt in Art. 28 II 1 GG erstreckt sich sowohl auf die Garantie der Eigenverantwortlichkeit der Aufgabenerfüllung als auch auf die Aufgabenzuweisung als solche.[113] Der Verfassunggeber hat die Wendung „im Rahmen der Gesetze" in den Infinitivsatz aufgenommen, der den Inhalt des Rechts umschreibt, und dort nach der Phrase „Angelegenheiten der örtlichen Gemeinschaft" eingefügt, die Objekt des Infinitivsatzes ist. Dadurch kann der Eindruck entstehen, dass sich die Wendung „im Rahmen der Gesetze" allein auf „in eigener Verantwortung" bezieht.[114] Doch der Rückbezug in Art. 28 II 2 GG auf den vorherigen Satz zeigt, dass die Wendung im Infinitivsatz fehl am Platz ist. Die hypothetische Formulierung „Den Gemeinden muß *im Rahmen der Gesetze* das Recht gewährleistet sein, alle Angelegenheiten [...] zu regeln." drückt den Norminhalt besser aus als die vom Verfassunggeber gewählten Worte.

Der Parlamentarische Rat erwog zwischenzeitlich Formulierungen, die unmissverständlich zum Ausdruck brachten, dass der Gesetzgeber zum Aufgabenentzug ermächtigt ist, aber stärkere Zweifel zuließen, ob auch die Garantie der

---

S. 1 (20); *S. Engel-Boland,* Gemeindliches Satzungsrecht und Gesetzesvorbehalt, 1999, S. 17 f. Eine Kompetenz unterscheidet sich von einer Zuständigkeit dadurch, dass sie eine Handlungsermächtigung enthält, während eine Zuständigkeit nur eine Aufgabe zuweist, ohne etwas über die Mittel zur Aufgabenerfüllung auszusagen.

[112] *K.-U. Meyn,* Gesetzesvorbehalt und Rechtsetzungsbefugnis der Gemeinden, 1977, S. 22; *G. Schmidt-Eichstaedt,* Bundesgesetze und Gemeinden, 1981, S. 157; *S. Engel-Boland,* Gemeindliches Satzungsrecht und Gesetzesvorbehalt, 1999, S. 17 f.; *H. Dreier,* in: ders. (Hrsg.), GGK³ II, 2015, Art. 28 Rn. 108. Das gleiche Begriffsverständnis kommt in § 35 S. 1 VwVfG zum Ausdruck: „Verwaltungsakt ist jede Verfügung, Entscheidung oder andere hoheitliche Maßnahme, die eine Behörde zur Regelung eines Einzelfalls auf dem Gebiet des öffentlichen Rechts trifft und die auf unmittelbare Rechtswirkung nach außen gerichtet ist." Ein Einzelfall kann, aber muss demnach nicht der Gegenstand einer Regelung sein; eine Regelung kann generell-abstrakten genauso wie konkret-individuellen Inhalts sein.

[113] BVerfG, Beschluss vom 23.11.1988, 2 BvR 1619 und 1628/83, BVerfGE 79, 127 (143 ff.) – Rastede; *P. J. Tettinger,* Die Verfassungsgarantie der kommunalen Selbstverwaltung, in: T. Mann/G. Püttner (Hrsg.), HkWPr³ I, 2007, § 11 Rn. 17; *G. Püttner,* Kommunale Selbstverwaltung, in: J. Isensee/P. Kirchhof (Hrsg.), HStR³ VI, 2008, § 144 Rn. 30; *V. Mehde,* in: T. Maunz/G. Dürig u. a. (Hrsg.), GGK, Art. 28 II (2012), Rn. 103; *H. Dreier,* in: ders. (Hrsg.), GGK³ II, 2015, Art. 28 Rn. 109. Nach der Gegenauffassung bei *G. Schmidt-Eichstaedt,* Bundesgesetze und Gemeinden, 1981, S. 133 f.; *A. Engels,* Die Verfassungsgarantie kommunaler Selbstverwaltung, 2014, S. 90 ff. bezieht sich der Gesetzesvorbehalt ausschließlich auf die Garantie der Eigenverantwortlichkeit der Aufgabenerfüllung. Hier soll offenbleiben, ob „im Rahmen der Gesetze" zusätzlich einen Ausgestaltungsvorbehalt, einen Regelungsvorbehalt o. ä. statuiert.

[114] Hinweis auf diese Missverstehensmöglichkeit bei BVerfG, Beschluss vom 23.11.1988, 2 BvR 1619 und 1628/83, BVerfGE 79, 127 (143) – Rastede. *A. Engels,* Die Verfassungsgarantie kommunaler Selbstverwaltung, 2014, S. 90 ff. macht eine solche Interpretation des Wortlauts zu einem wichtigen Argument für seine Auffassung, dass sich der Gesetzesvorbehalt allein auf die Garantie der Eigenverantwortlichkeit erstrecke.

Eigenverantwortlichkeit unter Gesetzesvorbehalt steht.[115] Deutlich wird der Unterschied in dem Vorschlag, den die Abgeordneten zuletzt berieten, bevor sie sich für die heutige Fassung entschieden: „Zum Wesen der Selbstverwaltung gehört, daß die Gemeinden alle Angelegenheiten der örtlichen Gemeinschaft in eigener Verantwortung zu regeln haben, soweit das Gesetz dem Lande oder einem Gemeindeverbande nicht Aufgaben zuweist."[116] Der Allgemeine Redaktionsausschuss und der Hauptausschuss verwarfen diesen Vorschlag, aber allein deshalb, weil er den Entzug zugunsten der Länder (im engeren Sinne) und der Gemeindeverbände zuließ, nicht auch zugunsten anderer Verwaltungsträger und deshalb nach Ansicht der Abgeordneten *zu eng* gefasst war.[117]

Da die Aufgabenzuweisung und die Eigenverantwortlichkeitsgarantie unter Gesetzesvorbehalt stehen, muss die Rechtsdogmatik unterscheiden zwischen dem verfassungsrechtlichen Begriff der kommunalen Selbstverwaltung und den verfassungsrechtlichen Vorgaben für den Gesetzgeber. Demnach kann ein Gesetzgeber zum einen den Gemeinden die Zuständigkeit für eine Angelegenheit der örtlichen Gemeinschaft entziehen, sodass die Gemeinden ihr Recht verlieren, die Aufgabe eigenverantwortlich zu erfüllen. Zum anderen kann er die Aufgabe bei den Gemeinden belassen, aber die Eigenverantwortlichkeit der Aufgabenerfüllung einschränken. In beiden Fällen unterliegt der Gesetzgeber bestimmten Schranken-Schranken: In der Sonderdogmatik der Selbstverwaltungsgarantie ist von einer institutionellen oder Einrichtungsgarantie, einer Kernbereichs- oder Wesensgehaltsgarantie und einem verfassungsrechtlichen Aufgabenverteilungsprinzip die Rede.[118] Wenn die Kommunen eine Angelegenheit der örtlichen Gemeinschaft nicht mehr in eigener Verantwortung wahrnehmen können, handelt es sich bei der Erfüllung dieser Aufgabe begrifflich nicht mehr um kommunale Selbstverwaltung. Ein Gesetzgeber kann also eine

---

[115] Entstehungsgeschichte von Art. 28, in: P. Häberle (Hrsg.), JöR 1 (1951), 2. Aufl. 2010, S. 244 (253 ff.).

[116] Entstehungsgeschichte von Art. 28, in: P. Häberle (Hrsg.), JöR 1 (1951), 2. Aufl. 2010, S. 244 (255).

[117] Entstehungsgeschichte von Art. 28, in: P. Häberle (Hrsg.), JöR 1 (1951), 2. Aufl. 2010, S. 244 (256); BVerfG, Beschluss vom 23.11.1988, 2 BvR 1619 und 1628/83, BVerfGE 79, 127 (145 f.) – Rastede.

[118] BVerfG, Beschluss vom 23.11.1988, 2 BvR 1619 und 1628/83, BVerfGE 79, 127 (143 [Kernbereich, Wesensgehalt], 150 [Aufgabenverteilungsprinzip]) – Rastede. *P.J. Tettinger,* Die Verfassungsgarantie der kommunalen Selbstverwaltung, in: T. Mann/G. Püttner (Hrsg.), HkWPr³ I, 2007, § 11 Rn. 18 ff. (Kernbereich), 24 f. (Aufgabenverteilungsprinzip), 26 ff. (institutionelle Garantie). Die Anwendung des Grundsatzes der Verhältnismäßigkeit auf den Entzug von Aufgaben und die Einschränkungen der Eigenverantwortlichkeit befürworten beispielsweise *J. Oebbecke,* Der Schutz der kommunalen Aufgabenwahrnehmung durch die Selbstverwaltungsgarantie des Art. 28 II GG, in: H.-G. Henneke (Hrsg.), Kommunale Aufgabenerfüllung in Anstaltsform, 2000, S. 11 (21 f.); *H. Dreier,* in: ders. (Hrsg.), GGK³ II, 2015, Art. 28 Rn. 114; *H. Pünder,* Art. „Gemeinde" [J], in: Görres-Gesellschaft (Hrsg.), StL⁸ II, 2018, Sp. 1030 (1031).

Angelegenheit der örtlichen Gemeinschaft zum Gegenstand der Auftragsverwaltung machen, indem er die Kommunen der Fachaufsicht unterwirft.

Ein Interpret, der den Begriff der Angelegenheit der örtlichen Gemeinschaft ermittelt, stößt auf praktische Schwierigkeiten, weil verschiedene Kriterien in Frage kommen (funktionale, territoriale, traditionale, personale) und ihr Verhältnis zueinander ungewiss ist.[119] Wer die Kriterien im Einzelfall anwendet, also entscheidet, ob eine bestimmte Angelegenheit zu denen der örtlichen Gemeinschaft gehört, genießt zudem einen Entscheidungsfreiraum, der über das Maß hinausgeht, das für jeden Erzeuger einer generell-abstrakten Norm unvermeidbar ist.[120] Das Bundesverfassungsgericht nimmt lediglich eingeschränkt für sich in Anspruch, dass es über die Ausfüllung des Entscheidungsfreiraums letztverbindlich entscheiden könne.[121] Wenn der Gesetzgeber eine Aufgabe als eine Angelegenheit behandelt, die nicht zu denen der örtlichen Gemeinschaft gehört, dabei die Grenzen seines Entscheidungsfreiraums achtet und wenn das Bundesverfassungsgericht keine abweichende Letztentscheidung trifft, entzieht er den Gemeinden keine Zuständigkeit für eine Angelegenheit der örtlichen Gemeinschaft.[122] Er ist dann weder den Schranken-Schranken unterworfen, die

---

[119] Nahezu tautologisch ist, mit Ausnahme des letzten Halbsatzes, die bekannte Begriffsbestimmung in BVerfG, Beschluss vom 23.11.1988, 2 BvR 1619 und 1628/83, BVerfGE 79, 127 (151 f.). – Rastede: „Hiernach sind Angelegenheiten der örtlichen Gemeinschaft diejenigen Bedürfnisse und Interessen, die in der örtlichen Gemeinschaft wurzeln oder auf sie einen spezifischen Bezug haben […], die also den Gemeindeeinwohnern gerade als solchen gemeinsam sind, indem sie das Zusammenleben und -wohnen der Menschen in der (politischen) Gemeinde betreffen; auf die Verwaltungskraft der Gemeinde kommt es hierfür nicht an." Weitere Beispiele für Begriffsbestimmungen bei *G. Schmidt-Eichstaedt,* Bundesgesetze und Gemeinden, 1981, S. 135 ff.; *A. Engels,* Die Verfassungsgarantie kommunaler Selbstverwaltung, 2014, S. 456 ff. Wohlgemerkt spricht Art. 28 II 1 GG von den „Angelegenheiten der örtlichen Gemeinschaft", nicht von den „örtlichen Angelegenheiten" oder den „eigenen Angelegenheiten". Eine verkürzte Wiedergabe des Verfassungswortlauts kann einen Interpreten in die Irre führen. Hinweis auf solche Verkürzungen bei *J. Oebbecke,* Der Schutz der kommunalen Aufgabenwahrnehmung durch die Selbstverwaltungsgarantie des Art. 28 II GG, in: H.-G. Henneke (Hrsg.), Kommunale Aufgabenerfüllung in Anstaltsform, 2000, S. 11 (19); *A. Engels,* Die Verfassungsgarantie kommunaler Selbstverwaltung, 2014, S. 460.

[120] Den erheblichen Entscheidungsfreiraum bei der Anwendung des Begriffs der Angelegenheit der örtlichen Gemeinschaft betonen etwa BVerfG, Beschluss vom 23.11.1988, 2 BvR 1619 und 1628/83, BVerfGE 79, 127 (153 ff.) – Rastede; *H. Maurer,* Verfassungsrechtliche Grundlagen der kommunalen Selbstverwaltung, in: DVBl. 1995, S. 1037 (1043); *P. J. Tettinger,* Die Verfassungsgarantie der kommunalen Selbstverwaltung, in: T. Mann/G. Püttner (Hrsg.), HkWPr³ I, 2007, § 11 Rn. 8.

[121] Stellungnahme des Gerichts zur Verteilung der Letztentscheidungsmacht bei der Anwendung des Begriffs der Angelegenheit der örtlichen Gemeinschaft in BVerfG, Beschluss vom 23.11.1988, 2 BvR 1619 und 1628/83, BVerfGE 79, 127 (153 ff.) – Rastede.

[122] Indem das Land Niedersachsen die Abfallbeseitigung im engeren Sinne (Behandeln, Lagern und Ablagern der Abfälle), die die Gemeinden gestützt auf Art. 28 II 1 GG erledigt hatten, in seinem Abfallbeseitigungsgesetz von 1973 für die kreisangehörigen Gemeinden nicht als eine Angelegenheit der örtlichen Gemeinschaft behandelte, entzog es den kreisangehörigen Gemeinden die Aufgabe nicht, sondern füllte seinen Entscheidungsfreiraum bei der Anwendung des Begriffs der Angelegenheit der örtlichen Gemeinschaft mit einem Ergebnis aus,

für den Aufgabenentzug gelten, noch muss er sich rechtfertigen, wenn er die Gemeinden bei der Regelung einer solchen Angelegenheit in ihrer Eigenverantwortlichkeit beschränkt.[123]

Für die Gemeindeverbände besteht nach Art. 28 II 2 GG das Recht der Selbstverwaltung von vornherein lediglich „im Rahmen ihres gesetzlichen Aufgabenbereichs". Art. 28 II 2 GG enthält selbst keine Aufgabenzuweisung zugunsten der Gemeindeverbände.[124] Dennoch ist der Gesetzgeber bei der Aufgabenzuweisung nicht frei: Er muss den Gemeindeverbänden einen Mindestbestand an Aufgaben übertragen, die zu den Angelegenheiten *ihrer* örtlichen (also: der gemeindeverbandsörtlichen) Gemeinschaft gehören, und ihnen die eigenverantwortliche Erfüllung dieser Aufgaben zugestehen.[125] Örtlichkeit ist relativ: In Abgrenzung zu den Angelegenheiten der örtlichen Gemeinschaft in Art. 28 II 1 GG muss eine Angelegenheit von überörtlicher Art sein, damit der Gesetzgeber sie den Gemeindeverbänden zuweisen kann, ohne dadurch den Gemeinden die Zuständigkeit für eine Angelegenheit der örtlichen Gemeinschaft zu entziehen und sich dafür rechtfertigen zu müssen. In Abgrenzung zu den Aufgaben des Staates im engeren Sinne muss eine Angelegenheit eine solche der örtlichen im Sinne von gemeindeverbandsörtlichen Gemeinschaft sein, damit sie in den Mindestbestand an Aufgaben eingehen kann, den der Gesetzgeber den Gemeindeverbänden zuweisen muss.[126] Dafür, dass Art. 28 II 2 GG einen solchen Min-

---

das zwar von dem der kreisangehörigen Gemeinden abwich, über das sich das Bundesverfassungsgericht aber nicht hinwegsetzte: BVerfG, Beschluss vom 23.11.1988, 2 BvR 1619 und 1628/83, BVerfGE 79, 127 (156 f.) – Rastede.

[123] Nach der Auffassung des Bundesverfassungsgerichts erstreckt sich die Eigenverantwortlichkeitsgarantie auf die Organisation der Gemeindeverwaltung unabhängig davon, ob die Gemeinde in concreto eine Angelegenheit der örtlichen Gemeinschaft regelt oder nicht: BVerfG, Beschluss vom 7.2.1991, 2 BvL 24/84, BVerfGE 83, 363 (382) – Krankenhausumlage. Für die inhaltliche Erfüllung einer Aufgabe, die nicht zu den Angelegenheiten der örtlichen Gemeinschaft gehört, gilt die Eigenverantwortlichkeitsgarantie hingegen auch nach Auffassung des Bundesverfassungsgerichts nicht. Daran hat sich in späteren Entscheidungen nichts geändert, obwohl sie diesen Unterschied weniger deutlich ausdrücken: BVerfG, Beschluss vom 19.11.2002, 2 BvR 329/97, BVerfGE 107, 1 (14) – Verwaltungsgemeinschaften; BVerfG, Urteil vom 20.12.2007, 2 BvR 2433, 2434/04, BVerfGE 119, 331 (362) – Hartz-IV-Arbeitsgemeinschaften; BVerfG, Urteil vom 7.10.2014, 2 BvR 1641/11, BVerfGE 137, 108 (158 f.) – Optionskommunen. Abweichende Deutung der Rechtsprechung bei *J. Oebbecke*, Die Aufsicht der Länder über den kommunalen Vollzug der Grundsicherung, in: DVBl. 2019, S. 1 (3 f.).

[124] BVerfG, Beschluss vom 23.11.1988, 2 BvR 1619 und 1628/83, BVerfGE 79, 127 (150 f.) – Rastede; *H. Maurer*, Verfassungsrechtliche Grundlagen der kommunalen Selbstverwaltung, in: DVBl. 1995, S. 1037 (1046); *P.J. Tettinger*, Die Verfassungsgarantie der kommunalen Selbstverwaltung, in: T. Mann/G. Püttner (Hrsg.), HkWPr³ I, 2007, § 11 Rn. 39 f.

[125] *P.J. Tettinger*, Die Verfassungsgarantie der kommunalen Selbstverwaltung, in: T. Mann/G. Püttner (Hrsg.), HkWPr³ I, 2007, § 11 Rn. 39; *V. Mehde*, in: T. Maunz/G. Dürig u. a. (Hrsg.), GGK, Art. 28 II (2012), Rn. 136 f.

[126] *P.J. Tettinger*, Die Verfassungsgarantie der kommunalen Selbstverwaltung, in: T. Mann/G. Püttner (Hrsg.), HkWPr³ I, 2007, § 11 Rn. 40: Unterscheidung von „‚lokal-örtlichen' Gemeindeaufgaben" und „‚regional-örtlichen' Kreisaufgaben". *V. Mehde*, in: T. Maunz/

destbestand garantiert, spricht im Fall der Kreise auch die Regelung in Art. 28 I 2 GG: Die Existenz einer eigenen Volksvertretung in jedem Kreis ist unplausibel, wenn die Kreise nicht wenigstens einen nennenswerten Anteil der Angelegenheiten der gemeindeverbandsörtlichen Gemeinschaft in eigener Verantwortung regeln können.

Wenn der Gesetzgeber den Gemeindeverbänden eine Aufgabe zugewiesen hat, die zu den Angelegenheit der gemeindeverbandsörtlichen Gemeinschaft gehört, dann verbürgt Art. 28 II 2 GG die Eigenverantwortlichkeit der Aufgabenerfüllung und belegt den Gesetzgeber mit Rechtfertigungslasten für den Fall, dass er die Aufgabe den Gemeindeverbänden entziehen will.[127] Diese Wirkungsweise erinnert an die „Normgeprägtheit"[128] des Eigentumsgrundrechts in Art. 14 I GG: Die Merkmale des grundgesetzlichen Eigentumsbegriffs stehen fest, doch hat es der Gesetzgeber in der Hand, eine Rechtsposition so zu gestalten, dass sie diese Merkmale erfüllt und deshalb den Schutz des Eigentumsgrundrechts erfährt. Indem der Gesetzgeber eine solche Rechtsposition später so verändert, dass sie nicht mehr unter den grundgesetzlichen Eigentumsbegriff fällt, bestimmt er für die Zukunft den Inhalt, aber für die Vergangenheit die Schranken des Eigentumsgrundrechts und muss sich deshalb vor ihm rechtfertigen.[129]

b) Verschiedenheit von Kommunalverwaltung, kommunaler Selbstverwaltung und Verwaltung durch vom Volk gewählte Organwalter

Das Wort „selbst" kann ein Synonym sein für „persönlich" und für „eigenständig".[130] Als ein Bestandteil des Kompositums „Selbstverwaltung" in Art. 28 II 2 GG hat es die zuletzt genannte Bedeutung: Es drückt nicht etwa aus, dass das Subjekt und das Objekt der Verwaltung übereinstimmten, sondern bezeichnet

---

G. Dürig u. a. (Hrsg.), GGK, Art. 28 II (2012), Rn. 137: „Schon die Anknüpfung an den Begriff der ‚Überörtlichkeit' zeigt die Problematik einer Beschreibung des für die Kreise angemessenen Aufgabenkreises. Auch staatliche Stellen nehmen überörtliche Aufgaben wahr. Die Besonderheit der Aufgaben liegt also nicht in ihrer Überörtlichkeit – die gleichwohl zur Abgrenzung von Aufgaben der Gemeinden bedeutsam ist –, sondern gerade im lokalen Bezug." Diese Relativität kommt auch in § 2 I 1 KreisO NRW zum Ausdruck: „Die Kreise sind, soweit die Gesetze nicht ausdrücklich etwas anderes bestimmen, ausschließliche und eigenverantwortliche Träger der öffentlichen Verwaltung zur Wahrnehmung der auf ihr Gebiet begrenzten überörtlichen Angelegenheiten." Die Angelegenheiten, die die Kreise eigenverantwortlich erledigen können, sind einerseits überörtlich, andererseits auf ihr Gebiet begrenzt.

[127] *Hubert Meyer,* Die Entwicklung der Kreisverfassungssysteme, in: T. Mann/G. Püttner (Hrsg.), HkWPr³ I, 2007, § 25 Rn. 13.

[128] *F. Michl,* Unionsgrundrechte aus der Hand des Gesetzgebers, 2018, S. 11 führt den Begriff zurück auf die „Rede von der ‚Grundrechtsprägung'" bei *P. Lerche,* Übermaß und Verfassungsrecht (1961), 2. Aufl. 1999, S. 99, 114 ff., 140 ff.

[129] „Inhalts- und Schrankenbestimmung" ist ein Hendiadyoin: *F. Michl,* Grundrechtlicher Eigentumsschutz in Deutschland und Europa [Teil 2], in: JuS 2019, S. 431 (431).

[130] Eintrag „selbst", in: Dudenredaktion (Hrsg.), Das Synonymwörterbuch, 6. Aufl. 2014.

eine Art und Weise des Verwaltens. Das Subjekt und das Objekt der Kommunalverwaltung können ohnehin allein in dem Sinne übereinstimmen, dass die Bürger einer Kommune die kommunalen Organwalter wählen.[131] Selbstverwaltung wäre gleichbedeutend mit Verwaltung durch vom Volk gewählte Organwalter. Doch Selbstverwaltung in Art. 28 II GG setzt ausschließlich voraus, dass die Kommune die Angelegenheiten der örtlichen Gemeinschaft in eigener Verantwortung regelt. Das Subjekt der Verwaltung ist die Kommune als ein Verwaltungsträger; die Bürger, ihr personales Substrat, bleiben das Objekt.

Art. 28 II GG enthält überhaupt keine Vorgaben für die Bestellung der kommunalen Organwalter: Die Norm lässt die Wahl durch das Kommunalvolk genauso zu wie die Ernennung durch die Landesregierung. Eine andere Norm, nämlich Art. 28 I 2 GG, verlangt, dass das Volk in den Gemeinden und Kreisen eine Vertretung hat, die aus allgemeinen, freien, geheimen, gleichen, unmittelbaren Wahlen hervorgegangen ist. An keiner Stelle regelt das Grundgesetz eigens, durch welche Form der Bestellung die Hauptverwaltungsbeamten in ihre Ämter gelangt sein müssen. Ein Land kann die Hauptverwaltungsbeamten unter dem Gesichtspunkt des Art. 28 I 2, II GG ebenso wie die Regierungspräsidenten von der Landesregierung ernennen lassen. Damit die Länder die Kommunalvertretungen abschaffen oder deren Mitglieder ernennen lassen können, muss der verfassungsändernde Bundesgesetzgeber Art. 28 I 2 GG ändern, nicht Art. 28 II GG. Dass Amts- und Mandatsträger, die das Kommunalvolk gewählt hat, die Verwaltungstätigkeit ausüben, ist keine Eigenart der kommunalen Selbstverwaltung, sondern der Kommunalverwaltung.

In einer Ausdrucksweise, die aus dem 19. Jahrhundert stammt und in der Rechtswissenschaft der Weimarer Republik vorherrschte, hat der Grundgesetzgeber für Art. 28 II GG einen „juristischen" und keinen „politischen" Selbstverwaltungsbegriff gewählt. Während die politischen Selbstverwaltungsbegriffe die Beteiligung des personalen Substrats an der Verwaltung voraussetzen, lassen die juristischen Selbstverwaltungsbegriffe die Eigenverantwortlichkeit der Aufgabenerfüllung genügen.[132] Allerdings sollte die Rechtswissenschaft das Gegensatzpaar meiden: Zum einen ist der politische Selbstverwaltungsbegriff im Wortsinn nicht minder juristisch als der juristische: Beide Begriffe sind solche der Rechtswissenschaft.[133] Zum anderen ist jede Verwaltungsorganisations-

---

[131] *A. [J.] Merkl,* Allgemeines Verwaltungsrecht, 1927, S. 344 ff.

[132] Zeitgenössisch zu diesem Begriffspaar etwa *A. [J.] Merkl,* Allgemeines Verwaltungsrecht, 1927, S. 344 f.; *H. Peters,* Zentralisation und Dezentralisation, 1928, S. 22 ff. Aus der bundesrepublikanischen (Sekundär-)Literatur etwa *R. Hendler,* Selbstverwaltung als Ordnungsprinzip, 1984, S. 271; *ders.,* Das Prinzip Selbstverwaltung, in: J. Isensee/P. Kirchhof (Hrsg.), HStR³ VI, 2008, § 143 Rn. 12 f.; *A. Engels,* Die Verfassungsgarantie kommunaler Selbstverwaltung, 2014, S. 174 ff., 177 ff. jeweils mit (weiteren) Nachw. zum Schrifttum der Kaiserzeit und der Weimarer Republik.

[133] Entsprechend behandelt *A. [J.] Merkl,* Allgemeines Verwaltungsrecht, 1927, S. 347 die

form in dem Sinne politisch, dass der Staat mit ihr einen politischen Zweck verfolgt, und jede Verwaltungstätigkeit in dem Sinne, dass der Entscheidungsträger seinen Entscheidungsfreiraum nach außerrechtlichen und damit in einem weiten Sinne politischen Kriterien ausfüllt.[134]

Die Kommunalverwaltung erschöpft sich nicht in kommunaler Selbstverwaltung, sondern umfasst auch Auftragsverwaltung. Selbstverwaltung und Auftragsverwaltung unterscheiden sich danach, wie intensiv die Entscheidungen der Kommunen dezentralisiert sind. Die Auftragsverwaltung setzt begrifflich voraus, dass eine Behörde des Staates (im engeren Sinne) den Kommunen gegenüber zur Letztentscheidung über die Ausfüllung des rechtlichen Rahmens ermächtigt ist. Bei der Selbstverwaltung sind die Kommunen begriffsnotwendig zur Letztentscheidung ermächtigt: Dass die Kommunen der Fachaufsicht unterliegen, wenn sie eine Angelegenheit der örtlichen Gemeinschaft regeln, schließt die Erfüllung einer Aufgabe in eigener Verantwortung aus.[135] Selbstverwaltung ist deshalb gleichbedeutend mit intensiver, Auftragsverwaltung gleichbedeutend mit schwacher Dezentralisation.[136] Ob eine kommunale Tätigkeit zur Auftrags- oder zur Selbstverwaltung gehört, beurteilt sich gesondert für jede Entscheidung, so wie die Intensität der Dezentralisation und die Anforderungen an die demokratische Legitimation von Entscheidung zu Entscheidung abweichen können. Demnach lässt sich Kommunalverwaltung nicht mit kommunaler Selbstverwaltung gleichsetzen und kommunale Selbstverwaltung nicht mit Verwaltung durch vom Kommunalvolk gewählte Organwalter.

Auf diesen Gleichsetzungen aber beruht die Annahme, dass die Kommunalaufsicht „das verfassungsrechtlich gebotene Korrelat der Selbstverwaltung"[137] sei, also die verfassungsrechtlich gebotene „ergänzende Entsprechung"[138] der Selbstverwaltung. Die Kommunalaufsicht umfasst sowohl die *Fach*aufsicht als auch die *Rechts*aufsicht. Eine Kommune übt begrifflich Selbstverwaltung aus, wenn sie eine Angelegenheit der örtlichen Gemeinschaft regelt und dabei innerhalb der vollziehenden Gewalt zur Letztentscheidung ermächtigt ist. Zur

---

Verwaltung durch von den Bürgern gewählte Organwalter und durch Laien- oder Ehrenbeamte als denkbare Merkmale eines juristischen Selbstverwaltungsbegriffs.

[134] *A. [J.] Merkl,* Allgemeines Verwaltungsrecht, 1927, S. 344. Allgemein *M. Burgi,* Selbstverwaltung angesichts von Europäisierung und Ökonomisierung, in: VVDStRL 62 (2003), S. 405 (414): „unfruchtbare[n] Dichotomie von juristischem und politischem Selbstverwaltungsverständnis".

[135] *R. Hendler,* Das Prinzip Selbstverwaltung, in: J. Isensee/P. Kirchhof (Hrsg.), HStR[3] VI, 2008, § 143 Rn. 35; *H. Dreier,* in: ders. (Hrsg.), GGK[3] II, 2015, Art. 28 Rn. 105.

[136] *A. [J.] Merkl,* Allgemeines Verwaltungsrecht, 1927, S. 351; *H. Peters,* Zentralisation und Dezentralisation, 1928, S. 17 f.

[137] BVerfG, Beschluss vom 21.6.1988, 2 BvR 602/83, BVerfGE 78, 331 (341) – Nordhorn. *H. Dreier,* in: ders. (Hrsg.), GGK[3] II, 2015, Art. 28 Rn. 107 in Fn. 508: „Dieser Zusammenhang ist praktisch unbestritten".

[138] Eintrag „Korrelat", in: Dudenredaktion (Hrsg.), Deutsches Universalwörterbuch, 8. Aufl., Berlin 2015.

Letztentscheidung ermächtigt ist sie ausschließlich, wenn sie *keiner* Fachaufsicht unterliegt. Die Fachaufsicht ist kein Korrelat der Selbstverwaltung, sondern ihre Negation.[139] Die Rechtsaufsicht lässt die Eigenverantwortlichkeit der Aufgabenerfüllung unbeeinträchtigt, weil sie lediglich darauf hinwirkt, dass die Kommunen das Recht wahren, ohne dass sie die Verteilung von Letztentscheidungsmacht beeinflussen würde.[140] Die Rechtsaufsicht des Landes über die Kommunen ist möglicherweise verfassungsrechtlich geboten, aber jedenfalls nicht deshalb, weil die Kommunen zu den Selbstverwaltungsträgern gehören.

In nahezu jedem Land erledigen die Landräte im Wege der *Organleihe* bestimmte Aufgaben des Landes, etwa indem sie als Kreispolizeibehörden und als Kommunalaufsichtsbehörden tätig werden.[141] Entliehen ist ein Staatsorgan allein aus institutioneller Sicht; aus funktioneller Sicht ist es von vornherein ein Organ des Verwaltungsträgers, dessen Aufgabe es erfüllt.[142] Wenn ein Landrat im Wege der Organleihe tätig wird, übt er weder Selbstverwaltung noch Auftragsverwaltung aus und damit keine Kommunalverwaltung, sondern unmittelbare Landesverwaltung. Er wird als Behörde des Landes, nicht als Organ des Kreises tätig. Darin gleicht er den Bezirksregierungen in Baden-Württemberg, Bayern, Hessen und Nordrhein-Westfalen. Die Bezirksregierungen sind Landesmittelbehörden, die Landräte untere Landesbehörden.[143] Wenn der Landrat im Wege der Organleihe tätig wird, unterscheidet er sich von der Bezirksregierung hauptsächlich dadurch, dass der Landrat von den Bürgern seines Kreises gewählt und der Regierungspräsident von der Landesregierung ernannt wird.

---

[139] *H. Maurer,* Verfassungsrechtliche Grundlagen der kommunalen Selbstverwaltung, in: DVBl. 1995, S. 1037 (1043): „Die Eigenverantwortlichkeit ist das Spezifikum der Selbstverwaltung. Danach bleibt es den Gemeinden selbst überlassen, ob, wann und wie sie Aufgaben der örtlichen Gemeinschaft wahrnehmen wollen. Weisungen des Staates oder anderer Hoheitsträger werden damit ausgeschlossen. Die Aufsicht beschränkt sich auf die Einhaltung der Gesetze"; *W. Kahl,* Die Staatsaufsicht, 2000, S. 479: „Selbstverwaltungsangelegenheiten sind ihrer Natur nach weisungsfrei."

[140] Gegenauffassung bei *E. T. Emde,* Die demokratische Legitimation der funktionalen Selbstverwaltung, 1991, S. 84; *A. Engels,* Die Verfassungsgarantie kommunaler Selbstverwaltung, 2014, S. 558 ff.

[141] *Hubert Meyer,* Die Entwicklung der Kreisverfassungssysteme, in: T. Mann/G. Püttner (Hrsg.), HkWPr[3] I, 2007, § 25 Rn. 32. Selten handelt der Bürgermeister im Wege der Organleihe.

[142] *W. Krebs,* Verwaltungsorganisation, in: J. Isensee/P. Kirchhof (Hrsg.), HStR[3] V, 2008, § 108 Rn. 43; *M. Jestaedt,* Grundbegriffe des Verwaltungsorganisationsrechts, in: W. Hoffmann-Riem/E. Schmidt-Aßmann/A. Voßkuhle (Hrsg.), GVwR[2] I, 2012, § 14 Rn. 35.

[143] Für Nordrhein-Westfalen geregelt in § 7 II, § 9 II LOG NRW.

3. Kommunalverwaltung und Demokratie

a) Zwischen Verdienst und Überhöhung:
Kommunen als Exklave des Bürgertums im Konstitutionalismus
und als Grundlage des Neubeginns in der Nachkriegszeit

Als der Konstitutionalismus in Deutschland durch die Revolution von 1918/19 ein jähes Ende findet und die neuen Verfassungen das allgemeine und gleiche Wahlrecht sowie das parlamentarische Regierungssystem einführen, gerät die Kommunalverwaltung unerwartet unter Rechtfertigungsdruck, nicht *obwohl*, sondern *weil* das Deutsche Reich und seine Länder zu Demokratien und Republiken werden.[144] Die Kommunen können bestimmte Aufgaben eigenverantwortlich erledigen und die Bürger bestimmte Organwalter selbst wählen. Für den Konstitutionalismus besteht darin noch keine ernsthafte Herausforderung: Die Kommunalverwaltung lässt sich als eine bürgerliche Exklave im monarchischen Staat deuten, die ebenso wie der Vorbehalt des Gesetzes bei Eingriffen in Freiheit und Eigentum von vornherein zum Kompromiss zwischen den widerstreitenden Herrschaftsansprüchen von Volk und Monarch gehört.[145] Im Konstitutionalismus gelten die Kommunen als ein Produkt der Gesellschaft und stehen angeblich im Gegensatz zum Staat.[146] In der Paulskirchenverfassung und noch in der Weimarer Reichsverfassung hat die Verfassungsgarantie der kommunalen Selbstverwaltung ihren Standort unter Grundrechten.[147]

---

[144] Reaktionen in der Weimarer Staatsrechtslehre etwa bei *T. Heu[ss]*, Demokratie und Selbstverwaltung, 1921; *A. [J.] Merkl*, Demokratie und Verwaltung, 1923, bes. S. 38 ff., 76 ff.; *H. Peters*, Grenzen der kommunalen Selbstverwaltung in Preußen, 1926; *E. Horneffer*, Demokratie und Selbstverwaltung, 1927; *H. Kelsen*, Vom Wesen und Wert der Demokratie, 2. Aufl. 1929, S. 69 ff.; *A. Köttgen*, Die Krise der kommunalen Selbstverwaltung, 1931; *C. Schmitt*, Der Hüter der Verfassung (1931), 5. Aufl. 2016, S. 71 ff.; *E. Forsthoff*, Die Krise der Gemeindeverwaltung im heutigen Staat, 1932.

[145] *W. Seibel*, Verwaltung verstehen, 2016, S. 177: Selbstverwaltung als „tragendes Element der Kompromissbildung zwischen Staat und Bürgertum". Zur veränderlichen Rolle der Kommunalverwaltung im langen 19. Jahrhundert allgemein *F. Mayer*, Selbstverwaltung und demokratischer Staat, in: Hochschule für Verwaltungswissenschaften Speyer (Hrsg.), Demokratie und Verwaltung, 1972, S. 327 (332 f.); *U. Scheuner*, Zur Neubestimmung der kommunalen Selbstverwaltung (1973), in: ders., Staatstheorie und Staatsrecht, 1978, S. 567 (567 ff.); *W. Berg*, Demokratie und kommunale Selbstverwaltung, in: StuGR 1979, S. 345 (346 f.); *G.-C. v. Unruh*, Demokratie und kommunale Selbstverwaltung, in: DÖV 1986, S. 217 (218 f.); *K. Lange*, Kommunalrecht und Demokratie, in: H. Brinkmann (Hrsg.), Stadt, 1999, S. 70 (70 ff.).

[146] *H. H. Rupp*, Die Unterscheidung von Staat und Gesellschaft, in: J. Isensee/P. Kirchhof (Hrsg.), HStR³ II, 2004, § 31 Rn. 8.

[147] Abschnitt VI Art. XI § 184 der Paulskirchenverfassung: „Jede Gemeinde hat als Grundrechte ihrer Verfassung: a) die Wahl ihrer Vorsteher und Vertreter; b) die selbstständige Verwaltung ihrer Gemeindeangelegenheiten mit Einschluß der Ortspolizei, unter gesetzlich geordneter Oberaufsicht des Staates; c) die Veröffentlichung ihres Gemeindehaushaltes; d) Öffentlichkeit der Verhandlungen als Regel"; Art. 127 WRV: „Gemeinden und Gemeindeverbände haben das Recht der Selbstverwaltung innerhalb der Schranken der Gesetze."

Nach dem Ende des Konstitutionalismus erfährt das Gesetz einen Bedeutungswandel: vom *Abwehr*mittel gegen Grundrechtseingriffe zum *Gestaltungs*-mittel einer Volksvertretung.[148] Im Gesetz kommt der Wille der Mehrheit demokratisch gewählter Abgeordneter zum Ausdruck; wer das Gesetz ausführt, verhilft dem Mehrheitswillen zur Durchsetzung. Die parlamentarische Demokratie verlangt deshalb, dass sich die Verwaltung der Gesetzgebung und der Regierung unterstellt.[149] Die monarchische Verwaltung tritt in demokratische Dienste: Die Hierarchie, das prägende „Bauprinzip der Exekutive"[150], bleibt erhalten, obwohl sie ihren Ursprung im Absolutismus hat; sie dient nunmehr dazu, den Willen der Gesetzgebung und der Regierung durchzusetzen, nicht den des Monarchen.[151] So wie sich die Bedeutung des Gesetzes wandelt, verändert sich die der Hierarchie. Auch der Blick auf die Verwaltung, die außerhalb der Hierarchie steht, wird ein anderer: Da die Kommunen bestimmte Aufgaben eigenverantwortlich erledigen, gefährden sie die Rückbindung der Kommunalverwaltung an die Gesetzgebung und die Regierung; da die Bürger einer Kommune ihre eigene Volksvertretung wählen, tritt das Kommunalvolk in Konkurrenz zum Staatsvolk, die Kommunalvertretung in Konkurrenz zum Gesetzgeber.[152]

---

[148] Näher *H. Dreier,* Hierarchische Verwaltung im demokratischen Staat, 1991, S. 99 ff., 111 f., 113 ff., 115 ff.: „Das Gesetz dient in der sozialstaatlichen Demokratie weder nur als Abgrenzung individueller Interessensphären […], noch ist es allein Ausdruck kollektiver Selbstbestimmung […]. Es stellt vielmehr auch und zugleich das vorzügliche – wenn auch nicht einzige – ‚Führungsmittel gegenüber der Verwaltung‘ dar, das [wohl: die; S. L.] bei allen sich nicht selbst exekutierenden Gesetzen für die sozialgestaltende Umsetzung und Realisierung der zu rechtlichen Normen geronnenen politischen Zielsetzungen Sorge zu tragen hat" (S. 116).

[149] Grundlegend *A. [J.] Merkl,* Demokratie und Verwaltung, 1923, S. 76 ff.; *H. Kelsen,* Allgemeine Staatslehre, 1925, S. 417 ff.; *A. [J.] Merkl,* Allgemeines Verwaltungsrecht, 1927, S. 334 ff.; *H. Kelsen,* Vom Wesen und Wert der Demokratie, 2. Aufl. 1929, S. 69 ff.

[150] Begriff bei *W. Loschelder,* Weisungshierarchie und persönliche Verantwortung in der Exekutive, in: J. Isensee/P. Kirchhof (Hrsg.), HStR³ V, 2007, § 107 Rn. 3 ff.

[151] *H. Dreier,* Art. „Hierarchie" (J), in: W. Heun u. a. (Hrsg.), EvStL, 2006, Sp. 951 (952 f.). Für die deutsche Verwaltung allgemein *W. Seibel,* Verwaltung verstehen, 2016, S. 175, 176 ff.: „Demokratische Qualitäten mit vordemokratischen Wurzeln". Zum Ursprung der Hierarchie im Absolutismus näher *H. Dreier,* Hierarchische Verwaltung im demokratischen Staat, 1991, S. 19 ff., 36 ff.

[152] *H. Kelsen,* Vom Wesen und Wert der Demokratie, 2. Aufl. 1929, S. 69 ff.: „Und eine radikale Demokratisierung der durch die Dezentralisation gebildeten *Mittel- und Unterinstanzen* bedeutet geradezu die Gefahr einer *Aufhebung der Demokratie der Gesetzgebung.* Wird das Staatsgebiet […] gegliedert und die Verwaltung dieser Gebiete – der demokratischen Idee entsprechend – *Kollegien* übertragen, die von den Bürgern dieser Gebiete gewählt werden […], dann ist es mehr als wahrscheinlich, daß diese Selbstverwaltungskörper – sonderlich wenn ihre politische Zusammensetzung, ihre Majoritätsverhältnisse andere sind als die der zentralen legislativen Körperschaft – keineswegs die *Gesetzmäßigkeit* ihrer Akte als ihr höchstes Ziel ansehen, sondern sich allzuleicht in einen bewußten Gegensatz zu den vom Zentralparlament beschlossenen Gesetzen stellen werden. Der Wille des *Ganzen* – wo wie er in der zentralen Legislative zum Ausdruck kommt – droht durch den Willen des *Teils* – in den einzelnene Selbst-

Dennoch ist die Kommunalverwaltung für die Demokratie keineswegs allein eine Bedrohung, sondern auch eine Bereicherung.[153] Aus einer philosophischen Sicht verringert die Kommunalverwaltung die Fremdherrschaft, indem sie die Aussicht steigert, dass der Wille des Einzelnen mit dem Willen der Mehrheit übereinstimmt:[154] Wie die Normen, die für das gesamte Staatsgebiet gelten, von Staatsorganen stammen, deren Walter von allen Bürgern gewählt werden, so stammen die Normen, die für ein Teilgebiet gelten, von Staatsorganen, deren Walter von Ortsansässigen gewählt werden.[155] Der Verkleinerung des Geltungsbereichs folgt die Verkleinerung des Wählerkreises. Aus einer ökonomischen Sicht vervielfacht die Kommunalverwaltung den Wettbewerb der politischen Parteien um Wählerstimmen, weil er in tausenden Kommunen gleichzeitig stattfindet: Die Vorteile des Parteienwettbewerbs entstehen nicht allein auf Ebene der Europäischen Union, des Bundes und der Länder, sondern auch auf Ebene der Kommunen.[156] Aus soziologischer Sicht trägt die Kommunalverwaltung dazu bei, dass die Bürger die Fremdherrschaft akzeptieren, die ihnen auf einer höheren Ebene widerfahren kann: Wer sich auf einer höheren Ebene in der Minderheit befindet und fremdem Willen beugen muss, kann in einer Kommune zur Mehrheit gehören und seinen Willen durchsetzen.[157] Die Kommunalverwal-

---

verwaltungskörpern – paralysiert zu werden" (S. 72; Hervorhebungen im Original; S. L.). Zuvor *H. Kelsen,* Allgemeine Staatslehre, 1925, S. 366 ff. (Zitat nahezu wortgleich auf S. 366).

[153] Wegweisend *U. Scheuner,* Zur Neubestimmung der kommunalen Selbstverwaltung (1973), in: ders., Staatstheorie und Staatsrecht, 1978, S. 567 (569 ff.).

[154] *H. Dreier,* Hierarchische Verwaltung im demokratischen Staat, 1991, S. 121 f.: „Erblickt man den Kern des Demokratiegedankens und sein zentrales Ziel im weitestgehenden Abbau aller Heteronomie und in der Herstellung möglichst umfassender Übereinstimmung zwischen eigenem und fremden Willen, so liegt der Schritt nahe, dieses Prinzip auf allen Stufen staatlicher Herrschaftsausübung zu realisieren – nicht nur auf der Gesetzgebungsebene. Eine Demokratisierung der Vollzugsorgane, so will es scheinen, könnte zur Vervielfältigung, Verdichtung und Erweiterung, damit zur Intensivierung der Demokratie als Staatsform führen."

[155] *H. Kelsen,* Allgemeine Staatslehre, 1925, S. 361 ff.: „Im Sinn möglicher Annäherung an die demokratische Idee müßte sich die Organisation der Vollziehung als ein System von gewählten Kollegialbehörden gestalten, die in stufenweiser Abfolge von einem zentralen Verwaltungskollegium, eventuell ressortmäßig geschieden, zu den lokalen Verwaltungskollegien herabsteigen" (S. 362 f.).

[156] Zur Modellierung von Demokratie als Parteienwettbewerb näher *M. Morlok,* Parteienrecht als Wettbewerbsrecht, in: P. Häberle/M. Morlok/V. Skouris (Hrsg.), Festschrift für Dimitris Th. Tsatos zum 70. Geburtstag am 5. Mai 2003, 2003, S. 408 ff.; *A. Hatje* und *M. Kotzur,* Demokratie als Wettbewerbsordnung, in: VVDStRL 69 (2010), S. 135 ff. bzw. 173 ff.; *E. V. Towfigh,* Das Parteien-Paradox, 2015, S. 19 ff., 63 ff., 161 ff.; *M. Morlok/S. Jürgensen,* Faktische Chancengleichheit – insbesondere im Recht der politischen Parteien, in: JZ 2018, S. 695 (697 ff.).

[157] Zu dieser Art der Einbeziehung politischer Minderheiten unter anderem *R. Wahl,* Art. „Demokratie, Demokratieprinzip", in: M. Schröder (Hrsg.), ErgLdR, Nr. 5/170 (1990), S. 1 (5); *J. Isensee,* Die Rationalität des Staates und die Irrationalität des Menschen, in: AöR 140 (2015), S. 169 (195 f.); *M. G. Schmidt,* Art. „Demokratie" [Pol], in: Görres-Gesellschaft (Hrsg.), StL[8] I, 2017, Sp. 1213 (1221).

tung ist unter demokratietheoretischen Gesichtspunkten ambivalent: Wer eine Demokratie errichtet, muss die Bedrohungen und die Bereicherungen ausbalancieren, die von der Kommunalverwaltung ausgehen können.[158]

Die Wiedererrichtung der Staatlichkeit in Westdeutschland nach dem Ende des Zweiten Weltkriegs vollzog sich „von unten nach oben", von den Kommunen über die Länder bis zum Bund:[159] Nach der Einstellung der Kampfhandlungen waren es die Kommunen, die mit der Reorganisation der öffentlichen Verwaltung und der Bewältigung der unmittelbaren Kriegsfolgen begannen.[160] Ebenso nahm die Wiedereinführung der Demokratie in Westdeutschland nach dem Ende der NS-Diktatur ihren Ausgang in den Kommunen: Die Kommunalwahlen, die 1946 in der amerikanischen Besatzungszone stattfanden, waren die ersten freien Wahlen in Deutschland seit dem Jahr 1932.[161] Die Verfassung des Freistaats Bayern, die 1946 unter dem Eindruck der unmittelbaren Kriegsfolgen entstanden ist, erkennt diese Rolle an, indem sie die Kommunen in Art. 11 II 1 als „ursprüngliche Gebietskörperschaften" anspricht und in Art. 11 IV als ein Mittel zum „Aufbau der Demokratie in Bayern von unten nach oben" bezeichnet.[162] Die Verfassung Mecklenburg-Vorpommerns und das Kommunalrecht in vielen Ländern enthalten ähnliche Bestimmungen.[163] Zu einem Teil tragen sol-

---

[158] In diesem Zusammenhang *H. Kelsen,* Demokratisierung der Verwaltung, in: ZfV 1921, S. 5 (15): „Angesichts dieses Dilemmas kann es sich eben nur darum handeln, ein *Gleichgewicht der Kräfte* herzustellen. Und das ist die eigentliche Aufgabe aller Verfassungstechnik" (Hervorhebung im Original; S. L.).

[159] *H. Maurer,* Verfassungsrechtliche Grundlagen der kommunalen Selbstverwaltung, in: DVBl. 1995, S. 1037 (1037 ff.); *J. Oebbecke,* Das Bundesstaatsprinzip, in: B. Pieroth (Hrsg.), Verfassungsrecht und soziale Wirklichkeit in Wechselwirkung, 2000, S. 113 (113); *M. Stolleis,* Besatzungsherrschaft und Wiederaufbau deutscher Staatlichkeit 1945–1949, in: J. Isensee/P. Kirchhof (Hrsg.), HStR³ I, 2003, § 7 Rn. 7 ff.; *M. Jestaedt,* Bundesstaat als Verfassungsprinzip, in: J. Isensee/P. Kirchhof (Hrsg.), HStR³ II, 2004, § 29 Rn. 3 mit Fn. 21; *U. Di Fabio,* Art. „Demokratie" [J], in: Görres-Gesellschaft (Hrsg.), StL⁸ I, 2017, Sp. 1204 (1209).

[160] *H. Maurer,* Verfassungsrechtliche Grundlagen der kommunalen Selbstverwaltung, in: DVBl. 1995, S. 1037 (1037 f.); *M. Stolleis,* Besatzungsherrschaft und Wiederaufbau deutscher Staatlichkeit 1945–1949, in: J. Isensee/P. Kirchhof (Hrsg.), HStR³ I, 2003, § 7 Rn. 53; *C. Groh,* Neuanfänge der kommunalen Selbstverwaltung nach 1945, in: T. Mann/G. Püttner (Hrsg.), HkWPr³ I, 2007, § 8 Rn. 1 ff.

[161] *H. Maurer,* Verfassungsrechtliche Grundlagen der kommunalen Selbstverwaltung, in: DVBl. 1995, S. 1037 (1038); *C. Groh,* Neuanfänge der kommunalen Selbstverwaltung nach 1945, in: T. Mann/G. Püttner (Hrsg.), HkWPr³ I, 2007, § 8 Rn. 17.

[162] Zur Bekanntheit dieser Bestimmung beigetragen hat ihre Erwähnung in BVerfG, Beschluss vom 23.11.1988, 2 BvR 1619 und 1628/83, BVerfGE 79, 127 (149) – Rastede. Vom Entstehungszeitpunkt der Verfassung Bayerns unmittelbar nach Kriegsende zeugt ihre Präambel: „Angesichts des Trümmerfeldes, zu dem eine Staats- und Gesellschaftsordnung ohne Gott, ohne Gewissen und ohne Achtung vor der Würde des Menschen die Überlebenden des zweiten Weltkrieges geführt hat, in dem festen Entschlusse, den kommenden deutschen Geschlechtern die Segnungen des Friedens, der Menschlichkeit und des Rechtes dauernd zu sichern, gibt sich das Bayerische Volk, eingedenk seiner mehr als tausendjährigen Geschichte, nachstehende demokratische Verfassung".

[163] Art. 3 II M-VVerf.: „Die Selbstverwaltung in den Gemeinden und Kreisen dient dem

che Bestimmungen historischen Verdiensten angemessen Rechnung, zu einem
anderen Teil sind sie Ausdruck der Überhöhung eben dieser Verdienste.[164]

*b) Spuren der Überhöhung in der Gegenwart: Anhaltende Vermengung
systematischer Zusammenhänge mit historischen Abläufen*

Dass sich die Kommunen im Konstitutionalismus als Exklave des Bürgertums im monarchischen Staat verstanden, nach dem Zweiten Weltkrieg eine
Aufbauleistung erbrachten und den Ausgangspunkt der Wiedereinführung der
Demokratie bildeten, findet (auch im 21. Jahrhundert) darin seinen Ausdruck,
wie die Rechtswissenschaft und die Rechtspraxis über die Kommunalverwaltung denken und sprechen. Erhalten hat sich die Vorstellung von den Kommunen als der „Keimzelle"[165] oder der „Schule"[166] der Demokratie ebenso
wie das Unbehagen, die Kommunalverwaltung als einen Teil der mittelbaren
Staatsverwaltung zu bezeichnen. Verändert hat sich der Standort der Verfassungsgarantie der kommunalen Selbstverwaltung: in der Weimarer Reichsverfassung im Abschnitt „Das Gemeinschaftsleben" und damit unter Grund-

---

Aufbau der Demokratie von unten nach oben." Dazu *H. P. Bull,* Kommunale Selbstverwaltung
als Schule der Demokratie, in: D. Schimanke (Hrsg.), Verwaltung und Raum, 2010, S. 131
(131 ff.). Ähnliche Bestimmungen finden sich auch im einfachen Recht: Art. 1 BayGO; § 1
I GO BaWü; § 1 S. 1 HessGO; § 1 GO NRW usw.

[164] Abschwächung der Meistererzählung von den historischen Verdiensten der Kommunen bei *H. P. Bull,* Kommunale Selbstverwaltung als Schule der Demokratie, in: D. Schimanke (Hrsg.), Verwaltung und Raum, 2010, S. 131 (133 ff., 137 ff., 142).

[165] Dieses Bild vermutlich erstmals bei *A. [J.] Merkl,* Allgemeines Verwaltungsrecht,
1927, S. 341: „Gewissen *demokratischen Keimzellen,* wie der lokalen Selbstverwaltung,
geben die Machthaber des autokratischen Staates nur wider Willen Raum – im urtrüglichen
Instinkt, daß derlei Einrichtungen nicht nur Fremdkörper im Rahmen der bestehenden Staatsform, sondern auch Sprengmittel sind, die das Fundament der bestehenden Ordnung unterminieren" (Hervorhebung nicht im Original; S. L.). Weit verbreitet seit BVerfG, Beschluss
vom 23.11.1988, 2 BvR 1619 und 1628/83, BVerfGE 79, 127 (149) – Rastede: Gemeinde als
„Keimzelle der Demokratie".

[166] Dieses Bild vermutlich erstmals bei *T. Heu[ss],* Demokratie und Selbstverwaltung,
1921, S. 10: „Es genügt nicht, die erhabenen Gedanken Steins zu bejahen und auszusprechen,
daß die Selbstverwaltung [...] die *Schule der Demokratie* sei, indem sie das Gehorsam hei-
schende Gebot durch die freie Mitwirkung derer ersetze, die der Autorität der Satzung um
so restloser sich unterwerfen als diese ihren eigenen Stempel trägt. Man muß vielmehr die
Schwierigkeiten sehen und aussprechen, die gerade heute und gerade für uns mannigfach
genug sind" (Hervorhebung nicht im Original; S. L.). Zudem *ders.,* Demokratie und Selbstverwaltung, ebd., S. 20: „Führerschule der Nation". Aufgegriffen (wenn auch mit einem Fehlzi-
tat) bei *G.-C. v. Unruh,* Demokratie und kommunale Selbstverwaltung, in: DÖV 1986, S. 217
(217). Mit Zurückhaltung später unter anderem *H. H. Klein,* Demokratie und Selbstverwaltung, in: R. Schnur (Hrsg.), Festschrift für Ernst Forsthoff zum 70. Geburtstag, 2. Aufl. 1974,
S. 165 (165): „Selbstverwaltung pflegt als die hohe Schule der Demokratie gepriesen [...] zu
werden"; *H. P. Bull,* Kommunale Selbstverwaltung als Schule der Demokratie, in: D. Schimanke (Hrsg.), Verwaltung und Raum, 2010, S. 131 (142): „Als ‚Schule der Demokratie' kann
man die Kommunen nur mit Vorbehalt bezeichnen".

rechten, im Grundgesetz im Abschnitt „Der Bund und die Länder".[167] Dieser Standortwechsel bildet ab, dass die Kommunen „ein Stück ‚Staat'"[168] sind, trägt aber zur Verunsicherung bei, ob die Dogmatik die Verfassungsgarantie in Art. 28 II GG als (oder wenigstens: wie) ein subjektives Recht behandeln und deshalb bekannte Begriffe und Modelle aus der Grundrechtsdogmatik übertragen kann.[169]

Vor allem aber ist das Begriffspaar aus *eigenem* Wirkungskreis als Synonym für Selbstverwaltung und *übertragenem* Wirkungskreis als Synonym für Auftragsverwaltung unverändert in Gebrauch.[170] Dennoch liegt die Selbstverwaltung systematisch dem geltenden Recht nicht voraus, sondern besteht ausschließlich deshalb, weil und soweit es sie den Kommunen zugesteht.[171] Die Selbstverwaltung ist ihnen genauso übertragen wie die Auftragsverwaltung.[172] Im Falle der Gemeinden beruht die Aufgabenzuweisung auf einer Generalklausel im Verfassungsrecht, nicht auf einzelnen Zuweisungen im Gesetzesrecht: Art. 28 II 1 GG gesteht ihnen das Recht zu, *alle* Angelegenheiten der örtlichen Gemeinschaft eigenverantwortlich zu regeln. Deshalb lässt sich, soweit die Angelegenheiten der örtlichen Gemeinschaft reichen, von der Universalität des Wirkungskreises, dem Aufgaben(er)findungsrecht und der Allzuständigkeit der Gemeinden sprechen.[173] Diese sind aber genauso wenig naturgegeben wie die Zuständigkeit für alle Angelegenheiten der örtlichen Gemeinschaft selbst.

---

[167] Die Bezeichnung des Rechtsbehelfs, mit dem eine Kommune die Selbstverwaltungsgarantie geltend machen kann, als Kommunalverfassungsbeschwerde in Anlehnung an die Individualverfassungsbeschwerde, mit der sich die Grundrechte geltend machen lassen, und die Verortung in Art. 93 I Nr. 4b GG neben der Individualverfassungsbeschwerde zeugen noch von diesem Verständnis. Hinweis darauf bei *C. Waldhoff,* Kommunale Selbstverwaltung als juristischer Bewegungsbegriff, in: DVBl. 2016, S. 1022 (1023).

[168] BVerfG, Urteil vom 4.11.1986, 1 BvF 1/84, BVerfGE 73, 118 (191) – Rundfunkentscheidung IV: Gemeinden als „ein Stück ‚Staat'".

[169] Die Anwendung des Grundsatzes der Verhältnismäßigkeit befürworten unter anderem *J. Oebbecke,* Der Schutz der kommunalen Aufgabenwahrnehmung durch die Selbstverwaltungsgarantie des Art. 28 II GG, in: H.-G. Henneke (Hrsg.), Kommunale Aufgabenerfüllung in Anstaltsform, 2000, S. 11 (21 f.); *H. Dreier,* in: ders. (Hrsg.), GGK[3] II, 2015, Art. 28 Rn. 114; *H. Pünder,* Art. „Gemeinde" [J], in: Görres-Gesellschaft (Hrsg.), StL[8] II, 2018, Sp. 1030 (1031).

[170] Stellvertretend *A. Engels,* Die Verfassungsgarantie kommunaler Selbstverwaltung, 2014, S. 460 ff.; *H. Dreier,* in: ders. (Hrsg.), GGK[3] II, 2015, Art. 28 Rn. 81; *H. Pünder,* Art. „Gemeinde" [J], in: Görres-Gesellschaft (Hrsg.), StL[8] II, 2018, Sp. 1030 (1034). Die Gegenüberstellung von eigenem und übertragenem Wirkungskreis begegnet auch in der Gesetzessprache: Art. 6 ff. BayGO; §§ 2 f. M-VKVerf.; §§ 4 ff. NdsKomVG usw.

[171] *H. Kelsen,* Allgemeine Staatslehre, 1925, S. 186 ff.

[172] *H. Kelsen,* Allgemeine Staatslehre, 1925, S. 188; *A. [J.] Merkl,* Allgemeines Verwaltungsrecht, 1927, S. 350, 359.

[173] Hervorgehoben in BVerfG, Beschluss vom 23.11.1988, 2 BvR 1619 und 1628/83, BVerfGE 79, 127 (146 ff.) – Rastede.

„Man darf die historische nicht mit der normlogischen Beziehung vermengen."[174] *Erstens* müssen sich weder die Normen des Grundgesetzes und des einfachen Rechts als solche noch ihre Interpretation und ihre Anwendung vor einem angeblich naturgegebenen Recht der Kommunen auf Selbstverwaltung rechtfertigen, obwohl die Kommunalverwaltung in Deutschland weit älter ist als das Grundgesetz und die gegenwärtigen Kreis- und Gemeindeordnungen. Darin gleicht das Selbstverwaltungsrecht der Kommunen der Verfassungsautonomie der Länder: Obwohl *historisch* einige Länder und einige Landesverfassungen entstanden sind, bevor sich 1949 die Bundesrepublik Deutschland gegründet hat und das Grundgesetz in Kraft getreten ist, liegt die Verfassungsautonomie der Länder dem Bundesrecht *systematisch* nicht voraus, sondern besteht deshalb, weil und soweit das Bundesrecht sie den Ländern zugesteht.[175] Die Satzungsautonomie der Kommunen besteht ebenfalls von vornherein ausschließlich auf Grund und im Rahmen des geltenden staatlichen Rechts.[176]

Zweitens lassen historisch begründete Kennzeichnungen keine Schlüsse auf die Rechtslage zu; solche Kennzeichnungen haben in der Rechtsdogmatik allein in dem Fall ihre Berechtigung, dass sie das geltende Recht adäquat abbilden.[177] Die Vorstellung etwa, nach der die demokratische Legitimation der Akte der Staatsgewalt von *oben* nach *unten* verläuft, wird dem geltenden Recht besser gerecht als die gegenteilige Annahme eines Aufbaus von *unten* nach *oben*, von der aber die bayerische Verfassung ausgeht: Die Wiedereinführung der Demokratie nach Kriegsende begann in den Kommunen; die demokratische Legitimation unter dem Grundgesetz aber vollzieht sich entlang von Hierarchien.[178]

---

[174] *H. Kelsen,* Reine Rechtslehre, 2. Aufl. 1960, S. 338: „Ebenso beruht die Geltung einer Gliedstaatsordnung auf der Bundesverfassung, obgleich deren Entstehung zeitlich den ehemals selbständigen, zu einem Bundesstaat erst später zusammengefaßten Einzelstaaten nachfolgt. Man darf die historische nicht mit der normlogischen Beziehung vermengen."

[175] Gleiches besagt die Annahme, dass der Verfassunggeber in den Ländern kein „pouvoir constituant" sei. Anzutreffen bei *C. Möllers,* Staat als Argument (2000), 2. Aufl. 2011, S. 368; *J. Dietlein,* Art. „Landesverfassungen", in: W. Heun u. a. (Hrsg.), EvStL, 2006, Sp. 1394 (1394); *A. Dittmann,* Verfassungshoheit der Länder und bundesstaatliche Verfassungshomogenität, in: J. Isensee/P. Kirchhof (Hrsg.), HStR[3] VI, 2008, § 127 Rn. 10; *M. Thiel,* Art. „Landesstaatsrecht", in: M. Schröder (Hrsg.), ErgLdR, Nr. 5/430 (2011), S. 1 (1); *F. Wittreck,* Grenzen der Landesverfassungen, in: M. Hein/F. Petersen/S. v. Steinsdorff (Hrsg.), Die Grenzen der Verfassung, 2018, S. 209 (209, 227).

[176] *J. Ipsen,* Art. „Autonomie (J)", in: W. Heun u. a. (Hrsg.), EvStL, 2006, Sp. 159 (160 f.).

[177] Zur adäquaten Abbildung des geltenden Rechts als dem Merkmal der Rechtsdogmatik näher *M. Jestaedt,* Die Verfassung hinter der Verfassung, 2009, S. 77 ff.; *ders.,* Verfassungstheorie als Disziplin, in: O. Depenheuer/C. Grabenwarter (Hrsg.), Verfassungstheorie, 2010, § 1 Rn. 58 ff.

[178] *M. Jestaedt,* Demokratieprinzip und Kondominialverwaltung, 1993, S. 187 ff.: „Herrschaftssoziologisch, politologisch, auch staatsphilosophisch betrachtet mag es zutreffend sein, die Herrschaftsstrukturen und Herrschaftsimpulse als ‚von unten nach oben' verlaufend zu beschreiben. Das kann hier dahinstehen. Vom *staatsrechtlichen* Standpunkt aus enthält eine derartige Pauschal-Formel Unzutreffendes, zumindest in sinnentstellender Weise Verkürzendes und Mißverständliches" (S. 187 f.; Hervorhebung im Original; S. L.).

Drittens kann das Recht, etwa die Verfassung Bayerns, über die Kommunen in ihrer Eigenschaft als historisch vorfindbare Einrichtungen zwar *sprechen*, sie aber nicht *regeln*. Darin gleichen die historischen Kommunen dem Volk in seiner Eigenschaft als Träger der verfassunggebenden Gewalt.[179] Zu den Gegenständen von Regelungen gehört die Kommune in ihrer Eigenschaft als rechtlich geschaffener Verwaltungsträger ebenso wie das Volk in seiner Eigenschaft als rechtlich geschaffenes primäres Staatsorgan. Insgesamt zählt Art. 11 II 1, IV BayVerf. deshalb zu den Bestimmungen in den deutschen Verfassungen, die in einer Präambel besser aufgehoben wären als unter den Bestimmungen, die zu den Trägern von Normen gehören (ohne dass die zuerst genannten Bestimmungen darum jeder rechtlichen Bedeutung entbehrten).[180]

II. Vorgaben des Demokratieprinzips für die Kommunalverwaltung

Aus dem Homogenitätsgebot in Art. 28 I GG folgt, welchen Adressaten in den Ländern (1.) das Demokratieprinzip des Grundgesetzes welche Vorgaben macht (2.) und welche Rechtsfolgen sich aus deren Missachtung ergeben (3.).

Bei der Auseinandersetzung mit dieser Norm bedienen sich Rechtsprechung und Rechtswissenschaft einer mitunter bildhaften Sprache, die weder aus sich heraus verständlich ist, noch einheitlich verwendet wird:[181] „Bestandteilstheorie", „Durchgriffsnorm", „Hineinwirkungslehre", „Normativbestimmung", „eigenständige", „getrennte" und „verschränkte Verfassungsräume", „zweigliedriger" und „dreigliedriger Bundesstaat" usw.[182] Wer mit Wörtern wie „Homogenität",

---

[179] Für die verfassunggebende Gewalt näher *M. Jestaedt,* Die Verfassung hinter der Verfassung, 2009, S. 81 ff.

[180] Für Art. 1 BayGO überschießend *U. Scheuner,* Zur Neubestimmung der kommunalen Selbstverwaltung (1973), in: ders., Staatstheorie und Staatsrecht, 1978, S. 567 (571): „In der Gegenwart klingt eine ältere, auf genossenschaftliche Vorstellungen zurückgehende Tradition in der bayerischen Gemeindeordnung an (§ 1), die von den Gemeinden als ‚ursprünglichen' Gebietskörperschaften spricht. Man kann hierin heute wohl nur mehr eine mitgeführte Theorie erblicken, der *kein rechtlicher Aussagewert* zukommt" (Hervorhebung nicht im Original; S. L.). Zu den fehlplatzierten Bestimmungen zählen auch Art. 1 II GG, der ein Bekenntnis des deutschen Volkes zu unverletzlichen und unveräußerlichen Menschenrechten ausspricht, und die Gliedstaatsklausel in Art. 1 I 1 NWVerf.

[181] Diagnose eines uneinheitlichen und missverständlichen Sprachgebrauchs bei *J. Menzel,* Landesverfassungsrecht, 2002, S. 242 f.; *H. Hestermeyer,* Verschränkte Verfassungsräume, in: Europäisches Zentrum für Föderalismus-Forschung Tübingen (Hrsg.), Jahrbuch des Föderalismus, 2011, S. 127 (127 in Fn. 4; 134 in Fn. 50; 139): „Allzu oft wiederholen Literatur und Rechtsprechung eingeführte Formeln, die bei genauerer Betrachtung zunehmend sinnentleert sind" (139).

[182] Jeweils viele dieser Ausdrücke finden Verwendung unter anderem bei *W. Graf Vitzthum,* Die Bedeutung gliedstaatlichen Verfassungsrechts in der Gegenwart, in: VVDStRL 46 (1988), S. 7 (11 ff., S. 22 ff.); *S. Storr,* Verfassunggebung in den Ländern, 1995, S. 41 ff.,

„Identität", „Konformität" und „Uniformität" verschiedene Bedeutungen verbindet, obwohl sie sich synonym gebrauchen lassen, muss sein Begriffsverständnis offenlegen.[183] Zu den vielen mehrdeutigen, uneinheitlich verstandenen und dennoch häufig wiederholten Formeln gehört die Aussage, dass das Homogenitätsgebot „nicht in den Ländern, sondern für die Länder" gelte.[184] Bei der Interpretation kommt es typischerweise zur Vermengung unterschiedlicher Fragen, die sich nicht immer unabhängig voneinander beantworten lassen und trotzdem voneinander geschieden gehören: Fragen nach den Adressaten, den Gegenständen, den Inhalten und dem normenhierarchischen Rang des Homogenitätsgebots sowie den Rechtsfolgen seiner Missachtung.[185]

Die Sprachverwirrung erschwert zum einen die Verständigung: Ein sachlicher Unterschied kann sich hinter einer übereinstimmenden Wortwahl, eine sachliche Gemeinsamkeit hinter einer abweichenden Wortwahl verbergen.[186]

---

84 ff.; *J. Menzel,* Landesverfassungsrecht, 2002, S. 135 ff., 160 ff. – Gegenstand der Sprachkritik ist beispielsweise die Bezeichnung des Homogenitätsgebots als eine Normativbestimmung. Je nachdem, was ihr Verwender darunter versteht, ist die Bezeichnung entweder entbehrlich oder irreführend, jedenfalls nicht sachdienlich. Ohnehin kommt der Ausdruck wegen der Sinnähnlichkeit seiner Bestandteile („Norm", „Bestimmung") einem Pleonasmus nahe: *W. März,* Bundesrecht bricht Landesrecht, 1989, S. 189 f.; *M. Sachs,* Die Landesverfassung im Rahmen der bundesstaatlichen Rechts- und Verfassungsordnung, in: ThürVBl. 1993, S. 121 (122); *S. Storr,* Verfassunggebung in den Ländern, 1995, S. 243; *H. Hestermeyer,* Verschränkte Verfassungsräume, in: Europäisches Zentrum für Föderalismus-Forschung Tübingen (Hrsg.), Jahrbuch des Föderalismus, 2011, S. 127 (133).

[183] Auswahl nach *J. F. Lindner,* Bundesverfassung und Landesverfassung, in: AöR 143 (2018), S. 437 (444): „Gefordert ist nach heute gefestigter Meinung in Rechtsprechung und Literatur keine Identität, keine Parallelität oder Uniformität, sondern ein Entsprechen im Sinne einer Homogenität." Wenig aussagekräftig ist die immer wieder zitierte Formel in BVerfG, Urteil vom 27.4.1959, 2 BvF 2/68, BVerfGE 9, 269 (279) – Bremer Personalvertretungsgesetz: „Das Grundgesetz läßt den Ländern in der Gestaltung ihrer Verfassung im einzelnen Spielraum und will nicht Konformität oder Uniformität, sondern nur eine gewisse Homogenität durch Bindung an die leitenden Prinzipien herbeiführen".

[184] In Gebrauch seit BVerfG, Urteil vom 23.1.1957, 2 BvF 3/56, BVerfGE 6, 104 – Kommunalwahl-Sperrklausel NRW.

[185] Mindestens drei Fragen (Adressaten, Rang, Rechtsfolgen) vermengt *M. Sachs,* Die Landesverfassung im Rahmen der bundesstaatlichen Rechts- und Verfassungsordnung, in: ThürVBl. 1993, S. 121 (122) in einem einzigen Absatz: „Demgegenüber wird seit langem die Auffassung vertreten, Art. 28 Abs. 1 GG schaffe (auch?) unmittelbar geltendes Landesverfassungsrecht, ja hierin wird sogar zum Teil seine primäre Funktion gesehen. Für diese Einschätzung hat auch das *BVerfG* Anlaß gegeben, indem es im Normenkontrollverfahren, ohne die Widersprüchlichkeit seiner eigenen Aussagen zu bemerken, Bestimmungen einfacher Landesgesetze unmittelbar an Art. 28 Abs. 1 GG gemessen hat. Diese Auffassung, die den Art. 28 Abs. 1 GG als Durchgriffsnorm im Sinne des oben (zu I) Gesagten qualifiziert, kann indes mit Wortlaut und Geschichte des Homogenitätsgebots nicht in Einklang gebracht werden, trägt auch der Selbständigkeit der Landesverfassungen nicht hinreichend Rechnung. Selbst im Falle eines dauernden Vollzugsdefizits einer Landesverfassungsordnung wären Lücken nicht durch Rückgriff auf das Homogenitätsgebot zu schließen; vielmehr hätte der Bund nach Art. 28 Abs. 3 GG für die Beachtung der Grundsätze *zu sorgen*" (Kursivierungen im Original; S. L.).

[186] Parallele Kritik an der Begriffsbildung in der Verwaltungsorganisationsrechtswissen-

Zum anderen ist sie Ausdruck einer überkommenen Sonderdogmatik: Obwohl das Homogenitätsgebot zu einer Vielzahl von Normen des Bundesrechts gehört, die Vorgaben für das Landesrecht enthalten, unternehmen Rechtswissenschaft und Rechtsprechung kaum den Versuch, die Norm mit allgemein gebräuchlichen Begriffen und Modellen zu erfassen. Eine Sonderdogmatik des Homogenitätsgebots aber ist entbehrlich und deshalb zugleich unberechtigt.[187] „Wenn es nicht notwendig ist, einen bestimmten Begriff oder eine bestimmte Theorie zu verwenden, dann ist es notwendig, ihn bzw. sie nicht zu verwenden."[188]

1. Verpflichtete und maßstabsgebundene Normen: Bindung aller Länderstaatsgewalt an Vorgaben für die gesamte Landesrechtsordnung

a) Verfassung im formellen Sinne als eine kontingente Rechtsschicht: Bindung aller Erzeuger generell-abstrakter Normen in den Ländern

Der Gegenstand der Vorgaben von Art. 28 I 1 GG ist die „verfassungsmäßige Ordnung" in den Ländern. Dieser Ausdruck kommt im Grundgesetz an verschiedenen Stellen vor, hat aber keine gleichbleibende Bedeutung: In Art. 2 I GG umfasst er die Gesetze, in Art. 9 II und Art. 98 II 1 GG die freiheitliche demokratische Grundordnung im Sinne von Art. 18 S. 1 und Art. 21 II GG, in Art. 20 III und Art. 20a GG die Verfassung. Das Wort „Verfassung" kommt im Grundgesetz in zwei Bedeutungen vor: Zum einen bezeichnet es in seinem ursprünglichen Sinne die Verfasstheit (des Bundesverfassungsgerichts, von Religionsgesellschaften), zum anderen eine bestimmte Gesamtheit von Normen.[189] Auch in Art. 28 I 1 GG bezeichnet „verfassungsmäßige Ordnung" eine Gesamtheit von Normen. Unklar ist, welche Normen zu dieser Gesamtheit gehören. Aus der Beantwortung dieser Frage ergibt sich zugleich, wer Adressat der Homogenitätsgebots ist.

Das Suffix „-mäßig" kann in Bildungen mit Substantiven verschiedene Bedeutungen haben: Entweder ähnelt der als „-mäßig" charakterisierte Gegenstand dem Gegenstand, den das Substantiv bezeichnet (verfassungs*artig*); oder das Charakterisierte steht im Einklang mit dem Gegenstand, den das Substantiv bezeichnet (verfassungs*gemäß*).[190] In Art. 2 I GG bedeutet „verfassungs-

---

schaft bei *M. Jestaedt,* Grundbegriffe des Verwaltungsorganisationsrechts, in: W. Hoffmann-Riem/E. Schmidt-Aßmann/A. Voßkuhle (Hrsg.), GVwR² I, 2012, § 14 Rn. 12 ff. mit Fn. 65.

[187] Für Sparsamkeit beim Einsatz von Begriffen und Modellen wirbt *J. F. Lindner,* Rechtswissenschaft als Metaphysik, 2017, S. 170 ff.

[188] *J. F. Lindner,* Rechtswissenschaft als Metaphysik, 2017, S. 171.

[189] Art. 94 II 1 GG (Verfasstheit des Bundesverfassungsgerichts); Art. 137 V 2 WRV (Verfasstheit der Religionsgesellschaften); Art. 5 III 2, Art. 100 I, III, Art. 142, Art. 146 GG (Gesamtheit von Normen).

[190] Eintrag „-mäßig", in: Dudenredaktion (Hrsg.), Deutsches Universalwörterbuch, 8. Aufl. 2015.

mäßig" genau das gleiche wie „verfassungsgemäß".[191] An den anderen Stellen im Grundgesetz weicht der Sprachgebrauch des Verfassunggebers von der lexikalischen Bedeutung des Suffixes ab: In Art. 9 II und Art. 98 II 1 GG bedeutet das Wort „verfassungsmäßig" nicht „verfassungsgemäß", aber auch nicht „verfassungsartig": Unter der verfassungsmäßigen Ordnung verstehen die Bestimmungen keine Normen, die einer Verfassung ähneln, sondern einen Ausschnitt der Verfassung selbst: die Inhalte, die der Grundgesetzgeber an anderer Stelle mit dem Ausdruck „freiheitliche demokratische Grundordnung" belegt hat. In Art. 20 III und Art. 20a GG bezeichnet „verfassungsmäßige Ordnung" weder verfassungsähnliche Normen noch einen Ausschnitt der Verfassung, sondern die gesamte Verfassung. Wenn das Wort „verfassungsmäßig" in einer Bestimmung des Grundgesetzes vorkommt, besteht ein Grund zu der Annahme, dass sich der Verfassunggeber unsicher war, als er die Bestimmung formulierte.

Der Begriff der Verfassung, verstanden als eine Gesamtheit von Normen, lässt sich formell und materiell bestimmen.[192] Eine Verfassung im *formellen* Sinne ist eine selbständige Rechtsschicht, die auf der höchsten Stufe der Normenhierarchie siedelt, weil sie Vorgaben auch für die Gesetzgebung enthält und sich ausschließlich unter Voraussetzungen ändern lässt, die über die Voraussetzungen der gewöhnlichen Gesetzgebung hinausgehen.[193] In der Normen- bzw. der Normerzeugerhierarchie schiebt sich zwischen die Verfassung und das Gesetz das verfassungsändernde Gesetz, zwischen den Verfassunggeber und den einfachen Gesetzgeber der verfassungsändernde Gesetzgeber.[194] Nicht zwangs-

---

[191] BVerfG, Urteil vom 16.1.1957, 1 BvR 253/56, BVerfGE 6, 32 (36 ff.) – Elfes.

[192] Klassisch *G. Jellinek,* Allgemeine Staatslehre, 3. Aufl. 1921, S. 505, 534; *H. Kelsen,* Allgemeine Staatslehre, 1925, S. 248 ff.; *C. Schmitt,* Verfassungslehre (1928), 11. Aufl. 2017, S. 1 ff.; *H. Kelsen,* Wesen und Entwicklung der Staatsgerichtsbarkeit, in: VVDStRL 5 (1929), S. 30 (35 ff.). In jüngere Zeit beispielsweise *J. Isensee,* Staat und Verfassung, in: ders./P. Kirchhof (Hrsg.), HStR³ II, 2006, § 15 Rn. 184 ff.; *U. Volkmann,* Grundzüge einer Verfassungslehre der Bundesrepublik Deutschland, 2013, S. 11 ff. Die formell/materiell-Dichotomie ist in diesem wie in vielen Fällen mehrdeutig. Anhand der Begriffsbildung bei Kelsen näher *R. Alexy,* Hans Kelsens Begriff der Verfassung, in: S. L. Paulson/M. Stolleis (Hrsg.), Hans Kelsen, 2005, S. 333 (334 ff.).

[193] Damit ist der Unterschied zwischen dem Stufenbau nach dem Bedingungs-, Erzeugungs- oder Ableitungszusammenhang einerseits und dem Stufenbau nach dem Derogationszusammenhang andererseits angesprochen. Im ersten Fall ergibt sich die Vorrangrelation daraus, dass die eine Norm überhaupt Vorgaben für den Erlass der anderen enthält, im zweiten Fall daraus, dass darüber hinaus die maßstäbliche Norm vom Urheber der maßstabsgebundenen Norm unter keinen Umständen aufgehoben werden kann. In der Regel gehen beide Formen des Stufenbaus Hand in Hand. Zu den Normen, die einen Erzeugungs-, aber keinen Derogationszusammenhang herstellen, gehören Art. 79 I, II GG: Der verfassungsändernde Gesetzgeber kann die formellen Vorgaben für Verfassungsänderungen ändern, doch muss er diese Vorgaben bei der Änderungsgesetzgebung noch beachten. Dazu *A. Bauer/M. Jestaedt,* Das Grundgesetz im Wortlaut, 1997, S. 12 ff.; *M. Jestaedt,* Grundrechtsentfaltung im Gesetz, 1999, S. 300 ff. mit Fn. 90.

[194] *H. Dreier,* Art. „Verfassung", in: H. J. Sandkühler (Hrsg.), Enzyklopädie Philosophie, Bd. III, 2010, S. 2867 (2870): „In der Architektonik der Normebenen schiebt sich somit zwi-

läufig, aber typischerweise hat eine formelle Verfassung die Gestalt eines eigenen Dokuments, einer Verfassungsurkunde.[195] Wenn sich das gesamte formelle Verfassungsrecht aus einer Urkunde ergibt, ist diese Urkunde eine Kodifikation.

Eine Verfassung im *materiellen* Sinne umfasst die subjektiven Rechte und die Vorgaben für die Staatsorganisation, die sich jeweils zum Beispiel durch ihre inhaltliche oder geschichtliche Bedeutung oder ihren Abstraktions- und Generalisationsgrad von anderen Normen abheben.[196] Auf den Rang einer Norm in der Normenhierarchie kommt es nicht an. Eine materielle Verfassung geht einerseits über eine formelle Verfassung hinaus und bleibt andererseits hinter ihr zurück: Eine materielle Verfassung erstreckt sich beispielsweise auf die Geschäftsordnungen oberster Staatsorgane, auf Abgeordneten-, Parteien- und Wahlgesetze; hingegen gehört eine kleinteilige Regelung, die ausnahmsweise Eingang in eine Verfassungsurkunde findet, obwohl sie üblicherweise in einer niedrigeren Rechtsschicht vorkommt, nicht zur materiellen Verfassung.[197]

Damit sich die verfassungsmäßige Ordnung in Art. 28 I 1 GG auf die formelle Verfassung beschränken kann, müssen die Länder dazu verpflichtet sein, dass sie sich eine solche Verfassung geben. Denn ohne diese Verpflichtung könnte ein Land frei entscheiden, ob es sich den Bindungen des Homogenitätsgebots unterwirft, indem es sich eine formelle Verfassung gibt. Ein Land könnte auch in Einzelfällen die Vorgaben des Homogenitätsgebots umgehen, indem es eine vorgabenwidrige Norm als einfaches Gesetz erlässt, statt dass es sie in seine Landesverfassung aufnimmt.[198] Für welche Inhalte eine Regelung in einer formellen Verfassung erforderlich ist und für welche eine Regelung auf einer nied-

---

schen den V[erfassung]geber (pouvoir constituant, constituent power) und die nachgeordneten Staatsgewalten (pouvoirs constitués, legislative power) eine dritte, die verfassungsändernde Gewalt (pouvoir constituant constitué, amending power)" (ohne die Hervorhebungen im Original; S. L.). Näher *H. Dreier,* Gilt das Grundgesetz ewig?, 2009, S. 40 ff.

[195] *H. Dreier,* Art. „Verfassung", in: H. J. Sandkühler (Hrsg.), Enzyklopädie Philosophie, Bd. III, 2010, S. 2867 (2868 f.). Das Inkorporationsgebot in Art. 79 I 1 GG stellt sicher, dass das Grundgesetz mit der materiellen Verfassung der Bundesrepublik Deutschland identisch bleibt: *A. Bauer/M. Jestaedt,* Das Grundgesetz im Wortlaut, 1997, S. 7 ff.

[196] Verfassungen im materiellen Sinne können sich, wie etwa die Verfassung des Deutschen Reiches von 1871, auf Normen zur Staatsorganisation beschränken (Verfassung im engeren Sinne; Organisationsstatut) oder darüber hinaus, wie etwa das Grundgesetz, inhaltliche Vorgaben für die Staatstätigkeit, besonders Grundrechte, enthalten (Verfassung im weiteren Sinne; Vollverfassung): *M. Morlok,* Art. „Verfassung", in: W. Heun u. a. (Hrsg.), EvStL, 2006, Sp. 2556 (2257).

[197] Besonders durch die Föderalismusreformen von 2006 und 2009, die zur Aufnahme von Bestimmungen in das Grundgesetz geführt haben, die nach ihrer Gestalt und ihrer inhaltlichen Bedeutung von der großen Mehrheit der übrigen Bestimmungen erheblich abweichen, haben sich die formelle und die materielle Verfassung der Bundesrepublik Deutschland auseinanderentwickelt: *F. Wittreck,* Geltung und Anerkennung von Recht, 2014, S. 56 ff.; *H. Dreier/F. Wittreck,* Das Grundgesetz für die Bundesrepublik Deutschland, in: dies. (Hrsg.), Grundgesetz, 11. Aufl. 2017, S. XIII (XXV ff.).

[198] *H. Dreier,* Landesverfassungsänderung durch quorenlosen Volksentscheid aus der Sicht des Grundgesetzes, in: BayVBl. 1999, S. 513 (514); *S. Lenz,* Volksgesetzgebung als

rigeren Stufe ausreicht, bleibt der Bewertung eines Landes überlassen: Zum
Beispiel ist das Kommunalwahlrecht für Unionsbürger, zu dessen Einführung
das Grundgesetz die Länder verpflichtet, in einigen Ländern in der formellen
Verfassung, in anderen Ländern in einem einfachen Gesetz geregelt.[199]

Dass sich ein Land eine formelle Verfassung gibt, ist weder aus rechts*struk-
turellen* noch aus rechts*inhaltlichen* Gründen notwendig. *Erstens* kommt eine
Rechtsordnung eines demokratischen Rechtsstaates zwar nicht ohne eine Min-
destausstattung aus: eine Norm, die zur Rechtserzeugung ermächtigt, zudem
Normen, die auf Grund dieser Ermächtigung entstehen und die Vorgaben für
menschliches Verhalten enthalten, und schließlich Realakte, die diese Normen
vollziehen; da solche Rechtsordnungen zwischen Gesetzgebung und exekuti-
ver Normsetzung unterscheiden, tritt noch eine dritte Rechtsschicht hinzu.[200]
Davon abgesehen kann die Rechtsordnung eines demokratischen Rechtsstaates
aus unterschiedlich vielen Rechtsschichten bestehen.[201] Entsprechend ist eine
formelle Verfassung kein ausnahmslos vorfindbares Kennzeichen eines demokratischen Rechtsstaates: Das Vereinigte Königreich und Israel haben sich eine
Verfassung im materiellen, aber nicht im formellen Sinne gegeben.[202]

Zweitens statuiert das Grundgesetz keine Pflicht zum Erlass einer formellen Landesverfassung.[203] Als Ursprung einer solchen Pflicht kommen zwar die

---

„Minderheitendiktatur"?, in: ZG 28 (2013), S. 167 (186); *V. Mehde,* in: T. Maunz/G. Dürig
u. a. (Hrsg.), GGK, Art. 28 I (2014), Rn. 46.

[199] Art. 28 I 3 GG. Hinweis bei *H. Dreier,* Landesverfassungsänderung durch quorenlosen
Volksentscheid aus der Sicht des Grundgesetzes, in: BayVBl. 1999, S. 513 (514 in Fn. 10).

[200] Grundlegend *A. J. Merkl,* Prolegomena einer Theorie des rechtlichen Stufenbaus
(1931), in: ders., Gesammelte Schriften, Bd. I, 1993, S. 437 (437 f.). Nähere Erläuterungen zur
notwendigen und zur variablen Ausstattung von gestuften Rechtsordnungen bei *M. Borowski,*
Die Lehre vom Stufenbau des Rechts nach Adolf Julius Merkl, in: S. L. Paulson/M. Stolleis
(Hrsg.), Hans Kelsen, 2005, S. 122 (131 ff., 139 ff.).

[201] Grundlegend *A. J. Merkl,* Prolegomena einer Theorie des rechtlichen Stufenbaus
(1931), in: ders., Gesammelte Schriften, Bd. I, 1993, S. 437 (437 ff., 440 ff., 464 f.). Daran
erinnert etwa *M. Jestaedt,* Grundrechtsentfaltung im Gesetz, 1999, S. 10 in Fn. 9, S. 301 in
Fn. 89.

[202] *W. Graf Vitzthum,* Die Bedeutung gliedstaatlichen Verfassungsrechts in der Gegenwart,
in: VVDStRL 46 (1988), S. 7 (23 mit Fn. 56, 58); *S. Storr,* Verfassunggebung in den Ländern, 1995, S. 187; *S. Lenz,* Volksgesetzgebung als „Minderheitendiktatur"?, in: ZG 28 (2013),
S. 167 (185 f.); *V. Mehde,* in: T. Maunz/G. Dürig u. a. (Hrsg.), GGK, Art. 28 I (2014), Rn. 32.
Nach der Gegenauffassung von *J. Dietlein,* Verfassungsrecht, in: ders./J. Hellermann, Öffent-
liches Recht in Nordrhein-Westfalen, 6. Aufl. 2016, § 1 Rn. 13 gehört „das Vorhandensein ge-
schriebener Verfassungen heute zu den zentralen Grundsätzen der Rechtsstaatlichkeit"; mit
Schriftlichkeit meint er Urkundenform. Ebenso *J. Dietlein,* Das Verhältnis von Bundes- und
Landesverfassungsrecht, in: Präsident des Verfassungsgerichtshofs für das Land Nordrhein-
Westfalen (Hrsg.), Verfassungsgerichtsbarkeit in Nordrhein-Westfalen, 2002, S. 203 (206 f.).

[203] *S. Storr,* Verfassunggebung in den Ländern, 1995, S. 186 ff.; *H. Dreier,* Landesverfassungsänderung durch quorenlosen Volksentscheid aus der Sicht des Grundgesetzes, in:
BayVBl. 1999, S. 513 (514); *S. Lenz,* Volksgesetzgebung als „Minderheitendiktatur"?, in: ZG
28 (2013), S. 167 (186), *V. Mehde,* in: T. Maunz/G. Dürig u. a. (Hrsg.), GGK, Art. 28 I (2014),
Rn. 32. Gegenteilig *J. Dietlein,* Das Verhältnis von Bundes- und Landesverfassungsrecht, in:

Verfassungsprinzipien in Betracht. Da aber das Homogenitätsgebot die Verfassungsprinzipien an die Länder richtet, fehlt einer solchen Pflicht ihr Adressat, solange sich ein Land keine formelle Verfassung gegeben hat. Ein Land *mit* einer formellen Verfassung wäre zu ihrem Erlass verpflichtet, ein Land *ohne* eine formelle Verfassung könnte darauf verzichten. Eine Pflicht, die entsteht, indem ihr Adressat sie erfüllt, ist ein Paradox: Die Verfassungsprinzipien können die Länder nicht dazu verpflichten, dass sie sich eine formelle Verfassung geben, ohne dass der Begriff der verfassungsmäßigen Ordnung weitere Rechtsschichten neben einer formellen Verfassung umfasst. Wenn der Begriff allerdings einen solch weiten Umfang hat, ist keine Pflicht zum Erlass einer formellen Verfassung erforderlich, damit die Länder sich ihrer Bindung an das Homogenitätsgebot nicht entziehen können. Zudem unterscheiden einige Normen des Grundgesetzes, beispielsweise Art. 100 I GG, zwar zwischen Landesgesetzen und Landesverfassungen. Sie treffen aber eine Regelung ausschließlich für den Fall, dass in einem Land ohnehin eine formelle Verfassung besteht, und schreiben keinem Land vor, dass es sich eine formelle Verfassung gibt.[204]

Als das Grundgesetz entstand, hatte sich noch nicht jedes Land eine formelle Verfassung gegeben oder zum Erlass einer formellen Verfassung entschlossen. In dieser Lage wollte der Grundgesetzgeber den Ländern keine Pflicht auferlegen, die einige von ihnen ab dem ersten Tag des Inkrafttretens des Grundgesetzes bis zum Erlass ihrer eigenen Verfassung verletzt hätten.[205] Das Grundgesetz stellt es jedem Land frei, ob es sich eine formelle Verfassung gibt. Da die Länder nicht zur Verfassunggebung verpflichtet sind, muss der Begriff der verfassungsmäßigen Ordnung weitere Rechtsschichten neben der formellen Landesverfassung umfassen. Die gleiche Überlegung leitete erklärtermaßen den Parlamentarischen Rat, als er den Normtext von Art. 28 I 1 GG formulierte: Die Vorläuferbestimmung im Herrenchiemseer Entwurf sprach von den „Verfassun-

---

Präsident des Verfassungsgerichtshofs für das Land Nordrhein-Westfalen (Hrsg.), Verfassungsgerichtsbarkeit in Nordrhein-Westfalen, 2002, S. 203 (206 f.); *M. Thiel*, Art. „Landesstaatsrecht", in: M. Schröder (Hrsg.), ErgLdR, Nr. 5/430 (2011), S. 1 (3); *J. Dietlein*, Verfassungsrecht, in: ders./J. Hellermann, Öffentliches Recht in Nordrhein-Westfalen, 6. Aufl. 2016, § 1 Rn. 13. Vorsichtig in diese Richtung auch *A. Dittmann*, Verfassungshoheit der Länder und bundesstaatliche Verfassungshomogenität, in: J. Isensee/P. Kirchhof (Hrsg.), HStR³ VI, 2008, § 127 Rn. 28. Hingegen hält *J. Menzel*, Landesverfassungsrecht, 2002, S. 177 ff. eine Verfassung im formellen Sinne ohne Grundrechte (Verfassung im engeren Sinne; Organisationsstatut) für erforderlich und ausreichend.

[204] Nichts anderes gilt für Art. 93 I Nr. 4, Art. 98 V 2, Art. 99 und Art. 142 GG, die ebenfalls den Fall regeln, dass eine Landesverfassung im formellen Sinne besteht, ohne dass sie den Erlass einer solchen Verfassung im Einzelfall vorschreiben: *S. Storr*, Verfassunggebung in den Ländern, 1995, S. 182; *V. Mehde*, in: T. Maunz/G. Dürig u. a. (Hrsg.), GGK, Art. 28 I (2014), Rn. 32. Gegenteilig *J. Menzel*, Landesverfassungsrecht, 2002, S. 177 f., der daraus, dass Art. 100 I GG die Existenz von Landesverfassungen im formellen Sinne tatbestandlich voraussetzt, folgert, jedes einzelne Land müsste sich eine formelle Verfassung geben.

[205] *S. Storr*, Verfassunggebung in den Ländern, 1995, S. 179 f.; *H. Dreier*, in: ders. (Hrsg.), GGK³ II, 2015, Art. 28 Rn. 16.

gen" der Länder.[206] Der Parlamentarische Rat hat dieses Wort durch den Ausdruck „verfassungsmäßige Ordnung" ersetzt und diese Änderung damit begründet, dass sich (noch) nicht jedes Land eine formelle Verfassung gegeben habe,
aber jedes Land an das Homogenitätsgebot gebunden sein sollte.[207]

Der Begriff der verfassungsmäßigen Ordnung umfasst demnach jedenfalls
auch die Landesgesetze; das Homogenitätsgebot bindet jedenfalls auch den
einfachen Gesetzgeber.[208] Doch sowenig feststeht, welche Inhalte eine Verfassungsnorm und welche Inhalte eine Gesetzesnorm erfordern, ist ein Land prinzipiell daran gehindert, dass es eine Regelung in Form einer Verordnung oder
einer anderen generell-abstrakten Rechtsnorm trifft, auch wenn andere Länder die gleiche Regelung in Form eines Gesetzes treffen. Die gleiche Regelung kann in einem Wahlgesetz enthalten sein oder in einer Wahlordnung, in
einem Abgeordnetengesetz genauso wie in der Geschäftsordnung eines Landtages. Jede generell-abstrakte Norm des Landesrechts muss sich deshalb am
Homogenitätsgebot messen lassen, *weil* eine solche Norm mit den Verfassungsprinzipien unvereinbar sein kann, *falls* ihr Erzeuger daran gebunden ist. Demnach erstreckt sich der Begriff der verfassungsmäßigen Ordnung auf alle generell-abstrakten Normen des Landesrechts; das Homogenitätsgebot bindet jeden
Erzeuger solcher Normen, gleich zu welcher der drei Staatsgewalten er gehört.

b) Verfassungsprinzipien als unmittelbar geltendes Recht:
Bindung der vollziehenden Gewalt und der Rechtsprechung in den Ländern

Ein Land kann ein Verfassungsprinzip des Grundgesetzes dadurch verletzen,
dass der Verfassunggeber oder ein anderer Erzeuger von generell-abstrakten
Normen eine damit kollidierende Norm erlässt („Bayern ist ein Königreich.")
oder es auf andere Weise bei der Gestaltung des politischen Systems missachtet („Die Landesgesetze werden von der Staatsregierung beschlossen."). Die
Verfassungsprinzipien in Art. 20 I bis III GG beschränken sich allerdings nicht
auf Vorgaben für das politische System. Zum Beispiel kann die vollziehende

---

[206] Entstehungsgeschichte von Art. 28, in: P. Häberle (Hrsg.), JöR 1 (1951), 2. Aufl. 2010,
S. 244 (244 f.).
[207] Entstehungsgeschichte von Art. 28, in: P. Häberle (Hrsg.), JöR 1 (1951), 2. Aufl. 2010,
S. 244 (251).
[208] *W. März,* Bundesrecht bricht Landesrecht, 1989, S. 187 f. mit Fn. 358; *J. Kersten,*
Homogenitätsgebot und Landesverfassungsrecht, in: DÖV 1993, S. 896 (898); *M. Sachs,*
Die Landesverfassung im Rahmen der bundesstaatlichen Rechts- und Verfassungsordnung,
in: ThürVBl. 1993, S. 121 (122); *S. Storr,* Verfassunggebung in den Ländern, 1995, S. 180;
H. Dreier, Landesverfassungsänderung durch quorenlosen Volksentscheid aus der Sicht des
Grundgesetzes, in: BayVBl. 1999, S. 513 (514); *J. Menzel,* Landesverfassungsrecht, 2002,
S. 243 ff., 245 f., 246 ff.; *H. Hestermeyer,* Verschränkte Verfassungsräume, in: Europäisches
Zentrum für Föderalismus-Forschung Tübingen (Hrsg.), Jahrbuch des Föderalismus, 2011,
S. 127 (134); *S. Lenz,* Volksgesetzgebung als „Minderheitendiktatur"?, in: ZG 28 (2013),
S. 167 (186); *V. Mehde,* in: T. Maunz/G. Dürig u. a. (Hrsg.), GGK, Art. 28 I (2014), Rn. 46.

Gewalt einen sozialstaatswidrigen Leistungsbescheid oder die Rechtsprechung eine rechtsstaatswidrige Gerichtsentscheidung erlassen. In den Ländern können sich solche Verstöße allerdings ausschließlich in dem Fall ereignen, dass die Organe der Länder an die Verfassungsprinzipien gebunden sind, wenn sie konkret-individuelle Normen erzeugen. Ob das Homogenitätsgebot die Erzeuger konkret-individueller Normen bindet, geht mit der Frage einher, welche Gehalte der Verfassungsprinzipien des Grundgesetzes für die Länder gelten.

In einer Deutung hat der Grundgesetzgeber den Ländern ausschließlich vorgeschrieben, dass sie ein demokratisches (rechtsstaatliches usw.) politisches System errichten, soweit das Demokratieprinzip des Grundgesetzes dem Bund ein solches System vorgibt. Den Ländern stünde es frei, auf welche Weise sie dieser Vorgabe nachkämen, also ob sie selbst ein Demokratieprinzip schaffen oder sich auf den Erlass konkreterer Normen beschränken, die das demokratische System verwirklichen. Das Homogenitätsgebot verpflichtet zur Wahrung, nicht zur Schaffung von Verfassungsprinzipien.[209] Ob die vollziehende Gewalt eines Landes einen Verwaltungsakt erlassen könnte, dem die demokratische Legitimation fehlt, hinge davon ab, ob die Landesverfassung ein Gebot demokratischer Legitimation vorsähe. In einer anderen Deutung duldet das Grundgesetz nicht, dass ein Landesorgan eine konkret-individuelle Norm erzeugt, obwohl dieser Normsetzung die demokratische Legitimation fehlt, und beschränkt sich deshalb nicht auf Vorgaben für das politische System, sondern richtet das Demokratieprinzip auch an jedes Landesorgan, das eine konkret-individuelle Norm erzeugen kann. Wenn diese zweite Deutung zutrifft, ergibt sich die Bindung an das Demokratieprinzip für einen Erzeuger einer konkret-individuellen Norm entweder aus Art. 20 I bis III GG oder aus Art. 28 I 1 GG.

Falls sich die Bindung aus Art. 20 I bis III GG ergibt, ist das Homogenitätsgebot wenigstens inhaltlich entbehrlich: Seine Bedeutung erschöpft sich in der Bekräftigung bestehender Bindungen der Länder. Der Grundgesetzgeber ging aber davon aus, dass die Bindung der Landesorgane, die generell-abstrakte Normen erzeugen, aus dem Homogenitätsgebot folgt und nicht aus Art. 20 I bis III GG. Das Homogenitätsgebot ist konstitutiv, nicht deklaratorisch. Im Umkehrschluss aus dem Homogenitätsgebot richtet sich das Demokratieprinzip nach Art. 20 I, II GG ausschließlich an den Bund. Dass die vollziehende Gewalt und die Rechtsprechung der Länder an die Verfassungsprinzipien des Grundgesetzes gebunden sind, ergibt sich für den Fall, dass eine solche Bindung überhaupt besteht, aus dem Homogenitätsgebot in Art. 28 I 1 GG.

---

[209] *J. Menzel*, Landesverfassungsrecht, 2002, S. 243 ff.: „Die einzelnen Vorgaben des Art. 28 GG sind von den Ländern zu beachten, eine Pflicht zur ausdrücklichen Übernahme in das Landesverfassungsrecht besteht demgegenüber nicht (wenn sie sich auch im Hinblick auf die Zuständigkeit der Landesverfassungsgerichte und eine in sich geschlossene Rechtsprechung anbietet)" (S. 245).

Dieses Ergebnis steht in Einklang mit dem Standort und dem Wortlaut von Art. 20 GG: *Erstens* findet sich die Bestimmung am Anfang des zweiten Abschnitts des Grundgesetzes mit der Überschrift „Der Bund und die Länder". Einige der Normen in diesem Abschnitt verpflichten allein den Bund, andere allein die Länder und wieder andere sowohl den Bund als auch die Länder. Der Standort ist deshalb unergiebig für die Frage, ob sich die Verfassungsprinzipien nicht bereits nach Art. 20 I bis III GG an die Länder richten. *Zweitens* bezieht Art. 20 I GG die Verfassungsprinzipien der Demokratie, des Rechts- und des Sozialstaates auf die „Bundesrepublik Deutschland" und den „Bundesstaat": Da die Bestimmung den Staatsnamen enthält und das Bundesstaatsprinzip statuiert, muss sie den Bund unweigerlich in seiner Eigenschaft als Gesamtstaat ansprechen, nicht in seiner Eigenschaft als Zentralstaat.[210] Daraus folgt aber nicht, dass die Verfassungsprinzipien kraft Art. 20 I bis III GG auch die Länder verpflichten würden: Der Gesamtstaat ist der Bund, der in diesem Fall in seiner zweiten Rolle auftritt, die er neben seiner Rolle als Zentralstaat innehat.[211]

Die Formulierung von Art. 28 I 1 GG zeugt von einer Unsicherheit des Verfassers, die auch in anderen Fällen zum Ausdruck kommt, in denen das Grundgesetz von der „verfassungsmäßigen Ordnung" spricht. Der Parlamentarische Rat war von einer geschlossenen Vorstellung, wie sich das Bundesrecht zum Landesrecht verhält, weit entfernt.[212] Entsprechend unzulänglich sind die einschlägigen Bestimmungen des Grundgesetzes. Symptomatisch ist die Debatte zu Art. 31 GG: Ein Abgeordneter warb dafür, dass der Parlamentarische Rat die nähere Auseinandersetzung mit der Bestimmung künftigen Dissertationen vorbehalte.[213] Solche inhaltlichen Unsicherheiten verbanden sich mit sprachlicher Befangenheit: Die Abgeordneten waren darauf bedacht, dass ihre Wortwahl keinen Anlass zu dem Vorwurf bot, es mangele ihnen am erforderlichen Respekt vor der (vor-rechtlich gedachten) Eigenstaatlichkeit und Verfassungsautonomie der Länder. In der Debatte zu Art. 31 GG beantragte ein Abgeordneter, dass der Parlamentarische Rat das kraftvolle Verb „brechen" durch das mildere Verb

---

[210] Diese Annahme, dass der Bund eine Doppelrolle als Zentral- und als Bundesstaat einnehme, firmiert als Lehre vom dreigliedrigen Bundesstaat: *H. Kelsen,* Allgemeine Staatslehre, 1925, S. 199 f., 208 f.; *M. Jestaedt,* Bundesstaat als Verfassungsprinzip, in: J. Isensee/P. Kirchhof (Hrsg.), HStR³ II, 2004, § 29 Rn. 10.

[211] Klarstellung bei *M. Jestaedt,* Bundesstaat als Verfassungsprinzip, in: J. Isensee/P. Kirchhof (Hrsg.), HStR³ II, 2004, § 29 Rn. 10 in Fn. 66.

[212] *J. Menzel,* Landesverfassungsrecht, 2002, S. 123 ff.

[213] Abgeordneter *[R.] Katz,* Sechste Sitzung des Hauptausschusses, 19. November 1948, in: Deutscher Bundestag/Bundesarchiv (Hrsg.), Der Parlamentarische Rat 1948–1949. Akten und Protokolle, Bd. XIV, 2009, S. 169 (187 f.): „Ich glaube, wir begeben uns auf ein Feld, das zukünftigen Doktordissertationen vorbehalten werden muß. Wir können die Frage nicht erschöpfend behandeln. Ich persönlich ziehe die Fassung ‚Bundesrecht bricht Landesrecht', wie sie in der Weimarer Verfassung gestanden hat, vor und möchte den Arbeiten der zukünftigen Doktoranden nicht dadurch vorgreifen, daß wir das Wort ‚entgegengesetztes' hineinnehmen." Hinweis darauf bei *W. März,* Bundesrecht bricht Landesrecht, 1989, S. 78.

„vorgehen" ersetze.[214] Er beabsichtige, dem Wortlaut einen Teil seiner Schärfe zu nehmen; eine inhaltliche Änderung solle damit nicht verbunden sein.

Der Wortlaut des Homogenitätsgebots spricht deshalb von „verfassungsmäßiger Ordnung", weil sich die Debatte zu Art. 28 I 1 GG im Parlamentarischen Rat von vornherein darauf verengte, wie sich die Länder wirkungsvoll an Vorgaben binden ließen, die ihren Entscheidungsfreiraum bei der Gestaltung des politischen Systems einschränken, ohne dass sich der Verfassunggeber dazu entschlossen hätte, die Landesorgane von der Bindung an die Verfassungsprinzipien allgemein auszunehmen, wenn sie konkret-individuelle Normen erzeugen.[215] Zur verfassungsmäßigen Ordnung zählen demnach alle Normen des Landesrechts, gleich welcher Rechtsschicht sie angehören und gleich ob sie einen generell-abstrakten oder einen konkret-individuellen Inhalt haben.

Die Systematik und die Entstehungsgeschichte des Homogenitätsgebots bieten zusätzliche Anhaltspunkte für diese Interpretation. *Erstens* besteht eine Vermutung, dass die in Art. 28 GG versammelten Normen den gleichen Adressatenkreis haben. Der Wortlaut von Art. 28 II 1 GG („Den Gemeinden muß das Recht gewährleistet sein, alle Angelegenheiten [...] zu regeln.") spricht für ein Verständnis, nach dem jedes Land, praktisch der Landesverfassunggeber, ein Recht der Selbstverwaltung mit dem grundgesetzlich vorgegebenen Mindestinhalt schaffen muss; die Verpflichtungen der übrigen Landesorgane richten sich allein nach einem solchen Recht in der Landesverfassung. Doch entgegen dem Wortlaut verbürgt das Grundgesetz das Selbstverwaltungsrecht unmittelbar.[216] Ein Gesetzgeber muss sich deshalb gegebenenfalls vor der Aufgabenzuweisung in Art. 28 II 1 GG genauso rechtfertigen wie eine Aufsichtsbehörde vor der Eigenverantwortlichkeitsgarantie, auch wenn eine Landesverfassung keine Norm mit dem Inhalt von Art. 28 II 1 GG enthält. Die Aufgabenzuweisung und die Eigenverantwortlichkeitsgarantie binden alle Landesorgane, obwohl der Normtext von Art. 28 II 1 GG dem Leser eine abweichende Auskunft gibt.

---

[214] Entstehungsgeschichte von Art. 31 GG, in: P. Häberle (Hrsg.), JöR 1 (1951), 2. Aufl. 2010, S. 298 (299).

[215] Diese Verengung begegnet genauso in Rechtswissenschaft und Rechtsprechung, etwa bei *A. Dittmann,* Verfassungshoheit der Länder und bundesstaatliche Verfassungshomogenität, in: J. Isensee/P. Kirchhof (Hrsg.), HStR³ VI, 2008, § 127 Rn. 28: „Die Bezugnahme auf die verfassungsmäßige Ordnung in den Ländern ist in materiellem Sinne zu verstehen und nimmt mithin zumindest nicht nur formelles Verfassungsrecht in den Blick, sondern erfaßt die gesamte Landesrechtsordnung. Adressat des Homogenitätsgebots ist damit die Landesstaatsgewalt, die die verfassungsmäßige Ordnung verwirklichen kann, neben dem verfassunggebenden Gesetzgeber also auch die Organe der gesetzgebenden, ausführenden und rechtsprechenden Gewalt, soweit sie materielles Landesverfassungsrecht gestalten können." Dittmann macht die Bindung eines Normerzeugers vom Inhalt der erzeugten Norm (materielles Verfassungsrecht) abhängig, weil er jedenfalls an dieser Stelle unausgesprochen davon ausgeht, dass die Länder nach Art. 28 I 1 GG allein an Vorgaben für die Gestaltung des politischen Systems gebunden seien.

[216] *K.-U. Meyn,* Gesetzesvorbehalt und Rechtsetzungsbefugnis der Gemeinden, 1977, S. 18 ff.; *S. Engel-Boland,* Gemeindliches Satzungsrecht und Gesetzesvorbehalt, 1999, S. 18 ff.

Zweitens sprach die Vorläuferbestimmung des Homogenitätsgebots im Herrenchiemseer Entwurf von den Verfassungen „der Länder". Der Allgemeine Redaktionsausschuss des Parlamentarischen Rates hat das Genitivobjekt durch das Präpositionalobjekt „in den Ländern" ersetzt und damit die Formulierung geschaffen, die Eingang ins Grundgesetz gefunden hat; eine Begründung für die Änderung hat der Ausschuss nicht gegeben.[217] Indem der Grundgesetzgeber die Präposition „in" eingefügt hat, die beim Interpreten räumliche Vorstellungen weckt, wollte er möglicherweise ausdrücken, dass die Vorgaben der Verfassungsprinzipien gemäß Art. 28 I 1 GG auch für Normen gelten, die in ihrem Rang unter den generell-abstrakten Normen stehen.

Drittens binden nach Art. 1 III GG die Grundrechte und nach Art. 1 I 2 GG die Menschenwürde alle drei Staatsgewalten, auch die in den Ländern, als unmittelbar geltendes Recht: Das Homogenitätsgebot verhält sich zu den Verfassungsprinzipien wie Art. 1 I 2 und Art. 1 III GG zur Menschenwürde und zu den Grundrechten, indem es das Bestehen und den Umfang einer Bindung an andere Normen regelt. Diese Bindungsanordnungen unterscheiden sich darin, dass ihre Normtexte auf verschiedene Weise ausdrücken, wer gebunden ist: Während Art. 1 I 2 und Art. 1 III GG unmittelbar die Adressaten der Bindung ansprechen und dadurch mittelbar die maßstabsgebundenen Normen bestimmen, nennt das Homogenitätsgebot unmittelbar die maßstabsgebundenen Normen und spricht dadurch mittelbar die Adressaten an.[218] Während die ersten beiden Bestimmungen die Verpflichteten eindeutig bezeichnen, verwendet der Normtext des Homogenitätsgebots für die Bezeichnung seines Gegenstandes den mehrdeutigen Ausdruck „verfassungsmäßige Ordnung".

Das Grundgesetz stellt die Verfassungsprinzipien, die im Bund die vollziehende Gewalt und die Rechtsprechung genauso verpflichten wie den Gesetzgeber, unter den Schutz der Ewigkeitsgarantie und entzieht sie dadurch dem Zugriff des verfassungsändernden Gesetzgebers. Der Grundgesetzgeber bewertet die Verfassungsprinzipien demnach so hoch wie keine anderen Normen außer der Menschenwürde und der Grundrechtsbindung aller Staatsgewalt, höher noch als irgendein (anderes) Grundrecht. Die Grundrechte unterstehen nämlich lediglich auf Umwegen und in ihrem Mindestbestand dem Schutz der Ewigkeitsgarantie.[219] Falls die vollziehende Gewalt und die Rechtsprechung der Länder nicht an die Verfassungsprinzipien gebunden wären, müsste ein eingreifender

---

[217] Entstehungsgeschichte von Art. 28, in: P. Häberle (Hrsg.), JöR 1 (1951), 2. Aufl. 2010, S. 244 (252).

[218] Vorübergehend sah der Parlamentarische Rat für Art. 1 III GG einen Wortlaut vor, der offen aussprach, dass neben dem Bund die Länder verpflichtet sind, übernahm diesen Teil des Normtextes aber deshalb nicht in die Endfassung, weil der Wortlaut die Verpflichtung der Länder ohnehin hinreichend deutlich ausdrücke: Entstehungsgeschichte von Art. 1, in: P. Häberle (Hrsg.), JöR 1 (1951), 2. Aufl. 2010, S. 48 (51).

[219] *D. Murswiek,* Zu den Grenzen der Abänderbarkeit von Grundrechten, in: D. Merten/ H.-J. Papier (Hrsg.), HGR II, 2006, § 28 Rn. 22 ff., 28 ff., 50 ff., 60 ff., 70 ff.

Verwaltungsakt zwar verhältnismäßig sein, weil die zuständige Landesbehörde nach Art. 1 III GG an die Grundrechte gebunden ist. Der Verwaltungsakt dürfte aber schreiend demokratie- und rechtsstaatswidrig sein, weil die Verfassungsprinzipien in den Ländern allein den Verfassunggeber und den Gesetzgeber verpflichteten. Wenn also zwei der Normen, auf die sich die Ewigkeitsgarantie bezieht, nämlich die Menschenwürdegarantie und die Grundrechtsverpflichtung des Staates, auch für die vollziehende Gewalt und die Rechtsprechung in den Ländern gelten und diese Gewalten die Grundrechte beachten müssen, die lediglich in ihrem Mindestbestand geschützt sind, dann liegt der Schluss nahe, dass diese Gewalten genauso bzw. erst recht an die verbliebenen Normen, die den Schutz der Ewigkeitsgarantie genießen, gebunden sind, nämlich an die Verfassungsprinzipien.

Die verfassungsmäßige Ordnung im Sinne des Homogenitätsgebots umfasst demnach das gesamte Landesrecht gleich welcher Rangstufe: von formellen Verfassungen über Gesetze, Satzungen und Verordnungen bis zu Verwaltungsvorschriften, Einzelweisungen, Verwaltungsakten und Gerichtsentscheidungen. Das Homogenitätsgebot bindet den Verfassunggeber, den verfassungsändernden und den einfachen Gesetzgeber, die vollziehende Gewalt und die Rechtsprechung in den Ländern als unmittelbar geltendes Recht.[220] Wer dennoch annimmt, dass die vollziehende Gewalt und die Rechtsprechung, wenigstens soweit sie konkret-individuelle Normen erzeugen, nicht zum Adressatenkreis des Homogenitätsgebots gehören, darf nicht im Ungewissen lassen, wie sich

---

[220] In einer hergebrachten Terminologie gehört das Homogenitätsgebot damit zu den Durchgriffsnormen. Mehr oder minder ausdrücklich geäußerte Gegenauffassung bei *W. März,* Bundesrecht bricht Landesrecht, 1989, S. 186 ff.; *J. Kersten,* Homogenitätsgebot und Landesverfassungsrecht, in: DÖV 1993, S. 896 (897 ff.); *M. Sachs,* Die Landesverfassung im Rahmen der bundesstaatlichen Rechts- und Verfassungsordnung, in: ThürVBl. 1993, S. 121 (121 f.); *S. Storr,* Verfassunggebung in den Ländern, 1995, S. 193 ff.; *J. Dietlein,* Verfassungsrecht, in: ders./J. Hellermann, Öffentliches Recht in Nordrhein-Westfalen, 6. Aufl. 2016, § 1 Rn. 13, 69; *J. F. Lindner,* Bundesverfassung und Landesverfassung, in: AöR 143 (2018), S. 437 (443 ff.). – Hingegen bezeichnen *J. Menzel,* Landesverfassungsrecht, 2002, S. 245 f., 246 ff.; *H. Hestermeyer,* Verschränkte Verfassungsräume, in: Europäisches Zentrum für Föderalismus-Forschung Tübingen (Hrsg.), Jahrbuch des Föderalismus, 2011, S. 127 (134) das Homogenitätsgebot zwar als Durchgriffsnorm, aber deshalb, weil sie die Gebundenheit des Gesetzgebers dafür ausreichen lassen, dass eine Norm zu dieser Kategorie gehört. Wenn *J. Menzel,* Landesverfassungsrecht, ebd., S. 245 f., 246 ff. von Recht spricht, beschränkt er sich angesichts des üblichen engen Verständnisses von Recht mutmaßlich auf die Gesetze. – Ebenfalls schwer einzuordnen sind Äußerungen, nach denen die Vorgaben des Homogenitätsgebots auch für die Verfassungspraxis, die Verfassungswirklichkeit, die gelebte Verfassung o. ä. gelten. Solche Äußerungen etwa bei *W. März,* Bundesrecht bricht Landesrecht, 1989, S. 187 f. in Fn. 358: „Damit [scil. mit der ‚Anwendung des politischen (weiten) Verfassungsbegriffs‘; S. L.] fallen nicht nur die Landesverfassungen darunter, sondern auch grundgesetzwidrige einfache Landesgesetze und sogar eine entsprechende Praxis der vollziehenden und rechtsprechenden Gewalt"; *S. Storr,* Verfassunggebung in den Ländern, 1995, S. 180: „Indem die Verfassungswirklichkeit von Art. 28 GG eingeschlossen wird, wird auch die konkrete Anwendung und Auslegung von Verfassungsrechtssätzen miterfaßt."

Art. 28 I 1 GG zu Art. 20 I bis III GG verhält: Die Erkenntnis, dass der Adressatenkreis von Art. 28 I 1 GG begrenzt sei, ist nur wenig wert, wenn offenbleibt, ob sich für die ausgenommenen Fälle genau die gleichen Verpflichtungen nicht doch aus Art. 20 I bis III GG ergeben.[221]

2. Inhalt: Homogenitätsgebot als modifizierende Binnenverweisung auf das Demokratieprinzip des Grundgesetzes

a) Bundesgleiche Vorgaben des Demokratieprinzips für das politische System in den Ländern und den Kommunen

Nach Art. 28 I 1 GG muss die verfassungsmäßige Ordnung in den Ländern den Grundsätzen des demokratischen, republikanischen und sozialen Rechtsstaates im Sinne des Grundgesetzes entsprechen. Der Zusatz „im Sinne dieses Grundgesetzes" kennzeichnet das Homogenitätsgebot als eine „rechtlich gebundene Verweisung"[222]: *Erstens* erinnert er einen Interpreten daran, dass der Verfassunggeber bereits entschieden hat, was Ausdrücke im Verfassungstext wie „Demokratie", „Rechtsstaat", „Republik" und „Sozialstaat" bedeuten; der Interpret muss den Demokratiebegriff aus dem Grundgesetz heraus ermitteln.[223] *Zweitens* lässt der Zusatz erkennen, dass ein Interpret die Antwort, was Demokratie gerade im Grundgesetz bedeutet, zwar im Grundgesetz, aber außerhalb des Homogenitätsgebots suchen muss; Art. 28 I 1 GG bezieht sich auf einen Demokratiebegriff, den der Verfassunggeber an anderer Stelle niedergelegt hat.

---

[221] Ausdrücklich offengelassen bei *J. Tischer,* Bürgerbeteiligung und demokratische Legitimation, 2017, S. 189: „Die umstrittene Frage, ob Art. 20 Abs. 2 GG eine so genannte Durchgriffsnorm ist, die die Landesstaatsgewalt unmittelbar bindet, kann daher an dieser Stelle unbeantwortet bleiben"; *J. F. Lindner,* Bundesverfassung und Landesverfassung, in: AöR 143 (2018), S. 437 (452 in Fn. 48): „Es spricht auch nichts dagegen, Art. 20 Abs. 1, 2 GG als Durchgriffsnorm zu qualifizieren. Dann stellt sich freilich das Problem des Verhältnisses zu Art. 28 Abs. 1 Satz 1 GG, das im Rahmen dieses Beitrags nicht näher erörtert werden kann." Deutung von Art. 28 I GG ohne Eingehen auf das Verhältnis zu Art. 20 I bis III GG (wenigstens nicht unter dem Gesichtspunkt des Adressatenkreises) etwa bei *M. Sachs,* Die Landesverfassung im Rahmen der bundesstaatlichen Rechts- und Verfassungsordnung, in: ThürVBl. 1993, S. 121 (131 f.); *S. Storr,* Verfassunggebung in den Ländern, 1995, S. 179 ff., 193 ff.; *H. Hestermeyer,* Verschränkte Verfassungsräume, in: Europäisches Zentrum für Föderalismus-Forschung Tübingen (Hrsg.), Jahrbuch des Föderalismus, 2011, S. 127 (133 ff., 138 f.). Nach der Auffassung von *J. Kersten,* Homogenitätsgebot und Landesverfassungsrecht, in: DÖV 1993, S. 896 (901 f.); *J. Menzel,* Landesverfassungsrecht, 2002, S. 247 ist Art. 28 I GG für die Länder Lex specialis zu Art. 20 I bis III GG.

[222] Begriff und Erläuterung bei *J. F. Lindner,* Rechtswissenschaft als Metaphysik, 2017, S. 80 ff.

[223] *J. Kersten,* Homogenitätsgebot und Landesverfassungsrecht, in: DÖV 1993, S. 896 (898 f.); *J. Menzel,* Landesverfassungsrecht, 2002, S. 251; *W. Löwer,* Bundesverfassungstextliche Ergänzungen der Landesverfassungen zur Gewinnung landesverfassungsgerichtlicher Prüfungsmaßstäbe, in: NdsVBl. 2010, S. 138 (141); *S. Lenz,* Volksgesetzgebung als „Minderheitendiktatur"?, in: ZG 28 (2013), S. 167 (176); *J. Dietlein,* Verfassungsrecht, in: ders./J. Hellermann, Öffentliches Recht in Nordrhein-Westfalen, 6. Aufl. 2016, § 1 Rn. 70.

Da der Normtext von Grundsätzen spricht, stellt sich für das Homogenitätsgebot die gleiche Frage wie für die Ewigkeitsgarantie: ob sich die Norm auf das Demokratieprinzip im Ganzen bezieht, weil es zu einem als Grundsatz gekennzeichneten Normtyp gehört, oder auf das Demokratieprinzip in Ausschnitten, weil nicht jeder seiner Gehalte grundsätzlicher Natur ist. Im Falle der Ewigkeitsgarantie gibt eine Richtungsangabe für die Interpretation den Ausschlag: Gleich in welchem Umfang die Ewigkeitsgarantie das Demokratieprinzip in Bezug nimmt, lässt es sich gemäß Art. 79 I, II GG vom verfassungsändernden Bundesgesetzgeber allenfalls unter Voraussetzungen ändern, die über die Voraussetzungen der einfachen Gesetzgebung hinausgehen. Deshalb steht das Demokratieprinzip vollständig unter dem Schutz der Ewigkeitsgarantie und beschränkt sich im Gegenzug auf wenige Vorgaben für den Rechtsanwender.

Diese Richtungsangabe gilt in strukturell gleicher Weise für die Länder: Sie können das Demokratieprinzip des Grundgesetzes ebenso wenig ändern wie der Bund. Das Grundgesetz achtet den Entscheidungsfreiraum der Länder, indem es das Demokratieprinzip nach Art. 28 I 1 GG zwar für sie verbindlich macht, aber auf wenige Vorgaben für den Rechtsanwender beschränkt. Die Ewigkeitsgarantie und das Homogenitätsgebot stützen wechselseitig die Annahme, dass das Demokratieprinzip den Entscheidungsfreiraum der Rechtsanwender schont, indem es wenige Vorgaben macht, aber im Gegenzug von den Bezugnahmen sowohl in Art. 79 III GG als auch in Art. 28 I 1 GG vollständig umfasst ist. Ein „Grundsatz" ist in Art. 28 I 1 GG wie in Art. 79 III GG identisch mit dem, was die Rechtswissenschaft ein „Verfassungsprinzip" nennt.

Das Homogenitätsgebot und die Ewigkeitsgarantie wirken als „Struktursicherungsklauseln", indem sie ausgewählte Entscheidungen des Grundgesetzgebers schützen.[224] Die Ewigkeitsgarantie sichert bestimmte Inhalte für die Zukunft, nämlich die Menschenwürde, die Grundrechtsbindung aller Staatsgewalt und die Verfassungsprinzipien, indem sie sie dem Zugriff des verfassungsändernden Gesetzgebers entzieht.[225] Das Homogenitätsgebot soll dazu beitragen, dass bestimmte Grundsätze, nämlich die des demokratischen, republikanischen und sozialen Rechtsstaates, ihre praktische Wirksamkeit nicht dadurch einbüßen,

---

[224] Bezeichnung bei *S. Unger,* Das Verfassungsprinzip der Demokratie, 2008, S. 286.

[225] Die Inhalte, die den Schutz der Ewigkeitsgarantie genießen, sind angeblich Ausdruck einer Verfassungsidentität: *P. Häberle,* Verfassungsrechtliche Ewigkeitsklauseln als verfassungsstaatliche Identitätsgarantien, in: Y. Hangartner/S. Trechsel (Hrsg.), Völkerrecht im Dienste des Menschen, 1986, S. 81 ff.; *P. Kirchhof,* Die Identität der Verfassung, in: J. Isensee/ P. Kirchhof (Hrsg.), HStR³ II, 2004, § 21, bes. Rn. 64 ff.; BVerfG, Urteil vom 30.6.2009, 2 BvE 2/08 u. a., BVerfGE 123, 267 (340, 354, 400 f.) – Lissabon; *G. Roellecke,* Identität und Variabilität der Verfassung, in: O. Depenheuer/C. Grabenwarter (Hrsg.), Verfassungstheorie, 2010, § 13 Rn. 57 ff., bes. 61. Weniger assoziationsträchtig ist die Bezeichnung als Verfassungskern bei *P. Kirchhof,* Die Identität der Verfassung, in: J. Isensee/P. Kirchhof (Hrsg.), HStR³ II, 2004, § 21 Rn. 7; *S. Lenz,* Volksgesetzgebung als „Minderheitendiktatur"?, in: ZG 28 (2013), S. 167 (176 f.); *B. Grzeszick,* in: T. Maunz/G. Dürig u. a. (Hrsg.), GGK, Art. 20 I (2014), Rn. 3.

dass die Länder ungehindert Recht setzen, das mit ihnen unvereinbar ist. Das Homogenitätsgebot und die Ewigkeitsgarantie sind funktional verwandt. Dementsprechend beziehen sie sich übereinstimmend in vollem Umfang auf die Verfassungsprinzipien des Grundgesetzes. Die Ewigkeitsgarantie ist eine zeitliche, das Homogenitätsgebot eine räumliche Sicherung der gleichen Inhalte:[226] Das Homogenitätsgebot erstreckt bestimmte Vorgaben, die für den Bund gelten, auf die Länder. Im Unterschied zur Ewigkeitsgarantie bezieht es sich zwar nicht auf die Menschenwürde und die Grundrechtsbindung aller Staatsgewalt; die Länder sind aber ohnehin gemäß Art. 1 I 2 GG an die Menschenwürde und gemäß Art. 1 III GG an die (anderen) Grundrechte gebunden. Soweit sich das Homogenitätsgebot und die Ewigkeitsgarantie auf die Verfassungsprinzipien beziehen, stimmen sie in ihren Bezugsobjekten überein.[227] Die Konkretisierungen des Demokratieprinzips unmittelbar im Grundgesetz sind deshalb für die Länder ebenso wenig verbindlich wie für den verfassungsändernden Bundesgesetzgeber.[228] Eine Ausnahme sind die Wahlgrundsätze, weil das Grundgesetz sie in Art. 28 I 2 GG gesondert an die Länder richtet.

Die Vorgaben des Demokratieprinzips gelten nicht ausschließlich für das politische System der Länder selbst (für die Landesgesetzgebung, das Land-

---

[226] *J. Menzel*, Landesverfassungsrecht, 2002, S. 252 f.; *H. Dreier*, in: ders. (Hrsg.), GGK[3] II, 2015, Art. 28 Rn. 53. Unter Einschluss von Art. 23 I 1 und 3 GG zudem *P. Kirchhof*, Die Identität der Verfassung, in: J. Isensee/P. Kirchhof (Hrsg.), HStR[3] II, 2004, § 21 Rn. 50 f., 52; *S. Lenz*, Volksgesetzgebung als „Minderheitendiktatur"?, in: ZG 28 (2013), S. 167 (176 f.); *V. Mehde*, in: T. Maunz/G. Dürig u. a. (Hrsg.), GGK, Art. 28 I (2014), Rn. 48; *F. Wittreck*, Verfassungsrecht, in: S. Schlacke/ders. (Hrsg.), Landesrecht Nordrhein-Westfalen, 2017, § 1 Rn. 15.

[227] *A. Dittmann*, Verfassungshoheit der Länder und bundesstaatliche Verfassungshomogenität, in: J. Isensee/P. Kirchhof (Hrsg.), HStR[3] VI, 2008, § 127 Rn. 11; *H. Dreier*, in: ders. (Hrsg.), GGK[3] II, 2015, Art. 28 Rn. 53 sprechen deshalb von einem Korrespondenzverhältnis zwischen diesen Normen. Gegen die Gleichsetzung der Bezugsobjekte in Art. 28 I 1 und Art. 79 III Var. 3 GG mit den Verfassungsprinzipien in Art. 20 I bis III GG wenden sich *W. Graf Vitzthum*, Die Bedeutung gliedstaatlichen Verfassungsrechts in der Gegenwart, in: VVDStRL 46 (1988), S. 7 (29 f.); *J. Kersten*, Homogenitätsgebot und Landesverfassungsrecht, in: DÖV 1993, S. 896 (898 f.). Ein Sonderfall ist die Auffassung von *S. Unger*, Das Verfassungsprinzip der Demokratie, 2008, S. 283 ff., nach der sich das Homogenitätsgebot auf Art. 20 I GG, aber nicht auf Art. 20 II GG bezieht und damit, auch nach seinem Verständnis, allein auf einen Ausschnitt des Demokratieprinzips.

[228] Diesen Unterschied versucht das Bundesverfassungsgericht durch verschiedene Formeln auszudrücken. Für das Homogenitätsgebot BVerfG, Urteil vom 27.4.1959, 2 BvF 2/58, BVerfGE 9, 268 (279) – Bremer Personalvertretungsgesetz: „Das Grundgesetz läßt den Ländern in der Gestaltung ihrer Verfassung im einzelnen Spielraum und will nicht Konformität oder Uniformität, sondern nur eine gewisse Homogenität durch Bindung an die leitenden Prinzipien herbeiführen"; BVerfG, Urteil vom 18.12.1968, 1 BvR 638/64 u. a., BVerfGE 24, 367 (390) – Hamburger Deichordnungsgesetz: „Mindestmaß an Homogenität". Für die Ewigkeitsgarantie BVerfG, Urteil vom 15.12.1970, 2 BvF 1/69 u. a., BVerfGE 30, 1 (Leitsatz 5) – G10-Maßnahmen: „Art. 79 Abs. 3 GG verbietet eine prinzipielle Preisgabe der dort genannten Grundsätze, hindert jedoch nicht, durch verfassungsänderndes Gesetz auch elementare Verfassungsgrundsätze systemimmanent zu modifizieren."

tagswahlrecht, die Kompetenzen der obersten Landesorgane usw.), sondern zusätzlich für das politische System der Kommunen. Das Homogenitätsgebot unterscheidet *drei politische* und *zwei staatliche* Ebenen: Einerseits behandelt es die Kommunen als eine dritte politische Ebene neben dem Bund und den Ländern und damit als Träger eigenständiger politischer Systeme. Darauf lässt der unmittelbar nachfolgende Art. 28 I 2 GG schließen: Die Kreise und die Gemeinden müssen genauso wie die Länder eine Vertretung haben, die aus allgemeinen, unmittelbaren, freien, gleichen und geheimen Wahlen hervorgegangen ist. Andererseits nennt das Homogenitätsgebot die Kommunen nicht gesondert als seine Verpflichtungsadressaten neben den Ländern. Das politische System einer Kommune beruht allerdings, soweit nicht ausnahmsweise auf Bundes- oder Europarecht, vollständig auf Landesrecht. Auch wenn eine Norm, die zur Konstituierung eines kommunalen politischen Systems beiträgt, von einer Kommune selbst stammt (Satzung, Geschäftsordnung usw.), gehört sie stets zum Landesrecht, so wie die Kommunen zu den Ländern gehören. Das Homogenitätsgebot richtet das Demokratieprinzip von der einen staatlichen Ebene (Bund) an die andere (Land). Im Homogenitätsgebot kommt die eigentümliche Zwischenstellung der Kommunen zum Ausdruck: Sie sind weder eigene Staaten neben dem Bund und den Ländern noch gewöhnliche Verwaltungsträger der Länder.

Eine Verweisung, wie sie das Homogenitätsgebot enthält, kann die übernommenen Inhalte ausdrücklich oder unausgesprochen modifizieren, soweit eine Anpassung deshalb erforderlich ist, weil sich beispielsweise der Adressat oder die Rechtsschicht ändert.[229] Solche Verweisungen verlangen von ihrem Interpreten eine Übersetzungsleistung.[230] In einigen Fällen kommt eine Anpassung darin zum Ausdruck, dass eine Bestimmung die „entsprechende" oder „sinngemäße" Anwendung einer Norm anordnet.[231] In anderen Fällen findet eine Anpassung überhaupt keinen Ausdruck im Wortlaut: Die Verweisung in

---

[229] Zur Übernahme eines Verweisungsobjekts mit Modifikationen näher *H.-U. Karpen,* Die Verweisung als Mittel der Gesetzgebungstechnik, 1970, S. 75 ff., bes. 78 f.

[230] Kritik an solchem Übersetzungsverlangen bei gesetzgeberischen Außenverweisungen, die aber verallgemeinerbar ist, bei *F. Ossenbühl,* Die verfassungsrechtliche Zulässigkeit der Verweisung als Mittel der Gesetzgebungstechnik, in: DVBl. 1967, S. 401 (408): „Abgesehen davon bedeutet die Verweisung aut andere, nicht vom verweisenden Gesetzgeber stammende Regelungen auch rechtspolitisch ein schlechter Gesetzgebungsstil. Sie ist nicht nur geeignet, durch die ‚Hintertür‘ einer harmlos gewandeten Verweisungsvorschrift fundamentale Rechtsänderungen zu bewirken, sondern sie verleitet auch zur Einfallslosigkeit und Bequemlichkeit des Gesetzgebers. Denn es ist ja recht einfach, en passant andere Kodifikationen für ‚sinngemäß anwendbar‘ zu erklären; mag sich dann der Gesetzes*anwender* mit der Frage herumschlagen, wie diese ‚Sinngemäßheit‘ aussieht. Technische Vereinfachung geht hier leider zu oft auf Kosten der Gesetzesqualität" (Verb „bedeuten" und Hervorhebung im Original; S. L.).

[231] Dazu *H.-U. Karpen,* Die Verweisung als Mittel der Gesetzgebungstechnik, 1970, S. 78 f. mit Beispielen.

Art. 4 I NWVerf., die das „Grundrechtsregime"[232] des Grundgesetzes in die Landesverfassung übernimmt, zwingt zu umfangreichen Anpassungen, ohne dass der Normtext darauf einen Hinweis gäbe.[233] Welche Anpassungen die Verweisung verlangt, muss ihr Interpret von Fall zu Fall ermitteln: etwa ob ein Deutschen-Grundrecht des Grundgesetzes auch nach seiner Übernahme in die Landesverfassung „alle Deutschen" berechtigt; ob auch das Land die Freizügigkeit „im ganzen Bundesgebiet" garantieren muss; ob sich die Übernahme auch auf die Regelung zur Grundrechtsverwirkung erstreckt und ob auch über die Verwirkung von Landesgrundrechten das Bundesverfassungsgericht entscheidet.[234]

Der Zusatz „im Sinne dieses Grundgesetzes" in Art. 28 I 1 GG kennzeichnet das Homogenitätsgebot nicht allein als rechtlich gebundene Binnenverweisung, sondern lässt zusätzlich ersehen, dass es die Verfassungsprinzipien anpasst. Die Anpassungen reichen ausschließlich so weit, wie sie deshalb erforderlich sind, weil das Homogenitätsgebot den Adressaten der Verfassungsprinzipien gegenüber ihrem ursprünglichen Standort in Art. 20 I bis III GG austauscht: den Bund gegen die Länder einschließlich der Kommunen. Die Vorgaben für die Länder und die Kommunen sind weder strenger noch milder als die Vorgaben für den Bund.[235] Demnach müssen die Länder beispielsweise die Kommunalvertretungen nicht mit Gesetzgebungskompetenzen ausstatten, aber überhaupt mit Kompetenzen zum Erlass generell-abstrakter Normen; nicht die Regierung muss den Kommunalvertretungen zur Rechenschaft verpflichtet sein, sondern der Hauptverwaltungsbeamte. Im Regelfall ist die Anpassung selbsterklärend.

---

[232] *F. Wittreck,* Verfassungsrecht, in: S. Schlacke/ders. (Hrsg.), Landesrecht Nordrhein-Westfalen, 2017, § 1 Rn. 65 (Anführungszeichen auch im Original; S. L.). Ausgenommen ist die nachträglich ins Grundgesetz gelangte Verfassungsbeschwerde in Art. 93 I Nr. 4a GG, und zwar unabhängig davon, ob die Verweisung in Art. 4 I NWVerf. statischer oder dynamischer Natur ist.

[233] Verschiedene dogmatische Konzepte behandelt *J. Dietlein,* Die Rezeption von Bundesgrundrechten durch Landesverfassungsrecht, in: AöR 120 (1990), S. 1 (6 ff.); *ders.,* Landesgrundrechte in Nordrhein-Westfalen, in: D. Merten/H.-J. Papier (Hrsg.), HGR VIII, 2017, § 254 Rn. 52 ff.: „maßstäbliche Verkleinerung", „deklaratorische Übernahme", „partielle Übernahme".

[234] Zu solchen Einzelfragen näher *J. Dietlein,* Die Rezeption von Bundesgrundrechten durch Landesverfassungsrecht, in: AöR 120 (1990), S. 1 (14 ff.); *J. Menzel,* in: W. Löwer/ P. J. Tettinger (Hrsg.), Kommentar zur Verfassung für das Land Nordrhein-Westfalen, 2002, Art. 4 Rn. 14 ff.; *J. Dietlein,* Verfassungsrecht, in: ders./J. Hellermann, Öffentliches Recht in Nordrhein-Westfalen, 6. Aufl. 2016, § 1 Rn. 28 ff., 33 ff.

[235] *M. Jestaedt,* Demokratieprinzip und Kondominialverwaltung, 1993, S. 524 ff. spricht von einem „Gebot der Homogenität der Willensbildungsstrukturen von Bund, Land, Kreis und Gemeinde – Volksvertretung, Wahl, Wahlgrundsätze gem. Art. 38 Abs. 1 Satz 1 GG" (S. 525) und von „gemeinsame[n] demokratische[n] Binnenstrukturen" (S. 528).

b) Gebot der dualen oder triadischen demokratischen Legitimation der Kommunalverwaltung durch Staatsvölker und Kommunalvölker

aa) Homogenitätsgebot als partielle Rechtsgrund- und partielle Rechtsfolgenverweisung auf das Gebot demokratischer Legitimation

Um das Gebot demokratischer Legitimation auf die Länder zu erstrecken, bedient sich das Homogenitätsgebot sowohl einer partiellen Rechtsgrund- als auch einer partiellen Rechtsfolgenverweisung.[236] Eine Verweisungsnorm kann für ihren Tatbestand oder ihre Rechtsfolge ganz oder teilweise auf eine Zielnorm verweisen. Je nachdem, ob sich die Verweisung auf den Tatbestand oder die Rechtsfolge der Zielnorm bezieht, handelt es sich um eine Rechts*grund*verweisung oder eine Rechts*folgen*verweisung.[237] Eine Rechtsgrundverweisung bewirkt, dass die Rechtsfolge eines Tatbestandes I für einen Tatbestand II eintritt, wenn zusätzlich zum Tatbestand II der Tatbestand I erfüllt ist. Partiell ist eine Rechtsgrundverweisung, wenn sie eine oder mehrere, aber nicht jede Voraussetzung des Tatbestandes I durch die des Tatbestandes II ersetzt.[238] Eine Rechtsfolgenverweisung ordnet einem Tatbestand II die Rechtsfolge von Tatbestand I zu, ohne dass Tatbestand I ganz oder teilweise gegeben sein müsste. Partiell ist eine Rechtsfolgenverweisung, wenn sie für Tatbestand II lediglich einen Teil der Rechtsfolge von Tatbestand I ausspart oder ersetzt.

---

[236] Ansätze zu einem solchen Verständnis bei *E. Schmidt-Aßmann*, Verwaltungslegitimation als Rechtsbegriff, in: AöR 116 (1991), S. 329 (353, 380): Art. 28 I GG als „Gleichstellungsregel"; *M. Jestaedt*, Demokratieprinzip und Kondominialverwaltung, 1993, S. 172: „Die durch Art. 28 Abs. 1 GG normierte Rechtsgrundverweisung erstreckt die staatliche Demokratie auf die staatsinkorporierten, ihrerseits staatsanalogen, da virtuell allzuständigen und gebietskörperschaftlich verfaßten Kommunen."

[237] *H.-U. Karpen*, Die Verweisung als Mittel der Gesetzgebungstechnik, 1970, S. 24 ff.: „Verweisung im Tatbestand" und „Verweisung in der Rechtsfolge". Das Begriffspaar aus Rechtsgrundverweisung und Rechtsfolgenverweisung ist hauptsächlich in der Zivilrechtsdogmatik gebräuchlich.

[238] Ein vielschichtiges Beispiel aus dem Bürgerlichen Recht bietet § 994 II BGB: „Macht der Besitzer nach dem Eintritt der Rechtshängigkeit oder nach dem Beginn der in § 990 bestimmten Haftung notwendige Verwendungen, so bestimmt sich die Ersatzpflicht des Eigentümers nach den Vorschriften über die Geschäftsführung ohne Auftrag." § 994 II BGB enthält eine doppelte partielle Rechtsgrundverweisung: Im ersten Halbsatz macht die Norm die Erfüllung des Tatbestandes von § 990 BGB zu einer von mehreren Voraussetzungen der Erfüllung der zweiten Variante ihres eigenen Tatbestandes; im zweiten Halbsatz macht die Norm die Erfüllung des Tatbestandes der Geschäftsführung ohne Auftrag zur Voraussetzung der Erfüllung der zweiten Variante ihres Tatbestandes, aber mit zwar der unausgesprochenen Ausnahme des Fremdgeschäftsführungswillens. Ob eine Verweisungsnorm auf den Tatbestand oder die Rechtsfolge einer anderen Norm zielt, lässt sich, wie das Beispiel des § 994 II BGB belegt, nicht daran erkennen, ob der Wortlaut der Verweisungsnorm die Verweisung in einem Hauptsatz oder einem Konditionalsatz zum Ausdruck bringt: Die eine Rechtsgrundverweisung ergibt sich aus dem Konditionalsatz, die andere aus dem Hauptsatz. Auch wenn eine Norm inhaltlich dem Konditionalschema gehorcht, muss der Normtext den Tatbestand nicht vollständig in einem Konditionalsatz zum Ausdruck bringen; er kann teilweise dem Hauptsatz zu entnehmen sein.

Um eine partielle Rechtsgrundverweisung handelt es sich beim Homogenitätsgebot deshalb, weil sich die Bindung der Länder an das Gebot demokratischer Legitimation aus Art. 28 I 1 GG ergibt und nicht aus Art. 20 II GG: Der
Begriff der Staatsgewalt umfasst in Art. 20 II GG allein die Bundes-Staatsgewalt. Diese Einschränkung folgt erst aus der Existenz von Art. 28 I 1 GG:
Die Bestimmung wäre (inhaltlich) entbehrlich, wenn sich Art. 20 II GG an die
Länder-Staatsgewalt richtete. Wenn ein *Land* (Tatbestand der Rechtsgrundverweisung) einen Akt der Staats*gewalt* vornimmt (verbleibender Tatbestand des
Gebots demokratischer Legitimation), muss der Akt der Staatsgewalt *demokratisch legitimiert* sein (Rechtsfolge). Eine (partielle) Rechtsgrundverweisung
stellt verschiedene Tatbestände gleich und entspricht damit einer normgebe-
rischen Fiktion: Ein Akt der Landes-Staatsgewalt *gilt* für den Tatbestand des
Gebots demokratischer Legitimation als ein Akt der Bundes-Staatsgewalt.[239]

Um eine partielle Rechtsfolgenverweisung handelt es sich bei dem Homogenitätsgebot deshalb, weil es den Kreis der Legitimationssubjekte erweitert und
dadurch das Legitimationserfordernis verändert: Das Volk im Sinne von Art. 20
II GG ist ausschließlich das Bundesvolk, so wie sich der Begriff der Staatsgewalt im Sinne dieser Norm auf die Bundes-Staatsgewalt beschränkt. Dass
sich das Homogenitätsgebot einer partiellen Rechtsfolgenverweisung bedient,
ergibt sich erst aus dem unmittelbar anschließenden Art. 28 I 2 GG: Indem die
Norm vorschreibt, dass in den Ländern und den Kommunen eigene Volksvertretungen bestehen und sich die Wahlen dieser Volksvertretungen nach den gleichen Grundsätzen richten wie die Wahlen zum Bundestag, lässt sie erkennen,
dass die Landesvölker und die Kommunalvölker zur demokratischen Legitimation von Staatsgewalt beitragen können. Wenn ein *Land* einen Akt der Staats-
gewalt vornimmt, muss dieser Akt *rückführbar* sein (verbleibender Teil der
Rechtsfolge), und zwar zu unterschiedlichen Anteilen auf das *Bundes-,* ein *Lan-
des-* oder ein *Kommunalvolk* (veränderter Teil der Rechtsfolge).

*bb) Erweiterung des Kreises der Legitimationssubjekte um sechzehn
Landes- und unzählige Kommunalvölker*

Wer die Bedeutung des Wortes „Volk" im Grundgesetz ermittelt, muss zwei
Fragen unterscheiden: die nach der Zahl und die nach der Zusammensetzung
der Völker. Das Grundgesetz kennt verschiedene Staatsorgane namens Volk:
ein Bundesvolk, sechzehn Landesvölker und zahlreiche Kommunalvölker.[240]

---

[239] Zum Zusammenhang von Fiktion, Gleichstellung und Verweisung näher *H. Kelsen,*
Zur Theorie der juristischen Fiktionen (1919), in: ders., Hans Kelsen Werke, Bd. IV, 2013,
S. 209 ff.; *H.-U. Karpen,* Die Verweisung als Mittel der Gesetzgebungstechnik, 1970, S. 25 f.,
28; *K. F. Röhl/H. C. Röhl,* Allgemeine Rechtslehre, 3. Aufl. 2008, S. 57 ff.; *B. Rüthers/C. Fi-
scher/A. Birk,* Rechtstheorie mit Juristischer Methodenlehre, 10. Aufl. 2018, § 4 Rn. 132 f.

[240] Am deutlichsten bei *D. Ehlers,* Die Staatsgewalt in Ketten, in: H. Faber/G. Frank
(Hrsg.), Demokratie in Staat und Wirtschaft, 2002, S. 125 (131): „Der Volksbegriff des Art. 20

Der Bund, die Länder und die Kommunen sind selbständige Rechtsträger mit eigenen Organen: Dazu gehören die Kommunalvölker genauso wie die Kommunalvertretungen, die Bürgermeister und die Landräte. Wer die Kommunalvölker als „Teilvölker"[241] bezeichnet, bringt richtigerweise zum Ausdruck, dass sie eigenständige Staatsorgane und in diesem Sinne eigene Völker sind.[242] Darüber hinaus legt die Bezeichnung allerdings nahe, dass Mitglied eines Kommunalvolks ausschließlich sein könne, wer zum Bundesvolk gehört: Andernfalls ist ein Teilvolk kein Teil eines Volkes. In Wirklichkeit aber bleibt trotz der Einordnung der Kommunalvölker als eigenständige Staatsorgane unentschieden, ob sich die Mitgliedschaft in Kommunal-, Landes- und Bundesvölkern nach (vom Wohnort abgesehen) übereinstimmenden Kriterien richtet, sodass die Mitgliedschaftsverhältnisse die räumliche Gliederung der Bundesrepublik abbilden.[243] Ebenso unbeantwortet bleibt, ob die Mitgliedschaft in einem Volk die deutsche Staatsangehörigkeit voraussetzt und ob das Grundgesetz den Gesetzgeber unausgesprochen dazu ermächtigt, dass er selbst Teilvölker schafft, die zur demokratischen Legitimation der nicht-kommunalen Selbstverwaltung beitragen können („Verbandsvölker").[244]

Abs. 2 S. 1 GG und der anderen zitierten Bestimmungen des Grundgesetzes ist auf den Bund bezogen. Art. 28 Abs. 1 S. 2 GG ordnet aber auch den Ländern, Kreisen und Gemeinden ein [ergänze noch: je; S. L.] eigenes Volk zu."

[241] Begriff wohl erstmals bei *H. Kelsen,* Allgemeine Staatslehre, 1925, S. 180 ff.: „Erfolgt die Erzeugung auf dem Wege des Mehrheitsbeschlusses, dann kann, wenn das Gesamtvolk auch die Lokalnorm zu setzen hat, die Mehrheit sich ganz aus denjenigen Individuen bilden, die der zu beschließenden Norm nicht unterworfen sind, die nicht zu jenen gehören, die durch diese Lokalordnung zu einem *Teil-Volk,* einer Teilgemeinschaft konstituiert werden" (S. 181; Hervorhebung nicht im Original; S. L.).

[242] In diesem Sinne etwa *J. Oebbecke,* Weisungs- und unterrichtungsfreie Räume in der Verwaltung, 1986, S. 87 ff.; *E. Schmidt-Aßmann,* Verwaltungslegitimation als Rechtsbegriff, in: AöR 116 (1991), S. 329 (349 ff.); *D. Ehlers,* Die Staatsgewalt in Ketten, in: H. Faber/ G. Frank (Hrsg.), Demokratie in Staat und Wirtschaft, 2002, S. 125 (131 ff.). In der Sache, ohne dass er das Wort „Teilvolk" verwendet, auch *H. H. v. Arnim,* Gemeindliche Selbstverwaltung und Demokratie, in: AöR 113 (1988), S. 1 (8 ff.). Gerade deshalb, weil die Bezeichnung die Kommunalvölker als eigene Völker ausweist, rücken *M. Jestaedt,* Demokratieprinzip und Kondominialverwaltung, 1993, S. 211 mit Fn. 30; *E.-W. Böckenförde,* Demokratie als Verfassungsprinzip, in: J. Isensee/P. Kirchhof (Hrsg.), HStR³ II, 2004, § 24 Rn. 32 in Fn. 57 davon ab.

[243] Vermengung deutet sich an bei *M. Jestaedt,* Demokratieprinzip und Kondominialverwaltung, 1993, S. 210 ff., 524 ff. Ausführliche Bestimmung des Volksbegriffs bei *S. Köller,* Funktionale Selbstverwaltung und ihre demokratische Legitimation, 2009, S. 45 ff., bes. 58 ff.

[244] Untersuchung der Verfassungsmäßigkeit eines (Kommunal-)Wahlrechts für Ausländer, besonders für Unionsbürger, bei *K. Barley,* Das Kommunalwahlrecht für Ausländer nach der Neuordnung des Art. 28 Abs. 1 S. 3 GG, 1999; *R. Schunda,* Das Wahlrecht von Unionsbürgern bei Kommunalwahlen in Deutschland, 2003; *K.-A. Schwarz,* Erweiterung des Kreises der Wahlberechtigten für Ausländer auf Landes- und Kommunalebene?, in: AöR 138 (2013), S. 411 ff. – Für die Kompetenz zur Bildung von Verbandsvölkern vor allem *W. Brohm,* Strukturen der Wirtschaftsverwaltung, 1969, S. 253 ff.; *ders.,* Die Dogmatik des Verwaltungsrechts vor den Gegenwartsaufgaben der Verwaltung, in: VVDStRL 30 (1972), S. 245 (269 ff. mit Fn. 68 f.); *J. Oebbecke,* Weisungs- und unterrichtungsfreie Räume in der Verwaltung, 1986, S. 87 ff.; *ders.,* Demokratische Legitimation nicht-kommunaler Selbstverwaltung, in: Verw-

Dass die Kommunalvölker eigenständige Staatsorgane sind und mit dieser Einordnung gleichwohl keine Aussagen über Mitgliedschaftsverhältnisse verbunden sind, lässt sich anhand von Art. 28 I 3 GG demonstrieren. Mit dieser Regelung hat der verfassungsändernde Gesetzgeber in Umsetzung von Europarecht das Unionsbürgerwahlrecht bei Kommunalwahlen eingeführt:[245] Vor der Einführung setzte das Wahlrecht auf allen Ebenen und damit die Mitgliedschaft im Bundes-, Landes- und Kommunalvolk übereinstimmend die deutsche Staatsangehörigkeit voraus. Danach entwickelten sich die Mitgliedschaftsverhältnisse auseinander, weil die Unionsbürger zu Mitgliedern der Kommunalvölker wurden, aber an Bundestags- und Landtagswahlen nach wie vor nicht teilnehmen können.

Der Wortlaut von Art. 20 II und von Art. 28 I 2 GG spricht auf den ersten Blick gegen die Annahme, dass das Grundgesetz viele verschiedene Völker kennt:[246] Nach Art. 20 II GG geht alle Staatsgewalt *vom* Volke aus und wird *vom* Volke ausgeübt. Die Präposition „vom" ist das Ergebnis einer Zusammenziehung der Präposition „von" und des bestimmten Artikels „dem".[247] Das Wort „Volk" steht im Singular.[248] Der Normtext von Art. 20 II GG spricht demnach von einem einzigen Volk. Nach Art. 28 I 2 GG muss *das* Volk in den Ländern, Kreisen und Gemeinden eine Vertretung haben, die aus allgemeinen, unmittelbaren, freien, gleichen und geheimen Wahlen hervorgegangen ist. Das Wort „das" ist genauso wie das Wort „dem" ein bestimmter Artikel. Das Wort „Volk" steht im Singular. Der Normtext von Art. 28 I 2 GG spricht demnach ebenso von einem einzigen Volk wie der Normtext von Art. 20 II GG. Nach einem buchstäblichen Verständnis dieser Normtexte kennt das Grundgesetz ein einziges Staatsorgan namens Volk.

Doch in Art. 20 II und Art. 28 I 2 GG sieht das Grundgesetz vor, dass jedes Mal ein Staatsorgan namens Volk wählt und abstimmt. Wenn dabei stets dasselbe Volk entschiede, müsste ein Bürger der Stadt Würzburg an den Kommunalwahlen in Münster ebenso teilnehmen können wie ein Bürger des Freistaats Bayern an den Landtagswahlen in Nordrhein-Westfalen. Wer zur Vermeidung dieser Schlussfolgerung annimmt, dass nach räumlichen Kriterien gebildete Teile desselben Volkes in den Ländern und den Kommunen je verschiedene Volksvertretungen wählten, vermengt Verfassungsdogmatik und Sozialwissenschaft: Die Gesamtheit der Bürger eines Landes oder einer Kommune bildet

---

Arch. 81 (1990), S. 349 (356 ff., 359 ff.). Gegenauffassung etwa bei *M. Jestaedt,* Demokratieprinzip und Kondominialverwaltung, 1993, S. 213 ff., 500 ff.; *W. Kluth,* Funktionale Selbstverwaltung, 1997, S. 369 ff.

[245] 38. Änderungsgesetz mit Wirkung zum 25.12.1992.

[246] Wortlautauslegung in diese Richtung bei *M. Jestaedt,* Demokratieprinzip und Kondominialverwaltung, 1993, S. 525 ff.

[247] Eintrag „vom", in: Dudenredaktion (Hrsg.), Deutsches Universalwörterbuch, 8. Aufl. 2015.

[248] Betont bei *V. Mehde,* Neues Steuerungsmodell und Demokratieprinzip, 2000, S. 237.

zwar einen Ausschnitt des personalen Substrats der Bundesrepublik (eines Volkes, einer Nation o. ä.) und lässt sich deshalb als „Volksteil"[249] begreifen.[250] Das Grundgesetz aber kennt ausschließlich Völker als Staatsorgane, keine Volksteile. Eine eindeutigere Fassung von Art. 28 I 2 GG hätte deshalb gelautet: „In den Ländern, Kreisen und Gemeinden muß das *jeweilige* Volk eine Vertretung haben, die aus allgemeinen, unmittelbaren, freien, gleichen und geheimen Wahlen hervorgegangen ist." Vorstellungen aus der Mengenlehre können den Interpreten in die Irre führen.

Wenn ein Landesorgan einen Akt der Staatsgewalt vornimmt, kommen drei Völker als Legitimationssubjekte in Betracht: das Bundesvolk, das Landesvolk und, wenn das Landesorgan ein kommunales Organ ist, das Kommunalvolk. Das Homogenitätsgebot verringert das Maß, in dem ein Akt auf ein einzelnes Volk rückführbar sein muss; insgesamt aber muss das Maß an Rückführbarkeit auf die verschiedenen Völker das Niveau erreichen, das für die demokratische Legitimation eines Aktes der Bundes-Staatsgewalt erforderlich ist.[251]

Die Landesvölker können die Landes-Staatsgewalt vollständig demokratisch legitimieren; eine Rückbindung an das Bundesvolk ist grundsätzlich entbehrlich. Allerdings kann das Bundesvolk zur demokratischen Legitimation der Landes-Staatsgewalt beitragen und etwaige Schwächen derjenigen demokratischen Legitimation, die von einem Landesvolk stammt, ausgleichen. Ob ein

---

[249] Der Begriff wird mitunter zurückgeführt auf *H. H. Klein,* Demokratie und Selbstverwaltung, in: R. Schnur (Hrsg.), Festschrift für Ernst Forsthoff zum 70. Geburtstag, 2. Aufl. 1974, S. 165 (177): „‚Teilvölker' (besser wäre: Volksteile)". Zuvor aber jedenfalls *H. Peters,* Zentralisation und Dezentralisation, 1928, S. 29 f.: „Anders ist das Ergebnis, wenn man die Identität der Regierer und Regierten als Wesen der Demokratie auffaßt. Dabei tritt die Forderung, daß die Regierer die Volks*gesamtheit* sind, zurück, und es genügt bereits, daß dort, wo ein Volks*teil* regiert wird, dieser Volksteil sich selbst regiere" (Hervorhebungen im Original; S. L.). Peters setzt sich unmittelbar nach dieser Passage ausdrücklich auseinander mit *H. Kelsen,* Allgemeine Staatslehre, 1925, S. 181 f., der an jener Stelle den Begriff des Teilvolks einführt.

[250] Annahme der Existenz von „Volksteilen", die demokratische Legitimation stiften können, bei *M. Jestaedt,* Demokratieprinzip und Kondominialverwaltung, 1993, S. 210 ff., 524 ff.; *E.-W. Böckenförde,* Demokratie als Verfassungsprinzip, in: J. Isensee/P. Kirchhof (Hrsg.), HStR³ II, 2004, § 24 Rn. 32 mit Fn. 57 (die Marginalie zur Randnummer lautet allerdings „‚Teilvölker'"); *J. Tischer,* Bürgerbeteiligung und demokratische Legitimation, 2017, S. 193 ff. Die Diskussion um Volksteile und Teilvölker leidet an Ebenenverwechslungen und Verständigungsschwierigkeiten. Vergleich der Vorstellungen, die sich typischerweise mit „Volksteil" einerseits und „Teilvolk" andererseits verbinden, bei *dems.,* Bürgerbeteiligung und demokratische Legitimation, ebd., S. 193 ff.

[251] Ein wenig überschießend *M. Jestaedt,* Demokratieprinzip und Kondominialverwaltung, 1993, S. 529: „Das Ineinandergreifen von staatlichen und kommunalen demokratischen Legitimationsimpulsen hat zur Folge, daß das am administrativen Regelmodell in der Ministerialverwaltung ‚abzulesende Legitimationsniveau' im Rahmen der kommunalen Selbstverwaltung nicht unterschritten wird." Kritik daran bei *W. Kluth,* Funktionale Selbstverwaltung, 1997, S. 362 f.; *V. Mehde,* Neues Steuerungsmodell und Demokratieprinzip, 2000, S. 256 f.; *J. Tischer,* Bürgerbeteiligung und demokratische Legitimation, 2017, S. 196 ff.

Organ eine Norm des Bundesrechts oder des Landesrechts anwendet, ist für die demokratische Legitimation der Landes-Staatsgewalt unerheblich: Im ersten Fall geht die inhaltliche demokratische Legitimation vom Bundesvolk, im zweiten Fall vom Landesvolk aus. Die personelle demokratische Legitimation stammt in jedem Fall vom Landesvolk, weil dieses Volk den Landtag wählt.

Art. 28 I 2 GG macht die Kommunalvölker zu Legitimationssubjekten neben dem Bundesvolk und den Landesvölkern: Die von einer Kommune ausgeübte Staatsgewalt muss anteilig sowohl auf das Bundes- oder das Landesvolk als auch auf das Kommunalvolk rückführbar sein. Die Rückbindung an eines der Völker kann Schwächen der demokratischen Legitimation, die von einem der anderen Völker stammt, ausgleichen.[252] Die personelle demokratische Legitimation geht in jedem Fall vom Kommunalvolk aus, weil es die Hauptverwaltungsbeamten und die Kommunalvertretungen wählt. *Soweit* ein kommunales Organ eine Norm eines anderen kommunalen Organs anwendet (etwa der Bürgermeister eine Satzung des Rates), hat die inhaltliche demokratische Legitimation beim Kommunalvolk ihren Ursprung; *soweit* eine Kommune eine Norm des Bundes- oder Landesrechts anwendet, beim Bundes- oder beim Landesvolk. Die demokratische Legitimation eines Aktes der Kommunalverwaltung erfolgt wenigstens *dual*, mitunter *triadisch*, je nachdem, ob im Einzelfall neben dem Kommunalvolk ein einziges Staatsvolk oder zwei Staatsvölker beteiligt sind.[253]

Von anderen Verwaltungsträgern unterscheiden sich die Kommunen dadurch, dass ihre Völker überhaupt zur demokratischen Legitimation beitragen können; von den Staaten (Bund, Länder) dadurch, dass ihre Völker die erforderliche demokratische Legitimation nicht vollständig selbst herstellen können, sondern dazu mit einem Staatsvolk (Bundesvolk, Landesvölker) zusammenwirken müssen. Wie das Grundgesetz die demokratische Legitimation von Staatsgewalt konstruiert, spiegelt wider, dass sich die Länder von den Kommunen als Formen der Dezentralisation graduell, als Staaten aber kategorial unterscheiden. Die kommunale Staatsgewalt wird von zwei oder drei verschiedenen Legitimationsketten gehalten, die einzeln schwächer sind als die einzige Legitimationskette, die beispielsweise den Erlass einer Verordnung durch einen Bundesminister mit dem Bundesvolk verbindet, gemeinsam aber nicht weniger belastbar.

---

[252] *E. Schmidt-Aßmann,* Verwaltungslegitimation als Rechtsbegriff, in: AöR 116 (1991), S. 329 (368); *M. Jestaedt,* Demokratieprinzip und Kondominialverwaltung, 1993, S. 527 ff.; *V. Mehde,* Neues Steuerungsmodell und Demokratieprinzip, 2000, S. 253 ff., 258 f.; *J. Tischer,* Bürgerbeteiligung und demokratische Legitimation, 2017, S. 212 ff.

[253] *H. H. v. Arnim,* Gemeindliche Selbstverwaltung und Demokratie, in: AöR 113 (1988), S. 1 (11): „dualistische Legitimation"; *E. Schmidt-Aßmann,* Verwaltungslegitimation als Rechtsbegriff, in: AöR 116 (1991), S. 329 (381): „duale Legitimation"; *V. Mehde,* Neues Steuerungsmodell und Demokratieprinzip, 2000, S. 255: „dualistische Legitimation"; *J. Tischer,* Bürgerbeteiligung und demokratische Legitimation, 2017, S. 215: „plurales Legitimationsgefüge".

cc) Gemeinsamkeiten und Unterschiede der demokratischen Legitimation
von Selbstverwaltung und Auftragsverwaltung

Wer nach der demokratischen Legitimation der Kommunalverwaltung fragt, muss sowohl nach personeller und inhaltlicher demokratischer Legitimation als auch nach Auftragsverwaltung und Selbstverwaltung unterscheiden.[254] Die personelle demokratische Legitimation der Akte der Staatsgewalt, die von einem kommunalen Organ stammen, vollzieht sich unabhängig davon, ob das Organ im Einzelfall Selbstverwaltung oder Auftragsverwaltung ausübt. Die Akte einer Kommunalvertretung sind deshalb personell demokratisch legitimiert, weil das Kommunalvolk die Rats- und die Kreistagsmitglieder unmittelbar wählt.[255] Die personelle demokratische Legitimation der Akte einer Kommunalvertretung ist genauso hoch wie die der Akte des Bundestages oder eines Landtages.[256] Die Akte eines Hauptverwaltungsbeamten verdanken ihre personelle demokratische Legitimation seiner Wahl durch das Kommunalvolk, die Akte eines Beigeordneten seiner Wahl durch die Kommunalvertretung. Dass ein Volk den Hauptverwaltungsbeamten wählt, unterscheidet ihn vom Bundeskanzler und einem Ministerpräsidenten, den der Bundestag bzw. der Landtag in sein Amt wählt. Die Akte eines Hauptverwaltungsbeamten genießen deshalb höhere personelle demokratische Legitimation als die eines Regierungschefs.

Innerhalb einer Behörde namens Bürgermeister oder namens Landrat vollzieht sich die demokratische Legitimation nicht anders als innerhalb eines Ministeriums.[257] Die Kommunalverfassungen ermächtigen einen Hauptverwaltungsbeamten und einen Beigeordneten ähnlich einem Minister zur Leitung seiner Behörde bzw. seines Geschäftsbereichs.[258] Zu dieser Leitungskompetenz

---

[254] Die erstmalige und nach wie vor nahezu einzige Entfaltung dieses Rasters stammt von einem Wissenschaftler, der sich das organisatorisch-formale Modell der demokratischen Legitimation nicht aneignet, sondern wiedergibt und stellvertretend für dessen Befürworter auf die Kommunalverwaltung anwendet: *V. Mehde,* Neues Steuerungsmodell und Demokratieprinzip, 2000, S. 244 ff.: „Was im folgenden referiert wird, sind folglich in vielen Aspekten weniger Aussagen der herrschenden Meinung als vielmehr solche, die von ihr folgerichtiger Weise vertreten werden müßten" (S. 244). Im Anschluss daran *J. Tischer,* Bürgerbeteiligung und demokratische Legitimation, 2017, S. 206 ff.

[255] *M. Jestaedt,* Demokratieprinzip und Kondominialverwaltung, 1993, S. 528; *V. Mehde,* Neues Steuerungsmodell und Demokratieprinzip, 2000, S. 245 f.; *J. Tischer,* Bürgerbeteiligung und demokratische Legitimation, 2017, S. 208.

[256] *S. Engel-Boland,* Gemeindliches Satzungsrecht und Gesetzesvorbehalt, 1999, S. 91.

[257] Parallele bei *V. Mehde,* Neues Steuerungsmodell und Demokratieprinzip, 2000, S. 250.

[258] Für Nordrhein-Westfalen geregelt in § 62 I 2–4, § 73 I GO NRW; § 42 lit. g KreisO NRW. Die nordrhein-westfälische Gemeindeordnung bietet ein Beispiel dafür, dass sich die Rechtsstellung von Hauptverwaltungsbeamten und Beigeordneten, Regierungschefs und Ministern je nach Verfassung im Einzelnen unterscheiden kann: Die Kompetenz des Rates, die Geschäftsbereiche der Beigeordneten festzulegen (§ 73 I GO NRW), hat nicht generell Vorrang vor der Kompetenz des Bürgermeisters, die Geschäfte zu verteilen und zu leiten (§ 62 I 4 GO NRW): *J. Oebbecke,* Die Zuständigkeiten des Rates und des Bürgermeisters nach der nordrhein-westfälischen Gemeindeordnung, in: NWVBl. 2013, S. 469 (S. 470 f.). Der Bürger-

gehört die Kompetenz zum Erlass von Weisungen, seien es Einzelweisungen oder Verwaltungsvorschriften.[259] Indem ein Hauptverwaltungsbeamter oder ein Beigeordneter eine Weisung erteilt, ohne den Entscheidungsfreiraum des Weisungsunterworfenen so weit einzuschränken, wie er es tun könnte, oder auf den Erlass einer Einzelweisung vollständig verzichtet, stiftet er einem Akt der Staatsgewalt, den ein kommunaler Beamter vornimmt, inhaltliche demokratische Legitimation.[260] Ihre personelle demokratische Legitimation beziehen die Akte eines kommunalen Beamten daraus, dass ihn der Hauptverwaltungsbeamte oder ausnahmsweise die Kommunalvertretung ernennt bzw. wählt.[261]

Ob ein kommunales Organ im Einzelfall Selbstverwaltung oder Auftragsverwaltung ausübt, wirkt sich allerdings darauf aus, wie sich die inhaltliche demokratische Legitimation vollzieht.[262] *Erstens* unterscheiden sich die verschiedenen Formen der Kommunalverwaltung tendenziell und graduell darin, wie stark das ranghöhere Recht den Entscheidungsfreiraum der Kommunen begrenzt. Der größte Unterschied besteht zwischen Auftragsverwaltung und pflichtiger Selbstverwaltung einerseits und freiwilliger Selbstverwaltung andererseits (und weniger zwischen Auftragsverwaltung und Selbstverwaltung).[263] In allen Fällen der Selbstverwaltung entscheiden die Kommunen frei von Fach-

---

meister kann zwar keine Zuständigkeit von einem Geschäftsbereich auf einen anderen übertragen, aber eine Entscheidung selbst treffen, die in den Geschäftsbereich eines Beigeordneten fällt, solange er den Geschäftsbereich nicht aushöhlt und die Festlegung des Rates im Wesentlichen achtet.

[259] *V. Mehde*, Neues Steuerungsmodell und Demokratieprinzip, 2000, S. 250; *J. Tischer*, Bürgerbeteiligung und demokratische Legitimation, 2017, S. 209, 212.

[260] Auch die reine Weisungsunterworfenheit trägt zur inhaltlichen demokratischen Legitimation bei: *M. Jestaedt*, Demokratieprinzip und Kondominialverwaltung, 1993, S. 342 f.; *F. Brosius-Gersdorf*, Deutsche Bundesbank und Demokratieprinzip, 1997, S. 100 ff.; *F. Gonsior*, Die Verfassungsmäßigkeit administrativer Letztentscheidungsbefugnisse, 2018, S. 180, 186 f. Referierend *V. Mehde*, Neues Steuerungsmodell und Demokratieprinzip, 2000, S. 248. Kritisch auf Grundlage seines eigenen Modells *ders.*, Neues Steuerungsmodell und Demokratieprinzip, ebd., S. 510 ff.

[261] *M. Jestaedt*, Demokratieprinzip und Kondominialverwaltung, 1993, S. 528 f.; *V. Mehde*, Neues Steuerungsmodell und Demokratieprinzip, 2000, S. 246; *J. Tischer*, Bürgerbeteiligung und demokratische Legitimation, 2017, S. 209. Die Rechnungsprüfer werden nicht vom Hauptverwaltungsbeamten ernannt, sondern von der Kommunalvertretung gewählt. Für Nordrhein-Westfalen geregelt in § 104 II 1 GO NRW; § 53 I KreisO NRW i. V. m. § 104 II 1 GO NRW.

[262] *V. Mehde*, Neues Steuerungsmodell und Demokratieprinzip, 2000, S. 247 ff., 253 ff.; *J. Tischer*, Bürgerbeteiligung und demokratische Legitimation, 2017, S. 211 f.

[263] *V. Mehde*, Neues Steuerungsmodell und Demokratieprinzip, 2000, S. 47 ff., 253 ff.; *J. Tischer*, Bürgerbeteiligung und demokratische Legitimation, 2017, S. 211 f. betonen hingegen, dass die Auftragsverwaltung einerseits und die Selbstverwaltung andererseits verschieden dicht geregelt seien. Zur dreifachen Unterscheidung von Auftragsverwaltung, pflichtiger Selbstverwaltung und freiwilliger Selbstverwaltung allgemein *H. Maurer/C. Waldhoff*, Allgemeines Verwaltungsrecht, 19. Aufl. 2017, § 23 Rn. 21; *H. Pünder*, Art. „Gemeinde" [J], in: Görres-Gesellschaft (Hrsg.), StL[8] II, 2018, Sp. 1030 (1034); *H. C. Röhl*, Kommunalrecht, in: F. Schoch (Hrsg.), BesVerwR, 2018, Kap. 2 Rn. 71.

aufsicht. Bei der pflichtigen Selbstverwaltung aber unterliegen sie in manchen Fällen so engen Vorgaben des ranghöheren Rechts, dass sich dieser Ausschnitt der Selbstverwaltung faktisch der Auftragsverwaltung annähert.[264] Den Kommunen steht es beispielsweise frei, ob und wie sie ein Museum, ein Schwimmbad, ein Theater oder eine andere öffentliche Kultureinrichtung betreiben (freiwillige Selbstverwaltung). Aus dem Bundes- und dem Landesrecht wendet die Kommune lediglich Regelungen über Kompetenzen und Verfahren in der Gemeindeordnung an; materielle gesetzliche Vorgaben fehlen (nahezu) vollständig. Ob ein solcher Akt der Selbstverwaltung die erforderliche demokratische Legitimation genießt, kann deshalb davon abhängen, ob er in Anwendung einer kommunalen Satzung ergeht. Die Satzunggebung muss den Legitimationsbeitrag ersetzen, den im Normalfall die Gesetzgebung leistet.[265] Damit die Satzunggebung demokratische Legitimation stiften kann, muss sie selbst hinreichend demokratisch legitimiert sein: Die personelle demokratische Legitimation vermittelt die Wahl der Kommunalvertretung durch das Kommunalvolk; die inhaltliche demokratische Legitimation stammt häufig von der Gesetzgebung, die die Kommunen zum Erlass von Satzungen ermächtigt.[266]

In einigen Fällen aber kann sich der Satzunggeber auf überhaupt keine oder lediglich auf eine generalklauselförmige Ermächtigung stützen: Ob der Erlass einer Satzung in diesen Fällen die erforderliche demokratische Legitimation genießt, hängt davon ab, ob die inhaltliche demokratische Legitimation, die von einer gesetzlichen Ermächtigung ausgeht, ausnahmsweise entbehrlich ist (sei es etwa deshalb, weil die Stärke der personellen demokratischen Legitimation die Schwäche der inhaltlichen demokratischen Legitimation ausgleicht oder weil Art. 28 II GG unmittelbar zum Erlass von Satzungen ermächtigt).[267]

Zweitens unterscheiden sich Selbst- und Auftragsverwaltung kategorial darin, unter welcher Art der Aufsicht sie stehen: die Selbstverwaltung allein unter Rechtsaufsicht, die Auftragsverwaltung auch unter Fachaufsicht. Indem

---

[264] Einige Rechtswissenschaftler unterscheiden deshalb zwischen formeller und materieller Selbstverwaltung, je nachdem, wie stark das ranghöhere Recht den Entscheidungsfreiraum begrenzt. Hinweis darauf bei *H. Dreier*, in: ders. (Hrsg.), GGK³ II, 2015, Art. 28 Rn. 82, 105 mit Nachw.

[265] *V. Mehde*, Neues Steuerungsmodell und Demokratieprinzip, 2000, S. 249.

[266] In jedem Land enthalten die Kommunalverfassungen generalklauselförmige Ermächtigungen zum Erlass von Satzungen: § 4 I 1 BaWüGO, § 3 I 1 BaWüKreisO; Art. 23 S. 1 BayGO, Art. 17 S. 1 BayKreisO; § 7 I 1 GO NRW, § 5 I 1 KreisO NRW usw. In einigen Ländern beschränkt sich die generalklauselförmige Ermächtigung auf die Fälle der Selbstverwaltung; auch im Rahmen der Auftragsverwaltung kommen Satzungen vor.

[267] Nach der Auffassung von *K.-U. Meyn*, Gesetzesvorbehalt und Rechtsetzungsbefugnis der Gemeinden, 1977, S. 26 ff., 30 ff.; *H. H. v. Arnim*, Gemeindliche Selbstverwaltung und Demokratie, in: AöR 113 (1988), S. 1 (19 f.); *S. Engel-Boland*, Gemeindliches Satzungsrecht und Gesetzesvorbehalt, 1999, S. 79 ff. ist eine gesetzliche Ermächtigung für den Satzungserlass jedenfalls unter dem Gesichtspunkt des Demokratieprinzips entbehrlich. Zur Diskussion für die funktionale Selbstverwaltung vor allem BVerfG, Beschluss vom 9.5.1972, 1 BvR 518/62 und 308/64, BVerfGE 33, 125 – Facharzt; *W. Kluth*, Funktionale Selbstverwaltung, 1997, S. 487 ff.

eine Behörde die Rechtsaufsicht ausübt, leistet sie keinen Beitrag zur demokratischen Legitimation:[268] Soweit das Recht eine Entscheidung vorwegnimmt, besteht kein Legitimationsbedarf; Legitimationsbedarf entsteht, soweit ein Organwalter von seinem Entscheidungsfreiraum Gebrauch macht. Dass ein Staatsorgan eine Norm erzeugt, trägt deshalb zur inhaltlichen demokratischen Legitimation bei, weil der Rechtserzeuger den Entscheidungsfreiraum des Staatsorgans, dessen Akten die Normerzeugung demokratische Legitimation stiftet, weniger stark einschränkt, als er es tun könnte. Der alleinige Maßstab der Rechtsaufsicht ist die Rechtmäßigkeit des Verwaltungshandelns, ihr alleiniger Gegenstand die Wahrung der Grenzen des Entscheidungsfreiraums. Die Rechtsaufsicht kann zwar Normen erzeugen, aber den Entscheidungsfreiraum der beaufsichtigten Behörden dadurch prinzipiell nicht einschränken, sondern ausschließlich den ohnehin bestehenden Einschränkungen zur praktischen Wirksamkeit verhelfen, indem sie Rechtsirrtümern und Rechtsungehorsam entgegenwirkt.

Die Tätigkeit einer Fachaufsichtsbehörde hingegen leistet einen Beitrag zur demokratischen Legitimation.[269] Wer die Fachaufsicht ausübt, dem steht gegenüber dem Beaufsichtigten die Letztentscheidungsmacht über die Ausfüllung des Rahmens zu, den das ranghöhere Recht dem Handeln des Beaufsichtigten zieht.[270] Indem eine Fachaufsichtsbehörde das Recht anstelle eines Beaufsichtigten anwendet, trifft sie selbst eine Entscheidung, die der demokratischen Legitimation bedarf.[271] Wenn sie auf eine eigene Entscheidung verzichtet, besteht ihr Legitimationsbeitrag darin, dass sie den Beaufsichtigten gewähren lässt,

---

[268] Gleiches Ergebnis mit verwandter Begründung bei *W. Kluth,* Funktionale Selbstverwaltung, 1997, S. 270 ff., bes. 271 f.: Wenn ein Aufsichtsführender die „Kontrollkompetenz" innehabe, verbleibe die Sachverantwortung beim beaufsichtigten Organ; wenn dem Aufsichtsführenden aber „Leitungsmacht" zustehe, teile sich das beaufsichtigte Organ die Sachverantwortung mit dem Aufsichtsführenden. Ein Inhaber von Kontrollkompetenz können nicht über seinen Kontrollmaßstab hinausgehen; allein wer Leitungsmacht habe, könne den Entscheidungsfreiraum des beaufsichtigten Organs überhaupt erreichen. Die Rechtsaufsicht erschöpfe sich in Kontrollkompetenz, die Fachaufsicht gehe mit Leitungsmacht einher. Deshalb könne die Rechtsaufsicht keine demokratische Legitimation vermitteln. Sie diene stattdessen einem rechtsstaatlichen Anliegen.

[269] Stellvertretend *H. H. v. Arnim,* Gemeindliche Selbstverwaltung und Demokratie, in: AöR 113 (1988), S. 1 (26); *E. T. Emde,* Die demokratische Legitimation der funktionalen Selbstverwaltung, 1991, S. 84 f.; *V. Mehde,* Neues Steuerungsmodell und Demokratieprinzip, 2000, S. 247 f., 253.

[270] Eine Fachaufsichtsbehörde kann von einem etwaigen Beurteilungsspielraum und etwaigem Ermessen im Verhältnis zur Kommunalbehörde letztverbindlich Gebrauch machen: *V. Mehde,* Neues Steuerungsmodell und Demokratieprinzip, 2000, S. 247; *F.-L. Knemeyer,* Die Staatsaufsicht über die Gemeinden und Kreise (Kommunalaufsicht), in: T. Mann/G. Püttner (Hrsg.), HkWPr³ I, 2007, § 12 Rn. 37, 41; *V. Mehde,* in: T. Maunz/G. Dürig u. a. (Hrsg.), GGK, Art. 28 II (2012), Rn. 108.

[271] *J. Oebbecke,* Weisungs- und unterrichtungsfreie Räume in der Verwaltung, 1986, S. 89: „Soweit nicht die Staatsaufsicht, sondern der Selbstverwaltungsträger entscheidet, bedarf er einer demokratischen Legitimation, soweit die demokratisch legitimierte Staatsaufsicht

obwohl sie gegen ihn einschreiten könnte. Ebenso wie der vollständige Verzicht eines Ministers auf eine Einzelweisung an einen Ministerialbeamten stiftet der vollständige Verzicht einer Fachaufsichtsbehörde auf den Erlass einer Weisung an eine Kommune demokratische Legitimation. Damit eine Fachaufsichtsbehörde einen Legitimationsbeitrag leisten kann, muss ihre Entscheidung gegenüber dem Beaufsichtigten ihrerseits demokratisch legitimiert sein.

Die Auftragsverwaltung durch Kommunen ist unter dem Gesichtspunkt der demokratischen Legitimation von vornherein unbedenklich, weil die Fachaufsicht dem Weisungsrecht eines Ministers innerhalb seines Ministeriums oder seines Geschäftsbereichs gleichwertig ist. Bedenklich ist hingegen die Selbstverwaltung, weil die Kommunen dabei ausschließlich der Rechtsaufsicht unterstehen, die zur demokratischen Legitimation keinen Beitrag leistet. Für die demokratische Legitimation und damit die Verfassungsmäßigkeit der Selbstverwaltung ist entscheidend, dass die Akte der Kommunalvertretungen und der Hauptverwaltungsbeamten eine höhere personelle demokratische Legitimation genießen als die eines von einem Minister ernannten Beamten. Dadurch bleibt das erforderliche Legitimationsniveau gewahrt. Kommunale Selbstverwaltung erfordert kommunale Demokratie. Die Hauptverwaltungsbeamten müssen nicht zwingend vom Kommunalvolk, aber wenigstens von einer Kommunalvertretung, die das Volk zuvor direkt gewählt hat, bestellt werden. Kommunale Demokratie ohne Selbstverwaltung wiederum verlöre ihren Wert, weil der Wahl durch das Volk kein Zuwachs an Letztentscheidungsmacht gegenüberstünde.

Nicht jede Vorkehrung zum Erhalt der Einheit des Staates ist zugleich ein Beitrag zur demokratischen Legitimation der Staatsgewalt (und umgekehrt): Dass das Kommunalvolk die Kommunalvertretung und den Hauptverwaltungsbeamten wählt, gefährdet die Einheit des Staates, trägt aber zur demokratischen Legitimation der Kommunalverwaltung bei; dass die Länder über die Kommunen die Rechtsaufsicht ausüben, fördert zwar die Einheit des Staates, leistet aber keinen Beitrag zur demokratischen Legitimation der Kommunalverwaltung. So wie das „*Demokratieproblem*" teilweise, aber nicht vollständig mit dem „*Einheitsproblem*" übereinstimmt, sind die Lösungen teilweise, aber nicht vollständig gleich.[272] Bei der Lösung des Demokratieproblems strebt der Staat danach, dass sich die Akte der Staatsgewalt *wertungsmäßig* auf das Volk zurückführen lassen, bei der Lösung des Einheitsproblems danach, dass das Verwaltungshandeln *praktisch* mit dem geltenden Recht sowie den politischen Maßgaben der Regierung und der Volksvertretung vereinbar ist. Das Demokratieprinzip erzwingt eine grundsätzlich hierarchische Verwaltungsorganisation und fördert dadurch die Einheit des Staates (und umgekehrt); das Demokratie-

---

entscheidet, fehlt es an einer legitimationsbedürftigen Entscheidung des Selbstverwaltungsträgers."
[272] *H. Dreier,* Hierarchische Verwaltung im demokratischen Staat, 1991, S. 141 f., bes. 141 mit Fn. 79 (Begriffspaar auf S. 142; Hervorhebungen im Original; S. L.).

prinzip gefährdet die Einheit des Staates, indem es vorsieht, dass jedes Kommunalvolk demokratische Legitimation stiften kann und eine eigene Vertretung wählt.

3. Rechtsfolgen der Unvereinbarkeit: Maßgeblichkeit des rechtsschichtenspezifischen Fehlerkalküls und Fälle einer Gewährleistungspflicht des Bundes

a) Gewährleistungspflicht des Bundes

Nach Art. 28 III GG gewährleistet der Bund, dass die verfassungsmäßige Ordnung der Länder sowohl den Grundrechten als auch den Bestimmungen des Art. 28 I, II GG entspricht.[273] *Wenn* ein Land gegen eine der einbezogenen Normen verstößt, *dann* muss der Bund darauf hinwirken, dass es den Verstoß beseitigt. Der Tatbestand setzt voraus, dass eine Norm, die zur verfassungsmäßigen Ordnung der Länder gehört, mit einer der einbezogenen Normen unvereinbar ist. Doch beschränkt sich der Begriff der verfassungsmäßigen Ordnung in Art. 28 III GG auf generell-abstrakte Normen, obwohl er in Art. 28 I 1 GG alle Normen gleich welcher Rangstufe umfasst: Wenn zwei Ausdrücke in demselben Rechtstext, nämlich dem Grundgesetz, übereinstimmen, besteht eine widerlegliche Vermutung, dass sich ihre Bedeutungen gleichen. In diesem Fall aber lässt sich die Vermutung widerlegen, weil Art. 28 I 1 und Art. 28 III GG verschiedene Gegenstände regeln: welche Arten von Normen den Vorgaben der Verfassungsprinzipien unterliegen (Art. 28 I 1 GG) und welche Arten von Verstößen gegen solche Vorgaben eine bestimmte Rechtsfolge nach sich ziehen, nämlich die Gewährleistungspflicht des Bundes, die zu der von Art. 28 I 1 GG angeordneten Rechtsfolge hinzukommt (Art. 28 III GG).

Deshalb verpflichtet Art. 28 III GG den Bund zum Beispiel nicht, dass er gegen eine grundrechtswidrige Polizeiverfügung oder einen sozialstaatswidrigen Leistungsbescheid einschreitet. Im Fall des Demokratieprinzips ist der Umfang der Gewährleistungspflicht zudem dadurch begrenzt, dass das Demokratieprinzip seinen verfassungsunmittelbaren Konkretisierungen gegenüber selbständig ist: Der Bund kann beispielsweise untätig bleiben, wenn ein Land sein Verfahren der Volksgesetzgebung vereinfacht. Denn obwohl das Grundgesetz überhaupt kein Verfahren der Volksgesetzgebung enthält, steht das Demokratieprinzip solchen Vereinfachungen (grundsätzlich) nicht entgegen.[274]

---

[273] Zur Gewährleistungspflicht statt vieler *J. Menzel,* Landesverfassungsrecht, 2002, S. 312 ff.; *A. Dittmann,* Verfassungshoheit der Länder und bundesstaatliche Verfassungshomogenität, in: J. Isensee/P. Kirchhof (Hrsg.), HStR³ VI, 2008, § 127 Rn. 39 ff.; *M. Thiel,* Art. „Landesstaatsrecht", in: M. Schröder (Hrsg.), ErgLdR, Nr. 5/430 (2011), S. 1 (3); *H. Dreier,* in: ders. (Hrsg.), GGK³ II, 2015, Art. 28 Rn. 166 ff.; *V. Mehde,* in: T. Maunz/G. Dürig u. a. (Hrsg.), GGK, Art. 28 III (2015), Rn. 5 ff., 11 ff.

[274] *H. Dreier/F. Wittreck,* Repräsentative und direkte Demokratie im Grundgesetz, in:

Allerdings richtet Art. 28 I 2 GG in Gestalt der Wahlgrundsätze einige verfassungsunmittelbare Konkretisierungen des Demokratieprinzips gesondert an die Länder.

Zudem steht die Gewährleistungspflicht unter einem unausgesprochenen Subsidiaritätsvorbehalt:[275] Der Bund muss ausschließlich einschreiten, wenn anderen Akteuren kein geeignetes Mittel zur Verfügung steht, mit dem sie einen Normverstoß beheben können, sie ein solches Mittel nicht ergreifen oder es sich als erfolglos herausgestellt hat. Wenn zum Beispiel ein Land in sein Wahlrecht eine Sperrklausel aufnimmt, die das Gebot der Wahlgleichheit verletzt, darf der Bund abwarten, ob ein anderer Akteur ein Verfahren vor einem Verfassungsgericht anstrengt und damit Erfolg hat. In der Praxis erschöpft sich die Bedeutung der Gewährleistungspflicht deshalb in ihrer „Reservefunktion".[276]

Wenn der Tatbestand dennoch erfüllt ist, steht dem Bund ein *Auswahl*ermessen, aber kein *Entschließung*sermessen zu: Er ist zum Einschreiten gegen ein Land verpflichtet, kann aber unter seinen Mitteln frei wählen (es sei denn, sein Ermessen ist ausnahmsweise auf Null reduziert).[277] Art. 28 III GG räumt dem Bund keine gesonderten Kompetenzen ein, sondern beschränkt ihn auf die Mittel, die ihm auf Grund anderer Normen ohnehin zustehen: vor allem auf die abstrakte Normenkontrolle und den Bund-Länder-Streit vor dem Bundesverfassungsgericht sowie auf den Bundeszwang.[278] Der Bund kann seiner Gewährleistungspflicht im Einzelfall nachkommen, indem er politischen Druck auf ein Land ausübt, statt sich überhaupt eines rechtsförmigen Mittels zu bedienen.[279]

L. P. Feld u. a. (Hrsg.), Jahrbuch für direkte Demokratie 2009, 2010, S. 11 (20 f.); *S. Lenz,* Volksgesetzgebung als „Minderheitendiktatur"?, in: ZG 28 (2013), S. 167 (176 ff.).

[275] Versuche der Eingrenzung des Tatbestandes unternehmen beispielsweise *J. Menzel,* Landesverfassungsrecht, 2002, S. 312 f.; *V. Mehde,* in: T. Maunz/G. Dürig u. a. (Hrsg.), GGK, Art. 28 III (2015), Rn. 6.

[276] *J. Menzel,* Landesverfassungsrecht, 2002, S. 312: „*Reservefunktion*" (Hervorhebung im Original; S. L.); *H. Dreier,* in: ders. (Hrsg.), GGK³ II, 2015, Art. 28 Rn. 166: „Angesichts anderer (Rechts-)Schutzmöglichkeiten kommt ihm [scil. Art. 28 III GG; S. L.] derzeit eher Reservefunktion zu"; *V. Mehde,* in: T. Maunz/G. Dürig u. a. (Hrsg.), GGK, Art. 28 III (2015), Rn. 11: „Art. 28 Abs. 3 spielt in der Praxis aktuell keine Rolle."

[277] *J. Menzel,* Landesverfassungsrecht, 2002, S. 313 f.; *A. Dittmann,* Verfassungshoheit der Länder und bundesstaatliche Verfassungshomogenität, in: J. Isensee/P. Kirchhof (Hrsg.), HStR³ VI, 2008, § 127 Rn. 39; *M. Thiel,* Art. „Landesstaatsrecht", in: M. Schröder (Hrsg.), ErgLdR, Nr. 5/430 (2011), S. 1 (3); *H. Dreier,* in: ders. (Hrsg.), GGK³ II, 2015, Art. 28 Rn. 167, 170 f.; *V. Mehde,* in: T. Maunz/G. Dürig u. a. (Hrsg.), GGK, Art. 28 III (2015), Rn. 8, 10.

[278] Art. 93 I Nr. 2 und 3, Art. 37 GG. *J. Menzel,* Landesverfassungsrecht, 2002, S. 314 ff.; *A. Dittmann,* Verfassungshoheit der Länder und bundesstaatliche Verfassungshomogenität, in: J. Isensee/P. Kirchhof (Hrsg.), HStR³ VI, 2008, § 127 Rn. 40; *M. Thiel,* Art. „Landesstaatsrecht", in: M. Schröder (Hrsg.), ErgLdR, Nr. 5/430 (2011), S. 1 (3); *H. Dreier,* in: ders. (Hrsg.), GGK³ II, 2015, Art. 28 Rn. 170; *V. Mehde,* in: T. Maunz/G. Dürig u. a. (Hrsg.), GGK, Art. 28 III (2015), Rn. 9.

[279] *J. Menzel,* Landesverfassungsrecht, 2002, S. 316 f.: „informelles Vorgehen […], durch das der Bund seine Bedenken auf ‚diplomatischem' Wege zum Ausdruck bringt".

b) Rechtsschichtenspezifisches Fehlerkalkül

Indem das Homogenitätsgebot die Länder an die Verfassungsprinzipien der Demokratie, des Rechtsstaats, der Republik und des Sozialstaats bindet, stellt es Maßstäbe für die Rechtmäßigkeit des Landesrechts auf und gehört damit zur Gattung der Vorgabenormen.[280] Wenn eine maßstabsgebundene, rangniedere Norm den Vorgaben einer maßstabsgebenden, ranghöheren Norm widerspricht, ist die rangniedere Norm mit der ranghöheren Norm unvereinbar. Für den Fall, dass eine Norm mit einer anderen Norm unvereinbar und in diesem Sinne fehlerhaft ist, entscheidet das geltende Recht selbst, typischerweise von Rechtsschicht zu Rechtsschicht oder Rechtsaktsform zu Rechtsaktsform abweichend, welche Folgen ein Fehler hervorruft: Eine Gesetz, das sich mit der Verfassung nicht vereinbaren lässt, ist verfassungswidrig und deshalb je nach Interpretation des geltenden Rechts unwirksam oder aufhebbar.[281] Ein Verwaltungsakt, der sich mit einem Gesetz nicht vereinbaren lässt, ist nach Maßgabe des geltenden Rechts rechtswidrig und deshalb unwirksam, aufhebbar oder bestandskräftig.[282]

Die Bestimmungen über die „Bestandskraft eines Verwaltungsaktes"[283] in den Verwaltungsverfahrensgesetzen und über die Erhaltung eines fehlerhaften Bebauungsplans im Baugesetzbuch antworten genauso auf die Frage, welche Folgen die Unvereinbarkeit von Normen nach sich zieht, wie die Bestimmungen zur Rechtskraft von Gerichtsentscheidungen in den Prozessordnungen und zur Normenkontrolle von Gesetzen im Grundgesetz. Zwischen solchen Bestimmungen besteht, da sie auf die gleiche Frage antworten, kein struktureller Unterschied.[284] Graduell unterscheiden sie sich darin, wie ausdrücklich und systematisch sie die Fehlerfolgen regeln. Wenn eine Norm mit dem Homogeni-

---

[280] Zur Gattung der Vorgabenormen besonders *S. Korioth,* in: T. Maunz/G. Dürig u. a. (Hrsg.), GGK, Art. 31 (2016), Rn. 10. Die Bezeichnung „Vorgabenorm" kommt einem Pleonasmus ähnlich nahe wie „Normativbestimmung", ihr Gebrauch wirkt aber dem Eindruck entgegen, dass sich das Homogenitätsgebot von anderen Vorgabenormen des Grundgesetzes, die sich an die Länder richten, kategorial unterscheide.

[281] Art. 1 III, Art. 20 III, Art. 93 I Nr. 2, Art. 100 GG usw. Nach dem sogenannten Nichtigkeitsdogma hat sich das deutsche Recht für die Derogation verfassungswidriger Gesetze entschieden: *J. Ipsen,* Rechtsfolgen der Verfassungswidrigkeit von Norm und Einzelakt, 1980, S. 159 ff. Dem steht die sogenannte Vernichtbarkeitslehre gegenüber, nach der im deutschen Recht das Prinzip der Invalidation verfassungswidriger Gesetze gilt: *C. Böckenförde,* Die sogenannte Nichtigkeit verfassungswidriger Gesetze, 1966, S. 44 ff. Einen dritten Weg in Gestalt der Theorie der autoritativen Normgeltungsbeendigung beschreitet *D. Heckmann,* Geltungskraft und Geltungsverlust von Rechtsnormen, 1997, S. 44 ff. Wenn ein verfassungswidriges Gesetz vor dem Grundgesetz in Kraft getreten ist und es sich danach kein Gesetzgeber angeeignet hat, kann jedes Gericht es im Einzelfall außer Anwendung lassen, unterliegt es mit anderen Worten der Suspension. Umstritten ist, wie sich eine Behörde verhalten muss, wenn sie ein Gesetz für verfassungswidrig hält. Zur Unterscheidung von Derogation, Invalidation und Suspension allgemein *E. Wiederin,* Bundesrecht und Landesrecht, 1995, S. 51 ff.

[282] §§ 43 ff. VwVfG; §§ 124 ff. AO; §§ 39 ff. SGB X.

[283] Abschnittsüberschrift vor §§ 43 ff. VwVfG.

[284] *M. Jestaedt,* Das mag in der Theorie richtig sein ..., 2006, S. 43 f. in Fn. 129.

tätsgebot unvereinbar ist, findet solches „Fehlerkalkül"[285], das „positivrecht-liche Rechtswidrigkeitsreaktionsregime"[286] unverändert Anwendung, genauso wie es das geltende Recht für eine bestimmte Rechtsschicht oder auch Rechts-aktsform vorsieht. Weder aus dem Wortlaut von Art. 28 I 1 GG noch aus der Existenz der Kollisionsentscheidungsnorm in Art. 31 GG und der Gewährleis-tungspflicht des Bundes nach Art. 28 III GG ergibt sich ein anderer Befund.

Das Homogenitätsgebot bindet die Länder an die Verfassungsprinzipien des Grundgesetzes und unternimmt damit genau das gleiche wie Art. 1 I 2 und Art. 1 III GG. Den drei Normen ist gemein, dass sie einen Maßstab auf andere Rechts-schichten beziehen: In Art. 28 I 1 GG verwendet das Grundgesetz das Wort „entsprechen" im Unterschied zu den Wörtern „verpflichten" in Art. 1 I 2 GG und „binden" in Art. 1 III GG. Da der Normtext im ersten Fall zurückhaltender formuliert ist als in den beiden anderen Fällen, kann der Eindruck entstehen, dass ein Land, das das Homogenitätsgebot missachtet, eine weniger schwerwie-gende Rechtsfolge treffe, als wenn es die Menschenwürde oder ein (anderes) Grundrecht verletzt: Das Land wäre lediglich verpflichtet, selbst die Rechtslage den Vorgaben des Homogenitätsgebots anzupassen.[287] Eine solche Anpassungs-pflicht ginge dem rechtsschichtenspezifischen Fehlerkalkül vor.

Genau betrachtet variiert der Normtext von Art. 28 I 1 GG den Wortlaut von Art. 1 I 2 und Art. 1 III GG rein sprachlich, ohne dass er eine abweichende Rechtsfolge anordnete: Während Art. 1 I 2 und Art. 1 III GG unmittelbar die Ad-ressaten ansprechen und mittelbar die maßstabsgebundenen Normen angeben, bestimmt das Homogenitätsgebot unmittelbar die maßstabsgebundenen Nor-men und spricht mittelbar die Adressaten an. Indem der Wortlaut von Art. 28 I 1 GG besagt, dass das Landesrecht und die Verfassungsprinzipien einander „ent-sprechen" müssen, meint er nichts anderes, als dass sie miteinander „vereinbar sein" müssen.[288] Die Verben lassen sich synonym verwenden. Das Homogeni-tätsgebot statuiert also keine Anpassungspflicht der Länder.[289]

---

[285] Grundlegend *A. J. Merkl*, Die Lehre von der Rechtskraft entwickelt aus dem Rechts-begriff, 1923, S. 277, 293 f.; *ders.*, Allgemeines Verwaltungsrecht, 1927, S. 191 ff.; *ders.*, Pro-legomena einer Theorie des rechtlichen Stufenbaus (1931), in: ders., Gesammelte Schrif-ten, Bd. I, 1993, S. 437 (490 ff.). Aus der jüngeren Sekundärliteratur vor allem *P. Reimer*, Die Unabhängigkeit von Rechtswirksamkeit und Rechtmäßigkeit, in: Rechtstheorie 45 (2014), S. 383 ff.; *P. Hilbert*, Fehlerkalkül oder Alternativbestimmungen, in: ZÖR 72 (2017), S. 549 ff.

[286] *M. Jestaedt*, Selbstand und Offenheit der Verfassung gegenüber nationalem, supra-nationalem und internationalem Recht, in: J. Isensee/P. Kirchhof (Hrsg.), HStR³ XII, 2014, § 264 Rn. 42.

[287] Annahme von nicht mehr als einer Anpassungspflicht bei *E.-W. Böckenförde/R. Gra-wert*, Kollisionsfälle und Geltungsprobleme im Verhältnis von Bundesrecht und Landesver-fassung, in: DÖV 1971, S. 119 (126).

[288] Einträge „entsprechen" und „vereinbar", in: Dudenredaktion (Hrsg.), Deutsches Uni-versalwörterbuch, 8. Aufl. 2015.

[289] *S. Storr*, Verfassunggebung in den Ländern, 1995, S. 195 ff.; *J. Menzel*, Landesver-fassungsrecht, 2002, S. 248 ff.; *V. Mehde*, in: T. Maunz/G. Dürig u. a. (Hrsg.), GGK, Art. 28 I (2014), Rn. 44; *H. Dreier*, in: ders. (Hrsg.), GGK³ II, 2015, Art. 28 Rn. 73.

Die *Unvereinbarkeit* von Normen ist nicht das gleiche wie ihre *Kollision*.[290]
Die Begriffe umfassen verschiedene Formen von Normkonflikten: Unvereinbare Normen wenden sich an verschiedene Adressaten, kollidierende Normen
an denselben. Zwei Normen sind unvereinbar, wenn die eine die Vorgaben der
anderen nicht erfüllt. Im Fall der Unvereinbarkeit kann ein Adressat jede der
Normen befolgen, ohne dass er die andere missachtet: Wer einen nicht demokratisch legitimierten Verwaltungsakt befolgt, verstößt nicht selbst gegen das
Demokratieprinzip. Zwei Normen kollidieren, wenn sie an übereinstimmende
Voraussetzungen einander ausschließende Rechtsfolgen knüpfen.[291] Im Kollisionsfall ist ein Adressat zwischen verschiedenen Normbefehlen hin- und herge-
rissen und verhält sich rechtswidrig, gleich welchem Befehl er gehorcht.

Welche Rechtsfolge die Kollision von zwei Normen hat, richtet sich nach
einer dritten Norm, einer Kollisions*entscheidungs*norm.[292] Für eine Kollision
von Bundesrecht und Landesrecht ist Art. 31 GG maßgeblich: „Bundesrecht
bricht Landesrecht." Art. 31 GG statuiert den *Geltungs*vorrang des Bundesrechts
vor allem Landesrecht (nicht seinen *Anwendungs*vorrang).[293] Zum Recht in diesem Sinne gehören ausschließlich die generell-abstrakten Normen. Art. 28 I 1
GG ist im Verhältnis zu Art. 31 GG keine speziellere Norm (oder umgekehrt):
Die eine Norm regelt die Unvereinbarkeit von Normen, die andere deren Kollision. Eine Kollisionsentscheidungsnorm setzt voraus, dass keine der vermeintlich
kollidierenden Normen aus einem anderen Grund unwirksam ist: Kollidieren
können ausschließlich wirksame Normen. Die Normen, die die Kompetenzen

---

[290] Unterscheidung von Unvereinbarkeit und Kollision bei *H. Kelsen,* Allgemeine Theorie
der Normen, 1979, S. 208 ff.; *J. Dietlein,* Die Grundrechte in den Verfassungen der neuen Bundesländer, 1993, S. 46; *K. Engelbrecht,* Die Kollisionsregel im föderalen Ordnungsverbund,
2010, S. 115 f.; *S. Korioth,* in: T. Maunz/G. Dürig u. a. (Hrsg.), GGK, Art. 31 (2016), Rn. 11.

[291] *H. Kelsen,* Allgemeine Theorie der Normen, 1979, S. 99 ff.; *W. März,* Bundesrecht
bricht Landesrecht, 1989, S. 98 f.; *J. Pietzcker,* Zuständigkeitsordnung und Kollisionsrecht
im Bundesstaat, in: J. Isensee/P. Kirchhof (Hrsg.), HStR³ VI, 2008, § 134 Rn. 54 ff.; *K. Engelbrecht,* Die Kollisionsregel im föderalen Ordnungsverbund, 2010, S. 110 ff.; *S. Korioth,* in:
T. Maunz/G. Dürig u. a. (Hrsg.), GGK, Art. 31 (2016), Rn. 11 f.

[292] *W. März,* Bundesrecht bricht Landesrecht, 1989, S. 101 ff., 108 ff.; *E. Wiederin,* Bundesrecht und Landesrecht, 1995, S. 307 ff. Zu den Kollisionsentscheidungsnormen gehören die
Lex-posterior-, die Lex-specialis- und die Lex-superior-Regel. Solche Regeln sind nicht allgemeingültig, sondern müssen sich aus dem geltenden Recht ergeben. Typischerweise fehlt
eine ausdrückliche Anordnung im positiven Recht. Allerdings bestehen interpretatorische Ver-
mutungen zugunsten der drei genannten Regeln.

[293] *E. Wiederin,* Bundesrecht und Landesrecht, 1995, S. 287 f.; *K. Engelbrecht,* Die Kollisionsregel im föderalen Ordnungsverbund, 2010, S. 158 ff.; *H. Dreier,* in: ders. (Hrsg.),
GGK³ II, 2015, Art. 31 Rn. 8; *S. Korioth,* in: T. Maunz/G. Dürig u. a. (Hrsg.), GGK, Art. 31
(2016), Rn. 23. Hingegen spricht sich *J. Pietzcker,* Zuständigkeitsordnung und Kollisionsrecht im Bundesstaat, in: J. Isensee/P. Kirchhof (Hrsg.), HStR³ VI, 2008, § 134 Rn. 62 ff. vorsichtig dafür aus, dass Bundesrecht im Fall der Kollision mit Landesverfassungsrecht lediglich Anwendungsvorrang habe. Zur Unterscheidung von Geltungs- und Anwendungsvorrang
allgemein *T. Schilling,* Rang und Geltung von Normen in gestuften Rechtsordnungen, 1994,
S. 548 ff.; *K. F. Röhl/H. C. Röhl,* Allgemeine Rechtslehre, 3. Aufl. 2008, S. 156 f., 594 f.

zur Gesetzgebung unter dem Bund und den Ländern aufteilen, sollen Kollisionen vermeiden, indem sie die Kompetenzen überschneidungsfrei zuordnen.[294] Die Grundgesetznormen, die Vorgaben für den Inhalt rangniederer Normen enthalten, also etwa das Homogenitätsgebot genauso wie die Grundrechte, lassen sich als negative Kompetenznormen begreifen.[295] Kompetenznormen, positive wie negative, sind Kollisions*vermeidung*snormen.[296] Die Vermeidungsstrategie des Grundgesetzes ist so wirkungsvoll, dass es auf Art. 31 GG selten ankommt.[297] Eine Kollisionsentscheidungsnorm wie Art. 31 GG trägt nichts zur Beantwortung bei, welche Rechtsfolgen eintreten, wenn eine Norm mit einer Norm höheren Ranges wie dem Homogenitätsgebot unvereinbar ist.[298]

Die Gewährleistungspflicht des Bundes behält ihren Sinn, obwohl das rechtsschichtenspezifische Fehlerkalkül gilt, wenn eine Norm gegen das Homogenitätsgebot verstößt: Grundsätzlich *kann* der Bund einschreiten, wenn ein Land das Grundgesetz missachtet; wenn es aber speziell ein Verfassungsprinzip verletzt (und die übrigen Voraussetzungen gegeben sind), *muss* er einschreiten.[299]

---

[294] Zum Vorrang der Kompetenzfrage *E.-W. Böckenförde/R. Grawert*, Kollisionsfälle und Geltungsprobleme im Verhältnis von Bundesrecht und Landesverfassung, in: DÖV 1971, S. 119 (122); *W. März*, Bundesrecht bricht Landesrecht, 1989, S. 108 ff.; *E. Wiederin*, Bundesrecht und Landesrecht, 1995, S. 306 ff.; *S. Korioth*, in: T. Maunz/G. Dürig u. a. (Hrsg.), GGK, Art. 31 (2016), Rn. 11. Merksatz zu Art. 31 GG bei *F. Wittreck*, Grenzen der Landesverfassungen, in: M. Hein/F. Petersen/S. v. Steinsdorff (Hrsg.), Die Grenzen der Verfassung, 2018, S. 209 (221): „,Kompetenzgerechtes Bundesrecht jeder Rangstufe bricht im Fall widersprechender Normbefehle kompetenzgerechtes Landesrecht jeder Rangstufe.'"

[295] Zum Verständnis von Grundrechtsnormen als negativen Kompetenznormen näher *H. Kelsen*, Reine Rechtslehre, 1. Aufl. 1934, S. 74 ff.; *R. Alexy*, Theorie der Grundrechte (1985), 7. Aufl. 2015, S. 223 f.; *K. Hesse*, Grundzüge des Verfassungsrechts der Bundesrepublik Deutschland, 20. Aufl. 1995, Rn. 291 f. Einordnung von Art. 28 I GG in diese Kategorie bei *T. Barczak*, Verfassungswidrigkeit der verfassungsunmittelbaren Sperrklausel für Kommunalwahlen, in: NWVBl. 2017, S. 133 (136).

[296] Unterscheidung von Kollisionsentscheidungs- und Kollisionsvermeidungsnormen bei *W. März*, Bundesrecht bricht Landesrecht, 1989, S. 108 ff.; *E. Wiederin*, Bundesrecht und Landesrecht, 1995, S. 307 ff.

[297] Fazit der Studie von *W. März*, Bundesrecht bricht Landesrecht, 1989, S. 204, nach dessen Auffassung sich die Anwendbarkeit von Art. 31 GG auf die Kollision von Grundrechten beschränkt. Diesen und weitere scheinbare und wirkliche Fälle der Normenkollision im Sinne von Art. 31 GG behandelt *H. Dreier*, in: ders. (Hrsg.), GGK[3] II, 2015, Art. 31 Rn. 49 ff.

[298] *H. Dreier*, Einheit und Vielfalt der Verfassungsordnungen im Bundesstaat, in: K. Schmidt (Hrsg.), Vielfalt des Rechts – Einheit der Rechtsordnung?, 1994, S. 113 (126 f.); *E. Wiederin*, Bundesrecht und Landesrecht, 1995, S. 352 ff. weisen nach, dass es auf Art. 31 GG nicht ankommt, gleich wie der Interpret das Homogenitätsgebot im Einzelnen versteht. Gegenauffassung bei *R. Bartlsperger*, Das Verfassungsrecht der Länder in der gesamtstaatlichen Verfassungsordnung, in: J. Isensee/P. Kirchhof (Hrsg.), HStR[3] VI, 2008, § 128 Rn. 49 ff. Obwohl Unvereinbarkeit und Kollision verschiedene Formen von Normkonflikten sind, zieht *J. Menzel*, Landesverfassungsrecht, 2002, S. 248 ff. einen Erst-recht-Schluss: Eine Verletzung des Homogenitätsgebots müsse, weil die Verfassungsprinzipien aus Sicht des Grundgesetzes gesteigerten Schutz verdienten, eine wenigstens ebenso einschneidende Rechtsfolge nach sich ziehen wie Kollisionen von Landesrecht mit Bundesrecht.

[299] Dass die Gewährleistungspflicht auch Sinn ergibt, wenn das Fehlerkalkül unverändert

Der Bund muss nicht zum Einschreiten verpflichtet sein, damit sich das Homogenitätsgebot verwirklichen lässt. In der Gewährleistungspflicht drückt sich aber wie in der Ewigkeitsgarantie die Auffassung des Grundgesetzgebers aus, dass die Verfassungsprinzipien gesteigerten Schutz verdienen. Gewiss ließe sich, wenn das Homogenitätsgebot eine *Anpassung*spflicht der *Länder* vorsähe, besonders überzeugend erklären, dass den *Bund* eine *Gewährleistung*spflicht trifft: Wenn fehlerhaftes Landesrecht solange fortbesteht, bis das Land es aufgehoben hat, ist das Einschreiten des Bundes unverzichtbar, falls das Land die Aufhebung versäumt.[300] Aus der Gewährleistungspflicht ergibt sich dennoch kein systematischer Einwand dagegen, dass das Fehlerkalkül unverändert Anwendung findet: Die Gewährleistungspflicht muss für die Plausibilität des Auslegungsergebnisses nicht unverzichtbar, sondern überhaupt sinnhaft sein.[301]

III. Verfassungsgerichtliche Durchsetzung des Demokratieprinzips und seiner verfassungsunmittelbaren Konkretisierungen

Die Bundesrepublik Deutschland gliedert ihr Verfassungsrecht in eine Bundes- und sechzehn Landesverfassungen, ihre Verfassungsgerichtsbarkeit in ein Bundesverfassungs- und sechzehn Landesverfassungsgerichte. In einem solchen Bundesstaat ist die Feststellung, dass eine Norm verfassungswidrig oder verfassungsgemäß sei, stets relativ: Eine bundesverfassungswidrige Norm kann landesverfassungsgemäß sein, eine landesverfassungswidrige Norm bundesverfassungsgemäß. Die Rechtsordnung muss entscheiden, welchem Verfassungsgericht die Kompetenz zur Entscheidung anhand welcher Verfassung zusteht und wie sich die Verfassungsgerichte nötigenfalls koordinieren sollen (1.). Das von der deutschen Rechtsordnung gewählte Konzept führt nach einer in Wis-

---

Anwendung findet, betonen *W. März,* Bundesrecht bricht Landesrecht, 1989, S. 192; *H. Dreier,* Einheit und Vielfalt der Verfassungsordnungen im Bundesstaat, in: K. Schmidt (Hrsg.), Vielfalt des Rechts – Einheit der Rechtsordnung?, 1994, S. 113 (126); *J. Menzel,* Landesverfassungsrecht, 2002, S. 313 f.; *V. Mehde,* in: T. Maunz/G. Dürig u. a. (Hrsg.), GGK, Art. 28 III (2015), Rn. 14.

[300] *E.-W. Böckenförde/R. Grawert,* Kollisionsfälle und Geltungsprobleme im Verhältnis von Bundesrecht und Landesverfassung, in: DÖV 1971, S. 119 (126): „Nach der Auffassung, die für die unmittelbare Ungültigkeit des widersprechenden Landesverfassungsrechts eintritt, bewirkt Art. 28 GG im Grunde genau dasselbe, was bereits aus Art. 123 I und Art. 31 GG hervorgeht [...]. So gesehen wäre allerdings Art. 28 III GG funktionslos, weil dann der Gewährleistungszweck nunmehr darin bestünde, dafür zu sorgen, daß bereits ungültiges Recht nicht mehr angewandt wird, ein Zweck, für den es der Sondernorm des Art. 28 III GG nicht bedurft hätte."

[301] *W. März,* Bundesrecht bricht Landesrecht, 1989, S. 192: „Trotz seines ohnehin schmalen Anwendungsbereichs wird Art. 28 III GG dadurch nicht überflüssig"; *V. Mehde,* in: T. Maunz/G. Dürig u. a. (Hrsg.), GGK, Art. 28 III (2015), Rn. 14: „Die Annahme einer bloßen ‚Reservefunktion' ist nicht mit Funktionslosigkeit gleichzusetzen."

senschaft und Praxis weit verbreiteten Auffassung im Falle des Demokratieprinzips und seiner grundgesetzunmittelbaren Konkretisierungen mitunter zu praktisch allenfalls schwer verantwortbaren Ergebnissen. Nicht zuletzt deshalb halten die Rechtsprechung und Teile der Rechtswissenschaft an der vorläufig als eine Modifikation dieses Konzepts charakterisierbaren Bestandteilstheorie fest (2.). Die Unsicherheiten bei der Interpretation des Homogenitätsgebots und die Unzulänglichkeiten seiner dogmatischen Verarbeitung setzen sich in der Auseinandersetzung mit Fragen des Rechtsschutzes typischerweise fort.[302]

1. Beschränkung des Entscheidungsmaßstabs der Landesverfassungsgerichte auf die Landesverfassung

a) Überschneidungsfreie Zuordnung von Entscheidungsmaßstäben in der bundesstaatlichen Verfassungsgerichtsbarkeit

Die Verfassungsgerichtsbarkeiten des Bundes und der Länder unterscheiden sich in ihren Entscheidungsmaßstäben und ihren Entscheidungsgegenständen. Das Bundesverfassungsgericht entscheidet gemäß Art. 93 I Nr. 2 GG, ob Landesrecht und Bundesrecht mit dem Grundgesetz und sonstigem Bundesrecht vereinbar sind. Der Verfassungsgerichtshof in Nordrhein-Westfalen beispielsweise entscheidet gemäß Art. 75 I Nr. 3 NWVerf. ausschließlich, ob Landesrecht mit der Landesverfassung vereinbar ist. Die gleichen Unterscheidungen nimmt Art. 100 I GG vor: Je nachdem, ob ein Gericht ein Gesetz, auf dessen Gültigkeit es für den Ausgang seines Verfahrens ankommt, für landesverfassungswidrig oder für grundgesetzwidrig hält, muss es eine Entscheidung des Landesverfassungsgerichts oder des Bundesverfassungsgerichts einholen.

Die Entscheidungs*maßstäbe* sind den Verfassungsgerichten ausschließlich zugeordnet: Das Bundesverfassungsgericht entscheidet am Maßstab des Grundgesetzes, die Landesverfassungsgerichte entscheiden am Maßstab der Landesverfassungen.[303] Die Entscheidungs*gegenstände* hingegen sind nicht überschneidungsfrei zugewiesen: Die Landesverfassungsgerichte entscheiden über die Landesverfassungsmäßigkeit von Landesrecht, das Bundesverfassungs-

---

[302] *M. Möstl*, Landesverfassungsrecht – zum Schattendasein verurteilt?, in: AöR 130 (2005), S. 350 (364 f.).

[303] *J. Rozek*, Das Grundgesetz als Prüfungs- und Entscheidungsmaßstab der Landesverfassungsgerichte, 1993, S. 53 ff., 65 ff.; *J. Dietlein*, Das Verhältnis von Bundes- und Landesverfassungsrecht, in: Präsident des Verfassungsgerichtshofs für das Land Nordrhein-Westfalen (Hrsg.), Verfassungsgerichtsbarkeit in Nordrhein-Westfalen, 2002, S. 203 (218 ff.); *W. Löwer*, Bundesverfassungstextliche Ergänzungen der Landesverfassungen zur Gewinnung landesverfassungsgerichtlicher Prüfungsmaßstäbe, in: NdsVBl. 2010, S. 138 (138); *F. Wittreck*, Verfassungsrecht, in: S. Schlacke/ders. (Hrsg.), Landesrecht Nordrhein-Westfalen, 2017, § 1 Rn. 72. Eine Gegenkonzeption vertritt beispielsweise *J. Burmeister*, Vorlagen nach Art. 100 Abs. 3 GG, in: C. Starck/K. Stern (Hrsg.), Landesverfassungsgerichtsbarkeit, Teilbd. II, 1983, S. 399 (421 ff., 457 ff.).

gericht über die Grundgesetzkonformität sowohl von Bundesrecht als auch von Landesrecht. Die Zuständigkeiten der Verfassungsgerichte können *konkurrieren*, nicht *kollidieren*: Über die Rechtmäßigkeit derselben Norm des Landesrechts können zwei verschiedene Verfassungsgerichte entscheiden: das Bundesverfassungsgericht und ein Landesverfassungsgericht; sie entscheiden aber anhand verschiedener Maßstäbe: anhand des Grundgesetzes bzw. der Landesverfassung.[304] Ob eine Norm des Landesrechts beispielsweise mit dem Demokratieprinzip, den Wahlgrundsätzen oder den Rechten der Parteien im Grundgesetz vereinbar ist, entscheidet allein das Bundesverfassungsgericht.

Nach Art. 100 III GG muss ein Landesverfassungsgericht eine Entscheidung des Bundesverfassungsgerichts einholen, wenn es bei der Auslegung des Grundgesetzes von einer Entscheidung des Bundesverfassungsgerichts oder des Verfassungsgerichts eines anderen Landes abweichen will. Das Landesverfassungsgericht muss einen Aussetzungs- und Vorlagebeschluss fassen und dadurch ein Zwischenverfahren beim Bundesverfassungsgericht einleiten. Das Bundesverfassungsgericht legt die fragliche Grundgesetznorm aus; anschließend setzt das Landesverfassungsgericht sein Ausgangsverfahren fort. Indem das Grundgesetz dieses Divergenzausgleichsverfahren vorsieht, versucht es, zu vermeiden, dass verschiedene Verfassungsgerichte auf Grundlage abweichender Auslegungen derselben Grundgesetznorm entscheiden. Allerdings besteht eine Vorlagepflicht nach Art. 100 III GG ausschließlich für den Fall, dass der Ausgang eines Verfahrens vor einem Landesverfassungsgericht davon abhängt, welche Auslegung des Grundgesetzes zutrifft; die Vorlagepflicht selbst schafft keinen Fall dieser Art.[305] Dass das Grundgesetz ein Divergenzausgleichsverfahren vorsieht, ändert demnach nichts daran, welches Verfassungsgericht anhand welcher Normen entscheidet: das Bundesverfassungsgericht anhand des Grundgesetzes, ein Landesverfassungsgericht anhand der Landesverfassung.

*b) Vorlagepflichten der Landesverfassungsgerichte im Falle eines
grundgesetzwidrigen gesetzlichen Entscheidungsmaßstabes*

Mit dem Stufenbau der Rechtsordnung verbindet sich die widerlegliche Vermutung, dass sich die Rechtsanwendung ausschließlich in dem Fall nach einer bestimmten Norm richten soll, dass diese Norm im Einklang mit den Normen

---

[304] Unterscheidung von Zuständigkeitskonkurrenz und Zuständigkeitskollision bei *J. Rozek,* Das Grundgesetz als Prüfungs- und Entscheidungsmaßstab der Landesverfassungsgerichte, 1993, S. 54 f., 55 ff. In der Sache ebenso *J. Dietlein,* Verfassungsrecht, in: ders./J. Hellermann, Öffentliches Recht in Nordrhein-Westfalen, 6. Aufl. 2016, § 1 Rn. 210.

[305] Zur Unergiebigkeit von Art. 100 III GG für die Frage, wie das Verfassungsrecht die Entscheidungsmaßstäbe zuordnet, näher *J. Rozek,* Das Grundgesetz als Prüfungs- und Entscheidungsmaßstab der Landesverfassungsgerichte, 1993, S. 75 ff. Zudem *F. Wittreck,* Grenzen der Landesverfassungen, in: M. Hein/F. Petersen/S. v. Steinsdorff (Hrsg.), Die Grenzen der Verfassung, 2018, S. 209 (223 ff.): „bestenfalls rätselhafte[n] Vorschrift" (S. 225).

höheren Ranges steht: Wer eine Norm im Falle ihrer Rechtmäßigkeit anwenden soll, muss sie im Falle ihrer Unrechtmäßigkeit für den Einzelfall außer Anwendung lassen können.[306] Allerdings geht das geltende Recht dieser Vermutung vor: Es kann anordnen, dass ein Staatsorgan eine Norm in jedem Fall anwenden muss, oder ein Staatsorgan dazu ermächtigen, dass es eine Norm für generell unwirksam erklärt. Den Kreis der Staatsorgane, für die eine solche abweichende Regelung gilt, kann das Recht beliebig erweitern (im Grenzfall auf alle Staatsorgane) und beschränken (im Grenzfall auf ein einziges Staatsorgan).

Für den Umgang mit verfassungswidrigen Gesetzen trifft das Grundgesetz in Art. 100 I GG ausdrücklich eine abweichende Regelung:[307] Ein Gericht muss einen Aussetzungs- und Vorlagebeschluss fassen, wenn es ein Gesetz für verfassungswidrig hält, auf dessen Gültigkeit es für den Ausgang seines Verfahrens ankommt. Das vorlegende Gericht lässt das Gesetz vorläufig außer Anwendung und leitet ein Zwischenverfahren ein: Das zuständige Bundes- oder Landesverfassungsgericht entscheidet mit allgemeiner Wirkung, ob das Gesetz mit dem Grundgesetz bzw. der Landesverfassung unvereinbar und deshalb ungültig ist. Danach setzt das vorlegende Gericht sein Ausgangsverfahren fort. Art. 100 I GG lässt sich entnehmen, dass die Verfassungsbefolgungspflicht eines Gerichtes nicht mit einer Gesetzesverwerfungskompetenz einhergeht.[308]

Satzungen und Verordnungen gehören nicht zu den Gesetzen, für die eine Vorlagepflicht bestehen kann; die Vorschrift bezieht sich allein auf formelle Gesetze.[309] Ausgenommen sind die sog. vorkonstitutionellen Gesetze, also die Gesetze, die aus einer Zeit stammen, als das Grundgesetz noch nicht in Kraft getreten war: Jedes Gericht kann ein solches Gesetz im Einzelfall außer Anwendung lassen, es sei denn, ein Gesetzgeber hat sich eine Gesetzesnorm nach

---

[306] *H. Kelsen,* Allgemeine Staatslehre, 1925, S. 289 f.

[307] Diese Bedeutung von Art. 100 I GG bei *J. Wieland,* in: H. Dreier (Hrsg.), GGK³ III, 3. Aufl. 2018, Art. 100 Rn. 2: „Der Vorrang der Verfassung legte es zwar nahe, die Prüfung der Verfassungsmäßigkeit von Parlamentsgesetzen zumindest nahe, die unmittelbare demokratische Legitimation des Parlaments ließe es aber als bedenklich erscheinen, Gerichten die Entscheidung über die Rechtswirksamkeit oder Nichtigkeit von nach politischer Auseinandersetzung durch Mehrheitsentscheidung beschlossenen Gesetzen anzuvertrauen, zumal Richter keine politischen Neutren sind."

[308] *J. Rozek,* Das Grundgesetz als Prüfungs- und Entscheidungsmaßstab der Landesverfassungsgerichte, 1993, S. 71 f. Gegenauffassung bei *H. Hestermeyer,* Verschränkte Verfassungsräume, in: Europäisches Zentrum für Föderalismus-Forschung Tübingen (Hrsg.), Jahrbuch des Föderalismus, 2011, S. 127 (137, 139, 140); *V. Mehde,* in: T. Maunz/G. Dürig u. a. (Hrsg.), GGK, Art. 28 I (2014), Rn. 34: Da die Landesverfassungsgerichte an das Grundgesetz gebunden seien, könnten sie am Maßstab des Grundgesetzes entscheiden.

[309] *W. Löwer,* Zuständigkeiten und Verfahrensarten des Bundesverfassungsgerichts, in: J. Isensee/P. Kirchhof (Hrsg.), HStR³ III, 2005, § 70 Rn. 85; *R. Wernsmann,* Konkrete Normenkontrolle, in: D. Ehlers/F. Schoch (Hrsg.), Rechtsschutz im Öffentlichen Recht, 2009, § 16 Rn. 22 ff.; *H.-G. Dederer,* in: T. Maunz/G. Dürig u. a. (Hrsg.), GGK, Art. 100 (2013), Rn. 84 ff.; *K. Schlaich/S. Korioth,* Das Bundesverfassungsgericht, 11. Aufl. 2018, Rn. 141; *J. Wieland,* in: H. Dreier (Hrsg.), GGK³ III, 2018, Art. 100 Rn. 17.

Inkrafttreten des Grundgesetzes zu eigen gemacht, sie in seinen Willen aufgenommen, beispielsweise indem er sie unverändert gelassen hat, obwohl er
das Gesetzbuch, dem sie angehört, überarbeitet hat.[310] Eine angeeignete Gesetzesnorm steht einer nachkonstitutionellen Gesetzesnorm gleich. Ein Gesetz
im Sinne von Art. 100 I GG ist demnach jedes formelle und nachkonstitutio-
nelle Gesetz. Eine Rechtsverordnung, eine Satzung und ein nachkonstitutio-
nelles formelles Gesetz kann jedes Gericht im Einzelfall außer Anwendung
lassen.[311]

Eingebürgert hat sich die Bezeichnung des Zwischenverfahrens bei einem
Verfassungsgericht als konkrete Normenkontrolle: *Konkret* ist die Kontrolle deshalb, weil die Entscheidung eines Verfassungsgerichts im Zwischenverfahren zwar mit allgemeiner Wirkung ergeht, aber aus Anlass eines bestimmten Ausgangsverfahrens.[312] Soweit die Rechtswissenschaft den Gegenstand der
Kontrolle als *Norm* bezeichnet, setzt sie Norm und formelles Gesetz begrifflich
gleich.[313] Die Vorlagepflicht der Gerichte begründet im Gegenschluss ein Ver-
werfungsmonopol des Bundesverfassungsgerichts für grundgesetzwidrige Gesetze.[314]

Ein *Prüfung*smaßstab ist nicht zwangsläufig ein *Entscheidung*smaßstab.[315]
In jedem Fall kann und darf ein Landesverfassungsgericht *prüfen*, ob ein Gesetz
mit dem Grundgesetz vereinbar ist. Die Prüfung eines Gesetzes ist ein Arbeitsschritt. Dazu bedarf es bestimmter Fertigkeiten und Kenntnisse, aber keiner
Kompetenz oder Erlaubnis: Niemand, gleich ob Laie, Student, Wissenschaftler
oder Richter, ist an der Prüfung gehindert, ob ein Gesetz mit dem Grundgesetz

---

[310] *W. Löwer*, Zuständigkeiten und Verfahrensarten des Bundesverfassungsgerichts, in:
J. Isensee/P. Kirchhof (Hrsg.), HStR³ III, 2005, § 70 Rn. 88; *R. Wernsmann*, Konkrete Normenkontrolle, in: D. Ehlers/F. Schoch (Hrsg.), Rechtsschutz im Öffentlichen Recht, 2009, § 16
Rn. 26 ff.; *H.-G. Dederer*, in: T. Maunz/G. Dürig u. a. (Hrsg.), GGK, Art. 100 (2013), Rn. 96 ff.;
K. Schlaich/S. Korioth, Das Bundesverfassungsgericht, 11. Aufl. 2018, Rn. 137, 141; *J. Wieland*, in: H. Dreier (Hrsg.), GGK³ III, 2018, Art. 100 Rn. 20 f. – *C. Pestalozza*, Verfassungsprozeßrecht, 3. Aufl. 1991, § 13 Rn. 12 in Fn. 31 bemängelt die Bezeichnung von Gesetzen als
„nachkonstitutionell", weil der Ausdruck wörtlich „nach der Verfassung" bedeute, seine Verwender aber „nach Inkrafttreten der Verfassung" meinten.

[311] Zusammenfassend *H.-G. Dederer*, in: T. Maunz/G. Dürig u. a. (Hrsg.), GGK, Art. 100
(2013), Rn. 44.

[312] Hinweis in kritischer Absicht bei *K. Schlaich/S. Korioth*, Das Bundesverfassungsgericht, 11. Aufl. 2018, Rn. 122.

[313] Hinweis in kritischer Absicht bei *M. Jestaedt*, Das mag in der Theorie richtig sein …,
2006, S. 19 f. in Fn. 58.

[314] *R. Wernsmann*, Konkrete Normenkontrolle, in: D. Ehlers/F. Schoch (Hrsg.), Rechtsschutz im Öffentlichen Recht, 2009, § 16 Rn. 22 ff.; *H.-G. Dederer*, in: T. Maunz/G. Dürig
u. a. (Hrsg.), GGK, Art. 100 (2013), Rn. 19 ff.; *K. Schlaich/S. Korioth*, Das Bundesverfassungsgericht, 11. Aufl. 2018, Rn. 117, 135; *J. Wieland*, in: H. Dreier (Hrsg.), GGK³ III, 2018,
Art. 100 Rn. 11 f.

[315] *J. Rozek*, Das Grundgesetz als Prüfungs- und Entscheidungsmaßstab der Landesverfassungsgerichte, 1993, S. 58 ff.; *S. Storr*, Das Grundgesetz als „mittelbare Landesverfassung"?, in: ThürVBl. 1997, S. 121 (122 f.).

vereinbar ist.[316] Einer Kompetenz bedarf, wer ein Gesetz *verwerfen* will. Das Recht muss festlegen, wie sich ein Gericht verhalten soll, wenn es von der Verfassungswidrigkeit eines Gesetzes überzeugt ist: das Gesetz für generell unwirksam erklären, es im Einzelfall außer Anwendung lassen, es einem Verfassungsgericht vorlegen oder aber den Verfassungsverstoß außer Acht lassen.

Wer von einem richterlichen Prüfungs*recht* spricht, kann einen falschen Eindruck erwecken. Der Ausdruck „richterliches Prüfungsrecht" stammt aus der Zeit der Weimarer Republik, als es zu den umstrittensten Fragen gehörte, ob ein Gericht ein Gesetz außer Anwendung lassen kann, wenn es das Gesetz für verfassungswidrig hält.[317] Der Begriff des Prüfungsrechts schloss das Verwerfungsrecht typischerweise ein. Jedenfalls seitdem das Grundgesetz in Kraft getreten ist, muss ein Rechtsanwender wegen Art. 93 I Nr. 2 und Art. 100 I GG die Prüfung und die Verwerfung eines Gesetzes voneinander unterscheiden.[318]

Zu den Gerichten im Sinne von Art. 100 I GG gehört jedes Landesverfassungsgericht, zu den potentiellen Vorlagegegenständen das Landesverfassungsrecht.[319] Ob eine Norm ihren Standort in einer Landesverfassung oder einem

---

[316] Ebenso widersinnig ist die Rede vom „Prüfungsrecht" eines Bundespräsidenten, der ein Gesetz für verfassungswidrig hält, und vom „Nachfragerecht" eines Bundesratspräsidenten, falls sich die Vertreter eines Landes im Bundesrat in einer Abstimmung uneinheitlich geäußert haben: *S. Lenz,* Erwiderung auf: [Hinnerk Wißmann,] Jenseits von Staatsnotar und Staatsleitung. Die Prüfungskompetenz des Bundespräsidenten, in: ZJS 2015, S. 145 (145 mit Fn. 3). Klärungsbedürftig ist, welche rechtliche Bedeutung das Ergebnis einer Prüfung durch den Bundespräsidenten und eine Antwort auf die Nachfrage des Bundesratspräsidenten haben. Zum Beispiel könnte der Bundespräsidenten gemäß Art. 82 I 1 GG dazu ermächtigt sein, die Ausfertigung eines grundgesetzwidrigen Gesetzes zu verweigern.

[317] Rückblick auf die Weimarer Debatte bei *H. Maurer,* Das richterliche Prüfungsrecht zur Zeit der Weimarer Verfassung, in: DÖV 1963, S. 683 ff.; *C. Gusy,* Richterliches Prüfungsrecht, 1985, S. 79 ff., 90 ff.

[318] *H.-G. Dederer,* in: T. Maunz/G. Dürig u. a. (Hrsg.), GGK, Art. 100 (2013), Rn. 1 in Fn. 3, Rn. 9.

[319] Für Landesverfassungsgerichte als Gerichte *J. Dietlein,* Das Verhältnis von Bundes- und Landesverfassungsrecht, in: Präsident des Verfassungsgerichtshofs für das Land Nordrhein-Westfalen (Hrsg.), Verfassungsgerichtsbarkeit in Nordrhein-Westfalen, 2002, S. 203 (218 ff.); *W. Löwer,* Zuständigkeiten und Verfahrensarten des Bundesverfassungsgerichts, in: J. Isensee/P. Kirchhof (Hrsg.), HStR[3] III, 2005, § 70 Rn. 82; *H.-G. Dederer,* in: T. Maunz/G. Dürig u. a. (Hrsg.), GGK, Art. 100 (2013), Rn. 69; *F. Wittreck,* Verfassungsrecht, in: S. Schlacke/ders. (Hrsg.), Landesrecht Nordrhein-Westfalen, 2017, § 1 Rn. 72; *J. Wieland,* in: H. Dreier (Hrsg.), GGK[3] III, 2018, Art. 100 Rn. 14. Keine Erwähnung bei *R. Wernsmann,* Konkrete Normenkontrolle, in: D. Ehlers/F. Schoch (Hrsg.), Rechtsschutz im Öffentlichen Recht, 2009, § 16 Rn. 19. – Für Landesverfassungsrecht als Vorlagegegenstand *J. Dietlein,* Das Verhältnis von Bundes- und Landesverfassungsrecht, in: Präsident des Verfassungsgerichtshofs für das Land Nordrhein-Westfalen (Hrsg.), Verfassungsgerichtsbarkeit in Nordrhein-Westfalen, 2002, S. 203 (218 ff.); *H.-G. Dederer,* in: T. Maunz/G. Dürig u. a. (Hrsg.), GGK, Art. 100 (2013), Rn. 51, 89; *K. Schlaich/S. Korioth,* Das Bundesverfassungsgericht, 11. Aufl. 2018, Rn. 141. Erwähnung verfassungsändernder Bundesgesetze bei *W. Löwer,* Zuständigkeiten und Verfahrensarten des Bundesverfassungsgerichts, in: J. Isensee/P. Kirchhof (Hrsg.), HStR[3] III, 2005, § 70 Rn. 85; *R. Wernsmann,* Konkrete Normenkontrolle, in: D. Ehlers/F. Schoch (Hrsg.), Rechtsschutz im Öffentlichen Recht, 2009, § 16 Rn. 33. – Gegenauffassung bei *M. Möstl,* Lan-

einfachen Gesetz hat (und damit ob ein Landesverfassungsgericht oder ein anderes Gericht des Landes an ihrem Maßstab entscheidet), ist aus der Sicht von Art. 100 I GG eine unerhebliche Zufälligkeit. Eine Norm aus der Erstfassung einer Landesverfassung, die vor dem Erlass des Grundgesetzes in Kraft getreten ist, kann ein Vorlagegegenstand sein, wenn sich der verfassungsändernde Landesgesetzgeber diese Norm angeeignet hat. Art. 100 I GG behandelt das Verfassungsrecht demnach nicht anders als das einfache Gesetzesrecht und ein Landesverfassungsgericht nicht anders als ein gewöhnliches Amtsgericht.[320]

Damit ein Landesverfassungsgericht verpflichtet sein kann, dass es dem Bundesverfassungsgericht ein Gesetz vorlegt, muss sich der Ausgang seines Verfahrens danach richten, ob das Gesetz gültig ist. Damit die Gültigkeit eines Gesetzes entscheidungserheblich sein kann, muss es zum Entscheidungsmaßstab gehören und darf nicht den Entscheidungsgegenstand bilden:[321] Wenn es den Entscheidungs*gegenstand* bildet, ist die Gültigkeit des Gesetzes für ein Landesverfassungsgericht unerheblich, weil es ausschließlich am Maßstab der Landesverfassung entscheidet. Wenn ein Gesetz hingegen zum Entscheidungs*maßstab* gehört, beeinflusst seine Gültigkeit den Ausgang des Verfahrens, es sei denn, das Landesverfassungsgericht muss den Antrag des Rechtsschutzsuchenden aus einem anderen Grund in jedem Fall abweisen. Zum Entscheidungsmaßstab eines Landesverfassungsgerichts kann im Einzelfall jede Norm der Landesverfassung gehören, gleich ob sie aus der Erstfassung stammt oder später durch ein verfassungsänderndes Gesetz darin Eingang gefunden hat. Ein verfassungsänderndes Gesetz kann zudem ausnahmsweise der Gegenstand einer Entscheidung eines Landesverfassungsgerichts sein, besonders wenn die Landesverfassung inhaltliche Vorgaben für ihre eigene Änderung aufstellt, wie sie die Ewigkeitsgarantie in Art. 79 III GG für das Grundgesetz vorsieht.

Wenn ein Verfahren vor einem Landesverfassungsgericht ein Gesetz zum Gegenstand hat, das zwar mit der Landesverfassung vereinbar ist, aber gegen das Grundgesetz verstößt, nimmt das Verfahren einen scheinbar paradoxen Ausgang: Das Landesverfassungsgericht kann das Gesetz weder selbst für nichtig erklären, noch kann es das Gesetz dem Bundesverfassungsgericht zur konkreten Normenkontrolle vorlegen. Deshalb muss das Landesverfassungsgericht

---

desverfassungsrecht – zum Schattendasein verurteilt?, in: AöR 130 (2005), S. 350 (376 ff. mit Fn. 153).

[320] *F. Wittreck,* Verfassungsrecht, in: S. Schlacke/ders. (Hrsg.), Landesrecht Nordrhein-Westfalen, 2017, § 1 Rn. 72: Die Landesverfassungsgerichte haben „wie das letzte Amtsgericht auf dem platten Lande in Karlsruhe vorzulegen".

[321] *J. Rozek,* Das Grundgesetz als Prüfungs- und Entscheidungsmaßstab der Landesverfassungsgerichte, 1993, S. 231 ff.; *J. Dietlein,* Das Verhältnis von Bundes- und Landesverfassungsrecht, in: Präsident des Verfassungsgerichtshofs für das Land Nordrhein-Westfalen (Hrsg.), Verfassungsgerichtsbarkeit in Nordrhein-Westfalen, 2002, S. 203 (221 f.); *J. Dietlein,* Verfassungsrecht, in: ders./J. Hellermann, Öffentliches Recht in Nordrhein-Westfalen, 6. Aufl. 2016, § 1 Rn. 214.

den Antrag eines Rechtsschutzsuchenden abweisen, auch wenn das gegenständliche Gesetz grundgesetzwidrig ist.[322] Der Rechtsschutzsuchende ähnelt einem Kläger vor einem Zivil- oder einem Verwaltungsgericht, der einen unzulässigen Rechtsweg gewählt hat und deshalb vor dem angerufenen Gericht keinen Rechtsschutz erhält. Das Gerichtsverfassungsgesetz ermächtigt die Gerichte in solchen Fällen, dass sie einen Rechtsstreit an das zuständige Gericht des zulässigen Rechtswegs verweisen.[323] Eine entsprechende Regelung im Verfassungsprozessrecht fehlt. Damit dennoch ein Gericht entscheiden kann, ob das Gesetz mit dem Grundgesetz vereinbar ist, muss der Rechtsschutzsuchende eigens einen Antrag beim Bundesverfassungsgericht stellen. Nicht in jedem Fall ist ein solcher Antrag allerdings zulässig.

2. Bestandteilstheorie als Zweckkonstruktion zur Erweiterung des Entscheidungsmaßstabs der Landesverfassungsgerichte

a) Inhalt und Herkunft: These von der Doppelexistenz von Grundgesetznormen als Kunstgriff des Bundesverfassungsgerichts

Einen Ausweg aus diesem vermeintlichen Dilemma verspricht die „Bestandteilstheorie"[324], die Normen des Grundgesetzes zu Normen der Landesverfassungen und somit zum Entscheidungsmaßstab der Landesverfassungsgerichte erklärt. Die Bestandteilsnormen führen eine paradoxe Existenz: Sie sind Normen der Landesverfassungen, verdanken ihre Geltung aber dem Grundgesetz. Zu den Bestandteilsnormen gehören das Demokratieprinzip und einige seiner Konkretisierungen im Grundgesetz: die Wahlgrundsätze für die Landtags- und Kommunalwahlen in Art. 28 I 2 GG sowie die Rechte der Parteien in Art. 21 I GG.[325] Ihren Rückhalt verdankt die Bestandteilstheorie dem Bundesverfas-

---

[322] *J. Rozek,* Das Grundgesetz als Prüfungs- und Entscheidungsmaßstab der Landesverfassungsgerichte, 1993, S. 235 ff.; *J. Dietlein,* Das Verhältnis von Bundes- und Landesverfassungsrecht, in: Präsident des Verfassungsgerichtshofs für das Land Nordrhein-Westfalen (Hrsg.), Verfassungsgerichtsbarkeit in Nordrhein-Westfalen, 2002, S. 203 (221 f.). Hingegen nimmt *F. Wittreck,* Verfassungsrecht, in: S. Schlacke/ders. (Hrsg.), Landesrecht Nordrhein-Westfalen, 2017, § 1 Rn. 72; *ders.,* Grenzen der Landesverfassungen, in: M. Hein/F. Petersen/ S. v. Steinsdorff (Hrsg.), Die Grenzen der Verfassung, 2018, S. 209 (229) an, dass ein Landesverfassungsgericht eine konkrete Normenkontrolle veranlassen müsse, wenn es ein Landesgesetz mangels Gesetzgebungszuständigkeit für grundgesetzwidrig halte.

[323] § 17a GVG.

[324] *S. Storr,* Verfassunggebung in den Ländern, 1995, S. 191 in Fn. 5 führt die Bestandteilstheorie ihrem Inhalt nach zurück auf *H.-H. Lammers,* [Anmerkungen zu: StGH, Entscheidungen vom 13.3.1926, 6/25 und 8/25], in: JW 1927, S. 456 ff. Den Begriff führt *J. Rozek,* Das Grundgesetz als Prüfungs- und Entscheidungsmaßstab der Landesverfassungsgerichte, 1993, S. 101 in Fn. 198 zurück auf *R. Grawert,* Die Bedeutung gliedstaatlichen Verfassungsrechts in der Gegenwart, in: NJW 1987, S. 2329 (2331): „‚Bestandteil'-Theorie".

[325] *F. Wittreck,* Grenzen der Landesverfassungen, in: M. Hein/F. Petersen/S. v. Steinsdorff (Hrsg.), Die Grenzen der Verfassung, 2018, S. 209 (226): „Ein System der Auswahl dieser

sungsgericht, das sie in seinen Anfangsjahren in zwei verschiedenen Situationen als Kunstgriff einsetzte.

Die Bestandteilstheorie ist in den 1950er Jahren in der (bundesrepublikanischen) Rechtsprechung aufgekommen.[326] Das Bundesverfassungsgericht musste in seiner damaligen Eigenschaft als *Landes*verfassungsgericht von Schleswig-Holstein über ein Rechtsschutzersuchen des Südschleswigschen Wählerverbandes (SSW) entscheiden.[327] Die Partei wandte sich dagegen, dass der Landesgesetzgeber die Sperrklausel für Landtagswahlen erhöht hatte.[328] Die Landesverfassung räumte den Parteien keine Rechte ein, deren Verletzung in Betracht gekommen wäre. Deshalb fehlte dem SSW die Antragsberechtigung, weil sie das Vorkommen eigener Rechte in der Landesverfassung voraussetzt, und dem Verfassungsgericht der Entscheidungsmaßstab, weil es ausschließlich am Maßstab der Landesverfassung entscheiden konnte. Indem das ‚Karlsruher' Landesverfassungsgericht die Rechte der Parteien in Art. 21 I GG wie einen Bestandteil der Landesverfassung behandelte, behob es den einen wie den anderen Mangel.[329]

In einem späteren Fall musste das Bundesverfassungsgericht in seiner Eigenschaft als *Bundes*verfassungsgericht über die Anträge von Landesverbänden von Parteien im Organstreitverfahren entscheiden.[330] Solche Anträge stehen unter einem Subsidiaritätsvorbehalt und sind deshalb unzulässig, wenn ein anderer Rechtsweg offensteht.[331] Anhand der Bestandteilstheorie begründete das Bundesverfassungsgericht, dass eine Partei in Organstreitverfahren vor einem Landesverfassungsgericht antragsberechtigt sei und das Landesverfassungsgericht am Maßstab der Landesverfassung entscheiden könne und müsse, auch wenn die Landesverfassung eigentlich keine Rechte für Parteien enthalte.[332]

Normen [...] war jenseits des drängenden Interesses an der Anwendung im Einzelfall nicht erkennbar".

[326] Ermittlung der Ursprünge der Bestandteilstheorie in der Rechtsprechung des Bundesverfassungsgerichts zu Art. 21 GG bei *J. Rozek,* Das Grundgesetz als Prüfungs- und Entscheidungsmaßstab der Landesverfassungsgerichte, 1993, S. 157 ff. Nach der Auffassung von *dems.,* Das Grundgesetz als Prüfungs- und Entscheidungsmaßstab der Landesverfassungsgerichte, ebd., S. 156 f., 176 schließt die Bestandteilstheorie, wie sie das Bundesverfassungsgericht geschaffen hat, nicht nahtlos an die Rechtsprechung des Staatsgerichtshofs für das Deutsche Reich an. Der Staatsgerichtshof habe seinen Entscheidungsmaßstab und den der Landesverfassungsgerichte erweitert, ohne dass er dazu Normen der Reichsverfassungen zu Normen der Landesverfassungen erklärt hätte. Zur Rechtsprechung des Staatsgerichtshofs näher *ders.,* Das Grundgesetz als Prüfungs- und Entscheidungsmaßstab der Landesverfassungsgerichte, ebd., S. 135 ff.

[327] Art. 99 GG.

[328] BVerfG, Urteil vom 5.4.1952, 2 BvH 1/52, BVerfGE 1, 208 – Landtagswahl-Sperrklausel SchlH II.

[329] *J. Rozek,* Das Grundgesetz als Prüfungs- und Entscheidungsmaßstab der Landesverfassungsgerichte, 1993, S. 172 ff.

[330] BVerfG, Urteil vom 6.2.1956, 2 BvH 1/55, BVerfGE 4, 375 – Schwerpunktparteien.

[331] Art. 93 I Nr. 4 Var. 3 GG.

[332] *J. Rozek,* Das Grundgesetz als Prüfungs- und Entscheidungsmaßstab der Landesverfassungsgerichte, 1993, S. 166 ff.

b) Verfassungsrechtliche Einwände: Implantation von Grundgesetznormen durch Interpretation statt Rezeption durch Landesverfassungsrecht

Die deutsche Rechtsordnung ist das Ergebnis der Zusammenfassung mehrerer selbständiger Teilrechtsordnungen (oder auch Rechtsschichten im *engeren* Sinne): der Bundesrechtsordnung und der sechzehn Landesrechtsordnungen. Eine Teilrechtsordnung entsteht durch die Zusammenfassung mehrerer selbständiger Rechtsschichten (im *weiteren* Sinne): Verfassungsrecht, Gesetzesrecht, Verordnungsrecht usw.[333] Selbständig ist eine Rechtsschicht, soweit sie sich entweder überhaupt nicht oder ausschließlich von ihrem Erzeuger ändern lässt.[334] Rechtsschichten unterscheiden sich graduell im Maß ihres Selbstandes.[335] Eine Verfassung ist ein Sonderfall, weil der Verfassunggeber von dem Augenblick an, in dem die Verfassung entsteht, nicht mehr existiert. In aller Regel sieht eine Verfassung ein besonderes Verfahren vor, in dem sie sich ändern lässt: das Verfahren der verfassungsändernden Gesetzgebung. Ein verfassungsändernder Gesetzgeber ist zwar nicht identisch mit dem Verfassunggeber, verdankt seine Rechtserzeugungsmacht aber ausschließlich dem Verfassunggeber, der ihn als seinen einzigen Nachfolger eingesetzt hat. Eine Verfassung genießt demnach Selbstand, soweit sie sich entweder überhaupt nicht oder ausschließlich von einem verfassungsändernden Gesetzgeber ändern lässt.[336]

Eine Rechtsschicht kann eine Norm einer anderen Rechtsschicht dadurch übernehmen, dass sie in Form einer Rezeptionsklausel auf diese Norm verweist.[337] Indem ein Land eine Norm des Grundgesetzes in seine Landesverfassung übernimmt, erzeugt es eine Kopie der Norm für die Ebene des Landesverfassungsrechts:[338] Nicht dieselbe Norm gilt in zwei Rechtsordnungen, sondern

---

[333] *M. Jestaedt,* Selbstand und Offenheit der Verfassung gegenüber nationalem, supranationalem und internationalem Recht, in: J. Isensee/P. Kirchhof (Hrsg.), HStR³ XII, 2014, § 264 Rn. 33 in Fn. 49.

[334] *M. Jestaedt,* Selbstand und Offenheit der Verfassung gegenüber nationalem, supranationalem und internationalem Recht, in: J. Isensee/P. Kirchhof (Hrsg.), HStR³ XII, 2014, § 264 Rn. 24 f.

[335] *M. Jestaedt,* Selbstand und Offenheit der Verfassung gegenüber nationalem, supranationalem und internationalem Recht, in: J. Isensee/P. Kirchhof (Hrsg.), HStR³ XII, 2014, § 264 Rn. 24 f.

[336] *M. Jestaedt,* Selbstand und Offenheit der Verfassung gegenüber nationalem, supranationalem und internationalem Recht, in: J. Isensee/P. Kirchhof (Hrsg.), HStR³ XII, 2014, § 264 Rn. 25.

[337] *J. Isensee,* Der Selbstand der Verfassung in ihren Verweisungen und Öffnungen, in: AöR 138 (2013), S. 325 (332 ff.); *M. Jestaedt,* Selbstand und Offenheit der Verfassung gegenüber nationalem, supranationalem und internationalem Recht, in: J. Isensee/P. Kirchhof (Hrsg.), HStR³ XII, 2014, § 264 Rn. 57 ff., 63. Zu terminologischen Fragen *J. Dietlein,* Die Rezeption von Bundesgrundrechten durch Landesverfassungsrecht, in: AöR 120 (1990), S. 1 (11); *ders.,* Landesgrundrechte in Nordrhein-Westfalen, in: D. Merten/H.-J. Papier (Hrsg.), HGR VIII, 2017, § 254 Rn. 51.

[338] Dieses Bild bei *J. Menzel,* in: W. Löwer/P. J. Tettinger (Hrsg.), Kommentar zur Verfassung für das Land Nordrhein-Westfalen, 2002, Art. 4 Rn. 8: „Mit der Rezeptionsnorm geht der

zwei Normen gleichen Inhalts gelten in verschiedenen Rechtsordnungen.[339] Es
ist der *Inhalt* einer Norm, den eine Verweisung von Rechtsordnung A in Rechtsordnung B übernimmt.[340] Die Norm in Rechtsordnung B gilt auf Grund eines
Normsetzungsaktes in Rechtsordnung B; die Norm in Rechtsordnung A bleibt
in Bestand und Inhalt unverändert, weil sie auf einem Normsetzungsakt in
Rechtsordnung A beruht.[341] Das Landesrecht verhält sich zum Bundesrecht so,
wie sich das Recht insgesamt zu anderen Normsystemen verhält: So wie das
Recht den Inhalt einer Moralnorm zum Inhalt einer Rechtsnorm machen kann,
ohne dass sich diese Umwandlung auf den Bestand und den Inhalt der Moralnorm auswirkte, kann das Landesrecht den Inhalt einer Norm des Bundesrechts
ohne Folgen für diese Norm in das Landesrecht übernehmen.[342] Wenn eine Verweisungsnorm und ihre Zielnorm verschiedenen Rechtsschichten angehören,
handelt es sich bei der Verweisung um eine *Außen*verweisung im Unterschied
zu einer *Binnen*verweisung, die etwa das Homogenitätsgebot enthält.[343]

Verfassunggeber einen Kompromißweg zwischen echter Vollverfassung und Organisationsstatut. Angesichts des Grundgesetzes verzichtet er auf ‚Originalität' und *kopiert* die Grundrechte
des Grundgesetzes in die Landesverfassung hinein" (Hervorhebung nicht im Original; S. L.).

[339] Allgemein *M. Jestaedt,* Der Europäische Verfassungsverbund, in: R. Krause/W. Veel-
ken/K. Vieweg (Hrsg.), Recht der Wirtschaft und der Arbeit in Europa, 2004, S. 637 (658 ff.);
M. Jestaedt, Selbstand und Offenheit der Verfassung gegenüber nationalem, supranationalem
und internationalem Recht, in: J. Isensee/P. Kirchhof (Hrsg.), HStR³ XII, 2014, § 264 Rn. 58.
Im Zusammenhang des Verhältnisses von Bundes- zu Landesrecht außerdem *J. Dietlein,* Die
Rezeption von Bundesgrundrechten durch Landesverfassungsrecht, in: AöR 120 (1990), S. 1
(4 ff.); *J. Rozek,* Das Grundgesetz als Prüfungs- und Entscheidungsmaßstab der Landesver-
fassungsgerichte, 1993, S. 183 ff.; *W. Löwer,* Bundesverfassungstextliche Ergänzungen der
Landesverfassungen zur Gewinnung landesverfassungsgerichtlicher Prüfungsmaßstäbe, in:
NdsVBl. 2010, S. 138 (139 f.); *J. F. Lindner,* Bundesverfassung und Landesverfassung, in:
AöR 143 (2018), S. 437 (461 f.).

[340] *M. Jestaedt,* Der Europäische Verfassungsverbund, in: R. Krause/W. Veelken/K. Vieweg (Hrsg.), Recht der Wirtschaft und der Arbeit in Europa, 2004, S. 637 (659), für die eigene
Aussage ohne Begründung als eine Verkürzung einordnet (Fn. 107). Außerdem *H.-U. Karpen,*
Die Verweisung als Mittel der Gesetzgebungstechnik, 1970, S. 32: „Die Verweisung bedeutet
vielmehr nur, daß der *Wortlaut* des Verweisungsobjektes, sein *Inhalt,* in die Verweisungsnorm
übernommen wird, nicht anders, als wenn in der veweisenden Vorschrift anstelle der Verwei-
sungsformel und der Angabe der Fundstelle des Verweisungsobjektes dessen voller Text wiederholt würde. Das Gesetz oder die Rechtsverordnung, auf die verwiesen wird, werden also –
in *der Form* und *soweit* sie bezogen sind – *Bestandteil der Verweisungsnorm.* Daraus folgt,
daß das Verweisungsobjekt, unabhängig davon, welche Rechtsqualität es hat, für den Anwendungsbereich der Verweisungsnorm auf Grund deren Geltungsbefehls in Kraft tritt und mit
deren Rechtscharakter ausgestattet ist" (Hervorhebungen im Original; S. L.). Der Inhalt einer
Norm ist allerdings nicht mit ihrem Wortlaut identisch.

[341] Zur Formel von „Geltung (oder Bestand) und Inhalt" näher *M. Jestaedt,* Selbstand und
Offenheit der Verfassung gegenüber nationalem, supranationalem und internationalem Recht,
in: J. Isensee/P. Kirchhof (Hrsg.), HStR³ XII, 2014, § 264 Rn. 24.

[342] *M. Jestaedt,* Der Europäische Verfassungsverbund, in: R. Krause/W. Veelken/K. Vieweg (Hrsg.), Recht der Wirtschaft und der Arbeit in Europa, 2004, S. 637 (659 mit Fn. 105).

[343] Unterscheidung bei *H.-U. Karpen,* Die Verweisung als Mittel der Gesetzgebungstechnik, 1970, S. 12 f.; *J. Isensee,* Der Selbstand der Verfassung in ihren Verweisungen und Öff-

Eine Verweisung ist eine sparsame Regelungstechnik, weil ein Rechtserzeuger durch wenig Text viel Inhalt regeln kann.[344] Zum Beispiel überführt die Rezeptionsklausel in Art. 4 I NWVerf. das Grundrechtsregime des Grundgesetzes in die Landesverfassung: „Die im Grundgesetz für die Bundesrepublik Deutschland in der Fassung vom 23. Mai 1949 festgelegten Grundrechte und staatsbürgerlichen Rechte sind Bestandteil dieser Verfassung und unmittelbar geltendes Landesrecht."[345] Andere Landesverfassungen enthalten ähnliche Rezeptionsklauseln.[346] Ein Rechtserzeuger, beispielsweise ein Landesverfassunggeber, kann eine Verweisung auf zwei Arten gestalten: Im einen Fall bestimmt er im Voraus, dass sich eine Norm der Landesverfassung von selbst anpasst, sobald der verfassungsändernde Bundesgesetzgeber die entsprechende Norm im Grundgesetz ändert, sodass der verfassungsändernde Landesgesetzgeber nicht gesondert tätig werden muss. Im anderen Fall bleibt die Norm der Landesverfassung (zunächst) unbeeinflusst, auch wenn sich das Grundgesetz ändert, sodass es jedes Mal von einer gesonderten Entscheidung des verfassungsändernden Landesgesetzgebers abhängt, ob und wie sich eine Grundgesetzänderung auf die Landesverfassung auswirkt. Im ersten Fall ist von einer *dynamischen*, im zweiten Fall von einer *statischen* Verweisung die Rede.[347]

Indem ein Rechtserzeuger eine dynamische Verweisung schafft, delegiert er einen Teil seiner Rechtserzeugungsmacht an einen anderen Rechtserzeuger: Der Delegatar kann ausnahmsweise bestimmte Normen in einer Rechtsschicht setzen, deren Änderung grundsätzlich dem Deleganten vorbehalten ist.[348] Wer eine dynamische Verweisung einrichtet, schränkt den Selbstand einer Rechts-

---

nungen, in: AöR 138 (2013), S. 325 (334 mit Fn. 41 f.); *M. Jestaedt*, Selbstand und Offenheit der Verfassung gegenüber nationalem, supranationalem und internationalem Recht, in: J. Isensee/P. Kirchhof (Hrsg.), HStR³ XII, 2014, § 264 Rn. 53.

[344] Zu den Gründen für die Anwendung der Verweisungstechnik näher *H.-U. Karpen*, Die Verweisung als Mittel der Gesetzgebungstechnik, 1970, S. 11 ff.

[345] Zu dieser Rezeptionsklausel näher *D. Martina*, Die Grundrechte der nordrhein-westfälischen Landesverfassung im Verhältnis zu den Grundrechten des Grundgesetzes, 1999; *J. Dietlein*, Verfassungsrecht, in: ders./J. Hellermann, Öffentliches Recht in Nordrhein-Westfalen, 6. Aufl. 2016, § 1 Rn. 21 ff.; *J. Dietlein*, Landesgrundrechte in Nordrhein-Westfalen, in: D. Merten/H.-J. Papier (Hrsg.), HGR VIII, 2017, § 254 Rn. 12 f., 44 ff.; *F. Wittreck*, Verfassungsrecht, in: S. Schlacke/ders. (Hrsg.), Landesrecht Nordrhein-Westfalen, 2017, § 1 Rn. 64 ff. Allgemein zur Übernahme von Grundrechten des Grundgesetzes in Landesverfassungsrecht *J. Dietlein*, Die Rezeption von Bundesgrundrechten durch Landesverfassungsrecht, in: AöR 120 (1990), S. 1 (12 ff.).

[346] Art. 2 I BaWüVerf.; Art. 5 III M-VVerf.; Art. 3 II 1 NdsVerf.; Art. 3 SchlHVerf.

[347] Begriffspaar eingeführt bei *F. Ossenbühl*, Die verfassungsrechtliche Zulässigkeit der Verweisung als Mittel der Gesetzgebungstechnik, in: DVBl. 1967, S. 401 (401). Näher *H.-U. Karpen*, Die Verweisung als Mittel der Gesetzgebungstechnik, 1970, S. 67 ff.; *J. Dietlein*, Die Rezeption von Bundesgrundrechten durch Landesverfassungsrecht, in: AöR 120 (1990), S. 1 (17 ff.); *M. Jestaedt*, Selbstand und Offenheit der Verfassung gegenüber nationalem, supranationalem und internationalem Recht, in: J. Isensee/P. Kirchhof (Hrsg.), HStR³ XII, 2014, § 264 Rn. 58 ff.

[348] In kritischer Absicht *F. Ossenbühl*, Die verfassungsrechtliche Zulässigkeit der Verwei-

schicht ein, gibt ihn aber nicht auf: Der Delegatar hat Rechtserzeugungsmacht, *weil* und *soweit* und *solange* der Delegant sie ihm zugesteht. Gewiss gleicht ein Urheber einer dynamischen Verweisung einem Wohnungsinhaber, der einem Fremden seinen Wohnungsschlüssel überlässt.[349] Allerdings kann ein solcher Wohnungsinhaber jederzeit das Schloss austauschen, damit der Fremde die Wohnung nicht betreten kann, oder ihn der Wohnung verweisen, wenn er sie bereits betreten hat.[350]

Ein ranghöherer Normerzeuger kann bestimmen, dass eine von ihm erlassene Norm ein Bestandteil einer nachgeordneten Rechtsschicht wird. Eine solche Regelung ist das Gegenstück einer Verweisung: Ein Normerzeuger *implantiert* einer ihm fremden Rechtsschicht eine Norm, während er durch eine Verweisung eine Norm einer fremden Rechtsschicht in die eigene Rechtsschicht *rezipiert*.[351] Zum Beispiel könnte der verfassungsändernde Bundesgesetzgeber die Bestimmung des Art. 21 GG um einen sechsten Absatz ergänzen, der die Rechte der Parteien, die ihnen Art. 21 I GG einräumt, zu Bestandteilen des Landesverfassungsrechts erklärt. In einem solchen Fall erstellt der verfassungsändernde Bundesgesetzgeber eine Kopie einer Norm des Grundgesetzes und platziert sie auf der Ebene des Landesverfassungsrechts: Die Norm des Grundgesetzes und die Norm der Landesverfassung sind inhaltsgleich, aber nicht identisch.

---

sung als Mittel der Gesetzgebungstechnik, in: DVBl. 1967, S. 401 (403 f., 408): „apokryphe Legislativdelegation".

[349] *F. Wittreck,* Verfassungsrecht, in: S. Schlacke/ders. (Hrsg.), Landesrecht Nordrhein-Westfalen, 2017, § 1 Rn. 64: „Bildlich gesprochen: Bei der statischen Verweisung entscheiden Sie in jedem Einzelfall, wen Sie in Ihre Wohnung lassen. Mittels einer dynamischen Verweisung geben Sie dem Betreffenden den Schlüssel, und das soll schon unangenehme Überraschungen nach sich gezogen haben."

[350] Für die Verfassungsmäßigkeit dynamischer Verweisungen etwa *J. Dietlein,* Die Rezeption von Bundesgrundrechten durch Landesverfassungsrecht, in: AöR 120 (1990), S. 1 (19 f.); *ders.,* Verfassungsrecht, in: ders./J. Hellermann, Öffentliches Recht in Nordrhein-Westfalen, 6. Aufl. 2016, § 1 Rn. 25. Gegenauffassung für eine dynamische Verweisung von Landes- auf Bundesverfassungsrecht bei *F. Wittreck,* Verfassungsrecht, in: S. Schlacke/ders. (Hrsg.), Landesrecht Nordrhein-Westfalen, 2017, § 1 Rn. 64: „Denn eine sog. dynamische Verweisung unterwirft das Landesvolk dauerhaft einem Normgeber (konkret dem verfassungsändernden Gesetzgeber auf Bundesebene), den dieses nicht oder nur zu einem geringen Anteil demokratisch mitlegitimiert hat, was Art. 20 I, II, 28 I 1 u. 2 GG jedoch kategorisch ausschließen. […] Nach richtiger Auffassung *kann* es sich mithin bei Art. 4 I LV nur um eine statische Verweisung handeln" (Hervorhebung im Original; S. L.). Nach der Auffassung von *F. Ossenbühl,* Die verfassungsrechtliche Zulässigkeit der Verweisung als Mittel der Gesetzgebungstechnik, in: DVBl. 1967, S. 401 (403 ff., 408) kann eine dynamische Verweisung ausschließlich dann verfassungsgemäß sein, wenn ein Landesgesetzgeber (verallgemeinerbar für jeden Rechtserzeuger) auf eine Norm verweist, die er selbst ändern kann. Weitere Differenzierungen bei *J. Menzel,* Landesverfassungsrecht, 2002, S. 180 f.

[351] *J. Dietlein,* Das Verhältnis von Bundes- und Landesverfassungsrecht, in: Präsident des Verfassungsgerichtshofs für das Land Nordrhein-Westfalen (Hrsg.), Verfassungsgerichtsbarkeit in Nordrhein-Westfalen, 2002, S. 203 (216): „‚Implantation'". Annahme eines solchen Entsprechungsverhältnisses ebenso bei *J. F. Lindner,* Bundesverfassung und Landesverfassung, in: AöR 143 (2018), S. 437 (461 ff.).

Eine solche Bestandteilsnorm ist vom Bund gesetztes Landesrecht. Zu welcher Teilrechtsordnung (Bundesrecht, Landesrecht) eine Norm gehört, richtet sich grundsätzlich nach ihrem Erzeuger: Der Bund setzt Bundesrecht, die Länder setzen Landesrecht.[352] Das Grundgesetz genießt aber Vorrang vor allem Landesrecht. Deshalb kann der verfassungsändernde Bundesgesetzgeber dadurch Landesverfassungsrecht setzen, dass er von seiner Kompetenz zur Änderung des Grundgesetzes Gebrauch macht.[353] Eine Bestandteilsnorm führt eine paradoxe Existenz: Da sie ihren Geltungsgrund im Grundgesetz hat, lässt sie sich ausschließlich vom verfassungsändernden Bundesgesetzgeber aufheben oder ändern, obwohl sie zum Landesverfassungsrecht gehört. Der verfassungsändernde Bundesgesetzgeber, der kraft seiner Grundgesetzänderungskompetenz das Landesverfassungsrecht ändert, verhält sich nicht anders als ein Gesetzgeber, der kraft seiner Gesetzgebungskompetenz eine Verordnung ändert.

Zwischen der *Rezeption* einer Norm durch die Landesverfassung und ihrer *Implantation* besteht ein struktureller Unterschied: Da eine Bestandteilsnorm ihren Geltungsgrund im Grundgesetz hat, steht es im Belieben des verfassungsändernden Bundesgesetzgebers, ob und, wenn ja, welche Normen des Grundgesetzes er zu Bestandteilen der Landesverfassung erklärt. Der verfassungsändernde Landesgesetzgeber kann eine implantierte Norm nicht ändern. Ein Gesetzgeber, der eine Verordnung ändert, ermächtigt typischerweise den Verordnunggeber zur Änderung der implantierten Normen, indem er das Änderungsgesetz mit einer sog. Entsteinerungsklausel versieht.[354] Die Rezeption ist ein Beispiel für die *endo*gene, die Implantation für die *exo*gene Öffnung einer Rechtsschicht.[355] Wenn der Urheber einer dynamischen Verweisung einem Wohnungsinhaber gleicht, der seinen Schlüssel einem Fremden freiwillig aushändigt, so verhält sich der verfassungsändernde Bundesgesetzgeber, der den Landesverfassungen eine Grundgesetznorm implantiert, wie eine Behörde, die einen Fremden gegen den Willen des Inhabers in eine Wohnung einweist.

Während Verordnungsänderungen durch Gesetz in der Praxis durchaus vorkommen, enthält das Grundgesetz weder eine ausdrückliche noch eine unausgesprochene Implantationsanordnung.[356] Es kennt keine ausdrückliche Re-

---

[352] *W. März,* Bundesrecht bricht Landesrecht, 1989, S. 180; *J. Rozek,* Das Grundgesetz als Prüfungs- und Entscheidungsmaßstab der Landesverfassungsgerichte, 1993, S. 179; *S. Storr,* Verfassunggebung in den Ländern, 1995, S. 191 f.

[353] Zu allgemein daher *S. Storr,* Verfassunggebung in den Ländern, 1995, S. 191 f.: „Ein Bundesorgan kann kein Landesverfassungsrecht setzen."

[354] Das Bundesverfassungsgericht erklärt die Entsteinerungsklauseln rundheraus für deklaratorisch, um der Konfusion zu entrinnen, die die Implantation stiftet: BVerfG, Beschluss vom 13.9.2005, 2 BvF 2/03, BVerfGE 114, 196 (234 ff.) – Beitragssatzsicherungsgesetz. Die vom Gesetzgeber erlassenen Normen sänken ganz in den Verordnungsrang hinab.

[355] *M. Jestaedt,* Selbstand und Offenheit der Verfassung gegenüber nationalem, supranationalem und internationalem Recht, in: J. Isensee/P. Kirchhof (Hrsg.), HStR³ XII, 2014, § 264 Rn. 54 f., 57 ff.

[356] Unterscheidung bei *J. F. Lindner,* Bundesverfassung und Landesverfassung, in: AöR

gelung nach Art des hypothetischen Art. 21 VI GG, weder für die Rechte der Parteien noch für irgendeine andere Grundgesetznorm.[357] Ebenso wenig ordnet das Grundgesetz, indem es die Länder einschließlich seiner Behörden und Gerichte an eine Norm bindet, unausgesprochen an, dass die Norm zugleich ein Bestandteil des Landesverfassungsrechts wird. Auch wenn eine Grundgesetznorm *für* alle Länderstaatsgewalt verbindlich ist, muss sie nicht *als* Landesrecht gelten.[358] Eine maßstabsgebende Norm muss *irgendeiner* Rechtsschicht (Verfassungsrecht, Gesetzesrecht usw.) angehören, die über der Rechtsschicht rangiert, für die sie Maßstäbe enthält: Ein Verwaltungsakt muss mit den Gesetzen genauso vereinbar sein wie mit der Verfassung. Dass eine Norm einen Maßstab für eine andere enthält, geht mit keiner Aussage einher, ob die maßstabsgebende Norm zu derselben oder einer anderen (Teil-)Rechtsordnung (Unionsrecht, Bundesrecht, Landesrecht) gehört: Eine Norm des Unionsrechts bedarf sowenig einer Kopie in der deutschen Rechtsordnung, damit sie die Behörden und Gerichte in Deutschland binden kann, wie der Bund eine Norm des Bundesrechts in das Landesrecht kopieren muss, damit sie die Behörden und Gerichte in den Ländern binden kann. Bestandteilsnormen sind dem Grundgesetz fremd.

Wer eine Norm des Grundgesetzes als einen Bestandteil einer Landesverfassung behandelt, greift der Entscheidung des Landesverfassunggebers, ob er die Norm in seine Landesverfassung rezipiert, ebenso vor wie der Entscheidung des Grundgesetzgebers, ob er die Norm der Landesverfassung implantiert.[359]

---

143 (2018), S. 437 (461 ff.). Auch Art. 98 IV und Art. 100 I GG sind keine Bestandteile der Landesverfassungen. Abweichend möglicherweise *F. Wittreck,* Grenzen der Landesverfassungen, in: M. Hein/F. Petersen/S. v. Steinsdorff (Hrsg.), Die Grenzen der Verfassung, 2018, S. 209 (226): „Richtigerweise wird man mit der heute ganz herrschenden Maxime von den getrennten Verfassungsräumen davon ausgehen müssen, dass Bestimmungen des Grundgesetzes ihrerseits die Grenze zu den Landesverfassungen nur überschreiten, wenn sie sich diese Wirkung explizit beilegen; als Beispiele drängen sich Art. 98 Abs. 4 GG (Richterwahlausschüsse in den Ländern) sowie die bereits erwähnte konkrete Normenkontrolle auf."

[357] *J. F. Lindner,* Bundesverfassung und Landesverfassung, in: AöR 143 (2018), S. 437 (462 f.).

[358] Unter Zugrundelegung der üblichen Ausdrucksweise ist eine „Durchgriffsnorm" nicht identisch mit einer „Bestandteilsnorm": *W. März,* Bundesrecht bricht Landesrecht, 1989, S. 180 f.; *J. Menzel,* Landesverfassungsrecht, 2002, S. 157; *W. Löwer,* Bundesverfassungstextliche Ergänzungen der Landesverfassungen zur Gewinnung landesverfassungsgerichtlicher Prüfungsmaßstäbe, in: NdsVBl. 2010, S. 138 ff. Gegenteilige Annahme augenscheinlich bei *M. Sachs,* Die Landesverfassung im Rahmen der bundesstaatlichen Rechts- und Verfassungsordnung, in: ThürVBl. 1993, S. 121 (122); *C. Möllers,* Staat als Argument (2000), 2. Aufl. 2011, S. 368 f.

[359] Aneignung der Bestandteilstheorie bei *J. Kersten,* Homogenitätsgebot und Landesverfassungsrecht, in: DÖV 1993, S. 896 (897 f.); *R. Bartlsperger,* Das Verfassungsrecht der Länder in der gesamtstaatlichen Verfassungsordnung, in: J. Isensee/P. Kirchhof (Hrsg.), HStR³ VI, 2008, § 128 Rn. 47; *H. Hestermeyer,* Verschränkte Verfassungsräume, in: Europäisches Zentrum für Föderalismus-Forschung Tübingen (Hrsg.), Jahrbuch des Föderalismus, 2011, S. 127 (136 ff., 138 f., 139 f.); *J. F. Lindner,* Bundesverfassung und Landesverfassung, in: AöR 143 (2018), S. 437 (465 ff.). – Zurückweisung der Bestandteilstheorie bei *W. März,* Bundesrecht

Die Bestandteilstheorie ist eine „unverhüllte Zweckkonstruktion"[360], die der Begründung eines bestimmten Rechtsschutzkonzepts dient: Eine Partei ist vor dem Landesverfassungsgericht organstreitfähig und kann seine Entscheidung am Maßstab ihrer eigentlich allein im Grundgesetz verbürgten Rechte erwirken; ein Organstreitverfahren vor dem Bundesverfassungsgericht ist unzulässig, weil es unter einem Subsidiaritätsvorbehalt steht.[361] Ursprünglich hat das Bundesverfassungsgericht sein Konzept den Landesverfassungsgerichten aufgedrängt; die Landesverfassungsgerichte haben es sich aber später bereitwillig angeeignet. Dadurch ist eine Arbeitsteilung zwischen den Verfassungsgerichten entstanden, die aus ihrer Sicht deshalb vorteilhaft ist, weil sie das Bundesverfassungsgericht entlastet und die Landesverfassungsgerichte aufwertet.[362] Dennoch ist das Konzept mit dem geltenden Verfassungsrecht unvereinbar.[363]

c) Rechtspolitische Einwände: Selbstermächtigung der Landesverfassungsgerichte auf Kosten der Landesgesetzgeber

Die Bestandteilstheorie wirkt sich darauf aus, welches Verfassungsgericht anhand welcher Normen über wessen Rechtsschutzersuchen entscheiden kann. Soweit die Bestandteilstheorie den Entscheidungsmaßstab der Landesverfassungsgerichte erweitert, hat sie die gleichen Wirkungen wie die Rezeption oder die Implantation einer Grundgesetznorm. Soweit die Bestandteilstheorie einen Geltungsgrund im Grundgesetz behauptet, gleicht sie allein einer Implantation. Wer die Bestandteilstheorie anwendet, hält sein Vorgehen möglicherweise

---

bricht Landesrecht, 1989, S. 180 ff.; *J. Rozek,* Das Grundgesetz als Prüfungs- und Entscheidungsmaßstab der Landesverfassungsgerichte, 1993, S. 100 ff.; *S. Storr,* Verfassunggebung in den Ländern, 1995, S. 191 ff.; *J. Menzel,* Landesverfassungsrecht, 2002, S. 156 ff., 243. Vorsichtig kritisch äußert sich *A. Dittmann,* Verfassungshoheit der Länder und bundesstaatliche Verfassungshomogenität, in: J. Isensee/P. Kirchhof (Hrsg.), HStR³ VI, 2008, § 127 Rn. 35.

[360] *J. Dietlein,* Das Verhältnis von Bundes- und Landesverfassungsrecht, in: Präsident des Verfassungsgerichtshofs für das Land Nordrhein-Westfalen (Hrsg.), Verfassungsgerichtsbarkeit in Nordrhein-Westfalen, 2002, S. 203 (216 ff.; Zitat auf S. 216); *J. Dietlein,* Verfassungsrecht, in: ders./J. Hellermann, Öffentliches Recht in Nordrhein-Westfalen, 6. Aufl. 2016, § 1 Rn. 18 (dort auch das Zitat).

[361] Art. 93 I Nr. 4 Var. 3 GG.

[362] In diesem Zusammenhang freimütig *W. Löwer,* Bundesverfassungstextliche Ergänzungen der Landesverfassungen zur Gewinnung landesverfassungsgerichtlicher Prüfungsmaßstäbe, in: NdsVBl. 2010, S. 138 (141): „Insofern mag man dogmatische Ungenauigkeiten in der Entstehung der Kompetenzzuweisung mit dem pragmatisch vernünftigen Ergebnis insgeheim verrechnen dürfen"; *ders.,* Bundesverfassungstextliche Ergänzungen der Landesverfassungen zur Gewinnung landesverfassungsgerichtlicher Prüfungsmaßstäbe, ebd., S. 141 in Fn. 39: „Leicht maliziös könnte ich darauf verweisen, dass hier die Auslegung des Prozessrechts nach der in keinem Methodenlehrbuch mitgeteilten Maxime erfolgt, das Prozessrecht arbeitsabdrängend auszulegen."

[363] *J. Rozek,* Das Grundgesetz als Prüfungs- und Entscheidungsmaßstab der Landesverfassungsgerichte, 1993, S. 74: „Gründe der Rechtssicherheit, der Rechtsgewißheit oder der verfassungsgerichtlichen Prozeßökonomie ersetzen keinen Kompetenztitel."

deshalb für gerechtfertigt, weil eine Implantation nach seiner Auffassung ausschließlich Vorteile bietet oder ihre Vorteile etwaige Nachteile überwiegen. Ihre vermeintliche rechtspolitische Rechtfertigung findet die Bestandteilstheorie darin, dass sie den Rechtsschutz verbessere oder überhaupt ermögliche.[364]

Die Implantation oder die Rezeption einer Grundgesetznorm kann in dem praktisch wichtigen Fall, dass eine politische Partei gegen ein Landesgesetz vorgehen will, darüber entscheiden, ob die Partei überhaupt Rechtsschutz finden kann.[365] In einem Fall regelt eine Landesverfassung sowohl Parteienrechte als auch ein Verfassungsgerichtsverfahren, in dem sie sich geltend machen lassen. Ein Antrag auf Rechtsschutz beim Bundesverfassungsgericht ist in diesem Fall unzulässig: In einem Organstreitverfahren nach Art. 93 I Nr. 1 GG kann ein Landesgesetzgeber kein Antragsgegner sein. Ein Organstreitverfahren nach Art. 93 I Nr. 4 Var. 3 GG, in dem das Bundesverfassungsgericht anhand der Landesverfassung entscheidet, steht unter Subsidiaritätsvorbehalt. In einem anderen Fall enthält eine Landesverfassung zwar Parteienrechte, stellt aber kein passendes Gerichtsverfahren bereit. Eine Partei kann dann ihre Rechte aus der Landesverfassung nach Art. 93 I Nr. 4 Var. 3 GG in einem Organstreitverfahren vor dem Bundesverfassungsgericht geltend machen. Im dritten Fall allerdings fehlen in einer Landesverfassung originäre Parteienrechte. Ihre Rechte aus dem Grundgesetz kann eine Partei in diesem Fall vor keinem Verfassungsgericht geltend machen. Damit die Partei dennoch Rechtsschutz vor einem Verfassungsgericht finden kann, muss entweder die Landesverfassung die Parteienrechte des Grundgesetzes rezipieren oder das Grundgesetz seine Parteienrechte der Landesverfassung implantieren. Wo eine solche Rezeption oder Implantation fehlt, eröffnet die Anwendung der Bestandteilstheorie eine Rechtsschutzmöglichkeit.

---

[364] Stellvertretend für diese Rechtfertigung *J. Burmeister*, Vorlagen nach Art. 100 Abs. 3 GG, in: C. Starck/K. Stern (Hrsg.), Landesverfassungsgerichtsbarkeit, Teilbd. II, 1983, S. 399 (443 in Fn. 113); *W. Löwer*, Bundesverfassungstextliche Ergänzungen der Landesverfassungen zur Gewinnung landesverfassungsgerichtlicher Prüfungsmaßstäbe, in: NdsVBl. 2010, S. 138 (141); *H. Hestermeyer*, Verschränkte Verfassungsräume, in: Europäisches Zentrum für Föderalismus-Forschung Tübingen (Hrsg.), Jahrbuch des Föderalismus, 2011, S. 127 (137); *J. F. Lindner*, Bundesverfassung und Landesverfassung, in: AöR 143 (2018), S. 437 (465 ff.).

[365] *J. F. Lindner*, Bundesverfassung und Landesverfassung, in: AöR 143 (2018), S. 437 (465 ff.): Obwohl Art. 21 I GG die Länderstaatsgewalt binde, bestehe eine „offene Flanke", weil eine Partei ohne Bestandteilstheorie keinen Rechtsschutz vor dem Landesverfassungsgericht erlangen könne. „Damit jedoch auch Parteien auf Landesebene in den Stand gesetzt werden, ihre Rechte im Konzert der Verfassungsrechtsorgane landesverfassungsgerichtlich durchzusetzen, kann Art. 21 GG insofern als Bestandteilsnorm qualifiziert werden, um den Parteien auf diese Weise auf Landesebene Organcharakter beizumessen und ihnen die Möglichkeit des Organstreits zu eröffnen." Nach der Gegenauffassung bei *J. Rozek*, Das Grundgesetz als Prüfungs- und Entscheidungsmaßstab der Landesverfassungsgerichte, 1993, S. 160 f., 177 f., 182 können auch ohne Bestandteilstheorie keine Fälle von Rechtsschutzlosigkeit entstehen. Dieses Ergebnis beruht wohl auf einer irrtümlichen Interpretation von Art. 93 I Nr. 4 Var. 3 GG.

Mitunter kommen für einen Rechtsschutzsuchenden zwei verschiedene Verfassungsgerichtsverfahren in Betracht, weil sowohl das Grundgesetz als auch eine Landesverfassung eine Norm enthält, mit der die angegriffene Norm unvereinbar ist, und beide Verfassungen ein passendes Gerichtsverfahren vorsehen: Die Landesregierung von Nordrhein-Westfalen kann gegen das gleiche Landesgesetz einen Antrag auf abstrakte Normenkontrolle sowohl beim Bundesverfassungsgericht als auch beim Landesverfassungsgericht stellen.[366] In solchen Fällen besteht die Gefahr, dass der Rechtsschutzsuchende irrtümlich die Entscheidung eines Verfassungsgerichts beantragt, das anhand des Maßstabes, mit dem die angegriffene Norm unvereinbar ist, nicht entscheiden kann. Wer deshalb vorsorglich zwei verschiedene Gerichtsverfahren führt, muss höhere Kosten (finanzielle wie politische) aufwenden als ein Rechtsschutzsuchender, der ein einziges Gerichtsverfahren betreibt. Die Implantation oder Rezeption einer Grundgesetznorm in eine Landesverfassung hat zur Folge, dass das Landesverfassungsgericht anhand dieser Norm entscheiden kann, und trägt dadurch zur Effizienz des Rechtsschutzes bei. Wo eine solche Rezeption oder Implantation fehlt, steigert die Anwendung der Bestandteilstheorie die Effizienz.

Diese Unsicherheit für einen Rechtsschutzsuchenden ist aber nichts anderes als die Kehrseite der Form von Trennung der Verfassungsgerichtsbarkeiten, für die sich das deutsche Verfassungsrecht entschieden hat: Indem ein Land in seine Verfassung eine Norm aufnimmt, für die das Grundgesetz keine Entsprechung kennt (etwa ein soziales Grundrecht), oder umgekehrt der Bund im Grundgesetz eine Norm ohne Entsprechung in einer Landesverfassung vorsieht (etwa ein Parteienrecht), verbessern sich die Aussichten eines Rechtsschutzsuchenden. Diese Verbesserung ist nicht denkbar, ohne dass ein Rechtsschutzsuchender zwei verschiedene Gerichtsverfahren betreiben muss, falls er unsicher ist, ob ihm eine Norm der Landesverfassung oder eine des Grundgesetzes zum Erfolg verhelfen wird. Wer eine Norm des Grundgesetzes einer Landesverfassung implantiert, sucht für einen Rechtsschutzsuchenden das Beste heraus: Der Rechtsschutzsuchende kann eine Norm, auf die der *Landes*verfassunggeber verzichtet hat, dennoch vor dem *Landes*verfassungsgericht geltend machen.

Dass die Bestandteilstheorie den Rechtsschutz verbessere oder überhaupt erst ermögliche, ist eine Verkürzung, die über einen Zirkelschluss hinwegtäuscht: Die Bestandteilstheorie ermöglicht oder verbessert nicht den Rechtsschutz bei Verletzung eines bereits bestehenden Rechts, sondern schafft ein neues Recht, dem dann eine Rechtsschutzmöglichkeit entspricht. Die rechtspolitische Rechtfertigung der Bestandteilstheorie hat bereits zum Ausgangspunkt die Annahme, dass der Standort einer Norm (eines Rechts) unerheblich sei: Sie unterstellt, dass dieselbe Norm einen austauschbaren Standort hätte, obwohl es sich um zwei verschiedene Normen (wenn auch gleichen Inhalts) handelt. Dass die

---

[366] Art. 93 I Nr. 2 GG; Art. 75 Nr. 3 NWVerf.

Übereinstimmung im Inhalt, nicht die Verschiedenheit des Standorts erheblich ist, muss der Versuch einer rechtspolitischen Rechtfertigung erst noch ergeben.

Aus zwei Gründen steht die Bestandteilstheorie rechtspolitisch keineswegs außer Zweifel: *Erstens* können Abweichungen bei der Auslegung inhaltsgleicher Normen auftreten, wenn ein verfassungsändernder Gesetzgeber eine Norm des Grundgesetzes in eine Landesverfassung rezipiert oder sie ihr implantiert: Verschiedene Verfassungsgerichte entscheiden anhand unterschiedlicher, aber inhaltlich übereinstimmender Normen, etwa anhand der Versammlungsfreiheit des Grundgesetzes nach Art. 8 I GG und der inhaltsgleichen Versammlungsfreiheit der nordrhein-westfälischen Landesverfassung nach Art. 4 I NWVerf. in Verbindung mit Art. 8 I GG. Da der Inhalt einer Norm ihrem Interpreten vorgegeben ist, trifft ausschließlich ein einziges, für beide Normen übereinstimmendes Auslegungsergebnis zu. Die Merkmale des Versammlungsbegriffs in der Landesverfassung stimmen mit denen des Grundgesetzes überein. Die Gerichte genießen aber Entscheidungsfreiräume bei der Subsumtion, sodass das eine Gericht eine Zusammenkunft als *Ver*sammlung einordnen kann, die das andere für eine *An*sammlung hält. Auf die Frage, ob sog. Spaßveranstaltungen den Schutz der Versammlungsfreiheit genießen, gibt es lediglich eine einzige richtige Antwort (die freilich praktisch umstritten ist). Wohl aber genießt ein Gericht einen Freiraum bei der Entscheidung, ob es sich bei einer bestimmten Zusammenkunft um eine Spaßveranstaltung handelt.[367]

Gerichtsentscheidungen können allerdings praktisch deshalb voneinander abweichen, weil die Verfassungsgerichte die inhaltsgleichen Normen verschieden auslegen.[368] Höchstens eines der abweichenden Verfassungsgerichte befindet sich in einem solchen Fall nicht im Irrtum. Da die Verfassungsgerichte zur autoritativen Interpretation ihrer Verfassungen ermächtigt sind, bindet ein Auslegungsergebnis die nachfolgenden Rechtsanwender, auch wenn es unzutreffend ist.[369] Wenn der verfassungsändernde Bundesgesetzgeber den Landesverfassungen eine Norm implantiert, können so viele verschiedene Auslegungen in Umlauf geraten, wie Verfassungsgerichte in Deutschland existieren.

In dem Ausnahmefall, dass verschiedene Verfassungsgerichte in parallelen Verfahren anhand inhaltsgleicher Normen entscheiden, setzt in der Praxis das eine Gericht sein Verfahren aus, bis das andere entschieden hat; allerdings ist

---

[367] Abweichendes zu diesem Beispiel bei *F. Wittreck*, Grenzen der Landesverfassungen, in: M. Hein/F. Petersen/S. v. Steinsdorff (Hrsg.), Die Grenzen der Verfassung, 2018, S. 209 (229): „Denn durch die Inkorporation entsteht eigenständiges Landesrecht, dessen eigensinnige und vom Bundesverfassungsgericht womöglich abweichende Deutung grundsätzlich keine Konflikte in sich birgt – die Länder können etwa den Schutz der Versammlungsfreiheit schadlos auch auf Spaßveranstaltungen erstrecken."

[368] *J. Dietlein*, Die Rezeption von Bundesgrundrechten durch Landesverfassungsrecht, in: AöR 120 (1990), S. 1 (25 f.).

[369] Zur autoritativen (im Unterschied zur authentischen) Verfassungsinterpretation näher *M. Jestaedt*, Grundrechtsentfaltung im Gesetz, 1999, S. 363 ff.

es zu diesem Vorgehen nicht verpflichtet.[370] Wenn ein Verfassungsgericht von einem Auslegungsergebnis abweichen will, dann aber im Regelfall von einem Ergebnis, das ein anderes Verfassungsgericht in einem abgeschlossenen Verfahren gefunden hat. Da die Abweichung nicht dieselbe Norm, sondern zwei inhaltsgleiche Normen betrifft, berechtigt das Prozessrecht das abweichungswillige Verfassungsgericht nicht zu einer Richtervorlage: Das Bundesverfassungsgericht kann generell keine konkrete Normenkontrolle vor einem Landesverfassungsgericht veranlassen. Ebenso wenig kann ein Landesverfassungsgericht in solchen Fällen eine konkrete Normenkontrolle oder ein Divergenzausgleichsverfahren beim Bundesverfassungsgericht anstrengen: Das Bundesverfassungsgericht interpretiert eine Norm des Grundgesetzes, das Landesverfassungsgericht eine (wenn auch inhaltsgleiche) Norm der Landesverfassung.[371] Das Prozessrecht stellt für solche Fälle demnach kein Verfahren bereit, in dem sich die Auslegungsergebnisse vereinheitlichen ließen. Mitunter richtet sich ein Landesverfassungsgericht danach, wie das Bundesverfassungsgericht eine Grundgesetznorm auslegt; allerdings ist es zu dieser Orientierung nicht verpflichtet.[372]

Zweitens können sich die Optionen eines Landesorgans verringern, wenn ein Land eine Grundgesetznorm rezipiert oder der verfassungsändernde Bundesgesetzgeber sie der Landesverfassung implantiert, obwohl der Entscheidungsfreiraum des Landesorgans unverändert bleibt. Die Rezeption und die Implantation einer Grundgesetznorm in eine Landesverfassung lassen den Entscheidungsfreiraum der Landesorgane deshalb unverändert, weil die Landesorgane ohnehin an die inhaltsgleiche Grundgesetznorm gebunden sind. Sie erweitern aber den Entscheidungsmaßstab des Landesverfassungsgerichts: Zwei

---

[370] Hinweis bei *J. Dietlein,* Die Rezeption von Bundesgrundrechten durch Landesverfassungsrecht, in: AöR 120 (1990), S. 1 (29).

[371] *W. Löwer,* Zuständigkeiten und Verfahrensarten des Bundesverfassungsgerichts, in: J. Isensee/P. Kirchhof (Hrsg.), HStR³ III, 2005, § 70 Rn. 144; *F. Wittreck,* Verfassungsrecht, in: S. Schlacke/ders. (Hrsg.), Landesrecht Nordrhein-Westfalen, 2017, § 1 Rn. 66; *J. F. Lindner,* Bundesverfassung und Landesverfassung, in: AöR 143 (2018), S. 437 (462). Nach der Auffassung von *J. Burmeister,* Vorlagen nach Art. 100 Abs. 3 GG, in: C. Starck/K. Stern (Hrsg.), Landesverfassungsgerichtsbarkeit, Teilbd. II, 1983, S. 399 (430 f.) müssen die Landesverfassungsgerichte ein Divergenzausgleichsverfahren veranlassen, weil es für das Bestehen der Vorlagepflicht nicht auf den abweichenden Rang, sondern den übereinstimmenden Inhalt der Normen der Landesverfassung und des Grundgesetzes ankommt. Der Wortlaut und die Entstehungsgeschichte sprechen allerdings dafür, dass es doch auf den hierarchischen Rang ankommt. Nach der Auffassung von *M. Möstl,* Landesverfassungsrecht – zum Schattendasein verurteilt?, in: AöR 130 (2005), S. 350 (380 f. mit Fn. 163) kann eine Landesverfassung auf eine Grundgesetznorm in der Auslegung durch das Bundesverfassungsgericht verweisen mit der Folge, dass eine Divergenzvorlage des Landes- an das Bundesverfassungsgericht zulässig ist.

[372] *F. Wittreck,* Verfassungsrecht, in: S. Schlacke/ders. (Hrsg.), Landesrecht Nordrhein-Westfalen, 2017, § 1 Rn. 66: „Auf einem anderen Blatt steht, dass die Vorbildwirkung oder besser der Sog der bundesverfassungsgerichtlichen Judikatur in aller Regel dazu führen wird, dass man sich am großen Bruder orientieren wird – auch Verfassungsrichterinnen und -richter bzw. ihr zuarbeitender Stab schätzen den Praxismehrwert der ‚copy and paste'-Funktion …".

verschiedene Verfassungsgerichte können, soweit dem Gesetzgeber kein Einschätzungs-, Gestaltungs- oder Prognosespielraum zukommt, über die Anwendung inhaltsgleicher Normen letztverbindlich entscheiden: das Bundesverfassungsgericht und ein Landesverfassungsgericht. Indem ein Verfassungsgericht seine Letztentscheidungsmacht ausübt, verringert es die Optionen eines Landesorgans und bewirkt praktisch das gleiche wie ein verfassungsändernder Gesetzgeber, der den Entscheidungsfreiraum des Landesorgans beschränkt, indem er Verfassungsrecht setzt. Das eine Verfassungsgericht kann dieselbe Norm aus anderen Gründen verwerfen als das andere Verfassungsgericht, auch wenn beide die anwendbaren Verfassungsnormen übereinstimmend auslegen. Der Schwund an Optionen des Gesetzgebers und der Zuwachs an Kompetenzen des Landesverfassungsgerichts gehen Hand in Hand.[373] Die Kompetenzerweiterung beruht auf einer Entscheidung eines verfassungsändernden Gesetzgebers, wenn er eine Norm implantiert oder rezipiert. Indem allerdings ein Landesverfassungsgericht die Bestandteilstheorie zugrunde legt und dadurch einer solchen Entscheidung vorgreift, betreibt es seine Selbstermächtigung auf Kosten der anderen Landesorgane, besonders des Gesetzgebers – unter dem in concreto spärlichen Deckmantel der Verfassungsdogmatik.[374]

Wer die Bestandteilstheorie anwendet, eine Norm des Grundgesetzes' in seine Landesverfassung übernimmt oder ihr implantiert, ruft demnach Wirkungen hervor, die nach der Auffassung eines Landes bzw. des Bundes einen überwiegenden Nachteil bedeuten und einen Rechtserzeuger deshalb abhalten können, dass er eine Norm des Grundgesetzes in die Landesverfassung übernimmt oder ihr implantiert. Wer den Selbstand des Grundgesetzes und der Landesverfassungen achtet, beharrt weder auf einem „Formalismus"[375], noch betreibt er

---

[373] In der Sprache der Politikwissenschaft entsteht dadurch ein zusätzlicher „Veto-Spieler": *F. Wittreck,* Verfassungsrecht, in: S. Schlacke/ders. (Hrsg.), Landesrecht Nordrhein-Westfalen, 2017, § 1 Rn. 72: Der Leser solle sich „zunächst kritisch die jeweilige Interessenarchitektur vergegenwärtigen: Wer das Landesverfassungsgericht für befugt erklärt, die Landesgesetze wegen Verstoßes gegen die Kompetenzvorschriften zu verwerfen, erhöht die Zahl der sog. Veto-Spieler im politischen Prozeß um 16, verbreitert also die Basis zur Abwehr unerwünschter Politikinitiativen." Der Begriff des Veto-Spielers geht zurück auf *G. Tsebelis,* Veto-Players, 2002. – *J. Rozek,* „Leipziger Allerlei II", in: S. Detterbeck/J. Rozek/C. v. Coelln (Hrsg.), Recht als Medium der Staatlichkeit, 2009, S. 587 (599) warnt davor, dass das Entscheidungsmonopol des Bundesverfassungsgerichts einem Entscheidungsoligopol der Landesverfassungsgerichte weichen müsse. Bereits *H. Kelsen,* Allgemeine Staatslehre, 1925, S. 297 ff. macht auf Gefahren aufmerksam, die entstünden, wenn die Zahl der Rechtsanwender steige, die zur Normverwerfung ermächtigt seien.

[374] Zum Einsatz von Dogmatik als ein Mittel der Selbstermächtigung allgemein *M. Jestaedt,* Das mag in der Theorie richtig sein …, 2006, S. 57 ff.; 62 ff.; 84 f.; *O. Lepsius,* Kritik der Dogmatik, in: G. Kirchhof/S. Magen/K. Schneider (Hrsg.), Was weiß Dogmatik?, 2012, S. 39 (43 ff.); *J. F. Lindner,* Rechtswissenschaft als Metaphysik, 2017, S. 139 ff.; *H. Dreier,* Rechtswissenschaft als Wissenschaft, in: ders. (Hrsg.), Rechtswissenschaft als Beruf, 2018, S. 1 (54 f.).

[375] *H. Hestermeyer,* Verschränkte Verfassungsräume, in: Europäisches Zentrum für Föde-

„Haarspalterei"[376], sondern nimmt praktisch bedeutsame rechtspolitische Entscheidungen ernst, die verschiedene Verfassungsrechtserzeuger getroffen haben.[377] Ein Land und der Bund *können* sich durch politische Bedenken davon abhalten lassen, eine Norm des Grundgesetzes in die Landesverfassung zu rezipieren bzw. ihr zu implantieren; deshalb *muss* jeder Interpret davon absehen, einer Rezeption oder einer Implantation vorzugreifen, indem er die Bestandteilstheorie anwendet, selbst wenn er überzeugt ist, dass er sich über das geltende Recht aus Pragmatismus hinwegsetzen dürfte. Auch wer annimmt, dass er dem Hausherrn willkommen sei, darf die Wohnungstür nicht eintreten.

---

ralismus-Forschung Tübingen (Hrsg.), Jahrbuch des Föderalismus, 2011, S. 127 (137) nennt die Ablehnung der Bestandteilstheorie und das Festhalten an der überschneidungsfreien Zuordnung der Entscheidungsmaßstäbe einen „Formalismus".

[376] *J. Burmeister,* Vorlagen nach Art. 100 Abs. 3 GG, in: C. Starck/K. Stern (Hrsg.), Landesverfassungsgerichtsbarkeit, Teilbd. II, 1983, S. 399 (443 in Fn. 113) wirft bestimmten Vertretern der These der überschneidungsfreien Zuordnung der Entscheidungsmaßstäbe „formalistische Argumentation" und „Haarspalterei" vor.

[377] Zum Wert des Selbstandes einer Rechtsschicht näher *M. Jestaedt,* Selbstand und Offenheit der Verfassung gegenüber nationalem, supranationalem und internationalem Recht, in: J. Isensee/P. Kirchhof (Hrsg.), HStR³ XII, 2014, § 264 Rn. 39 ff.

C. Sperrklauseln im Kommunalwahlrecht

In einer Rechtsordnung, in der Volksabstimmungen abhängig von der staatlichen Ebene und vom Land eine abweichende, aber insgesamt untergeordnete Rolle spielen, ruht die Hauptlast der demokratischen Legitimation der Staatsgewalt auf den Wahlen zu den Volksvertretungen.[1] Die Volksvertretungen sind, von den direkt gewählten Bürgermeistern und Landräten abgesehen, die einzigen Staatsorgane, deren Entscheidungen vom Volk unmittelbar personell demokratisch legitimiert sind. Von ihnen geht die demokratische Legitimation aller Staatsgewalt aus, die die übrigen Staatsorgane ausüben. Die Volksvertretungen sind die „Zentralorgane der Demokratie".[2] Wenn die Wahl einer Volksvertretung gegen das Demokratieprinzip verstößt, setzt sich der Fehler in jedem Akt der Staatsgewalt fort, der auf die demokratische Legitimation angewiesen ist, die von der Volksvertretung stammen kann. In diesem (anerkennenden) Sinn gehört das Wahlrecht zum „Betriebsrecht"[3] der Demokratie.

Eine Wahl ist formal ausschließlich eine Personalentscheidung, aber faktisch zugleich eine Sachentscheidung, nicht in Einzel-, aber in Richtungsfragen: Wahlen sind „Wahlabstimmungen".[4] Nicht zuletzt daraus beziehen Programm und Personal einer Regierung ihre Legitimität. Allgemeine, freie und gleiche Wahlen gehören zu den Erkennungszeichen einer Demokratie.[5] Dass sich ein Niedergangsdiskurs ausgebreitet hat, dem zufolge sich die Demokratie in einer existenziellen Krise befindet, ist möglicherweise auch einem Anstieg der Ansprüche geschuldet, die viele Wähler an die Demokratie stellen. Die „Repräsentativitätssensibilität" hat zugenommen: Viele Wähler wollen nicht allein formal repräsentiert *sein*, sondern sich verstärkt substanziell repräsentiert *fühlen*.[6] Die

---

[1] Für die Bundesebene näher *H. Dreier/F. Wittreck,* Repräsentative und direkte Demokratie im Grundgesetz, in: L. P. Feld u. a. (Hrsg.), Jahrbuch für direkte Demokratie 2009, 2010, S. 11 (17 f.).

[2] *M. Morlok/C. Hientzsch,* Das Parlament als Zentralorgan der Demokratie, in: JuS 2011, S. 1 (1). Ähnlich *H. Hofmann/H. Dreier,* Repräsentation, Mehrheitsprinzip und Minderheitenschutz, in: H.-P. Schneider/W. Zeh (Hrsg.), Parlamentsrecht und Parlamentspraxis in der Bundesrepublik Deutschland, 1989, § 5 Rn. 24: „Gravitationszentrum".

[3] *P. Cancik,* Wahlrecht und Parlamentsrecht als Gelingensbedingungen repräsentativer Demokratie, in: VVDStRL 72 (2013), S. 268 (280; Anführungszeichen auch im Original; S. L.).

[4] *E. V. Towfigh,* Das Parteien-Paradox, 2015, S. 71 f.

[5] *D. Nohlen,* Wahlrecht und Parteiensystem, 7. Aufl. 2014, S. 23 ff., 25 ff., 27 ff.

[6] Begriff und Erläuterung bei *P. Cancik,* Wahlrecht und Parlamentsrecht als Gelingensbedingungen repräsentativer Demokratie, in: VVDStRL 72 (2013), S. 268 (278 ff.; Anführungs-

Abgeordneten sollen auf die sich stetig wandelnden Bedürfnisse ihrer Wähler eingehen und sich in diesem Sinne „responsiv" verhalten.[7] Diese Wähler beobachten die Gestaltung und die Wirkung von Wahlen und diagnostizieren vermehrt „Repräsentativitätsdefizite"[8]. Solche Defizitdiagnosen sind ein Grund zur Besorgnis, ganz gleich ob sie in jedem Fall berechtigt sind: Die Akzeptanz von Wahlen beeinflusst die Akzeptanz der gesamten Staatsgewalt.[9]

Da Wahlen in einer Demokratie von solch großer rechtlicher und politischer Bedeutung sind, gleicht eine Wahlrechtsreform einer Operation am offenen Herzen.[10] Das Augenmerk richtet sich dabei vor allem auf die Wahrung der Gleichheit der Wahl, seltener der anderen Wahlgrundsätze, die im 21. Jahrhundert weit weniger umkämpft sind als einst.[11] Zu den vieldiskutierten Fragen der Verfassungsrechtswissenschaft gehört, ob Sperrklauseln mit dem Verfassungsrecht vereinbar sind, besonders mit dem Grundsatz der gleichen Wahl.[12]

---

zeichen auch im Original; S. L.) in Auseinandersetzung mit *E.-W. Böckenförde*, Mittelbare/repräsentative Demokratie als eigentliche Form der Demokratie, in: G. Müller u. a. (Hrsg.), Staatsorganisation und Staatsfunktionen im Wandel, 1982, S. 301 (318 ff.); *E.-W. Böckenförde*, Demokratische Willensbildung und Repräsentation, in: J. Isensee/P. Kirchhof (Hrsg.), HStR³ III, 2005, § 34 Rn. 26 ff., 31 ff. Ähnlich *F. Meinel*, Vertrauensfrage, 2019, S. 104, 124: „Repräsentativität der Repräsentation".

[7] Den politikwissenschaftlichen Begriff der Responsivität gebrauchen *E.-W. Böckenförde*, Demokratische Willensbildung und Repräsentation, in: J. Isensee/P. Kirchhof (Hrsg.), HStR³ III, 2005, § 34 Rn. 33; *P. Cancik*, Wahlrecht und Parlamentsrecht als Gelingensbedingungen repräsentativer Demokratie, in: VVDStRL 72 (2013), S. 268 (279 f.); *H. Pünder*, Wahlrecht und Parlamentsrecht als Gelingensbedingungen repräsentativer Demokratie, in: VVDStRL 72 (2013), S. 191 (198 ff.).

[8] *P. Cancik*, Wahlrecht und Parlamentsrecht als Gelingensbedingungen repräsentativer Demokratie, in: VVDStRL 72 (2013), S. 268 (280; Anführungszeichen auch im Original; S. L.).

[9] *E. V. Towfigh*, Das Parteien-Paradox, 2015, S. 1 ff.: „Der empirische Befund, dass Demokratie überall in der Welt Krisensymptome zeigt, ist allgegenwärtig. Auch wenn die Kritik im Vergleich zu den unvergleichlichen Erfolgen demokratischer Herrschaftssysteme [...] bisweilen larmoyant anmutet, können wir uns der Realität nicht verschließen: Nicht nur die Wahlbeteiligung, sondern auch die Akzeptanz für politische Entscheidungen und das Vertrauen in die politischen Institutionen sinken stetig, wie mittlerweile zahllose wissenschaftliche Studien belegen" (S. 1).

[10] *H. J. Boehl*, Wahlrecht und Volksparteien, in: R. T. Baus (Hrsg.), Parteiensystem im Wandel, 2. Aufl. 2013, S. 121 (122): „Wer das Wahlrecht reformiert, der operiert (bildlich gesprochen) an der Herzkammer der Demokratie." Zur Bedeutung der Wahl in der Demokratie näher *M. Morlok*, Demokratie und Wahlen, in: P. Badura/H. Dreier (Hrsg.), Festschrift 50 Jahre Bundesverfassungsgericht, Bd. II, 2001, S. 559 ff.; *U. Volkmann*, Wahlen in der Demokratie, in: T. Mörschel (Hrsg.), Wahlen und Demokratie, 2016, S. 9 ff.

[11] *J. Oebbecke*, Der Grundsatz der gleichen Wahl im Kommunalwahlrecht, in: Die Verwaltung 31 (1998), S. 219 (219 f.); *Hans Meyer*, Wahlgrundsätze, Wahlverfahren, Wahlprüfung, in: J. Isensee/P. Kirchhof (Hrsg.), HStR³ III, 2006, § 46 Rn. 29.

[12] Speziell für die Kommunalrechtswissenschaft *K. Schönenbroicher*, [Rezension zu:] Wolfgang Roth, Verfassungsmäßigkeit der Einführung einer 3 %-Sperrklausel bei Kommunalwahlen durch Verfassungsänderung, insbesondere für das Land Nordrhein-Westfalen, 2015, in: DVBl. 2015, S. 1510: „eines der meistdiskutierten Probleme des Kommunalrechts". Zitiert bei *T. Barczak*, Verfassungswidrigkeit der verfassungsunmittelbaren Sperrklausel für Kommunalwahlen, in: NWVBl. 2017, S. 133 (133). Zudem *C. Görisch*, Kommunalrecht, in: S. Schlacke/

Zahlreich sind die Beiträge aus der Wissenschaft, die Entscheidungen der Verfassungsgerichte und die Einlassungen aus der Politik. Dennoch kann keine Rede davon sein, dass sich die Diskussion inhaltlich erschöpft hätte.[13]

Das Wahlrecht lässt sich als Teil des Rechts des demokratischen Wettbewerbs begreifen, dessen Urheber, die Parteien, zugleich am Wettbewerb teilnehmen.[14] Dieser Betrachtung entspricht ein funktionaler Parteienbegriff, der von dem des Grundgesetzes und des Parteiengesetzes abweicht.[15] Zum einen umfasst er die Wählergemeinschaften.[16] Da sie weder bei Bundestags- noch bei Landtagswahlen antreten, sind sie keine Parteien im Rechtssinne. Funktional besteht zwischen beiden allerdings kein Unterschied: Die einen wie die anderen beteiligen sich an Wahlen und entsenden Abgeordnete in Volksvertretungen. Zum anderen setzt sich ein funktionaler Parteienbegriff über die Verschiedenheit von Partei und Fraktion hinweg.[17] Partei und Fraktion sind zwar rechtlich getrennt und können politische Differenzen entwickeln. Typischerweise aber verfolgen sie die gleichen Interessen, arbeiten einträchtig zusammen und treten gegenüber Mitbewerbern und Wählern einheitlich auf. Es sind die Parteien und nicht die Fraktionen, die einen Koalitionsvertrag aushandeln und abschließen und dadurch entscheiden, ob eine (bestimmte) Regierungsmehrheit zustande kommt. Eine Fraktion ist die Verlängerung einer Partei in die Volksvertretung hinein.[18]

F. Wittreck (Hrsg.), Landesrecht Nordrhein-Westfalen, 2017, § 3 Rn. 37: „endlose Diskussion […] um die Frage der Zulässigkeit von Sperrklauseln speziell bei Kommunalwahlen". Abweichend einige Jahre zuvor *S.-C. Lenski*, Paradoxien der personalisierten Verhältniswahl, in: AöR 134 (2009), S. 473 (474): Das Wahlrecht führe „eher ein Schattendasein", sei eine „exotische, im Wesentlichen wenigen Experten überlassene Materie".

[13] Einige Autoren deuten an, dass der Umfang und die Dauer der Diskussion zu ihrem Niveau und ihrem Ertrag außer Verhältnis stünden: *S.-C. Lenski*, Die Fünfprozentklausel auf dem Prüfstand politischer Realität, in: MIP 20 (2014), S. 178 ff.; *L. Michael*, Verfassungsunmittelbare Sperrklauseln auf Landesebene, 2015, S. 13 ff.

[14] *S. Schönberger*, Vom Suchen und Finden der Macht im Verfassungsrecht, in: JZ 2017, S. 701 (706) spricht vom „schon lange immer wieder geäußerten wissenschaftlichen Desiderat, das Parteien(verfassungs)recht auch gerade als demokratisches Wettbewerbsrecht wahrzunehmen".

[15] Problematisierung der Mehrdeutigkeit des Wortes „Partei" in ähnlichem Zusammenhang bei *E. V. Towfigh*, Das Parteien-Paradox, 2015, S. 21 f. Einschlägige Normen sind Art. 21 GG, § 2 PartG. Die Legaldefinition im Parteiengesetz kann den Parteienbegriff des Grundgesetzes deshalb nicht bestimmen, weil sich das Parteiengesetz im Rang unter dem Grundgesetz befindet; sie bildet ihn aber getreu ab. Ein Interpret darf sie *wie*, aber nicht *als* eine Definition des Parteienbegriffs des Grundgesetzes behandeln.

[16] Zum Status der Wählergemeinschaften näher *M. Morlok/H. Merten*, Partei genannt Wählergemeinschaft, in: DÖV 2011, S. 125 ff.

[17] Zum Verhältnis von Partei und Fraktion näher *S.-C. Lenski*, Regierungs- und Fraktionsarbeit als Parteiarbeit, in: DÖV 2014, S. 585 ff.; *dies.*, Juristische Trennung und tatsächliche Trennbarkeit von Partei und Fraktion, in: M. Morlok/T. Poguntke/E. Sokolov (Hrsg.), Parteienstaat – Parteidemokratie, 2018, S. 39 ff.

[18] *S. Hölscheidt*, Art. „Fraktion", in: W. Heun u. a. (Hrsg.), EvStL, 2006, Sp. 610 (613): „Die Fraktion ist die Partei im Parlament"; *H. H. Klein*, Fraktionen, in: M. Morlok/U. Schlies-

I. Wahlsystematischer Standort und praktische Wirkungen von Kommunalwahl-Sperrklauseln

Die historisch-vergleichende Wahlsystemforschung ermittelt den Standort von Sperrklauseln im Wahlsystem (1.) und ihre vielfältigen praktischen Wirkungen (2.). Das Wahlrecht gehört zum Recht des demokratischen Wettbewerbs; die gerichtliche Überprüfung von Wahlgesetzen ist Wettbewerbskontrolle (3.).

1. Wahl von Kommunalvertretungen in Nordrhein-Westfalen

a) Wahlsystematik: Verhältniswahl und Mehrheitswahl als Abschnitte einer Skala kontinuierlich steigenden Konzentrationsanreizes

Ein Wahlsystem setzt sich vielen verschiedenen Erwartungen aus.[19] Einerseits soll sich die Volksvertretung spiegelbildlich zusammensetzen, also die parteipolitischen Vorlieben in der Wählerschaft getreu abbilden. Der Grad der Spiegelbildlichkeit bemisst sich danach, wie genau die Sitzverteilung der Stimmverteilung entspricht. Andererseits sollen sich die Mandate in der Volksvertretung bei wenigen großen Parteien konzentrieren, sodass Mehrheiten leicht zustande kommen und langfristig Bestand haben können. Der Grad der Konzentration bemisst sich danach, wie viele Parteien sich einigen müssen, damit sie eine Mehrheit bilden können. Die Erwartungen sind gegenläufig: Je mehr ein Wahlsystem die eine Erwartung erfüllt, umso mehr enttäuscht es die andere.

Wieweit Wahlsysteme nach Spiegelbildlichkeit oder nach Konzentration streben, ist das Kriterium ihrer Unterscheidung auf höchstem Abstraktionsniveau: Mehrheitswahl und Verhältniswahl sind die beiden Wahlsystemgrundtypen.[20] Mehrheitswahlsysteme streben tendenziell danach, dass sich die Mandate bei wenigen großen Parteien sammeln, sodass eine einzige oder jedenfalls wenige Fraktionen gemeinsam einen Regierungschef wählen und während der Wahlperiode durch Beschlüsse unterstützen können. Mehrheitswahlsysteme

---

ky/D. Wiefelspütz (Hrsg.), Parlamentsrecht, 2016, § 17 Rn. 1: Fraktion als das „Scharnier, das Parlament und Parteien miteinander verbindet und verschränkt."

[19] Überblick über Anforderungen an Wahlsysteme nach *D. Nohlen,* Wahlrecht und Parteiensystem, 7. Aufl. 2014, S. 187 ff., bes. 190 ff.

[20] Zur Klassifikation von Wahlsystemen näher *D. Nohlen,* Wahlrecht und Parteiensystem, 7. Aufl. 2014, S. 141 ff. Die Erkenntnisse sind im Wesentlichen eine Synthese der Arbeiten von Dieter Nohlen (zum Beispiel *B. Vogel/D. Nohlen/R.-O. Schultze,* Wahlen in Deutschland [1969], 2. Aufl. 1971, S. 26 ff.; *D. Nohlen,* Wahlsysteme der Welt, 1978, S. 61 ff.) und Hans Meyer (*Hans Meyer,* Wahlsystem und Verfassungsordnung, 1973, S. 173, 189 f., 191 f.; *ders.,* Demokratische Wahl und Wahlsystem [1987], in: J. Isensee/P. Kirchhof [Hrsg.], HStR³ III, 2006, § 45 Rn. 25 ff.). – Einflussreiche verwandte Ansätze im fremdsprachigen Schrifttum stammen von *D. W. Rae,* The Political Consequences of Electoral Laws, 1967, S. 133 ff.; *G. Sartori,* The Influence of Electoral Systems, in: B. Grofman/A. Lijphart (Hrsg.), Electoral Laws and Their Political Consequences, 1986, S. 43 ff.

nehmen es billigend in Kauf, wenn die Mandatsverteilung von der Stimmverteilung erheblich abweicht. Verhältniswahlsysteme hingegen sind tendenziell
darauf bedacht, dass die Mandatsverteilung der Stimmverteilung entspricht. Sie
nehmen es billigend in Kauf, wenn sich mehrere, möglicherweise viele Parteien verständigen müssen, um einen Regierungschef wählen und während der
Wahlperiode unterstützen zu können. *Reine* Verhältniswahl und *extreme* Mehrheitswahl sind die Endpunkte eines Kontinuums, auf dem der Konzentrationsanreiz von der reinen Verhältniswahl hin zur extremen Mehrheitswahl graduell
steigt.[21]

Abbildung 1: Wahlsystemgrundtypen

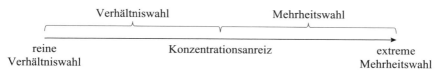

Quelle: Eigene Darstellung in Anlehnung an C. Lenz, AöR 121 (1996), S. 337 (343 Abb. 1).

Mehrheitswahl und Verhältniswahl sind Ausdruck abweichender Repräsenta-
tionsvorstellungen:[22] Im ersten Fall steht die Notwendigkeit der Wahl als Zwi-
schenschritt auf dem Weg zur Regierungsbildung im Vordergrund, im zweiten
Fall ihr Eigenwert als Artikulation politischer Vorlieben. Die Volksvertretung
dient einmal vor allem als eine Stütze der Regierung und einmal stärker als
ein Diskussionsforum, das die Wählerschaft abbildet. Gegenstand der Abbildung ist entweder die Stimmverteilung (bei einem formalen Verständnis) oder
die Zusammensetzung der Bevölkerung (bei einem substanziellen Verständnis):
Die Volksvertretung soll eine Kopie der Nation sein, die das Original ebenso

---

[21] Das Bild eines Kontinuums der Wahlsysteme in der Politikwissenschaft prägte *G. Sartori,* Parties and party systems, 1976, S. 273 ff. Ob sich der Betrachter das Kontinuum als ein-
polig oder zweipolig vorstellen muss, hat eine jahrzehntelange, schwer rekonstruierbare Debatte ausgelöst. Sie beruht teils auf Missverständnissen, hat anscheinend zu Einigkeit in der
Sache geführt und würde sich, falls sie fortgesetzt würde, stärker um Worte als um die Sache
drehen. Als Schlusswort bietet sich an: *D. Nohlen,* Wahlrecht und Parteiensystem, 7. Aufl.
2014, S. 150 in der Sternchenfußnote: „Es handelt sich im Übrigen bei der Kontroverse um
ein unipolares oder bipolares Modell nicht um einen Streit nach den Kategorien richtig oder
falsch, sondern darum, ob die eine oder andere Vorstellung für die vergleichende Wahlsystem-
analyse nützlicher ist.“

[22] Zuordnung von Repräsentationsideen und Wahlsystemgrundtypen bei *D. Nohlen,*
Art. „Wahlen, Wahlsysteme“, in: W. Heun u. a. (Hrsg.), EvStL, 2006, Sp. 2676 (2677 f.);
D. Nohlen, Wahlrecht und Parteiensystem, 7. Aufl. 2014, S. 151 ff. Ähnlich *Hans Meyer,* Wahl-
system und Verfassungsordnung, 1973, S. 153 ff.; *W. Heun,* Das Mehrheitsprinzip in der De-
mokratie, 1983, S. 114 ff. – *C. Lenz,* Ein einheitliches Verfahren für die Wahl des Europäischen
Parlaments, 1994, S. 302 f. unterscheidet „‚soziale/proportionale Repräsentation‘“ als Idee der
Verhältniswahl und „‚funktionale/politische Repräsentation‘“ als Idee der Mehrheitswahl.

getreu in seinen Proportionen abbildet wie eine Landkarte das Staatsgebiet.[23] Auf ein solches substanzielles Verständnis von Repräsentation gründen sich die Forderungen nach Einführung von Geschlechterquoten im Wahlrecht.[24]

Ein Wahlsystem setzt sich aus verschiedenen technischen Elementen zusammen, darunter verschiedene Entscheidungsregeln, die das Stimmergebnis in eine Mandatsverteilung übersetzen.[25] Obwohl Verwechslungsgefahr besteht, nennen sich mitunter auch die Entscheidungsregeln und nicht allein die Wahlsystemgrundtypen „Mehrheitswahl" und „Verhältniswahl": Bei der Entscheidungsregel „Mehrheitswahl" erhält sämtliche Mandate, wer die (relative oder absolute) Mehrheit der Stimmen erreicht hat; bei der Entscheidungsregel „Verhältniswahl" verteilen sich die Mandate entsprechend den Stimmenanteilen auf die Parteien. Eine Entscheidungsregel lässt sich mehr oder weniger rein verwirklichen. Sie ist ein Mittel zum Zweck der Umsetzung einer Repräsentationsvorstellung.[26] Wenn die Gefahr der Verwechslung einer Entscheidungsregel mit einem Wahlsystemgrundtyp besteht, sollte im Falle der Entscheidungsregeln ausschließlich von Majorz und Proporz die Rede sein.[27]

Vergeben werden die Mandate entweder in einem einzigen, das ganze Wahlgebiet umfassenden Wahlkreis, in mehreren, das Wahlgebiet gliedernden Wahlkreisen oder in einem Mehrebenensystem aus verschiedenen Wahlkreisen.[28] Die Wahlkreisgröße ist variabel: Der Gesetzgeber kann in einem Wahlkreis entweder ein einziges Mandat (Einpersonenwahlkreis) oder mehrere Mandate (Mehrpersonenwahlkreis) vergeben lassen.[29] Wer die Anzahl der zu vergebenden Mandate als Wahlkreisgröße bezeichnet, kann an die Ausdehnung des Wahlkreisgebiets denken lassen oder an die Zahl der Einwohner oder der Wahlberechtigten im Wahlkreisgebiet und dadurch Missverständnisse verursachen. Dennoch hat sich die Bezeichnung in der Wahlsystemforschung eingebürgert.[30]

---

[23] *H.-G. Riqueti, comte de Mirabeau,* Sur la nécessité de convoquer une assemblée générale des trois ordres (1789), in: ders., Oeuvres de Mirabeau, Bd. I, 1834–35, S. 3 (7): „Les états sont pour la nation ce qu'est une carte réduite pour son étendue physique; soit en partie, soit en grand, la copie doit toujours avoir les mêmes proportions que l'original." Zum Zitat näher *G. Jellinek,* Mirabeau und das demokratische Wahlrecht (1905), in: ders., Ausgewählte Schriften und Reden, Bd. II, 1911, S. 82 ff., der sich gegen die Vereinnahmung Mirabeaus als Befürworter der Verhältniswahl wendet.

[24] Erstmalige Umsetzung durch das Zweite Gesetz zur Änderung des Brandenburgischen Landeswahlgesetzes – Parité-Gesetz vom 12.2.2019, GVBl. I, S. 1.

[25] *D. Nohlen,* Wahlrecht und Parteiensystem, 7. Aufl. 2014, S. 91 ff., bes. 122 f.

[26] *D. Nohlen,* Wahlrecht und Parteiensystem, 7. Aufl. 2014, S. 154 ff.

[27] *D. Nohlen,* Wahlrecht und Parteiensystem, 7. Aufl. 2014, S. 122 f.

[28] *D. Nohlen,* Wahlrecht und Parteiensystem, 7. Aufl. 2014, S. 93 ff.

[29] *D. Nohlen,* Wahlrecht und Parteiensystem, 7. Aufl. 2014, S. 98 ff.

[30] Hinweis bei *U. Sacksofsky,* Wahlrecht und Wahlsystem, in: M. Morlok/U. Schliesky/ D. Wiefelspütz (Hrsg.), Parlamentsrecht, 2016, § 6 Rn. 6.

Mehrheitswahlrecht ist mehrheits*bildendes* Wahlrecht: Eine einzige Partei oder ein Bündnis möglichst weniger Parteien soll die Mehrheit der Mandate erhalten, auch wenn sie oder es keine Mehrheit der Stimmen erreicht.[31] Entsprechend ist von verdienten und von erzeugten Mandatsmehrheiten die Rede: Im ersten Fall beruht die Mandatsmehrheit auf einer Stimmenmehrheit, im zweiten Fall auf der konzentrierenden Wirkung des Wahlsystems.[32] In der langen Geschichte der Wahlen zum House of Commons im Vereinigten Königreich, die sich nach klassischer Mehrheitswahl richten, erzielte beispielsweise kein einziges Mal eine Partei die absolute Mehrheit der Stimmen. Im Jahr 2015 erhielt die Conservative Party 50,8 Prozent der Mandate, obwohl sie lediglich 36,8 Prozent der Stimmen errungen hatte.[33] Aus prinzipiellen Gründen neigt jedes Wahlsystem dazu, dass es Mehrheiten künstlich herstellt. Das Ausmaß der mehrheitsbildenden Wirkung eines Wahlsystems allerdings schwankt beträchtlich: Bei einigen Wahlsystemen ist sie ganz massiv, bei anderen kaum wahrnehmbar.[34]

Im hergebrachten Sprachgebrauch bedeutet Mehrheitswahl, dass der Bewerber mit den meisten Stimmen gewinnt, und Verhältniswahl, dass die Zusammensetzung der Vertretung der Stimmverteilung entspricht. Dieser Sprachgebrauch ist asymmetrisch und verkürzend.[35] Asymmetrisch ist er deshalb, weil sich die erste Begriffsbestimmung nach der Entscheidungsregel richtet, die zweite nach dem Wahlsystemgrundtyp. Mehrheitswahl und Majorz, Verhältniswahl und Proporz gehen typischerweise Hand in Hand, sind aber weder theoretisch noch empirisch untrennbar miteinander verbunden. In den typischen Fällen ist von klassischen, in den atypischen von kombinierten Wahlsystemen die Rede.[36] Verkürzend ist der Sprachgebrauch deshalb, weil er lediglich eine von vielen Varianten der Mehrheitswahl und häufig auch der Verhältniswahl

---

[31] Begriff bei *Hans Meyer,* Wahlsystem und Verfassungsordnung, 1973, S. 191; *ders.,* Demokratische Wahl und Wahlsystem, in: J. Isensee/P. Kirchhof (Hrsg.), HStR[3] III, 2006, § 45 Rn. 27; *Hans Meyer,* Die Zukunft des Wahlrechts zwischen Unverständnis, Interessenkalkül, obiter dicta und Verfassungsverstoß, in: J. Wieland (Hrsg.), Entscheidungen des Parlaments in eigener Sache, 2011, S. 41 (44): „Nicht die Wahl, sondern das Wahlrecht soll also die Mehrheit schaffen."

[32] Grundlegend *D. W. Rae,* The Political Consequences of Electoral Laws, 1967, S. 69 ff. Spiegelbildlich zu „earned majority" und „manufactured majority" unterscheidet er zwischen „artificial minorities" and „natural minorities" (Begriffspaare auf S. 74). Dazu *D. Nohlen,* Wahlrecht und Parteiensystem, 7. Aufl. 2014, S. 477 ff.

[33] *O. Hawkins/R. Keen/N. Nakatudde,* Briefing Paper: General Election 2015, House of Commons Library Briefing Paper Number CBP-7186, 28.7.2015, http://researchbriefings. parliament.uk/ResearchBriefing/Summary/CBP-7186 (Abruf am 26.4.2019).

[34] *D. W. Rae,* The Political Consequences of Electoral Laws, 1967, S. 69 ff.: „If most electoral systems share the same *directional* pattern of redistribution, they are still very important differences in the *stength* or *degree* of this pattern" (S. 86; Hervorhebungen im Original; S. L.).

[35] Kritik am hergebrachten Sprachgebrauch üben *Hans Meyer,* Wahlsystem und Verfassungsordnung, 1973, S. 153 ff.; *D. Nohlen,* Wahlrecht und Parteiensystem, 7. Aufl. 2014, S. 141 ff.

[36] *D. Nohlen,* Wahlrecht und Parteiensystem, 7. Aufl. 2014, S. 154 ff.

einschließt: die Mehrheitswahl in Einerwahlkreisen und die Verhältniswahl im Einheitswahlkreis. Dieser Sprachgebrauch erschwert die Verständigung und verengt den Blick auf einen kleinen Ausschnitt der weiten Welt der Wahlsysteme.

Asymmetrie und Verkürzung verdanken die Definitionen den Umständen ihrer Entstehung am Ende des 19. Jahrhunderts.[37] Im Norddeutschen Bund und im Deutschen Reich bestimmten die Wähler die Abgeordneten des Reichstags in absoluter Mehrheitswahl in Einerwahlkreisen. Das Wahlsystem entsprach der urtümlichen Vorstellung, dass eine Wahl die Entsendung von Honoratioren und Lokalvertretern bedeute. Nach der Reichsgründung von 1871 entstanden Parteien mit überregionalen Zielen und mit ihnen die Vorstellung, dass ein Wähler bei seiner Stimmabgabe parteipolitische Vorlieben ausdrücke.[38] Die Wahl erfuhr einen Bedeutungswandel: Die Zeitgenossen begriffen sie (auch) als eine Vorentscheidung von Sachfragen, nicht (allein) als eine Persönlichkeitswahl. Deshalb sollte das Wahlsystem möglichst dazu führen, dass die Volksvertretung die Verteilung der parteipolitischen Vorlieben in der Wählerschaft getreu abbildet.

Dieser Erwartung wurde das Wahlsystem deshalb nicht gerecht, weil die SPD im Reichstag stark unterrepräsentiert war. *Erstens* minderte die Wahlkreisgeometrie ihre Aussichten, weil Wähler vom konservativ stimmenden Lande in die sozialdemokratisch stimmenden Städte zogen, ohne dass der Gesetzgeber den Wahlkreiszuschnitt angepasst hätte.[39] *Zweitens* entstanden Wahlbündnisse, weil in den Wahlkreisen zum Mandatsgewinn die *absolute* Mehrheit der Stimmen erforderlich war; häufig richteten sie sich gegen die SPD, die aus Sicht ihrer Mitbewerber nicht anschlussfähig war.[40] Obwohl die Benachteiligung demnach weniger der Mehrheitswahl als solcher geschuldet war, schwand ihr Rückhalt. Die SPD erhob die Forderung nach Verhältniswahl, verstanden als Berücksichtigung der Parteien bei der Mandatsvergabe im Verhältnis ihrer Stimmenanteile.[41] Wer damals von Mehrheitswahl und Verhältniswahl sprach, hatte auf der

---

[37] Ermittlung der Herkunft des gängigen Sprachgebrauchs bei *Hans Meyer,* Wahlsystem und Verfassungsordnung, 1973, S. 95 ff., 157 f., 159 ff., 191; *W. Heun,* Das Mehrheitsprinzip in der Demokratie, 1983, S. 116 f.; *K. Poier,* Minderheitenfreundliches Mehrheitswahlrecht, 2001, S. 71 ff.

[38] Verallgemeinert für die Demokratien der Jahrhundertwende bei *F. Meinel,* Vertrauensfrage, 2019, S. 121 ff.

[39] Aus Sicht der Wähler schwankte der Repräsentationsschlüssel von Wahlkreis zu Wahlkreis ganz erheblich, also das Verhältnis von Mandat und Zahl der Wahlberechtigten, und mit ihm der Zählwert der einzelnen Stimmen: *D. Nohlen,* Wahlrecht und Parteiensystem, 7. Aufl. 2014, S. 93 ff. In diesem Zusammenhang spricht *E. Becht,* Die 5%-Klausel im Wahlrecht, 1990, S. 28 in Fn. 58 von „silent gerrymandering" und meint damit den manipulativen Wahlkreiszuschnitt durch Unterlassen. Zum Gerrymandering näher *D. Nohlen,* Wahlrecht und Parteiensystem, 7. Aufl. 2014, S. 96 ff.; *F. Michl/R. Kaiser,* Wer hat Angst vorm Gerrymander?, in: JöR 67 (2019), S. 51 ff.

[40] *Hans Meyer,* Wahlsystem und Verfassungsordnung, 1973, S. 97 f.

[41] *Hans Meyer,* Wahlsystem und Verfassungsordnung, 1973, S. 99 ff.; *M. Wild,* Die Gleich-

einen Seite einen nach der Entscheidungsregel bestimmten Fall der Mehrheitswahl vor Augen, auf der anderen Seite die nach ihrer Wirkung, unabhängig
von ihrer technischen Gestaltung bestimmte Verhältniswahl. Während damals
allein die Mehrheitswahl in Einerwahlkreisen und die Verhältniswahl im Einheitswahlkreis bekannt waren, hat die Vielfalt der Wahlsysteme im 20. Jahrhundert erheblich zugenommen.[42] Diese Zunahme findet im traditionsgepräg-
ten Sprachgebrauch der Gegenwart nicht immer ihren Niederschlag.[43]

b) Kommunalwahlsystem in Nordrhein-Westfalen:
Personalisierte Verhältniswahl mit gesetzlicher Sperrklausel

Ein Wahlgesetzgeber kann Entscheidungsregeln, Wahlkreisgrößen und andere
technische Elemente vielfältig kombinieren.[44] Deshalb lassen sich auf mittlerer
Abstraktionsebene unterhalb der Wahlsystem*grund*typen (Mehrheitswahl und
Verhältniswahl) verschiedene Wahlsystem*sub*typen unterscheiden.[45] Das System zur Wahl der Kommunalvertretungen in Nordrhein-Westfalen entspricht
dem Subtyp der personalisierten Verhältniswahl.[46] Das Wahlgebiet gliedert sich
in Wahlkreise erster Ebene, in denen mit relativer Mehrheit ein Vertreter pro
Wahlkreis und insgesamt die Hälfte aller Vertreter gewählt werden.[47] Das gesamte Wahlgebiet bildet einen Wahlkreis zweiter Ebene, in dem sich die Wähler
zwischen verschiedenen Parteien entscheiden.[48] Die Mandatsverteilung richtet sich nach dem Stimmenanteil der Parteien im Wahlkreis zweiter Ebene.[49]
Das gilt ausnahmslos: Wenn mehr Bewerber einer Partei Wahlkreismandate erhalten, als ihrer Partei anteilig zustehen, kommen zwar Überhangmandate zu-

---

heit der Wahl, 2003, S. 32 ff. zeichnen die Entwicklung nach, die die Forderung nach der Einführung von Verhältniswahl in Deutschland genommen hat.

[42] *D. Nohlen*, Zum Verhältnis von Wahlsystem und Parteiensystem im internationalen vergleichenden politikwissenschaftlichen Diskurs, in: J. Krüper/H. Merten/T. Poguntke (Hrsg.),
Parteienwissenschaften, 2015, S. 185 (195 f.).

[43] *E. Becht,* Die 5 %-Klausel im Wahlrecht, 1990, S. 32: das Bundestagswahlsystem als
„gemischtes Mehrheits- und Verhältniswahlsystem"; *W. Roth,* Verfassungsmäßigkeit der Einführung einer 3 %-Sperrklausel bei Kommunalwahlen durch Verfassungsänderung, insbesondere für das Land Nordrhein-Westfalen, 2015, S. 15: das Kommunalwahlsystem in Nordrhein-Westfalen als ein „Mischsystem aus vorgeschalteter Mehrheitswahl und ausgleichender
Verhältniswahl"; *E. V. Towfigh,* Das Parteien-Paradox, 2015, S. 75: „typisch bundesrepublikanische Kombination von Verhältnis- und Mehrheitswahlrecht".

[44] *D. Nohlen,* Wahlrecht und Parteiensystem, 7. Aufl. 2014, S. 91 ff.

[45] Typologie der Wahlsysteme auf mittlerer Abstraktionsebene bei *D. Nohlen,* Art. „Wahlen, Wahlsysteme", in: W. Heun u. a. (Hrsg.), EvStL, 2006, Sp. 2676 (2678); *D. Nohlen,* Wahlrecht und Parteiensystem, 7. Aufl. 2014, S. 195 ff., 200 ff.

[46] Zu den Merkmalen der personalisierten Verhältniswahl näher *D. Nohlen,* Wahlrecht und
Parteiensystem, 7. Aufl. 2014, S. 211 f., 228 f. Erläuterung anhand der Wahlen zum Deutschen
Bundestag bei *dems.,* Wahlrecht und Parteiensystem, ebd., S. 367 ff.

[47] § 3 II, § 32 S. 1 KWahlG.

[48] § 3 I III, § 31 S. 1 KWahlG.

[49] § 31 S. 2, § 33 V, VI KWahlG.

stande; sie werden aber ausgeglichen, indem die anderen Parteien gemäß ihrem Stimmenanteil zusätzliche Mandate erhalten.[50] Das persönliche Ergebnis kann einem Bewerber zu einem Mandat verhelfen, auch wenn er als Listenkandidat deshalb nicht in die Vertretung einzöge, weil er auf der Liste überhaupt nicht oder zu weit unten platziert ist. Am Verhältnis der Mandatsanteile der Parteien in der Vertretung ändert sich aber nichts. Obwohl die Wähler in den Wahlkreisen erster Ebene nach Majorz entscheiden, bleibt es bei der Zuordnung des gesamten Systems zum Wahlsystemgrundtyp der Verhältniswahl.

Nach nordrhein-westfälischem Kommunalwahlrecht kann der Wähler seinen Willen verglichen mit anderen Wahlsystemen lediglich ungezielt kundtun.[51] *Erstens* sind die Listen starr und werden im Ganzen gewählt. Darin unterscheidet sich das Kommunalwahlrecht in Nordrhein-Westfalen von dem in den meisten anderen Ländern: Ein Wähler kann weder einem Listenbewerber mehrere Stimmen geben (kumulieren) noch seine Stimmen auf mehrere Listen verteilen (panaschieren).[52] *Zweitens* entscheidet sich ein Wähler mit derselben Stimme sowohl für einen Wahlkreisbewerber als auch für eine Liste.[53] Im Unterschied zu den Bundestagswahlen und den Landtagswahlen in Nordrhein-Westfalen gilt ein Einstimmen- und kein Zweistimmensystem. Demnach kann der Wähler kein (häufig taktisch motiviertes) Stimmensplitting betreiben.[54]

Die Zahl der Mandate, die bei einer nordrhein-westfälischen Kommunalwahl zu vergeben sind, ist nach der Einwohnerzahl der Gemeinde oder des Kreises gesetzlich gestaffelt: Die Größe der Räte reicht von 20 Vertretern in Gemeinden mit nicht mehr als 5.000 Einwohnern bis zu 90 Vertretern in Gemeinden mit mehr als 700.000 Einwohnern (einzig die Stadt Köln).[55] Die Größe der Kreistage reicht von 48 Vertretern in Kreisen mit nicht mehr als 200.000 Einwohnern bis zu 72 Vertretern in Kreisen mit mehr als 500.000 Einwohnern.[56] Die Vergabe von Überhang- und Ausgleichsmandaten kann eine Vertretung aber vergrößern.[57] Nach der Kommunalwahl 2014 betrug die durchschnittliche Größe

---

[50] § 33 III KWahlG.

[51] Zur Personenwahl im (Kommunal-)Wahlrecht auf dem Stand von 2006 näher *Hans Meyer*, Kommunalwahlrecht, in: T. Mann/G. Püttner (Hrsg.), HkWPr[3] I, 2007, § 20 Rn. 80 ff.

[52] Zum Kumulieren und Panaschieren näher *D. Nohlen,* Wahlrecht und Parteiensystem, 7. Aufl. 2014, S. 115 f. Das Kumulieren ist bei Kommunalwahlen überall außer in Nordrhein-Westfalen, im Saarland und in Schleswig-Holstein (und bei den Bezirkswahlen in Berlin) zulässig, das Panaschieren überall außer in Nordrhein-Westfalen und im Saarland (und bei den Bezirkswahlen in Berlin).

[53] § 31 S. 1 und 2 KWahlG.

[54] Erläuterung des Stimmensplittings anhand der Wahlen zum Deutschen Bundestag bei *D. Nohlen,* Wahlrecht und Parteiensystem, 7. Aufl. 2014, S. 380 ff.

[55] § 3 II lit. a KWahlG.

[56] § 3 II lit. b KWahlG.

[57] § 3 III, IV KWahlG.

der Räte in den kreisfreien Städten 69 Mandate, in den kreisangehörigen Städten 36 Mandate; die Kreistage zählten durchschnittlich 62 Mandate.[58]

Die Übersetzung von Stimmen in Mandate richtet sich bei den Kommunalwahlen in Nordrhein-Westfalen nach dem Verfahren Sainte-Laguë/Schepers.[59] Gegenüber den beiden anderen in Deutschland vorkommenden Zuteilungsverfahren, D'Hondt und Hare/Niemeyer, hat es Vorteile: D'Hondt bevorzugt stimmenstärkere Listen gegenüber stimmenschwächeren, während das Verfahren Sainte-Laguë/Schepers listenneutral ist; Hare/Niemeyer kann verhindern, dass sich aus einer absoluten Mehrheit der Stimmen eine absolute Mehrheit der Mandate ergibt.[60] Das Verfahren Sainte-Laguë/Schepers ist in Deutschland im Vordringen und findet Anwendung etwa bei den Wahlen zum Europäischen Parlament, zum Deutschen Bundestag und zum Landtag Nordrhein-Westfalen.

Eine Sperrklausel schreibt vor, dass eine Partei einen bestimmten Mindestanteil der Stimmen erreichen muss, damit sie an der Mandatszuteilung im Anschluss an die Wahl überhaupt teilnehmen kann.[61] Wenn eine Partei den Mindestanteil verfehlt, gewinnt sie kein einziges Mandat, auch wenn ihr im Falle einer uneingeschränkt proportionalen Sitzverteilung ein Mandat oder mehrere Mandate zustünde(n). Seit dem Jahr 2016 enthält die nordrhein-westfälische Landesverfassung in Art. 78 I 3 NWVerf. eine solche Sperrklausel in Höhe von 2,5 Prozent.[62] Die Sperrklausel gilt für die Wahl der Räte und der Kreistage, der Bezirksvertretungen und der Verbandsversammlung des Regionalverbandes Ruhr. Bei der Kommunalwahl 2020 soll(te) sie erstmals zur Anwendung kommen.

Im Jahr nachdem der Gesetzgeber die Sperrklausel eingeführt hatte, hat das Landesverfassungsgericht im Rahmen von Organstreitverfahren festgestellt, dass die Sperrklausel verfassungswidrig sei, soweit sie die Wahlen der Kreistage und der Räte betreffe.[63] Für die Wahlen der Bezirksvertretungen und der

---

[58] *J. Bogumil u. a.,* Auswirkungen der Aufhebung der kommunalen Sperrklausel auf das kommunalpolitische Entscheidungssystem in Nordrhein-Westfalen, 2015, S. 15 mit Tabelle 2.

[59] § 33 II KWahlG. Zum Verfahren auch *D. Nohlen,* Wahlrecht und Parteiensystem, 7. Aufl. 2014, S. 131 f. Das Verfahren ist benannt nach dem französischen Mathematiker André Sainte-Laguë und dem deutschen Beamten Hans Schepers. Zu den Berechnungsmethoden im (Kommunal-)Wahlrecht auf dem Stand von 2006 näher *Hans Meyer,* Kommunalwahlrecht, in: T. Mann/G. Püttner (Hrsg.), HkWPr[3] I, 2007, § 20 Rn. 76 ff.

[60] *D. Nohlen,* Wahlrecht und Parteiensystem, 7. Aufl. 2014, S. 123 ff. 130 f. Im ersten Fall ist das Verfahren benannt nach dem belgischen Rechtswissenschaftler Viktor D'Hondt, im zweiten nach dem englischen Rechtsanwalt Thomas Hare und dem deutschen Mathematiker Horst Niemeyer.

[61] *D. Nohlen,* Wahlrecht und Parteiensystem, 7. Aufl. 2014, S. 120 ff.

[62] Gesetz zur Änderung der Verfassung für das Land Nordrhein-Westfalen und wahlrechtlicher Vorschriften (Kommunalvertretungsstärkungsgesetz) vom 14.6.2016, GV. NRW, S. 442. Einfachrechtlich geregelt wurde die Sperrklausel in § 33 I 2 bis 4 KWahlG.

[63] VerfGH NRW, Urteil vom 21.11.2017, 21/16 u. a. – Kommunalwahl-Sperrklausel III. Unvollständiger Abdruck der Entscheidung in: NVwZ 2018, S. 159 ff.; NWVBl. 2018, S. 147 ff.

Verbandsversammlung des Regionalverbandes Ruhr sei sie verfassungsgemäß: Die Bezirke seien Untergliederungen der kreisfreien Städte, der Regionalverband Ruhr ein Gemeindeverband.[64] Weder die Bezirksvertretungen noch die Verbandsversammlung seien demnach Vertretungen im Sinne von Art. 28 I 2 GG, sodass die darin enthaltenen Wahlgrundsätze auf sie keine Anwendung fänden.[65] Das Landesverfassungsgericht hat lediglich eine Feststellung getroffen und die Normen nicht für nichtig erklärt.[66] Zur Nichtigerklärung ist es im Organstreitverfahren nicht ermächtigt.[67] Deshalb ist die Sperrklausel durch die Gerichtsentscheidung nicht außer Kraft getreten.[68]

Im April 2019 hat der Landesgesetzgeber das Kommunalwahlgesetz so geändert, dass die Sperrklausel nach einfachem Recht ausschließlich für die Wahlen zu den Bezirksvertretungen und zur Verbandsversammlung des Regionalverbandes Ruhr fortbesteht.[69] Die ranghöhere Regelung in Art. 78 I 3 NWVerf. hat er allerdings weder geändert noch aufgehoben. Einen Gesetzentwurf einer Oppositionsfraktion, der auf die Aufhebung auch der landesverfassungsrechtlichen Sperrklausel zielte, hat der Landtag im Dezember 2018 abgelehnt.[70] Zurzeit befindet sich kein Gesetzentwurf im Gesetzgebungsverfahren, der die Aufhebung beinhalten würde. Möglicherweise erwägt der Landesgesetzgeber,

---

[64] VerfGH NRW, Urteil vom 21.11.2017, 21/16 u.a., Rn. 132 – Kommunalwahl-Sperrklausel III. Maßgeblich sind §§ 35 ff. GO NRW und §§ 1 ff. des Gesetzes über den Regionalverband Ruhr.

[65] VerfGH NRW, Urteil vom 21.11.2017, 21/16 u.a., Rn. 131 ff. – Kommunalwahl-Sperrklausel III.

[66] Dementsprechend lautet der Tenor in VerfGH NRW, Urteil vom 21.11.2017, 21/16 u.a. – Kommunalwahl-Sperrklausel III: „Der Antragsgegner hat das Recht der Antragstellerin auf Gleichheit der Wahl aus Art. 69 Abs. 1 Satz 2 LV i.V.m. Art. 28 Abs. 1 Satz 2 GG dadurch verletzt, dass er [...] in Art. 78 Abs. 1 Satz 3 LV und § 33 Abs. 1 Sätze 2 bis 4 KWahlG eine 2,5 %-Sperrklausel eingeführt hat, soweit diese für die Wahlen der Räte der Gemeinden und der Kreistage gilt."

[67] § 46 I 1 VGHG NRW: „Der Verfassungsgerichtshof stellt in seiner Entscheidung fest, ob die beanstandete Maßnahme oder Unterlassung des Antragsgegners gegen eine Bestimmung der Verfassung verstößt."

[68] Wohl ebenso *C. v. Coelln,* Stellungnahme zum Entwurf eines Kommunalvertretungsdemokratisierungsgesetzes vom 12.12.2017, Stellungnahme 17/903 vom 29.10.2018, S. 1 (6 f.). Gegenauffassung aber bei *H. Wißmann,* Stellungnahme zum Entwurf eines Kommunalvertretungsdemokratisierungsgesetzes vom 12.12.2017, Stellungnahme 17/904 vom 29.10.2018, S. 1 (2, 4). Die Gegenauffassung beruht mutmaßlich auf der Annahme, dass verfassungswidrige Gesetze in der deutschen Rechtsordnung generell nichtig seien. Dieses sogenannte Nichtigkeitsdogma ist aber weder mit dem geltenden Verfassungs(prozess)recht noch mit der Verfassungs(prozess)rechtspraxis vereinbar.

[69] Gesetz zur Änderung des Kommunalwahlgesetzes und weiterer wahlrechtlicher Vorschriften vom 11. April 2019, GV. NRW, S. 202. Die einschlägigen Neuregelungen sind § 33 I 2, § 46a VI 3, § 46j II 1 KWahlG.

[70] Entwurf eines Gesetzes zur Änderung der Verfassung für das Land Nordrhein-Westfalen und wahlrechtlicher Vorschriften (Kommunalvertretungsdemokratisierungsgesetz) vom 12.12.2017, LT-Drucks. 17/1447. Ablehnungsbeschluss gefasst in der Sitzung des Landtags vom 12.12.2018, Plenarprotokoll 17/45, S. 130.

den Einwänden des Landesverfassungsgerichts gegen die Sperrklausel dadurch Rechnung zu tragen, dass er ergänzende Regelungen trifft und sozialwissenschaftliche Forschung betreiben lässt, damit das Landesverfassungsgericht die Sperrklausel in einem neuerlichen Verfahren für verfassungsgemäß befindet.[71]

c) Schwinden von Sperrklauseln auf Betreiben der Rechtsprechung: Kommunalwahlrecht in Nordrhein-Westfalen als Musterbeispiel

Die Wahlen zum Europäischen Parlament, zum Deutschen Bundestag, zu den sechzehn Landtagen und zu den Kommunalvertretungen richten sich nach Varianten des Systems der personalisierten Verhältniswahl. Bei der Bundestagswahl und den Landtagswahlen gelten 5-Prozent-Sperrklauseln[72]. Einmütig sind das Bundesverfassungsgericht und die Landesverfassungsgerichte zu dem Ergebnis gelangt, dass diese Sperrklauseln verfassungsgemäß seien.[73] Das Bundesverfassungsgericht erklärte lediglich 1952 in seiner damaligen Eigenschaft als Landesverfassungsgericht von Schleswig-Holstein eine Sperrklausel in gesteigerter Höhe von 7,5 Prozent bei der dortigen Landtagswahl für nichtig.[74] Für nichtig erklären konnte das Gericht die Sperrklausel deshalb, weil es auch über eine Verfassungsbeschwerde zu entscheiden hatte, nicht allein über Anträge im Organstreitverfahren. In der gleichen Entscheidung bestätigte das Gericht die (grundsätzliche) Verfassungsmäßigkeit von 5-Prozent-Sperrklauseln.

---

[71] *T. Elster,* „Zersplitterung" kommunaler Gremien und das Wahlrecht – das Ende der Sperrklausel?, in: NWVBl. 2018, S. 139 (139): „Nach deren Fehlschlagen [scil. der Sperrklausel; S. L.] in Nordrhein-Westfalen würde es nicht verwundern, wenn Landesgesetzgeber […] über eine besser begründete Neuauflage der Sperrklausel nachdächten." Abweichende Vorhersage bei *Hubert Meyer,* Anmerkung [zu VerfGH NRW, Urteil vom 21.11.2017, 21/16 u. a.], in: NVwZ 2018, S. 172 (173): „Für die Wahlen zu den Vertretungen der Gemeinden und Landkreise dürfte damit auch außerhalb des Landes Nordrhein-Westfalen das Thema rechtspolitisch an Bedeutung verlieren."

[72] Diese Schreibweise bevorzugt A. Wöllstein/Dudenredaktion (Hrsg.), Die Grammatik, 9. Aufl. 2016, Rn. 113: „5-Prozent-Hürde". *J. Oebbecke,* Ist die 5% Klausel noch zeitgemäß?, 2016, S. 1 (1) deutet die vorfindliche Bandbreite an Schreibungen und die Unsicherheit, welche Schreibungen zulässig sind, als einen Ausdruck von Unbehagen über Sperrklauseln an sich.

[73] Die Verfassungsmäßigkeit der 5-Prozent-Sperrklausel bei der Bundestagswahl bestätigt in BVerfG, Beschluss vom 13.6.1956, 1 BvR 315/53 u. a., BVerfGE 5, 77 (83) – Bundestagswahl-Sperrklausel I; BVerfG, Urteil vom 23.1.1957, 2 BvE 2/56, BVerfGE 6, 84 (89 ff.) – Bundestagswahl-Sperrklausel II und später beispielsweise in BVerfG, Urteil vom 25.7.2012, 2 BvF 3/11 u. a., BVerfGE 131, 316 (344) – Negatives Stimmgewicht. Bestätigungen der Verfassungsmäßigkeit von 5-Prozent-Sperrklauseln bei Landtagswahlen beispielsweise in BVerfG, Urteil vom 5.4.1952, 2 BvH 1/52, BVerfGE 1, 208 (238 ff.) – Landtagswahl-Sperrklausel SchlH II; BVerfG, Urteil vom 11.8.1954, 2 BvK 2/54, BVerfGE 4, 31 – Landtagswahl-Sperrklausel SchlH III; BayVerfGH, Entscheidung vom 28.7.1986, Vf. 3-VII-86; BayVerfGH, Entscheidung vom 18.7.2006, Vf. 9-VII-04; BayVerfGH, Entscheidung vom 10.5.2010, Vf. 49-III-09; NdsStGH, Beschluss vom 15.4.2010, 2/09; SaarlVerfGH, Urteil vom 29.9.2011, Lv 4/11; SaarlVerfGH, Urteil vom 18.3.2013, Lv 12/12.

[74] BVerfG, Urteil vom 5.4.1952, 2 BvH 1/52, BVerfGE 1, 208 – Landtagswahl-Sperrklausel SchlH II.

Das deutsche Kommunalwahlrecht enthält grundsätzlich keine Sperrklauseln. Eine besondere Ausnahme ist die 5-Prozent-Sperrklausel, die die Bremische Landesverfassung für die Wahlen zur *Stadt*bürgerschaft, der Kommunalvertretung der Stadt Bremen, vorschreibt: Die Stadtbürgerschaft ist mit der Bremischen Bürgerschaft, also dem Landtag, teilidentisch, weil die Stadtbürgerschaft aus den Abgeordneten besteht, die die Wähler der Stadt Bremen in die Bürgerschaft entsandt haben.[75] Eine zweite Ausnahme ist die erwähnte 2,5-Prozent-Sperrklausel in der Landesverfassung von Nordrhein-Westfalen. Die Verfassungen von Berlin und Hamburg schließlich sehen zwar jeweils eine 3-Prozent-Sperrklausel für die Wahlen der Bezirksversammlungen vor. Die Bezirke sind aber keine Gemeinden im Sinne von Art. 28 II GG, die Bezirksversammlungen keine Vertretungen im Sinne von Art. 28 I 2 GG, die Wahlen zu den Bezirksversammlungen demnach keine Wahlen im Sinne von Art. 28 I 2 und 3 GG.

Diesem Zustand des Kommunalrechts ist eine Änderung der Rechtsprechung vorausgegangen: Im Jahr 1957 befand das Bundesverfassungsgericht, dass eine 5-Prozent-Sperrklausel bei den Kommunalwahlen in Nordrhein-Westfalen verfassungsgemäß sei.[76] Das Landesverfassungsgericht schloss sich dieser Beurteilung im Jahr 1994 an, erteilte dem Gesetzgeber aber einen Prüfauftrag.[77] Im Jahr 1999, vor einer Kommunalwahl im gleichen Jahr, stellte es fest, dass der Gesetzgeber dem Prüfauftrag nicht nachgekommen sei und die Rechte von Parteien dadurch verletzt habe, dass er die Sperrklausel nicht wenigstens gesenkt habe.[78] Kurz nach dem Urteil hob der Gesetzgeber die entsprechende Norm im Kommunalwahlgesetz auf. Die Kommunalwahlen in den Jahren 1999, 2004, 2009 und 2014 fanden deshalb ohne eine Sperrklausel statt. Den beiden Urteilen des Verfassungsgerichts in Nordrhein-Westfalen folgten Entscheidungen anderer Landesverfassungsgerichte, die Sperrklauseln bei Kommunalwahlen ebenfalls für verfassungswidrig befanden.[79] Die Recht-

---

[75] Art. 148 I 2 BremVerf. bestimmt, dass Art. 75 S. 3 BremVerf, der eine Sperrklausel für die Bürgerschaftswahlen statuiert, auf die Wahlen zur Stadtbürgerschaft Anwendung findet. Bei der Wahl zur Stadtverordnetenversammlung der Stadt Bremerhaven, ebenfalls eine Kommunalvertretung, gilt wegen BremStGH, Urteil vom 14.5.2009, 2/08 keine Sperrklausel mehr.

[76] BVerfG, Urteil vom 23.1.1957, 2 BvF 3/56, BVerfGE 6, 104 – Kommunalwahl-Sperrklausel NRW.

[77] VerfGH NRW, Urteil vom 29.9.1994, 7/94, DVBl. 1995, S. 153 ff. – Kommunalwahl-Sperrklausel I.

[78] VerfGH NRW, Urteil vom 6.7.1999, 14 und 15/98, DVBl. 1999, S. 1271 ff. – Kommunalwahl-Sperrklausel II.

[79] Besonders bedeutsam ist eine Entscheidung des Bundesverfassungsgerichts in seiner damaligen Eigenschaft als Landesverfassungsgericht für Schleswig-Holstein: BVerfG, Urteil vom 13.2.2008, 2 BvK 1/07, BVerfGE 120, 82 – Kommunalwahl-Sperrklausel SchlH III.

sprechung des Verfassungsgerichts in Nordrhein-Westfalen hatte bundesweit Vorbildwirkung.[80]

Der Zustand des deutschen Europawahlrechts ist ebenfalls das Ergebnis einer Änderung der Rechtsprechung. Dem Wandel der Rechtsprechung zum Kommunalwahlrecht folgte sie jedenfalls zeitlich, möglicherweise auch inhaltlich nach: Bei den Wahlen zum Europäischen Parlament gilt in Deutschland keine Sperrklausel. Der Gesetzgeber hatte zur ersten Direktwahl des Europäischen Parlaments 1979 eine 5-Prozent-Sperrklausel eingeführt; das Bundesverfassungsgericht stufte sie im Jahr ihrer Einführung als verfassungskonform ein.[81] Im Jahr 2011 aber erklärte es sie für verfassungswidrig.[82] Daraufhin führte der Gesetzgeber eine auf 3 Prozent gesenkte Sperrklausel ein. Diese Sperrklausel hat das Bundesverfassungsgericht 2014 mit im Wesentlichen unveränderter Begründung wie bereits drei Jahre zuvor für verfassungswidrig erklärt.[83]

Die Kommunalwahl-Sperrklausel in Nordrhein-Westfalen hat der Gesetzgeber 2016 in die Landesverfassung (statt nur ins Wahlgesetz) aufgenommen und (von 5 Prozent) auf 2,5 Prozent gesenkt. Mit diesen Veränderungen wollte er den Einwänden der Rechtsprechung gegen Sperrklauseln begegnen. Damit folgte er dem Vorbild der Stadtstaaten Berlin und Hamburg: Sie hatten ihre Landesverfassungen um Sperrklauseln in Höhe von 3 Prozent für die Wahlen zu den Bezirksversammlungen ergänzt, nachdem das jeweilige Landesverfassungsgericht eine 5-Prozent-Sperrklausel im Wahlgesetz für verfassungswidrig befunden hatte.[84] Die veränderten Sperrklauseln haben die Landesverfassungsgerichte als verfassungsgemäß eingestuft.[85] Da die Bezirksversammlungen nicht zu den Vertretungen im Sinne von Art. 28 I 2 GG gehören, müssen sie sich allerdings nicht an dem Wahlgleichheitsgebot messen lassen, das in dieser Bestimmung geregelt ist. Indem das Landesverfassungsgericht in Nordrhein-Westfalen festgestellt hat, dass die 2,5-Prozent-Sperrklausel für die Wahl der Räte und der Kreistage verfassungswidrig, für die Wahl der Bezirksvertretungen und der Verbandsversammlung des Regionalverbandes Ruhr aber verfas-

---

[80] *D. Ehlers,* Die Rechtsprechung des Verfassungsgerichtshofs für das Land Nordrhein-Westfalen zur 5%-Sperrklausel im Kommunalwahlrecht, in: Präsident des Verfassungsgerichtshofs für das Land Nordrhein-Westfalen (Hrsg.), Verfassungsgerichtsbarkeit in Nordrhein-Westfalen, 2002, S. 273 (291 f.).

[81] BVerfG, Beschluss vom 22.5.1979, 2 BvR 193 und 197/79, BVerfGE 51, 222 – Europawahl-Sperrklausel I.

[82] BVerfG, Urteil vom 9.11.2011, 2 BvC 4/10 u. a., BVerfGE 129, 300 – Europawahl-Sperrklausel II.

[83] BVerfG, Urteil vom 26.2.2014, 2 BvE 2/13 u. a., BVerfGE 135, 259 – Europawahl-Sperrklausel III.

[84] BerlVerfGH, Urteil vom 17.3.1997, 90/95; HmbVerfGH, Urteil vom 15.1.2013, 2/11. Dazu *L. Michael,* Verfassungsunmittelbare Sperrklauseln auf Landesebene, 2015, S. 20 ff.

[85] BerlVerfGH, Urteil vom 13.5.2013, 155/11; HmbVerfGH, Urteil vom 20.10.2015, 4/15.

sungsgemäß sei, ist es also nicht von der Auffassung der Landesverfassungsgerichte in Berlin und Hamburg abgewichen.[86]

d) Rechtsvergleichung: Verrechtlichung von Wahlsystemfragen zwischen deutschem Sonderweg und nationaler Errungenschaft

Das subjektive Wahlrecht, verstanden als das individuelle Recht auf Stimmabgabe, unterliegt in allen westlichen Demokratien im Kern übereinstimmenden
verfassungsrechtlichen Vorgaben.[87] Einige Verfassungen gehen über Vorgaben
für das subjektive Wahlrecht hinaus, indem sie ein bestimmtes Wahlsystem oder
bestimmte Wahlsystemelemente vorschreiben: Nach Art. 149 II 1 der Bundesverfassung der Schweizerischen Eidgenossenschaft (BV) werden die Abgeordneten des Nationalrats der Schweiz nach der Entscheidungsregel „Proporz"
gewählt; nach Art. 26 I des Bundes-Verfassungsgesetzes (B-VG) wird der Na-
tionalrat in Österreich nach den Grundsätzen der Verhältniswahl gewählt.[88] Außerhalb Deutschlands kennt nahezu keine Verfassung einen Wahlgrundsatz der
Erfolgswertgleichheit; die Wahlgleichheit beschränkt sich nahezu überall auf
die Zählwertgleichheit.[89] Als eine Ausnahme hat das Verfassungsgericht in Ita-
lien, die Corte costituzionale, unter Bezugnahme auf die Rechtsprechung des
Bundesverfassungsgerichts entschieden, dass die Verfassung der Italienischen
Republik die Erfolgswertgleichheit der Stimmen verbürge.[90]

Während das Ausland die Gestaltung des subjektiven Wahl*rechts* nicht anders als in Deutschland als eine Rechtsfrage behandelt, gilt die weitergehende Gestaltung des Wahl*systems* dort mehrheitlich als eine Theorie- und eine
Machtfrage, aber nicht als Verfassungsrechtsfrage.[91] In kaum einer anderen
westlichen Demokratie nutzen die Parteien so bedenkenlos und unverhohlen
das Wahlrecht als Mittel des Machterhalts wie in Frankreich. Die Folge sind
zahlreiche Systemwechsel.[92] Symptomatisch sind die Reformen von 1985 und

---

[86] VerfGH NRW, Urteil vom 21.11.2017, 21/16 – Kommunalwahl-Sperrklausel III.

[87] *D. Nohlen,* Die Politik des Sonderweges, in: K. Armingeon (Hrsg.), Staatstätigkeiten, Parteien und Demokratie, 2013, S. 527 (532); *D. Nohlen,* Wahlrecht und Parteiensystem,
7. Aufl. 2014, S. 390.

[88] Zur Lage in der Schweiz und in Österreich näher *D. Nohlen,* Die Politik des Sonderweges, in: K. Armingeon (Hrsg.), Staatstätigkeiten, Parteien und Demokratie, 2013, S. 527
(539 f.).

[89] *C. Lenz,* Die Wahlrechtsgleichheit und das Bundesverfassungsgericht, in: AöR 121
(1996), S. 337 (354); *D. Nohlen,* Erfolgswertgleichheit als fixe Idee oder: Zurück zu Weimar?,
in: ZParl 40 (2009), S. 179 (182); *ders.,* Wahlrecht und Parteiensystem, 7. Aufl. 2014, S. 390 ff.

[90] Hinweis darauf bei *L. Michael,* Verfassungsunmittelbare Sperrklauseln auf Landesebene, 2015, S. 33 in Fn. 61.

[91] *D. Nohlen,* Die Politik des Sonderweges, in: K. Armingeon (Hrsg.), Staatstätigkeiten,
Parteien und Demokratie, 2013, S. 527 (529 ff.) unterscheidet und behandelt drei Sichtweisen
auf Wahlsysteme: die theoretische, die machtpolitische und die rechtliche.

[92] *D. Nohlen,* Wahlrecht und Parteiensystem, 7. Aufl. 2014, S. 345 ff. gibt einen Überblick
über die Geschichte des Wahlsystems für die Assemblée nationale.

1986: Zu den Wahlen 1986 führte eine linke Mehrheit aus Kalkül die Verhältniswahl ein, die eine rechte Mehrheit nach der Wahl nicht minder kalkuliert abschaffte.[93]

In den 2010er Jahren setzte in Frankreich eine Debatte ein, die an die Auseinandersetzungen in Deutschland um 1900 erinnert: Die Wähler bestimmen die Abgeordneten der Assemblée nationale (wie damals die des Reichstages) in absoluter Mehrheitswahl in Einerwahlkreisen.[94] Der Front National (der sich am 1. Juni 2018 in Rassemblement National umbenannt hat) erzielt (wie damals die SPD) bei den Wahlen zur Assemblée nationale relativ große Stimmenanteile, erhält gemessen daran aber wenige Sitze, weil er als eine Partei am Rande des politischen Spektrums bündnisunfähig ist. Bei der Wahl 2017 erhielt der Front National im ersten Wahlgang 13,2 Prozent und im zweiten Wahlgang 8,8 Prozent der Stimmen, aber lediglich 1,4 Prozent der Mandate.[95] Deshalb fordert er, dass die Abgeordneten der Assemblée nationale künftig nach Verhältniswahl gewählt werden. Bei den Wahlen zum Europäischen Parlament 2014, die sich in Frankreich nach einem Verhältniswahlsystem richten, erhielt der Front National 24,9 Prozent der Stimmen und 32,4 Prozent der Mandate.[96]

Das deutsche Verfassungsrecht beschreitet, jedenfalls so wie es die Verfassungsgerichte auslegen, im weltweiten Vergleich einen Sonderweg, indem es Wahlgleichheit im Verhältniswahlsystem als Erfolgswertgleichheit versteht, während sich die Verfassungen im Ausland zu erfolglosen Stimmen in nahezu allen Fällen neutral verhalten.[97] Eine ungewöhnliche Entwicklung kann aber genauso eine Errungenschaft sein wie ein Irrweg.[98] Das System der personalisierten Verhältniswahl zum Beispiel ist in Deutschland entstanden, gilt vielen Beobachtern im Ausland als vorbildlich und hat die Wahlgesetzgebung in ande-

---

[93] *D. Nohlen,* Wahlrecht und Parteiensystem, 7. Aufl. 2014, S. 355 ff., 520 f.

[94] Die absolute Mehrheitswahl in Einerwahlkreisen, die erhebliche Beeinträchtigungen der Erfolgswertgleichheit bewirkt, und die Wahlgleichheit, verbürgt in Art. 3 III 2 der Verfassung der Fünften Französischen Republik, sind nach französischem Verständnis miteinander vereinbar. Hinweis darauf bei *C. Lenz,* Die Wahlrechtsgleichheit und das Bundesverfassungsgericht, in: AöR 121 (1996), S. 337 (354).

[95] Résultats des élections législatives 2017, www.interieur.gouv.fr/Elections/Les-resultats/Legislatives/elecresult__legislatives-2017/(path)/legislatives-2017/FE.html (Abruf am 26.4. 2019).

[96] Résultats des élections européennes 2014, www.interieur.gouv.fr/Elections/Les-resultats/Europeennes/elecresult__ER2014/(path)/ER2014/FE.html (Abruf am 26.4.2019).

[97] Vom deutschen Sonderweg sprechen *U. Di Fabio/R. Mellinghoff,* Abweichende Meinung zu BVerfG, Urteil vom 9.11.2011, 2 BvC 4/10 u. a., BVerfGE 129, 300 (353) – Europawahl-Sperrklausel II; *P. Müller,* Abweichende Meinung zu BVerfG, Urteil vom 26.2.2014, 2 BvE 2/13 u. a., BVerfGE 135, 259 (300) – Europawahl-Sperrklausel III. Aus dem Schrifttum vor allem *D. Nohlen,* Die Politik des Sonderweges, in: K. Armingeon (Hrsg.), Staatstätigkeiten, Parteien und Demokratie, 2013, S. 527 ff.

[98] Zugeständnis bei *L. Michael,* Verfassungsunmittelbare Sperrklauseln auf Landesebene, 2015, S. 33.

ren Staaten angeregt.[99] Die anfangs eigenwillige Schöpfung der Deutschen ist nicht zum Ausgangspunkt eines bedenklichen Sonderwegs geworden, sondern zum Ursprung einer weltweit anerkannten Innovation. Rechtsvergleichende Befunde leisten ausschließlich dann einen Beitrag zur Interpretation einer Norm, wenn sich nachweisen lässt, dass sich der Normerzeuger dem ausländischen Vorbild entweder angeschlossen oder sich davon abgegrenzt hat.[100]

2. Wirkungen von Sperrklauseln aus Wähler- und aus Parteiensicht

a) Sperrklauseln als konzentrationsfördernde Wahlsystemelemente: Mechanische und psychische Wirkungen aus Wählersicht

Ein Wahlsystem erzeugt mechanische und psychische Wirkungen: Wahlsysteme unterscheiden sich darin, wie sie ein Stimmergebnis in die Mandatsverteilung umsetzen, und zu welchem Verhalten sie die Wähler und die Parteien veranlassen, die nämlich die mechanischen Wirkungen bedenken und ihr Verhalten an den Erfolgsbedingungen eines Wahlsystems ausrichten können.[101] Während mechanische Wirkungen losgelöst von äußeren Einflüssen eintreten und deshalb im Voraus vergleichsweise zuverlässig berechenbar sind, lassen sich psychische Wirkungen schwer nachweisen, geschweige denn vorhersagen, weil äußere Umstände beeinflussen, ob und wie sich die Anreize, die ein Wahlsystem erzeugt, im Verhalten von Wählern und Parteien niederschlagen.[102] Dadurch schwindet die Aussagekraft hypothetischer Berechnungen, die ein gegebenes Stimmergebnis, das bei einer Wahl unter Geltung einer Sperrklausel zustande gekommen ist, in eine Mandatsverteilung übersetzen, indem sie zu Demonstrationszwecken außer Acht lassen, dass eine Sperrklausel galt.

---

[99] *D. Nohlen,* Wahlrecht und Parteiensystem, 7. Aufl. 2014, S. 210 f. führt die personalisierte Verhältniswahl, die zugleich der Urtyp der kombinierten Wahlsysteme sei, zurück auf *S. Geyerhahn,* Das Problem der verhältnismäßigen Vertretung, 1902.

[100] Nach Beobachtung von *L. Michael,* Verfassungsunmittelbare Sperrklauseln auf Landesebene, 2015, S. 70 ff. scheuen die Rechtsprechung und die Rechtswissenschaft den Wahlrechtsvergleich. *D. Nohlen,* Zum Verhältnis von Wahlsystem und Parteiensystem im internationalen vergleichenden politikwissenschaftlichen Diskurs, in: J. Krüper/H. Merten/T. Poguntke (Hrsg.), Parteienwissenschaften, 2015, S. 185 (192 ff.) wirft dem Bundesverfassungsgericht deshalb Arroganz vor, weil es seine Interpretation des Grundgesetzes nicht an der Rechtslage im Ausland ausrichte (S. 192 f.). Danach formuliert *ders.,* Zum Verhältnis von Wahlsystem und Parteiensystem im internationalen vergleichenden politikwissenschaftlichen Diskurs, ebd., S. 195 aber vorsichtiger: „Vergleichen muss natürlich nicht die Folge haben, internationale Lösungen einfach zu übernehmen."

[101] Grundlegend *M. Duverger,* Die politischen Parteien, 1959, S. 238 ff. In ähnlicher Weise unterscheidet *D. W. Rae,* The Political Consequences of Electoral Laws, 1967, S. 133 ff. zwischen zuverlässig bestimmbaren kurzfristigen Wirkungen von Wahlsystemen auf die Sitzverteilung („short run [proximal]" consequences) und schwer nachvollziehbaren langfristigen Wirkungen auf das Parteiensystem („long run [distal]" consequences).

[102] *D. W. Rae,* The Political Consequences of Electoral Laws, 1967, S. 133 f.; *D. Nohlen,* Wahlrecht und Parteiensystem, 7. Aufl. 2014, S. 475.

Die Wahlsystemforschung unterscheidet zwei Arten von Sperrklauseln: *faktische* oder auch natürliche Sperrklauseln und *gesetzliche* Sperrklauseln. Abhängig vom Verrechnungsverfahren ergeben sich zwei Schwellenwerte, die für die Mandatszuteilung bedeutsam sind. Sie lassen sich für jede einzelne Vertretung vorherbestimmen, wenn die Zahl der zu vergebenden Mandate und der kandidierenden Parteien feststeht: Je mehr Mandate zu vergeben sind und je weniger Parteien kandidieren, umso niedriger liegen die Schwellenwerte. Wer den unteren Schwellenwert verfehlt, wird mit Sicherheit kein Mandat erhalten; wer den oberen Schwellenwert erreicht, dem steht mit Sicherheit ein Mandat zu. Der untere Schwellenwert nennt sich Ausschlussschwelle. Der obere Schwellenwert firmiert als faktische Sperrklausel, weil er zwar auf eine andere Weise, aber im Ergebnis ebenso wie eine gesetzliche Sperrklausel dazu führt, dass einige Stimmen keinen Einfluss haben, wie sich die Vertretung zusammensetzt.[103] Der Stimmenanteil, den eine Partei bei einer Wahl im Einzelfall erreichen muss, liegt zwischen diesen beiden Schwellenwerten und hängt im Einzelnen von Zufällen ab. Bei der nordrhein-westfälischen Kommunalwahl 2014 schwankte die faktische Sperrklausel in den Gemeinden zwischen 0,6 Prozent und 2,8 Prozent.[104] Wie viele Wählerstimmen aufgrund einer faktischen Sperrklausel wirkungslos bleiben, kann ein Wahlgesetzgeber beeinflussen, indem er die Zahl der zu vergebenden Mandate verringert oder erhöht.[105]

Die Mandate, die den erfolglosen Parteien zukämen, wenn keine Sperrklausel bestünde, bleiben nicht unbesetzt (obwohl diese Folge durchaus möglich wäre), sondern kommen den erfolgreichen Parteien zugute. Bezugsgröße für

---

[103] *F. Pukelsheim/S. Maier/P. Leutgäb,* Zur Vollmandat-Sperrklausel im Kommunalwahlgesetz, in: NWVBl. 2009, S. 85 (87 f.). Bei der Definition von *J. Bogumil u. a.,* Auswirkungen der Aufhebung der kommunalen Sperrklausel auf das kommunalpolitische Entscheidungssystem in Nordrhein-Westfalen, 2015, S. 14 f. bleibt zunächst unklar, welchen der beiden Schwellenwerte, den oberen oder den unteren, sie als natürliche Sperrklausel definieren: „Systemimmanent besitzen nämlich alle Sitzzuteilungsmethoden eine natürliche Sperrklausel. Darunter versteht man die rechnungsbedingten Schwellenwerte, unter denen keinesfalls ein Mandat zugeteilt wird (sog. Ausschlussschwelle, Pukelsheim/Maier/Leutgäb 2009: 87) und über denen eine Zuteilung sicher geschieht. Der Bereich dazwischen gilt als Grauzone, in der es zur Zuteilung eines ersten Mandates des Proporzglücks (Pukelsheim/Maier/Leutgäb 2009: 87) bedarf und eine Vorhersage nicht zu treffen ist." Dem Hinweis auf „Pukelsheim/Maier/Leutgäb 2009" und den Ausführungen insgesamt lässt sich aber entnehmen, dass auch sie den oberen Schwellenwert meinen. – *Hans Meyer,* Wahlsystem und Verfassungsordnung, 1973, S. 174 in Fn. 57 legt nahe, dass die Bezeichnung „faktische Sperrklausel" zurückgeht auf *F. Schäfer,* Zur Frage der Verfassungsmäßigkeit der Wahl in Mehrmandats-Wahlkreisen, in: Vorstand der Sozialdemokratischen Partei Deutschlands (Hrsg.), Bericht der Wahlrechts-Kommission, 1968, S. 14 (15).

[104] *J. Bogumil u. a.,* Auswirkungen der Aufhebung der kommunalen Sperrklausel auf das kommunalpolitische Entscheidungssystem in Nordrhein-Westfalen, 2015, S. 15, 88 mit Tabellen 16 und 17.

[105] Erläuterungen zur Wahlkreisgröße und zu faktischen Sperrklauseln als Gestaltungselementen bei *Hans Meyer,* Wahlsystem und Verfassungsordnung, 1973, S. 168 ff.; *D. Nohlen,* Wahlrecht und Parteiensystem, 7. Aufl. 2014, S. 98 ff.

die Mandatszuteilung ist die Gesamtheit der Stimmen, bereinigt um die Stimmen für die Parteien, die den Mindestanteil verfehlt haben. Eine Sperrklausel wirkt, als würden sich die Stimmen für die erfolglosen Parteien anteilig auf die erfolgreichen Parteien verteilen.[106] Je mehr Stimmen ohne Erfolg, umso stärker die Wirkung: Eine Sperrklausel kann einer Partei, die die absolute Mehrheit der Stimmen (bei weitem) verfehlt, zur absoluten Mehrheit der Mandate verhelfen.

Eine Sperrklausel verschiebt das Wahlsystem, zu dem sie gehört, auf der Skala stetig steigenden Konzentrationsanreizes von der Verhältniswahl in Richtung der Mehrheitswahl. Bei der Bundestagswahl 2013 wirkte die Sperrklausel besonders konzentrationsfördernd: Der Anteil der wirkungslosen Stimmen betrug 15,7 Prozent, weil die FDP mit 4,8 Prozent und die AfD mit 4,7 Prozent der Stimmen den erforderlichen Anteil knapp verfehlten und in Gestalt der Piratenpartei eine dritte Partei vergleichsweise viele Stimmen erzielte, nämlich 2,2 Prozent, ohne dass sie die Sperrklausel überwand. Eine Partei, die wenigstens 5 Prozent der Stimmen erhielt, gewann pro 5,4 Mandate, die sie mit eigenen Stimmen erreichte, ein weiteres Mandat hinzu. CDU/CSU erzielten dadurch 49,3 Prozent der Mandate und damit beinahe die absolute Mehrheit, obwohl sie nicht mehr als 41,5 Prozent der Zweitstimmen erhalten hatten.[107]

Der Konzentrationsanreiz, der ein Wahlsystem auf dem Kontinuum in die eine oder in die andere Richtung verschiebt, lässt sich durch verschiedene Wahlsystemelemente steigern. Gesetzliche Sperrklauseln variabler Höhe für einen Einheitswahlkreis einzuführen oder bei gleicher Mandatszahl ein Wahlgebiet in Wahlkreise variabler Größe zu gliedern, sind funktional gleichwertige Mittel zur Konzentrationsförderung.[108] Zum Beispiel entspricht die Vergabe von Mandaten in Einerwahlkreisen nach Majorz erfahrungsgemäß der Vergabe der gleichen Zahl von Mandaten im Einheitswahlkreis nach Proporz mit einer

---

[106] *Hans Meyer,* Wahlsystem und Verfassungsordnung, 1973, S. 167 f. in Fn. 42: „Da es rechentechnisch allein auf die Relation der Stimmen der erfolgreichen Parteien zueinander ankommt, handelt es sich dabei um eine rein gedankliche Operation. Wenn man die Gesamtzahl der gültigen Stimmen als Bezugspunkt für die Mandatverteilung beibehält, hat die Sperrklausel die Wirkung, als wären nicht verrechenbare Stimmen für die erfolgreichen Parteien im Verhältnis ihrer Stimmstärke abgegeben worden."

[107] Information des Bundeswahlleiters über das endgültige Ergebnis der Bundestagswahl 2013, www.bundeswahlleiter.de/bundestagswahlen/2013/ergebnisse/bund-99.html (Abruf am 26.4.2019). An diese Bundestagswahl erinnert *D. Nohlen,* Wahlrecht und Parteiensystem, 7. Aufl. 2014, S. 374 f., 397 f. und nennt als Gegenbeispiele die Bundestagswahlen von 1976 und von 1983, bei denen selbst 48,5 Prozent der Zweitstimmen zu keiner absoluten Mehrheit der Mandate geführt hätten.

[108] *D. W. Rae,* The Political Consequences of Electoral Laws, 1967, S. 138 ff.; *Hans Meyer,* Wahlsystem und Verfassungsordnung, 1973, S. 167 ff.; *C. Lenz,* Ein einheitliches Verfahren für die Wahl des Europäischen Parlaments, 1995, S. 296 ff.: Gesetzliche Sperrklauseln hätten ein psychisches „Handikap", weil sie die konzentrationsfördernde Wirkung des Wahlsystems offensichtlicher machten; in der Sache aber seien sie vorzugswürdig, weil sich regionale Unterschiede im Wahlverhalten nicht auswirkten (S. 321 in Fn. 117).

Sperrklausel von 15 bis 20 Prozent.[109] Sowenig die Wahlsystematik im Allgemeinen vorgibt, wo die Grenze zwischen Verhältniswahl und Mehrheitswahl verläuft, lässt sich ihr im Einzelfall entnehmen, wie hoch eine Sperrklausel oder wie klein ein Wahlkreis sein muss, damit der eine Wahlsystemgrundtyp in den anderen übergeht.[110]

Während gesetzliche Sperrklauseln vor der Wahl feststehen und vielen Wählern geläufig sind, sind faktische Sperrklauseln kaum bekannt und nicht für jede Wahl gleichbleibend hoch. Wenn keine gesetzliche Sperrklausel besteht, können sich Wähler veranlasst sehen, für Parteien zu stimmen, die später bei der Zuteilung an der faktischen Sperrklausel scheitern und daher keine Mandate erhalten. Der Anteil einflussloser Stimmen kann größer sein, als er wäre, wenn eine gesetzliche Sperrklausel in Höhe der faktischen Sperrklausel bestanden hätte. Ein konzentrationsförderndes Wahlsystemelement wie die Sperrklausel kann demnach die Repräsentativität der Volksvertretung steigern. Die Wissenschaft spricht vom „Proporzparadox".[111] Eine gesetzliche Sperrklausel, die so hoch ist wie die faktische, macht eine Schwelle explizit, die dem Wahlsystem ohnehin innewohnt. Eine solche gesetzliche Sperrklausel trägt zur Aufklärung des Wählers bei, dass eine Partei mit geringem Stimmenanteil möglicherweise keine Mandate erhalten wird, und kann ihn dazu veranlassen, dass er so abstimmt, dass am Ende weniger Wählerstimmen wirkungslos bleiben.[112]

Wenn eine Partei an einer Sperrklausel scheitert und deshalb nicht an der Mandatsvergabe teilnimmt, haben die Stimmen, die die Partei gewonnen hat, keinen Einfluss darauf, wie sich die Vertretung zusammensetzt. Deshalb schafft eine Sperrklausel einen Anreiz zu taktischem Wählerverhalten. Schlechte Umfrageergebnisse können sich in eine selbst*erfüllende* Prophezeiung verwandeln: Ein Wähler stimmt entgegen seiner Überzeugung deshalb nicht für eine bestimmte Partei, weil ihre Teilnahme an der Mandatsvergabe ungewiss ist, und trägt gerade dadurch dazu bei, dass die Partei an der Sperrklausel scheitert. Die Prophezeiung kann aber auch selbst*zerstörend* wirken: Ein Wähler stimmt gerade deshalb für die Partei, weil sie möglicherweise an der Sperrklausel scheitern wird, und trägt dadurch dazu bei, dass sie die Sperrklausel überwindet.

---

[109] *C. Lenz,* Die Wahlrechtsgleichheit und das Bundesverfassungsgericht, in: AöR 121 (1996), S. 337 (342).

[110] *C. Lenz,* Die Wahlrechtsgleichheit und das Bundesverfassungsgericht, in: AöR 121 (1996), S. 337 (348).

[111] *D. Nohlen,* Erfolgswertgleichheit als fixe Idee oder: Zurück zu Weimar?, in: ZParl 40 (2009), S. 179 (188); *ders.,* Wahlrecht und Parteiensystem, 7. Aufl. 2014, S. 523 ff. (Begriff auf S. 524); *L. Michael,* Verfassungsunmittelbare Sperrklauseln auf Landesebene, 2015, S. 146.

[112] *L. Michael,* Verfassungsunmittelbare Sperrklauseln auf Landesebene, 2015, S. 146 betont die aufklärerische Wirkung von gesetzlichen Sperrklauseln.

b) Sperrklauseln als Beschränkung und Verschärfung des Wettbewerbs: Rechtliche, finanzielle und politische Wirkungen aus Parteiensicht

Jedes Wahlsystem errichtet eine Grenze zwischen zwei Parteiensystemen: dem Wahlparteiensystem, das aus den Parteien besteht, die für die Volksvertretung kandidieren, und dem Parlamentsparteiensystem, das aus den Parteien besteht, die der Volksvertretung angehören.[113] Im Wahlparteiensystem bemisst sich der Erfolg nach Stimmen, im Parlamentsparteiensystem nach Mandaten. Während ein Wahlsystem aus Wählersicht bestimmt, wie sich seine Stimmabgabe auf die Zusammensetzung der Volksvertretung auswirkt, bestimmt es aus Sicht der Parteien, wem der Übertritt von dem einen Parteiensystem in das andere gelingt. So wie jedes Wahlsystem die Konzentration von Mandaten fördert, verkleinert es das Parlamentsparteiensystem gegenüber dem Wahlparteiensystem. Eine Sperrklausel gehört zu den verkleinernden Wahlsystemelementen: Sie schließt alle Parteien, die den geforderten Mindestanteil der Stimmen verfehlen, von der Mandatszuteilung und damit vom Parlamentsparteiensystem aus.

Die Orte des Parteienwettbewerbs sind die Märkte der Demokratie, die politische Arenen: die Volksvertretungen, die Medien, die Parteien selbst und, gerade im Wahlkampf, die wirklichen Marktplätze.[114] Eine Sperrklausel, gleich ob eine gesetzliche oder eine natürliche, beschränkt den Zugang zu diesen Arenen: Wer den vorausgesetzten Stimmenanteil verfehlt, erhält keine Mandate. Wenn eine Partei der Volksvertretung nicht angehört, können die Medien nicht darüber berichten, was die Partei zur Arbeit in der Volksvertretung beiträgt. Ein Medium vergibt seine Aufmerksamkeit nicht zuletzt danach, ob eine Partei den Volksvertretungen angehört, die für seine Nutzer maßgeblich sind. Wer in diesen Volksvertretungen nicht vertreten ist, dessen Spitzenpersonal erhält beispielsweise selten eine Einladung in eine der vielen politischen Diskussionsrunden im Fernsehen. Die öffentlichkeitswirksamen Debatten aber haben sich in erheblichem Ausmaß von den Plenarsälen in solche Diskussionsrunden verlagert.[115] Wie häufig eine Partei darin vorkommt, beeinflusst deshalb ihre Erfolgsaussichten.

---

[113] *D. W. Rae,* The Political Consequences of Electoral Laws, 1967, S. 48, 74: „elective party system" und „parliamentiary (legislative) party system".

[114] Analyse der verschiedenen politischen Arenen bei *M. Kotzur,* Demokratie als Wettbewerbsordnung, in: VVDStRL 69 (2010), S. 173 (199 ff.), der dafür wirbt, ausschließlich von politischen Arenen, nicht von politischen Märkten zu sprechen, weil der Markt ein Preisbildungsmechanismus sei (S. 185). Ähnlich *E. V. Towfigh,* Das Parteien-Paradox, 2015, S. 74 in Fn. 11. Den Begriff der Arena führt *G. Lehmbruch,* Parteienwettbewerb im Bundesstaat, 3. Aufl. 2000, S. 19 ohne Angabe einer Fundstelle auf den amerikanischen Politikwissenschaftler Theodore Lowi zurück.

[115] Seit den Zeiten der Sendung „Sabine Christiansen", die das Erste von 1998 bis 2007 ausstrahlte, stehen Diskussionsrunden im Fernsehen im Ruf, dass sie Ersatzparlamente seien. Angesichts der Bedeutung des Fernsehens als Massenmedium versuchten Politiker mehrfach, die Einladung in Fernsehsendungen gerichtlich zu erstreiten, vor allem der damalige

Wie die Fernsehsender ihre Sendezeit auf die Parteien verwenden, die im Parlament vertreten sind, so richten sich die Blicke der Lokalmedien auf die Parteien, die Mandate im Rat oder im Kreistag erhalten haben. Wenn eine kommunale Gliederung einer Partei, die einer Volksvertretung auf höherer Ebene angehört, in einer Kommunalvertretung nicht vertreten ist, kommt ihr immerhin die Aufmerksamkeit zugute, die die Gesamtpartei genießt. Eine Parteigliederung kann ihre Basis in der betroffenen Kommune aufrechterhalten, weil ihre Mitglieder der Partei typischerweise nicht (allein) aus kommunalpolitischen Gründen angehören. Eine Partei, die ausschließlich einer Kommunalvertretung angehört, ist hingegen auf die Aufmerksamkeit der Lokalmedien und den kommunalpolitisch begründeten Einsatz ihrer Mitglieder angewiesen. Wenn eine solche Partei an einer Sperrklausel scheitert, ist ihr Bestand gefährdet.

Ob eine Partei bestimmten Volksvertretungen angehört, beeinflusst die Anforderungen an ihre Wahlvorschläge. In Nordrhein-Westfalen muss eine Partei abhängig von der Einwohnerzahl des Wahlbezirks entweder 5, 10 oder 20 Unterschriften von Wahlberechtigten einreichen, damit ihr Wahlvorschlag für die Wahlen zur Kommunalvertretung in einem Wahlbezirk zugelassen wird, es sei denn, die Partei ist bereits in der zu wählenden Vertretung, im Kreistag, im Landtag oder auf Grund eines Wahlvorschlags aus dem Land im Bundestag vertreten.[116] Die Erstellung von Wahlvorschlägen verursacht zusätzlichen bürokratischen Aufwand, wenn eine Partei keiner der maßgeblichen Volksvertretungen angehört. Zum Beispiel muss der Ersteller seiner Unterschriftenliste in diesem Fall für jeden Unterzeichner eine Bescheinigung der Gemeinde beifügen, dass der Unterzeichner im Wahlbezirk wahlberechtigt ist.[117] Zudem macht das Parteiengesetz den Fortbestand der Partei-Eigenschaft und den Genuss der damit verbundenen Vorteile davon abhängig, dass die Partei in sechs Jahren wenigstens einmal an einer Bundestags- oder einer Landtagswahl teilnimmt.[118]

Wer kein Mandat gewinnt, erhält weder die Fraktionsausstattung, die in den Kommunen in Nordrhein-Westfalen vergleichsweise umfangreich ist, noch die dort allerdings vergleichsweise geringe Aufwandsentschädigung, auf die eine Partei typischerweise ihre Mandatsträgerabgaben erhebt.[119] Bei den Parteien,

---

FDP-Bundesvorsitzende Guido Westerwelle, der als Kanzlerkandidat auftrat und darum am TV-Duell der Kanzlerkandidaten vor der Bundestagswahl 2002 teilnehmen wollte: BVerfG, Beschluss vom 30.8.2002, 2 BvR 1332/02, NJW 2002, S. 2939 f.

[116] § 15 II KWahlG NRW. *M. Morlok,* Parteienrecht als Wettbewerbsrecht, in: P. Häberle/M. Morlok/V. Skouris (Hrsg.), Festschrift für Dimitris Th. Tsatos zum 70. Geburtstag am 5. Mai 2003, 2003, S. 408 (435) berichtet, dass es denjenigen Parteien, die vor einer Bundestagswahl Unterschriften beibringen müssten, mitunter schwerfalle, die erforderliche Zahl zu erreichen.

[117] § 26 III 1 Nr. 3 KWahlO NRW.

[118] § 2 II PartG. Hinweis auf die Ausschlusswirkung des Parteienbegriffs bei *M. Morlok,* Parteienrecht als Wettbewerbsrecht, in: P. Häberle/M. Morlok/V. Skouris (Hrsg.), Festschrift für Dimitris Th. Tsatos zum 70. Geburtstag am 5. Mai 2003, 2003, S. 408 (436 f.).

[119] Dass Sperrklauseln viele Parteien von der sogenannten verdeckten Parteienfinanzie-

die nach der Bundestagswahl 2013 dem Bundestag angehörten, reichte der Anteil der Mandatsträgerbeiträge an den Einnahmen im Jahr 2014 von 8 Prozent bei der CSU über 13 Prozent bei der CDU, 14 Prozent bei der Linken, 15 Prozent bei der SPD bis hin zu 23 Prozent bei Bündnis90/Die Grünen.[120] Die Einnahmen aus Mandatsträgerbeiträgen steigen seit langem sowohl in absoluten Zahlen als auch im Verhältnis zu anderen Einnahmequellen der Parteien. Einer Partei ohne Mandate entgehen demnach Einnahmen, ohne die es ihr schwerfällt, ihre politische Arbeit zwischen den Wahlen und ihre Wahlkämpfe zu bestreiten.

Da die Mandate, die den erfolglosen Parteien zuständen, wenn keine Sperrklausel existierte, nicht unbesetzt bleiben, sondern weiterverteilt werden, kommen die rechtlichen, finanziellen und politischen Wirkungen von Sperrklauseln den erfolgreichen Parteien doppelt zugute: Was den erfolglosen Parteien an Vorteilen entgeht, verfällt nicht, sondern wächst den erfolgreichen Parteien zu. Wer viel hat, dem wird noch mehr gegeben, und wer wenig hat, dem wird auch das Wenige genommen.[121] Aus Sicht einer erfolglosen Partei kann das Scheitern an der Sperrklausel eine Abwärtsspirale in Gang setzen: Die rechtlichen, finanziellen und politischen Nachteile steigern die Gefahr, dass sie weitere Wahlniederlagen erleidet; eine Wahlniederlage ruft weitere solcher Nachteile hervor und verschlechtert die Aussichten, dass die Partei bei künftigen Wahlen erfolgreicher abschneidet. Wer den Wettbewerb um Mandate verliert, weil er bei einer Wahl wenige Stimmen gewonnen hat, droht im Wettbewerb um Stimmen zurückzufallen, weil er keine Mandate erhalten hat.

Eine Sperrklausel kann den Wettbewerbsdruck, der auf einer Partei lastet, mindern: Bereits die Möglichkeit, dass neue Mitbewerber den Markt betreten, soll die Wettbewerber anhalten, dass sie sich an den Wünschen der Nachfrager orientieren.[122] Je begrenzter der Zugang zum Markt, desto eher können Partei-

---

rung ausschließen, betont *H. H. v. Arnim,* Die unheilvolle Doppelwirkung von Sperrklauseln, in: H. Jochum u. a. (Hrsg.), Freiheit, Gleichheit, Eigentum, 2015, S. 1071 ff. Mandatsträgerbeiträge sind gesetzlich anerkannt in § 27 I 2 PartG. Allgemein dazu *E. V. Towfigh,* Das Parteien-Paradox, 2015, S. 143 f. Gemäß § 45 VII GO NRW regelt in Nordrhein-Westfalen der für Kommunales zuständige Minister die Aufwandsentschädigungen für Rats- und Kreistagsmitglieder durch Rechtsverordnung: Verordnung über die Entschädigung der Mitglieder kommunaler Vertretungen und Ausschüsse (Entschädigungsverordnung – EntschVO) vom 5.5.2014. *J. Oebbecke,* Minimierung politischer Kosten durch Verwaltungsrecht, in: DÖV 2017, S. 749 (750 f.) deutet dies als ein Beispiel für die Verlagerung von Entscheidungen zur Minimierung politischer Kosten.

[120] *J. Oebbecke,* Ist die 5 % Klausel noch zeitgemäß?, 2016, S. 1 (4).

[121] Dazu *D. W. Rae,* The Political Consequences of Electoral Laws, 1967, S. 69 ff.: „Like the Sheriff of Nottingham, electoral systems are apt to steel from the poor and give to the rich: strong parties usually obtain more than their proportionate share of legislative seats while weak parties receive less than their proportionate share of seats" (S. 86); *ders.,* The Political Consequences of Electoral Laws, ebd., S. 133 ff.: „For whosoever hath, to him shall be given, and he shall have more abundance: but whosoever hath not, from him shall be taken away even that he hath. Matthew 13:12" (S. 134).

[122] *H. M. Heinig/M. Morlok,* Konkurrenz belebt das Geschäft!, in: ZG 15 (2000), S. 371

en auf Anstrengungen verzichten, ohne dass sie das Aufkommen neuer Konkurrenz riskieren. Wenn eine neu gegründete Partei eine Sperrklausel überwindet, ist ihr Erfolg ein Zeichen, dass die bisherigen Parteien gewichtige Interessen übergangen haben. Die neue Partei setzt den in dieser Hinsicht erlahmten Wettbewerb typischerweise wieder in Gang, nachdem sie ihre ersten Mandate erhalten hat: Mit der Zeit tragen einige gefestigte Parteien den Interessen der Wähler der neuen Partei Rechnung; die neue Partei geht umgekehrt auf die Interessen der Wähler gefestigter Parteien ein und damit möglicherweise auf Interessen, deren Vertretung sie anfangs nicht im Sinn hatte. Einige neu gegründete Parteien bestehen dauerhaft, andere verlassen den Markt schon bald.

Die Geschichte der Bundesrepublik bietet vor allem vier Beispiele für Parteien, die sich gegründet haben, um bestimmte Marktnischen zu besetzen, und auf verschiedenen Ebenen dauerhaft erfolgreich sind oder waren. Bündnis90/Die Grünen antworteten ab 1979 auf die Vernachlässigung der Anliegen der Umwelt- und der Friedensbewegung, die Piratenpartei ab 2006 auf die politische Unterbewertung der Digitalisierung, Die Linke ab 2007 auf die relative Übereinstimmung der gefestigten Parteien in der Arbeitsmarkt- und Sozialpolitik, die Alternative für Deutschland ab 2013 auf die relative Übereinstimmung in der Währungs- und der Migrationspolitik.[123] Ob die Interessen, die diese Parteien bei ihrer Entstehung durchsetzen wollten, früher, gründlicher und anhaltender berücksichtigt worden wären, wenn es bei den Bundestags- und Landtagswahlen keine Sperrklauseln gegeben hätte, bleibt im Einzelfall Spekulation.

Eine Sperrklausel kann den Wettbewerbsdruck steigern: Während sie die gefestigten Parteien als Gruppe gegen neue Mitbewerber abschirmt, verstärkt sie die Anreize für Wettbewerb unter den gefestigten Parteien. Wenn eine von ihnen in ihren Anstrengungen nachlässt, verliert sie zwar wegen der Sperrklausel möglicherweise weniger Mandate an neue Parteien, ist aber der Konkurrenz der anderen gefestigten Parteien unvermindert ausgesetzt. Die nachlassende Partei kann an der Sperrklausel scheitern und dadurch nicht etwa einen ihren Stimmverlusten entsprechenden Anteil der Mandate verlieren, sondern auf Anhieb sämtliche Mandate einbüßen.[124] Eine Sperrklausel kann zwar die Wahrscheinlichkeit verringern, dass eine gefestigte Partei viele Stimmen verliert,

---

(373); *ders.*, Parteienrecht als Wettbewerbsrecht, in: P. Häberle/M. Morlok/V. Skouris (Hrsg.), Festschrift für Dimitris Th. Tsatos zum 70. Geburtstag am 5. Mai 2003, 2003, S. 408 (433): „virtuelle Konkurrenz".

[123] Maßgeblich für diese Aufstellung ist der früheste Zeitpunkt, zu dem ein Landesverband oder der Bundesverband gegründet worden ist. Die Linke unterscheidet sich in ihrem Werdegang von den drei anderen Parteien: Sie ist keine typische Neugründung, sondern das Ergebnis einer Fusion der Linkspartei.PDS, die 1989 unter dem Namen Partei des Demokratischen Sozialismus (PDS) aus der Sozialistischen Einheitspartei Deutschlands (SED) hervorgegangen war, mit der Partei Arbeit & soziale Gerechtigkeit – Die Wahlalternative (WASG), die 2004 als Verein und 2005, zwei Jahre vor der Fusion, als Partei gegründet worden war.

[124] Angedeutet bei *D. Nohlen*, Wahlrecht und Parteiensystem, 7. Aufl. 2014, S. 512.

aber den Schaden erhöhen, den sie erleidet, wenn sie wenige Stimmen gewinnt. So wie eine Sperrklausel für eine neue Partei eine Markt*zutritt*shürde errichtet, schafft sie für die gefestigten Parteien ein Markt*ausschluss*risiko.

Gelegentlich scheitert eine Partei an einer Sperrklausel, auch wenn sie zwar vergleichsweise geringe Stimmenanteile erreicht, aber im Grundsatz stark gefestigt ist: Die FDP scheiterte bei der Bundestagswahl 2013, obwohl sie bei der vorherigen Bundestagswahl 14,6 Prozent der Stimmen erzielt und danach die Regierung mitgetragen hatte. Gewiss scheidet vergleichsweise selten eine Partei aus dem Bundestag aus.[125] Dass Bündnis90/Die Grünen, Die Linke oder die FDP aus einem Landtag oder einer Kommunalvertretung ausscheiden (und später erneut einziehen), ist aber nichts Außergewöhnliches. Die Befürchtung einer Partei, dass sie eine Sperrklausel am Mandatsgewinn hindern wird, kann erfahrungsgemäß die langfristige inhaltliche und personelle Ausrichtung beeinflussen und kurzfristige taktische Reaktionen hervorrufen. Je gefestigter eine Partei ist, desto stärker überwiegen für sie allerdings die Vorteile einer Marktzutrittshürde für andere Parteien das Marktausschlussrisiko für sie selbst.

c) Stichprobe: Strukturwandel des kommunalen Parteiensystems in Nordrhein-Westfalen nach Abschaffung einer Kommunalwahl-Sperrklausel

Die Parteiensysteme unterscheiden sich sowohl in ihrer Struktur als auch in den Verhaltensmustern der Parteien. Die Struktur von Parteiensystemen lässt sich anhand verschiedener Merkmale beschreiben: anhand der Zahl der Parteien in den Vertretungen, des Fragmentierungsgrades des Parteiensystems, der Bindekraft der beiden stärksten Parteien und der Asymmetrie ihrer Stimmenanteile.[126] Je stärker die ersten beiden Kriterien ausgeprägt sind, desto schwerer fällt tendenziell die Mehrheitsfindung; je stärker die beiden letzten Kriterien ausgebildet sind, umso leichter kommt tendenziell eine Mehrheit zustande. Die Struktur des Parteiensystems in den nordrhein-westfälischen Gemeinden und Kreisen wandelt sich erheblich, seit der Landesgesetzgeber im Jahr 1999 die damalige 5-Prozent-Sperrklausel bei Kommunalwahlen aufgehoben hat, nachdem das Landesverfassungsgericht die Verfassungswidrigkeit festgestellt hatte.

Indem der Landesgesetzgeber diese Sperrklausel abschaffte, verschob er das Kommunalwahlsystem entlang des Kontinuums ein wenig in Richtung der reinen Verhältniswahl. Seitdem hat das kommunale Parteiensystem in Nordrhein-

---

[125] Bei den Bundestagswahlen 1953, 1957 und 1961 schieden mehrere Parteien aus. Seitdem sind neben der FDP im Jahr 2013 lediglich die (westdeutschen) Grünen in der Sonderlage der ersten gesamtdeutschen Wahl 1990 aus dem Bundestag ausgeschieden. Die PDS verfehlte im Jahr 2002 den Mindestanteil von 5 Prozent der Stimmen, erlangte aber zwei Wahlkreismandate und blieb deshalb, wenn auch nicht in Fraktionsstärke, im Bundestag vertreten.

[126] Kriterien bei *J. Bogumil u. a.*, Auswirkungen der Aufhebung der kommunalen Sperrklausel auf das kommunalpolitische Entscheidungssystem in Nordrhein-Westfalen, 2015, S. 22.

Westfalen die Entwicklung genommen, die eine solche Entscheidung erwarten lässt: Die Zahl der Parteien in den Kommunalvertretungen ist gestiegen, der Wettstreit um Mehrheiten in den Vertretungen hat sich verschärft, die Bindekraft der Volksparteien CDU und SPD hat nachgelassen, der Stimmenunterschied zwischen ihnen ist zurückgegangen.[127] Hauptsächlich betroffen von dieser Entwicklung sind die Großstädte. Nachdem vier Kommunalwahlen ohne Sperrklausel stattgefunden haben, ist die Parteienlandschaft in den Gemeinden zerklüfteter als zuvor. Die Ergebnisse speziell der Kommunalwahl 2014 deuten allerdings in die Gegenrichtung: Der Fragmentierungsgrad des Parteiensystems in den Klein- und Mittelstädten nahm ab, in den Großstädten verringerte sich immerhin der Anstieg des Fragmentierungsgrads verglichen mit den Kommunalwahlen 1999, 2004 und 2009.[128] In allen Gemeindegrößenklassen (Klein-, Mittel- und Großstädte) wuchs die Stimmenasymmetrie zwischen den beiden stärksten Parteien; in den Klein- und Mittelstädten ist sie seitdem größer als nach der Kommunalwahl 1994, als zum letzten Mal eine Sperrklausel galt.[129] Ob die Kommunalwahl 2014 ein Sonderfall war oder ein langfristiger Trend zum Erliegen gekommen ist, wenn er sich nicht sogar umkehrt, lässt sich nicht vor der Kommunalwahl 2020 beurteilen.

Koinzidenz erlaubt keinen Schluss auf Kausalität: Auch wenn zwei Erscheinungen zeitgleich auftreten, muss die eine nicht die Ursache der anderen sein. Dennoch legen die Erfahrungen mit der Wirkung von Wahlsystemen nahe, dass die Abschaffung der Sperrklausel den Strukturwandel des kommunalen Parteiensystems in Nordrhein-Westfalen begünstigt hat. Welchen Anteil die Abschaffung hat, lässt sich allerdings nicht ermessen.[130] Wie ein Wahlsystem wirkt, hängt von Kontextfaktoren ab: Wie sich die Wählerschaft zusammensetzt und

---

[127] Grundlage der Zustandsbeschreibung sind die Zahlen bei *J. Bogumil u. a.,* Auswirkungen der Aufhebung der kommunalen Sperrklausel auf das kommunalpolitische Entscheidungssystem in Nordrhein-Westfalen, 2015, S. 22 ff., 24 ff., 28 ff., 31 ff., 34 f.

[128] *J. Bogumil u. a.,* Auswirkungen der Aufhebung der kommunalen Sperrklausel auf das kommunalpolitische Entscheidungssystem in Nordrhein-Westfalen, 2015, S. 24 ff. mit Abbildung 9. Entsprechend stieg der Konzentrationsgrad: *Dies.,* Auswirkungen der Aufhebung der kommunalen Sperrklausel auf das kommunalpolitische Entscheidungssystem in Nordrhein-Westfalen, ebd., S. 28 ff. mit Abbildung 11.

[129] *J. Bogumil u. a.,* Auswirkungen der Aufhebung der kommunalen Sperrklausel auf das kommunalpolitische Entscheidungssystem in Nordrhein-Westfalen, 2015, S. 31 ff. mit Abbildung 13.

[130] *J. Bogumil u. a.,* Auswirkungen der Aufhebung der kommunalen Sperrklausel auf das kommunalpolitische Entscheidungssystem in Nordrhein-Westfalen, 2015, S. 36: „Die Heterogenisierung des nordrhein-westfälischen kommunalen Entscheidungssystems hängt eng mit der Abschaffung der Sperrklausel zusammen, auch wenn diese nicht der einzige Grund hierfür ist. Die Dynamik des lokalen Parteiensystems lässt sich nicht allein durch die die [sic; S. L.] Veränderung der institutionellen Regelung erklären. Wahlentscheidungen der Bürger werden auch durch sozialstrukturelle Merkmale, Parteiidentifikation und kurzfristige Themensetzungen beeinflusst. Auffällig ist jedoch, dass die Ausdifferenzierung in den Kommunalvertretungen in NRW mit der Abschaffung der Sperrklausel deutlich Schwung aufnahm."

regional verteilt, welche grundlegenden politischen Konflikte bestehen und wie die Bürger damit umgehen, wie rasch und wie gründlich sich die Wähler und die Wahlbewerber auf veränderte Erfolgsbedingungen einstellen, kann die Wirkungen einer Wahlrechtsreform verstärken oder abschwächen.[131] Wie ein Wahlsystem auf ein Parteiensystem wirkt, lässt sich deshalb nicht in Form von sozialwissenschaftlichen Gesetzen erklären oder gar vorhersagen.[132]

Für einige Vorgänge war die Abschaffung der Sperrklausel möglicherweise eine notwendige, aber keine hinreichende Bedingung; andere Entwicklungen hätten sich möglicherweise in ähnlicher Form vollzogen, auch wenn die Kommunalwahlen jedes Mal unter Geltung einer Sperrklausel stattgefunden hätten. Die Wahlerfolge der Piratenpartei und der AfD haben erheblichen Anteil am Strukturwandel des kommunalen Parteiensystems in Nordrhein-Westfalen. Wenn sich diese Parteien nicht gegründet und nicht anderswo Erfolg gehabt hätten, wäre der Strukturwandel nicht unterblieben, aber schwächer ausgefallen; eine Sperrklausel hätte den Strukturwandel nicht verhindert, aber gemildert. Wie eine Wahlrechtsänderung auf ein Parteiensystem wirkt, lässt sich nicht allgemeingültig beantworten, sondern hängt unter anderem davon ab, welches Parteiensystem ein Gesetzgeber vorfindet, wenn er die Änderung beschließt.[133] Seit der Kommunalwahl 2014 hat die Piratenpartei erheblich an Zuspruch verloren und die AfD erkennbar an Festigkeit gewonnen. Diese Veränderungen können den Ausgang der Kommunalwahlen 2020 und damit die Struktur des Parteiensystems in den nordrhein-westfälischen Kommunen beeinflussen.

3. Wahlrecht als Recht des demokratischen Wettbewerbs: Verfassungsgerichte als Wettbewerbshüter

Da Wettbewerber danach streben, ihre Konkurrenten zu übertreffen, birgt der Wettbewerb die Neigung zur Bildung von Monopolen, Oligopolen und Kartellen und gefährdet dadurch seinen eigenen Bestand. „Wo marktliche Konkurrenz

---

[131] *D. Nohlen,* Wahlrecht und Parteiensystem, 7. Aufl. 2014, S. 503 ff. Zu den klassischen Ansätzen, die die Herausbildung von Parteiensystemen erklären sollen, gehören die Cleavage-Theorie bei *S. M. Lipset/S. Rokkan,* Cleavage Structures, Party Systems, and Voter Alignments, in: dies. (Hrsg.), Party Systems and Voter Alignments, 1967, S. 1 ff. und die Theorie der sozialmoralischen Milieus nach *M. R. Lepsius,* Parteiensystem und Sozialstruktur, in: G. A. Ritter (Hrsg.), Deutsche Parteien vor 1918, 1973, S. 56 ff.

[132] Kritik der klassischen sozialwissenschaftlichen Gesetze für das Verhältnis von Wahl- und Parteiensystem bei *D. Nohlen,* Wahlrecht und Parteiensystem, 7. Aufl. 2014, S. 491 ff. Die Multikausalität betont auch *D. W. Rae,* The Political Consequences of Electoral Laws, 1967, S. 133 f., der die Erforschung des Zusammenhangs von Wahlsystem und Parteiensystem begonnen hat. Zum Beispiel räumt *ders.,* The Political Consequences of Electoral Laws, ebd., S. 126 ff. ausdrücklich ein, dass die Wirklichkeit seine Annahme widerlege, dass sich die Zulässigkeit des Panaschierens in einer bestimmten Weise gesetzmäßig auswirke, und er kein anderes Gesetz aufstellen könne.

[133] *D. Nohlen,* Wahlrecht und Parteiensystem, 7. Aufl. 2014, S. 514 ff.

herrscht, besteht die Versuchung, Kartelle zu bilden."[134] Demokratischer Wettbewerb setzt deshalb neben seiner Auslösung durch das Mehrheitsprinzip seine Erhaltung durch die Rechtsordnung voraus.[135] Der Staat muss den Wettbewerb vor sich selbst schützen.[136] Das Recht des wirtschaftlichen Wettbewerbs umfasst beispielsweise das Beihilfen-, Kartell- und Lauterkeitsrecht; über seine Einhaltung wachen eigene Kontrollinstanzen, beispielsweise die Kartellämter. Das Recht des demokratischen Wettbewerbs besteht aus dem Wahl-, Parteien-, Abgeordneten- und Medienrecht; über seine Einhaltung wachen unter anderem die Verfassungsgerichte.[137] Die Urheber des Wettbewerbsrechts, die Abgeordneten des Bundestags und der Landtage, gehören zu den Teilnehmern des Wettbewerbs. Ein Abgeordneter kann sich selbst und seiner Partei deshalb einen Vorteil gegenüber Mitbewerbern verschaffen, indem er das Wettbewerbsrecht einseitig zu seinen Gunsten (mit)gestaltet.[138]

Das Wahlsystem beeinflusst weniger, *ob* unter den Parteien mehr oder weniger Wettbewerb herrscht, sondern vielmehr *wie* der Wettbewerb vonstattengeht.[139] Je mehr Parteien sich zur Mehrheitsbildung zusammenfinden müssen und je mehr Bündnispartner dafür in Frage kommen, umso stärker ist der Anreiz, dass eine Partei inhaltliche Festlegungen vermeidet, damit sie für verschiedene

---

[134] *J. Oebbecke,* Selbstverwaltung angesichts von Europäisierung und Ökonomisierung, in: VVDStRL 62 (2003), S. 366 (399).

[135] *M. Morlok,* Parteienrecht als Wettbewerbsrecht, in: P. Häberle/M. Morlok/V. Skouris (Hrsg.), Festschrift für Dimitris Th. Tsatos zum 70. Geburtstag am 5. Mai 2003, 2003, S. 408 (415 f.); *E. V. Towfigh,* Das Parteien-Paradox, 2015, S. 66 f.; *M. Morlok/S. Jürgensen,* Faktische Chancengleichheit – insbesondere im Recht der politischen Parteien, in: JZ 2018, S. 695 (697 ff.).

[136] Klassisch *W. Eucken,* Grundsätze der Wirtschaftspolitik (1952), 7. Aufl. 2004.

[137] *Hans Meyer,* Die Zukunft des Wahlrechts zwischen Unverständnis, Interessenkalkül, obiter dicta und Verfassungsverstoß, in: J. Wieland (Hrsg.), Entscheidungen des Parlaments in eigener Sache, 2011, S. 41 (41) parallelisiert das Kartellrecht und die Kartellämter mit dem Wahlrecht und dem Bundesverfassungsgericht. *M. Morlok,* Notwendigkeit und Schwierigkeit eines Rechtes der Politik, in: DVBl. 2017, S. 995 ff. fasst das Abgeordneten-, Parteien- und Wahlrecht zum „Recht der Politik" zusammen. *S. Magen,* Kontexte der Demokratie: Parteien – Medien – Sozialstrukturen, in: VVDStRL 77 (2018), S. 67 (97 f. mit Fn. 116) fordert die Schaffung eines Rechts des unlauteren politischen Wettbewerbs.

[138] *H. M. Heinig/M. Morlok,* Konkurrenz belebt das Geschäft!, in: ZG 15 (2000), S. 371 (382 f.); *ders.,* Parteienrecht als Wettbewerbsrecht, in: P. Häberle/M. Morlok/V. Skouris (Hrsg.), Festschrift für Dimitris Th. Tsatos zum 70. Geburtstag am 5. Mai 2003, 2003, S. 408 (443 f.); *N. Petersen,* Verfassungsgerichte als Wettbewerbshüter des politischen Prozesses, in: A. Baumann u. a. (Hrsg.), Das letzte Wort, 2014, S. 59 (62 ff.); *E. V. Towfigh,* Das Parteien-Paradox, 2015, S. 125 ff., S. 127 ff., 166 f.

[139] Nach der Auffassung von *F. A. v. Hayek,* Der Wettbewerb als Entdeckungsverfahren (1968), in: ders., Gesammelte Schriften in deutscher Sprache, Abt. A, Bd. IV, 2003, S. 132 (133 f.) lässt sich die Intensität von Wettbewerb paradoxerweise nicht messen, wenn man seine Funktion als Entdeckungsverfahren zugrunde legt, weil sich bestimmte Umstände, etwa die Vorlieben der Nachfrager, bei schwach ausgeprägtem Wettbewerb nicht erkennen lassen, und der Beobachter in diesem Fall nicht erfährt, dass ihm Umstände verborgen bleiben und der Wettbewerb schwach ausgeprägt ist.

Partner anschlussfähig bleibt.[140] Über Programm und Personal der nächsten Regierung können die Wähler in einem Verhältniswahlsystem weniger gezielt entscheiden als in einem Mehrheitswahlsystem: „Der Stimmzettel wird zum Lotterieschein."[141] Indem eine Sperrklausel typischerweise die Unwägbarkeiten der Mehrheitsfindung verringert, kann sie eine Partei veranlassen, dass sie sich vor einer Wahl eindeutiger und verbindlicher auf Inhalte festlegt. Die Auseinandersetzungen, die zwischen vielen kleinen Parteien stattfinden, verlagern sich tendenziell in das Innere weniger großer Parteien, wenn der Konzentrationsanreiz eines Wahlsystems zunimmt.[142] Dadurch ändert sich der Wettbewerb: Eine Sperrklausel beschränkt den Marktzugang und verknappt das Angebot, macht das Verhalten der Parteien aber berechenbarer und erleichtert den Wählern eine Entscheidung, die ihren Interessen dient.[143] Eine wettbewerbsschädigende Wirkung lässt sich daher weniger einem bestimmten Wahlsystem als solchem zuschreiben als einer bestimmten Wahlrechtsänderung.

In der unmittelbaren Nachkriegszeit zeigte sich in mehreren Fällen, dass sich Wahlrechtsänderungen in der Absicht beschließen lassen, einen bestimmten Mitbewerber zu schädigen: Das Wahlgesetz in Schleswig-Holstein aus dem Jahr 1950 schrieb vor, dass die Wähler die Abgeordneten des Landtags nach einer Variante der personalisierten Verhältniswahl bestimmten. An der Mandatsverteilung nahm teil, wer in jedem Wahlkreis einen Bewerber aufgestellt und entweder mindestens ein Wahlkreismandat oder 5 Prozent der Stimmen erhalten hatte. Der Südschleswigsche Wählerverband (SSW), die Partei der dänischen Minderheit, war von der Voraussetzung befreit, dass eine Partei in jedem Wahlkreis einen Bewerber aufstellt. Bei der folgenden Landtagswahl gewann der SSW zwei Wahlkreismandate und erhielt 5,5 Prozent der Stimmen.

Danach beschloss der Gesetzgeber eine Wahlrechtsreform: Die Parteien mussten zwar nicht mehr in jedem Wahlkreis einen Bewerber aufstellen, um an der Mandatsverteilung teilnehmen zu können; die Sperrklausel aber erhöh-

---

[140] *A. Downs,* Ökonomische Theorie der Demokratie, 1968, S. 139 ff. versucht, das Geflecht von Anreizen zu entwirren, das in Koalitionsregierungssystemen besteht: Anreize für die Koalition im Ganzen, für ihre Mitgliedsparteien, für Parteien im Wahlkampf; Anreize zu theoretischen und zu praktischen Festlegungen.

[141] *K.-R. Korte,* Neue Qualität des Parteienwettbewerbs im „Superwahljahr", in: APuZ 59 (2009), S. 3 ff. (dort auch das Zitat); *ders.,* Der Stimmzettel als Lottoschein, in: Frankfurter Allgemeine Zeitung (Hrsg.), Denk ich an Deutschland 2016, 2016, S. 18 f.

[142] *H. M. Heinig/M. Morlok,* Konkurrenz belebt das Geschäft!, in: ZG 15 (2000), S. 371 (383); *ders.,* Parteienrecht als Wettbewerbsrecht, in: P. Häberle/M. Morlok/V. Skouris (Hrsg.), Festschrift für Dimitris Th. Tsatos zum 70. Geburtstag am 5. Mai 2003, 2003, S. 408 (435) weisen darauf hin, dass umgekehrt eine Abspaltung von einer bestehenden Partei umso risikoreicher sei, je stärker das Wahlsystem die Konzentration der Mandate fördere.

[143] *A. Hatje,* Demokratie als Wettbewerbsordnung, in: VVDStRL 69 (2010), S. 135 (152 f., 158 mit Fn. 96, 161 f.) bemängelt, dass das Angebot im Verhältniswahlsystem in der Sache knapp sei und dass die Wahl in Deutschland wenig bewirke; dem Mehrheitswahlsystem schreibt er wettbewerbsfördernde Wirkung zu und regt deshalb einen Systemwechsel an. Ähnlich *J. Lege,* Drei Versuche über Demokratie, in: JZ 2009, S. 756 (760 f.).

te sich von 5 auf 7,5 Prozent. Für den Gesetzgeber war vorhersehbar, dass der SSW diesen Stimmenanteil verfehlen würde. In den Wahlkreisen, in denen der SSW Aussicht auf Mandatsgewinne hatte, hätten CDU und SPD Bündnisse gegen ihn schließen können. Der SSW erreichte, dass das Bundesverfassungsgericht die 7,5-Prozent-Sperrklausel für verfassungswidrig befand; Schleswig-Holstein kehrte zur 5-Prozent-Sperrklausel zurück.[144] Das Gericht sah es zwar nicht als erwiesen an, dass die Landtagsmehrheit den SSW gezielt aus dem Landtag drängen wollte, gab aber zu erkennen, dass es einen entsprechenden Verdacht hegte.[145] Es war das Zusammenspiel mehrerer Neuregelungen zum Nachteil einer bestimmten Partei, das ihn hervorrief: Die Reform konnte den Eindruck einer ‚Lex SSW‘ erwecken. Möglicherweise hat ein solcher Eindruck den Verfahrensausgang beeinflusst.

In Nordrhein-Westfalen schufen CDU und Zentrum, in Niedersachsen SPD und Zentrum ausgefeilte Regelungen, die gewährleisteten, dass das Zentrum trotz seines geringen Stimmenanteils einige Landtagsmandate erhielt und zugleich andere kleine Parteien, besonders der Bund der Heimatvertriebenen und Entrechteten (BHE) und die KPD, keine Abgeordneten stellten.[146] CDU und SPD schädigten gezielt zwei für sie besonders unliebsame Mitbewerber, sicherten den parlamentarischen Fortbestand ihres Koalitionspartners und die gemeinsame Mehrheit im Landtag. Politische Mehrheiten beeinflussten auch in anderen Ländern, etwa in Bayern und Hamburg, das Parteiensystem mithilfe des Wahlrechts zu ihren Gunsten. In der unmittelbaren Nachkriegszeit nutzten die gefestigten Parteien das Wahlrecht mit Erfolg als Mittel zum Machterhalt.

Eine benachteiligende *Wirkung* einer Wahlrechtsreform beweist keine entsprechende *Absicht* ihres Urhebers. Um die Funktionsfähigkeit einer Volksvertretung zu gewährleisten, kann ein Gesetzgeber den Konzentrationsanreiz eines Wahlsystems steigern. Die Steigerung geht zwangsläufig mit der Ungleichbehandlung von Parteien einher, gleich ob die Mehrheit der Abgeordneten die Ungleichbehandlung bezweckt. Umgekehrt können sich Ungleichbehandlungen mit Vorteilen für die Funktionsfähigkeit einer Volksvertretung verbinden, gleich ob die Mehrheit die Vorteile bezweckt. Die Wirkung und der Zweck einer Maßnahme können voneinander abweichen: Eine Maßnahme kann ihren Zweck verfehlen und Unbezwecktes bewirken. Dass eine Wahlrechtsänderung der Mehrheit nützt und der Minderheit schadet, rechtfertigt lediglich, aber im-

---

[144] BVerfG, Urteil vom 5.4.1952, 2 BvH 1/52, BVerfGE 1, 208 (211 ff.) – Landtagswahl-Sperrklausel SchlH II. Kontextualisierung bei *M. Wild,* BVerfGE 1, 208 – SSW I in: J. Menzel/R. Müller-Terpitz (Hrsg.), Verfassungsrechtsprechung, 3. Aufl. 2017, S. 52 ff.

[145] BVerfG, Urteil vom 5.4.1952, 2 BvH 1/52, BVerfGE 1, 208 (238 f.) – Landtagswahl-Sperrklausel SchlH II.

[146] Näher dazu *M. Niehuss,* Die Parteien und der Kampf um die Macht in den Ländern Nachkriegsdeutschlands 1946–1955, in: H. H. v. Arnim/G. Färber/S. Tisch (Hrsg.), Föderalismus, 2000, S. 197 (206 ff.).

merhin einen Anfangsverdacht.[147] An der Wirkung der Änderung lassen sich die Absichten ihres Urhebers nicht ablesen. Ob die Mehrheit der Abgeordneten in Schädigungsabsicht entschieden hat, bedarf des Nachweises im Einzelfall.[148]

Auch wenn eine Mehrheit der Abgeordneten das Wahlrecht nicht in der Absicht einsetzt, ihren Mitbewerbern zu schaden, besteht bei bestimmten Wahlrechtsänderungen ein gesteigertes systemisches Risiko.[149] Dieses Risiko fällt umso größer aus, je stärker der Kreis der Entscheidungsträger mit dem Kreis der Nutznießer übereinstimmt. Wenn der Bundestag oder ein Landtag über die Einführung einer Sperrklausel entscheidet, ist die Übereinstimmung umso größer, je weniger Parteien, die Bundestags- bzw. Landtagsabgeordnete stellen, befürchten müssen, dass sie an der Sperrklausel scheitern werden. Wenn keine dieser Parteien solche Befürchtungen hegen muss, erlangt niemand außerhalb des Kreises der Entscheidungsträger einen Vorteil und niemand im Kreis der Entscheidungsträger ist von den Vorteilen ausgeschlossen. Darin unterscheidet sich die Einführung einer Sperrklausel von der typischen Gesetzgebung, bei der ein Abgeordneter als ein Angehöriger einer Bevölkerungsgruppe betroffen

---

[147] Größere Zurückhaltung fordern *U. Di Fabio/R. Mellinghoff,* Abweichende Meinung zu BVerfG, Urteil vom 9.11.2011, 2 BvC 4/10 u. a., BVerfGE 129, 300 (351 f.) – Europawahl-Sperrklausel II.

[148] Ein solcher Nachweis gelingt schwer, ist aber nicht prinzipiell ausgeschlossen. *J. Oebbecke,* Minimierung politischer Kosten durch Verwaltungsrecht, in: DÖV 2017, S. 749 (753 ff.) erinnert daran, dass Beweisschwierigkeiten nicht immer zum Aufgeben zwingen, und gibt Anregungen, wie sich ein Rechtsanwender helfen kann.

[149] Aufgekommen ist eine Debatte, ob sich die Wahlgesetzgebung neben der Erhöhung der Diäten und der Fraktionsausstattung als eine Entscheidung in eigener Sache einordnen lässt, ob diese Kategorie überhaupt ihre Berechtigung hat und welche Folgen sich aus der Einordnung ergeben. Begriffsprägend *H. H. v. Arnim,* Der Staat als Beute, 1993, S. 342. Eingehende Untersuchungen bei *H.-P. Schneider,* Gesetzgeber in eigener Sache, in: D. Grimm/W. Maihofer (Hrsg.), Gesetzgebungstheorie und Rechtspolitik, 1988, S. 327 ff.; *T. Streit,* Entscheidung in eigener Sache, 2006; *H. Lang,* Gesetzgebung in eigener Sache, 2007. – Für die Einordnung der Wahlgesetzgebung als eine Entscheidung in eigener Sache vor allem BVerfG, Urteil vom 13.2.2008, 2 BvK 1/07, BVerfGE 120, 82 (105) – Kommunalwahl-Sperrklausel SchlH III: „Eine strenge Prüfung ist insoweit auch deshalb erforderlich, weil mit Regelungen, die die Bedingungen der politischen Konkurrenz berühren, die jeweilige parlamentarische Mehrheit gewissermaßen in eigener Sache tätig wird"; *H. H. v. Arnim,* Wahlgesetze: Entscheidungen des Parlaments in eigener Sache, in: JZ 2009, S. 813 ff.; *ders.,* Entscheidungen des Parlaments in eigener Sache, in: DÖV 2015, S. 537 ff. Differenzierend bis ablehnend etwa *U. Di Fabio/ R. Mellinghoff,* Abweichende Meinung zu BVerfG, Urteil vom 9.11.2011, 2 BvC 4/10 u. a., BVerfGE 129, 300 (351 f.) – Europawahl-Sperrklausel II: „Eine strengere Prüfung ist auch nicht deshalb verlangt, weil Parteien als Fraktionen im Parlament gleichsam in eigener Sache entscheiden würden. Denn dies kann – anders als bei Diätenfragen – beim Wahlrecht nicht einfach unterstellt werden. Kleinere Parteien, die auch aus der Regierungsverantwortung heraus das Wahlrecht regelmäßig mitgetragen haben, sind bereits selbst ‚Opfer' der Sperrklausel geworden; man sollte nicht ohne Weiteres mit dem Verdacht arbeiten, hier wollten etablierte Parteien, in einem Kartell organisiert, die Konkurrenz fernhalten"; *O. Lepsius,* Parlamentsrechte und Parlamentsverständnisse in der neueren Rechtsprechung des Bundesverfassungsgerichts, in: RuP 52 (2016), S. 137 (144): „Der Bundestag entscheidet im Übrigen nicht in eigener Sache, wenn er das Wahlrecht zum EP regelt."

ist: als Berufstätiger, als Elternteil, als Patient, als Steuerzahler usw.[150] Bei der Wahlgesetzgebung laufen die Abgeordneten regelmäßig Gefahr, dass sie die Wirklichkeit voreingenommen betrachten und ihre eigenen Interessen überbewerten, weil sie selbst von einer Wahlrechtsänderung stark betroffen sind, während außerhalb ihrer Reihen nur wenige Menschen einen Nachteil erleiden.

Je größer die Übereinstimmung der Personenkreise, desto geringer zudem der Anreiz für die Opposition und die Wähler zur Gegenwehr: Die Opposition gehört (mehr oder weniger vollzählig) zu den Nutznießern und teilt ein Interesse mit der Mehrheit; ein Wähler erleidet allein dann einen Nachteil, wenn er eine kleine Partei wählt, die an der Sperrklausel scheitert. Wenn eine Sperrklausel, über die eine Volksvertretung (Bundestag, Landtag) entscheidet, für die Wahl einer anderen Volksvertretung (Europäisches Parlament, Kommunalvertretung) gilt, sind zwar nicht die Abgeordneten der beschlussfassenden Volksvertretung persönlich, wohl aber ihre Parteien betroffen.[151] Deshalb besteht kein prinzipieller, allenfalls ein gradueller Unterschied zu den Fällen, in denen eine Volksvertretung über eine Sperrklausel entscheidet, die für ihre eigene Wahl gilt.

Den Abgeordneten können demnach Wahrnehmungs- und Urteilsfehler unterlaufen, genauso wie die Bürger rationale Ignoranz befallen kann.[152] Das Risiko einer voreingenommen, unausgewogenen Wahlgesetzgebung ist weniger moralischen als systemischen Schwächen geschuldet.[153] Die Unterstellung, dass die Abgeordneten besonders korrumpierbar und nachlässig wären, ist ge-

---

[150] Abweichend *O. Lepsius,* Parlamentsrechte und Parlamentsverständnisse in der neueren Rechtsprechung des Bundesverfassungsgerichts, in: RuP 52 (2016), S. 137 (144): „Warum sollte der Soupçon des Eigeninteresses auf Wahlgesetze beschränkt bleiben, warum sollte er nicht auf Steuergesetze (Hoteliersteuer als Beispiel) und jedwede Sachmaterien ausdehnbar sein? Der Gedanke enthält ein antirepräsentatives Ressentiment."

[151] Hinweis darauf bei *P. Müller,* Abweichende Meinung zu BVerfG, Urteil vom 26.2.2014, 2 BvE 2/13 u. a., BVerfGE 135, 259 (303 f.) – Europawahl-Sperrklausel III: „Abgesehen von der Unschärfe und darauf sich gründender Zweifel an der Tauglichkeit des Begriffs ‚Entscheidung in eigener Sache' als Rechtskategorie […] sind die vorliegend an der Gesetzgebung zur Wahl des Europäischen Parlaments beteiligten nationalen Mandatsträger in ihrem Abgeordnetenstatus nicht unmittelbar betroffen. In Betracht kommt allenfalls eine mittelbare Betroffenheit in Bezug auf die Interessen der Partei, der der jeweilige Abgeordnete angehört"; *O. Lepsius,* Parlamentsrechte und Parlamentsverständnisse in der neueren Rechtsprechung des Bundesverfassungsgerichts, in: RuP 52 (2016), S. 137 (144). Ausgenommen sind die Fälle einer Doppelmitgliedschaft im Landtag und in einer Kommunalvertretung. Die Mitgliedschaft im Europäischen Parlament ist nach Art. 7 II des Direktwahlaktes seit der Wahl zum Europäischen Parlament im Jahr 2004 mit der Mitgliedschaft in einem nationalen Parlament dem Bundestag unvereinbar.

[152] Zur rationalen Ignoranz von Wählern näher *E. V. Towfigh,* Das Parteien-Paradox, 2015, S. 79 f.

[153] Differenzierung bei *O. Jung,* Direkte Demokratie als Gegengewicht gegen Kartelle der herrschenden Klasse?, in: J. Wieland (Hrsg.), Entscheidungen des Parlaments in eigener Sache, 2011, S. 81 (84 ff.). Zum Einzug von Parteiinteressen als einer systemischen Folge allgemein *E. V. Towfigh,* Das Parteien-Paradox, 2015, S. 170.

nauso ungerechtfertigt wie der naive Glaube, dass sie besonders charakterfest und gewissenhaft wären. Auch Abgeordnete sind Menschen, im Guten wie im Schlechten. Damit sich die absichtsvolle Schädigung von Mitbewerbern verhindern und die systemischen Schwächen ausgleichen lassen, müssen sich die Abgeordneten selbst genau prüfen und die Wähler die Wahlgesetzgebung aufmerksam beobachten.[154] Da die Abgeordneten und die Wähler allerdings gesteigerten Fehlanreizen ausgesetzt sind, ist die Einbeziehung eines dritten Akteurs angezeigt: Die Rolle der Verfassungsgerichte entspricht in Fragen des Wahlrechts der Rolle eines Hüters des demokratischen Wettbewerbs.[155]

II. Verfassungsrechtliche Vorgaben für die Aufnahme einer Kommunalwahl-Sperrklausel in eine Landesverfassung

Der verfassungsändernde Gesetzgeber in Nordrhein-Westfalen hat im Jahr 2016 eine auf eine Höhe von 2,5 Prozent gesenkte Sperrklausel für die Kommunalwahlen in die Landesverfassung aufgenommen. In diesem Fall spitzt sich das Problem zu, ob eine Sperrklausel verfassungsgemäß ist: wegen ihres ungewöhnlichen Standorts auch in der Landesverfassung statt nur in einem Wahlgesetz; wegen ihrer ungewöhnlichen Höhe von 2,5 Prozent; wegen einiger Besonderheiten der Kommunalpolitik und des Kommunalrechts, die die kommunale Ebene von anderen politischen Ebenen (EU, Bund, Land) unterscheiden, und wegen weiterer Besonderheiten, die Nordrhein-Westfalen von anderen Ländern unterscheiden. Verfassungsrechtliche Vorgaben für die Einführung einer solchen Sperrklausel können sich aus dem Demokratieprinzip und dem Wahlgleichheitsgebot ergeben, geregelt jeweils sowohl im Grundgesetz (1. und 2.) als auch in der Landesverfassung (3. und 4.).

---

[154] *M. Kotzur,* Demokratie als Wettbewerbsordnung, in: VVDStRL 69 (2010), S. 173 (203 in Fn. 136): „Dass auf dem Feld des Wahl- und des Parteienrechts der Gesetzgeber tätig wird, entspricht der Legitimationslogik des demokratischen Verfassungsstaates, erfordert aber eine besondere ,Wettbewerbssensibilität' und kritische Kontrolle durch die demokratische Öffentlichkeit." Gefordert ist neben der Aufmerksamkeit der Öffentlichkeit die der Verfassungsgerichtsbarkeit.

[155] *M. Morlok,* Parteienrecht als Wettbewerbsrecht, in: P. Häberle/M. Morlok/V. Skouris (Hrsg.), Festschrift für Dimitris Th. Tsatos zum 70. Geburtstag am 5. Mai 2003, 2003, S. 408 (446); *M. Morlok,* Das BVerfG als Hüter des Parteienwettbewerbs, in: NVwZ 2005, S. 157 ff.; *M. Kotzur,* Demokratie als Wettbewerbsordnung, in: VVDStRL 69 (2010), S. 173 (213); *N. Petersen,* Verfassungsgerichte als Wettbewerbshüter des politischen Prozesses, in: A. Baumann u. a. (Hrsg.), Das letzte Wort, 2014, S. 59 (64 ff.); *E. V. Towfigh,* Das Parteien-Paradox, 2015, S. 66 f. Einwände gegen diese Rollenzuschreibung beispielsweise bei *W. Schmitt Glaeser,* Das Bundesverfassungsgericht als „Gegengewalt" zum verfassungsändernden Gesetzgeber?, in: J. Burmeister (Hrsg.), Verfassungsstaatlichkeit, 1997, S. 1183 ff.

1. Wahlgleichheitsgebot des Grundgesetzes (Art. 28 I 2 GG):
Sperrklausel als ungerechtfertigte Ungleichbehandlung bei der Wahl

Ob eine Sperrklausel verfassungsgemäß ist, richtet sich vor allem nach dem Gebot der Wahlgleichheit. Die Wahlgleichheit hat zwei Ausprägungen: Zählwertgleichheit und Erfolgswertgleichheit. Zählwertgleichheit herrscht, wenn die Stimme jedes Wählers gleich zählt; Erfolgswertgleichheit herrscht, wenn jede Stimme den gleichen Einfluss auf die Zusammensetzung der Volksvertretung hat. Die Wahlsystemforschung bezweifelt die vorherrschende Interpretation des Gebots der Wahlgleichheit im Grundgesetz, nach der das Grundgesetz die Erfolgswertgleichheit der Stimmen verbürge für den Fall, dass der Gesetzgeber ein Verhältniswahlsystem eingerichtet habe. Einzelne Richter und einzelne Rechtswissenschaftler setzen sich mit diesen Zweifeln auseinander, typischerweise mit dem Ergebnis, dass die Rechtsprechung und die Rechtswissenschaft ihr bisheriges Verständnis von Wahlgleichheit anpassen, wenn nicht aufgeben müssten.[156] Dass der Gesetzgeber in Nordrhein-Westfalen die Sperrklausel in der Landesverfassung statt im einfachen Recht geregelt hat, deuten einige Befürworter (der Verfassungsmäßigkeit) von Sperrklauseln als einen „Akt parlamentarischer Notwehr" gegen eine uneinsichtige Rechtsprechung, die die bezwingenden Einwände der Wahlsystemforschung übergehe.[157]

a) Gegenstand, Verpflichtete und Gleichzubehandelnde

aa) Gegenstand: Abhängigkeit des Wahlbegriffs vom Inhalt des einzelnen Wahlgrundsatzes

Art. 38 I 1 und Art. 28 I 2 GG regeln besondere Gleichheitsrechte. Im Unterschied zum allgemeinen Gleichheitsrecht in Art. 3 I GG verbieten besondere Gleichheitsrechte Ungleichbehandlungen unter Anknüpfung an bestimmte Kriterien („wegen etwas") oder hinsichtlich eines bestimmten Gegenstandes („bei etwas").[158] Das Gebot der Wahlgleichheit ist auf einen Gegenstand begrenzt:

---

[156] *C. Lenz,* Ein einheitliches Verfahren für die Wahl des Europäischen Parlaments, 1994, S. 295 ff.; *ders.,* Die Wahlrechtsgleichheit und das Bundesverfassungsgericht, in: AöR 121 (1996), S. 337 ff.; *Hans Meyer,* Demokratische Wahl und Wahlsystem, in: J. Isensee/P. Kirchhof (Hrsg.), HStR³ III, 2006, § 45 Rn. 22 ff.; *L. Michael,* Verfassungsunmittelbare Sperrklauseln auf Landesebene, 2015, S. 68 ff. Aus der Rechtsprechung etwa *U. Di Fabio/R. Mellinghoff,* Abweichende Meinung zu BVerfG, Urteil vom 9.11.2011, 2 BvC 4/10 u. a., BVerfGE 129, 300 (346 ff.) – Europawahl-Sperrklausel II; *P. Müller,* Abweichende Meinung zu BVerfG, Urteil vom 26.2.2014, 2 BvE 2/13 u. a., BVerfGE 135, 259 (299 ff.) – Europawahl-Sperrklausel III.

[157] Zitat bei *F. Decker,* Stellungnahme zum Entwurf eines Kommunalvertretungsstärkungsgesetzes vom 22.9.2015, Stellungnahme 16/3331, ohne Datum, S. 1 (1). Die gleiche Beobachtung bei *J. Krüper,* Verfassungsunmittelbare Sperrklauseln, in: ZRP 2014, S. 130 (130): „Abwehrmittel der Politik gegen ein als übergriffig wahrgenommenes Verfassungsgericht"; „Rückeroberung konstitutioneller Gestaltungsspielräume".

[158] *S. Kempny/P. Reimer,* Die Gleichheitssätze, 2012, S. 213 ff.

die Wahl.[159] Das Gebot der Zählwertgleichheit gehört zugleich zur zweiten Gruppe von besonderen Gleichheitsrechten: Es verbietet, nicht anders als die besonderen Gleichheitsrechte in Art. 3 III GG, Ungleichbehandlungen unter Anknüpfung an bestimmte persönliche Merkmale, in seinem Fall etwa an Einkommen, Vermögen und Bildungsstand.

Wie sich das allgemeine Gleichheitsrecht und das Gebot der Wahlgleichheit zueinander verhalten, hat die ursprüngliche Brisanz verloren: Wer vor Jahrzehnten diese Frage beantwortete, bezog Stellung in der Auseinandersetzung, ob das allgemeine Gleichheitsrecht, wie das Gebot der Wahlgleichheit, auch den Gesetzgeber bindet und Ungleichbehandlungen bei der Wahl, wie allgemeine Ungleichbehandlungen, gerechtfertigt sind, auch wenn sie lediglich auf einem sachlichen Grund beruhen („Willkürformel"). [160] Heute steht außer Frage, dass das allgemeine Gleichheitsrecht auch den Gesetzgeber bindet und der Maßstab, nach dem sich Verstöße gegen das allgemeine Gleichheitsrecht rechtfertigen lassen, genauso streng sein kann wie bei Freiheitsrechten („Neue Formel"), während auch Ungleichbehandlungen bei der Wahl nicht generell verfassungswidrig sind, sondern im Einzelfall gerechtfertigt sein können.[161]

Das Wort „Wahl" ist mehrdeutig und kann den individuellen Akt der Stimmabgabe ebenso bezeichnen wie bestimmte Abschnitte des Wahlvorgangs vom Wahlkampf über die Stimmabgabe bis zur Mandatsverteilung.[162] Die Adjektive „allgemein", „unmittelbar", „frei", „gleich" und „geheim", die Art. 38 I 1 und Art. 28 I 2 GG nennen, sind Attribute zu „Wahl".[163] Die Bedeutung des Wortes „Wahl" ist in den beiden Normtexten nicht allgemeingültig, sondern richtet sich nach dem einzelnen Adjektiv und seiner Bedeutung: Was Gegenstand eines bestimmten Wahlgrundsatzes ist, lässt sich ausschließlich Hand in Hand mit der Frage beantworten, welchen Inhalt er hat. Das herkömmliche Verständnis der einzelnen Wahlgrundsätze vorausgesetzt, sind „frei" der Wahlkampf und die Stimmabgabe, „geheim" die Stimmabgabe, „allgemein" das individuelle Stimmrecht und „unmittelbar" die Übersetzung von Stimmen in Mandate. Die Interpretation des Wortes „Wahl" allein beantwortet nicht, ob die Wahlgleichheit im Sinne des Grundgesetzes auch die Erfolgswertgleichheit oder ausschließlich die Zählwertgleichheit umfasst.[164]

---

[159] *Hans Meyer,* Wahlsystem und Verfassungsordnung, 1973, S. 124 f.

[160] Hintergründe bei BVerfG, Beschluss vom 16.7.1998, 2 BvR 1953/95, BVerfGE 99, 1 (8 ff.) – Bayerische Kommunalwahlen.

[161] Zum Stand der Dogmatik näher *S. Kempny/P. Reimer,* Die Gleichheitssätze, 2012, S. 31 f. (Bindung des Gesetzgebers), 105 ff., 137 ff. („Willkürformel" und „Neue Formel").

[162] *Hans Meyer,* Wahlsystem und Verfassungsordnung, 1973, S. 131 ff.

[163] *Hans Meyer,* Wahlsystem und Verfassungsordnung, 1973, S. 121, 123 spricht vom „adjektivischen Charakter" der Wahlgrundsätze (und folgert daraus, dass die Funktionen der Wahl die Wahlgrundsätze beschränken könnten).

[164] Nach der Auffassung von *Hans Meyer,* Wahlsystem und Verfassungsordnung, 1973, S. 131 ff. umfasst das Wort „Wahl" wie selbstverständlich auch die Übersetzung von Stimmen

bb) Verpflichtete: Unterschiedslose Bindung aller Staatsgewalt der Länder einschließlich des verfassungsändernden Gesetzgebers

Indem Art. 28 I 2 GG davon spricht, dass das Volk eine Vertretung haben muss, die aus allgemeinen, unmittelbaren, freien, gleichen und geheimen Wahlen hervorgegangen ist, stellt er ein Gebot auf: Der grammatische Indikativ hat ebenso wie etwa in Art. 20 II GG imperative Bedeutung, der Gebrauch des Verbs „sein" im Normtext bekräftigt das Sollen.[165] Das Gebot richtet sich an alle Staatsgewalt der Länder, unterscheidet also nicht danach, ob der Gesetzgeber, die vollziehende Gewalt oder die Rechtsprechung handelt. In einer Sprache, die zwischen dem Erlass von Gesetzen und dem Erlass beispielsweise von Verwaltungsakten und Gerichtsentscheidungen kategorial unterscheidet, sind die Länder sowohl zur Recht*setzungs*gleichheit als auch zur Recht*sanwendungs*gleichheit verpflichtet.[166]

Mit Art. 28 I 2 GG bindet der Grundgesetzgeber die Länder an die fünf Wahlgrundsätze und damit an ausgewählte Konkretisierungen des Demokratieprinzips. Dabei wiederholt Art. 28 I 2 GG an den entscheidenden Stellen den Wortlaut von Art. 38 I 1 GG, nach dem die Abgeordneten des Deutschen Bundestages in allgemeiner, unmittelbarer, freier, gleicher und geheimer Wahl gewählt werden. Die Übereinstimmung des Wortlauts der beiden Normen zwingt den Interpreten jedoch nicht zu dem Schluss, dass die Wahlgrundsätze in beiden Fällen den gleichen Inhalt haben. Ein Wort kann in dem gleichen Rechtstext, etwa je nach seiner systematischen Stellung, verschiedene Bedeutungen annehmen. Dass zwei Normtexte übereinstimmen, begründet dennoch eine widerlegliche Vermutung, dass sich die darauf beruhenden Normen inhaltlich gleichen.[167] Die Wahlgrundsätze haben, weil in ihrem Fall nichts diese Vermutung widerlegt, in Art. 28 I 2 GG den gleichen Inhalt wie in Art. 38 I 1 GG.

---

in Mandate. Daraus folge, dass das Gebot der Wahlgleichheit auch dafür Vorgaben enthalte und somit ein Gebot der Erfolgswertgleichheit einschließe. Kritik daran bei *M. Wild,* Die Gleichheit der Wahl, 2003, S. 192 ff.

[165] Ähnlich *Hans Meyer,* Wahlsystem und Verfassungsordnung, 1973, S. 124.

[166] Dagegen legt der Wortlaut von Art. 3 I GG die Deutung nahe, dass ausschließlich die vollziehende Gewalt und die Rechtsprechung an das allgemeine Gleichheitsrecht gebunden wären, indem er ausschließlich von Gleichheit *vor* dem Gesetz spricht. Art. 1 III GG bindet aber, Art. 20 III GG bekräftigend, jede der drei Gewalten an die Grundrechte. Der Verfassunggeber beabsichtigte die Bindung auch des Gesetzgebers. Deshalb setzt sich Art. 1 III GG gegen (den Wortlaut von) Art. 3 I GG durch. Dazu *S. Kempny/P. Reimer,* Die Gleichheitssätze, 2012, S. 31 f.

[167] Wortlautargument bei *H. Wißmann,* Stellungnahme zum Entwurf eines Kommunalvertretungsstärkungsgesetzes vom 22.9.2015, Stellungnahme 16/3313 vom 10.1.2016, S. 1 (2). Indem *L. Michael,* Verfassungsunmittelbare Sperrklauseln auf Landesebene, 2015, S. 115 f. anmerkt, dass Wortlautparallelen gerade bei der Verfassungsauslegung „kein starkes Argument" seien, gesteht er zu, dass sie immerhin ein Argument sind. Offen lässt er, welches Gegenargument das Wortlautargument im Fall von Art. 28 I 2 GG entkräften können soll.

Während Art. 28 I 1 GG die Länder zur Wahrung der Verfassungsprinzipien verpflichtet, wie sie der Grundgesetzgeber in Art. 20 I bis III GG niedergelegt hat, bindet Art. 28 I 2 GG sie an Vorgaben, die der Konkretisierung des Demokratieprinzips für den Bundesgesetzgeber in Art. 38 I 1 GG entsprechen. Der Entscheidungsfreiraum der Länder bei der Konkretisierung des Demokratieprinzips im Wahlrecht verengt sich dadurch auf die Größe, die dem einfachen Bundesgesetzgeber zusteht. Während der verfassungsändernde Bundesgesetzgeber die Wahlgrundsätze für die Bundestagswahl ändern kann, kann sich der verfassungsändernde Landesgesetzgeber seiner inhaltsgleichen Bindungen nicht entledigen. Obwohl der verfassungsändernde Gesetzgeber in beiden Teilrechtsordnungen eine Sonderstellung gegenüber dem einfachen Gesetzgeber einnimmt, weil seine Beschlüsse eine qualifizierte Mehrheit voraussetzen, behandeln Art. 38 I 1 und Art. 28 I 2 GG den verfassungsändernden Bundesgesetzgeber anders als den verfassungsändernden Landesgesetzgeber. Deshalb kann der Eindruck aufkommen, dass ein Wertungswiderspruch bestehe: Der verfassungsändernde Landesgesetzgeber hat keinen weitergehenden Entscheidungsfreiraum als der einfache Bundesgesetzgeber.[168]

Die Landesrechtsordnungen haben die gleiche Struktur wie die Bundesrechtsordnung: Die gleichen Rechtsschichten oder auch Rechtsaktsformen (Verfassung, Gesetz, Verordnung usw.) kommen sowohl im Bundesrecht und als auch im Landesrecht vor. Art. 31 GG allerdings unterscheidet nicht nach Rechtsaktsformen, sondern ausschließlich nach Teilrechtsordnungen: Er regelt Kollisionen von Bundesrecht und Landesrecht gleich welcher Stufe und spricht im Kollisionsfall die gleiche Rechtsfolge aus, unabhängig davon, auf welcher Stufe sich die kollidierende Norm des Landesrechts befindet.[169] Eine Rechtsverordnung des Bundes kann eine Norm der Landesverfassung vernichten.[170]

Ebenso wenig unterscheiden die Vorgabenormen des Grundgesetzes nach Normschichten innerhalb der Landesrechtsordnung. Sie behandeln die verfassungsändernden Gesetzgeber von Bund und Ländern ungleich: Während der verfassungsändernde Bundesgesetzgeber beispielsweise die Grundrechte und die Selbstverwaltungsgarantie des Grundgesetzes (in den Grenzen der Ewigkeitsgarantie) ändern kann, muss der verfassungsändernde Landesgesetzgeber

---

[168] Einen solchen Wertungswiderspruch behaupten *W. Roth,* Verfassungsmäßigkeit der Einführung einer 3%-Sperrklausel bei Kommunalwahlen durch Verfassungsänderung, insbesondere für das Land Nordrhein-Westfalen, 2015, S. 109 f.; *L. Michael,* Verfassungsunmittelbare Sperrklauseln auf Landesebene, 2015, S. 116.

[169] Nach der Gegenauffassung beansprucht das Bundesrecht gegenüber den Landesverfassungen lediglich Anwendungsvorrang: *H. v. Olshausen,* Landesverfassungsbeschwerde und Bundesrecht, 1980, S. 105 ff., 133 ff. Zurückweisung bei *S. Storr,* Verfassunggebung in den Ländern, 1995, S. 206 ff.

[170] *J. Dietlein,* Die Grundrechte in den Verfassungen der neuen Bundesländer, 1993, S. 46; *F. Wittreck,* Verfassungsrecht, in: S. Schlacke/ders. (Hrsg.), Landesrecht Nordrhein-Westfalen, 2017, § 1 Rn. 17.

sie uneingeschränkt beachten.[171] Art. 28 I 2 GG bietet keinen Anhalt, dass der Verfassunggeber für die Wahlgrundsätze eine Ausnahme gemacht hätte. Demnach geht der Unterschied von Bundesrecht und Landesrecht stets dem Unterschied von Verfassung und Gesetz vor. Ob der verfassungsändernde oder der einfache Gesetzgeber (des Bundes oder eines Landes) eine Norm erlassen hat, wirkt sich zwar auf den Rang der Norm innerhalb einer Teilrechtsordnung aus, aber nicht im Verhältnis der Teilrechtsordnungen zueinander. Genauer betrachtet besteht deshalb kein Wertungswiderspruch.

Das Grundgesetz stellt es den Ländern frei, ob sie sich überhaupt eine Verfassung im formellen Sinne geben. Wenn der verfassungsändernde Landesgesetzgeber nicht an die Wahlgrundsätze des Grundgesetzes gebunden wäre, könnten die Länder ihren Entscheidungsfreiraum erweitern, indem sie sich eine Verfassung im formellen Sinne geben, obwohl sie dazu nicht verpflichtet sind. Genauso wenig wie ein Land seiner Bindung an das Homogenitätsgebot entgehen kann, indem es eine Regelung im einfachen Recht statt in seiner Verfassung im formellen Sinne trifft, kann es sich seiner Bindung an die Wahlgrundsätze entziehen, indem es eine Regelung in seiner Verfassung im formellen Sinne statt im einfachen Recht trifft. Der Regelungsstandort einer Norm im Landesrecht entscheidet deshalb nicht über ihre Vereinbarkeit mit den Wahlgrundsätzen.[172]

Dass Art. 28 I 2 GG die Verfassungsautonomie der Länder beschränkt, rechtfertigt kein anderes Ergebnis: Zwischen der Freiheit der Länder, ihre Staatsorganisation selbständig zu regeln und sich eine Verfassung im formellen Sinne zu geben, und dem Entscheidungsfreiraum der Länder im Übrigen besteht kein struktureller Unterschied. Auch die Verfassungsautonomie der Länder liegt dem

---

[171] Rhetorische Frage bei *J. Oebbecke*, Stellungnahme zum Entwurf eines Kommunalvertretungsstärkungsgesetzes vom 22.9.2015, Stellungnahme 16/3334 vom 13.1.2016, S. 1 (4 f.): „Kann der Landesgesetzgeber bei Eingriffen in die verfassungsrechtlich geschützte kommunale Selbstverwaltung des Art. 28 Abs. 2 GG einen größeren Spielraum haben, wenn er diese Eingriffe durch die Landesverfassung vornimmt?" (S. 5).

[172] *J. Oebbecke*, Stellungnahme zum Entwurf eines Kommunalvertretungsstärkungsgesetzes vom 22.9.2015, Stellungnahme 16/3334 vom 13.1.2016, S. 1 (4 f.); *H. Wißmann*, Stellungnahme zum Entwurf eines Kommunalvertretungsstärkungsgesetzes vom 22.9.2015, Stellungnahme 16/3313 vom 10.1.2016, S. 1 (4); VerfGH NRW, Urteil vom 21.11.2017, 21/16 u. a., Rn. 81 ff. – Kommunalwahl-Sperrklausel III. – Die Vertreter der Gegenauffassung sind sich unschlüssig, ob der verfassungsändernde Landesgesetzgeber an die Wahlgrundsätze des Grundgesetzes von vornherein nicht gebunden sei oder ihm die Rechtfertigung von Ungleichbehandlungen leichter fallen müsse als dem einfachen Landesgesetzgeber. *L. Michael*, Verfassungsunmittelbare Sperrklauseln auf Landesebene, 2015, S. 126 ff. bevorzugt erklärtermaßen die erste Variante, legt seinen anschließenden Ausführungen aber die zweite zugrunde, möglicherweise der Anschlussfähigkeit wegen. Die zweite Variante bevorzugen *W. Roth*, Verfassungsmäßigkeit der Einführung einer 3 %-Sperrklausel bei Kommunalwahlen durch Verfassungsänderung, insbesondere für das Land Nordrhein-Westfalen, 2015, S. 104 ff.; *K. F. Gärditz*, Stellungnahme zum Entwurf eines Kommunalvertretungsstärkungsgesetzes vom 22.9.2015, Stellungnahme 16/3340 vom 18.1.2016, S. 1 (4).

Bundesrecht nicht voraus, sondern besteht, weil und soweit das Bundesrecht sie zugesteht. Der Wortlaut von Art. 28 I 2 GG und die Systematik des Grundgesetzes begründen ein bestimmtes Auslegungsergebnis: Die Wahlgrundsätze in Art. 28 I 2 GG verpflichten unterschiedslos sowohl den verfassungsändernden als auch den einfachen Landesgesetzgeber. Wer Art. 28 I GG mit abweichendem Ergebnis „landesverfassungsfreundlich" (um)deutet, um die Verfassungsautonomie der Länder zu schonen, setzt sich über dieses Auslegungsergebnis (und damit: über geltendes Verfassungsrecht) hinweg, damit das Grundgesetz verfassungs*theoretischen* Annahmen besser gerecht wird.[173]

cc) Gleichzubehandelnde: Wahlberechtigte und Wahlbewerber

Die Rede, dass die Wahl gleich sei, ist eine starke Verkürzung: Ein Gegenstand kann nicht in sich gleich sein; ein Vergleichsobjekt zur Wahl existiert nicht.[174] Gleich können das individuelle Recht auf Stimmabgabe (Zählwertgleichheit) und der Einfluss der Stimme auf die Zusammensetzung der Volksvertretung (Erfolgswertgleichheit) sein. Hinter Stimmen stehen Menschen: die Wahlberechtigten und die Wahlbewerber. Der Staat muss die Angehörigen dieser beiden Gruppen nach Art. 28 I 2 und Art. 38 I 1 GG untereinander gleich behandeln.[175] Indem der Staat einen Wahlberechtigten benachteiligt, benachteiligt er den von diesem Wahlberechtigten bevorzugten Wahlbewerber. Die Ungleichbehandlungen gehen Hand in Hand. Entsprechend muss sich das Gebot, dass der Gesetzgeber die Wahlberechtigten gleichbehandelt, mit einem Gebot verbinden, dass er auch die Wahlbewerber gleichbehandelt, wenn nicht eine der beiden Gruppen ausschließlich indirekten Schutz vor Ungleichbehandlungen genießen soll, den ihm der Schutz der anderen Gruppe vermittelt. Da die beiden Gleichbehandlungsgebote inhaltlich zusammengehören, ergeben sie sich für jede Wahl aus der gleichen Norm: für die Bundestagswahl aus Art. 38 I 1 GG und für die Landtags- und die Kommunalwahlen aus Art. 28 I 2 GG.

---

[173] VerfGH NRW, Urteil vom 21.11.2017, 21/16 u. a., Rn. 83: „Die speziellen Homogenitätsvorgaben des Art. 28 Abs. 1 Satz 2 GG, durch die das Bundesstaatsprinzip des Grundgesetzes eine konkrete inhaltliche Ausformung erfährt, können nicht durch allgemeine Erwägungen zum Verhältnis von Zentralstaat und Gliedstaaten in einem Bundesstaat überspielt werden." Einen Grundsatz der landesverfassungsfreundlichen Auslegung behaupten aber *W. Graf Vitzthum,* Die Bedeutung gliedstaatlichen Verfassungsrechts in der Gegenwart, in: VVDStRL 46 (1988), S. 7 (29): „landesverfassungsfreundliche Auslegung"; *A. Dittmann,* Verfassungshoheit der Länder und bundesstaatliche Verfassungshomogenität, in: J. Isensee/P. Kirchhof (Hrsg.), HStR[3] VI, 2008, § 127 Rn. 15: „länderfreundliche Bestimmung"; *L. Michael,* Verfassungsunmittelbare Sperrklauseln auf Landesebene, 2015, S. 120, 122 f., 136: „,landesverfassungsfreundliche' Auslegung".

[174] *Hans Meyer,* Wahlsystem und Verfassungsordnung, 1973, S. 125.

[175] *Hans Meyer,* Wahlsystem und Verfassungsordnung, 1973, S. 126 ff.; *ders.,* Demokratische Wahl und Wahlsystem, in: J. Isensee/P. Kirchhof (Hrsg.), HStR[3] III, 2006, § 45 Rn. 34.

Der Wortlaut von Art. 21 I GG bietet hingegen keinen Anhalt, dass die Norm neben einem Freiheitsrecht, der Parteigründungsfreiheit, ein Gleichheitsrecht, die (Chancen-)Gleichheit der Parteien, enthielte.[176] Wer dennoch ein Gleichheitsgebot auf Art. 21 I GG stützt, schließt die Einzelbewerber und die Wählergruppen aus, weil sich Art. 21 I GG auf Parteien beschränkt und Einzelbewerber und Wählergruppen nach üblichem Verständnis keine Parteien in diesem Sinne sind.[177] Allerdings stellt Art. 28 I 2 GG die Wahlen zu den Kommunalvertretungen denen zum Bundestag und zu den Landtagen gleich. Entsprechend müssen die Bewerber bei Kommunalwahlen im Ergebnis ebenso vor Ungleichbehandlungen geschützt sein wie die Parteien bei Bundestags- und bei Landtagswahlen. Der Staat muss alle Wahlbewerber gleichbehandeln, auch wenn ein Bewerber nicht zu den Parteien im verfassungsrechtlichen Sinne gehört. Für ein solches Gleichheitsgebot kann Art. 21 I GG kein Standort sein.

Auch wenn sich das Gebot, die Wahlbewerber gleichzubehandeln, aus einer Verbindung von Art. 21 I GG einerseits mit Art. 3 I, Art. 28 I 2 oder Art. 38 I 1 GG andererseits ergäbe, wäre die anteilige Verortung des Gebots in Art. 21 I GG mit dem Normtext unvereinbar und würde jeden Wahlbewerber ohne Partei-Eigenschaft ausschließen.[178] Das allgemeine Gleichheitsrecht allein ist ebenfalls der falsche Standort für ein solches Gebot: Da der Grundgesetzgeber für die Gleichheit der Wahlberechtigten besondere Gleichheitsrechte geschaffen hat, liegt es näher, dass sich die Gleichheit der Wahlbewerber ebenfalls aus diesen besonderen Gleichheitsrechten ergibt. Das Gebot, die Wahlbewerber gleichzubehandeln, hat also seinen Standort ausschließlich in Art. 28 I 2 (für Landtags- und Kommunalwahlen) und in Art. 38 I 1 GG (für Bundestagswahlen).

b) Inhalt: Zählwertgleichheit und Erfolgswertgleichheit
abhängig von einer Systementscheidung des Gesetzgebers für Mehrheits-
oder Verhältniswahl (Unterwerfungstheorie)

Für den Inhalt des Wahlgleichheitsgebots kommen drei verschiedene Deutungen in Betracht: In der ersten Deutung schreibt der Grundsatz der Wahlgleichheit generell vor, dass Stimmen neben dem gleichen Zählwert den gleichen Erfolgswert haben müssen. Dann muss der Gesetzgeber jede Ungleichbehandlung des Erfolgswertes, etwa durch Sperrklauseln, rechtfertigen. In der zweiten Deutung erschöpft sich der Grundsatz der Wahlgleichheit generell im Gebot der

---

[176] Kritik am typischerweise textvergessenen Umgang mit Art. 21 GG übt *M. Jestaedt,* Politische Parteien und Verfassungstheorie, in: J. Krüper/H. Merten/T. Poguntke (Hrsg.), Parteienwissenschaften, 2015, S. 83 (89, 97 ff., 102 f.).

[177] *M. Morlok,* Art. „Parteien, politische", in: W. Heun u. a. (Hrsg.), EvStL, 2006, Sp. 1742 (1742).

[178] In diese Richtung *Hans Meyer,* Demokratische Wahl und Wahlsystem, in: J. Isensee/ P. Kirchhof (Hrsg.), HStR³ III, 2006, § 46 Rn. 34.

Zählwertgleichheit. Dann muss der Gesetzgeber Sperrklauseln vor dem Grundsatz der Wahlgleichheit in keinem Fall rechtfertigen. In der dritten Deutung richtet sich der Inhalt der Wahlgleichheit nach einer Systementscheidung des Wahlgesetzgebers: Wenn er sich für Mehrheitswahl entscheidet, muss er bei ihrer Gestaltung ausschließlich beachten, dass jeder Stimme der gleiche Zählwert zukommen muss. Indem sich der Gesetzgeber für Verhältniswahl entscheidet, bindet er sich selbst an die zusätzliche Vorgabe, dass jede Stimme den gleichen Erfolgswert hat. Diese dritte Deutung firmiert vereinzelt als „Unterwerfungstheorie".[179]

aa) Begriffliche Vorklärungen: Unterscheidbarkeit von Verhältniswahl, reiner Verhältniswahl und Erfolgswertgleichheit

Verhältniswahl und Erfolgswertgleichheit sind nicht dasselbe: Verhältniswahl bezeichnet einen von zwei Wahlsystemgrundtypen, der im Gegensatz zur Mehrheitswahl stärker danach strebt, dass die Parteien ihrem Stimmenanteil entsprechend in der Volksvertretung vertreten sind, als dass möglichst wenige Parteien eine Mehrheit bilden können. Erfolgswertgleichheit herrscht, wenn jede Stimme bei gegebenem Stimmergebnis den gleichen Einfluss auf die Zusammensetzung der Volksvertretung hat.[180] Verhältniswahlsysteme können zu beachtlicher Erfolgswertungleichheit führen, ohne dass sie dadurch aufhörten, Verhältniswahlsysteme zu sein, genauso wie Mehrheitswahlsysteme zu einem ansehnlichen Maß an Erfolgswertgleichheit führen können, ohne dass sie dadurch aufhörten, Mehrheitswahlsysteme zu sein. Indem eine Verfassung die Verhältniswahl vorgibt, sagt sie nicht, dass das Wahlsystem dem Gebot der Erfolgswertgleichheit genügen muss; indem sie Erfolgswertgleichheit gebietet, sagt sie nicht, dass der Gesetzgeber ein Verhältniswahlsystem einrichten muss. In der Praxis steigt mit dem Konzentrationsanreiz typischerweise die Anzahl der Fälle von Erfolgswertungleichheit; die beiden Zuwächse sind aber nicht gesetzmäßig miteinander verbunden.

---

[179] Begriff bei *C. Lenz*, Ein einheitliches Verfahren für die Wahl des Europäischen Parlaments, 1994, S. 309, 314; *ders.*, Die Wahlrechtsgleichheit und das Bundesverfassungsgericht, in: AöR 121 (1996), S. 337 (344 f., 346 ff.). Das Wort „Unterwerfungstheorie" klingt möglicherweise ironisch, ist aber als eingängige Kurzbezeichnung annehmbar, weil es den wesentlichen Gedanken treffend ausdrückt, dass sich ein Gesetzgeber durch eine freie Vorentscheidung an einen verfassungsrechtlichen Maßstab bindet. Den Anstoß zur Wortschöpfung gab BVerfG, Beschluss vom 11.10.1972, 2 BvR 912/71, BVerfGE 34, 81 (100) – Wahlschlüssel: „Entscheidet sich der Gesetzgeber für das Verhältniswahlsystem, so *unterwirft* er sich damit dem prinzipiellen Gebot des gleichen Erfolgswerts jeder Wählerstimme als der speziellen Ausprägung, die die Wahlrechtsgleichheit unter dem Verhältniswahlsystem erfährt, und stellt sein Gesetz unter dieses Maß" (Hervorhebung nicht im Original; S. L.).

[180] Unterscheidung des Wahlsystemsubtyps „reine Verhältniswahl", der Entscheidungsregel „Proporz" und des Repräsentationsprinzips „Verhältniswahl" bei *C. Lenz*, Die Wahlrechtsgleichheit und das Bundesverfassungsgericht, in: AöR 121 (1996), S. 337 (346 ff.).

Am besten erfüllt ist die Forderung nach Erfolgswertgleichheit praktisch dann, wenn sich die Mitglieder der Volksvertretung nach *reiner* Verhältniswahl bestimmen. In einem Grenzfall ist ein einziges Mandat zu vergeben; proportional ist seine Vergabe, wenn sich die Wähler einstimmig für einen Bewerber entscheiden. Im anderen Grenzfall entspricht die Zahl der Mandate der Zahl der Wähler; dann verliert die Wahl ihren Sinn. Streng genommen verdienen allein die Grenzfälle den Namen reine Verhältniswahl; sie kommen aber in der Wirklichkeit nicht vor.[181] Deshalb firmiert auch der Wahlsystemsubtyp als reine Verhältniswahl, der die Spiegelbildlichkeit lediglich geringfügig beeinträchtigt: Eine große Zahl von Mandaten wird entweder im Einheitswahlkreis nach strengem Proporz vergeben oder in einem mehrstufigen Verfahren in Wahlkreisen auf mehreren Ebenen, in dessen Verlauf sich Verzerrungen des Proporzes, die sich auf unterer Ebene ergeben, auf höherer Ebene ausgleichen.[182] Der zweiten Variante entsprach das System zur Wahl des Reichstages in der Weimarer Republik.[183] Die reine Verhältniswahl bildet das eine Ende des Kontinuums der Wahlsysteme; das andere Ende bildet die extreme Mehrheitswahl, bei der die Mandate im Einheitswahlkreis mit relativer Mehrheit vergeben werden.

Mehrheitswahl und Verhältniswahl sind weder Prinzipien noch Idealtypen.[184] Nach einem *Prinzip* „Verhältniswahl" müsste die Zusammensetzung der Volksvertretung das Stimmergebnis so genau abbilden wie möglich. Prima facie gebote es vollkommene Spiegelbildlichkeit. Der Wahlgesetzgeber könnte von diesem Gebot nicht nach Belieben abweichen, sondern müsste sich dafür rechtfertigen, indem er die Spiegelbildlichkeit im Verhältnis zu entgegenstehenden Zielen optimiert. Definitiv gebote das Prinzip „Verhältniswahl" das relative Höchstmaß an Spiegelbildlichkeit. Ein *Idealtyp* „Verhältniswahl" wäre ein Wahlsystem, das die prägenden Merkmale zusammengehöriger bestehender Wahlsysteme in sich vereinte, ohne dass es in der Wirklichkeit vorkäme. Prinzip und Idealtyp sind verwandt, weil sie übereinstimmend nicht voraussetzen, dass sie vollständig verwirklicht werden (können). Entsprechend beruhen

---

[181] Diese Grenzfälle behandelt *H. Kelsen,* Vom Wesen und Wert der Demokratie, 2. Aufl. 1929, S. 58 ff., bes. 60.

[182] *C. Lenz,* Die Wahlrechtsgleichheit und das Bundesverfassungsgericht, in: AöR 121 (1996), S. 337 (340); *D. Nohlen,* Wahlrecht und Parteiensystem, 7. Aufl. 2014, S. 206.

[183] *A. v. Ungern-Sternberg,* Die Weimarer Suche nach dem richtigen Wahlsystem, in: U. J. Schröder/dies. (Hrsg.), Zur Aktualität der Weimarer Staatsrechtslehre, 2011, S. 189 (193 f.); *D. Nohlen,* Wahlrecht und Parteiensystem, 7. Aufl. 2014, S. 363 ff.

[184] *D. Nohlen,* Wahlrecht und Parteiensystem, 7. Aufl. 2014, S. 151 ff. versteht die Gegenüberstellung von Repräsentationsprinzipien und Entscheidungsregeln ausdrücklich im Sinne des Regel-Prinzipien-Modells nach *R. Alexy,* Theorie der Grundrechte (1985), 7. Aufl. 2015, S. 71 ff. Kritik daran bei *K. Poier,* Minderheitenfreundliches Mehrheitswahlrecht, 2001, S. 80 f. – *M. Wild,* Die Gleichheit der Wahl, 2003, S. 205 versteht unter Mehrheitswahl und Verhältniswahl „idealtypische Ausprägungen der beiden Repräsentationsmodelle". Zum Idealtypus grundlegend *M. Weber,* Die „Objektivität" sozialwissenschaftlicher und sozialpolitischer Erkenntnis, in: ArchSozWiss 19 (1904), S. 22 ff.

die Vorstellungen von Verhältniswahl als Prinzip und von Verhältniswahl als Idealtyp gleichermaßen auf der fehlerhaften Gleichsetzung eines Wahlsystemgrundtyps (Verhältniswahl) mit einem seiner Wahlsystemsubtypen (reine Verhältniswahl).

bb) Konstruktionsanalyse und Folgenbetrachtung: Verwirrung im Stufenbau des Rechts und Tabuzonen im Kontinuum der Wahlsysteme

Nach der Unterwerfungstheorie muss ein Gesetzgeber, der ein Verhältniswahlsystem einrichtet, nicht herbeiführen *wollen*, dass die Wahlgleichheit im Sinne des Grundgesetzes die Erfolgswertgleichheit einschließt. Die Folgen seiner Systementscheidung für den Inhalt der Wahlgleichheit treten von Rechts wegen ein. Auf den ersten Blick beruht die Unterwerfungstheorie deshalb auf einem Fehlschluss des Interpreten von der rangniederen auf die ranghöhere Norm: Was im einfachen Recht geregelt ist, soll den Inhalt von Verfassungsrecht bestimmen können.[185] Der Verfassunggeber kann allerdings den Schluss selbst gezogen haben: Möglicherweise hat er zum Inhalt der Verfassungsnorm gemacht, dass sich einer ihrer Gehalte nach einer Vorentscheidung des Gesetzgebers richtet. Der Einwand, dass der Unterwerfungstheorie ein Fehlschluss zugrunde liege, erweist sich seinerseits als Zirkelschluss, weil er auf einer Annahme beruht, die erst am Ende des Auslegungsvorgangs stehen kann: dass der Verfassunggeber den Inhalt der verfassungsrechtlich verbürgten Wahlgleichheit nicht von einer Vorentscheidung des Gesetzgebers abhängig gemacht hat.

Die Unterwerfungstheorie erinnert an die „Normgeprägtheit"[186] des Eigentumsgrundrechts in Art. 14 I GG:[187] Die Merkmale des grundgesetzlichen Eigentumsbegriffs stehen fest, doch hat es der Gesetzgeber in der Hand, eine Rechtsposition so zu gestalten, dass sie diese Merkmale erfüllt und deshalb den Schutz des Eigentumsgrundrechts erfährt.[188] Indem der Gesetzgeber eine solche Rechtsposition später so verändert, dass sie nicht mehr unter den grundgesetzlichen Eigentumsbegriff fällt, bestimmt er für die Zukunft den Inhalt, für die

---

[185] *M. Wild*, Die Gleichheit der Wahl, 2003, S. 194 ff.

[186] *F. Michl*, Unionsgrundrechte aus der Hand des Gesetzgebers, 2018, S. 11 führt den Begriff zurück auf die „Rede von der ‚Grundrechtsprägung'" bei *P. Lerche*, Übermaß und Verfassungsrecht (1961), 2. Aufl. 1999, S. 99, 114 ff., 140 ff.

[187] *H. Tappe*, Festlegende Gleichheit, in: JZ 2016, S. 27 (31) spricht von „normgeprägte[r] Gleichheit", um seinen Gedanken auszudrücken, dass eine Systementscheidung den Inhalt eines Gleichheitsrechts beeinflusse und dadurch das Gleichheitsrecht zum Maßstab für Systemveränderungen mache.

[188] *M. Jestaedt*, Selbstand und Offenheit der Verfassung gegenüber nationalem, supranationalem und internationalem Recht, in: J. Isensee/P. Kirchhof (Hrsg.), HStR³ XII, 2014, § 264 Rn. 61 deutet Art. 14 I GG als eine Verknüpfung einer statischen mit einer dynamischen Verweisung auf einfaches Recht: statisch für die Begriffsmerkmale, dynamisch für die Rechtspositionen.

Vergangenheit die Schranken des Eigentumsgrundrechts und muss sich deshalb vor ihm rechtfertigen. Während der Wortlaut von Art. 14 I 2 GG diese Zusammenhänge zu erkennen gibt, indem er von Inhalts- und Schrankenbestimmungen spricht, bietet der Wortlaut von Art. 38 I 1 und Art. 28 I 2 GG der Unterwerfungstheorie keine Anhaltspunkte. Da der Normtext der physische Träger einer Norm, aber nicht mit ihr identisch ist, muss der Wortlaut eine inhaltliche Abhängigkeit des Verfassungsrechts vom einfachen Recht nicht notwendigerweise zu erkennen geben.[189] Dass sie besteht, kann stattdessen zum Beispiel aus der Entstehungsgeschichte der Wahlgrundsätze hervorgehen.

Vor allem in der Sonderdogmatik des Steuerverfassungsrechts soll sich die Verfassungsmäßigkeit von Normen danach richten, ob der Gesetzgeber ein bestehendes System folgerichtig entwickelt.[190] Der Gesetzgeber sei frei in seiner Entscheidung für ein bestimmtes System, dürfe sich aber zu dessen Logik nicht in Widerspruch setzen. Allerdings lassen sich system*bildende* und system*störende* Normen nicht ohne Willkür unterscheiden: Wer eine Norm erlässt, kann dadurch ein bestehendes System durchbrechen oder ein neues System erschaffen.[191] Das Kriterium der Folgerichtigkeit stiftet Verwirrung im Stufenbau des Rechts. Die Unterwerfungstheorie trifft dieser grundsätzlich berechtigte Einwand nicht: Da Verhältniswahl und Erfolgswertgleichheit nicht identisch sind, bindet sich der Gesetzgeber nicht an die Logik der Verhältniswahl, indem er sich für diesen Wahlsystemgrundtyp entscheidet, sondern an das Gebot der Wahlgleichheit in ihrer Ausprägung als Erfolgswertgleichheit.[192] Die Unterwerfungstheorie ist also kein Beispiel für den Topos der Fol-

---

[189] An die Verschiedenheit von Rechtsnorm und Normtext erinnern trotz voneinander abweichender Ausgangspunkte im Ergebnis übereinstimmend *R. Alexy,* Theorie der Grundrechte (1985), 7. Aufl. 2015, S. 42 ff.; *M. Jestaedt,* Grundrechtsentfaltung im Gesetz, 1999, S. 329 f.; *F. Michl,* Unionsgrundrechte aus der Hand des Gesetzgebers, 2018, S. 29 f., 31 ff., 33 f.

[190] *U. Kischel,* Systembindung des Gesetzgebers und Gleichheitssatz, in: AöR 124 (1999), S. 174 ff.; *M. Payandeh,* Das Gebot der Folgerichtigkeit, in: AöR 136 (2011), S. 578 ff. Der Topos befindet sich zurzeit möglicherweise auf dem Weg zu einem allgemeinen verfassungsrechtlichen Maßstab weit über das Steuerrecht hinaus.

[191] *U. Kischel,* Systembindung des Gesetzgebers und Gleichheitssatz, in: AöR 124 (1999), S. 174 (206 ff.); *M. Wild,* Die Gleichheit der Wahl, 2003, S. 197 ff.; *M. Payandeh,* Das Gebot der Folgerichtigkeit, in: AöR 136 (2011), S. 578 (601); *C. Möllers,* Wahlrecht: Das missverstandene Systemargument im Streit um die Überhangmandate, in: RuP 48 (2012), S. 1 ff.

[192] Dagegen rekonstruieren *U. Kischel,* Systembindung des Gesetzgebers und Gleichheitssatz, in: AöR 124 (1999), S. 174 (206 ff.); *M. Wild,* Die Gleichheit der Wahl, 2003, S. 194 ff.; *M. Payandeh,* Das Gebot der Folgerichtigkeit, in: AöR 136 (2011), S. 578 (600 ff.) die Unterwerfungstheorie als ein Hauptbeispiel für den Topos der Folgerichtigkeit, und zwar wohl deshalb, weil sie Verhältniswahl und Erfolgswertgleichheit gleichsetzen. Nach Einschätzung von *M. Wild,* Die Gleichheit der Wahl, ebd., S. 201 hat es eine Rechtsprechungswende gegeben von einer als Bindung an das Gebot der Erfolgswertgleichheit verstandenen Unterwerfungstheorie („dualistischer Ansatz", S. 200 ff.) zu einer als Bindung an die Binnenlogik des Wahlsystems verstandenen Unterwerfungstheorie („systemimmanenter Gleichheitsmaßstab", S. 194 ff.).

gerichtigkeit und daher nur scheinbar mit dem „Vorrang der Verfassung"[193] unvereinbar.

Die Skala der Wahlsysteme kennt keine *natürliche* Grenze zwischen Mehrheitswahl und Verhältniswahl, weil der Konzentrationsanreiz graduell und kontinuierlich steigt.[194] Das erlaubt aber nicht den Schluss, dass ein Beobachter keine *künstliche* Grenze festlegen könnte.[195] Wer von einem Sandhaufen ein Korn nach dem anderen wegnimmt, kann keinen Augenblick angeben, in dem der Sandhaufen seine Eigenschaft als Sandhaufen naturgemäß verlöre. Dennoch kann ein Beobachter entscheiden, ob eine bestimmte Menge Sand die Bezeichnung Sandhaufen verdient.[196] Er erkennt einen Sandhaufen, wenn er ihn sieht. In einigen Fällen werden alle Beobachter in ihrem Urteil übereinstimmen, in anderen werden ihre Einschätzungen auseinandergehen. Dass in einer Frage Uneinigkeit herrscht, bedeutet nicht, dass sie nicht beantwortet werden könnte. Wo die Grenze zwischen Mehrheitswahl und Verhältniswahl im Einzelfall verläuft, lässt sich nach dem Willen des Gesetzgebers, nach der (typischen) Wirkung des Wahlsystems auf die Zusammensetzung einer Volksvertretung oder nach einer Kombination dieser beiden Kriterien bestimmen.[197]

Die Unterwerfungstheorie beschränkt den Entscheidungsfreiraum des Gesetzgebers, wenn er Wahlkreise einrichtet oder eine gesetzliche Sperrklausel festlegt, auf Mehrheitswahlsysteme und auf Verhältniswahlsysteme am Rande des Kontinuums. Ein mittlerer Abschnitt ist dem Gesetzgeber verwehrt.[198] Der Gesetzgeber kann eine gleichbleibende Zahl von Mandaten statt im Einheitswahlkreis in isolierten Mehrpersonenwahlkreisen nach Proporz vergeben lassen. Er kann etwa Drei-Personen-Wahlkreise einrichten: Dadurch schafft er ein Mehrheitswahlsystem und muss die maximale faktische Sperrklausel von 33,3 Prozent, die in solchen Wahlkreisen entsteht, nicht rechtfertigen. Er kann

---

[193] *R. Wahl,* Der Vorrang der Verfassung, in: Der Staat 20 (1981), S. 485 ff.; *ders.,* Der Vorrang der Verfassung und die Selbständigkeit des Gesetzesrechts, in: NVwZ 1984, S. 401 ff.

[194] *C. Lenz,* Die Wahlrechtsgleichheit und das Bundesverfassungsgericht, in: AöR 121 (1996), S. 337 (348).

[195] Nach der Auffassung von *M. Wild,* Die Gleichheit der Wahl, 2003, S. 202 ff. stehen sich Mehrheitswahl und Verhältniswahl als Aliud gegenüber, statt dass sie zwei Abschnitte eines Kontinuums bilden. Damit entscheidet er sich zwischen zwei lediglich scheinbar alternativen Aussagen: Die Wahlsysteme befinden sich auf einem Kontinuum und lassen sich trotzdem in zwei verschiedene Wahlsystemgrundtypen unterscheiden.

[196] Zum Haufen- oder auch Sorites-Paradox (von griechisch *sorós*: Haufen) näher *K. F. Röhl/H. C. Röhl,* Allgemeine Rechtslehre, 3. Aufl. 2008, S. 34 f.

[197] Vorschläge für Abgrenzungskriterien bei *K. Poier,* Minderheitenfreundliches Mehrheitswahlrecht, 2001, S. 74 ff.; *M. Wild,* Die Gleichheit der Wahl, 2003, S. 202 ff., 207 ff., 211 ff. Wer die typischen Wirkungen zum Kriterium macht, lässt etwaige Ausreißer unter den Wahlergebnissen bei der Einordnung außer Acht und ordnet ein neues Wahlsystem nach den Wirkungen ein, die es erfahrungsgemäß für seine erstmalige Anwendung erwarten lässt.

[198] Grundlegend *C. Lenz,* Ein einheitliches Verfahren für die Wahl des Europäischen Parlaments, 1994, S. 313 ff.; *ders.,* Die Wahlrechtsgleichheit und das Bundesverfassungsgericht, in: AöR 121 (1996), S. 337 (348 ff.).

auch Zwanzig-Personen-Wahlkreise einführen: Dadurch schafft er ein Verhältniswahlsystem mit einer maximalen faktischen Sperrklausel von 5 Prozent. Für Bundestags- und Landtagswahlen kann der Gesetzgeber diese faktische Sperrklausel rechtfertigen, weil sie die Höhe der verfassungsgemäßen gesetzlichen Sperrklausel nicht übersteigt.[199] Irgendwo zwischen drei und zwanzig Mandaten befindet sich eine Spanne von verfassungswidrigen Wahlkreisgrößen. Wenn zutrifft, dass ein Mehrheitswahlsystem ab einer Wahlkreisgröße von ungefähr zehn Mandaten in ein Verhältniswahlsystem übergeht, sind Wahlkreisgrößen zwischen ungefähr zehn und zwanzig Mandaten unzulässig.[200]

Abbildung 2: Tabuzone im Kontinuum der Wahlsysteme (isolierte Wahlkreise)

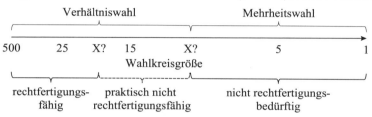

Quelle: Eigene Darstellung in Anlehnung an C. Lenz, AöR 121 (1996), S. 337 (352 Abb. 5).

Indem ein Gesetzgeber bestimmt, dass sich sämtliche Mandate in einer Vertretung nach Proporz mit einer Sperrklausel von 20 Prozent auf die Parteien verteilen, schafft er ein Mehrheitswahlsystem und muss seine Sperrklausel überhaupt nicht rechtfertigen. Indem ein Gesetzgeber eine Sperrklausel von 5 Prozent vorsieht, schafft er ein Verhältniswahlsystem und kann seine Sperrklausel für Bundestags- und für Landtagswahlen rechtfertigen. Wenn ein Gesetzgeber allerdings eine Sperrklausel von 7,5 Prozent einführt, schafft er ebenfalls ein Verhältniswahlsystem, kann sie aber praktisch in keinem Fall rechtfertigen. Ein unbestimmter mittlerer Abschnitt des Kontinuums ist tabu: Die dort angesiedelten Wahlsysteme sind zu konzentrationsschwach, um als verfassungsgemäße Mehrheitswahlsysteme zu gelten, und zu konzentrationsstark, um als verfassungsrechtlich gerechtfertigter Verstoß gegen das Gebot der Erfolgswertgleichheit zu gelten.

---

[199] *C. Lenz,* Die Wahlrechtsgleichheit und das Bundesverfassungsgericht, in: AöR 121 (1996), S. 337 (352).

[200] Nach Angaben von *M. Wild,* Die Gleichheit der Wahl, 2003, S. 208 f. verläuft die Grenze zwischen Mehrheits- und Verhältniswahl bei ungefähr 10 Mandaten pro Wahlkreis.

Abbildung 3: Tabuzone im Kontinuum der Wahlsysteme (Sperrklauseln)

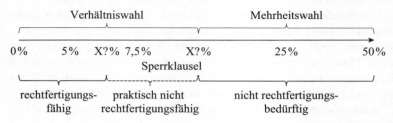

Quelle: Eigene Darstellung in Anlehnung an C. Lenz, AöR 121 (1996), S. 337 (350 Abb. 4).

Die Unterwerfungstheorie begünstigt bereits tatbestandlich Wahlsysteme am Rande des Kontinuums, indem sie sämtliche Mehrheitswahlsysteme davon befreit, dass sie sich vor einem Gebot der Erfolgswertgleichheit rechtfertigen müssen.[201] Dem Gesetzgeber fällt es schwerer, einen Kompromiss zu finden, der auf die verschiedenen Erwartungen eingeht, denen Wahlsysteme unterliegen, und zugleich der verfassungsrechtlichen Beurteilung standhält. Die Wahlsystematik legt für die Auslegung des Gebots der Wahlgleichheit einen Erstrecht-Schluss nahe: Wenn die Mehrheitswahl mit dem Wahlgleichheitsgebot generell vereinbar ist, muss die verunreinigte Verhältniswahl, die typischerweise weniger Wähler und weniger Wahlbewerber benachteiligt als die Mehrheitswahl, erst recht mit dem Wahlgleichheitsgebot generell vereinbar sein.[202]

cc) Entstehungsgeschichte: Selbstbindung des Grundgesetzgebers an die Unterwerfungstheorie des Staatsgerichtshofs für das Deutsche Reich

(1) Verzicht auf Gebot der Verhältniswahl im Grundgesetz zugunsten des Gesetzgebers

Die Weimarer Reichsverfassung gebot in Art. 22 WRV, dass die Abgeordneten des Reichstages nach den Grundsätzen der Verhältniswahl bestimmt werden; das gleiche galt nach Art. 17 WRV für die Mitglieder der Volksvertretungen der Länder und der Gemeinden.[203] Daneben statuierten die beiden Normen die

---

[201] *M. Wild,* Die Gleichheit der Wahl, 2003, S. 199 f. beobachtet Wertungswidersprüche, weil sich bestimmte Wahlsystemelemente von vornherein nicht rechtfertigen müssten, auch wenn sie zu häufigerer Erfolgswertungleichheit führten als Wahlsystemelemente, die sich rechtfertigen müssten. Die Zuordnung eines Wahlsystems zur Mehrheitswahl oder zur Verhältniswahl macht er zum Kriterium der Rechtfertigung, nicht zum Kriterium des Inhalts des Gebots der Wahlgleichheit, der unveränderlich sei: *ders.,* Die Gleichheit der Wahl, ebd., S. 208 ff.

[202] *Hans Meyer,* Wahlsystem und Verfassungsordnung, 1973, S. 192; *C. Lenz,* Ein einheitliches Verfahren für die Wahl des Europäischen Parlaments, 1994, S. 315 ff.; *ders.,* Die Wahlrechtsgleichheit und das Bundesverfassungsgericht, in: AöR 121 (1996), S. 337 (345).

[203] Art. 17 WRV: „(1) ¹Jedes Land muß eine freistaatliche Verfassung haben. ²Die Volksvertretung muß in allgemeiner, gleicher, unmittelbarer und geheimer Wahl von allen reichs-

Gleichheit der Wahl. Während einige Landesverfassungen in der Bundesrepublik den Wahlgesetzgeber ebenfalls auf die Verhältniswahl festlegen, verzichtet das Grundgesetz darauf, ihm einen Wahlsystemgrundtyp vorzugeben. Dass eine Festlegung des Wahlsystem*grundtyps* fehlt, bedeutet aber nicht zwangsläufig, dass der Gesetzgeber bei der Gestaltung des Wahl*systems* frei wäre.[204]

Die Mehrheitswahl fand im Parlamentarischen Rat aus zwei Gründen keine Mehrheit.[205] *Erstens* gehörten dem Parlamentarischen Rat, neben den Abgeordneten der großen Parteien CDU und SPD, Abgeordnete mehrerer kleiner Parteien an, weil die Landtage seine Mitglieder nach Verhältniswahl gewählt hatten und zuvor selbst nach Verhältniswahl gewählt worden waren. Bereits ihr Selbsterhaltungsinteresse veranlasste die kleinen Parteien, sich gegen die Einführung der Mehrheitswahl auszusprechen, weil ein solches Wahlsystem sie voraussichtlich ihren Fortbestand gekostet hätte. Eine Volksvertretung neigt allgemein dazu, sich für ein Wahlsystem zu entscheiden, das dem Wahlsystem wenigstens ähnelt, dem ihre Mitglieder ihre Mandate verdanken.[206] *Zweitens* setzte sich die SPD für die Einführung der Verhältniswahl ein, weil die Forderung, dass sich die Volksvertretung spiegelbildlich zusammensetzt, seit Jahrzehnten zum Kern ihres Programms gehörte und weil sie damit rechnete, dass sie der CDU bei Bundestagswahlen strukturell unterlegen wäre, falls die Wähler die Bundestagsabgeordneten nach Mehrheitswahl bestimmen würden.

Einige Befürworter der Mehrheitswahl trugen vor, dass die Verhältniswahl zum Untergang der Weimarer Republik beigetragen hätte, indem sie die Fragmentierung des Parteiensystems gefördert und dadurch die Handlungsfähigkeit der Weimarer Republik geschwächt hätte.[207] In Wirklichkeit dürfte dieses Argument teilweise vorgeschoben gewesen sein.[208] In der Sache ist es ohnehin wenig stichhaltig: Es setzt voraus, dass erstens die Fragmentierung des Parteiensystems zum Untergang der Weimarer Republik und zweitens die Verhält-

---

deutschen Männern und Frauen nach den Grundsätzen der Verhältniswahl gewählt werden. ³[…] (2) ¹Die Grundsätze für die Wahlen zur Volksvertretung gelten auch für die Gemeindewahlen. ²[…]“; Art. 22 I 1 WRV: „Die Abgeordneten werden in allgemeiner, gleicher, unmittelbarer und geheimer Wahl von den über zwanzig Jahre alten Männern und Frauen nach den Grundsätzen der Verhältniswahl gewählt.“

[204] Betont bei *Hans Meyer,* Wahlsystem und Verfassungsordnung, 1973, S. 192 ff.

[205] *Hans Meyer,* Wahlsystem und Verfassungsordnung, 1973, S. 41 f.; *R. Poscher,* Das Weimarer Wahlrechtsgespenst, in: C. Gusy (Hrsg.), Weimars langer Schatten, 2003, S. 256 (258 ff.); *M. Wild,* Die Gleichheit der Wahl, 2003, S. 75 ff.

[206] *Hans Meyer,* Wahlsystem und Verfassungsordnung, 1973, S. 27 f. in Fn. 2; *R. Poscher,* Das Weimarer Wahlrechtsgespenst, in: C. Gusy (Hrsg.), Weimars langer Schatten, 2003, S. 256 (264).

[207] *Hans Meyer,* Wahlsystem und Verfassungsordnung, 1973, S. 32 f.; *A. v. Ungern-Sternberg,* Die Weimarer Suche nach dem richtigen Wahlsystem, in: U. J. Schröder/dies. (Hrsg.), Zur Aktualität der Weimarer Staatsrechtslehre, 2011, S. 189 (194); *L. Michael,* Verfassungsunmittelbare Sperrklauseln auf Landesebene, 2015, S. 28.

[208] *R. Poscher,* Das Weimarer Wahlrechtsgespenst, in: C. Gusy (Hrsg.), Weimars langer Schatten, 2003, S. 256 (274).

niswahl in ihrer damaligen Reinform zur Fragmentierung beigetragen hat. Tatsächlich waren die beiden Zusammenhänge allenfalls schwach ausgeprägt: Das
Parteiensystem der Weimarer Republik setzte das Vielparteiensystem des Kaiserreichs fort; der Reichstag war im Kaiserreich ähnlich stark fragmentiert wie
in der Weimarer Republik, obwohl im Kaiserreich absolute Mehrheitswahl gegolten hatte.[209] Zum Untergang der Weimarer Republik trugen der abnehmende
Rückhalt der Weimarer Republik in der Bevölkerung (unter anderem wegen der
Hyperinflation, der Weltwirtschaftskrise und der zersetzenden Dolchstoßlegen-
de), Illoyalitäten und Versäumnisse der Eliten sowie das propagandistische und
demagogische Geschick der Nationalsozialisten weit mehr bei als die Fragmentierung des Parteiensystems.[210] Diese Deutung setzte sich durch: Das Argument, dass das Wahlsystem zum Untergang der Weimarer Republik beigetragen
hätte, verlor bald nach dem Zweiten Weltkrieg seine Bedeutung.[211]

Obwohl sich der Parlamentarische Rat gegen die Einführung der Mehrheitswahl entschieden hatte, verzichtete er darauf, den Gesetzgeber im Grundgesetz
auf den Wahlsystemgrundtyp Verhältniswahl festzulegen: *Erstens* zeichnete
sich ab, dass sich das Systems der personalisierten Verhältniswahl durchsetzen
würde. Der Parlamentarische Rat ging von den nach heutigen Maßstäben asym-
metrisch-verkürzenden Definitionen von Mehrheitswahl und Verhältniswahl
aus: Die eine setzte er mit der relativen Mehrheitswahl in Einerwahlkreisen
gleich, die andere mit dem Ziel, dass die Volksvertretung die Stimmverteilung
getreu abbildet. Folgerichtig verstand er die personalisierte Verhältniswahl als
Verbindung von Mehrheitswahl und Verhältniswahl.[212] Mit einer Vorgabe im
Grundgesetz, nach der die Wähler den Bundestag nach Verhältniswahl wählen,
wäre das so eingeordnete Wahlsystem unvereinbar gewesen. *Zweitens* hielt es
der Parlamentarische Rat für einen Fehler, dass der Wahlsystemgrundtyp in der
Weimarer Reichsverfassung und vielen Landesverfassungen vorgegeben war.
Der Regelungsstandort habe den Entscheidungsfreiraum des Gesetzgebers für
Wahlrechtsreformen in der Weimarer Republik eingeengt, obwohl solche Re-
formen dringend erwünscht und geboten gewesen seien.[213]

---

[209] *U. Wenner,* Sperrklauseln im Wahlrecht der Bundesrepublik Deutschland, 1986, S. 41:
„Das Wahlrecht der Weimarer Republik hat die […] große Zahl politisch relevanter Parteien
nicht produziert sondern vorgefunden" (Fehlen des Satzzeichens im Original; S. L.); *R. Po-
scher,* Das Weimarer Wahlrechtsgespenst, in: C. Gusy (Hrsg.), Weimars langer Schatten, 2003,
S. 256 (269); *D. Nohlen,* Wahlrecht und Parteiensystem, 7. Aufl. 2014, S. 366 f.; *C. Gusy,* 100
Jahre Weimarer Verfassung, 2018, S. 146 ff.

[210] Diese Gewichtung bei *U. Wenner,* Sperrklauseln im Wahlrecht der Bundesrepublik
Deutschland, 1986, S. 38 ff.; *E. Becht,* Die 5%-Klausel im Wahlrecht, 1990, S. 126 ff.; *R. Po-
scher,* Das Weimarer Wahlrechtsgespenst, in: C. Gusy (Hrsg.), Weimars langer Schatten, 2003,
S. 256 (275 f.); *D. Nohlen,* Wahlrecht und Parteiensystem, 7. Aufl. 2014, S. 366 f.

[211] Fazit bei *Hans Meyer,* Wahlsystem und Verfassungsordnung, 1973, S. 32 f.

[212] *R. Poscher,* Das Weimarer Wahlrechtsgespenst, in: C. Gusy (Hrsg.), Weimars langer
Schatten, 2003, S. 256 (274 f.).

[213] *R. Poscher,* Das Weimarer Wahlrechtsgespenst, in: C. Gusy (Hrsg.), Weimars lan-

(2) Verzicht auf Sperrklausel-Ermächtigung im Grundgesetz zugunsten der Rechtsprechung

Der Entwurf des Herrenchiemseer Konvents sah eine ausdrückliche Ermächtigung des Gesetzgebers zur Einführung einer 5-Prozent-Sperrklausel vor.[214] Im Organisationsausschuss des Parlamentarischen Rates und in erster und zweiter Lesung im Hauptausschuss erhielt die Norm eine Mehrheit (nun in einer Fassung ohne Angabe eines Prozentwertes).[215] In dritter Lesung strich der Hauptausschuss die Ermächtigung mit einer Mehrheit von elf zu zehn Stimmen.[216] Aus dem Geschehen lassen sich verschiedene Schlüsse ziehen: In einer Deutung ging der Parlamentarische Rat davon aus, dass Sperrklauseln mit dem Gebot der Wahlgleichheit generell unvereinbar sind, und strich die Ermächtigung, um dem Gesetzgeber die Einführung einer Sperrklausel zu verwehren. In einer anderen Deutung ging der Parlamentarische Rat davon aus, dass Sperrklauseln mit dem Gebot der Wahlgleichheit jedenfalls unter bestimmten Voraussetzungen vereinbar sind, und verzichtete auf die Ermächtigung, weil er sie inhaltlich für entbehrlich hielt.

Der Parlamentarische Rat stand unter dem Eindruck einer Reihe von Entscheidungen des Staatsgerichtshofs für das Deutsche Reich. In seiner 1927 einsetzenden Rechtsprechung zum Wahlrecht ging der Staatsgerichtshof davon aus, dass die Wahlgleichheit, die sich im Mehrheitswahlsystem des Kaiserreichs in Zählwertgleichheit erschöpft habe, für das Verhältniswahlsystem der Weimarer Republik einen Bedeutungswandel erfahren habe und zusätzlich die Erfolgswertgleichheit umfasse.[217] Indem Art. 22 und Art. 17 WRV von gleicher Wahl sprächen, verpflichteten sie den Gesetzgeber, dass er jeder Stimme

---

ger Schatten, 2003, S. 256 (263 f.); *M. Wild,* Die Gleichheit der Wahl, 2003, S. 81; *A. v. Ungern-Sternberg,* Die Weimarer Suche nach dem richtigen Wahlsystem, in: U. J. Schröder/dies. (Hrsg.), Zur Aktualität der Weimarer Staatsrechtslehre, 2011, S. 189 (195). Überblick über Reformversuche bei *U. Wenner,* Sperrklauseln im Wahlrecht der Bundesrepublik Deutschland, 1986, S. 50 ff.; *M. Wild,* Die Gleichheit der Wahl, ebd., S. 4 ff.

[214] Als Standort sah der Herrenchiemseer Entwurf einen Art. 21 V GG vor, aber im Laufe der Beratungen veränderte sich der geplante Standort zu einem Art. 38 III 2 GG: Entstehungsgeschichte von Art. 21 GG, in: P. Häberle (Hrsg.), JöR 1 (1951), 2. Aufl. 2010, S. 202 (202, 205); *U. Wenner,* Sperrklauseln im Wahlrecht der Bundesrepublik Deutschland, 1986, S. 89 ff.

[215] Entstehungsgeschichte von Art. 21 GG, in: P. Häberle (Hrsg.), JöR 1 (1951), 2. Aufl. 2010, S. 202 (203 ff.); Entstehungsgeschichte von Art. 38 GG, ebd., S. 349 (351 f.).

[216] Entstehungsgeschichte von Art. 38 GG, in: P. Häberle (Hrsg.), JöR 1 (1951), 2. Aufl. 2010, S. 349 (352).

[217] StGH, Entscheidung vom 22.3.1929, ohne Aktenzeichen, RGZ 124, Anhang, S. 1 (13) – Württembergisches Wahlrecht: „Ein Verhältniswahlsystem ist nicht schon dann gleich, wenn es dasselbe Maß von Gleichheit bietet wie ein Mehrheitswahlsystem, sondern erst dann, wenn es die Möglichkeiten, allen Wählern gleichen Einfluß zu gewähren, erschöpft, die in ihm selbst enthalten sind. Der vom Staatsgerichtshof früher ausgesprochene Satz (S. 33 a. a. O.), die Gleichheit der Wahl habe durch die von der Reichsverfassung eingeführte Verhältniswahl eine erweiterte Bedeutung erlangt, kommt also in diesem Zusammenhang zur Geltung."

den gleichen Zählwert und zusätzlich den gleichen Erfolgswert einräume. Der
Staatsgerichtshof vertrat demnach die Unterwerfungstheorie. Als er seine Entscheidungen traf, gab die Reichsverfassung dem Gesetzgeber die Systementscheidung zugunsten der Verhältniswahl vor. Dem Staatsgerichtshof kam es
aber auf den Regelungsstandort der Vorentscheidung nicht an.[218] Er machte den
Inhalt des Wahlgleichheitsgebots ausdrücklich von der Systementscheidung des
einfachen Gesetzgebers, nicht des Verfassunggebers abhängig.[219]

In einer Entscheidung von 1929 erklärte der Staatsgerichtshof Ungleichbehandlungen des Erfolgswerts in Gestalt sog. Splitterparteienklauseln für verfassungswidrig mit der Begründung, dass sich Ungleichbehandlungen bei der
Wahl generell nicht rechtfertigen ließen.[220] Die Argumente zugunsten von
Splitterparteienklauseln seien rechtspolitischer und nicht rechtlicher Natur.[221]
In einer Entscheidung von 1930 vollzog der Staatsgerichtshof einen Positionswechsel.[222] Er hielt an der Unterwerfungstheorie fest, befand aber eine Splitter-
parteienklausel für verfassungsgemäß mit der Begründung, dass sich Ungleichbehandlungen des Erfolgswertes unter bestimmten Voraussetzungen sehr wohl
rechtfertigen ließen. Der Staatsgerichtshof führte aus, der Wahlgesetzgeber

---

[218] Gegenteilig *L. Michael,* Verfassungsunmittelbare Sperrklauseln auf Landesebene,
2015, S. 24, 45 ff.

[219] StGH, Entscheidung vom 22.3.1929, ohne Aktenzeichen, RGZ 124, Anhang,
S. 1 (13 f.) – Württembergisches Wahlrecht: „Das Maß der Wahlgleichheit läßt sich nicht begrifflich, sondern nur im Rahmen des jeweiligen Wahlrechtsganzen bestimmen. Aus dem Mehrheitswahlrecht läßt sich also in dieser Hinsicht nichts für das Verhältniswahlrecht herleiten.
Man muß vielmehr vom Verhältniswahlsystem ausgehen, das dem einzelnen *Wahlgesetz* zu-
grundeliegt. Das vom württembergischen *Landtagswahlgesetz* angenommene System zwingt
nicht zur Ausschaltung der Parteien, welche die Voraussetzungen des Art. 20 Abs. 2 nicht erfüllen; sie entspricht keiner aus dem Aufbau des Wahlrechts sich ergebenden Notwendigkeit und
muß daher dem Grundsatz der Gleichheit weichen" (Hervorhebungen nicht im Original; S. L.).

[220] StGH, Entscheidung vom 22.3.1929, ohne Aktenzeichen, RGZ 124, Anhang, S. 1 –
Württembergisches Wahlrecht.

[221] StGH, Entscheidung vom 22.3.1929, ohne Aktenzeichen, RGZ 124, Anhang,
S. 1 (12 f.) – Württembergisches Wahlrecht: „Alle diese Erwägungen sind aber politischer,
nicht rechtlicher Art und müssen deshalb für den Staatsgerichtshof ausscheiden, der Rechts-
streitigkeiten nach Rechtsgrundsätzen zu beurteilen hat."

[222] StGH, Entscheidung vom 17.12.1930, ohne Aktenzeichen, RGZ 128, Anhang, S. 1 –
Preußisches Wahlrecht. Dazu *A. v. Ungern-Sternberg,* Die Weimarer Suche nach dem richti-
gen Wahlsystem, in: U. J. Schröder/dies. (Hrsg.), Zur Aktualität der Weimarer Staatsrechts-
lehre, 2011, S. 189 (203 ff.); *C. Gusy,* 100 Jahre Weimarer Verfassung, 2018, S. 146 ff. – Die
Gründe für die Rechtsprechungsänderung lassen sich lediglich vermuten. Erstens gab der
Staatsgerichtshof möglicherweise fachlicher Kritik aus der Rechtswissenschaft und vom
Wahlprüfungsgericht beim Reichstag (Art. 31 WRV) nach. Zweitens hatte der Präsident des
Staatsgerichtshofs, der Konservative Erwin Bumke, der sein Amt am 1. April 1929 angetreten
und den Sozialdemokraten Walter Simons abgelöst hatte, möglicherweise auf einen Positionswechsel gedrungen. Drittens wollte sich der Staatsgerichtshof möglicherweise dem Aufstieg
der Nationalsozialistischen Arbeiterpartei (NSDAP) entgegenstellen, falls er sie für eine Profi-
teurin seiner bisherigen Rechtsprechung hielt. Dazu *E. Becht,* Die 5%-Klausel im Wahlrecht,
1990, S. 141 mit Fn. 688, S. 143 f.; *M. Wild,* Die Gleichheit der Wahl, 2003, S. 75 mit Fn. 179.

könne den Erfolgswert von Stimmen bei einem „wirklich dringenden Bedürfnis" und in „engen Grenzen" ungleich behandeln; der Gerichtshof schreite ein, wenn der Wahlgesetzgeber diese Grenzen „offensichtlich" und „mit Sicherheit" überschritten habe oder „unsachlichen Erwägungen" gefolgt sei.[223]

Am Ende der Weimarer Republik herrschte Unsicherheit, unter welchen Voraussetzungen sich Ungleichbehandlungen des Erfolgswerts im Einzelnen rechtfertigen lassen. Die Zeit bis zum Untergang der Republik war so kurz gewesen, dass die Rechtsprechung sich nicht gefestigt und die Rechtswissenschaft keine genauen Kriterien erarbeitet hatte.[224] Der Parlamentarische Rat übernahm das Verständnis von Wahlgleichheit und Verhältniswahl, das die Rechtsprechung für die Weimarer Reichsverfassung entwickelt hatte, und verzichtete auf selbständige Begriffsbestimmungen für das Grundgesetz.[225] Die Unsicherheit aus der Endzeit der Weimarer Republik setzte sich in seinen Beratungen fort. Eine Sperrklausel-Ermächtigung an den Gesetzgeber hätte sichergestellt, dass eine Sperrklausel *in jedem Fall* verfassungsgemäß wäre. Durch Verzicht auf eine Ermächtigung hat der Parlamentarische Rat nicht entschieden, dass Sperrklauseln generell verfassungswidrig wären. Er nahm vielmehr an, dass sie *im Einzelfall* verfassungsgemäß sein können, und überließ es der Rechtsprechung, die Kriterien zu verfeinern, nach denen sich die Rechtfertigung von Sperrklauseln richten würde.[226]

In den Beratungen und Beschlüssen des Parlamentarischen Rates zu Wahlrechtsfragen zeigt sich, dass seine Mitglieder überzeugt waren, dass sie in Gestalt des Grundgesetzes lediglich ein Provisorium schufen.[227] Die erste Bun-

---

[223] StGH, Entscheidung vom 17.12.1930, ohne Aktenzeichen, RGZ 128, Anhang, S. 1 (10 ff.). – Preußisches Wahlrecht. Der Staatsgerichtshof leugnete allerdings, dass er einen Positionswechsel vollzogen habe: In der Vorgängerentscheidung habe er sich nicht dazu verhalten, ob Ungleichbehandlungen bei der Wahl gerechtfertigt sein können, denn darauf sei es für den Ausgang des Verfahrens nicht angekommen: StGH, Entscheidung vom 17.12.1930, ohne Aktenzeichen, RGZ 128, Anhang, S. 1 (13) – Preußisches Wahlrecht.

[224] *M. Wild*, Die Gleichheit der Wahl, 2003, S. 48 ff.: „Bei der Analyse der Diskussion ist zu bedenken, daß sämtliche vertieften Beiträge aus der Zeit zwischen 1929 und 1931 stammen. Für die wissenschaftliche Auseinandersetzung ist eine Spanne von knapp drei Jahren sehr wenig, so daß die vorgetragenen Ansichten kaum mehr als Lösungsansätze und Gedanken darstellen. Zu einer umfassenden Lösung und verfestigten Rechtsprechung zur Wahlgleichheit ist es in der Weimarer Zeit nicht mehr gekommen" (S. 49).

[225] *L. Michael*, Verfassungsunmittelbare Sperrklauseln auf Landesebene, 2015, S. 23 ff., bes. 23 f., 28 mit Nachw. aus den Protokollen.

[226] *L. Michael*, Verfassungsunmittelbare Sperrklauseln auf Landesebene, 2015, S. 23 ff. mit Nachw. aus den Protokollen. Andere Schlüsse ziehen *U. Wenner*, Sperrklauseln im Wahlrecht der Bundesrepublik Deutschland, 1986, S. 89 ff., 241 ff.; *R. Poscher*, Das Weimarer Wahlrechtsgespenst, in: C. Gusy (Hrsg.), Weimars langer Schatten, 2003, S. 256 (257 ff.).

[227] *R. Mußgnug*, Zustandekommen des Grundgesetzes und Entstehen der Bundesrepublik Deutschland, in: J. Isensee/P. Kirchhof (Hrsg.), HStR[3] I, 2003, § 8 Rn. 28; *H. Dreier*, Grundlagen und Grundzüge staatlichen Verfassungsrechts: Deutschland, in: A. v. Bogdandy/P. Cruz Villalón/P. M. Huber (Hrsg.), IPE I, 2008, § 1 Rn. 2.

destagswahl sollte nach einem risikoarmen Wahlsystem vonstattengehen.[228]
Die Konflikte um das Wahlsystem sollten die Deutschen später austragen und
entscheiden, möglichst nachdem sie erste Erfahrungen mit dem Parteiensystem und dem politischen System gesammelt und sich die Besatzungsmächte zurückgezogen hätten. Die Entscheidungen in der Sache hat der Parlamentarische
Rat vertagt und verlagert, statt sie selbst zu treffen.[229] Deshalb tragen Art. 38
I 1 und Art. 28 I 2 GG insoweit Züge eines delegierenden und „dilatorischen
Formelkompromi[sses]"[230]: Die Verhandlungspartner einigen sich nicht in der
Sache, sondern auf die Vertagung und Verlagerung der Sachentscheidung, ohne
dass sich der Verschriftlichung des Kompromisses seine vertagende und verlagernde Natur auf den ersten Blick ansehen ließe.[231]

Als der Parlamentarische Rat das Grundgesetz beschloss, bestanden bereits
einige Landesverfassungen, die eine Sperrklausel oder eine Sperrklausel-Ermächtigung enthielten. Die Rechtsprechung des Staatsgerichtshofs hatte für die
Vorgängernorm von Art. 28 I 2 GG in der Weimarer Reichsverfassung genauso
gegolten wie für die Vorgängernorm von Art. 38 I 1 GG.[232] Darum verstand der
Parlamentarische Rat die Wahlgrundsätze in beiden Normen gleich. Während er
über eine Sperrklausel-Ermächtigung für den Bundesgesetzgeber stritt, erwog
er zu keiner Zeit, dass das Grundgesetz die Länder ermächtigen sollte, dass sie
Sperrklauseln einführen.[233] Daraus lässt sich möglicherweise folgern, dass der
Parlamentarische Rat eine Sperrklausel nicht im Bundes-, aber im Landesrecht
für generell verfassungswidrig hielt. In diesem Fall aber hätte er die Verfassungswidrigkeit bereits bestehender Sperrklauseln in den Ländern hingenommen. Da er die Entscheidung, unter welchen Voraussetzungen eine Sperrklausel
im Bundestagswahlrecht zulässig ist, vertagt und verlagert hat, hat er auf weitergehende Vorgaben für das Landtags- und das Kommunalwahlrecht erst recht
verzichtet.

---

[228] *M. Wild,* Die Gleichheit der Wahl, 2003, S. 80: „Das Herangehen des Parlamentarischen Rates an das Wahlrecht war von Unsicherheit und Vorsicht geprägt."

[229] *Hans Meyer,* Wahlsystem und Verfassungsordnung, 1973, S. 38 ff.; *L. Michael,* Verfassungsunmittelbare Sperrklauseln auf Landesebene, 2015, S. 23 ff.

[230] Grundlegend *C. Schmitt,* Verfassungslehre (1928), 11. Aufl. 2017, S. 31 ff. (Begriff auf
S. 32 und anderswo).

[231] Nach Einschätzung von *R. Mußgnug,* Zustandekommen des Grundgesetzes und Entstehen der Bundesrepublik Deutschland, in: J. Isensee/P. Kirchhof (Hrsg.), HStR[3] I, 2003, § 8
Rn. 47 ff. vertagt und verlagert das Grundgesetz viele Sachentscheidungen. Die Gründe ergeben sich aus der Zusammensetzung des Parlamentarischen Rates. Dieses Vertagen und Verlagern sei kein Mangel, sondern ein Vorzug des Grundgesetzes.

[232] StGH, Entscheidung vom 17.12.1930, ohne Aktenzeichen, RGZ 128, Anhang, S. 1
(13 ff.) – Preußisches Wahlrecht.

[233] *L. Michael,* Verfassungsunmittelbare Sperrklauseln auf Landesebene, 2015, S. 27 ff.
mit Nachw. aus den Protokollen.

(3) Rückwirkung der alliierten Änderungen am Bundeswahlgesetz auf das Grundgesetz

Der Parlamentarische Rat beriet und entschied nicht lediglich, welche wahlrechtlichen Regelungen ins Grundgesetz eingehen sollten, sondern erarbeitete darüber hinaus ein Wahlgesetz.[234] Das Wahlrecht nahm in seinen Beratungen großen Raum ein.[235] Wie dem Parlamentarischen Rat bewusst war, hatten ihn die Besatzungsmächte zur Wahlgesetzgebung nicht ermächtigt. Vermutlich verständigten sich die Ministerpräsidenten und die Parteien ohne Kenntnis der Besatzungsmächte darauf, dass der Parlamentarische Rat dennoch ein Wahlgesetz erarbeiten sollte.[236] Der Parlamentarische Rat entschied, dass die Abgeordneten des Bundestages nach personalisierter Verhältniswahl bestimmt werden sollten. Im Februar 1949 beschloss er ein Wahlgesetz, das ausschließlich für die erste Bundestagswahl gelten sollte. Die Besatzungsmächte räumten dem Parlamentarischen Rat nachträglich die Kompetenz zur Wahlgesetzgebung ein. Die Ministerpräsidenten hatten sie zu diesem Zugeständnis gedrängt. Nachdem der Parlamentarische Rat einige Änderungswünsche der Besatzungsmächte erfüllt hatte, beschloss er im Mai 1949 eine überarbeitete Fassung des Wahlgesetzes und verkündete es zusammen mit dem Grundgesetz am 23. Mai 1949.[237]

Danach veränderten die Ministerpräsidenten und die Besatzungsmächte einvernehmlich das vom Parlamentarischen Rat bereits beschlossene und verkündete Wahlgesetz.[238] Auf Vorschlag einiger Ministerpräsidenten wurde eine 5-Prozent-Sperrklausel eingefügt (die sich damals auf das Zweitstimmenergebnis in einem Land bezog, nicht auf das im Bund). Die Besatzungsmächte ermächtigten die Ministerpräsidenten zum Erlass des neuen Wahlgesetzes. Der Parlamentarische Rat konnte sich mit den Änderungen nicht befassen, weil er sich wenige Tage nach Inkrafttreten des Grundgesetzes aufgelöst hatte. Dass die Ministerpräsidenten und die Besatzungsmächte den Parlamentarischen Rat übergingen, rief erheblichen Widerspruch hervor. Die Besatzungsmächte be-

---

[234] Einzelheiten bei *E. [H.] [M.] Lange,* Der Parlamentarische Rat und die Entstehung des ersten Bundestagswahlgesetzes, in: VfZ 20 (1972), S. 280 ff.; *ders.,* Wahlrecht und Innenpolitik, 1975, S. 329 ff.

[235] *Hans Meyer,* Wahlsystem und Verfassungsordnung, 1973, S. 28 mit Fn. 11: „Mit keiner anderen Frage hat sich der Parlamentarische Rat so intensiv befaßt, wie mit der Wahlrechtsfrage" (fehlerhaftes Satzzeichen im Original; S. L.); *R. Poscher,* Das Weimarer Wahlrechtsgespenst, in: C. Gusy (Hrsg.), Weimars langer Schatten, 2003, S. 256 (256); *M. Wild,* Die Gleichheit der Wahl, 2003, S. 80.

[236] Zu den Hintergründen *R. Mußgnug,* Zustandekommen des Grundgesetzes und Entstehen der Bundesrepublik Deutschland, in: J. Isensee/P. Kirchhof (Hrsg.), HStR³ I, 2003, § 8 Rn. 89.

[237] Überblick über diesen Abschnitt der Genese bei *Hans Meyer,* Wahlsystem und Verfassungsordnung, 1973, S. 28 ff.; *M. Wild,* Die Gleichheit der Wahl, 2003, S. 83 f.

[238] Überblick über diesen Abschnitt der Genese bei *U. Wenner,* Sperrklauseln im Wahlrecht der Bundesrepublik Deutschland, 1986, S. 96 ff.; *R. Mußgnug,* Zustandekommen des Grundgesetzes und Entstehen der Bundesrepublik Deutschland, in: J. Isensee/P. Kirchhof (Hrsg.), HStR³ I, 2003, § 8 Rn. 88 ff.; *M. Wild,* Die Gleichheit der Wahl, 2003, S. 85 ff.

standen dennoch auf ihrer Besatzungsgewalt. Am 15. Juni 1949 verkündeten die Ministerpräsidenten auf Geheiß der Besatzungsmächte das Wahlgesetz in seiner endgültigen Fassung.[239] Nach ihm wählten die Westdeutschen wenig später den ersten Bundestag.[240]

Historisch gesehen hatten verschiedene Akteure ihren Anteil an der Entstehung des Grundgesetzes. Die Normen des Grundgesetzes sind das Ergebnis vielschichtiger Aushandlungsvorgänge, an denen neben dem Parlamentarischen Rat etwa die Ministerpräsidenten und die Besatzungsmächte beteiligt waren.[241] Wer den Willen des Verfassunggebers und somit den Inhalt einer Norm erforscht, darf sich daher nicht auf die Beratungen und Entscheidungen des Parlamentarischen Rates beschränken, sondern muss solchen Aushandlungsvorgängen insgesamt gerecht werden. Ein Interpret muss den Willen des Verfassunggebers, nach dem sich der Inhalt des Grundgesetzes richtet, aus dem Handeln verschiedener Akteure rekonstruieren.[242] Dieser Wille ist nicht immer mit dem Willen des Parlamentarischen Rates identisch, sowenig der Wille des Bundesgesetzgebers stets mit dem Willen des Bundestages identisch ist.[243]

Die Entstehung des ersten Bundeswahlgesetzes ist mit der Entstehung des Grundgesetzes eng verwoben. Obwohl das Grundgesetz und das Bundeswahlgesetz die Gestalt verschiedener Rechtstexte haben und in der Normenhierarchie verschiedene Ränge einnehmen, sind sie zur gleichen Zeit, unter Beteiligung der gleichen Akteure und auch im Übrigen unter den gleichen Bedingungen zustande gekommen. Die Besatzungsmächte gaben den Anstoß

---

[239] Die Präambel berichtet den Vorgang: „Aufgrund der mit Schreiben der Militärgouverneure vom 13.6.1949 erfolgten Anordnung über das vom Parlamentarischen Rat am 10.5.1949 beschlossene Wahlgesetz verkünden wir dieses Gesetz mit dem von den Militärgouverneuren mit Schreiben vom 28.5.1949 und 1.6.1949 vorgenommenen Änderungen." Zitiert nach *R. Mußgnug,* Zustandekommen des Grundgesetzes und Entstehen der Bundesrepublik Deutschland, in: J. Isensee/P. Kirchhof (Hrsg.), HStR³ I, 2003, § 8 Rn. 90 in Fn. 105.

[240] *R. Mußgnug,* Zustandekommen des Grundgesetzes und Entstehen der Bundesrepublik Deutschland, in: J. Isensee/P. Kirchhof (Hrsg.), HStR³ I, 2003, § 8 Rn. 90: „Strenggenommen sind der erste Bundestag, die erste Bundesversammlung und der erste Bundespräsident daher nicht aufgrund deutschen, sondern aufgrund Besatzungsrechts gewählt worden."

[241] *H. Dreier,* Grundlagen und Grundzüge staatlichen Verfassungsrechts: Deutschland, in: A. v. Bogdandy/P. Cruz Villalón/P. M. Huber (Hrsg.), IPE I, 2008, § 1 Rn. 2 in Fn. 7.

[242] Annahme der Existenz eines Willens des Normerzeugers trotz teilweise verschiedener Ausgangspunkte im Ergebnis übereinstimmend bei *M. Jestaedt,* Grundrechtsentfaltung im Gesetz, 1999, S. 332 ff.; *C. Hillgruber,* Verfassungsinterpretation, in: O. Depenheuer/C. Grabenwarter (Hrsg.), Verfassungstheorie, 2010, § 15 Rn. 8 ff., bes. 14; *T. Wischmeyer,* Zwecke im Recht des Verfassungsstaates, 2014, S. 225 ff.; *M. v. Landenberg-Roberg/M. Sehl,* Genetische Argumentation als rationale Praxis, in: RW 5 (2015), S. 135 (140 ff.). – Zum verwandten Problem des Zusammenhangs von Genese und Geltung einer Verfassung näher *C. Waldhoff,* Entstehung des Verfassungsgesetzes, in: O. Depenheuer/C. Grabenwarter (Hrsg.), Verfassungstheorie, 2010, § 8 Rn. 9.

[243] Erinnerung daran, dass der Bundesgesetzgeber den Bundesrat einschließt, bei *M. Jestaedt,* Grundrechtsentfaltung im Gesetz, 1999, S. 355 in Fn. 94.

zur Erarbeitung des Grundgesetzes, griffen in die Beratungen ein und stellten den Erlass des Grundgesetzes unter den Vorbehalt ihrer Zustimmung.[244] Die Entstehung des Grundgesetzes war Verfassunggebung unter Aufsicht.[245] Wer annimmt, dass die Besatzungsmächte den Erlass eines Bundeswahlgesetzes durchgesetzt hätten, das mit dem Grundgesetz unvereinbar ist, wird dem letzten Wort der Besatzungsmächte gegenüber dem Parlamentarischen Rat nicht gerecht.[246] Ein Interpret muss das erste Bundeswahlgesetz und das Grundgesetz so behandeln, als hätten sie denselben Urheber und denselben normenhierarchischen Rang; ihre Inhalte muss er im Wege systematischer Auslegung aufeinander abstimmen.[247] Da das erste Bundeswahlgesetz eine Sperrklausel enthielt, muss eine Sperrklausel mit dem Grundgesetz im Einzelfall vereinbar sein können, selbst wenn der Parlamentarische Rat deshalb auf die Einführung einer Sperrklausel-Ermächtigung verzichtet hätte, weil er den Erlass von Sperrklauseln generell verhindern wollte. Die Entscheidung der Besatzungsmächte für eine Sperrklausel im einfachen Recht revidiert eine etwaige Entscheidung des Parlamentarischen Rates gegen die verfassungsrechtliche Zulässigkeit von Sperrklauseln.

dd) Synthese: Vorrang der Entstehungsgeschichte des Grundgesetzes vor den Erkenntnissen der Wahlsystemforschung

Einem Interpreten kann die Unterwerfungstheorie, die auf die Rechtsprechung des Staatsgerichtshofs zurückgeht, deshalb widerstreben, weil er ihre Konstruktion für unbeholfen und ihre Folgen für unvernünftig hält. Der Grundgesetz-

---

[244] *H. Dreier*, Grundlagen und Grundzüge staatlichen Verfassungsrechts: Deutschland, in: A. v. Bogdandy/P. Cruz Villalón/P. M. Huber (Hrsg.), IPE I, 2008, § 1 Rn. 2.

[245] Zur daran anschließenden Frage nach der Legitimität des Grundgesetzes *R. Mußgnug*, Zustandekommen des Grundgesetzes und Entstehen der Bundesrepublik Deutschland, in: J. Isensee/P. Kirchhof (Hrsg.), HStR³ I, 2003, § 8 Rn. 96 ff.; *H. Dreier*, Grundlagen und Grundzüge staatlichen Verfassungsrechts: Deutschland, in: A. v. Bogdandy/P. Cruz Villalón/ P. M. Huber (Hrsg.), IPE I, 2008, § 1 Rn. 4 f.; *C. Waldhoff*, Entstehung des Verfassungsgesetzes, in: O. Depenheuer/C. Grabenwarter (Hrsg.), Verfassungstheorie, 2010, § 8 Rn. 15 ff.

[246] Die Präambel des Grundgesetzes, die sich auf die verfassunggebende Gewalt des Volkes beruft, Art. 137 II GG, der vorschreibt, dass der Parlamentarische Rat das Wahlgesetz für die erste Bundestagswahl beschließt, und Art. 145 I GG, der den Genehmigungsvorbehalt der Besatzungsmächte verschweigt, widersprechen der historischen Wirklichkeit. Wer daraus, dass den Besatzungsmächten das letzte Wort zustand, nicht folgert, dass er im Gegenzug solche Vorgaben des Grundgesetzes für die Staatsgründung nicht immer wörtlich nehmen kann, muss diese Widersprüche skandalisieren.

[247] Vor einem ähnlichen Problem standen die Zeitgenossen der Weimarer Republik, weil sie zweifelten, ob das Reichswahlgesetz von 1920 mit der Weimarer Reichsverfassung vereinbar war, obwohl es ebenso wie die Verfassung von der Nationalversammlung beschlossen worden war. Einige Zeitgenossen deuteten das Reichswahlgesetz als eine stille Verfassungsänderung oder als eine authentische Verfassungsinterpretation: *U. Wenner*, Sperrklauseln im Wahlrecht der Bundesrepublik Deutschland, 1986, S. 30 ff. Im Fall des ersten Bundeswahlgesetzes ist dieser Weg dadurch versperrt, dass die Besatzungsmächte es erst änderten, nachdem der Parlamentarische Rat es beschlossen hatte.

geber hat sie sich dennoch zu eigen gemacht: Wenn sich der Gesetzgeber für ein Mehrheitswahlsystem entscheidet, muss er jeder Stimme den gleichen Zählwert einräumen; wenn er sich für ein Verhältniswahlsystem entscheidet, muss er zusätzlich sicherstellen, dass jede Stimme den gleichen Erfolgswert genießt. Der Grundgesetzgeber hat die Erfolgswertgleichheit gegenüber anderen Erwartungen an Wahlsysteme privilegiert, indem er sie verfassungsrechtlich verbürgt hat. Im Jahr 1949 erschien dies konsequent: Wenn sich eine Gesellschaft für die Abkehr vom Mehrheitswahlsystem entscheidet, das mit erheblichen Ungleichbehandlungen bei der Wahl einhergeht und das viele Zeitgenossen deshalb als ungerecht empfinden, dann soll kein Gesetzgeber diese Entscheidung dadurch verwässern dürfen, dass er eine Sperrklausel einführt, die neue Ungleichbehandlungen, diesmal innerhalb des Verhältniswahlsystems, verursacht. Lediglich in Ausnahmefällen kann eine Sperrklausel daher zulässig sein.

Die Wahlsystemforschung ist ein wertvolles Mittel, mit dem ein Interpret seine Auslegungsergebnisse durch Kontrollüberlegungen prüfen und ein Rechtserzeuger rechtspolitische Alternativen wahrnehmen kann. Die Auseinandersetzung mit diesen Erkenntnissen darf aber nicht zu der Annahme führen, dass ein Verfassunggeber keine eigenen Wege beschreiten könnte. Die Vogelperspektive einiger Politikwissenschaftler kann genauso täuschen wie die Froschperspektive einiger Juristen. Die Einwände der Wahlsystemforschung sind kein Grund, dass die Rechtsprechung und die Rechtswissenschaft von ihrem mehrheitlichen Verständnis des Wahlgleichheitsgebots im Grundgesetz abrücken. Für einen Interpreten geht die Entstehungsgeschichte des Grundgesetzes den Erkenntnissen der Wahlsystemforschung vor. Die Unterwerfungstheorie schwankt, aber sie stürzt nicht.

c) Rechtfertigung der Ungleichbehandlungen: Vorrang der erfolglosen Erprobung milderer Mittel vor Einführung einer Sperrklausel

Nicht anders als die Freiheitsrechte verbieten die Gleichheitsrechte eine Ungleichbehandlung prima facie; sie muss nicht definitiv verfassungswidrig sein, sondern lässt sich im Einzelfall rechtfertigen.[248] Nach welchem Maßstab sich die Rechtfertigung richtet, hängt vom einzelnen Gleichheitsrecht ab.[249] Der Staatsgerichtshof für das Deutsche Reich hat für die Rechtfertigung von Ungleichbehandlungen bei der Wahl einen strengen Maßstab formuliert: Sie ließen sich ausschließlich „in engen Grenzen" rechtfertigen, wenn ein „wirklich dringendes Bedürfnis" bestehe und „staatspolitische Ziele" sie erforderten.[250] Die

---

[248] Für die Prima-facie-Struktur von Grundrechten grundlegend *R. Alexy,* Theorie der Grundrechte (1985), 7. Aufl. 2015, S. 273 ff.

[249] *S. Kempny/P. Reimer,* Die Gleichheitssätze, 2012, S. 138.

[250] StGH, Entscheidung vom 17.12.1930, ohne Aktenzeichen, RGZ 128, Anhang, S. 1 (11 f.) – Preußisches Wahlrecht.

Verfassungsgerichte in der Bundesrepublik sprechen traditionell von „zwingenden Gründen", bei deren Vorliegen eine Sperrklausel gerechtfertigt sei, haben aber damit begonnen, von dem Begriff abzurücken.[251] In den Kategorien der heutigen Verfassungsdogmatik ist eine Ungleichbehandlung bei der Wahl richtigerweise gerechtfertigt, wenn sie einen *verhältnismäßigen* Beitrag zur Gewährleistung der *Funktionsfähigkeit* der Volksvertretung leistet.[252]

aa) Entscheidungsmaßstab: Verhältnismäßigkeit der Sperrklausel hinsichtlich ihres Beitrags zur Funktionsfähigkeit der Kommunalvertretungen

(1) Gesetzgeberisches Ziel: Gewährleistung der Funktionsfähigkeit der Kommunalvertretungen

Ein Gesetzgeber kann mit einer Sperrklausel das Ziel verfolgen, die Funktionsfähigkeit einer Volksvertretung zu gewährleisten.[253] Die Bedeutung des Wortes „Funktion" schwankt zwischen Aufgabe, Rolle, Stellung, Tätigkeit und

---

[251] BVerfG, Urteil vom 26.2.2014, 2 BvE 2/13 u. a., BVerfGE 135, 259 (286) – Europawahl-Sperrklausel III: „Differenzierungen bedürfen zu ihrer Rechtfertigung stets eines besonderen, sachlich legitimierten, in der Vergangenheit als ‚zwingend' bezeichneten Grundes"; VerfGH NRW, Urteil vom 21.11.2017, 21/16 u. a., Rn. 71 – Kommunalwahl-Sperrklausel III: „Bei der Prüfung, ob eine Differenzierung innerhalb der Wahlrechtsgleichheit gerechtfertigt ist, ist grundsätzlich ein strenger Maßstab anzulegen. Differenzierungen bedürfen zu ihrer Rechtfertigung stets eines besonderen, sachlich legitimierten, ‚zwingenden' Grundes. Das bedeutet nicht, dass sich die Differenzierung als von Verfassungs wegen notwendig darstellen muss. Differenzierungen im Wahlrecht können vielmehr auch durch Gründe gerechtfertigt werden, die durch die Verfassung legitimiert und von einem Gewicht sind, das der Wahlgleichheit die Waage halten kann."

[252] Die Anfänge des Verhältnismäßigkeitsgebots in der Verfassungsrechtsprechung markieren die Wechselwirkungslehre zur Meinungsfreiheit in BVerfG, Urteil vom 15.1.1958, 1 BvR 400/51, BVerfGE 7, 198 (207 ff.) – Lüth sowie die Drei-Stufen-Lehre zur Berufsfreiheit in BVerfG, Urteil vom 11.6.1958, 1 BvR 596/56, BVerfGE 7, 377 (405 ff.) – Apotheken. In der Rechtswissenschaft prägend *P. Lerche,* Übermaß und Verfassungsrecht (1961), 2. Aufl. 1999, S. 153: „schonendster Ausgleich"; *P. Häberle,* Die Wesensgehaltsgarantie des Art. 19 Abs. 2 Grundgesetz (1962), 3. Aufl. 1983; *K. Hesse,* Grundzüge des Verfassungsrechts der Bundesrepublik Deutschland (1967), 20. Aufl. 1995, Rn. 72, 317 ff.: „praktische Konkordanz"; *B. Schlink,* Abwägung im Verfassungsrecht, 1976; *R. Alexy,* Theorie der Grundrechte (1985), 7. Aufl. 2015, S. 100 ff., 143 ff.: „Optimierung". – Zur Entstehung und Entwicklung des Verhältnismäßigkeitsgebots näher *L. Michael,* Art. „Verhältnismäßigkeit", in: W. Heun u. a. (Hrsg.), EvStL, 2006, Sp. 2571 (2571 ff.); *O. Lepsius,* Die Chancen und Grenzen des Grundsatzes der Verhältnismäßigkeit, in: M. Jestaedt/O. Lepsius (Hrsg.), Verhältnismäßigkeit, 2015, S. 1 (2 ff.). Zu Besonderheiten der Rechtfertigung von Ungleichbehandlungen im Unterschied zu der von Freiheitseingriffen näher *L. Michael,* Art. „Verhältnismäßigkeit", ebd., Sp. 2574, 2576 f.; *S. Kempny/P. Reimer,* Die Gleichheitssätze, 2012, S. 140 ff.; *O. Lepsius,* Die Chancen und Grenzen des Grundsatzes der Verhältnismäßigkeit, ebd., S. 28 ff.

[253] Zum im Einzelnen umstrittenen Kriterium der Funktionsfähigkeit auch *M. Wild,* Die Gleichheit der Wahl, 2003, S. 224 ff.; *J. Dietlein/D. Riedel,* Zugangshürden im Kommunalwahlrecht, 2012, S. 45 ff.; *W. Roth,* Verfassungsmäßigkeit der Einführung einer 3 %-Sperrklausel bei Kommunalwahlen durch Verfassungsänderung, insbesondere für das Land Nordrhein-Westfalen, 2015, S. 39 ff., 66 ff.

Zweck.[254] Diese Mehrdeutigkeit trägt möglicherweise zur Beliebtheit des Wortes bei. Funktionen entspringen jedenfalls niemals einem Gegenstand, einer Einrichtung von selbst, sondern sind stets das Ergebnis von Zuweisungen.[255] Das Kriterium der Funktionsfähigkeit kann als Einfallstor für außerrechtliche Wertungen dienen, welchen Ansprüchen eine Volksvertretung in welchem Maße gerecht werden soll.[256] Welche Funktionen der Gesetzgeber durch Sperrklauseln gewährleisten kann, richtet sich aber ausschließlich nach geltendem Recht. Verfassungsrechtlich bedeutsam sind allein solche Funktionen, die der Verfassunggeber und der Gesetzgeber der Volksvertretung zugewiesen haben; unmaßgeblich ist, welche Funktionen ein Verfassungsgericht einer Volksvertretung beimisst.

Die Rechtswissenschaft unterscheidet Aufgaben, Zuständigkeiten und Kompetenzen.[257] Aufgaben sind Sachgebiete, deren sich der Staat als solcher annimmt; dazu gehört zum Beispiel die Bauleitplanung. Wahrnehmbar werden Aufgaben, indem der Staat sie etwa einer Verwaltungseinheit zur Erledigung zuweist, indem er also eine Zuständigkeit begründet; für die Bauleitplanung sind die Räte der Gemeinden zuständig. Damit die Behörden ihren Zuständigkeiten nachkommen können, muss der Gesetzgeber sie ermächtigen, dass sie bestimmte Normen erzeugen, muss ihnen also Kompetenzen einräumen; dazu gehört die Kompetenz des Rates zum Erlass eines Bebauungsplanes. Die Kompetenzen einer Volksvertretung bilden die Gesamtheit ihrer Funktionen.[258]

---

[254] Eintrag „Funktion", in: Dudenredaktion (Hrsg.), Deutsches Universalwörterbuch, 8. Aufl. 2015.

[255] *J. R. Searle,* Die Konstruktion der gesellschaftlichen Wirklichkeit, 3. Aufl. 2013, S. 22 ff.

[256] Kritik am Topos der Funktionsfähigkeit von Staatsorganen unter diesem Gesichtspunkt bei *M. Jestaedt,* Grundrechtsentfaltung im Gesetz, 1999, S. 174 ff.: „Die ‚Funktion' des Verfassungsgerichts oder auch des Gesetzgebers ist ja nichts vorpositiv Gegebenes, das unmittelbarer, intersubjektiv vermittlungsfähiger Wesensschau zugänglich wäre. Sie kann vielmehr ihrerseits nur dadurch ermittelt werden, daß die einzelnen, positivverfassungsrechtlich zugewiesenen Funktionen ausgelegt und einer Gesamtschau unterworfen werden. Die dergestalt zu gewinnende verfassungsrechtliche ‚Funktion' eines Organs ist jedoch, Folge ihrer Erhebungsmethode, nicht mehr als eine additive oder auch summative (Kunst-)Größe, die notwendigerweise vergröbert und vereinfacht und der normativer Selbstand abgeht" (S. 177 f.); *O. Lepsius,* Art. „Abwägung", in: Görres-Gesellschaft (Hrsg.), StL[8] I, 2017, Sp. 40 (42): „Wenn neben grundrechtlichen Schutzgütern auch andere Verfassungsnormen (Kompetenzen, Staatsaufgaben) herangezogen werden (‚Funktionsfähigkeit der Bundeswehr', ‚Staatsaufgabe Sicherheit'), lassen sich letztlich alle privaten und öffentlichen Belange verfassungsrechtlich ableiten."

[257] *M. Jestaedt,* Grundbegriffe des Verwaltungsorganisationsrechts, in: W. Hoffmann-Riem/E. Schmidt-Aßmann/A. Voßkuhle (Hrsg.), GVwR[2] I, 2012, § 14 Rn. 52 f. Außer Betracht bleiben die Befugnisse, also die Erlaubnisse zur Vornahme von Realakten, weil ausschließlich ein Mensch (ein Polizist usw.) einen Realakt vornehmen kann, aber keine Volksvertretung.

[258] Abweichender, da sozialwissenschaftlicher Funktionsbegriff etwa bei *M. Morlok,* Volksvertretung als Grundaufgabe, in: ders./U. Schliesky/D. Wiefelspütz (Hrsg.), Parlamentsrecht, 2016, § 3 Rn. 72 ff.: „Demgegenüber liegt es nahe, einen geschärften Funktionsbegriff

Einige Verfassungen geben dem Gesetzgeber einen Wahlsystemgrundtyp (Mehrheitswahl, Verhältniswahl) vor. Damit verbindet sich aber keine Zuweisung von Funktionen an die Volksvertretung. Mehrheitswahl und Verhältniswahl bestimmen sich ausschließlich danach, wie sie sich auf die Struktur des Parlamentsparteiensystems und die Zusammensetzung der Volksvertretung tendenziell auswirken: Die Mehrheitswahl fördert die Konzentration der Mandate bei wenigen großen Parteien, die Verhältniswahl die Diffusion der Mandate. Jedem Wahlsystemgrundtyp lassen sich zwar, stark typisierend, bestimmte politische Wirkungen unterstellen, die seine Befürworter für vorzugswürdig und seine Gegner für bedenklich halten. Zu diesen politischen Wirkungen gehört, dass die Volksvertretung bestimmte denkbare Funktionen besser erfüllen kann als andere. Welche politischen Wirkungen in welchem Maße eintreten, hängt aber von der Gestaltung des einzelnen Wahlsystems und von äußeren Umständen ab. Unter einem Verhältniswahlsystem kann im Einzelfall beispielsweise die Mehrheitsbildung leichter fallen als unter einem Mehrheitswahlsystem, unter einem Verhältniswahlsystem die Volksvertretung effektiver und effizienter arbeiten als unter einem Mehrheitswahlsystem. Dass ein Verfassunggeber einen der beiden Wahlsystemgrundtypen vorgibt, lässt deshalb keinen Schluss darauf zu, welche politischen Wirkungen er in welchem Maße gerade beabsichtigte oder lediglich als Nebenwirkung in Kauf nahm oder überhaupt nicht vorhersah.

Die Beweggründe des Verfassunggebers lassen sich im Einzelfall möglicherweise aufklären, indem der Interpret die Entstehungsgeschichte der Norm erforscht, durch die der Verfassunggeber dem Gesetzgeber einen Wahlsystemgrundtyp vorgegeben hat. Auch wenn feststeht, dass sich der Verfassunggeber deshalb für die Vorgabe eines der beiden Wahlsystemgrundtypen entschieden hat, weil er der Volksvertretung eine bestimmte Funktion zugeschrieben hat, muss diese Zuschreibung nicht zwangsläufig verbindlich sein. Die Beweggründe eines Normgebers, die Ratio(nes) Legis, sind nicht identisch mit der Norm, der Lex.[259] Speziell die Landesverfassung von Nordrhein-Westfalen gibt dem Gesetzgeber überhaupt keinen Wahlsystemgrundtyp vor.

Einige Gesetzgeber kennzeichnen das Wahlsystem in ihren Wahlgesetzen beispielsweise als „mit einer Personalwahl verbundene Verhältniswahl"[260] oder

---

zu wählen und sich dafür an den Sozialwissenschaften zu orientieren, in denen mit ‚Funktion' die Leistung bezeichnet wird, die eine Einrichtung für ein bestimmtes Problem erbringt, oder noch schärfer, die Leistung, die ein soziales System für bestimmte Teile seiner Umwelt (im systemtheoretischen Sinne) erbringt" (Rn. 73). Zu solchen Funktionen im Einzelnen *M. Morlok,* Volksvertretung als Grundaufgabe, ebd., § 3 Rn. 75 ff.; *U. Schliesky,* Parlamentsfunktionen, ebd., § 5. Beispielhaft auch *R. Sturm,* Art. „Parlament, Parlamentarismus", in: W. Heun u. a. (Hrsg.), EvStL, 2006, Sp. 1731 (1732).

[259] Daran erinnert *M. Jestaedt,* Grundrechtsentfaltung im Gesetz, 1999, S. 181.
[260] § 1 I 2 BWahlG.

als „verbessertes Verhältniswahlrecht"[261]. Dadurch schreiben sie der Volksvertretung keine Funktionen zu, sondern bringen das Wahlsystem auf einen mehr
oder weniger treffenden Begriff. Solche Kennzeichnungen enthalten keine Vorgaben für die Gestaltung des Wahlsystems, sondern müssen sich fragen lassen,
ob sie der bestehenden Gestaltung gerecht werden. Speziell das nordrhein-westfälische Kommunalrecht verzichtet auf eine Kennzeichnung.

Ein Interpret muss bei der Annahme, dass der Verfassunggeber oder der
Wahlgesetzgeber einer Volksvertretung zusätzlich zu ihren ausdrücklich geregelten Kompetenzen eine Funktion implizit zugewiesen habe, deshalb Zurückhaltung üben, weil er andernfalls die verfassungsrechtliche Privilegierung
des Wahlgleichheitsgebots unterliefe.[262] Der Verfassunggeber hat, indem er
die Wahlgrundsätze eingeführt hat, ausgewählte Erwartungen an ein Wahlsystem in den Rang von Verfassungsgeboten erhoben und andere Erwartungen auf
der Stufe der politischen Anliegen zurückgelassen. Die Allgemeinheit, Freiheit,
Geheimheit, Gleichheit und Unmittelbarkeit der Wahl haben Verfassungsrang,
nicht aber zum Beispiel die Möglichkeit der Personenwahl, die Verständlichkeit
des Wahlsystems und erst recht nicht sein Beitrag zur Verwirklichung einer bestimmten Repräsentationsvorstellung. Über eine solche Auswahlentscheidung
des Verfassunggebers setzt sich beispielsweise auch hinweg, wer den Wahlgrundsatz der Unmittelbarkeit in ein Transparenzgebot umdeutet.[263] Die Prüfung, ob eine Sperrklausel verhältnismäßig ist, darf nicht zu einer umfassenden
Abwägung einer Vielzahl von Erwartungen an Wahlsysteme führen. Richtigerweise geht generell keine Verhältnismäßigkeitsprüfung mit einer „Gesamt-
abwägung" einher, sondern beschränkt sich auf das Recht, das eine Maßnahme
beeinträchtigt, und die zulässigen Zwecke, denen die Maßnahme dient.[264]

(2) Unbeachtlichkeit weiterer Ziele des Gesetzgebers

Dass ein Wahlgesetzgeber ein anderes Ziel statt oder neben der Gewährleistung
der Funktionsfähigkeit verfolgt, kann nicht zur Rechtfertigung einer Sperrklausel beitragen. *Erstens* genießen die Parteien ein Privileg: Während der zuständige Innenminister über Vereinsverbote entscheidet, kann nach Art. 21 II GG

---

[261] Art. 19 LWahlG Bayern; Art. 22 I Gemeinde- und Landkreiswahlgesetz Bayern. Vom
verbesserten Verhältniswahlrecht spricht zudem Art. 14 I 1 BayVerf.

[262] *O. Lepsius,* Die Chancen und Grenzen des Grundsatzes der Verhältnismäßigkeit, in:
M. Jestaedt/O. Lepsius (Hrsg.), Verhältnismäßigkeit, 2015, S. 1 (38) macht auf die Manipula-
tionsrisiken aufmerksam, die allgemein bei der Bestimmung des zulässigen Gesetzeszwecks
bestehen.

[263] So aber BVerfG, Urteil vom 3.7.2008, 2 BvC 1/07 und 7/07, BVerfGE 121, 266 – Negatives Stimmgewicht. Kritik an dieser Umdeutung bei *D. Nohlen,* Erfolgswertgleichheit als
fixe Idee oder: Zurück zu Weimar?, in: ZParl 40 (2009), S. 179 (190 ff.).

[264] *O. Lepsius,* Die Chancen und Grenzen des Grundsatzes der Verhältnismäßigkeit, in:
M. Jestaedt/O. Lepsius (Hrsg.), Verhältnismäßigkeit, 2015, S. 1 (24; dort auch der Begriff; Anführungszeichen auch im Original; S. L.).

ausschließlich das Bundesverfassungsgericht die Verfassungswidrigkeit von Parteien feststellen und sie verbieten.[265] Solange das Bundesverfassungsgericht keine Verbotsentscheidung getroffen hat, kann der Staat aus seiner Auffassung, dass eine Partei verfassungswidrig sei, keine rechtlichen Schlüsse ziehen. Er kann eine solche Partei nicht durch die Einführung einer Sperrklausel bekämpfen.[266] Das Parteiverbot ist das einzige Mittel, mit dem der Staat eine Partei ihrer Bestrebungen wegen vom politischen Wettbewerb ausschließen kann.[267]

Zweitens rechtfertigt sich das Mehrheitsprinzip in der Demokratie daraus, dass politische Minderheiten an Kompromissen mitwirken und zur politischen Mehrheit werden können. Ein Dasein als Vertreter von Sonderinteressen und als Außenseiter ist typischerweise eine unvermeidliche Entwicklungsstufe auf dem Weg zu einer gefestigten Partei. Deshalb darf ein Anliegen zunächst als Sonderinteresse aufkommen (andernfalls könnte es kaum eine Mehrheit finden) und darf sich eine Partei, die ein solches Anliegen vertritt, zunächst als Außenseiter verhalten (andernfalls könnte sie kaum zum Bündnispartner werden). Die Geschichte von Bündnis90/Die Grünen bestätigt diese systematischen Überlegungen: Die Partei ist aus den Neuen Sozialen Bewegungen hervorgegangen, verhielt sich anfänglich unkonventionell und rebellisch, gehört aber spätestens seit ihrem Eintritt in die Bundesregierung 1998 zu den gefestigten Parteien. Ob eine Partei ihren sog. Eigennutz oder das sog. Gemeinwohl verfolgt, sich der Zusammenarbeit mit anderen zu Recht oder zu Unrecht verweigert und deshalb keine Mandate in der Volksvertretung verdient, entscheiden allein die Wähler, indem sie dieser Partei ihre Stimme geben oder eben nicht. Der Gesetzgeber darf der Entscheidung der Wähler nicht vorgreifen, indem er eine Sperrklausel einführt.[268]

Drittens kann die Arbeitslast, die mit einem Amt als Bürgermeister oder als Landrat und mit einem Mandat in einem Rat oder einem Kreistag einhergeht, einen Interessenten davon abhalten, dass er ein solches Amt oder Mandat übernimmt.[269] Den Parteien fällt es (jedenfalls in Nordrhein-Westfalen) schwer, ge-

---

[265] Stellvertretend *M. Morlok,* Art. „Parteien, politische", in: W. Heun u. a. (Hrsg.), EvStL, 2006, Sp. 1742 (1745 ff.).

[266] *J. Dietlein/D. Riedel,* Zugangshürden im Kommunalwahlrecht, 2012, S. 36 f.; *W. Roth,* Verfassungsmäßigkeit der Einführung einer 3 %-Sperrklausel bei Kommunalwahlen durch Verfassungsänderung, insbesondere für das Land Nordrhein-Westfalen, 2015, S. 38 f.

[267] *M. L. Fremuth,* Die Verfassung kennt sie nicht und die Demokratie bedarf ihrer nicht – Zur Notwendigkeit der Revision der Fünf-Prozent-Sperrklausel im Recht zur Wahl des Deutschen Bundestages, in: JZ 2018, S. 13 (19 f.) versteht das Parteiverbot als Wettbewerbsregelung.

[268] *M. Krajewski,* Kommunalwahlrechtliche Sperrklauseln im föderativen System, in: DÖV 2008, S. 345 (350 f.); *M. L. Fremuth,* Die Verfassung kennt sie nicht und die Demokratie bedarf ihrer nicht – Zur Notwendigkeit der Revision der Fünf-Prozent-Sperrklausel im Recht zur Wahl des Deutschen Bundestages, in: JZ 2018, S. 13 (17 f.).

[269] Hinweise auf das Problem im Entwurf eines Gesetzes zur Änderung der Verfassung für das Land Nordrhein-Westfalen und wahlrechtlicher Vorschriften (Kommunalvertretungs-

eignete Bewerber für die Ämter und die Mandate zu finden.[270] Sie rekrutieren die Bürgermeister und die Landräte mitunter aus Verlegenheit zunehmend nicht mehr aus der Mitte der Bürgerschaft, sondern mit Hilfe überregionaler, teils parteiübergreifend veranlasster Stellenausschreibungen. Dennoch kann das Ziel, die Arbeitslast von Amts- und Mandatsträgern zu senken, von vornherein keine Sperrklausel rechtfertigen.

Viertens schwankt die Höhe der faktischen Sperrklausel von Gemeinde zu Gemeinde, von Kreis zu Kreis (mitunter erheblich), weil die Größe der Kommunalvertretungen und die Zahl der Wahlbewerber abweichen. Damit gehen Ungleichbehandlungen zwischen Wählern einher, die in verschiedenen Gemeinden oder verschiedenen Kreisen wohnen. Demnach lassen sich die Ungleichbehandlungen, die eine gesetzliche Sperrklausel hervorruft, möglicherweise dadurch rechtfertigen, dass die gesetzliche Sperrklausel bei passender Höhe andere Ungleichbehandlungen beseitigt, indem sie die Unterschiede bei den faktischen Sperrklauseln überspielt. Das Wahlgleichheitsgebot im Grundgesetz verbürgt aber ausschließlich die Gleichbehandlung bei der*selben* Wahl (zum Beispiel bei der Wahl des Rates der Stadt Münster) und nicht bei der *gleichen* Wahl (bei der Kommunalwahl in Nordrhein-Westfalen). Die Ungleichbehandlungen, die auf die Abweichungen bei den faktischen Sperrklauseln zurückgehen, können nicht zur Rechtfertigung einer gesetzlichen Sperrklausel dienen.[271]

(3) Kriterien der Verhältnismäßigkeit: Eignung, Erforderlichkeit und Angemessenheit im dogmatischen Sinne

Eine Sperrklausel kann gerechtfertigt sein, auch wenn die Arbeit der Volksvertretung ohne ihre Existenz nicht vollständig zum Erliegen käme, also auch wenn die Volksvertretung keine absolute Grenze der Funktionsfähigkeit überschritte.[272] Eine Maßnahme zum Erhalt der Umwelt kann gerechtfertigt sein, selbst wenn der Planet auch ohne die umweltschützende Maßnahme bewohnbar bliebe. So wie der Gesetzgeber prima facie überhaupt keine Ungleichbehand-

---

stärkungsgesetz) vom 22.9.2015, LT-Drucks. 16/9795, S. 14, 17; *J. Oebbecke,* Stellungnahme zum Entwurf eines Kommunalvertretungsstärkungsgesetzes vom 22.9.2015, Stellungnahme 16/3334 vom 13.1.2016, S. 1 (4).

[270] Berichtet von *J. Oebbecke,* Diskussionsbeitrag, in: P. Cancik (Hrsg.), Demokratie und Selbstverwaltung – Selbstverwaltung in der Demokratie, 2015, S. 113 (113 f.); *F. Hufen,* Diskussionsbeitrag, ebd., S. 114 (114 f.); *Hubert Meyer,* Diskussionsbeitrag, ebd., S. 116 (116).

[271] *J. Dietlein/D. Riedel,* Zugangshürden im Kommunalwahlrecht, 2012, S. 73 ff. Gegenteilig aber *L. Michael,* Verfassungsunmittelbare Sperrklauseln auf Landesebene, 2015, S. 144 ff.; Entwurf eines Gesetzes zur Änderung der Verfassung für das Land Nordrhein-Westfalen und wahlrechtlicher Vorschriften (Kommunalvertretungsstärkungsgesetz) vom 22.9.2015, LT-Drucks. 16/9795, S. 23.

[272] *U. Di Fabio/R. Mellinghoff,* Abweichende Meinung zu BVerfG, Urteil vom 9.11.2011, 2 BvC 4/10 u. a., BVerfGE 129, 300 (353) – Europawahl-Sperrklausel II.

lungen verursachen darf, kann er die Funktionsfähigkeit der Volksvertretung prima facie optimieren. Welche Ziele der Gesetzgeber überhaupt verfolgen darf, damit eine Maßnahme im Einzelfall gerechtfertigt sein *kann*, ist eine andere Frage als die, wie stark die Erreichung eines Ziels gefährdet sein muss, damit eine Maßnahme im Einzelfall gerechtfertigt *ist*. Der Gesetzgeber kann deshalb Maßnahmen ergreifen mit dem Ziel, die Effektivität und die Effizienz, mit der die Kommunalvertretungen ihre Kompetenzen ausüben, zu steigern oder zu erhalten.[273]

Falls der Gesetzgeber einer künftigen Funktionsstörung vorbeugen will, muss sie mit einer gewissen Wahrscheinlichkeit und einer gewissen zeitlichen Nähe bevorstehen, muss mit anderen Worten eine Gefahr für die Funktionsfähigkeit der Volksvertretung bestehen. Welche Gefahrenschwelle eine Volksvertretung überschritten haben muss, ob also (in der Terminologie des Gefahrenabwehrrechts) die Gefahr für die Funktionsfähigkeit konkret oder abstrakt, gegenwärtig oder unmittelbar, dringend oder erheblich sein muss, damit eine Sperrklausel gerechtfertigt sein kann, steht nicht allgemeingültig fest, sondern richtet sich im Einzelfall nach der Art und dem Ausmaß der Funktionsstörung, die der Gesetzgeber beheben oder verhindern will. Das Verhältnismäßigkeitsgebot ist kein Konditionalschema (Wenn-dann), sondern eine Gleitformel (Je-desto).

Die Rechtfertigung einer Ungleichbehandlung hängt im Einzelfall davon ab, ob sie dazu beiträgt, dass eine Volksvertretung ihre Funktionen wahrnehmen kann (Eignung), ob der Gesetzgeber andere verfassungskonforme Maßnahmen ergreifen kann, die nach Zahl und Intensität mit weniger Benachteiligungen einhergehen, aber in gleichem Maße zur Gewährleistung der Funktionsfähigkeit beitragen (Erforderlichkeit), und ob Zahl und Intensität der Benachteiligungen nicht außer Verhältnis stehen zu ihrem Beitrag zur Gewährleistung der Funktionsfähigkeit (Angemessenheit).[274] In der Sprache der Rechtsdogmatik haben die Wörter „Eignung", „Erforderlichkeit" und „Angemessenheit" eine spezifischere Bedeutung als in der Alltagssprache: Eine Maßnahme muss weder angezeigt noch geboten, weder opportun noch unverzichtbar sein, damit sie im rechtsdogmatischen Sinne erforderlich und angemessen sein kann.[275]

Geeignet ist eine Sperrklausel, wenn sie zur Gewährleistung der Funktionsfähigkeit der Vertretungen wenigstens beiträgt. Erforderlich ist sie, wenn der

---

[273] Gleichsetzung von Funktionsfähigkeit mit Effektivität und Effizienz bei *M. Krajewski,* Kommunalwahlrechtliche Sperrklauseln im föderativen System, in: DÖV 2008, S. 345 (351).

[274] Kanonisierung dieses Prüfungsaufbaus durch *B. Pieroth/B. Schlink,* Grundrechte (1985), 28. Aufl. 2012, Rn. 280 ff., 285 ff. Fortführung des Werkes nunmehr als *T. Kingreen/ R. Poscher,* Grundrechte, 34. Aufl. 2018, Rn. 321 ff., 326 ff.

[275] Entsprechende Missverständnisse erkennbar bei *U. Kramer u. a.,* Kommunale Sperrklauseln auf Verfassungsebene, in: DÖV 2017, S. 353 (355 f.).

Gesetzgeber kein anderes verfassungsgemäßes Mittel ergreifen kann, das milder und dennoch ebenso wirkungsvoll ist. Eine Maßnahme ist allein in den Fällen deshalb verfassungswidrig, weil sie nicht erforderlich ist, in denen mit an Sicherheit grenzender Wahrscheinlichkeit feststeht, dass ein anderes verfassungsgemäßes Mittel milder und ebenso wirkungsvoll wäre. Wenn Zweifel bestehen, ob eine Maßnahme erforderlich ist, können sie dazu führen, dass die Maßnahme unangemessen und *deshalb* verfassungswidrig ist.[276] Bei der Beurteilung der Erforderlichkeit wirken Prognoseunsicherheiten zugunsten des Gesetzgebers, bei der Beurteilung der Angemessenheit zu seinen Lasten.

(4) Letztentscheidungsermächtigung der Verfassungsgerichte:
Vollständige Kontrolle der Verhältnismäßigkeit

Von der Frage, welche Maßstäbe ein Wahlgesetzgeber beachten muss, damit eine Sperrklausel gerechtfertigt ist, unterscheidet sich die Frage, ob er über die Anwendung dieser Maßstäbe im Einzelfall letztverbindlich entscheiden kann: Aus der Existenz eines Entscheidungsfreiraums des Gesetzgebers im Verhältnis zum Verfassunggeber ergibt sich nicht, dass der Gesetzgeber im Verhältnis zum zuständigen Verfassungsgericht zur Letztentscheidung über die Ausfüllung des Entscheidungsfreiraums ermächtigt ist.[277] Der Gesetzgeber und das Verfassungsgericht befinden sich in der gleichen Lage: Sie wenden dieselbe Verfassung an und genießen dabei die genau gleichen Entscheidungsfreiräume. Das Dreiecksverhältnis von Verfassunggeber, Gesetzgeber und Verfassungsgericht unterscheidet sich nicht strukturell von dem Dreiecksverhältnis von Gesetzgeber, Behörde und Verwaltungsgericht. Ebenso wenig bestehen strukturelle Unterschiede zwischen dem Beurteilungsspielraum und dem Ermessen einer Behörde und dem Einschätzungs-, Gestaltungs- und Prognosespielraum eines Gesetzgebers: Hinter jedem dieser Begriffe verbirgt sich ein Entscheidungsfreiraum, dessen letztverbindliche Ausfüllung nicht den Gerichten zusteht.[278] Welcher Rechtsanwender zur Letztentscheidung ermächtigt ist, richtet sich nach

---

[276] An die Wiederkehr von Prognoseunsicherheiten bei der Prüfung der Angemessenheit erinnert *O. Lepsius*, Art. „Abwägung", in: Görres-Gesellschaft (Hrsg.), StL[8] I, 2017, Sp. 40 (41 f.).

[277] *M. Jestaedt*, Das doppelte Ermessensantlitz, in: ZfV 40 (2015), S. 339 (345 ff.); *ders.*, Maßstäbe des Verwaltungshandelns, in: D. Ehlers/H. Pünder (Hrsg.), AllgVerwR, 15. Aufl. 2016, § 11 Rn. 33; *F. Gonsior*, Die Verfassungsmäßigkeit administrativer Letztentscheidungsbefugnisse, 2018, S. 91.

[278] *M. Kellner*, Art. „Ermessen", in: W. Heun u. a. (Hrsg.), EvStL, 2006, Sp. 457 (457 f.); *M. Jestaedt*, Das doppelte Ermessensantlitz, in: ZfV 40 (2015), S. 339 (347): „Selbst- und Letztprogrammierungsmacht [...] sind nicht auf die Verwaltung beschränkte Rechtsphänomene. Ermessen in diesem doppelten Sinne taucht auf jeder Rechtsanwendungsstufe auf, also etwa auch auf jener des Gesetzgebers, der die Verfassung anwendet"; *ders.*, Maßstäbe des Verwaltungshandelns, in: D. Ehlers/H. Pünder (Hrsg.), AllgVerwR, 15. Aufl. 2016, § 11 Rn. 19; *O. Lepsius*, Art. „Ermessen", in: Görres-Gesellschaft (Hrsg.), StL[8] II, 2018, Sp. 205 (205): „Gesetzgebungsermessen", „Verwaltungsermessen" und „Rechtsprechungsermessen".

geltendem Recht.[279] Es kann eine ausdrückliche Regelung treffen, so etwa in § 40 VwVfG und § 114 S. 1 VwGO für das Ermessen; häufig aber muss sich ein Interpret mit Anhaltspunkten begnügen, weil eine solche Regelung fehlt.[280] Grundsätzlich sind die Verfassungsgerichte zur Letztentscheidung gegenüber dem Gesetzgeber ermächtigt, wenn sie das Gebot der Verhältnismäßigkeit anwenden: Das Gebot der Verhältnismäßigkeit ist gewiss nicht die einzige, aber doch die wirkungsvollste Schranken-Schranke der Grundrechte. Wenn die Verfassungsgerichte über seine Anwendung nicht letztverbindlich entscheiden können, leidet der Grundrechtsschutz. Diese Letztentscheidungsermächtigung der Verfassungsgerichte lässt sich deshalb als Beitrag zum Grundrechtsschutz durch Organisation und Verfahren begreifen.[281] Die Grundrechte begründen eine widerlegliche Vermutung, dass die Verfassungsgerichte in Fragen der Verhältnismäßigkeit zur Letztentscheidung ermächtigt sind.[282] Die Wahlgrundsätze in Art. 28 I 2 GG gehören zwar weder zu den Grundrechten noch zu den grundrechtsgleichen Rechten. Entscheidend ist aber, dass auch in ihrem Fall das Gebot der Verhältnismäßigkeit die wirksamste Schranken-Schranke bildet.

Wenn ausnahmsweise der Gesetzgeber letztverbindlich entscheiden kann, verändert sich der Entscheidungsmaßstab des Verfassungsgerichts zugunsten des Gesetzgebers: Das Gericht entscheidet nicht, ob ein Gesetz verhältnismäßig ist, sondern ob dem Gesetzgeber ein Abwägungsfehler unterlaufen ist, genauso wie

---

[279] Für das Verwaltungsrecht firmiert diese Einsicht als normative Ermächtigungslehre: *E. Schmidt-Aßmann,* in: T. Maunz/G. Dürig u. a. (Hrsg.), GGK, Art. 19 IV (2014), Rn. 185 ff.; *M. Jestaedt,* Maßstäbe des Verwaltungshandelns, in: D. Ehlers/H. Pünder (Hrsg.), Allg-VerwR, 15. Aufl. 2016, § 11 Rn. 34 ff.; *H. Maurer/C. Waldhoff,* Allgemeines Verwaltungsrecht, 19. Aufl. 2017, § 7 Rn. 34; *F. Gonsior,* Die Verfassungsmäßigkeit administrativer Letztentscheidungsbefugnisse, 2018, S. 104 ff.

[280] Zu diesen beiden Normen im gleichen Zusammenhang näher *M. Jestaedt,* Maßstäbe des Verwaltungshandelns, in: D. Ehlers/H. Pünder (Hrsg.), AllgVerwR, 15. Aufl. 2016, § 11 Rn. 29, 43, 60 ff.; *F. Gonsior,* Die Verfassungsmäßigkeit administrativer Letztentscheidungsbefugnisse, 2018, S. 94 ff. Eine Auflistung von Anhaltspunkten für und gegen die Einräumung eines Beurteilungsspielraums bei *M. Jestaedt,* Maßstäbe des Verwaltungshandelns, ebd., § 11 Rn. 51 ff.

[281] *M. Jestaedt,* Maßstäbe des Verwaltungshandelns, in: D. Ehlers/H. Pünder (Hrsg.), AllgVerwR, 15. Aufl. 2016, § 11 Rn. 39; *F. Gonsior,* Die Verfassungsmäßigkeit administrativer Letztentscheidungsbefugnisse, 2018, S. 154 ff.

[282] *C. Hillgruber,* Verfassungsrecht zwischen normativem Anspruch und politischer Wirklichkeit, in: VVDStRL 67 (2008), S. 7 (43): „Das Bundesverfassungsgericht hat letztverbindlich über die Auslegung *und* Anwendung des Verfassungsrechts zu entscheiden" (Hervorhebung im Original; S. L.). Gegenauffassung, dass der Gesetzgeber zur Letztentscheidung ermächtigt sei, bei *M. Jestaedt,* Grundrechtsentfaltung in Gesetz, 1999, S. 186 ff., bes. 196 ff. Nach Beobachtung von *O. Lepsius,* Die Chancen und Grenzen des Grundsatzes der Verhältnismäßigkeit, in: M. Jestaedt/O. Lepsius (Hrsg.), Verhältnismäßigkeit, 2015, S. 1 (10 ff.) praktiziert das Bundesverfassungsgericht das gleiche Verständnis: Letztentscheidungsermächtigung des Gerichts als Grundsatz und Einschätzungs-, Beurteilungs- und Prognosespielräume des Gesetzgebers als Ausnahme. Er bemängelt den Tonfall des Bundesverfassungsgerichts, den es in Fragen der Kontrolldichte anschlage, und die Überlegenheitsgefühle gegenüber dem Gesetzgeber, die in diesem Tonfall zum Ausdruck kämen.

ein Verwaltungsgericht im Falle einer Letztentscheidungsermächtigung einer Behörde entscheidet, ob ein Beurteilungs- oder Ermessensfehler vorliegt.[283] Wenn einem Gericht die Letztentscheidungsermächtigung fehlt, sprechen die Rechtswissenschaft und die Rechtsprechung typischerweise davon, dass sich die gerichtliche Kontroll*dichte* im Verhältnis zum Kontroll*maßstab* reduziere (obwohl sich streng genommen der gerichtliche Kontrollmaßstab verändert und das Gericht diesen veränderten Kontrollmaßstab vollumfänglich anwendet).[284]

Wenigstens wenn eine Sperrklausel für die Wahl einer von ihrem Urheber verschiedenen Volksvertretung gilt (Europawahl, Kommunalwahl), kann das Verfassungsgericht letztverbindlich entscheiden, ob die Sperrklausel verhältnismäßig ist. Anders verhält es sich möglicherweise, wenn die beschließende Volksvertretung mit der betroffenen Volksvertretung identisch ist (Bundestagswahl, Landtagswahl): Die Einführung einer Sperrklausel kann daran scheitern, dass die Volksvertretung in dem Augenblick, in dem ihre Funktionsfähigkeit so stark gelitten hat, dass eine Sperrklausel verfassungsgemäß wäre, zur Einführung einer Sperrklausel mangels Funktionsfähigkeit nicht mehr in der Lage ist. Dieses Risiko spricht dafür, dass dem Gesetzgeber bei Sperrklauseln für Bundestags- und Landtagswahlen ein Gestaltungs-, Einschätzungs- und Prognosespielraum zusteht und sich der Entscheidungsmaßstab der Verfassungsgerichte auf Abwägungsfehler beschränkt.[285] Bei einer Kommunalwahl-Sperrklausel

---

[283] Als gemeinsamer Nenner jeder verringerten Kontrolle einer Abwägung, gleich welche Staatsgewalt die Abwägung vornimmt, erkannt bei *M. Jestaedt,* Maßstäbe des Verwaltungshandelns, in: D. Ehlers/H. Pünder (Hrsg.), AllgVerwR, 15. Aufl. 2016, § 11 Rn. 41 f. mit Fn. 166, 173.

[284] *F. Gonsior,* Die Verfassungsmäßigkeit administrativer Letztentscheidungsbefugnisse, 2018, S. 87 in Fn. 3 zufolge geht der Begriff der Kontrolldichte „wohl" zurück auf *P. Lerche,* Übermaß und Verfassungsrecht (1961), 2. Aufl. 1999, S. 337. Nach Abschluss, aber vor Veröffentlichung jener Schrift begegnete der Begriff bereits bei *dems.,* Zum Apotheken-Urteil des Bundesverfassungsgerichts, in: BayVBl. 1958, S. 231 (234). – Unterscheidung der Verringerung der Kontrolldichte von der Vorenthaltung der Letztentscheidungsmacht bei *M. Jestaedt,* Verfassungsrecht und einfaches Recht – Verfassungsgerichtsbarkeit und Fachgerichtsbarkeit, in: DVBl. 2001, S. 1309 (1315 ff.); *dems.,* Maßstäbe des Verwaltungshandelns, in: D. Ehlers/H. Pünder (Hrsg.), AllgVerwR, 15. Aufl. 2016, § 11 Rn. 38 in Fn. 154, Rn. 66. Das bekannteste Beispiel für das Auseinandergehen von Kontrollmaßstab und Kontrolldichte bietet die sogenannte Urteilsverfassungsbeschwerde: Das Bundesverfassungsgericht entscheidet nicht, ob der Staat das Gesetz, auf das er einen Grundrechtseingriff stützen will, rechtmäßig angewendet hat, obwohl die Rechtfertigung eines Eingriffs voraussetzt, dass der Eingriff tatsächlich auf einem Gesetz beruht, nicht dass sich der Staat auf ein Gesetz nur beruft. – Ein bewusst allgemein gehaltenes Verständnis von Kontrolldichte, das Fragen des Entscheidungsfreiraums, der Letztentscheidungsmacht und der Anwendung des Kontrollmaßstabs einschließt, hingegen bei *K. F. Gärditz,* Funktionswandel der Verwaltungsgerichtsbarkeit unter dem Einfluss des Unionsrechts, in: Ständige Deputation des Deutschen Juristentages (Hrsg.), Verhandlungen des 71. Deutschen Juristentages, Bd. I, 2016, S. D1 (D54 ff.). Weniger deutlich sind auch die Unterscheidungen bei *H. Dreier,* Hierarchische Verwaltung im demokratischen Staat, 1991, S. 185 ff.

[285] BVerfG, Urteil vom 9.11.2011, 2 BvC 4/10 u. a., BVerfGE 129, 300 (324) – Europawahl-Sperrklausel II; BVerfG, Urteil vom 26.2.2014, 2 BvE 2/13 u. a., BVerfGE 135, 259

(und einer Europawahl-Sperrklausel) jedenfalls ist das Verfassungsgericht zur Letztentscheidung ermächtigt. Die Kontrolldichte und der Kontrollmaßstab stimmen überein.[286]

Dass die Verfassungsgerichte zur Letztentscheidung ermächtigt sind, trägt nebenbei der Besonderheit Rechnung, dass das Wahlrecht zum Recht des demokratischen Wettbewerbs gehört und die Abgeordneten selbst die Wettbewerbsregeln aufstellen, obwohl sie zu den Wettbewerbsteilnehmern zählen.[287] Systematische Überlegungen und historische Erfahrungen belegen, dass die Abgeordneten dem Anreiz ausgesetzt sind, das Wahlrecht absichtlich zur Benachteiligung ihrer Mitbewerber einzusetzen, und ein gesteigertes Risiko besteht, dass die Abgeordneten zum einen die Wirklichkeit verzerrt wahrnehmen und ihre Interessen in der Abwägung überbewerten, weil das Wahlrecht sie selbst (jedenfalls ihre Parteien) betrifft, und zum anderen keine Gegenwehr erfahren, weil die Minderheit ein Interesse der Mehrheit teilt und die Wähler unaufmerksam sind. Die Rolle der Verfassungsgerichte entspricht in Fragen des Wahlrechts deshalb der Rolle eines Hüters des demokratischen Wettbewerbs.[288]

(288 f.) – Europawahl-Sperrklausel III. Erwägung bei *J. Oebbecke,* Ist die 5 % Klausel noch zeitgemäß?, 2016, S. 1 (3): „In beiden Europawahlentscheidungen taucht dann ein Argument auf, das Ausgangspunkt einer Differenzierung zwischen den Vertretungen, die über ihr eigenes Wahlrecht entscheiden – Bundestag und Landtage – und den anderen sein könnte. Beim Europawahlgesetz bestehe ja auch die Gefahr, dass der Gesetzgeber gerade wegen einer eingetretenen Funktionsunfähigkeit nicht mehr in der Lage sei, die Sperrklausel einzuführen. Diese Überlegung könnte Anknüpfungspunkt für Differenzierungen bei der Kontrolldichte der Gefährdungsprognose sein" (fehlendes Satzzeichen im Original; S. L.). Diesen Zusammenhang verneinen hingegen *P. Müller,* Abweichende Meinung zu BVerfG, Urteil vom 26.2.2014, 2 BvE 2/13 u. a., BVerfGE 135, 259 (304 f.) – Europawahl-Sperrklausel III; *W. Roth,* Verfassungsmäßigkeit der Einführung einer 3 %-Sperrklausel bei Kommunalwahlen durch Verfassungsänderung, insbesondere für das Land Nordrhein-Westfalen, 2015, S. 72 ff., und zwar besonders deshalb, weil eine Sperrklausel frühestens bei der nächsten Wahl zum Einsatz komme, nachdem der Gesetzgeber die Funktionseinbußen festgestellt habe.
[286] *M. Wild,* Die Gleichheit der Wahl, 2003, S. 229; *W. Roth,* Verfassungsmäßigkeit der Einführung einer 3 %-Sperrklausel bei Kommunalwahlen durch Verfassungsänderung, insbesondere für das Land Nordrhein-Westfalen, 2015, S. 35 ff. befürworten hingegen die Verringerung der Kontrolldichte.
[287] Dieser Zusammenhang bereits bei *J. Oebbecke,* Der Grundsatz der gleichen Wahl im Kommunalwahlrecht, in: Die Verwaltung 31 (1998), S. 219 (240): „Soweit es nicht um die Auswahl zwischen wahltechnischen Lösungen geht, die im Hinblick auf die Konkurrenz zwischen den Parteien gleichwertig sind, entscheidet der Gesetzgeber im Geltungsbereich dieses Grundsatzes aus einer mindestens latenten Situation der Befangenheit heraus. Deshalb sprechen gute Gründe für eine hohe Kontrolldichte."
[288] *M. Morlok,* Parteienrecht als Wettbewerbsrecht, in: P. Häberle/M. Morlok/V. Skouris (Hrsg.), Festschrift für Dimitris Th. Tsatos zum 70. Geburtstag am 5. Mai 2003, 2003, S. 408 (446); *M. Morlok,* Das BVerfG als Hüter des Parteienwettbewerbs, in: NVwZ 2005, S. 157 ff.; *M. Kotzur,* Demokratie als Wettbewerbsordnung, in: VVDStRL 69 (2010), S. 173 (213); *N. Petersen,* Verfassungsgerichte als Wettbewerbshüter des politischen Prozesses, in: A. Baumann u. a. (Hrsg.), Das letzte Wort, 2014, S. 59 (64 ff.); *E. V. Towfigh,* Das Parteien-Paradox, 2015, S. 66 f. Einwände gegen diese Rollenzuschreibung etwa bei *W. Schmitt Glaeser,* Das Bundes-

Wer annimmt, dass die Kontrolldichte sinke, wenn speziell der verfassungsändernde Landesgesetzgeber eine Sperrklausel einführt, unterstellt, dass sich
die beschriebenen Fehlanreize und Risiken verringerten, wenn im Landtag eine
Zwei-Drittel-Mehrheit für eine Sperrklausel zustande kommt.[289] Diese Annahme ist allenfalls im Einzelfall berechtigt: Der nordrhein-westfälische Landtag
hat die Kommunalwahl-Sperrklausel mit den Stimmen der Abgeordneten von
CDU, SPD und Bündnis90/Die Grünen in die Landesverfassung aufgenommen.
Die Parteigliederungen der CDU und der SPD erleiden durch eine Kommunalwahl-Sperrklausel keinen Schaden, die von Bündnis90/Die Grünen in wenigen
Fällen. Ohnehin bestehen keine Anhaltspunkte, dass der Grundgesetzgeber die
gerichtliche Kontrolle, ob ein Gesetz das Wahlgleichheitsgebot wahrt, davon
abhängig gemacht hätte, mit welcher Mehrheit es zustande gekommen ist.

bb) Verhältnismäßigkeit: Unangemessenheit der Kommunalwahl-Sperrklausel in Nordrhein-Westfalen

(1) Verfassungsgemäßes Ziel: Funktionen der Kommunalvertretungen in Nordrhein-Westfalen und Befunde von Störungen

Die Funktionen der Kommunalvertretungen umfassen verschiedene Kompetenzen bei der Personalauswahl, bei Sachentscheidungen und bei der Überwachung
besonders des Hauptverwaltungsbeamten. Vom Europäischen Parlament, vom
Bundestag und von den Landtagen unterscheiden sich die Kommunalvertretungen dadurch, dass sie nicht den Walter eines monokratischen Leitungsorgans
bestimmen. Während der Präsident der Europäischen Kommission, der Bundeskanzler und die Ministerpräsidenten von den entsprechenden Volksvertretungen
gewählt werden, sehen die Kommunalverfassungen vor, dass die Bürgermeister und die Landräte vom Volk gewählt werden.[290] Die sog. Kreationsfunktion
der Kommunalvertretungen beschränkt sich darauf, dass sie die ehrenamtlichen
Stellvertreter und den allgemeinen Vertreter des Hauptverwaltungsbeamten
wählen, im Fall der Gemeinden zudem die Beigeordneten.

Nach dem Zweiten Weltkrieg führte Nordrhein-Westfalen unter dem Einfluss der britischen Besatzungsmacht eine Kommunalverfassung ein, die weniger an deutsche Traditionen anknüpfte, sondern stärker Anleihen bei der
Organisation der englischen Lokalverwaltung nahm.[291] Die norddeutsche Ratsverfassung war geboren. Der Gemeinde- oder der Kreisdirektor und der Bürger-

---

verfassungsgericht als „Gegengewalt" zum verfassungsändernden Gesetzgeber?, in: J. Burmeister (Hrsg.), Verfassungsstaatlichkeit, 1997, S. 1183 ff.

[289] VerfGH NRW, Urteil vom 21.11.2017, 21/16 u. a., Rn. 84: „allenfalls graduell gemin-
dert[e]" Gefahr.

[290] Ausnahme ist der Oberbürgermeister der Stadt Bremerhaven, der nach § 46 der Verfassung für die Stadt Bremerhaven von der Bremerhavener Stadtverordnetenversammlung gewählt wird.

[291] *J. Oebbecke*, Zur „englischen" Kommunalverfassung in Nordrhein-Westfalen, in: AfK

meister bzw. der Landrat existierten nebeneinander. Der Gemeinde- oder der Kreisdirektor war hauptamtlicher Leiter der Behörde, der Bürgermeister bzw. der Landrat ehrenamtlicher Vorsitzender der Vertretung. Die Kommunalvertretungen und nicht die Bürger wählten die Amtsinhaber. Im Jahr 1994 beschloss der Gesetzgeber, die beiden Ämter zu dem eines volksgewählten, hauptamtlichen Bürgermeisters bzw. Landrats zu vereinigen.[292] Nach einer Übergangszeit wählten die Bürger im Jahr 1999 erstmals in allen Kommunen des Landes direkt die Bürgermeister und Landräte in der neuen Form. Die norddeutsche Ratsverfassung hatte sich der süddeutschen angenähert, ohne darin aufzugehen: Die „nordrhein-westfälische Ratsverfassung" war geboren.[293]

In Gestalt der (eingeschränkten) Allzuständigkeit des Rates hat ein bundesweites Alleinstellungsmerkmal der Gemeindeverfassung von Nordrhein-Westfalen überdauert.[294] Im Ausgang ist der Rat für alle Angelegenheiten der Gemeindeverwaltung zuständig, darunter die Geschäfte der laufenden Verwaltung.[295] Einige Zuständigkeiten räumt die Gemeindeordnung den Bezirksvertretungen oder -ausschüssen, den Ausschüssen des Rates oder dem Bürgermeister ein. Der Rat kann seine Zuständigkeiten, von Ausnahmen abgesehen, auf den Bürgermeister übertragen.[296] Die Zuständigkeiten für die Geschäfte der laufenden Verwaltung gelten als auf den Bürgermeister übertragen.[297] Der Rat kann sich solche Zuständigkeiten aber vorbehalten oder vom Bürgermeister zurückholen, indem er die Rückkehr beschließt oder unmittelbar in der Sache entscheidet.

Ob die Kommunalvertretungen zu den Parlamenten gehören, zu derselben Kategorie wie der Bundestag und die Landtage, ist eine Frage zweckmäßiger Begriffsbildung.[298] Parlament ist ein Verfassungsrechts*wissenschafts*begriff, kein Verfassungs*rechts*begriff. Ob Kommunalvertretungen zu den „Parlamenten im staatsrechtlichen Sinne" zählen, ist deshalb eine falsch gestellte Frage,

---

36 (1997), S. 116 ff.; *J. Hellermann,* Kommunalrecht, in: Johannes Dietlein/J. Hellermann, Öffentliches Recht in Nordrhein-Westfalen, 6. Aufl. 2016, § 2 Rn. 106.

[292] *J. Oebbecke,* Die reformierte Kommunalverfassung Nordrhein-Westfalen nach der ersten Direktwahl der Bürgermeister, in: D. Ehlers/W. Krebs (Hrsg.), Grundfragen des Verwaltungsrechts und des Kommunalrechts, 2000, S. 137 (158); *J. Hellermann,* Kommunalrecht, in: J. Dietlein/J. Hellermann, Öffentliches Recht in Nordrhein-Westfalen, 6. Aufl. 2016, § 2 Rn. 15, 106, 179.

[293] Begriff bei *J. Oebbecke,* Die neue Kommunalverfassung in Nordrhein-Westfalen, in: DÖV 1995, S. 701 (704).

[294] Kritik am Nebeneinander von Direktwahl und Rückholrecht bei *J. Oebbecke,* Tauziehen um die Entscheidungskompetenz, in: StuGR 2000, S. 24 ff.

[295] § 41 I 1 GO NRW.

[296] § 41 I 2, II 1 GO NRW.

[297] § 41 III GO NRW.

[298] Untersuchung der Stellung der Kommunalvertretungen bei *G. Wurzel,* Gemeinderat als Parlament?, 1975; *M. Schröder,* Grundlagen und Anwendungsbereich des Parlamentsrechts, 1979; *Y. Ott,* Der Parlamentscharakter der Gemeindevertretung, 1994.

weil das deutsche Staatsrecht überhaupt keine „Parlamente" kennt.[299] Wer betonen will, dass Kommunalvertretungen volksgewählte Kollegialorgane sind, die generell-abstrakte Normen erlassen und deren Organisation und Verfahren denen von Bundestag und Landtag ähneln, stuft sie als Parlamente ein. Wer hingegen Wert darauf legt, dass die Kommunalvertretungen zur vollziehenden Gewalt gehören und nicht zur Gesetzgebung, dass ihre Mitglieder vom Kommunalvolk und nicht vom Staatsvolk gewählt werden, verzichtet darauf. Wer Schlüsse aus bestimmten Eigenschaften von Kommunalvertretungen zieht, muss diese ohnehin im Einzelfall begründen. Die Einordnung in eine wissenschaftliche Kategorie kann eine solche Begründung nicht ersetzen.[300]

Der verfassungsändernde Gesetzgeber in Nordrhein-Westfalen gelangte 2016 zu der Einschätzung, dass die Kommunalvertretungen an Funktionsstörungen litten, und führte mit dieser Begründung eine Sperrklausel ein. Seine Einschätzung beruhte vor allem auf den Ergebnissen einer Befragung der Hauptverwaltungsbeamten von 2015.[301] Die Bürgermeister gaben an, dass in 14 Prozent der Gemeinden eine einzige Partei alleine eine Mehrheit der Mandate innehabe, in 48 Prozent der Gemeinden mehrere Fraktionen dauerhaft zusammenarbeiteten und in 38 Prozent der Gemeinden die Mehrheiten wechselten.[302] In 41 Prozent der Gemeinden bestehe eine dauerhafte Ratsmehrheit, auf die sich der Bürgermeister stützen könne; in den übrigen Fällen habe sich keine solche Ratsmehrheit gebildet oder bestehe zwischen ihr und dem Bürgermeister ein parteipolitischer Gegensatz.[303] In Gemeinden mit unterdurchschnittlich stark fragmentiertem Ratsparteiensystem kämen absolute Mehrhei-

---

[299] So aber etwa *J. Dietlein/D. Riedel*, Zugangshürden im Kommunalwahlrecht, 2012, S. 39 f.; *T. Barczak*, Verfassungswidrigkeit der verfassungsunmittelbaren Sperrklausel für Kommunalwahlen, in: NWVBl. 2017, S. 133 (139).

[300] *V. Mehde*, Neues Steuerungsmodell und Demokratieprinzip, 2000, S. 240: „Die Argumente gegen die Parlamentseigenschaft betreffen mithin ausschließlich den staatlichen Gesamtkontext, nicht aber die gemeindliche Binnenstruktur. Aus diesem Grund kann aus der Verneinung der Eigenschaft als Parlament nicht auf die Unmöglichkeit der Vermittlung demokratischer Legitimation geschlossen werden"; *H. Dreier*, in: ders. (Hrsg.), GGK[3] II, 2015, Art. 28 Rn. 67: „Letztlich ist der Streit um eine pauschale Etikettierung unfruchtbar, da sich aus ihr allein keine rechtlich relevanten Folgerungen ziehen lassen"; *L. Michael*, Verfassungsunmittelbare Sperrklauseln auf Landesebene, 2015, S. 140 f.: „Die Frage, ob kommunale Vertretungsorgane (auch) Parlamente sind oder (nur) Exekutivorgane, ist akademischer Natur, denn aus der Zuordnung lassen sich ‚keine rechtlich relevanten Folgerungen ziehen'."

[301] *J. Bogumil u. a.*, Auswirkungen der Aufhebung der kommunalen Sperrklausel auf das kommunalpolitische Entscheidungssystem in Nordrhein-Westfalen, 2015, S. 37 ff., 62 ff. Vorgängeruntersuchungen sind: *ders./S. Grohs/L. Holtkamp*, Auswirkungen der Abschaffung der kommunalen 5%-Sperrklausel auf das kommunalpolitische Entscheidungssystem in NRW, 2009; *dies.*, Zersplitterte Kommunalparlamente oder Stärkung lokaler Demokratie?, in: ZParl 41 (2010), S. 788 ff.

[302] *J. Bogumil u. a.*, Auswirkungen der Aufhebung der kommunalen Sperrklausel auf das kommunalpolitische Entscheidungssystem in Nordrhein-Westfalen, 2015, S. 41 mit Abbildung 19.

[303] *J. Bogumil u. a.*, Auswirkungen der Aufhebung der kommunalen Sperrklausel auf das

ten einer Partei und den Bürgermeister stützende Mehrheiten deutlich häufiger vor.[304] In den Kreisen hingegen seien wechselnde Mehrheiten seltener und den Hauptverwaltungsbeamten stützende Mehrheiten deutlich häufiger als in den Gemeinden.[305]

Da das Volk die Bürgermeister und die Landräte wählt (und abwählen kann), benötigen sie nicht die Unterstützung einer Mehrheit im Rat oder Kreistag, damit sie ins Amt gelangen und im Amt bleiben können. Allerdings sind die Räte in Nordrhein-Westfalen grundsätzlich allzuständig und können übertragene Zuständigkeiten zurückholen. In der Praxis machen die Räte unterschiedlich intensiv davon Gebrauch. Entscheidend ist weniger, ob ein Rat tatsächlich Zuständigkeiten zurückholt, sondern dass er sie überhaupt zurückholen kann. Der Bürgermeister richtet sein Verhalten nach dieser Möglichkeit aus. Das Rückholrecht des Rates kann auf ihn eine disziplinierende Wirkung haben. In Nordrhein-Westfalen neigen die Kommunalpolitiker stärker als in anderen Ländern dazu, dass sie parteipolitische Gegensätze pflegen. In den Kategorien der Politikwissenschaft entspricht die Kommunalpolitik in Nordrhein-Westfalen stärker dem Typus der *Konkurrenz*demokratie als dem der *Konkordanz*demokratie.[306] Die Gestaltungsmacht eines Bürgermeisters richtet sich deshalb auch danach, ob er die dauerhafte Unterstützung einer gleichbleibenden Ratsmehrheit genießt. Nach Einschätzung einiger Beobachter verbindet sich die Allzuständigkeit des Rates in unheilvoller Weise mit einer von Parteidenken beeinflussten

---

kommunalpolitische Entscheidungssystem in Nordrhein-Westfalen, 2015, S. 42 mit Abbildung 20.

[304] *J. Bogumil u. a.,* Auswirkungen der Aufhebung der kommunalen Sperrklausel auf das kommunalpolitische Entscheidungssystem in Nordrhein-Westfalen, 2015, S. 40 mit Abbildung 18.

[305] *J. Bogumil u. a.,* Auswirkungen der Aufhebung der kommunalen Sperrklausel auf das kommunalpolitische Entscheidungssystem in Nordrhein-Westfalen, 2015, S. 65 mit Abbildung 49 und Tabelle 15.

[306] *L. Holtkamp,* Parteien und Bürgermeister in der repräsentativen Demokratie, in: PVS 47 (2006), S. 641 ff.; *ders.,* Kommunale Konkordanz- und Konkurrenzdemokratie, 2008, S. 268 ff.; *J. Bogumil u. a.,* Auswirkungen der Aufhebung der kommunalen Sperrklausel auf das kommunalpolitische Entscheidungssystem in Nordrhein-Westfalen, 2015, S. 8 ff. – *G. Lehmbruch,* Einführung in die Politikwissenschaft, 2. Aufl. 1968 hat das Wort „Konkordanzdemokratie", den Sprachgebrauch in der Schweiz aufnehmend, in die Politikwissenschaft eingeführt und kennzeichnet damit die (damalige) politische Praxis in der Schweiz und in Österreich. In der Sache, wenn auch noch unter anderer Bezeichnung, grundlegend *ders.,* Proporzdemokratie, 1967. Zur gleichen Zeit, aber (zunächst) unabhängig davon entstand das ähnliche Konzept der „consociational democracy" am Beispiel der Niederlande: *A. Lijphart,* The Politics of Accomodation, 1968. Im ersten Zugriff auf beide Modelle *G. Lehmbruch,* Art. „Konkordanzdemokratie", in: D. Nohlen (Hrsg.), Wörterbuch Staat und Politik, 1991, S. 311 ff. – Wenn Politikwissenschaftler mit „Konkordanzdemokratie" und „Konkurrenzdemokratie" zwei Typen der Kommunalpolitik bezeichnen, sind die damit verbundenen Vorstellungen mit Lehmbruchs Modell lediglich entfernt verwandt. Erstmalige Übernahme der Bezeichnungen in die Kommunalwissenschaft wohl bei *K.-H. Naßmacher,* Parteien im kommunalpolitischen Zielfindungsprozeß, in: OZP 1 (1972), S. 39 ff.

politischen Kultur. Darunter leidet aber vorwiegend die Funktionsfähigkeit des Organs Bürgermeister, weniger die Funktionsfähigkeit des Rates.

Die Befragung der Bürgermeister und der Landräte von 2015 ergab, dass die Tätigkeit der Kommunalvertretungen nach ihrer Einschätzung tendenziell umso mühsamer und zeitaufwendiger ist, je stärker sich das örtliche Parteiensystem fragmentiert hat. Wenn der Fragmentierungsgrad eines Ratsparteiensystems steige, dauerten die Ratssitzungen tendenziell umso länger.[307] Jeder zweite Bürgermeister einer Gemeinde, deren Ratsparteiensystem überdurchschnittlich stark fragmentiert ist, gab an, dass die Zahl der Anträge auf Aufnahme eines Tagesordnungspunktes und die Zahl der Anfragen an den Bürgermeister nach der Kommunalwahl 2014 mehr oder weniger stark gestiegen seien; in den Gemeinden, deren Ratsparteiensystem durchschnittlich oder unterdurchschnittlich stark fragmentiert ist, waren es weniger Bürgermeister, die solche Angaben machten.[308] Je nachdem, wie stark das Ratsparteiensystem fragmentiert ist, gaben mehr oder weniger Bürgermeister an, dass die Wahrnehmung von Beteiligungsrechten der Ratsmitglieder mehr oder weniger zeitintensiv sei.[309] Die Befragung der Landräte ergab einen ähnlichen, wenn auch etwas weniger stark ausgeprägten Befund für die Kreistage.[310]

Zu Beginn des 21. Jahrhunderts kamen in Nordrhein-Westfalen Wählergruppen auf. Sie sind mitgliedschaftlich organisierte Gruppen von Wahlberechtigten, die sich typischerweise ausschließlich in einer einzigen Kommune zur Wahl stellen, jedenfalls bei keiner Landtags- oder Bundestagswahl antreten.[311] Während Wählergruppen in Süddeutschland allgemein bekannt waren, traten sie in Nordrhein-Westfalen bis zur Kommunalwahl 1999 kaum in Erscheinung: Nach der Wahl 1994 gehörten zum Beispiel lediglich vier Wählergruppen einem Rat in einer kreisfreien Stadt an.[312] Zwischen den Wahlen 1999 und 2014 stieg die Zahl der Wählergruppen mit Mandaten von 16 auf 42; die Steigerungsrate beträgt 162,5 Prozent.[313] Der Zuwachs verlief stetig und ging dennoch hauptsäch-

---

[307] *J. Bogumil u. a.,* Auswirkungen der Aufhebung der kommunalen Sperrklausel auf das kommunalpolitische Entscheidungssystem in Nordrhein-Westfalen, 2015, S. 47 mit Abbildung 28.

[308] *J. Bogumil u. a.,* Auswirkungen der Aufhebung der kommunalen Sperrklausel auf das kommunalpolitische Entscheidungssystem in Nordrhein-Westfalen, 2015, S. 52 mit Abbildung 34.

[309] *J. Bogumil u. a.,* Auswirkungen der Aufhebung der kommunalen Sperrklausel auf das kommunalpolitische Entscheidungssystem in Nordrhein-Westfalen, 2015, S. 50 Abbildung 32.

[310] *J. Bogumil u. a.,* Auswirkungen der Aufhebung der kommunalen Sperrklausel auf das kommunalpolitische Entscheidungssystem in Nordrhein-Westfalen, 2015, S. 66 mit Abbildung 51, S. 70 mit Abbildung 55, S. 69 mit Abbildung 54.

[311] § 15 I 2 KWahlG.

[312] *J. Bogumil u. a.,* Auswirkungen der Aufhebung der kommunalen Sperrklausel auf das kommunalpolitische Entscheidungssystem in Nordrhein-Westfalen, 2015, S. 19.

[313] *J. Bogumil u. a.,* Auswirkungen der Aufhebung der kommunalen Sperrklausel auf das kommunalpolitische Entscheidungssystem in Nordrhein-Westfalen, 2015, S. 20 mit Tabelle 4.

lich auf einen sprunghaften Anstieg bei der Kommunalwahl 2004 zurück. Die Anzahl der fraktionslosen Mandatsträger hat deutlich zugenommen; daran hat die erhebliche Zunahme der Zahl der Wählergruppen den größten Anteil.[314]

Damit sie eine Fraktion bilden können, müssen sich in den Räten abhängig von deren Größe zwei bis fünf Mandatsträger zusammenschließen; in den Kreistagen sind abhängig von deren Größe zwei bis vier Mandatsträger erforderlich.[315] Einer Fraktion stehen Rechte zu, die dem einzelnen Ratsmitglied fehlen, zum Beispiel das Recht auf Einberufung des Rates und auf Aufnahme von Vorschlägen in die Tagesordnung.[316] In jedem Fall können sich zwei Mandatsträger zu einer Gruppe zusammenschließen, deren Rechte im Einzelnen vom Ortsrecht abhängen und in jedem Fall hinter denen einer Fraktion zurückbleiben, die aber zum Beispiel einen Anspruch auf finanzielle Zuwendungen haben.[317] Da in kleineren Gemeinden und Kreisen die Mindestmitgliederzahlen von Gruppen und Fraktionen übereinstimmen, bilden sich in den Vertretungen keine Gruppen.

Die Hauptverwaltungsbeamten machten 2015 die kleinen Fraktionen, die Gruppen und die Fraktionslosen für Funktionsstörungen mitverantwortlich. Die Bürgermeister sprachen ihnen mehrheitlich ab, dass sie wichtige Impulse gäben und Themenfelder besetzten, die von den gefestigten Parteien nicht berücksichtig würden.[318] Die Mehrheit der Bürgermeister bescheinigte den kleinen Fraktionen, den Gruppen und den Fraktionslosen, dass sie deutlich schlechter informiert seien als andere, für ihre Anträge keine Mehrheiten fänden und nicht bündnisfähig seien.[319] Eine große Minderheit der Bürgermeister gab an, dass kleine Fraktionen, Gruppen und Fraktionslose die Regelungen der Geschäftsordnung unnötigerweise ausreizten.[320] Die Landräte äußerten sich über die Rolle der kleinen Fraktionen und der Fraktionslosen ähnlich (kritisch) wie die Bürgermeister.[321] Mit großer Mehrheit sprachen sich die Hauptverwaltungsbeamten schließlich für die Einführung einer Sperrklausel aus.[322]

---

[314] *J. Bogumil u. a.,* Auswirkungen der Aufhebung der kommunalen Sperrklausel auf das kommunalpolitische Entscheidungssystem in Nordrhein-Westfalen, 2015, S. 21 mit Tabelle 5.

[315] § 56 I 2, 3 GO NRW; § 40 I 2, 3 KreisO NRW.

[316] § 47 I 4 GO NRW.

[317] § 56 I 4, 5 GO NRW; § 40 I 4, 5 KreisO NRW.

[318] *J. Bogumil u. a.,* Auswirkungen der Aufhebung der kommunalen Sperrklausel auf das kommunalpolitische Entscheidungssystem in Nordrhein-Westfalen, 2015, S. 53 f. mit Abbildungen 35 und 36.

[319] *J. Bogumil u. a.,* Auswirkungen der Aufhebung der kommunalen Sperrklausel auf das kommunalpolitische Entscheidungssystem in Nordrhein-Westfalen, 2015, S. 55 mit Abbildung 37.

[320] *J. Bogumil u. a.,* Auswirkungen der Aufhebung der kommunalen Sperrklausel auf das kommunalpolitische Entscheidungssystem in Nordrhein-Westfalen, 2015, S. 57 mit Abbildung 40.

[321] *J. Bogumil u. a.,* Auswirkungen der Aufhebung der kommunalen Sperrklausel auf das kommunalpolitische Entscheidungssystem in Nordrhein-Westfalen, 2015, S. 70 ff.

[322] *J. Bogumil u. a.,* Auswirkungen der Aufhebung der kommunalen Sperrklausel auf das kommunalpolitische Entscheidungssystem in Nordrhein-Westfalen, 2015, S. 59 f., 74.

Die Angaben der Hauptverwaltungsbeamten von 2015 beruhen darauf, wie sie den Zustand der Kommunalpolitik vor Ort wahrnehmen und bewerten. Der Strukturwandel des Parteiensystems kann die Gestaltungsmacht der Bürgermeister und der Landräte einschränken, sie in ihren Gewohnheiten erschüttern und ihren Arbeitsalltag erschweren. Deshalb sind sie versucht, die Nachteile des Wandels stärker wahrzunehmen als die Vorteile und die Wirkungen auf sich selbst bei ihrer Urteilsbildung besonders hoch zu gewichten. Die Befragung der Hauptverwaltungsbeamten vermittelt nahezu zwangsläufig ein einseitiges Bild, wie funktions(un)tüchtig die Räte und die Kreistage sind.[323] Dass sich die Hauptverwaltungsbeamten mit großer Mehrheit für die Einführung einer Sperrklausel aussprachen, ist nicht bedeutungslos, aber von geringem Gewicht: „[W]enn man einen Sumpf austrocknen will, läßt man nicht die Frösche darüber abstimmen[.]"[324]

(2) Eignung: Sperrklausel als Beitrag zur Gewährleistung der Funktionsfähigkeit der Kommunalvertretungen

Die Einführung einer gesetzlichen Sperrklausel steigert den Konzentrationsanreiz des Wahlsystems und bewirkt erfahrungsgemäß, dass weniger Parteien als zuvor Mandate in der Volksvertretung erhalten und sich weniger Parteien zusammenfinden müssen, damit sie eine Mehrheit bilden können. Die gesetzliche Sperrklausel bei den Kommunalwahlen in Nordrhein-Westfalen, die seit dem Jahr 2016 gilt, hat eine vergleichsweise geringe Höhe von 2,5 Prozent der Stimmen. Die faktische Sperrklausel in den Gemeinden schwankte bei der Kommunalwahl 2014 zwischen 0,6 Prozent und 2,8 Prozent.[325] Die Zusammensetzung der kleinen Räte hätte sich voraussichtlich nicht nennenswert verändert, wenn die 2,5-Prozent-Sperrklausel bereits damals Anwendung gefunden hätte.

In den Großstädten wird sich die Einführung einer 2,5-Prozent-Sperrklausel stärker bemerkbar machen, weil die dortigen Räte aus wenigstens 58 Mitgliedern bestehen. Bei der Kommunalwahl 2014 musste eine Partei in einer Großstadt durchschnittlich 4 Prozent der Stimmen erhalten, damit sie in Fraktionsstärke in den Rat einziehen konnte. Die Sperrklausel hätte voraussichtlich ganz überwiegend solche Bewerber am Mandatsgewinn gehindert, die fraktionslos

---

[323] VerfGH NRW, Urteil vom 21.11.2017, 21/16 u. a., Rn. 117: „Ungeachtet dessen, dass die Befunde im Wesentlichen auf einer Befragung von Bürgermeistern und Landräten und mithin auf deren subjektiven Einschätzungen und Bewertungen beruhen, belegt das Gutachten allenfalls – wenig überraschend – eine mit zunehmender Heterogenität der Zusammensetzung der Kommunalvertretungen einhergehende Erschwerung der Meinungsbildung."

[324] Abgeordneter *B. Schönlank*, 45. Sitzung des Reichstages am 9.2.1894, Reichstagsprotokoll 1893/94,2, S. 1112.

[325] *J. Bogumil u. a.*, Auswirkungen der Aufhebung der kommunalen Sperrklausel auf das kommunalpolitische Entscheidungssystem in Nordrhein-Westfalen, 2015, S. 15, 88 mit Tabellen 16 und 17.

geblieben wären oder einer Gruppe angehört hätten.[326] Die gefestigten Parteien wären kaum betroffen gewesen. Die Sperrklausel hätte wahrscheinlich dazu geführt, dass den Räten ganz wenige Fraktionslose und wenige Gruppen angehört hätten. Sie sind es, die der Gesetzgeber und die Hauptverwaltungsbeamten für Funktionsstörungen hauptsächlich verantwortlich machen. Das Ausscheiden von Fraktionslosen und von Gruppen hätte die Effektivität und die Effizienz der Tätigkeit der Räte und der Kreistage begünstigt. Die Sperrklausel trägt demnach zur Gewährleistung der Funktionsfähigkeit bei und ist daher geeignet.

(3) Erforderlichkeit: Empirische Unsicherheiten über Alternativen zur Sperrklausel

Der Gesetzgeber kann versuchen, die Funktionsfähigkeit der Kommunalvertretungen zu gewährleisten, indem er rechtliche Vorgaben für ihren Geschäftsgang und die Beteiligungsrechte ihrer Mitglieder ändert, statt eine Sperrklausel einzuführen.[327] Einige solcher Vorgaben finden sich in der Gemeindeordnung und der Kreisordnung, im Übrigen treffen die Räte und Kreistage eigene Regelungen in ihren Geschäftsordnungen.[328] Der Gesetzgeber kann die Wahrnehmung bestimmter Rechte an die Erfüllung von Minderheitenquoren knüpfen, beste-

---

[326] *J. Bogumil u. a.,* Auswirkungen der Aufhebung der kommunalen Sperrklausel auf das kommunalpolitische Entscheidungssystem in Nordrhein-Westfalen, 2015, S. 15 f., 79.

[327] Vorschläge dazu bei *J. Dietlein/D. Riedel,* Zugangshürden im Kommunalwahlrecht, 2012, S. 61 ff.; *J. Oebbecke,* Stellungnahme zum Entwurf eines Kommunalvertretungsstärkungsgesetzes vom 22.9.2015, Stellungnahme 16/3334 vom 13.1.2016, S. 1 (4); *ders.,* Ist die 5 % Klausel noch zeitgemäß?, 2016, S. 1 (5): „Die Funktionsfähigkeit einer Vertretung wird nicht allein durch ihre Zusammensetzung bestimmt. Weitere Faktoren sind etwa räumliche und technische Ausstattung, finanzielle Ressourcen etwa für Reisen und die Beiziehung externen Sachverstandes, und für die hier wichtige Perspektive sind auch die Regeln von großer Bedeutung, nach denen die Vertretung arbeitet, also das Geschäftsordnungsrecht, wie es teils in der Verfassung, für die Kommunen auch in Gesetzen und für alle Vertretungen in der Geschäftsordnung enthalten ist. Es liegt auf der Hand, dass die Wirkungen von Zersplitterung, also einer Mehrzahl unterschiedlicher politischer Gruppen auch den Betrieb, aber auch auf die Willensbildung von diesen Regeln abhängen. Im nordrhein-westfälischen Kommunalrecht hat man in den letzten zwanzig Jahren die Rechte auch ganz kleiner Minderheiten stark ausgebaut und damit das Auftreten von Missständen, wie man sie jetzt durch die Sperrklausel beseitigen will, erleichtert, wenn nicht provoziert. Solange die einfachrechtlichen Möglichkeiten, den Folgen einer befürchteten Zersplitterung entgegenzuwirken, nicht ausgeschöpft sind, ist die Beeinträchtigung der Wahlrechtsgleichheit durch Sperrklauseln jedenfalls nicht gerechtfertigt, weil nicht erforderlich." Ablehnend *W. Roth,* Verfassungsmäßigkeit der Einführung einer 3 %-Sperrklausel bei Kommunalwahlen durch Verfassungsänderung, insbesondere für das Land Nordrhein-Westfalen, 2015, S. 71 f.; Entwurf eines Gesetzes zur Änderung der Verfassung für das Land Nordrhein-Westfalen und wahlrechtlicher Vorschriften (Kommunalvertretungsstärkungsgesetz) vom 22.9.2015, LT-Drucks. 16/9795, S. 18 f.

[328] *A. Heusch/J. Duikers,* Zur Geschäftsordnungsautonomie kommunaler Vertretungen, in: NWVBl. 2018, S. 313 ff. befassen sich damit, welche Optionen für eine Kommunalvertretung bestehen, falls sie zu ihrer eigenen Funktionsfähigkeit beitragen will, indem sie ihre Geschäftsordnung ändert.

hende Quoren anheben oder die Vertretungen ermächtigen, dass sie Rechte einschränken, die in der Gemeindeordnung und der Kreisordnung vorgesehen sind. Zum Beispiel sind die Bürgermeister und Landräte verpflichtet, einem Rats- oder Kreistagsmitglied auf Verlangen Auskunft zu erteilen und zu einem Tagesordnungspunkt Stellung zu nehmen.[329] Dieses Recht könnte der Gesetzgeber oder eine von ihm ermächtigte Kommunalvertretung beispielsweise Gruppen und Fraktionen vorbehalten.

Der Gesetzgeber kann Fragen selbst regeln, die er bisher der Geschäftsordnungsautonomie der Kommunalvertretungen überlassen hat. Dabei kann er den Kommunalvertretungen einen mehr oder weniger großen Entscheidungsfreiraum lassen, je nachdem, ob er eine Vollregelung trifft oder es bei einer Ermächtigung der Kommunalvertretungen belässt. Bisher steht es den Räten und den Kreistagen frei, wie sie ihre Fragestunden und ihre Redeordnung gestalten, wie sie ihre Tagesordnung handhaben und mit Anfragen, Geschäftsordnungs- und Sachanträgen umgehen. Das Tätigwerden des Gesetzgebers ist sinnvoll, wenn eine Regelung Beteiligungsrechte so stark einschränken soll, dass sie dem Vorbehalt des Gesetzes unterliegt, oder wenn Kommunalvertretungen nicht willens oder nicht in der Lage sind, ihre Geschäftsordnungen zu ändern. In diesen Fällen kann der Gesetzgeber Regelungen herbeiführen, die der Effektivität und Effizienz der Arbeit in den Räten und den Kreistagen tendenziell Vorrang einräumen vor der Beteiligung von Fraktionslosen und von Gruppen. Die Inhaberschaft bestimmter Rechte ist bereits an den Gruppen- oder den Fraktionsstatus gebunden. Deshalb kann der Gesetzgeber die Wahrnehmung von Beteiligungsrechten einschränken, indem er die Zahl der Mitglieder erhöht, die sich zusammenschließen müssen, damit sie eine Gruppe oder eine Fraktion bilden können.[330]

Da der verfassungsändernde Landesgesetzgeber jede Norm der Landesverfassung ändern kann, können sich Grenzen für die Einschränkung von Beteiligungsrechten ausschließlich aus Art. 28 I GG ergeben, etwa aus dem Demokratieprinzip. Welche Einschränkungen grundgesetzkonform sind, lässt sich ausschließlich im Einzelfall und in ihrem Zusammenwirken beurteilen. Der Gesetzgeber in Nordrhein-Westfalen hat aber die Beteiligungsrechte im Vergleich mit anderen Ländern weit ausgebaut.[331] Deshalb liegt es nahe, dass ihm beim

---

[329] § 55 I 2 GO NRW; § 26 IV 1 KreisO NRW. Beispiel nach *J. Dietlein/D. Riedel,* Zugangshürden im Kommunalwahlrecht, 2012, S. 70.

[330] Vorschlag bei *J. Dietlein/D. Riedel,* Zugangshürden im Kommunalwahlrecht, 2012, S. 70.

[331] *J. Oebbecke,* Stellungnahme zum Entwurf eines Kommunalvertretungsstärkungsgesetzes vom 22.9.2015, Stellungnahme 16/3334 vom 13.1.2016, S. 1 (4); *ders.,* Ist die 5% Klausel noch zeitgemäß?, 2016, S. 1 (5): „Im nordrhein-westfälischen Kommunalrecht hat man in den letzten zwanzig Jahren die Rechte auch ganz kleiner Minderheiten stark ausgebaut und damit das Auftreten von Missständen, wie man sie jetzt durch die Sperrklausel beseitigen will, erleichtert, wenn nicht provoziert."

Rückbau von Beteiligungsrechten ein großer Entscheidungsfreiraum zusteht. Dass der Gesetzgeber das Verfahren der Kommunalvertretungen und die Beteiligungsrechte ihrer Mitglieder ändert, ist ein milderes Mittel verglichen mit einer Sperrklausel, weil dadurch keine Ungleichbehandlungen bei der Wahl entstehen. Für sich genommen sind solche Änderungen aber weniger wirkungsvoll als Sperrklauseln, weil die (angeblich) störenden kleinen Fraktionen, die Gruppen und die Fraktionslosen den Räten und den Kreistagen weiterhin angehören.

Der Gesetzgeber muss sich hingegen nicht darauf verweisen lassen, dass er die Kompetenzen der Kommunalvertretung ändern kann, etwa indem er die rechtspolitisch umstrittene Allzuständigkeit des Rates aufhebt.[332] Die Kompetenzen der Kommunalvertretungen sind gleichbedeutend mit ihren Funktionen. Eine Sperrklausel muss verhältnismäßig sein in Bezug auf die bereits bestehenden, vom Gesetzgeber vorgegebenen Funktionen einer Volksvertretung: Der verfassungsändernde Landesgesetzgeber muss nicht den Ministerpräsidenten vom Volk wählen lassen, damit er die Sperrklausel bei der Landtagswahl abschaffen kann, ohne dadurch der Funktionsfähigkeit des Landtags zu schaden.

Nach nordrhein-westfälischem Kommunalwahlrecht wird die eine Hälfte der Mandate an Direktbewerber in verschiedenen Wahlbezirken vergeben, die andere Hälfte in einem Einheitswahlkreis an Listenbewerber. Wenn mehr Bewerber einer Partei ein Direktmandat erhalten, als ihrer Partei anteilig zustehen, kommen zwar Überhangmandate zustande; sie werden aber ausgeglichen, indem die anderen Parteien gemäß ihrem Stimmenanteil zusätzliche Mandate erhalten. Indem der Gesetzgeber weniger Mandate als bisher in Wahlbezirken und mehr Mandate über die Listen vergeben lässt (etwa im Verhältnis von 40 Prozent zu 60 Prozent), kann er die Zahl der Überhang- und Ausgleichsmandate senken und dadurch die Größe der Vertretungen verringern.[333] Diese Maßnahme wäre milder, weil sie keine Ungleichbehandlungen hervorriefe, hätte aber weniger Wirkung, weil die (angeblichen) Funktionsstörungen jedenfalls nicht in erster Linie darauf zurückgehen, dass die Vertretungen zu groß wären.

Der Wähler kann seinen Willen nach dem Kommunalwahlrecht in Nordrhein-Westfalen verglichen mit anderen Wahlsystemen wenig gezielt kundtun. Die Listen sind starr und werden im Ganzen gewählt. Darin unterscheidet sich das Kommunalwahlrecht in Nordrhein-Westfalen von dem in den meisten anderen Ländern: Dort kann der Wähler einem Listenbewerber mehrere Stimmen

---

[332] Ebenso *W. Roth,* Verfassungsmäßigkeit der Einführung einer 3%-Sperrklausel bei Kommunalwahlen durch Verfassungsänderung, insbesondere für das Land Nordrhein-Westfalen, 2015, S. 72. Ähnliche Erwägungen, aber auf einer rechtspolitischen Ebene, bei *J. Dietlein/D. Riedel,* Zugangshürden im Kommunalwahlrecht, 2012, S. 71 ff.; *J. Oebbecke,* Stellungnahme zum Entwurf eines Kommunalvertretungsstärkungsgesetzes vom 22.9.2015, Stellungnahme 16/3334 vom 13.1.2016, S. 1 (3).

[333] Vorschlag bei *J. Dietlein/D. Riedel,* Zugangshürden im Kommunalwahlrecht, 2012, S. 65 ff.

geben (kumulieren) oder seine Stimmen auf mehrere Listen verteilen (pana-schieren).[334] Falls der Gesetzgeber in Nordrhein-Westfalen das Kumulieren und Panschieren einführt, verliert der Wettbewerb unter den Parteien an Bedeutung zugunsten des Wettbewerbs unter den Personen.[335] Der Gesetzgeber begegne-te dadurch der nach Einschätzung einiger Beobachter unheilvollen Verbindung der Allzuständigkeit des Rates mit einer politischen Kultur, in der die Handeln-den die parteipolitischen Gegensätze pflegen. Die Einführung des Kumulierens und Panaschierens wäre ein milderes Mittel, weil keine Ungleichbehandlun-gen entstünden. Doch für sich genommen wäre sie weniger wirkungsvoll, weil sich die politische Kultur in Nordrhein-Westfalen bereits nach Abschaffung der Doppelspitze 1999 geringfügig verändert hat und demnach eher unbeweglich ist.

Der Gesetzgeber kann zudem eine Sperrklausel um eine Kompetenz des Wählers ergänzen, dass er eine Alternativ-, Ersatz-, Eventual-, Hilfs- oder Ne-benstimme abgibt für den Fall, dass die Partei, der er seine Hauptstimme gibt, wegen der Sperrklausel nicht an der Mandatsverteilung teilnimmt.[336] Gedank-lich findet ein zweiter Wahlgang statt, an dem die Parteien teilnehmen, die im ersten Wahlgang wenigstens 5 Prozent der Stimmen erhalten haben, und bei dem die Wähler, die beim ersten Wahlgang für eine der erfolgreichen Parteien gestimmt haben, ihre Wahlentscheidung beibehalten, während sich die Wähler der Parteien, die im ersten Wahlgang gescheitert sind, für eine der verbliebenen Parteien entscheiden.[337] Im Unterschied zu einem wirklichen zweiten Wahl-gang nehmen die Wähler am gedanklichen teil, ohne dass sie das Ergebnis des ersten Wahlgangs kennen und sich danach richten können. Der Aufwand, der sich mit einem wirklichen zweiten Wahlgang verbindet, entfällt.

---

[334] Zum Kumulieren und Panaschieren näher *D. Nohlen,* Wahlrecht und Parteiensystem, 7. Aufl. 2014, S. 115 f.

[335] Vorschlag bei *J. Oebbecke,* Stellungnahme zum Entwurf eines Kommunalvertretungs-stärkungsgesetzes vom 22.9.2015, Stellungnahme 16/3334 vom 13.1.2016, S. 1 (4); *E. Richter,* Stellungnahme zum Entwurf eines Kommunalvertretungsstärkungsgesetzes vom 22.9.2015, Stellungnahme 16/3327 vom Januar 2016, S. 1 (2).

[336] Bekanntgemacht hat diesen Vorschlag vor allem *E. Jesse,* Wahlrecht zwischen Kon-tinuität und Reform, 1985, S. 258 ff., 364 ff.; *ders.,* Aktuelle Reformvorschläge zum Wahlrecht, in: T. Mörschel (Hrsg.), Wahlen und Demokratie, 2016, S. 119 (126 f.); *E. Jesse,* Plädoyer für ein Einstimmensystem bei der Bundestagswahl ergänzt um eine Ersatzstimme, in: ZParl 47 (2016), S. 893 (893 f., 903). *Ders.,* Wahlrecht zwischen Kontinuität und Reform, ebd., S. 258 in Fn. 225 legt nahe, dass *W. Speckmann,* 5 %-Klausel und subsidiäre Wahl, in: ZRP 1970, S. 198 eine solche Regelung erstmals vorgeschlagen hat.

[337] Erläuterung dieser Dualwahl bei *B. Benken,* Die Ersatzstimme – ein Instrument, des-sen Zeit gekommen ist?, in: T. Mörschel (Hrsg.), Wahlen und Demokratie, 2016, S. 165 (169 in Fn. 6). Entwurf und Erläuterung eines passenden Stimmzettels bei *F. Decker,* Ist die Fünf-Prozent-Sperrklausel noch zeitgemäß?, in: ZParl 47 (2016), S. 460 (466 f.); *ders.,* Reformen der Stimmgebung, in: J. Behnke u. a. (Hrsg.), Reform des Bundestagswahlsystems, 2017, S. 97 (124). Ein Ersatzstimmrecht kann möglicherweise die Stichwahl von Bürgermeistern und Landräten ersetzen: *H. Holste,* Alternativ-Stimme statt Stichwahl!, in: ZRP 2007, S. 94 ff.

Durch den zweiten Wahlgang beeinflusst jeder Wähler gleichermaßen die Zusammensetzung der Volksvertretung, es sei denn, ein Wähler vergibt seine Ersatzstimme an eine Partei, die wegen der Sperrklausel genauso wenig an der Mandatsverteilung teilnimmt. Diesen Fällen kann das Wahlrecht vorbeugen, indem es den Wählern mehr als eine Ersatzstimme zugesteht. Im Grenzfall können die Wähler sämtliche Parteien, die zur Wahl stehen, auf dem Stimmzettel in eine Reihenfolge bringen.[338] Eine Sperrklausel, die der Gesetzgeber um das Recht der Ersatzstimmgebung ergänzt, ist jedenfalls ein milderes Mittel zur Gewährleistung der Funktionsfähigkeit als eine gewöhnliche Sperrklausel.

Die Regelung verstößt prima facie gegen das Gebot der Erfolgswertgleichheit, verletzt es aber nicht: Ungleichbehandlungen bei der Wahl treten sehr selten auf, weil ausschließlich der gedankliche zweite Wahlgang über die Zusammensetzung der Volksvertretung entscheidet, jeder Wähler dabei eine Stimme hat und sich nahezu jede abgegebene Stimme in der Zusammensetzung der Volksvertretung niederschlägt. Die Zählwertgleichheit ist von einem Ersatzstimmrecht nicht einmal prima facie betroffen: Jeder Wähler kann sowohl eine Haupt- als auch eine Ersatzstimme abgeben; die Ersatzstimme wird dann, aber ausschließlich dann wirksam, wenn die Hauptstimme wirkungslos bleibt.[339]

Die Regelung beeinträchtigt auch das Gebot der Unmittelbarkeit der Wahl nicht einmal prima facie: Es richtet sich ausschließlich dagegen, dass ein Dritter, klassischerweise ein Mitglied eines Wahlleutekollegiums, seinen Einfluss *nach* Ermittlung der *Stimm*verteilung und *vor* Ermittlung der *Sitz*verteilung ausübt.[340] Zwar hängt es von der Entscheidung der anderen Wähler ab, ob sich im Einzelfall die Haupt- oder die Ersatzstimme auf die Zusammensetzung der Volksvertretung auswirkt; die anderen Wähler treffen ihre Entscheidung aber nicht zeitversetzt nach der Stimmabgabe des einen Wählers und vor der Mandatsverteilung, sondern zeitgleich mit ihm.[341] Ob die Haupt- oder die Ersatz-

---

[338] Diese Möglichkeit besteht im System übertragbarer Einzelstimmgebung (Single Transferable Vote). Am Beispiel Irlands erläutert bei *D. Nohlen,* Wahlrecht und Parteiensystem, 7. Aufl. 2014, S. 410 ff. Dem deutschen Gesetzgeber empfiehlt *D. Hellmann,* Weg vom Pfadabhängigkeitsproblem: Präferenzwahl in Mehrpersonenwahlreisen als Reformoption des Bundeswahlrechts?, in: ZParl 46 (2016), S. 389 ff. dieses System.

[339] Nach der Auffassung in BVerfG, Beschluss vom 19.9.2017, 2 BvC 46/14, BVerfGE 146, 327 (359) – Eventualstimme ist die Einführung eines Ersatzstimmrechts „auch mit Blick auf die Zählwertgleichheit nicht unproblematisch". Diese Auffassung beruht vermutlich darauf, dass sich das Verfassungsgericht irrtümlich keine zwei getrennten Wahlgänge vorstellt.

[340] *Hans Meyer,* Kommunalwahlrecht, in: T. Mann/G. Püttner (Hrsg.), HkWPr³ I, 2007, § 20 Rn. 32; *D. Nohlen,* Erfolgswertgleichheit als fixe Idee oder: Zurück zu Weimar?, in: ZParl 40 (2009), S. 179 (190); *M. Morlok,* in: H. Dreier (Hrsg.), GGK³ II, 2015, Art. 38 Rn. 80. Aus Sicht der Wahlsystemforschung näher *D. Nohlen,* Wahlrecht und Parteiensystem, 7. Aufl. 2014, S. 45.

[341] BVerfG, Beschluss vom 19.9.2017, 2 BvC 46/14, BVerfGE 146, 327 (359) – Eventualstimme: „Mit Blick auf den Grundsatz der Unmittelbarkeit der Wahl kann die Eventualstimme Probleme aufwerfen, weil letztlich andere Wähler darüber entscheiden, für wen eine Stimme abgegeben wird." Diese Einschätzung ist irrtümlich: Bei der Abgabe seiner Stimme(n) ist jeder

stimme wirksam wird, ist eine Frage der Stimmverteilung. Die Einführung eines Ersatzstimmrechts wäre demnach verfassungskonform.[342]

Wie sich die Einführung einer Ersatzstimme auf das Parteiensystem auswirken würde und wie stark eine um ein Ersatzstimmrecht ergänzte Sperrklausel zur Gewährleistung der Funktionsfähigkeit der Volksvertretung beitragen kann, bleibt allerdings Spekulation.[343] Einerseits werden die Wähler möglicherweise vermehrt ihren inhaltlichen Vorlieben folgen und für eine Partei stimmen, deren Teilnahme an der Mandatsverteilung ungewiss ist, weil sie annehmen, dass jedenfalls ihre Ersatzstimme wirksam sein werde. Deshalb kann die Anzahl kleiner Parteien, die Mandate in der Volksvertretung erhalten, zunehmen und die Funktionsfähigkeit leiden. Andererseits werden die Wähler ihre Ersatzstimmen möglicherweise den gefestigten Parteien geben, weil sie sicherstellen wollen, dass jedenfalls ihre Ersatzstimme nicht wirkungslos sein wird. Deshalb kann sich die Mehrheitsbildung vereinfachen und die Funktionsfähigkeit verbessern. Ob eine Sperrklausel, die der Gesetzgeber um ein Ersatzstimmrecht ergänzt, genauso wirksam zur Gewährleistung der Funktionsfähigkeit beiträgt wie eine gewöhnliche Sperrklausel, lässt sich nicht beantworten, solange der Gesetzgeber die Regelung nicht erprobt hat. Eine um ein Ersatzstimmrecht ergänzte Sperrklausel ist ein verfassungsgemäßes milderes Mittel; die Effektivität einer solchen Sperrklausel ist aber ungewiss. Da sich empirische Unsicherheiten bei der Prüfung der Erforderlichkeit zugunsten des Gesetzgebers auswirken, ist die Sperrklausel ohne Ersatzstimmrecht im rechtsdogmatischen Sinne erforderlich.[344]

Wähler völlig unabhängig. Ob seine Haupt- oder seine Ersatzstimme (oder keine von beiden) wirksam wird, richtet sich nach der Stimmverteilung. Die Stimmverteilung kann aber etwa auch in einem Wahlsystem mit einer gewöhnlichen Sperrklausel darüber entscheiden, ob eine bestimmte Stimme wirksam wird.

[342] *M. Damm,* Die Nebenstimme bei Bundestagswahlen, in: DÖV 2013, S. 913 (918 ff.); *H. K. Heußner,* Die 5 %-Sperrklausel: Nur mit Hilfsstimme! Teil 1, in: LKRZ 2014, S. 7 (9); *B. Benken,* Die Ersatzstimme – ein Instrument, dessen Zeit gekommen ist?, in: T. Mörschel (Hrsg.), Wahlen und Demokratie, 2016, S. 165 (176 ff.); *F. Decker,* Ist die Fünf-Prozent-Sperrklausel noch zeitgemäß?, in: ZParl 47 (2016), S. 460 (467 f.); *P. Barlet,* Entscheidungsbesprechung [zu BVerfG, Beschluss vom 19.9.2017, 2 BvC 46/14], in: ZJS 2018, S. 179 (180 ff.). Nach der Auffassung des Bundesverfassungsgerichts lassen sich die Beeinträchtigungen von Wahlgrundsätzen, die es für den Fall der Einführung eines Ersatzstimmrechts annimmt oder mindestens für möglich hält, wenigstens im Einzelfall rechtfertigen: BVerfG, Beschluss vom 19.9.2017, 2 BvC 46/14, BVerfGE 146, 327 (360 f.). – Eventualstimme.

[343] *F. Decker,* Ist die Fünf-Prozent-Sperrklausel noch zeitgemäß?, in: ZParl 47 (2016), S. 460 (468 ff.). Versuch einer Prognose für Landtags- und für Kommunalwahlen im Saarland bei *H. K. Heußner,* Die 5 %-Sperrklausel: Nur mit Hilfsstimme! Teil 1, in: LKRZ 2014, S. 7 (10 ff.).

[344] Bereits die Erforderlichkeit verneint *J. Oebbecke,* Ist die 5 % Klausel noch zeitgemäß?, 2016, S. 1 (5).

(4) Angemessenheit: Vorrang der Erprobung eines Bündels milderer verfassungsgemäßer Mittel vor Einführung einer Sperrklausel

Die Angemessenheit einer Sperrklausel hängt von verschiedenartigen Umständen ab: *Erstens* sind die Kommunalvertretungen in Nordrhein-Westfalen zwar stör*anfälliger* als die in den anderen Ländern, etwa weil die Räte allzuständig sind und Kommunalpolitiker ihre parteipolitischen Gegensätze pflegen. Aber einige Beteiligte in Nordrhein-Westfalen sind stör*empfindlicher* als anderswo und machen das Verhalten von kleinen Fraktionen, von Gruppen und Fraktionslosen vergleichsweise einseitig für Störungen verantwortlich.[345] In den Großstädten außerhalb Nordrhein-Westfalens sind die Ratsparteiensysteme ähnlich stark fragmentiert, doch die dortigen Kommunalpolitiker beklagen sich weit weniger als ihre Pendants in Nordrhein-Westfalen.[346] Dass die Ratsarbeit unzumutbar viel Zeit koste, haben viele Beteiligte in Nordrhein-Westfalen bereits vor 1999 bemängelt, als noch eine Sperrklausel zur Anwendung kam.[347] Aus den Angaben des Gesetzgebers und der Hauptverwaltungsbeamten spricht „unverhohlene Geringschätzung" von kleinen Fraktionen, von Gruppen und Fraktionslosen, die sie nicht als Bereicherung, sondern als Belästigung wahrnehmen.[348] Wer darauf eine Sperrklausel stützt, greift aber unzulässigerweise der Entscheidung der Wähler vor, ob solche politischen Akteure in den Volksvertretungen ihre Daseinsberechtigung haben.[349]

Zweitens streitet die geringe Höhe der 2,5-Prozent-Sperrklausel gleichermaßen für wie gegen ihre Angemessenheit: Einerseits träfe eine solche Sperrklausel ganz überwiegend die Bewerber, die im Falle des Mandatsgewinns in der Vertretung fraktionslos wären oder lediglich eine Gruppe bildeten; sie zögen selten in Kommunalvertretungen ein. Die Arbeit in den Räten der Großstädte, deren Parteiensysteme sich typischerweise stark fragmentiert haben, könn-

---

[345] *J. Oebbecke,* Stellungnahme zum Entwurf eines Kommunalvertretungsstärkungsgesetzes vom 22.9.2015, Stellungnahme 16/3334 vom 13.1.2016, S. 1 (2) betont das Nebeneinander von besonderen Erschwernissen und gesteigerter Empfindlichkeit.

[346] *J. Oebbecke,* Stellungnahme zum Entwurf eines Kommunalvertretungsstärkungsgesetzes vom 22.9.2015, Stellungnahme 16/3334 vom 13.1.2016, S. 1 (3).

[347] *J. Oebbecke,* Stellungnahme zum Entwurf eines Kommunalvertretungsstärkungsgesetzes vom 22.9.2015, Stellungnahme 16/3334 vom 13.1.2016, S. 1 (4).

[348] Zitat bei *T. Barczak,* Verfassungswidrigkeit der verfassungsunmittelbaren Sperrklausel für Kommunalwahlen, in: NWVBl. 2017, S. 133 (141). Zudem *H. Wißmann,* Stellungnahme zum Entwurf eines Kommunalvertretungsstärkungsgesetzes vom 22.9.2015, Stellungnahme 16/3313 vom 10.1.2016, S. 1 (5): „nur noch mühsam als Fürsorge bemäntelte Geringschätzung". Abwertend ist die Bezeichnung kleiner Parteien als „Splitterparteien", die auch unter denen verbreitet ist, die Sperrklauseln tendenziell für verfassungswidrig halten oder wenigstens aus rechtspolitischen Gründen ablehnen.

[349] *J. Oebbecke,* Stellungnahme zum Entwurf eines Kommunalvertretungsstärkungsgesetzes vom 22.9.2015, Stellungnahme 16/3334 vom 13.1.2016, S. 1 (4); *T. Barczak,* Verfassungswidrigkeit der verfassungsunmittelbaren Sperrklausel für Kommunalwahlen, in: NWVBl. 2017, S. 133 (141).

te dadurch effektiver und effizienter werden, während sich die Sperrklausel in Gemeinden mit kleinen Räten, deren Parteiensysteme sich typischerweise weniger stark fragmentiert haben, selten bemerkbar machte. Die (An-)Zahl der Großstädte in Nordrhein-Westfalen ist vergleichsweise hoch. Demnach käme eine solche Sperrklausel der Effektivität und der Effizienz der Arbeit entsprechend vieler Räte zugute. Andererseits wären aus dem gleichen Grunde weit mehr Wähler und Wahlbewerber von den nachteiligen Wirkungen, die von einer Sperrklausel ausgingen, betroffen als in den Ländern mit einer geringeren Anzahl an Großstädten. Der vergleichsweise hohen Eignung einer solchen Sperrklausel entspräche eine vergleichsweise hohe Zahl von Ungleichbehandlungen von Wählern und von Wahlbewerbern.

Drittens nimmt keinen Einfluss auf die Zusammensetzung der Volksvertretung, wer eine Partei wählt, die wegen einer Sperrklausel keine Mandate erhält. Obwohl die Stimme eines solchen Wählers genauso zählt wie die eines jeden anderen Wählers, ist sie im Ergebnis so folgenlos wie das Fernbleiben eines Nichtwählers. Wie viele Stimmen sich nicht in der Zusammensetzung der Volksvertretung niederschlagen, schwankt von Kommune zu Kommune und von Wahl zu Wahl. Falls bei der Kommunalwahl 2014 eine 2,5-Prozent-Sperrklausel gegolten hätte, wären zum Beispiel bei der Wahl des Rates der Stadt Duisburg 12,5 Prozent der Stimmen wirkungslos gewesen, unterstellt die Wähler hätten ihr Wahlverhalten beibehalten; bei einer Sperrklausel in der üblichen Höhe von 5 Prozent wären es 20 Prozent gewesen.[350] Wenn eine Sperrklausel gegolten hätte, so hätten vermutlich einige Wähler ihr Wahlverhalten geändert. Deshalb lässt sich nicht genau und nicht sicher ermessen, wie viele Stimmen bei der Kommunalwahl in Duisburg wirkungslos geblieben wären, wenn eine 2,5-Prozent-Sperrklausel gegolten hätte. Solche hypothetischen Berechnungen erinnern aber daran, dass typischerweise mehr als eine verschwindend geringe Minderheit von Wählern betroffen ist.

Viertens bleiben die Mandate, die den erfolglosen Parteien ohne Sperrklausel zustünden, nicht unbesetzt, sondern werden weiterverteilt. Deshalb kommen die rechtlichen, finanziellen und politischen Wirkungen von Sperrklauseln den erfolgreichen Parteien doppelt zugute: Was den erfolglosen Parteien an Vorteilen entgeht, verfällt nicht, sondern wächst den erfolgreichen Parteien zu. Wer viel hat, dem wird gegeben, wer wenig hat, dem wird genommen.[351] Aus Sicht der erfolglosen Parteien kann das Scheitern an der Sperrklausel eine Abwärtsspirale in Gang setzen: Die rechtlichen, finanziellen und politischen Nachteile

---

[350] Information des Ministeriums für Inneres und Kommunales des Landes Nordrhein-Westfalen über das endgültige Ergebnis der Wahl zum Rat der Stadt Duisburg 2014, www.wahlergebnisse.nrw.de/kommunalwahlen/2014/aktuell/a112000kw1400.html (Abruf am 26.4. 2019). Hinweis bei *J. Oebbecke,* Ist die 5% Klausel noch zeitgemäß?, 2016, S. 1 (3).

[351] An den Sheriff von Nottingham und an Matthäus 13:12 erinnert *D. W. Rae,* The Political Consequences of Electoral Laws, 1967, S. 69 ff., 133 ff.

begünstigen weitere Wahlniederlagen, die die gleichen Nachteile verursachen und die Aussicht trüben, künftig besser abzuschneiden. Wer den Wettbewerb um Mandate verliert, weil er zu wenige Stimmen gewonnen hat, droht im Wettbewerb um Stimmen zurückzufallen, weil er keine Mandate erhalten hat.

Fünftens können neben einer Sperrklausel verschiedene Mittel zur Gewährleistung der Funktionsfähigkeit der Kommunalvertretungen beitragen. Doch ist unwahrscheinlich, dass eines dieser Mittel für sich genommen die Funktionsfähigkeit im gleichen Maße fördern würde wie eine Sperrklausel. Der Gesetzgeber muss mehrere Mittel miteinander verbinden und sie auch in ihrem Zusammenwirken erproben. Die Geltung einer Sperrklausel befreit den Gesetzgeber aber davon, dass er andere Mittel bedenkt und erprobt, die zur Gewährleistung der Funktionsfähigkeit von Volksvertretungen beitragen können. Aus seiner Sicht sind Sperrklauseln die bequemste Lösung. „Die Sperrklausel lebt auch davon, dass sie das Nachdenken über die Handhabung anderer Stellschrauben erspart."[352] Dass ein Bündel abweichender Mittel wahrscheinlich ebenso wirkungsvoll wäre wie eine Sperrklausel, führt zwar nicht dazu, dass eine Sperrklausel im dogmatischen Sinne nicht erforderlich wäre, spricht aber gegen ihre Angemessenheit.

Insgesamt stehen den zahlreichen und schwerwiegenden Ungleichbehandlungen von Wählern und von Wahlbewerbern, die auch von einer 2,5-Prozent-Sperrklausel ausgehen, zweifelhafte Befunde gegenüber, dass die Funktionsfähigkeit der Kommunalvertretungen gestört sei, und die gute Aussicht, dass der verbundene Einsatz von milderen verfassungsgemäßen Mitteln ebenso wirkungsvoll wäre wie eine solche Sperrklausel. Eine (2,5-Prozent-)Sperrklausel für Kommunalwahlen in Nordrhein-Westfalen ist demnach unangemessen, solange der Landesgesetzgeber mildere Mittel nicht erfolglos erprobt hat.

cc) „Der Gesetzgeber schuldet nichts als das Gesetz": Behauptung von Begründungspflichten als Ausweichverhalten von Verfassungsgerichten

Nach der mehr oder weniger ausdrücklich gemachten Auffassung der Verfassungsgerichte kann die Verfassungsmäßigkeit eines (Wahl-)Gesetzes davon abhängen, ob der Gesetzgeber eine Begründung gegeben hat, die das Gericht zufriedenstellt.[353] Das Wort „Begründung" ist mehrdeutig: Es kann die äußerliche Angabe von Gründen genauso bezeichnen wie die inhaltliche Rechtfertigung

---

[352] *J. Oebbecke,* Ist die 5% Klausel noch zeitgemäß?, 2016, S. 1 (6).

[353] Für die Wahlgesetzgebung zuletzt VerfGH NRW, Urteil vom 21.11.2017, 21/16 u. a., Rn. 95: „Nach übereinstimmender Rechtsprechung des Bundesverfassungsgerichts und des Verfassungsgerichtshofs ist es Sache des Gesetzgebers – nicht des Gerichts –, alle zur Einschätzung der Erforderlichkeit einer Sperrklausel relevanten Gesichtspunkte heranzuziehen und abzuwägen und seine Prognose künftiger Funktionstörungen nachvollziehbar zu begründen". Rechtsprechungsberichte bei *V. Mehde/S. Hanke,* Gesetzgeberische Begründungspflichten und -obliegenheiten, in: ZG 25 (2010), S. 381 (389ff.); *ders.,* Die Funktionsfähigkeit kom-

einer Entscheidung.[354] Im ersten Fall ist mitunter von formeller, im zweiten von materieller Begründung die Rede. Aussagekräftiger ist die begriffliche Unterscheidung von *Begründung* und *Rechtfertigung*. Zu den Gründen gehören Absichten, Anlässe, Motive, Ursachen, Wirkungen, Ziele und Zwecke. Eine Begründung kann schriftlich oder mündlich ergehen, formell oder informell, in einem einzigen oder in mehreren Schriftstücken oder Vorträgen und mehr oder weniger ausdrücklich.[355] Sie kann Ausführungen enthalten, die zur Rechtfertigung einer Entscheidung nichts beitragen; umgekehrt kann die Rechtfertigung auf Gründen beruhen, die aus keiner Begründung hervorgehen. Der Urheber einer Begründung kann solche Abweichungen beabsichtigen, weil er die Offenlegung eines Grundes für inopportun hält; eine Abweichung kann genauso davon zeugen, dass der Urheber der Begründung unterschätzt, wie tragfähig ein Grund ist, und deshalb darauf verzichtet, den Grund offenzulegen. Ob eine Entscheidung gerechtfertigt ist, richtet sich unter anderem, aber nicht ausschließlich danach, welches Ergebnis ein Abgleich der Gründe für die Entscheidung, gleich ob der Entscheidungsträger sie offengelegt hat, mit einem Maßstab der Rechtfertigung ergibt.

Das deutsche Verfassungsrecht kennt keine Pflichten zur Begründung von *Gesetzen:* Das Grundgesetz und beispielsweise die nordrhein-westfälische Landesverfassung regeln das Verfahren der Gesetzgebung, ohne dass eine solche Pflicht vorkäme.[356] Das Recht kennt allerdings Pflichten zur Begründung von Gesetz*entwürfen:* In Nordrhein-Westfalen müssen die Initiatoren eines Volksbegehrens ihren Gesetzentwurf gemäß der Landesverfassung mit einer Begründung versehen; die Initiatoren eines Parlamentsgesetzes trifft im Umkehrschluss keine verfassungsrechtliche Begründungspflicht.[357] Die Geschäftsordnungen schreiben ihnen aber eine Entwurfsbegründung vor.[358] Doch zum einen bestehen keine Anforderungen an den Gehalt einer solchen Begründung (außer dass sie sich nicht in der Wiederholung des Gesetzestextes erschöpfen und nicht formelhaft sein darf) und zum anderen müssen die Gründe der *Entwurfs*verfasser nicht mit denen des *Gesetz*gebers übereinstimmen. Wer aus dem Demokratieprinzip, dem Rechtsstaatsprinzip oder den Grundrechten eine Be-

---

munaler Vertretungen in der verfassungsgerichtlichen Rechtsprechung zu Sperrklauseln, in: VerwArch. 109 (2018), S. 336 (343 ff.).

[354] Einträge „Begründung" und „Rechtfertigung", in: Dudenredaktion (Hrsg.), Deutsches Universalwörterbuch, 8. Aufl. 2015; *C. Waldhoff,* „Der Gesetzgeber schuldet nichts als das Gesetz", in: O. Depenheuer u. a. (Hrsg.), Staat im Wort, 2007, S. 325 (325 f.). Drei Bedeutungen unterscheidet *U. Kischel,* Die Begründung, 2003, S. 1 f.: „legitimierende Grundlegung", „Argumentation" und „Angabe von Gründen".

[355] *U. Kischel,* Die Begründung, 2003, S. 9 f., 290 ff., 354 ff.

[356] Anders hingegen die Begründungspflicht nach Art. 296 II AEUV: „Die Rechtsakte sind mit einer Begründung zu versehen und nehmen auf die in den Verträgen vorgesehenen Vorschläge, Initiativen, Empfehlungen, Anträge oder Stellungnahmen Bezug."

[357] Art. 68 I 2 NWVerf.

[358] § 76 II GOBT; § 70 IV GOLT NRW.

gründungspflicht folgert, nimmt beliebige Ableitungen vor.[359] Ein Gesetz muss verfassungsrechtlich gerechtfertigt sein, nicht wohlbegründet.[360] Ein Verfassungsgericht bewertet richtigerweise nicht die Anstrengungen, die ein Gesetzgeber unternommen hat, um darzulegen, dass ein Gesetz gerechtfertigt ist, sondern entscheidet, ob dem Gesetzgeber ein gerechtfertigtes Gesetz gelungen ist. In diesem Sinne: „Der Gesetzgeber schuldet [...] nichts als das Gesetz."[361]

Indem ein Gesetzgeber ein Gesetz dürftig begründet, setzt er sich der Gefahr aus, dass sich ein Verfassungsgericht nicht überzeugen lässt, dass das Gesetz gerechtfertigt ist, weil es einen Grund nicht (in seiner Bedeutung) (er)kennt. Deshalb lässt sich von einer Obliegenheit sprechen, dass der Gesetzgeber seine Gesetze gehaltvoll begründet. Doch dieses Verständnis hat ausschließlich in engen Grenzen seine Berechtigung, weil im Verfassungsprozess der Untersuchungsgrundsatz gilt, nicht der Beibringungsgrundsatz: Das Verfassungsgericht, nicht der Gesetzgeber muss den Sachverhalt ermitteln, auf den es für die gerichtliche Entscheidung ankommt.[362] Dass ein Verfassungsgericht speziell bei einer sog. Urteilsverfassungsbeschwerde auf die Sachverhaltsermittlung (grundsätzlich) verzichtet, ist ein Ausdruck einer verfassungsrechtlich gebotenen Verringerung der Kontrolldichte.[363] Möglicherweise sind die Verfassungsgerichte aus rechtlichen und aus tatsächlichen Gründen stark eingeschränkt, wenn sie einen Sachverhalt ermitteln, mit der Folge, dass die Mitwirkungspflichten der Verfahrensbeteiligten umfangreicher sind als in anderen Gerichtsverfahren, für die der Untersuchungsgrundsatz gilt.[364] Jedenfalls aber darf ein Verfassungsgericht den Untersuchungsgrundsatz nicht in sein Gegenteil verkehren, indem es einen Gesetzgeber behandelt, als gälte der Beibringungsgrundsatz.[365]

---

[359] Solche Ableitungen bei *U. Kischel,* Die Begründung, 2003, S. 63 ff.

[360] *C. Waldhoff,* „Der Gesetzgeber schuldet nichts als das Gesetz", in: O. Depenheuer u. a. (Hrsg.), Staat im Wort, 2007, S. 325 ff. Gegenauffassung bei *A. Wieckhorst,* Verfassungsrechtliche Gesetzgebungslehre, in: DÖV 2018, S. 845 ff. Die Existenz einer Begründungspflicht für Sperrklauseln verneint *L. Michael,* Verfassungsunmittelbare Sperrklauseln auf Landesebene, 2015, S. 150 und bejaht *W. Roth,* Verfassungsmäßigkeit der Einführung einer 3 %-Sperrklausel bei Kommunalwahlen durch Verfassungsänderung, insbesondere für das Land Nordrhein-Westfalen, 2015, S. 114 ff., bes. 116 ff.

[361] *W. Geiger,* Gegenwartsprobleme der Verfassungsgerichtsbarkeit aus deutscher Sicht, in: T. Berberich/W. Holl/K.-J. Maaß (Hrsg.), Neue Entwicklungen im öffentlichen Recht, 1979, S. 131 (141): „Der Gesetzgeber schuldet den Verfassungsorganen und Organen im Staat, auch den Verfassungsgerichten, nichts als das Gesetz. Er schuldet ihnen weder eine Begründung noch gar die Darlegung aller seiner Motive, Erwägungen und Abwägungen."

[362] Beispielsweise § 26 I 1 BVerfGG; § 21 S. 1 VGHG NRW.

[363] *M. Jestaedt,* Verfassungsrecht und einfaches Recht – Verfassungsgerichtsbarkeit und Fachgerichtsbarkeit, in: DVBl. 2001, S. 1309 (1319 ff.).

[364] Solche Einschränkungen betont *O. Lepsius,* Die Chancen und Grenzen des Grundsatzes der Verhältnismäßigkeit, in: M. Jestaedt/O. Lepsius (Hrsg.), Verhältnismäßigkeit, 2015, S. 1 (32 f.).

[365] Hinweis auf einen paradoxen Fall bei *V. Mehde,* Die Funktionsfähigkeit kommunaler Vertretungen in der verfassungsgerichtlichen Rechtsprechung zu Sperrklauseln, in: VerwArch. 109 (2018), S. 336 (352 f.): „Der mit dem Vorwurf der unzureichenden Erfüllung der Über-

Die (angeblichen) Mängel einer Begründung kann ein Verfassungsgericht zum Vorwand nehmen, um sich die Antwort auf heikle Rechtsfragen zu ersparen.[366] Ein solches Ausweichverhalten kann eine notwendige Bedingung dafür sein, dass eine Entscheidung in einem Kollegialgericht die erforderliche Mehrheit oder die mitunter angestrebte einhellige Zustimmung findet.[367] Nicht anders als in einer Volksvertretung und in jedem anderen Kollegialorgan kann in einem Kollegialgericht ein Kompromiss unumgänglich sein. Wer ein Gesetz mit der Begründung für verfassungswidrig befindet, dass der Gesetzgeber seiner vermeintlichen Begründungsobliegenheit nicht nachgekommen sei, lässt unbeantwortet, ob das Gesetz überhaupt gerechtfertigt sein kann: Das Gericht ist entweder der Auffassung, dass das Gesetz möglicherweise gerechtfertigt ist, legt sich aber im Einzelfall mit der Begründung nicht fest, dass der Gesetzgeber dem Gericht die tragfähigen Gründe nicht offengelegt habe; oder das Gericht hält das Gesetz für ungerechtfertigt, spricht seine Auffassung aber mit der Begründung nicht aus, dass der Gesetzgeber nicht einmal die Gründe offengelegt habe, die zur Rechtfertigung des Gesetzes wenigstens in Betracht kämen.

---

prüfungsverpflichtung konfrontierte Landtag stellte einen Beweisantrag mit dem Ziel, Hauptverwaltungsbeamte aus anderen Ländern als Zeugen zu vernehmen. Dieser wurde vom Verfassungsgerichtshof mit folgender Erwägung zurückgewiesen: ,Die Auswertung der Erfahrungen anderer Bundesländer durch Anhörung von Experten ist nicht Sache des VerfGH, sondern des LTag als Gesetzgeber. Ginge der VerfGH auf die Anregung des Ag. ein, an seiner Stelle die notwendige Sachverhaltsermittlung vorzunehmen, müßte er auch die darauf aufbauende Prognose künftiger Entwicklung und die Entscheidung über den Wegfall oder Beibehalt der 5-%-Sperrklausel selbst treffen. Er würde damit sowohl hinsichtlich des Verfahrens als auch in der Sache die Rolle des Gesetzgebers übernehmen'. [...] Da der Verfassungsgerichtshof seine Rolle umgekehrt durchaus darin sieht, die Prognose des Gesetzgebers auf Fehler zu überprüfen, bedeutet diese Rechtsprechung letztlich weniger die Zuschreibung einer Zuständigkeit als vielmehr die Zuweisung einer Verpflichtung, namentlich einer Beweispflicht bzw. -obliegenheit." *Ders.,* Die Funktionsfähigkeit kommunaler Vertretungen in der verfassungsgerichtlichen Rechtsprechung zu Sperrklauseln, ebd., S. 353 f.: „Wenn dann auch noch ein Beweisangebot abgelehnt wird, so gerät der – vorgeblich mit einem vom Verfassungsgericht zu beachtenden Spielraum ausgestattete – Gesetzgeber in eine Situation, in der wohl selbst die Anwendung der Beweislastregeln des Zivilprozesses – deren Anwendung man den 2017er Entscheidungen des Verfassungsgerichtshofes ansonsten vielleicht unterstellen würde – seine Erfolgsaussichten verbessern könnte." Fazit bei *dems.,* Die Funktionsfähigkeit kommunaler Vertretungen in der verfassungsgerichtlichen Rechtsprechung zu Sperrklauseln, ebd., S. 362: „Damit flieht die Verfassungsgerichtsbarkeit aus der eigenen Verantwortung für die Ermittlung des Sachverhalts".

[366] *V. Mehde/S. Hanke,* Gesetzgeberische Begründungspflichten und -obliegenheiten, in: ZG 25 (2010), S. 381 (398): „Den Verfahrensbeteiligten werden Darlegungs- und Substantiierungslasten aufgebürdet und dadurch wird einer Sachentscheidung in verfassungsrechtlich wie politisch besonders heiklen Fragen aus dem Weg gegangen"; *O. Lepsius,* Die maßstabsetzende Gewalt, in: M. Jestaedt u. a., Das entgrenzte Gericht, 2011, S. 159 (205 ff.): Das Bundesverfassungsgericht behandele den Gesetzgeber manchmal „wie ein Verwaltungsgericht das Landratsamt bei Ermessensentscheidungen" und weiche in Fällen auf die Statuierung von Begründungspflichten aus, die es „nicht gut über die Angemessenheit lösen" könne (S. 208).

[367] In diese Richtung *V. Mehde,* Die Funktionsfähigkeit kommunaler Vertretungen in der verfassungsgerichtlichen Rechtsprechung zu Sperrklauseln, in: VerwArch. 109 (2018), S. 336 (362).

Im ersten Fall kann der Gesetzgeber die vermeintlich unzureichende Begründung so verbessern, dass sich ein Gesetz des gleichen Inhalts in einem späteren Gerichtsverfahren als gerechtfertigt erweist. Im zweiten Fall bestimmt das Gericht eine Begründungsobliegenheit, die sich nicht erfüllen lässt; der Gesetzgeber kann seine angeblichen Versäumnisse nicht wiedergutmachen. Wenn das Gericht aussprächte, dass es das Gesetz für ungerechtfertigt halte, könnte es sich dem Einwand aussetzen, dass es den Entscheidungsfreiraum des Gesetzgebers missachte. Stattdessen hält es dem Gesetzgeber vor, dass er die für ihn nachteilige Gerichtsentscheidung selbst verschuldet hätte, nämlich dadurch, dass er sich bei der Begründung zu wenig angestrengt hätte.[368] Indem das Gericht eine unerfüllbare Pflicht für unerfüllt erklärt, schiebt es ihm die Schuld zu.

dd) Synthese: Wahlgleichheitsgebot des Grundgesetzes als Ursprung einer Erprobungsobliegenheit des Wahlgesetzgebers

Das einzige Ziel, das ein Gesetzgeber mit der Einführung einer Sperrklausel zulässigerweise verfolgen kann, ist die Gewährleistung der Funktionsfähigkeit einer Volksvertretung, verstanden als die effektive und effiziente Wahrnehmung ihrer Kompetenzen. Welche Ziele ein Gesetzgeber verfolgen darf, damit eine Maßnahme überhaupt gerechtfertigt sein *kann*, ist eine andere Frage als die, wie stark die Erreichung des Ziels gefährdet sein muss, damit eine Maßnahme im Einzelfall gerechtfertigt *ist*. Der Gesetzgeber darf prima facie anstreben, dass die Effektivität und die Effizienz der Tätigkeit der Kommunalvertretungen steigen, auch wenn die Tätigkeit weit davon entfernt ist, zum Erliegen zu kommen. Die Ungleichbehandlungen, die mit einer Sperrklausel einhergehen, müssen aber verhältnismäßig sein. Die Verfassungsgerichte sind zur Letztentscheidung ermächtigt, ob eine (Kommunalwahl-)Sperrklausel das Verhältnismäßigkeitsgebot wahrt. Die verfassungsgerichtliche Kontrolldichte stimmt mit dem verfassungsrechtlichen Kontrollmaßstab überein. Eine Begründungspflicht gegenüber dem Verfassungsgericht trifft den Gesetzgeber aber nicht: Eine Sperrklausel muss gerechtfertigt sein, nicht wohlbegründet.

Der Landesgesetzgeber in Nordrhein-Westfalen kann auf eine Reihe milderer verfassungsgemäßer Mittel zurückgreifen, die in einem Bündel wahrscheinlich ebenso wirkungsvoll wären wie eine Kommunalwahl-Sperrklausel. Zu diesen Mitteln gehören verfahrensrechtliche Mittel, beispielsweise Beschränkungen von Beteiligungsrechten im Rat und im Kreistag, ebenso wie wahlrechtliche Mittel, beispielsweise die Ergänzung einer Sperrklausel um ein Ersatzstimmrecht. Da die Wirkungen solcher Mittel allerdings ungewiss sind, ist die Kommunalwahl-Sperrklausel, die der nordrhein-westfälische Gesetz-

---

[368] *V. Mehde,* Die Funktionsfähigkeit kommunaler Vertretungen in der verfassungsgerichtlichen Rechtsprechung zu Sperrklauseln, in: VerwArch. 109 (2018), S. 336 (362): Dem Gesetzgeber werde „auch noch eine Schlechtleistung attestiert."

geber 2016 eingeführt hat, im rechtsdogmatischen Sinne erforderlich. Doch zum einen riefe die Sperrklausel zahlreiche und schwerwiegende Ungleichbehandlungen von Wählern und von Wahlbewerbern hervor, zum anderen bestehen kaum einschneidende Funktionsstörungen, die sie beseitigen könnte. Die Sperrklausel ist deshalb im rechtsdogmatischen Sinne unangemessen, solange der Gesetzgeber die alternativen Mittel, auch in einem Bündel, nicht erfolglos erprobt hat. Aus dem Wahlgleichheitsgebot ergibt sich eine Erprobungsobliegenheit.

2. Demokratieprinzip des Grundgesetzes (Art. 28 I 1 und Art. 20 I, II GG): Verzicht auf Gebot der Erfolgswertgleichheit für Bund und Länder

Das Demokratieprinzip in Art. 20 I, II GG enthält drei Wahlgrundsätze, die erfüllt sein müssen, damit eine Wahl oder eine Abstimmung im grundgesetzlichen Sinne demokratisch ist: Allgemeinheit, Freiheit und *Zählwert*gleichheit. Nicht verbürgt ist die *Erfolgswert*gleichheit. Sie herrscht, wenn jede Stimme den gleichen Einfluss auf die Zusammensetzung der Volksvertretung hat. Die Mandatsverteilung nach Majorz und Sperrklauseln sind mit einem Gebot gleichen Erfolgswerts wenigstens prima facie unvereinbar. Nach dem Willen des Parlamentarischen Rates sollten die Deutschen die Konflikte um das Wahlsystem aber nicht im Jahr 1949 austragen und entscheiden, sondern nachdem sie erste Erfahrungen mit dem politischen System, besonders dem Parteiensystem, gesammelt hätten und die Besatzungsmächte zu größerer Zurückhaltung übergegangen wären. Der verfassungsändernde Bundesgesetzgeber sollte, abgesehen von seiner Bindung an die Wahlgrundsätze der Allgemeinheit, der Freiheit und der Zählwertgleichheit, völlig frei sein in der Gestaltung des Wahlsystems.

Den Ländern schreibt das Grundgesetz in Art. 28 I GG für die Gestaltung ihres politischen Systems keine Inhalte vor, die es nicht zugleich dem Zugriff seines eigenen Änderungsgesetzgebers entzieht, indem es sie unter den Schutz der Ewigkeitsgarantie stellt. Der Demokratiebegriff des Grundgesetzes ist in diesem Sinne für den Bund und die Länder einheitlich und nicht gespalten.[369] Das Demokratieprinzip des Grundgesetzes enthält deshalb für die Länder ebenso wenig ein Gebot der Erfolgswertgleichheit wie für den verfassungsändernden Bundesgesetzgeber. Eine Sperrklausel im Landesrecht muss sich vor dem Demokratieprinzip des Grundgesetzes deshalb von vornherein nicht rechtfertigen.

---

[369] *H. Hofmann,* Bundesstaatliche Spaltung des Demokratiebegriffs? (1985), in: ders., Verfassungsrechtliche Perspektiven, 1995, S. 146 ff.; *H. Dreier/F. Wittreck,* Repräsentative und direkte Demokratie im Grundgesetz, in: L. P. Feld u. a. (Hrsg.), Jahrbuch für direkte Demokratie 2009, 2010, S. 11 (21); *S. Lenz,* Volksgesetzgebung als „Minderheitendiktatur"?, in: ZG 28 (2013), S. 167 (178).

3. Demokratieprinzip der Landesverfassung (Art. 69 I 2 NWVerf.): Inhaltliche Übereinstimmung mit dem Demokratieprinzip des Grundgesetzes

Nach Art. 69 I 2 NWVerf. sind Änderungen der Landesverfassung unzulässig, die den Grundsätzen des republikanischen, demokratischen und sozialen Rechtsstaates im Sinne des Grundgesetzes für die Bundesrepublik Deutschland widersprechen. Funktional entspricht diese Norm der Ewigkeitsgarantie des Grundgesetzes, weil sie bestimmte Vorgaben zum Maßstab für verfassungsändernde Gesetze macht. Die Schutzgüter der beiden Normen sind nicht identisch: Während die Ewigkeitsgarantie im Grundgesetz die Inhalte von Art. 20 I bis III und Art. 1 GG schützt, beschränkt sich ihr Pendant in der Landesverfassung auf den Schutz von Republik, Demokratie, Sozialstaat und Rechtsstaat. Denn ob sich der Bund in Länder gliedert und die Länder an der Gesetzgebung des Bundes mitwirken, entscheidet (die Ewigkeitsgarantie im Grundgesetz hinweggedacht) naturgemäß allein der Bund; an die Menschenwürde ist die Länderstaatsgewalt nach Art. 1 I 2 GG und Art. 4 I NWVerf. gebunden.[370]

Der Wortlaut von Art. 69 I 2 NWVerf. stimmt mit dem des Homogenitätsgebots in Art. 28 I 1 GG überein, soweit die beiden Normen das Land an vier Verfassungsprinzipien binden. Vor allem spricht Art. 69 I 2 GG ebenso wie das Homogenitätsgebot ausdrücklich von den Verfassungsprinzipien „im Sinne des Grundgesetzes". Im Fall des Homogenitätsgebots konstituiert der gleiche Zusatz eine *Binnen*verweisung, im Fall des Art. 69 I 2 NWVerf. eine *Außen*verweisung.[371] Demnach hat der verfassungsändernde Landesgesetzgeber den vier Verfassungsprinzipien in Art. 69 I 2 NWVerf. grundsätzlich den gleichen Inhalt beigemessen wie der Grundgesetzgeber in Art. 20 I bis III GG.[372] Die Verweisung in Art. 69 I 2 NWVerf. nimmt lediglich die gleichen Modifikationen an den Verfassungsprinzipien vor, die sich auch aus der Verweisung in Art. 28 I 1 GG ergeben und die erforderlich sind, weil sich der Adressat ändert (Länder und Kommunen statt des Bundes). Der Zusatz „im Sinne des Grundgesetzes" steht also auch für eine sinngemäße, entsprechende Übernahme. So wie sich die Landesverfassung in Art. 4 I NWVerf. das Grundrechtsregime des Grundgesetzes aneignet, übernimmt sie in Art. 69 I 2 GG vier der fünf Verfassungsprinzipien. Die Übernahme lässt den Entscheidungsfreiraum des Landes unverändert, weil

---

[370] Daran erinnert *C. Günther,* in: A. Heusch/K. Schönenbroicher (Hrsg.), Kommentar zur Verfassung für das Land Nordrhein-Westfalen, 2010, Art. 69 Rn. 9.

[371] Unterscheidung bei *H.-U. Karpen,* Die Verweisung als Mittel der Gesetzgebungstechnik, 1970, S. 12 f.; *J. Isensee,* Der Selbstand der Verfassung in ihren Verweisungen und Öffnungen, in: AöR 138 (2013), S. 325 (334 mit Fn. 41 f.); *M. Jestaedt,* Selbstand und Offenheit der Verfassung gegenüber nationalem, supranationalem und internationalem Recht, in: J. Isensee/P. Kirchhof (Hrsg.), HStR³ XII, 2014, § 264 Rn. 53.

[372] *K. Schönenbroicher,* in: A. Heusch/K. Schönenbroicher (Hrsg.), Kommentar zur Verfassung für das Land Nordrhein-Westfalen, 2010, Art. 1 Rn. 21.

sich die gleichen Bindungen ohnehin aus dem Homogenitätsgebot des Grundgesetzes ergeben; sie erweitert aber den Entscheidungsmaßstab des Landesverfassungsgerichts um die Verfassungsprinzipien.[373]

Während die Ewigkeitsgarantie des Grundgesetzes aus der Erstfassung des Grundgesetzes stammt, geht Art. 69 I 2 NWVerf. auf eine Verfassungsänderung im Jahr 2002 zurück.[374] Art. 69 I 2 NWVerf. enthält demnach zwar einen Maßstab für verfassungsändernde Gesetze, kann diesen Maßstab aber nicht dem Zugriff des verfassungsändernden Gesetzgebers entziehen: Der verfassungsändernde Gesetzgeber kann zuerst Art. 69 I 2 NWVerf. ändern, wenn er dabei die Vorgaben für Verfassungsänderungen in Art. 69 I 1, II, III NWVerf. beachtet, und anschließend die eigentlich beabsichtigte Änderung beschließen, die mit einem der Verfassungsprinzipien unvereinbar ist.[375] Art. 69 I 2 NWVerf. errichtet zwar eine politische und psychische Hürde für bestimmte Verfassungsänderungen, kann aber nicht verhindern, dass sich ein juristischer Revolutionär in Nordrhein-Westfalen im Einzelfall mit Recht darauf beruft, dass sein Handeln mit der Landesverfassung in Einklang stehe. Dadurch unterscheidet sich Art. 69 I 2 NWVerf. von Art. 79 III GG.[376] Eine Änderung der Landesverfassung, die mit einem Verfassungsprinzip unvereinbar ist, verstößt allerdings in jedem Fall gegen das Homogenitätsgebot des Grundgesetzes. Ein juristischer Revolutionär kann nicht für sich in Anspruch nehmen, dass seine Änderung der Landesverfassung mit dem Grundgesetz in Einklang stünde.

Nach Art. 1 I 1 NWVerf. ist das Land Nordrhein-Westfalen ein Gliedstaat der Bundesrepublik Deutschland. In dieser Gliedstaatsklausel gibt sich die Landesverfassung als Gründungsdokument zu erkennen: Das Land bekennt sich zu

---

[373] Nach der Auffassung von *T. Mann,* in: W. Löwer/P. J. Tettinger (Hrsg.), Kommentar zur Verfassung für das Land Nordrhein-Westfalen, 2002, Art. 69 Rn. 9; *C. Günther,* in: A. Heusch/K. Schönenbroicher (Hrsg.), Kommentar zur Verfassung für das Land Nordrhein-Westfalen, 2010, Art. 69 Rn. 9, 11 ist die Norm deklaratorischer Natur. Die Auffassung übergeht, dass sich der Entscheidungsmaßstab des Landesverfassungsgerichts erweitert, wenn der verfassungsändernde Landesgesetzgeber eine Grundgesetznorm übernimmt. Dagegen auch *J. Dietlein,* Die Rezeption von Bundesgrundrechten durch Landesverfassungsrecht, in: AöR 120 (1990), S. 1 (8).

[374] Gesetz zur Änderung der Verfassung für das Land Nordrhein-Westfalen vom 5.3.2002, GV. NRW, S. 107.

[375] *T. Mann,* in: W. Löwer/P. J. Tettinger (Hrsg.), Kommentar zur Verfassung für das Land Nordrhein-Westfalen, 2002, Art. 69 Rn. 18 f.; *C. Günther,* in: A. Heusch/K. Schönenbroicher (Hrsg.), Kommentar zur Verfassung für das Land Nordrhein-Westfalen, 2010, Art. 69 Rn. 11. Offengelassen in VerfGH NRW, Urteil vom 21.11.2017, 21/16 u. a., Rn. 56 – Kommunalwahl-Sperrklausel III.

[376] Damit ist der Unterschied zwischen dem Stufenbau nach dem Bedingungs-, Erzeugungs- oder Ableitungszusammenhang einerseits und dem Stufenbau nach dem Derogationszusammenhang andererseits angesprochen: *A. Bauer/M. Jestaedt,* Das Grundgesetz im Wortlaut, 1997, S. 12 ff.; *ders.,* Grundrechtsentfaltung im Gesetz, 1999, S. 300 ff. mit Fn. 90. Art. 69 I 2 NWVerf. stellt ausschließlich einen Bedingungszusammenhang her, Art. 79 III GG zudem einen Derogationszusammenhang.

seiner Zugehörigkeit zum Bundesstaat und erinnert zugleich an seine Eigenständigkeit als Gliedstaat.[377] Der gleiche Satz könnte auch in der Präambel enthalten sein. Wer die Gliedstaatsklausel als Rezeptionsklausel deutet, die etwa
die Verfassungsprinzipien des Grundgesetzes oder die Regelungen zur Verteilung der Gesetzgebungszuständigkeiten unter Bund und Ländern in die Landesverfassung übernimmt, findet dafür keine Belege.[378] Diese Interpretation
ist eine der Bestandteilstheorie ähnliche Zweckkonstruktion, weil sie einer Rezeption von Grundgesetznormen durch die Landesverfassung vorgreift und den
Entscheidungsmaßstab des Landesverfassungsgerichts erweitert.[379] Seit der
verfassungsändernde Gesetzgeber Art. 69 I 2 NWVerf. in die Landesverfassung
aufgenommen hat, ist die Konstruktion zudem bezüglich der Verfassungsprinzipien entbehrlich, soweit der verfassungsändernde Gesetzgeber gemäß Art. 69
I 2 NWVerf. an inhaltsgleiche Verfassungsprinzipien gebunden ist und das Lan-

---

[377] *P. J. Tettinger,* in: W. Löwer/P. J. Tettinger (Hrsg.), Kommentar zur Verfassung für das
Land Nordrhein-Westfalen, 2002, Art. 1 Rn. 9, 19; *R. Grawert,* in: ders., Kommentar zur Verfassung für das Land Nordrhein-Westfalen, 3. Aufl. 2012, Art. 1 Anm. 2 f. Nach Einschätzung
von *dems.,* ebd., Art. 1 Anm. 1 zeugt die Bestimmung von vergleichsweise schwachem Selbstbewusstsein: „Einer – noch ausstehenden – Verfassungspsychologie würde es schwerfallen, in
dieser Selbstbescheidung einen Ausdruck selbstbewusster Selbständigkeit und Eigenstaatlichkeit zu erkennen, wie sie in nachfolgenden Auseinandersetzungen mit dem Bund, insbesondere
in solchen finanz- und haushaltspolitischer Natur, behauptet werden."
[378] *J. Dietlein,* Verfassungsrecht, in: ders./J. Hellermann, Öffentliches Recht in Nordrhein-Westfalen, 6. Aufl. 2016, § 1 Rn. 19: Wer diese Lesart befürwortet, „dürfte sich bereits
im Grenzbereich einer zulässigen Normauslegung bewegen. Umgekehrt jedenfalls dürfte wohl
zu Recht niemand auf die Idee kommen, das Bekenntnis des Grundgesetzes zur Bundesstaatlichkeit (Art. 20 Abs. 1 GG) als Rezeptionsanordnung hinsichtlich der Verfassungsnormen der
Länder zu interpretieren." Gleicher Auffassung sind *J. Dietlein,* Das Verhältnis von Bundes-
und Landesverfassungsrecht, in: Präsident des Verfassungsgerichtshofs für das Land Nordrhein-Westfalen (Hrsg.), Verfassungsgerichtsbarkeit in Nordrhein-Westfalen, 2002, S. 203
(217 f.; Zitat auf S. 218); *J. Dietlein,* Die Verfassungsentwicklung in Nordrhein-Westfalen in
den vergangenen 25 Jahren, in: JöR 51 (2003), S. 343 ff. (Zitat auf S. 351); *J. Rozek,* „Leipziger
Allerlei II" – ein kompetenzwidriges Landesgesetz, eine Gliedstaatsklausel und eine landesverfassungsgerichtliche Kompetenzextension, in: S. Detterbeck/J. Rozek/C. v. Coelln (Hrsg.),
Recht als Medium der Staatlichkeit, 2009, S. 587 (597; am Beispiel der Gliedstaatsklausel in
der Verfassung des Freistaats Sachsen); *M. Thiel,* Art. „Landesstaatsrecht", in: M. Schröder
(Hrsg.), ErgLdR, Nr. 5/430 (2011), S. 1 (1). Gegenauffassung bei *P. J. Tettinger,* in: W. Löwer/
P. J. Tettinger (Hrsg.), Kommentar zur Verfassung für das Land Nordrhein-Westfalen, 2002,
Art. 1 Rn. 24, 34. Eher unentschieden *K. Schönenbroicher,* in: A. Heusch/K. Schönenbroicher
(Hrsg.), Kommentar zur Verfassung für das Land Nordrhein-Westfalen, 2010, Art. 1 Rn. 22;
R. Grawert, in: ders., Kommentar zur Verfassung für das Land Nordrhein-Westfalen, 3. Aufl.
2012, Art. 1 Anm. 1 f.
[379] In diese Richtung *R. Grawert,* in: ders., Kommentar zur Verfassung für das Land Nordrhein-Westfalen, 3. Aufl. 2012, Art. 1 Anm. 1, der sich die Deutung, dass die Gliedstaatsklausel
die Verfassungsprinzipien übernehme, dennoch aneignet. *K. Schönenbroicher,* in: A. Heusch/
K. Schönenbroicher (Hrsg.), Kommentar zur Verfassung für das Land Nordrhein-Westfalen,
2010, Art. 1 Rn. 22 bezeichnet die Auffassung, dass Art. 1 I 1 NWVerf. die Normen des Grundgesetzes über die Verteilung der Gesetzgebungszuständigkeiten auf Bund und Länder übernehme, ausdrücklich als Bestandteilstheorie.

desverfassungsgericht an diesem Maßstab über eine Norm des Landesrechts entscheiden kann.[380]

Das Demokratieprinzip hat für einen Wahlgesetzgeber einen übereinstimmenden Inhalt, gleich ob es seinen Sitz in Art. 20 I, II, Art. 79 III, Art. 28 I 1 GG oder in Art. 69 I 2 NWVerf. hat: Jede Stimme muss ungeachtet persönlicher Merkmale des Wählers gleich gewertet werden (Zählwertgleichheit); aber nicht jede Stimme muss den gleichen Einfluss auf die Zusammensetzung der Volksvertretung haben (Erfolgswertgleichheit). Falls das Demokratieprinzip den Wahlgrundsatz der Erfolgswertgleichheit enthielte, müsste selbst der verfassungsändernde Gesetzgeber jede Ungleichbehandlung bei der Wahl rechtfertigen. Mehrheitswahl ließe sich in Deutschland, gleich auf welcher Ebene, nicht einführen, ohne dass der Verfassunggeber das Grundgesetz durch eine Nachfolgeverfassung ersetzte. Der Grundgesetzgeber hat die Entscheidung zwischen Mehrheitswahl und Verhältniswahl aber den verfassten Gewalten überlassen. Eine Sperrklausel muss sich deshalb vor dem Demokratieprinzip der Landesverfassung ebenso wenig rechtfertigen wie vor dem des Grundgesetzes.

4. Wahlgleichheitsgebot der Landesverfassung (Art. 78 I 2 NWVerf.): Rechtfertigungsunbedürftigkeit der Kommunalwahl-Sperrklausel

a) Kommunalwahl-Sperrklausel als verfassungsunmittelbare Schranke des Gebots der Erfolgswertgleichheit in Art. 78 I 2 NWVerf.

Nach Art. 78 I 2 NWVerf. werden die Räte und die Kreistage, die Bezirksvertretungen und die Verbandsversammlung des Regionalverbandes Ruhr in allgemeiner, gleicher, unmittelbarer, geheimer und freier Wahl gewählt. Diese Norm stimmt mit Art. 28 I 2 GG überein, außer dass die Bezirksvertretungen und die Verbandsversammlung nicht zu den in Art. 28 I 2 GG ausschließlich angesprochenen Kommunalvertretungen gehören („[i]n den Ländern, Kreisen und Gemeinden"). Die im Jahr 2016 eingeführte Kommunalwahl-Sperrklausel in Art. 78 I 3 NWVerf. ist auf derselben Stufe der Normenhierarchie angesiedelt wie die Wahlgrundsätze in Art. 78 I 2 NWVerf. und muss sich demnach nicht an

---

[380] Das nordrhein-westfälische Landesverfassungsgericht hält dennoch an seiner Auffassung fest, dass Art. 1 I 1 NWVerf. die Verfassungsprinzipien des Grundgesetzes in die Landesverfassung übernehme: VerfGH NRW, Urteil vom 18.2.2009, 24/08, Rn. 43 – Wahltermin. Hinweis in kritischer Absicht bei *F. Wittreck,* Verfassungsrecht, in: S. Schlacke/ders. (Hrsg.), Landesrecht Nordrhein-Westfalen, 2017, § 1 Rn. 22 in Fn. 76. Bemerkenswert ist allerdings die Verwendung des Präteritums in VerfGH NRW, Urteil vom 21.11.2017, 21/16 u. a., Rn. 38: „Bereits zuvor wurden die Wahlgleichheit ebenso wie die anderen in Art. 78 Abs. 1 Satz 2 LV genannten Wahlrechtsgrundsätze im Bereich auch der Kreise und Gemeinden durch das objektiv-rechtliche Verfassungsgebot des Art. 28 Abs. 1 Satz 2 GG gewährleistet, dessen Geltung als Landesverfassungsrecht Art. 1 Abs. 1 LV vermittel*te*" (Hervorhebung nicht im Original; S. L.).

ihnen messen lassen. Die besagte Sperrklausel ist eine verfassungsunmittelbare Schranke des Gebots der Wahlgleichheit in Art. 78 I 2 NWVerf.

b) Beschränkung der Übernahmeanordnung in der Ewigkeitsgarantie
in Art. 69 I 2 NWVerf. auf Verfassungsprinzipien des Grundgesetzes

aa) Wortlaut: Übernahmeanordnung als Außenverweisung auf
Verfassungsprinzipien parallel zur Binnenverweisung in Art. 28 I 1 GG

Wahlgrundsätze finden sich aber möglicherweise an einer weiteren Stelle in der Landesverfassung: Art. 69 I 2 NWVerf. übernimmt die vier Verfassungsprinzipien, auf die sich Art. 28 I 1 GG bezieht, in die Landesverfassung:[381] „Änderungen der Verfassung, die den Grundsätzen des republikanischen, demokratischen und sozialen Rechtsstaates im Sinne des Grundgesetzes für die Bundesrepublik Deutschland widersprechen, sind unzulässig." Von den Wahlgrundsätzen, die in Art. 28 I 2 GG geregelt sind, ist im Normtext hingegen keine Rede. Wer Art. 69 I 2 NWVerf. trotzdem als Übernahme der Wahlgrundsätze deutet, muss eine Sperrklausel an einem landesverfassungsrechtlichen Gebot der Wahlgleichheit messen, auch wenn sie selbst ihren Standort (auch) in der Landesverfassung hat, nicht (nur) im einfachen Recht. Die Wahlgrundsätze sind nach diesem Verständnis in der Landesverfassung doppelt geregelt: in Art. 78 I 2 NWVerf. und in Art. 69 I 2 NWVerf.[382] Im ersten Fall verpflichten sie den einfachen Gesetzgeber und jeden ihm nachgeordneten Normerzeuger, im zweiten Fall ausschließlich den verfassungsändernden Gesetzgeber.

Art. 69 I 2 NWVerf. charakterisiert seine Bezugsobjekte mit den nahezu gleichen Worten wie Art. 28 I 1 GG, nämlich als die „Grundsätze[n] des republikanischen, demokratischen und sozialen Rechtsstaates im Sinne des Grundgesetzes für die Bundesrepublik Deutschland". Dass Art. 69 I 2 NWVerf. im Unterschied zu Art. 28 I 1 GG nicht von Grundsätzen „im Sinne dieses Grundgesetzes" spricht, ist ausschließlich dem Umstand geschuldet, dass es sich im ersten Fall um eine *Außen*verweisung und im zweiten Fall um eine *Binnen*ver-

---

[381] *T. Mann*, in: W. Löwer/P. J. Tettinger (Hrsg.), Kommentar zur Verfassung für das Land Nordrhein-Westfalen, 2002, Art. 69 Rn. 9; *C. Günther*, in: A. Heusch/K. Schönenbroicher (Hrsg.), Kommentar zur Verfassung für das Land Nordrhein-Westfalen, 2010, Art. 69 Rn. 9; *R. Grawert*, in: ders., Kommentar zur Verfassung für das Land Nordrhein-Westfalen, 3. Aufl. 2012, Art. 69 Anm. 2.

[382] Diese Auffassung ist die wohl bedeutendste dogmatische Neuerung in VerfGH NRW, Urteil vom 21.11.2017, 21/16 u. a., Rn. 60 ff. – Kommunalwahl-Sperrklausel III. Dazu *Hubert Meyer*, Anmerkung [zu VerfGH NRW, Urteil vom 21.11.2017, 21/16 u. a.], in: NVwZ 2018, S. 172 (173): „Der entscheidende Schritt wird durch eine sorgfältig hergeleitete Einbeziehung des Art. 28 I 2 GG, wonach das Volk (auch) in den Gemeinden und Kreisen eine Vertretung haben muss, die aus allgemeinen, unmittelbaren, freien, gleichen und geheimen Wahlen hervorgegangen ist, in Art. 69 NRWVerf. gegangen." Unvollständiger Abdruck der Entscheidung in: NVwZ 2018, S. 159 ff.; NWVBl. 2018, S. 147 ff.

weisung handelt.[383] An der Bezugnahme als solcher ändert sich nichts. Bezugs-objekte sind in beiden Fällen die Verfassungsprinzipien (außer dem Bundes-staatsprinzip), wie sie der Grundgesetzgeber in Art. 20 I bis III GG statuiert hat, ausschließlich soweit modifiziert, wie es der Adressatenwechsel erfordert.

Die Wahlgrundsätze in Art. 28 I 2 GG zählen zu den verfassungsunmittel-baren Konkretisierungen des Demokratieprinzips. Einzig die Grundsätze der Allgemeinheit und der Freiheit der Wahl und der Zählwertgleichheit der Stim-men sind zugleich im Demokratieprinzip enthalten, nicht hingegen die Grund-sätze der Erfolgswertgleichheit und der Unmittelbarkeit. Dass sich ein Grund-satz wie das Demokratieprinzip von seinen Konkretisierungen unterscheidet, spricht *dagegen* und nicht etwa dafür, dass sich die Übernahme in Art. 69 I 2 NWVerf. auf die Wahlgrundsätze erstreckt: Indem sich der Normtext auf den Grundsatz der Demokratie bezieht und dessen Konkretisierungen unerwähnt lässt, übernimmt er den Grundsatz gerade ohne seine Konkretisierungen.[384] Da sich der verfassungsändernde Landesgesetzgeber das Demokratieprinzip in Art. 20 I, II GG aneignet, wirkt die Eigenständigkeit des Demokratieprinzips des Grundgesetzes gegenüber seinen Konkretisierungen in der Landesverfas-sung fort.

Art. 69 I 2 NWVerf. enthält zwar keine Normangabe (etwa: „im Sinne von Art. 28 Abs. 1 Satz 1 des Grundgesetzes für die Bundesrepublik Deutschland"), lehnt sich aber so eng an den Normtext von Art. 28 I 1 GG an, dass eine solche Normangabe für die Bestimmung der Bezugsobjekte nicht erforderlich ist. Wer das Fehlen einer Normangabe zum Argument dafür macht, dass sich die Über-nahme auf die Inhalte des gesamten ersten Absatzes von Art. 28 GG erstrecke, erwartet vom verfassungsändernden Gesetzgeber, dass er sowohl Gürtel als auch Hosenträger anlegt.[385] Eine solche Argumentation kommt der Annahme gleich, dass der Wortlaut von Art. 69 I 2 NWVerf. auf einem Redaktionsversehen beruhe, weil der verfassungsändernde Gesetzgeber schlicht vergessen habe, die Über-nahme der Wahlgrundsätze durch die Wiedergabe des Wortlauts von Art. 28 I 2 GG oder eine entsprechende Normangabe kenntlich zu machen. Die Annahme

---

[383] Unterscheidung bei *H.-U. Karpen,* Die Verweisung als Mittel der Gesetzgebungstech-nik, 1970, S. 12 f.; *J. Isensee,* Der Selbstand der Verfassung in ihren Verweisungen und Öff-nungen, in: AöR 138 (2013), S. 325 (334 mit Fn. 41 f.); *M. Jestaedt,* Selbstand und Offenheit der Verfassung gegenüber nationalem, supranationalem und internationalem Recht, in: J. Isen-see/P. Kirchhof (Hrsg.), HStR³ XII, 2014, § 264 Rn. 53.

[384] Gegenteilig VerfGH NRW, Urteil vom 21.11.2017, 21/16 u. a., Rn. 63, 66.

[385] Die Grenze zur Perplexität erreicht die Wortlautauslegung in VerfGH NRW, Urteil vom 21.11.2017, 21/16 u. a., Rn. 61: „Bereits der Wortlaut von Art. 69 Abs. 1 Satz 2 LV spricht für dieses Normverständnis. Die Bestimmung greift zwar die Formulierung des Art. 28 Abs. 1 Satz 1 GG auf, enthält aber gerade keinen – möglicherweise exklusiv zu verstehenden – Ver-weis nur auf einen bestimmten Satz des Art. 28 Abs. 1 GG. Sie nimmt vielmehr in allgemeiner Form Bezug auf die ‚Grundsätze des … demokratischen … Rechtsstaates im Sinne des Grund-gesetzes'. Zu diesen Grundsätzen gehören auch die besonderen Homogenitätsvorgaben des Satzes 2 von Art. 28 Abs. 1 GG" (Auslassungszeichen wie im Original; S. L.).

eines Redaktionsversehens läge (scheinbar) paradoxerweise näher, wenn Art. 69 I 2 NW Verf. jene Normangabe enthielte („Art. 28 Abs. 1 Satz 1 GG"), statt den Wortlaut von Art. 28 I 1 GG wiederzugeben. Die Nennung von Satz 1 hätte durchaus unbeabsichtigt sein können. Doch demjenigen Normtext zufolge, der Wirklichkeit geworden ist, beschränkt sich die Übernahme auf die vier Verfassungsprinzipien und erstreckt sich nicht auf die Wahlgrundsätze in Art. 28 I 2 GG. Der Wortlaut von Art. 69 I 2 NW Verf. trägt kein anderes Auslegungsergebnis als dieses. Aus prinzipiellen Gründen existiert zwar weder ein eindeutiger Wortlaut noch eine Wortlautgrenze der Auslegung.[386] Damit sich aber ein Auslegungsergebnis rechtfertigen lässt, das im Text von Art. 69 I 2 NW Verf. keinerlei Ausdruck gefunden hat, müssen Indizien für dieses Ergebnis vorliegen, die so gravierend sind, dass sie den Textbefund überwiegen.

bb) Entstehungskontext: Übernahme der Verfassungsprinzipien als Vorkehrung gegen Selbstausdehnungstendenzen der Volksgesetzgebung

Art. 69 I 2 NW Verf. verdankt seine Gestalt einer Reform der direkten Demokratie auf Landesebene aus dem Jahr 2002. Das Land hat sowohl die Landesverfassung als auch das Gesetz über das Verfahren bei Volksbegehren und Volksentscheid geändert.[387] Der verfassungsändernde Gesetzgeber hat zum einen die Volksinitiative eingeführt, zum anderen Regelungen zum Volksbegehren modifiziert.[388] Darüber hinaus hat er Art. 69 NW Verf. um die Möglichkeit einer Verfassungsänderung durch eine Volksabstimmung ergänzt, die sich an ein Volksbegehren anschließt (Volksentscheid).[389] Zuvor konnten lediglich der Landtag und die Landesregierung eine Volksabstimmung über eine Verfassungsänderung herbeiführen (Referendum).[390] Begleitend zur Einführung des verfassungsändernden Volksentscheids hat der verfassungsändernde *Parlaments*gesetzgeber den heutigen Art. 69 I 2 NW Verf. geschaffen, und zwar in der Absicht, dem verfassungsändernden *Volks*gesetzgeber vor Augen zu führen, dass seine Kompetenz zur Verfassungsänderung inhaltlich beschränkt ist.[391]

---

[386] Trotz verschiedener Ausgangspunkte im Ergebnis übereinstimmend *R. Alexy,* Theorie der Grundrechte (1985), 7. Aufl. 2015, S. 502 f.; *M. Jestaedt,* Grundrechtsentfaltung im Gesetz, 1999, S. 150 in Fn. 71, 330, 339 in Fn. 33, 344 in Fn. 51; *F. Michl,* Unionsgrundrechte aus der Hand des Gesetzgebers, 2018, S. 34, 36 f.; *B. Rüthers/C. Fischer/A. Birk,* Rechtstheorie mit Juristischer Methodenlehre, 10. Aufl. 2018, § 22 Rn. 731 ff.

[387] Gesetz zur Änderung des Gesetzes über das Verfahren bei Volksbegehren und Volksentscheid vom 5.3.2002, GV. NRW, S. 99; Gesetz zur Änderung der Verfassung für das Land Nordrhein-Westfalen vom 5.3.2002, GV. NRW, S. 107.

[388] Art. 67a (seit 2016: Art. 67), Art. 68 NW Verf.

[389] Art. 69 III 2 NW Verf.

[390] Diese Terminologie etwa bei *H. Dreier/F. Wittreck,* Repräsentative und direkte Demokratie im Grundgesetz, in: L. P. Feld u. a. (Hrsg.), Jahrbuch für direkte Demokratie 2009, 2010, S. 11 (14 ff.); *S. Lenz,* Volksgesetzgebung als „Minderheitendiktatur"?, in: ZG 28 (2013), S. 167 (168); Mehr Demokratie e. V. (Hrsg.), Volksbegehrensbericht 2017, [2017], S. 6 ff.

[391] Repräsentativ ist die Absichtsbekundung des damaligen Innenministers *F. Behrens,*

Die Neufassung von Art. 69 I 2 NWVerf. spielte im Gesetzgebungsverfahren eine untergeordnete Rolle. Die Beratungen in den Ausschüssen und die Debatten im Plenum betrafen überwiegend das Für und Wider direkter Demokratie allgemein sowie Einzelfragen wie etwa die Quoren und den Finanzvorbehalt. Den genauen Umfang der Bezugnahme hat kein Abgeordneter problematisiert. Es blieb bei Randbemerkungen, die zur Klärung, ob sich die Bezugnahme auf die Wahlgrundsätze erstreckt, nichts beitragen. Dass beispielsweise der Innenminister die Bezugsobjekte in Art. 28 I GG allgemein verortete (sich also nicht auf Satz 1 bezog), spricht sowenig dafür, dass sich die Bezugnahme auf die Wahlgrundsätze erstrecken würde, wie die Aussage einer Abgeordneten, dass eine Änderung der Landesverfassung nach Art. 69 I 2 NWVerf. „bestimmte Säulen unseres modernen Rechtsstaates" nicht antasten dürfe, dafür spricht, dass sich die Bezugnahme auf das Rechtsstaatsprinzip beschränken würde.[392]

Der verfassungsändernde Parlamentsgesetzgeber wollte dem Volksgesetzgeber die Grenzen seiner Kompetenz zur Verfassungsänderung vor Augen führen. Die verfassungsändernde Volksgesetzgebung läuft erfahrungsgemäß nicht Gefahr, gegen die Wahlgrundsätze zu verstoßen, sondern strebt nach ihrer eigenen Vereinfachung (etwa durch die Absenkung von Quoren) und stößt dabei nach der Auffassung, die im Jahr 2002 stärker noch als heute vorherrschte, nicht selten an die Grenzen, die sich aus den Verfassungsprinzipien ergeben (sollen).[393] Die Volksgesetzgebung trägt „den Keim der Ausdehnung in sich".[394] Just in den Jahren, als sich Art. 69 I 2 NWVerf. im Gesetzgebungsverfahren befand, zielten mehrere Volksbegehren auf die Vereinfachung von „Volksgesetzgebungsverfahren"[395] und entfalteten die Verfassungsgerichte eine rege Recht-

---

Sitzung des Landtags vom 7.12.2000, Plenarprotokoll 13/17, S. 1428: „Wichtig ist allerdings für mich dabei die Ergänzung des Artikels 69 Abs. 1, der verdeutlicht, dass Verfassungsänderungen, die nicht im Einklang mit Artikel 28 Abs. 1 unseres Grundgesetzes stehen, eben unzulässig sind. Das muss man vielleicht Parlamentariern nicht sagen, aber unseren Bürgerinnen und Bürgern, denke ich, muss man schon klarmachen, dass hier bestimmte Grenzen sind, die nicht überschritten werden können, damit in politischen Diskussionen vor Ort keinerlei Illusionen bestehen in der Annahme, man könne die Welt verändern, und nicht übersehen wird, was etwa das Grundgesetz vorschreibt."

[392] *D. Danner,* Sitzung des Landtags vom 7.12.2000, Plenarprotokoll 13/17, S. 1420: „Allerdings haben wir zugleich in unserem Gesetzentwurf zum Ausdruck gebracht, dass bestimmte Säulen unseres modernen Rechtsstaates dabei nicht angetastet werden dürfen." Erneut *F. Behrens,* Sitzung des Landtags vom 7.12.2000, Plenarprotokoll 13/17, S. 1428: „Wichtig ist allerdings für mich dabei die Ergänzung des Artikels 69 Abs. 1, der verdeutlicht, dass Verfassungsänderungen, die nicht im Einklang mit Artikel 28 Abs. 1 unseres Grundgesetzes stehen, eben unzulässig sind."

[393] Zur Selbstvereinfachungstendenz der Volksgesetzgebung näher *M. Schuler-Harms,* Elemente direkter Demokratie als Entwicklungsperspektive, in: VVDStRL 72 (2013), S. 417 (451 ff.); *F. Decker,* Der Irrweg der Volksgesetzgebung, 2017, S. 119 ff.

[394] *F. Decker,* Der Irrweg der Volksgesetzgebung, 2017, S. 123.

[395] Begriff für ein Verfahren bestehend aus Volksbegehren und Volksentscheid eingeführt bei *C. Schmitt,* Volksentscheid und Volksbegehren, 1927, S. 9 ff.

sprechung zu den vermeintlich engen Grenzen solcher Ausdehnung.[396] Der Hauptausschuss des nordrhein-westfälischen Landtags veranstaltete eine öffentliche Anhörung, die die Pläne für eine Reform der direkten Demokratie zum Gegenstand hatte, und übersandte den dazu eingeladenen Sachverständigen im Vorfeld einen Fragenkatalog. Die Fragen zeugen davon, dass unter den Abgeordneten die Befürchtung umging, der verfassungsändernde Volksgesetzgeber würde die in der Landesverfassung geregelten Quoren senken, und dass nach ihrer Ansicht verfassungsrechtliche Vorkehrungen gegen eine beliebige Absenkung zu treffen waren.[397] Wenn sich der verfassungsändernde Parlamentsgesetzgeber veranlasst sah, gegenüber dem verfassungsändernden Volksgesetzgeber gewisse Grenzen der Änderbarkeit der Verfassung zu betonen, dann hatte er die Grenzen im Sinn, die aus den Verfassungsprinzipien folgen.

cc) Entwurfsbegründung: Widersprechende Normangabe in der Entwurfsbegründung als Ergebnis eines Redaktionsversehens

Die Auffassung, dass sich die Bezugnahme in Art. 69 I 2 NWVerf. auf die Wahlgrundsätze erstrecke, lässt sich möglicherweise auf die Begründung zu dem Entwurf des verfassungsändernden Gesetzes stützen.[398] Darin heißt es:

„Zu Nr. 3 (Art. 69)
[1]Dem Artikel 28 Abs. 1 GG entsprechend soll in der Landesverfassung nunmehr ausdrücklich festgehalten werden, dass Verfassungsänderungen unzulässig sind, wenn sie bestimmten verfassungsrechtlichen Grundsätzen widersprechen (Abs. 1).
[2]Neu eröffnet werden soll die Möglichkeit, auch über ein Volksbegehren gemäß Artikel 68 einen Volksentscheid zur Änderung der Verfassung herbeizuführen (Abs. 3 Satz 2)
[3]Für das Zustandekommen von Volksentscheiden sowohl auf Initiative des Landtags oder der Landesregierung als auch aufgrund eines Volksbegehrens soll ein einheitliches Quorum gelten, das gegenüber dem geltenden Artikel 69 Abs. 2 Satz 2 LV modifiziert wird. (Abs. 3 Satz 3).“[399]

---

[396] Zeitnahe Analyse und Kritik dieser Rechtsprechung bei *F. Wittreck,* Direkte Demokratie und Verfassungsgerichtsbarkeit, in: JöR 53 (2005), S. 111 ff. Rückschau bei *dems.,* Direkte Demokratie in den Ländern, in: Lars P. Feld (Hrsg.), Jahrbuch für direkte Demokratie 2012, 2013, S. 41 (52 ff., 57 ff.).

[397] Beschlussempfehlung und Bericht des Hauptausschusses vom 15.2.2002, LT-Drucks. 13/2264, S. 7 (Fragen I. 4. und I. 5.): „4. Welche Schranken bestehen für etwaige Änderungen der Verfassung im Hinblick auf einmal aufgenommene plebiszitäre Elemente und die hierzu festgelegten Quoren? 5. Sollte eine Regelung in die Verfassung aufgenommen werden, die die Reduzierung der vorgesehenen Quoren ausschließlich dem parlamentarischen Gesetzgeber vorbehält?"

[398] Die Berufung auf diesen Ausschnitt der Entwurfsbegründung soll das Auslegungsergebnis in VerfGH NRW, Urteil vom 21.11.2017, 21/16 u. a., Rn. 64 tragen.

[399] Entwurf eines Gesetzes zur Änderung der Verfassung für das Land Nordrhein-Westfalen vom 27.11.2000, LT-Drucks. 13/462, S. 9 (Nummerierung der Sätze nicht im Original; Fehler bei Normangabe und Zeichensetzung im Original; S. L.).

Art. 69 I 2 NWVerf. soll „dem Artikel 28 Abs. 1 GG entsprechend" ohnehin bestehende Grenzen für die Änderung der Landesverfassung „nunmehr ausdrücklich fest[ge]halten", die sich aus „bestimmten verfassungsrechtlichen Grundsätzen" ergeben. Wer einen ersten Blick auf den Ausschnitt der Begründung wirft, kann zu der Auffassung gelangen, dass ihm die Annahme zugrunde liege, dass die Übernahme neben den Verfassungsprinzipien die Wahlgrundsätze einschließe: *Erstens* bezieht sich der Wortlaut der Begründung allgemein auf Absatz 1 von Art. 28 GG und nicht allein auf Satz 1 dieses Absatzes. *Zweitens* gehören die Wahlgrundsätze des Grundgesetzes genauso wie die Verfassungsprinzipien zu den Normen, die den Entscheidungsfreiraum des verfassungsändernden Landesgesetzgebers begrenzen, also „Verfassungsänderungen unzulässig" machen können. *Drittens* können die „verfassungsrechtlichen Grundsätze", von denen der Verfasser der Begründung spricht, die Wahl*grundsätze* einschließen, von denen Rechtsprechung und Rechtswissenschaft sprechen. *Viertens* hat der verfassungsändernde Gesetzgeber möglicherweise die Rechtsprechung des Verfassungsgerichtshofs zur Übernahme von Grundgesetznormen in die Landesverfassung kodifiziert, die zur Zeit der Reform bereits ergangen war.

Erstens: Dass sich die Entwurfsbegründung auf den ersten Absatz von Art. 28 GG insgesamt bezieht, muss nicht den Absichten des Urhebers des Gesetzentwurfs entsprechen, sondern kann einem Redaktionsversehen geschuldet sein. Dass der Verfasser eines Textes eine Norm ungenau angibt, geschieht nicht selten, sei es aus inhaltlicher Unsicherheit, schlechter Gewohnheit oder vereinzelter Unaufmerksamkeit. Ein Rechtswissenschaftler ist vor solcher Ungenauigkeit so wenig gefeit wie der Verfasser einer Entwurfsbegründung. Von der Fehleranfälligkeit von Normangaben zeugt der allgemein flüchtige Umgang mit der Normangabe im Gesetzgebungsverfahren: Abgeordnete und Sachverständige verorteten die Bezugsobjekte von Art. 69 I 2 NWVerf. manchmal in Art. 28 GG, manchmal in Art. 28 I GG und manchmal in Art. 28 I 1 GG. Das Problem der Auslegung von Art. 69 I 2 NWVerf. spitzt sich dahin zu, welches von zwei denkbaren Redaktionsversehen mit größerer Wahrscheinlichkeit aufgetreten ist: ein Redaktionsversehen bei der Formulierung des Normtextes oder bei der Abfassung der Entwurfsbegründung. Im Fall der Entwurfsbegründung liegt ein Redaktionsversehen deshalb nahe, weil ihrem Verfasser im fraglichen Begründungsausschnitt gleich mehrere (Flüchtigkeits-)Fehler unterlaufen sind.

Denn zum einen enthält jeder der drei Sätze des fraglichen Ausschnitts einen Klammerzusatz, der bezeichnen soll, auf welche Norm der Landesverfassung sich eine Erläuterung bezieht. Allerdings ist der Klammerzusatz, der sich hinter dem ersten Satz befindet („[Abs. 1]"), ungenau: Der Klammerzusatz bezieht sich allgemein auf Absatz 1 von Art. 69 NWVerf., obwohl das Änderungsgesetz allein Satz 2 betrifft und Satz 1 unverändert lässt. Die beiden anschließenden Sätze der Begründung bezeichnen in ihren Klammerzusätzen hingegen genau den jeweiligen Absatz *und* Satz von Art. 69 NWVerf., dessen Änderung sie begründen. Demnach legte der Verfasser zwar Wert auf satzgenaue Normangaben, ist dem eigenen Anspruch aber nicht immer gerecht geworden. Zum anderen zeigt sich in der fehlerhaften Zeichensetzung, dass der Verfasser der Begründung den Ausschnitt nicht mit größtmöglicher Sorgfalt redigiert hat: Dem zweiten Satz fehlt ein schließendes Satzzeichen, der dritte Satz hingegen hat derer zwei, eines davon noch vor dem eigentlichen Satzende. Dass die Entwurfsbegründung allgemein von Art. 28 I GG spricht und nicht einschränkend von Art. 28 I 2 GG, ist deshalb mit größerer Wahrscheinlichkeit einem Redaktionsversehen geschuldet als einer vermeintlichen Absicht der Urheber der Gesetzesvorlage, nach der sich Art. 69 I 2 NWVerf., wohlgemerkt entgegen seinem Wortlaut, auf die Wahlgrundsätze in Art. 28 I 2 GG erstrecken soll.

Zweitens: Die Entwurfsbegründung spricht davon, dass Änderungen der Landesverfassung nach Art. 69 I 2 NWVerf. unzulässig sein sollen, wenn sie „bestimmten verfassungsrechtlichen Grundsätzen widersprechen". Im Grundgesetz firmieren die Verfassungsprinzipien in Art. 28 I 1 und Art. 79 III GG als „Grundsätze", aber nicht die Allgemeinheit, Freiheit, Geheimheit, Gleichheit, Unmittelbarkeit der Wahl. Der Ausdruck „Wahl(rechts)grundsatz" entstammt der Sprache der Rechtswissenschaft und der Rechtsprechung, jedoch nicht der Sprache des Grundgesetzes. Es ist das Wort „Grundsatz", das einem Leser unter allen Bestandteilen des Normtextes von Art. 28 I 1 GG typischerweise am stärksten auffällt und am längsten in Erinnerung bleibt. So wie die Normangabe in der Entwurfsbegründung („[d]em Artikel 28 Abs. 1 GG entsprechend") mit überwiegender Wahrscheinlichkeit einem Redaktionsversehen geschuldet ist, hatte der Verfasser der Begründung mit überwiegender Wahrscheinlichkeit ausschließlich die Verfassungsprinzipien im Sinn, als er den Ausdruck „verfassungsrechtliche Grundsätze" gebrauchte, nicht auch solche Inhalte, die im Text des Grundgesetzes selbst nicht als „Grundsätze" firmieren. Die beiden Annahmen stützen einander: Ein Versehen bei der Normangabe spricht für ein solch enges Verständnis des Wortes „Grundsatz" (und umgekehrt).

Drittens: Die Wahlgrundsätze in Art. 28 I 2 GG begrenzen ebenso wie die Verfassungsprinzipien des Grundgesetzes den Entscheidungsfreiraum des verfassungsändernden Landesgesetzgebers. Falls Art. 69 I 2 NWVerf. die Wahlgrundsätze in die Landesverfassung übernähme, näherten sich die Vorgaben der Landesverfassung für ihre eigene Änderung den Vorgaben des Grundgesetzes stärker an als in dem Fall, dass sich die Übernahme auf vier Verfassungsprinzipien beschränkt. Eine solche Annäherung ist möglicherweise deshalb wünschenswert, weil ein Rechtsanwender umso mehr Vorgaben für Änderungen der Landesverfassung der Landesverfassung selbst entnehmen und das Landesverfassungsgericht eine Änderung umso umfassender beurteilen kann.

Der Entstehungsgeschichte lässt sich aber nicht entnehmen, dass der verfassungsändernde Landesgesetzgeber danach strebte, dass sich sämtliche Vorgaben des Art. 28 I GG in Art. 69 I 2 NWVerf. wiederfinden, geschweige denn, dass sämtliche Vorgaben, die das Grundgesetz dem verfassungsändernden Landesgesetzgeber macht, inhaltsgleich in der Landesverfassung vorkommen.[400] Eine solche Annahme kommt wohl überhaupt nur dann in Frage, wenn ein Interpret die Normangabe in der Entwurfsbegründung („Artikel 28 Abs. 1 GG") nicht auf ein Versehen zurückführt und unter „Grundsätzen" im Sinne der Entwurfsbegründung zusätzlich die Wahlgrundsätze versteht. Dass diese Deutung der Entwurfsbegründung zutrifft, ist aber wenig wahrscheinlich.

Ebenso wenig lässt sich eine interpretatorische Vermutung des Inhalts rechtfertigen, dass ein verfassungsändernder Landesgesetzgeber dadurch, dass er den heutigen Art. 69 I 2 NWVerf. schuf, den Umfang der besagten Übereinstimmung optimieren wollte. Denn zum einen wiederholt die Landesverfassung, gleich wie weit die Übernahme in Art. 69 I 2 NWVerf. reicht, nicht mehr als einen (kleinen) Teil der Vorgaben, die das Grundgesetz für die Änderung einer Landesverfassung aufstellt. Eine Änderung der Landesverfassung muss zum Beispiel mit den Grundrechten in Art. 1 ff. GG, den Rechten der Parteien in Art. 21 I GG und der Garantie der kommunalen Selbstverwaltung in Art. 28 II GG vereinbar sein. Übernahmen der Grundrechte und eine Garantie der kommunalen Selbstverwaltung waren in der Landesverfassung zwar bereits enthalten, als der verfassungsändernde Landesgesetzgeber den gegenwärtigen Art. 69 I 2 NWVerf. schuf. Sie machen aber keine Vorgaben für eine Änderung der Landesverfassung, sondern allein für den Erlass einer Norm niederen Ranges.

Zum anderen können sich die Optionen des verfassungsändernden Gesetzgebers verringern, wenn die Landesverfassung eine Vorgabe des Grundgesetzes übernimmt, obwohl der Entscheidungsfreiraum trotz Übernahme unverändert bleibt: Das Bundesverfassungsgericht und das Landesverfassungsgericht können inhaltsgleiche Normen verschieden *auslegen*, ohne dass im Verfassungsprozessrecht ein Verfahren bereitstünde, mit dem sich eine solche Abweichung beheben ließe. Zudem können die beiden Gerichte inhaltsgleiche Normen verschieden *anwenden* und im Verhältnis zum Landesgesetzgeber zur Letztentscheidung über die Rechtsanwendung ermächtigt sein. Dass die Vorgaben des Grundgesetzes und der Landesverfassung für Änderungen der Landesverfassung möglichst übereinstimmen, ist demnach lediglich eine von mehreren denkbaren Antworten auf die Frage, welches Verfassungsgericht nach welchen Maßstäben entscheidet, ob ein verfassungsänderndes Landesgesetz verfassungsgemäß ist.

Viertens: Nach der Auffassung des Verfassungsgerichtshofs waren „[d]em Artikel 28 Abs. 1 GG entsprechend[e]" Vorgaben für die Verfassungsänderung in der Landesverfassung selbst bereits enthalten, als der verfassungsändernde

---

[400] Jedenfalls die erste, möglicherweise die zweite Variante unterstellt VerfGH NRW, Urteil vom 21.11.2017, 21/16 u. a., Rn. 62: Die Einbeziehung der Wahlrechtsgrundsätze „sichert einen *Gleichlauf* der landesverfassungsrechtlichen mit den durch das Grundgesetz gezogenen Grenzen der Ausgestaltung der Landesverfassung" (Hervorhebung nicht im Original; S. L.).

Gesetzgeber im Jahr 2002 den heutigen Art. 69 I 2 NWVerf. schuf. Speziell in seinen beiden Entscheidungen zur Kommunalwahl-Sperrklausel von 1994 und 1999 ging das Gericht davon aus, dass die Wahlgrundsätze, wie sie das Grundgesetz in Art. 28 I 2 GG statuiert, zur Landesverfassung gehörten. In der ersten Entscheidung maß es die Sperrklausel am „Recht [der Parteien; S. L.] auf Wahlrechtsgleichheit und Chancengleichheit bei Wahlen" und stützte sich auf Art. 3 I, Art. 21 I, Art. 28 I 2 GG.[401] Dass diese Gleichheitsrechte zur Landesverfassung gehörten, begründete es unter bloßem Hinweis auf die Gliedstaatsklausel in Art. 1 I 1 und die Grundrechtsrezeption in Art. 4 I NWVerf. In der zweiten Entscheidung äußerte sich das Gericht ein wenig präziser und interpretierte die Gliedstaatsklausel in Art. 1 I 1 NWVerf. als eine Rezeptionsklausel, die die Wahlgrundsätze in Art. 28 I 2 GG in die Landesverfassung übernehme.[402] Wenn Vorgaben für die Änderung der Landesverfassung „Artikel 28 Abs. 1 GG entsprechend" „in der Landesverfassung nunmehr ausdrücklich festgehalten werden" sollen, sind damit möglicherweise auch die Wahlgrundsätze gemeint. Sie gehören nämlich zu den Normen, die ihren Standort in Art. 28 I GG haben und nach der Auffassung des Verfassungsgerichtshofs bereits vor 2002 in der Landesverfassung geregelt waren, und zwar nicht „ausdrücklich", sondern implizit.[403]

Die Annahme, dass der verfassungsändernde Gesetzgeber im Jahr 2002 die Rechtsprechung des Verfassungsgerichtshofs zur Übernahme der Wahlgrundsätze kodifiziert habe, hat wohlgemerkt zur notwendigen Bedingung, dass die Normangabe in der Entwurfsbegründung („[d]em Artikel 28 Abs. 1 GG entsprechend") nicht auf einem Redaktionsversehen beruht. Denn die Kodifikationsthese lässt sich, wenn überhaupt, auf die Entwurfsbegründung stützen. Die übrige Dokumentation des Gesetzgebungsverfahrens bietet erst recht keinen Anhaltspunkt dafür, dass der verfassungsändernde Gesetzgeber die Rechtsprechung des Verfassungsgerichtshofs zum Standort der Wahlgrundsätze im Sinn gehabt hätte. Ein Redaktionsversehen bei der Abfassung der Entwurfsbegründung aber ist aus den genannten Gründen wahrscheinlich, vor allem weit wahrscheinlicher als ein Redaktionsversehen bei der Formulierung des Normtextes.

---

[401] VerfGH NRW, Urteil vom 29.9.1994, 7/94, S. 11 f. – Kommunalwahl-Sperrklausel I. Unvollständiger Abdruck der Entscheidung in: DVBl. 1995, S. 153 ff.; NVwZ 1995, S. 579 ff.

[402] VerfGH NRW, Urteil vom 6.7.1999, 14 und 15/98, S. 17 f. – Kommunalwahl-Sperrklausel II. Unvollständiger Abdruck der Entscheidung in: DVBl. 1999, S. 1271 ff.; NVwZ 2000, S. 666 ff.

[403] Dazu VerfGH NRW, Urteil vom 21.11.2017, 21/16 u. a., Rn. 38: „Bereits zuvor wurden die Wahlgleichheit ebenso wie die anderen in Art. 78 Abs. 1 Satz 2 LV genannten Wahlrechtsgrundsätze im Bereich auch der Kreise und Gemeinden durch das objektiv-rechtliche Verfassungsgebot des Art. 28 Abs. 1 Satz 2 GG gewährleistet, dessen Geltung als Landesverfassungsrecht Art. 1 Abs. 1 LV vermittelte".

Wer Art. 69 I 2 NWVerf. trotz alledem als Übernahme der Wahlgrundsätze in die Landesverfassung deutet, übergeht den aussagestarken Wortlaut der Norm, indem er sich in spekulativer Weise auf einen einzigen, aussageschwachen Satz in der Entwurfsbegründung stützt. Art. 69 I 2 NWVerf. übernimmt demnach ausschließlich vier Verfassungsprinzipien aus dem Grundgesetz: Demokratie, Rechtsstaat, Republik und Sozialstaat. Wahlgrundsätze für Kommunalwahlen finden sich innerhalb der Landesverfassung einzig in Art. 78 I 2 NWVerf. Für eine Änderung der Landesverfassung sind diese Wahlgrundsätze kein Maßstab, demnach auch nicht für die Aufnahme einer Kommunalwahl-Sperrklausel.

c) *Verfassungsgerichtliche Umdeutung der Übernahmeanordnung als Zweckkonstruktion ähnlich der Bestandteilstheorie (Rezeptionstheorie)*

Trotzdem unterstellt der nordrhein-westfälische Verfassungsgerichtshof in seiner Entscheidung zur Kommunalwahl-Sperrklausel aus dem Jahr 2017, dass Art. 69 I 2 NWVerf. die Wahlgrundsätze des Grundgesetzes übernähme.[404] Die Urteilsbegründung gibt Anlass zu Mutmaßungen: *Erstens* lässt das Gericht erklärtermaßen offen, ob es am Maßstab der Parteienrechte über die Sperrklausel entscheiden kann, die in Art. 21 I GG geregelt sind und nach seiner Auffassung, die es in anderen Entscheidungen geäußert hat, zu den Bestandteilen der Landesverfassung gehören. Wenn es die Bestandteilstheorie auch dieser Entscheidung zugrunde gelegt hätte, so hätte es beantworten müssen, ob eine Bestandteilsnorm im Range einfachen Landesverfassungsrechts gilt oder aber den Rang einer Ewigkeitsgarantie teilt und damit einen Maßstab für verfassungsändernde Gesetze bildet. Stattdessen hat das Gericht allein am Maßstab des Demokratieprinzips, das die Landesverfassung übernimmt, und der Wahlgrundsätze entschieden, die nach seiner Deutung von der Übernahme erfasst sind.[405]

Zweitens greift das Gericht einer Rezeption von Grundgesetznormen durch die Landesverfassung vor und schafft damit eine Voraussetzung für ein bestimmtes Rechtsschutzkonzept: Indem es seinen Entscheidungsmaßstab der Landesverfassung entnimmt, kann es einerseits über die Verfassungsmäßigkeit der Sperrklausel entscheiden und muss sich andererseits zu der Frage nicht einmal verhalten, ob es eine konkrete Normenkontrolle beim Bundesverfassungsgericht anstrengen muss. Die Urteilsbegründung lässt im Ungewissen, ob das Gericht an der Bestandteilstheorie ernsthaft oder nur nominell festhält. Möglicherweise teilen wenigstens einige Verfassungsrichter die Bedenken gegen die Bestandteilstheorie und das damit verbundene Rechtsschutzkonzept. Durch die Umdeutung von Art. 69 I 2 NWVerf. hat das Gericht (genauso wie durch die Umdeutung von Art. 1 I 1 NWVerf. in früheren Entscheidungen) die Bestand-

---

[404] VerfGH NRW, Urteil vom 21.11.2017, 21/16 u. a., Rn. 60 ff.
[405] Ausführungen zu Art. 21 I GG in VerfGH NRW, Urteil vom 21.11.2017, 21/16 u. a., Rn. 37, 57.

teilstheorie durch eine andere Zweckkonstruktion ersetzt: die Rezeptionstheorie.

Der Verfassungsgerichtshof befand sich nicht in der vermeintlich misslichen Lage, zu deren Überwindung die Bestandteilstheorie erdacht wurde und der auch die äquivalente Rezeptionstheorie dienen kann, nämlich dass ein Landesverfassungsgericht den Antrag eines Rechtsschutzsuchenden abweisen muss, obwohl das angegriffene Gesetz grundgesetzwidrig ist. Denn der Verfassungsgerichtshof konnte und musste nach Art. 100 I 1 GG die Entscheidung des Bundesverfassungsgerichts einholen, ob die Kommunalwahl-Sperrklausel in der Landesverfassung mit dem Grundgesetz vereinbar ist. Damit eine solche Richtervorlage zulässig sein kann, muss das vorgelegte Gesetz im Ausgangsverfahren zum Entscheidungsmaßstab gehören; ein Gesetz, das den Entscheidungsgegenstand bildet, ist kein tauglicher Vorlagegenstand.[406] Die Sperrklausel in der Landesverfassung ist ausnahmsweise beides: Entscheidungsmaßstab und Entscheidungsgegenstand. Einerseits entscheidet das Gericht am Maßstab der Ewigkeitsgarantie in Art. 69 I 2 NWVerf., ob die verfassungsunmittelbare Sperrklausel landesverfassungsgemäß ist. Andererseits ist die verfassungsunmittelbare Sperrklausel eine Schranke des Gebots der Wahlgleichheit in Art. 78 I 2 NWVerf. und gehört damit zu dem Maßstab, anhand dessen das Gericht über die inhaltsgleiche Sperrklausel in § 33 I 2 KWahlG entscheidet. Deshalb war eine Vorlage zum Bundesverfassungsgericht zulässig und geboten.

Wenn das Bundesverfassungsgericht die verfassungsunmittelbare Sperrklausel richtigerweise für grundgesetzwidrig erklärt hätte, so hätte der Verfassungsgerichtshof anschließend die Sperrklausel im Kommunalwahlgesetz am Gebot der Wahlgleichheit in der Landesverfassung gemessen und richtigerweise für verfassungswidrig befunden. Die politischen Parteien, die sich an den Verfassungsgerichtshof gewandt hatten, hätten mit ihren Anträgen Erfolg gehabt. Die beiden Verfassungsgerichte hätten für dieses Vorgehen ausreichend Zeit gehabt: Die Anträge gegen die Sperrklausel gingen zwischen August und Dezember 2016 beim Verfassungsgerichtshof ein; die nächste Kommunalwahl in Nordrhein-Westfalen ist für den Herbst 2020 vorgesehen.[407] Die Verfassungsgerichte sind nicht gezwungen, über Anträge in der Reihenfolge ihres Eingangs zu entscheiden. Es bestand also nicht etwa die Gefahr, dass nach der Kommunalwahl eine Vertretung einen Wahlprüfungsbeschluss fassen, jemand vor einem

---

[406] *J. Rozek*, Das Grundgesetz als Prüfungs- und Entscheidungsmaßstab der Landesverfassungsgerichte, 1993, S. 231 ff.; *J. Dietlein*, Das Verhältnis von Bundes- und Landesverfassungsrecht, in: Präsident des Verfassungsgerichtshofs für das Land Nordrhein-Westfalen (Hrsg.), Verfassungsgerichtsbarkeit in Nordrhein-Westfalen, 2002, S. 203 (221 f.); *J. Dietlein*, Verfassungsrecht, in: ders./J. Hellermann, Öffentliches Recht in Nordrhein-Westfalen, 6. Aufl. 2016, § 1 Rn. 214.

[407] Pressemitteilungen über den Eingang der Anträge im Pressearchiv auf der Homepage des Verfassungsgerichtshofs für das Land Nordrhein-Westfalen, www.vgh.nrw.de/aktuelles/pressemitteilungen/2016/index.php (Abruf am 26.4.2019).

Verwaltungsgericht klagen, das Verwaltungsgericht eine konkrete Normenkontrolle beim Bundesverfassungsgericht anstrengen und das Bundesverfassungsgericht die Sperrklausel für verfassungswidrig erklären würde – mit der Folge, dass eine Kommunalwahl wiederholt werden müsste.[408] Der Verfassungsgerichtshof unterlag in dem Gerichtsverfahren von 2016/17 keinen praktischen Zwängen, die eine Zweckkonstruktion wie die Bestandteils- und die Rezeptionstheorie nach der Auffassung ihrer Befürworter rechtfertigen können.

III. Kriterien der Einführung einer Sperrklausel-Ermächtigung und einer Ersatzstimme bei Kommunalwahlen

Bei Gelegenheit der Untersuchung, ob eine Sperrklausel verfassungsgemäß ist, zeichnen sich vor allem zwei rechtspolitische Optionen ab für den Fall, dass der Landesgesetzgeber an dem Ziel festhält, eine Sperrklausel einzuführen: Entweder nimmt der verfassungsändernde Bundesgesetzgeber eine Sperrklausel-Ermächtigung ins Grundgesetz auf und erweitert dadurch den Entscheidungsfreiraum der Länder (1.); oder der Landesgesetzgeber führt eine Sperrklausel ein und ergänzt sie um ein Recht des Wählers, eine Ersatzstimme abzugeben, die wirksam wird, falls seine Hauptstimme wirkungslos bleibt (2.). Die (Rechts-) Wissenschaft kann weder ein gesetzgeberisches Ziel vorgeben, noch das vorzugswürdige Mittel bestimmen; sie kann aber einen Gesetzgebungsakt vorbereiten, indem sie die gedankliche Struktur der Entscheidungsfindung offenlegt, die denkbaren Mittel identifiziert, ihre Wirkungen untersucht und weitere Gesichtspunkte ermittelt, auf die es bei einer Abwägung ankommen kann.

1. Rechtspolitische Kriterien der Aufnahme einer Sperrklausel-Ermächtigung an die Länder ins Grundgesetz

a) Annahmen über Gestalt und Verfassungsmäßigkeit einer Sperrklausel-Ermächtigung

Wer die Rechtfertigungslast beseitigen will, die auf einem Landesgesetzgeber ruht, der eine Sperrklausel einführt, kann eine Sperrklausel-Ermächtigung an die Länder ins Grundgesetz aufnehmen. Der verfassungsändernde Bundesgesetzgeber würde Art. 28 I GG um einen Satz ergänzen, der vermutlich zwei Aussagen enthielte: *Erstens* würde er die Länder ermächtigen (aber nicht verpflichten), dass sie die Teilnahme einer Partei an der Mandatsvergabe davon abhängig machen, ob die Partei einen bestimmten Anteil der Stimmen erreicht. *Zweitens* würde sie den Ländern vorgeben, dass der für den Mandatsgewinn er-

---

[408] §§ 39 ff. KWahlG NRW.

forderliche Stimmenanteil nicht mehr als 5 Prozent betragen darf. Eine solche Ermächtigung kann sich auf das Landtags- oder das Kommunalwahlrecht oder auf beide Materien beziehen. In jedem Fall wäre sie mit dem änderungsfesten Verfassungsrecht in Art. 79 III, Art. 1, Art. 20 I bis III GG vereinbar.

Der verfassungsändernde Gesetzgeber wird sich bei der Gestaltung der Ermächtigung davon leiten lassen, einerseits die Tragweite der Grundgesetzänderung in Grenzen zu halten, um die Mehrheitsaussichten zu steigern, und andererseits mehr als eine ganz geringfügige Änderung vorzunehmen, damit sich der politische Aufwand einer Grundgesetzänderung lohnt. Die Festlegung einer Maximalhöhe von 5 Prozent ergibt sich daraus, dass der verfassungsändernde Bundesgesetzgeber die Länder ermächtigen wollen wird, dass sie eine Sperrklausel einführen, deren Höhe die typische Höhe der faktischen Sperrklauseln (mehr als geringfügig) überschreitet. Bei der Kommunalwahl 2014 in Nordrhein-Westfalen zum Beispiel schwankte die faktische Sperrklausel in den Gemeinden zwischen 0,6 und 2,8 Prozent.[409] Der verfassungsändernde Bundesgesetzgeber wird sich dadurch, dass er den Ländern eine Maximalhöhe von 5 Prozent (und nicht zum Beispiel 4 oder 6 Prozent) vorgibt, an der Höhe der Sperrklauseln bei Bundestags- und Landtagswahlen orientieren, die den Wählern und Wahlbewerbern vertraut sind und überwiegend Akzeptanz genießen. Aber auch eine geringere Höhe von 3 oder 4 Prozent wäre nicht unplausibel.

Zur Begrenzung der Tragweite wird der verfassungsändernde Gesetzgeber mit der Ermächtigung kein unausgesprochenes Verbot jeder Sperrklausel mit einer Höhe von mehr als 5 Prozent verbinden. Wenn eine Sperrklausel eine Höhe von ungefähr 15 bis 20 Prozent erreicht, geht das Wahlsystem erfahrungsgemäß von Verhältniswahl in Mehrheitswahl über.[410] Wer ein Mehrheitswahlsystem einführt, ist von vornherein nicht an das Gebot der Erfolgswertgleichheit gebunden. Eine Sperrklausel wäre nach bisheriger Rechtslage ab einer Höhe von ungefähr 15 bis 20 Prozent (wenn also ein Mehrheitswahlsystem entsteht) mit dem Grundsatz der gleichen Wahl generell vereinbar. Der verfassungsändernde Gesetzgeber wird die nicht unwesentliche Entscheidung des Verfassunggebers, dass sich die einzelnen technischen Elemente eines Mehrheitswahlsystems nicht am Gebot der Erfolgswertgleichheit messen lassen müssen, nicht für Sperrklausen rückgängig machen wollen, indem er Sperrklauseln im Mehrheitswahlsystem ausschließt.

Der verfassungsändernde Gesetzgeber wird Sperrklauseln, die eine Höhe von 5 Prozent überschreiten, aber eine Höhe von ungefähr 15 bis 20 Prozent unterschreiten, also nicht generell ausschließen, sondern es dabei belassen wol-

---

[409] *J. Bogumil u. a.,* Auswirkungen der Aufhebung der kommunalen Sperrklausel auf das kommunalpolitische Entscheidungssystem in Nordrhein-Westfalen, 2015, S. 15, 88 mit Tabellen 16 und 17.

[410] *C. Lenz,* Die Wahlrechtsgleichheit und das Bundesverfassungsgericht, in: AöR 121 (1996), S. 337 (349).

len, dass solche Sperrklauseln *prinzipiell* gerechtfertigt sein können. *Praktisch* wohlgemerkt ist die Rechtfertigung einer solchen Sperrklausel (jedenfalls wenn sie die Schwelle von 5 Prozent nicht nur geringfügig überschreitet) ausgeschlossen: Ein Wahlsystem mit einer solchen Sperrklausel siedelt auf dem Kontinuum der Wahlsysteme in der Tabuzone, auf die der Wahlgesetzgeber keinen Zugriff hat.[411] Dass der verfassungsändernde Gesetzgeber daran nichts ändern wollen wird, ist zugleich ein Grund dafür, dass er keine Maximalhöhe von mehr als 5 Prozent festlegen wird.

Nach Einführung der Sperrklausel-Ermächtigung werden auch solche Sperrklauseln bis zu einer Höhe von 5 Prozent mit dem Grundgesetz vereinbar sein, die nach bisheriger Rechtslage grundgesetzwidrig wären. Eine solche Ermächtigung wird den Entscheidungsfreiraum der Länder für die Fälle erweitern, in denen sich die Verfassungsmäßigkeit einer Sperrklausel nicht bereits daraus ergibt, dass die Ungleichbehandlungen, die sie hervorruft, gerechtfertigt sind. Die Bedeutung der Sperrklausel-Ermächtigung besteht darin, dass sie Sperrklauseln bis zu einer Höhe von 5 Prozent *pauschal* für grundgesetzgemäß erklärt.

Abbildung 4: Verfassungsmäßigkeit von Sperrklauseln unter Geltung einer Sperrklausel-Ermächtigung

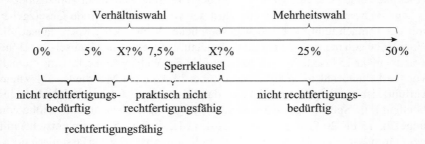

Das Landesverfassungsgericht in Nordrhein-Westfalen hat vorgesorgt für den Fall, dass der verfassungsändernde Bundesgesetzgeber eine Sperrklausel-Ermächtigung einführt: Nach der (allerdings irrigen) Auffassung des Verfassungsgerichts übernimmt Art. 69 I 2 NWVerf. neben den Verfassungsprinzipien die Wahlgrundsätze aus Art. 28 I 2 GG in die Landesverfassung. Das Landesverfassungsgericht interpretiert Art. 69 I 2 NWVerf. als eine *dynamische* Verweisung

---

   [411] *J. Krüper,* Verfassungsunmittelbare Sperrklauseln, in: ZRP 2014, S. 130 (132) unterstellt, dass eine Sperrklausel-Ermächtigung ohne Maximalhöhe „der verfassungsgerichtlichen Kontrolle *konkreter Sperrklauseln* keinen Riegel" vorschöbe (Hervorhebung im Original; S. L.). Da eine so verstandene Sperrklausel-Ermächtigung sinnlos wäre, würde der verfassungsändernde Gesetzgeber einer Sperrklausel-Ermächtigung ohne Maximalhöhe den Zweck beimessen, dass sie dem einfachen Gesetzgeber generell die Einführung einer beliebig hohen Sperrklausel ermöglicht.

auf die Vorgaben in Art. 28 I GG.[412] Eine grundgesetzliche Sperrklausel-Ermächtigung würde ohne neuerliches Zutun des verfassungsändernden Landesgesetzgebers in die Landesverfassung übernommen. Dieser Effekt setzt, die
Rechtsprechung wörtlich genommen, allerdings voraus, dass die Sperrklausel-
Ermächtigung ihren Standort genau in Art. 28 I GG erhält.

Der verfassungsändernde Bundesgesetzgeber würde sich nicht selbst für
die Einführung einer Sperrklausel entscheiden, sondern die Entscheidung auf
die Länder verlagern. Ob er eine Sperrklausel-Ermächtigung ins Grundgesetz
aufnehmen soll, unterscheidet sich von der Frage, ob er Sperrklauseln bei
Kommunalwahlen befürwortet oder ablehnt. Dennoch lassen sich die beiden
Fragen nicht trennen: Die Haltung des verfassungsändernden Bundesgesetzgebers zu Sperrklauseln beeinflusst, als ein Gesichtspunkt unter verschiedenen, seine Entscheidung, ob er eine Sperrklausel-Ermächtigung für die Länder
einführt.

b) Demokratietheoretische Bewertung der Einführung von Sperrklauseln nach einem normativen und einem historisch-empirischen Ansatz

Eine Sperrklausel verschiebt ein Wahlsystem auf einer gedachten Skala graduell
und stetig steigenden Konzentrationsanreizes ein Stück von der reinen Verhältniswahl in Richtung der Mehrheitswahl; die Abschaffung einer Sperrklausel bewirkt eine Verschiebung in die Gegenrichtung. Solche Verschiebungen lassen
sich nach einem normativen und nach einem historisch-empirischen Ansatz bewerten.[413] Der *normative* Ansatz unterstellt jedem Wahlsystemgrundtyp (Mehrheitswahl und Verhältniswahl) in typisierender Weise bestimmte Wirkungen
und beurteilt sie unter demokratietheoretischen Gesichtspunkten.[414] Die Wirkungen des einen Wahlsystemgrundtyps sind das Gegenteil der Wirkungen des
anderen. Die Befürworter des einen Wahlsystemgrundtyps begrüßen dieselben
Wirkungen, die die Befürworter des anderen missbilligen. Sie ziehen entgegengesetzte Schlüsse aus übereinstimmenden Beobachtungen.

Da sich die Mandate in einem Mehrheitswahlsystem bei wenigen großen Parteien sammeln und kleine Parteien allenfalls wenige Mandate erhalten, kommt

---

[412] VerfGH NRW, Urteil vom 21.11.2017, 21/16 u. a., Rn. 65: „Art. 69 Abs. 1 Satz 2 LV
erweist sich danach als eine ‚relative' [...] Unabänderlichkeitsbestimmung. [...] Diese Relativität des von Art. 69 Abs. 1 Satz 2 LV bewirkten ‚Ewigkeitsschutzes' besteht sowohl in sachlicher als auch in zeitlicher Hinsicht. [...] Eröffnet sich den Ländern auf Ebene des Grundgesetzes ein größerer Gestaltungsspielraum, weil die Homogenitätsvorgaben des Art. 28 Abs. 1 GG
im Wege einer [...] Verfassungsänderung gelockert werden, vergrößert sich im selben Umfang
automatisch auch der landesverfassungsrechtlich von Art. 69 Abs. 1 Satz 2 LV umrissene Bereich zulässiger Verfassungsrevision."

[413] Zu den verschiedenen Ansätzen in der Wahlsystemforschung näher *D. Nohlen,* Wahlrecht und Parteiensystem, 7. Aufl. 2014, S. 75 ff.

[414] Zu Vor- und Nachteilen der Mehrheits- und der Verhältniswahl aus Sicht eines normativen Ansatzes *D. Nohlen,* Wahlrecht und Parteiensystem, 7. Aufl. 2014, S. 167 ff.

typischerweise zügig eine verlässliche Mehrheit aus einer oder wenigen Parteien zustande. Diese Wirkung lässt sich als Vorteil begreifen, beispielsweise weil Bündnisse seltener erforderlich sind und die Wähler häufiger unmittelbar darüber entscheiden, welche Partei mit welchem Programm und welchem Personal regiert; weil sie einen politischen Richtungswechsel herbeiführen können, den kein Kompromissdruck verhindern kann; weil die politische Verantwortung klarer verteilt ist und die Wähler deshalb leichter eine informierte Wahl treffen können.[415] Doch lässt sich diese Wirkung als Nachteil begreifen, beispielsweise weil eine regierende Partei keine Kompromisse eingehen und auf viele Wähler keine Rücksicht nehmen muss; weil ein politischer Richtungswechsel eintreten kann, auch wenn sich die Stimmverteilung geringfügig ändert; weil sich kleine Minderheiten in der Volksvertretung überhaupt nicht vertreten fühlen.

Solche entgegengesetzten Bewertungen sind Ausdruck abweichender Funktionszuschreibungen: Die einen betrachten Volksvertretungen vor allem als „Entscheidungsmaschinen", die anderen vor allem als „Diskussionsforen".[416] Die einen begreifen die Wahl vor allem als Vorstufe zur Mehrheits- und Regierungsbildung, die anderen vor allem als Bekundung inhaltlicher und personeller Vorlieben für die Zusammensetzung der Volksvertretung. Vom wissenschaftlichen Standpunkt aus lässt sich nicht entscheiden, welcher der beiden Wahlsystemgrundtypen demokratietheoretisch vorzugswürdig ist: Die Befürworter und die Gegner unterscheiden sich in ihrem Verständnis von Wahlen und Volksvertretungen, von Demokratie und Parteien, ohne dass das eine Verständnis aus wissenschaftlicher Sicht dem anderen überlegen wäre.[417]

Der *historisch-empirische* Ansatz unterscheidet sich vom normativen Ansatz auf zwei Ebenen: *Erstens* ermittelt er, wie ein Wahlsystem zu einer bestimmten

---

[415] *A. Hatje,* Demokratie als Wettbewerbsordnung, in: VVDStRL 69 (2010), S. 135 (158 in Fn. 96) erinnert daran, dass es einen einzigen Fall in der Geschichte der Bundesrepublik gegeben habe, in dem nach einer Bundestagswahl nicht wenigstens eine Partei im Regierungslager verblieben sei: der Wechsel von einer Koalition aus CDU/CSU und FDP zu einer aus SPD und Bündnis90/Die Grünen nach der Wahl 1998. *E. V. Towfigh,* Das Parteien-Paradox, 2015, S. 6 f.; *A. Thiele,* Verlustdemokratie, 2. Aufl. 2018, S. 6 ff. sehen darin, dass viele Wähler annähmen, dass sie das Regierungshandeln nicht beeinflussen könnten, eine Hauptursache für die Unzufriedenheit mit dem politischen System. Zu Wahlsystemen und Regierungswechseln näher *D. Nohlen,* Wahlrecht und Parteiensystem, 7. Aufl. 2014, S. 482 ff.

[416] Das Begriffspaar aus Diskussionsforum und Entscheidungsmaschine entstammt einer mündlichen Äußerung *J. Oebbeckes* im November 2017. Ähnlich *M. L. Fremuth,* Die Verfassung kennt sie nicht und die Demokratie bedarf ihrer nicht – Zur Notwendigkeit der Revision der Fünf-Prozent-Sperrklausel im Recht zur Wahl des Deutschen Bundestages, in: JZ 2018, S. 13 (18): „Beschlussmaschine". Nach der Auffassung von *F. Meinel,* Vertrauensfrage, 2019, S. 104 ff. handelt es sich bei der Erwartung, dass Volksvertretungen vor allem Orte der Debatte seien, um eine in Deutschland verbreitete Fehlvorstellung, die sich in den irreführenden Bezeichnungen „Volksvertretung" und „Abgeordneter" ausdrücke.

[417] Kritik an der Unergiebigkeit der Diskussion um Vor- und Nachteile von Mehrheits- und Verhältniswahl unter Zugrundelegung der normativen Demokratietheorie bei *D. Nohlen,* Wahlrecht und Parteiensystem, 7. Aufl. 2014, S. 169, 463 ff.

Zeit an einem bestimmten Ort wirkt oder voraussichtlich wirken wird. Er scheut Typisierungen und bezieht stark die Umstände des Einzelfalls ein. Die Wahlsystemgrundtypen sind dadurch definiert, dass sie die Mandate bei wenigen Parteien bündeln oder auf viele verteilen. Die politischen Wirkungen einzelner Wahlsysteme können aber je nach ihrer Gestaltung im Detail und je nach Ort und Zeit erheblich abweichen. *Zweitens* verlagert der historisch-empirische Ansatz die eigentliche demokratietheoretische Bewertung eines Wahlsystems vom Gesetzgeber auf die Wähler. Ein Wahlsystem soll die erforderliche Akzeptanz bei den Wählern finden. Gleich einem Meinungsforscher ermittelt beispielsweise ein Gesetzgeber, wie die Wähler ein Wahlsystem bewerten oder voraussichtlich bewerten werden. Der historisch-empirische Ansatz strebt keine allgemeingültige Bewertung von Wahlsystemen an, sondern sucht nach Antworten, welches Wahlsystem unter welchen Bedingungen deshalb am besten ist, weil es die erforderliche Akzeptanz findet.[418]

Auf wieviel Akzeptanz ein Wahlsystem stößt, hängt unter anderem davon ab, wie ausgewogen es im Einzelfall gestaltet ist. Der historisch-empirische Ansatz begünstigt deshalb Wahlsysteme, die Ausdruck eines Kompromisses zwischen den verschiedenen Anforderungen sind, denen ein Wahlsystem ausgesetzt ist. Wenn die Wähler ein Wahlsystem seit langem praktizieren, trägt die Argumentationslast, wer eine Reform des Wahlrechts durchsetzen will, und zwar eine schwerere Last, als sie die Befürworter von Veränderungen ohnehin tragen. Der historisch-empirische Ansatz begünstigt den gegenwärtigen Zustand eines Wahlsystems. Die kompromissfördernde und die bewahrende Neigung dieses Ansatzes können in dieselbe oder in entgegengesetzte Richtungen wirken.

Die personalisierte Verhältniswahl findet in Deutschland deshalb großen Zuspruch, weil sie auf sämtliche Erwartungen eingeht, denen Wahlsysteme unterliegen.[419] Die Form der personalisierten Verhältniswahl, die bei den Bundestags- und den Landtagswahlen gilt und jahrzehntelang bei der Wahl zum Europäischen Parlament und bei Kommunalwahlen üblich war, bewirkt, dass sich eine Volksvertretung im Wesentlichen spiegelbildlich zusammensetzt, treibt den Proporz aber nicht zum Äußersten, sondern enthält in Gestalt einer Sperrklausel ein konzentrierendes Element, das vergleichsweise wenigen Stimmen ihren Erfolgswert nimmt. Sie ermöglicht es den Wählern, dass sie durch Vergabe der Erststimme gezielt einzelne Personen bevorzugen. Gemessen an ihrer Ausgewogenheit ist diese Form der personalisierten Verhältniswahl leicht ver-

---

[418] Plädoyer für den historisch-empirischen Ansatz bei *D. Nohlen*, Art. „Wahlen, Wahlsysteme", in: W. Heun u. a. (Hrsg.), EvStL, 2006, Sp. 2676 (2678 f.); *D. Nohlen*, Wahlrecht und Parteiensystem, 7. Aufl. 2014, S. 169 ff., 184 ff., 187 ff.

[419] *D. Nohlen*, Wahlrecht und Parteiensystem, 7. Aufl. 2014, S. 228 f.; *ders.*, Zum Verhältnis von Wahlsystem und Parteiensystem im internationalen vergleichenden politikwissenschaftlichen Diskurs, in: J. Krüper/H. Merten/T. Poguntke (Hrsg.), Parteienwissenschaften, 2015, S. 185 (196 f.). Kritisch aber etwa *S.-C. Lenski*, Paradoxien der personalisierten Verhältniswahl, in: AöR 134 (2009), S. 473 ff.

ständlich. Der letzte ernsthafte Vorstoß zu ihrer Ersetzung liegt weit zurück: Ende der 1960er Jahre erwog die damalige Regierungsmehrheit aus CDU, CSU und SPD, für die Bundestagswahlen ein Mehrheitswahlsystem einzuführen.[420]

Nach dem historisch-empirischen Ansatz sollte der Gesetzgeber deshalb jedenfalls den Wahlsystemsubtyp auf allen Ebenen beibehalten, also wenigstens die Wesensmerkmale der personalisierten Verhältniswahl unverändert lassen. Wesentlich für die personalisierte Verhältniswahl ist die Verbindung der Mandatsvergabe im Einheitswahlkreis nach Proporz mit der Möglichkeit der Personenwahl in Einpersonenwahlkreisen.[421] Eine Sperrklausel gehört nicht zu den Wesensmerkmalen der personalisierten Verhältniswahl, sondern konstituiert ein bestimmtes Wahlsystem innerhalb der Familie der personalisierten Verhältniswahlsysteme. Die Wahlsysteme in Deutschland enthalten eine Sperrklausel, je nachdem, welche Volksvertretung zur Wahl steht und in welchem Land die Wahl stattfindet. Keinem dieser Wahlsysteme fehlt die erforderliche Akzeptanz bei den Wählern. Der verfassungsändernde Bundesgesetzgeber kann dem historisch-empirischen Ansatz demnach keine Gründe entnehmen, die generell für oder gegen die Einführung einer Kommunalwahl-Sperrklausel sprechen.

c) Einführung einer Sperrklausel-Ermächtigung als Beitrag zur Erfüllung und Vereitelung von Zwecken der Dezentralisation der Gesetzgebung

Ob der verfassungsändernde Gesetzgeber eine Sperrklausel-Ermächtigung ins Grundgesetz aufnimmt, richtet sich auch danach, welche Zwecke die Dezentralisation der Gesetzgebung nach seiner Auffassung in welchem Maße erfüllen soll.[422] *Erstens* kann er den Ländern eine Kompetenz verschaffen, damit sie gewohnte Regelungen bewahren und empirische Unsicherheiten sowie die Kosten einer Regeländerung vermeiden können. Der Bund kommt damit Bewahrungsbedürfnissen entgegen (aa). *Zweitens* kann er von den Ländern erwarten, dass sie ihre Kompetenzen gestalterisch nutzen und verschiedene Regelungen erproben, damit sie die beste Regelung für sich finden und dem Bund sowie den anderen Ländern ein Vorbild geben können. Der Bund regt damit Experimente an (bb). *Drittens* kann er einer politischen Mehrheit in einem Land, die mit der politischen Mehrheit im Bund nicht übereinstimmt, zugestehen, dass sie in

---

[420] *Hans Meyer,* Wahlsystem und Verfassungsordnung, 1973, S. 57 ff.; *M. Wild,* Die Gleichheit der Wahl, 2003, S. 10 ff.

[421] *D. Nohlen,* Wahlrecht und Parteiensystem, 7. Aufl. 2014, S. 368 ff., 576 f. (Glossar).

[422] Sammlung von Leistungen der Dezentralisation bei *H. Peters,* Zentralisation und Dezentralisation, 1928, S. 46 ff.; *J. Oebbecke,* Selbstverwaltung angesichts von Europäisierung und Ökonomisierung, in: VVDStRL 62 (2003), S. 366 (371 ff.); *S. Korioth,* Art. „Föderalismus", in: W. Heun u. a. (Hrsg.), EvStL, 2006, Sp. 596 (599 ff.); *J. Oebbecke,* Art. „Dezentralisation, Dekonzentration", ebd., Sp. 364 (367 f.); *H. Oberreuter,* Art. „Föderalismus", in: Görres-Gesellschaft (Hrsg.), StL[8] II, 2018, Sp. 776 (779 f.).

einer Sachfrage eine abweichende Entscheidung treffen kann. Der Bund fördert damit Akzeptanz (cc).

aa) Bewahrungsbedürfnis: Entlastung des Gesetzgebers von empirischen Unsicherheiten und von Kosten einer Regeländerung

Nach bisheriger Rechtslage können Sperrklauseln im Einzelfall grundgesetzkonform sein, nämlich wenn sie gerechtfertigt sind, weil sie einen verhältnismäßigen Beitrag zur Gewährleistung der Funktionsfähigkeit einer Volksvertretung leisten. Ob eine Sperrklausel verhältnismäßig ist, richtet sich nach einer Reihe von Umständen des Einzelfalls: etwa nach den Funktionen der Volksvertretung, der Gestalt des Wahlsystems, dem Verfahren in der Volksvertretung, den Mitwirkungsrechten ihrer Mitglieder, den Eigenheiten des Parteiensystems und der politischen Kultur. Indem ein Rechtsanwender das Gebot der Verhältnismäßigkeit anwendet, berücksichtigt er solche Umstände des Einzelfalls.

Wenn eine Maßnahme wie die Einführung einer Sperrklausel im rechtsdogmatischen Sinne *ungeeignet* oder *nicht erforderlich* ist, verzichtet ein Gesetzgeber im Regelfall bereits deshalb auf diese Maßnahme, weil sie zugleich wirkungslos oder allenfalls ‚zweite Wahl‘ und deshalb politisch kaum erstrebenswert ist.[423] Wenn ein Rechtsanwender beurteilt, ob eine Maßnahme, die ein Gesetzgeber ergreift, geeignet und erforderlich ist, wirken empirische Unsicherheiten zugunsten des Gesetzgebers: Eine Maßnahme ist ungeeignet oder nicht erforderlich, wenn mit an Sicherheit grenzender Wahrscheinlichkeit feststeht, dass sie wirkungslos ist bzw. eine andere verfassungsgemäße Maßnahme wenigstens ebenso wirkungsvoll und dennoch milder wäre. Im Zweifelsfall ist demnach eine Maßnahme, die ein Gesetzgeber ergreift, geeignet und erforderlich. Deshalb besteht kaum ein Bedürfnis nach einer Sperrklausel-Ermächtigung in den Fällen, in denen eine Sperrklausel ungeeignet oder nicht erforderlich ist.

Wenn die Einführung einer Sperrklausel im rechtsdogmatischen Sinne *unangemessen* ist, kann ein Gesetzgeber sie dennoch einführen wollen: Wenn ein Rechtsanwender beurteilt, ob eine Maßnahme angemessen ist, können empirische Unsicherheiten zulasten des Gesetzgebers wirken. Eine Maßnahme ist möglicherweise deshalb unangemessen, weil die Wirkungen anderer Maßnahmen ungewiss sind, aber wahrscheinlich dazu führen würden, dass die ursprüngliche Maßnahme nicht erforderlich wäre. Der Gesetzgeber weiß nicht, welche Regelung er vorzöge, wenn er frei von Unsicherheit wählen könnte. Ob eine Maßnahme unangemessen ist, richtet sich zudem danach, ob dem Ge-

---

[423] *M. Jestaedt,* Maßstäbe des Verwaltungshandelns, in: D. Ehlers/H. Pünder (Hrsg.), AllgVerwR, 15. Aufl. 2016, § 11 Rn. 4: „[D]ie verfassungsrechtlich eingeforderte Verhältnismäßigkeit ist aber normstrukturell betrachtet nichts anderes als ein Sonderfall allgemeiner Zweckmäßigkeit.“

setzgeber die Kosten der Regeländerung zuzumuten sind. Politische, finanzielle oder andere Kosten der Regeländerung können die Aussicht auf den Nutzen der abweichenden Regelung überwiegen. Der Gesetzgeber verzichtet auf die Änderung, auch wenn er eine abweichende Regelung bevorzugt. Von der Gewichtung der Funktionsfähigkeit der Volksvertretung und der Erfolgswertgleichheit der Stimmen hängt ab, ob empirische Unsicherheiten im Einzelfall zulasten des Gesetzgebers wirken und ob er die Kosten der Regeländerung tragen muss: Je höher die Erfolgswertgleichheit und je geringer die Funktionsfähigkeit wiegen, desto mehr muss sich ein Wahlgesetzgeber zumuten lassen.

Der verfassungsändernde Bundesgesetzgeber wird daher eine Sperrklausel-Ermächtigung einführen, wenn er den Landesgesetzgeber von den empirischen Unsicherheiten und den Kosten einer Regeländerung entlasten will, die auf ihn zukommen, wenn eine Sperrklausel im rechtsdogmatischen Sinne unangemessen ist. Dadurch ginge er auf die menschliche Neigung ein, an Bekanntem festzuhalten und Neuerungen zu misstrauen, solange die Neuerung nicht bewiesen hat, dass sie dem Bekannten überlegen ist und die Kosten der Umstellung von Altem auf Neues rechtfertigt. Die Argumentationslast tragen die Befürworter einer Änderung: Wer sich an einen Zustand gewöhnt hat, will von der Sinnhaftigkeit einer Änderung überzeugt werden. Die Einführung einer Sperrklausel-Ermächtigung ins Grundgesetz käme solchem Bewahrungsbedürfnis entgegen.

bb) Experimentierbereitschaft: Erweiterung des Entscheidungsfreiraums des Landesgesetzgebers als Erneuerungs- und Wagnishemmnis

In Deutschland sind Sperrklauseln den Wählern, den Wahlbewerbern und den Gesetzgebern vertraut und erfüllen zuverlässig ihren Zweck. Die Geltung einer Sperrklausel befreit den Gesetzgeber davon, dass er andere Mittel bedenkt und erprobt, die zur Gewährleistung der Funktionsfähigkeit von Volksvertretungen beitragen können. Aus seiner Sicht sind Sperrklauseln möglicherweise vor allem die bequemste Lösung.[424] Indem ein Land aber verschiedene Maßnahmen erprobt, sucht es nach der wenigstens für sich besten Regelung und kann dem Bund und den anderen Ländern als gutes oder als schlechtes Vorbild dienen, wenn sie nach der für sie besten Lösung suchen. Solche Regelungen können, selbst wenn sie ihr ursprüngliches Ziel verfehlen, an anderer Stelle zur Verbesserung des politischen Systems beitragen. Wer verschiedene Maßnahmen erprobt, begünstigt zufällige Entdeckungen genauso wie planmäßiges Lernen.

Im Regelfall setzt die Erprobung einen großen Entscheidungsfreiraum voraus. Wer über wenige Alternativen verfügt, kann kaum Erfahrungen sammeln oder auf Neues stoßen und verfehlt möglicherweise die für ihn beste Lösung.

---

[424] *J. Oebbecke,* Ist die 5% Klausel noch zeitgemäß?, 2016, S. 1 (6): „Die Sperrklausel lebt auch davon, dass sie das Nachdenken über die Handhabung anderer Stellschrauben erspart."

Wenn der Bund den Ländern eine Kompetenz überlässt und sich davon Innovationen verspricht, muss er den Ländern grundsätzlich große Entscheidungsfreiräume zugestehen. Im Einzelfall aber kann der Entscheidungsfreiraum so großzügig bemessen sein, dass der Erneuerungs- und Wagnisdruck sinkt. Denn Ungewissheiten und Pfadabhängigkeiten hemmen den Gesetzgeber:[425] *Erstens* können die Wirkungen der einen Regelung bekannt sein, die der anderen ungewiss. *Zweitens* können die Kosten einer Regeländerung die Aussicht auf den Nutzen einer abweichenden Regelung überwiegen. Indem der Bund es dabei belässt, dass Sperrklauseln bei Kommunalwahlen (nach Ansicht der Rechtsprechung) verfassungswidrig sind, kann er einem Land einen Anreiz bieten, dass es die Kosten und Unsicherheiten in Kauf nimmt, weil es sein Regelungsziel, die Gewährleistung der Funktionsfähigkeit, andernfalls nicht erreichen kann.

Indem der verfassungsändernde Bundesgesetzgeber den Erneuerungs- und Wagnisdruck aufrechterhält, geht er auf Kritiker des politischen Systems ein, die Gegenentwürfe zu der Form von Demokratie verfolgen, die Deutschland im 21. Jahrhundert praktiziert. Zu den Fernzielen der Kritiker gehören beispielsweise eine Demokratie ohne Wahlen und eine Demokratie ohne Parteien.[426] Die Befürworter solcher Fernziele wollen das politische System nicht abrupt neu ausrichten, sondern werben für ein lokales, evolutives und experimentelles Vorgehen.[427] Ein solches Vorgehen richtet sich an einem Fernziel aus, müsse es aber nicht erreichen: In der Praxis könne sich herausstellen, dass ein Gegenentwurf, den seine Befürworter in der Theorie geprüft hätten, undurchführbar sei oder einem bestehenden oder einem dritten Demokratie-Modell nachstehe.

Der Gesetzgeber könne solche Neuerungen besser im Kommunal(wahl)recht erproben als auf einer höheren politischen Ebene (EU, Bund, Land).[428] Typischerweise seien die Aufgaben der Kommunen überschaubarer, ihre Bevölkerung homogener, ihre Politiker anerkannter, ihre Fehlentscheidungen weniger folgenreich und besser korrigierbar.[429] Die Risiken, die sich daraus ergäben,

---

[425] Zum Begriff der Pfadabhängigkeit, der aus den Sozialwissenschaften stammt, und zu seinem Potential für die Rechtswissenschaft die Beiträge in: E. E. Wagner u. a. (Hrsg.), Pfadabhängigkeit hoheitlicher Ordnungsmodelle, 2016.

[426] Für eine Demokratie ohne Parteien wirbt *E. V. Towfigh,* Das Parteien-Paradox, 2015, für eine Demokratie ohne Wahlen *D. Van Reybrouck,* Gegen Wahlen, 2016. *J. Brennan,* Gegen Demokratie, 2017 ruft dazu auf, die Demokratie durch eine Form der „gemäßigten Epistokratie" zu ersetzen, und geht damit über die Vorschläge hinaus, die den Umbau der Demokratie enthalten.

[427] Stellvertretend *E. V. Towfigh,* Das Parteien-Paradox, 2015, S. 197 ff., der sich unter anderem auf die Vorstellungen des amerikanischen Philosophen John Dewey von Experimentalismus, Evolutionismus und Progressivismus in der Demokratie beruft. Dazu *H. Brunkhorst,* Demokratischer Experimentalismus, in: ders. (Hrsg.), Demokratischer Experimentalismus, 1998, S. 7 ff.

[428] *Hans Meyer,* Kommunalwahlrecht, in: T. Mann/G. Püttner (Hrsg.), HkWPr³ I, 2007, § 20 Rn. 61, 63; *E. V. Towfigh,* Das Parteien-Paradox, 2015, S. 197 ff. Kritisch *H.-G. Henneke,* Kommunalverfassungen als landespolitisches Experimentierfeld?, in: ZG 29 (2014), S. 66 ff.

[429] *E. V. Towfigh,* Das Parteien-Paradox, 2015, S. 197 ff.

dass mit einer Regeländerung vielfältige Kosten und empirische Unsicherheiten einhergehen können, ließen sich vor Ort typischerweise besser verantworten als auf einer höheren Ebene.[430] Wer die Gewährleistung der Funktionsfähigkeit der Kommunalvertretungen fördern will, aber keine Sperrklausel einführen kann, muss ein Bündel verschiedener Maßnahmen ergreifen. Neben dem Wahlrecht muss er Normen über das Verfahren in den Vertretungen und die Mitwirkungsrechte ihrer Mitglieder ändern, damit er den Beitrag ersetzen kann, den eine Sperrklausel zur Gewährleistung der Funktionsfähigkeit leistet. In solchen Fällen sind die Aussichten auf Innovationen günstig. Die Einführung einer Sperrklausel-Ermächtigung wäre hingegen ein Hemmschuh.

cc) Akzeptanz: Zugeständnis an Kritiker der Verengung des Entscheidungsfreiraums des Landesgesetzgebers durch die Rechtsprechung

Der verfassungsändernde Bundesgesetzgeber kann der Dezentralisation der Gesetzgebung den Zweck beimessen, dass die Länder auch solche Entscheidungen treffen können, die von Entscheidungen abweichen, die andere Länder treffen oder der Bund getroffen hätte. Wer einerorts zur Minderheit gehört und sich fremdem Willen beugen muss, kann andernorts zur Mehrheit gehören und seinen eigenen Willen durchsetzen.[431] Der Umfang der Dezentralisation der Gesetzgebung richtet sich formell nach Art. 70 ff. GG. Materielle Vorgaben für die Landesgesetzgebung sind negative Kompetenznormen: Der Bund stellt die Ausübung der Kompetenzen, die er den Ländern durch eine positive Kompetenznorm in Art. 70 I GG einräumt, unter inhaltliche Vorbehalte. Dazu gehören neben den Grundrechten auch die Wahlgrundsätze.[432] Die Dezentralisation der Gesetzgebung trägt zur Akzeptanz des politischen Systems bei: Indem das Grundgesetz bestimmte Kompetenzen für die Gesetzgebung den Ländern überlässt, beugt es Gefühlen der Enttäuschung und Ohnmacht vor, die bei den Wählern aufkommen können, deren Vertreter im Bundestag zur Minderheit gehören.

---

[430] *E. V. Towfigh,* Das Parteien-Paradox, 2015, S. 203 f.

[431] *R. Wahl,* Art. „Demokratie, Demokratieprinzip", in: M. Schröder (Hrsg.), ErgLdR, Nr. 5/170 (1990), S. 1 (5); *J. Isensee,* Die Rationalität des Staates und die Irrationalität des Menschen, in: AöR 140 (2015), S. 169 (195 f.); *M. G. Schmidt,* Art. „Demokratie" [Pol], in: Görres-Gesellschaft (Hrsg.), StL[8] I, 2017, Sp. 1213 (1221): „Aufgrund der Gliederung in Bund und Länder hatte ein Verlierer einer Bundestagswahl, wie die SPD in den Jahren 1949 bis 1965 oder die CDU/CSU in den Jahren der SPD/FDP-Koalition (1969–1982) und der rot-grünen Koalition (1998–2005), die Chance, durch Siege bei Landtagswahlen in den Ländern und bei Abstimmungen im Bundesrat auch im Bund mitzuregieren."

[432] Für die Grundrechte *H. Kelsen,* Reine Rechtslehre, 1. Aufl. 1934, S. 74 ff.; *R. Alexy,* Theorie der Grundrechte (1985), 7. Aufl. 2015, S. 223 f.; *K. Hesse,* Grundzüge des Verfassungsrechts der Bundesrepublik Deutschland, 20. Aufl. 1995, Rn. 291 f. Für die Wahlgrundsätze *T. Barczak,* Verfassungswidrigkeit der verfassungsunmittelbaren Sperrklausel für Kommunalwahlen, in: NWVBl. 2017, S. 133 (136).

Der verfassungsändernde Gesetzgeber in Nordrhein-Westfalen hat eine Sperrklausel in geringer Höhe von 2,5 Prozent in seiner Landesverfassung geregelt, nachdem das Landesverfassungsgericht eine Sperrklausel von 5 Prozent im einfachen Recht für verfassungswidrig erklärt hatte.[433] Einige Beobachter halten die Entscheidung des verfassungsändernden Landesgesetzgebers für einen „Akt parlamentarischer Notwehr" gegen eine Rechtsprechung, die übergriffig geworden sei, indem sie eine bewährte Sperrklausel für verfassungswidrig befunden habe.[434] Dadurch, dass der Landesgesetzgeber die Höhe der Sperrklausel verringert und ihren Regelungsstandort verändert hat, wollte er der Rechtsprechung ihre Grundlage entziehen. Dennoch hat das Landesverfassungsgericht auch die neue Sperrklausel für verfassungswidrig befunden.[435] Diese Unnachgiebigkeit hat die Einschätzung, dass sich die Rechtsprechung übergriffig verhalte, bei einigen Beteiligten hervorgerufen und bei anderen bestätigt.

Zum einen gingen die Verfassungsgerichte über Einwände der Wahlsystemforschung hinweg, nach denen ihre Rechtsprechung den Entscheidungsfreiraum des Wahlgesetzgebers im Rechtsvergleich in nahezu einmalig hohem Maße beschränke. Diese Beschränkung lässt sich allerdings der Rechtsprechung nicht zum Vorwurf machen, weil sie zutreffend erkennt, dass das Grundgesetz die Erfolgswertgleichheit der Stimmen verbürgt und Ungleichbehandlungen ausschließlich gerechtfertigt sind, wenn sie in verhältnismäßiger Weise zur Gewährleistung der Funktionsfähigkeit der Volksvertretung beitragen. Die Ablehnung richtet sich gegen die grundgesetzlichen Vorgaben, nicht gegen ihre allein scheinbar fehlerhafte autoritative Auslegung durch die Verfassungsgerichte.[436] Während die Entscheidung des Gesetzgebers, ob und in welcher Höhe er eine Sperrklausel einführt, aus wahlsystematischer Sicht am Ende einer Abwägung vor allem zwischen Konzentration und Spiegelbildlichkeit der Mandatsverteilung steht, richtet sich die Entscheidung, ob eine Sperrklausel grundgesetzkonform ist, nach dem Ausgang einer Abwägung ausschließlich zwischen der Erfolgswertgleichheit der Stimmen und der Funktionsfähigkeit der Volksvertretung. Eine Sperrklausel-Ermächtigung an die Länder würde es den Lan-

---

[433] VerfGH NRW, Urteil vom 6.7.1999, 14 und 15/98, DVBl. 1999, S. 1271 ff. – Kommunalwahl-Sperrklausel II.

[434] Zitat bei *F. Decker,* Stellungnahme zum Entwurf eines Kommunalvertretungsstärkungsgesetzes vom 22.9.2015, Stellungnahme 16/3331, ohne Datum, S. 1 (1).

[435] VerfGH NRW, Urteil vom 21.11.2017, 21/16 u. a. – Kommunalwahl-Sperrklausel III.

[436] Dass die Verfassungsgerichte ,ihre' Verfassungen autoritativ auslegen, ergibt sich für das Bundesverfassungsgericht aus § 31 BVerfGG, für die Landesverfassungsgerichte aus entsprechenden Normen des Landesrechts, zum Beispiel für das Verfassungsgericht in Nordrhein-Westfalen aus § 26 VGHG NRW. Dass die Verfassungsgerichte ihre Verfassungen auf derselben Stufe durch Auslegung konkretisieren, ist im deutschen Recht nicht vorgesehen. Ein Auslegungsergebnis eines Verfassungsgerichts kann fehlerhaft und verbindlich zugleich sein. Zur Unterscheidung von autoritativer und authentischer Verfassungsinterpretation näher *M. Jestaedt,* Grundrechtsentfaltung im Gesetz, 1999, S. 363 ff.

desgesetzgebern erlauben, eine Sperrklausel einzuführen, auch wenn sie als Beitrag zur Gewährleistung der Funktionsfähigkeit der Volksvertretung ungerechtfertigt wäre. Davon würde der Landesgesetzgeber Gebrauch machen, wenn er Sperrklauseln aus demokratietheoretischer Sicht befürwortete oder die empirischen Unsicherheiten und die Kosten des Einsatzes anderer Maßnahmen scheute. Die Wahlgesetzgeber in den Ländern genössen einen genauso großen Entscheidungsfreiraum wie nahezu sämtliche ausländischen Wahlgesetzgeber.

Zum anderen kann Ohnmacht gegenüber der Rechtsprechung empfinden, wer die Einführung einer Sperrklausel befürwortet oder, unabhängig davon, den Entscheidungsfreiraum der Länder prinzipiell wertschätzt. Wenn sich ein Gesetzgebungsorgan als einfacher Gesetzgeber durch die Verfassung, so wie sie die Rechtsprechung autoritativ auslegt, eingeengt fühlt, kann es in seine Rolle als verfassungsändernder Gesetzgeber wechseln und die Verfassung so ändern, dass sich sein Entscheidungsfreiraum als einfacher Gesetzgeber vergrößert.[437] Doch ein deutscher Gesetzgeber antwortet auf die Rechtsprechung eines Verfassungsgerichtes selten, indem er die Verfassung ändert: Eine solche Verfassungsänderung gilt typischerweise als anrüchig, weil der verfassungsändernde und der einfache Gesetzgeber rechtlich verschieden, aber personell identisch sind und die Abgeordneten daher ihren eigenen Kontrolleur um seinen Kontrollmaßstab bringen.[438] Dass der Gesetzgeber in Nordrhein-Westfalen auf die Entscheidung des Landesverfassungsgerichts von 1999, dass die Sperrklausel bei Kommunalwahlen verfassungswidrig sei, trotzdem mit einer Verfassungsänderung geantwortet hat, lässt auf besonders großen Unmut schließen. Dass der Bundesgesetzgeber eine 3-Prozent-Sperrklausel für Europawahlen eingeführt hat, wenige Jahre nachdem das Bundesverfassungsgericht die damalige 5-Prozent-Sperrklausel bei Europawahlen für verfassungswidrig erklärt hatte, lässt sich ebenfalls als verärgertes Aufbegehren deuten.[439]

---

[437] Zur Unterlegenheit des verfassungsändernden Gesetzgebers gegenüber dem jeweils zuständigen Verfassungsgericht in Deutschland näher *W. Schmitt Glaeser,* Das Bundesverfassungsgericht als „Gegengewalt" zum verfassungsändernden Gesetzgeber?, in: J. Burmeister (Hrsg.), Verfassungsstaatlichkeit, 1997, S. 1183 (1198 f.); *M. Jestaedt,* Verfassungsgerichtspositivismus, in: O. Depenheuer u. a. (Hrsg.), Nomos und Ethos, 2002, S. 183 ff.

[438] *M. Jestaedt,* Verfassungsgerichtspositivismus, in: O. Depenheuer u. a. (Hrsg.), Nomos und Ethos, Berlin 2002, S. 183 (207 ff.). Ein weiterer Grund für die Seltenheit eines solchen Vorgangs sei die rechtskulturell tiefwurzelnde Vorstellung, dass eine Verfassung stärker Vorgegebenes und weniger Menschenwerk sei. Beispiele, dass der Bundesgesetzgeber auf Rechtsprechung mit Verfassungsänderung antwortet, böten auf dem Stand von 2002 allenfalls die Änderung des Asylgrundrechts in Art. 16a GG von 1993 und die Änderung der Bedürfnisklausel in Art. 72 II GG von 1994 (S. 209 in Fn. 84). Zudem *J. Krüper,* Verfassungsunmittelbare Sperrklauseln, in: ZRP 2014, S. 130 (133): „Es entspricht der politischen Kultur der Bundesrepublik, Verfassungsgerichtsentscheidungen erst zu beklagen, dann zu befolgen."

[439] *V. M. Haug,* Muss wirklich jeder ins Europäische Parlament?, in: ZParl 45 (2014), S. 467 (478); *O. Lepsius,* Parlamentsrechte und Parlamentsverständnisse in der neueren Rechtsprechung des Bundesverfassungsgerichts, in: RuP 52 (2016), S. 137 (144 f.).

Einem Landesgesetzgeber kann es nicht gelingen, eine Sperrklausel durchzusetzen, indem er seine Kompetenzen als verfassungsändernder Gesetzgeber wahrnimmt: Wenn ein Landesverfassungsgericht über die Verfassungsmäßigkeit einer Sperrklausel im Landesrecht entscheidet, wendet es das Grundgesetz an. Es setzt sich zwar darüber hinweg, dass ihm dieser Entscheidungsmaßstab nicht zusteht: Das Bundesverfassungsgericht allein entscheidet am Maßstab des Grundgesetzes, ob ein Gesetz verfassungsgemäß ist. Aber aus Sicht eines verfassungsändernden Landesgesetzgebers ist es unerheblich, ob die Auffassung des Landesverfassungsgerichts zutrifft, solange es sie praktiziert: Auf den (angemaßten) Entscheidungsmaßstab hat er keinen Zugriff. Damit sich der Entscheidungsfreiraum eines Landes bei der Einführung einer Sperrklausel vergrößern kann, ist es darauf angewiesen, dass der verfassungsändernde Bundesgesetzgeber ihm zur Hilfe kommt. Indem er eine Sperrklausel-Ermächtigung einführt, macht er denen ein Zugeständnis, die bedauern, dass sich der Entscheidungsfreiraum der Länder verengt habe, und wirkte den Ohnmachtsgefühlen entgegen, die bei einigen Anhängern dieser Auffassung entstanden sind.

Ungewiss ist, ob speziell der verfassungsändernde Gesetzgeber in Nordrhein-Westfalen den rechtlichen Maßstab des Landesverfassungsgerichts nach dessen eigener Auffassung so verändern kann, dass das Gericht eine Kommunalwahl-Sperrklausel für verfassungsgemäß halten würde. In der Begründung seiner Entscheidung von 2017 lässt das Gericht ausdrücklich unentschieden, ob der verfassungsändernde Gesetzgeber Art. 69 I 2 NWVerf. ändern kann, der nach Annahme des Gerichts die Wahlgrundsätze des Grundgesetzes in die Landesverfassung übernimmt. Ebenso offen bleibt, welche Maßstäbe das Landesverfassungsgericht nach seiner eigenen Auffassung an eine Sperrklausel anlegen müsste, wenn der Landesgesetzgeber Art. 69 I 2 NWVerf. geändert hätte.[440] In jedem Fall aber müsste sich eine Kommunalwahl-Sperrklausel im Landesrecht am Grundgesetz messen lassen, gleich vor welchem Verfassungsgericht.

Wenn der verfassungsändernde Bundesgesetzgeber die Rechtslage nicht ändert, können die Verfassungsgerichte zur Akzeptanz der bisherigen Rechtslage beitragen: *Erstens* können sie dem Widerstand gegen ihre Rechtsprechung entgegenwirken, indem sie sich in den Begründungen ihrer Entscheidungen mit den Einwänden der Wahlsystemforschung auseinandersetzen und sich für ihre trotzdem zutreffende Interpretation des Gebots der Wahlgleichheit auf dessen Entstehungsgeschichte berufen. Wer mit dem Ergebnis einer Entscheidung unzufrieden ist, nimmt sie typischerweise umso bereitwilliger hin, je umfassender

---

[440] VerfGH NRW, Urteil vom 21.11.2017, 21/16 u. a., Rn. 36 ff. (Antragsbefugnis), 46 ff. (Maßstäbeteil).

und eingehender ihre Begründung ausfällt.[441] *Zweitens* müssen die Landesverfassungsgerichte die Entscheidung über die Grundgesetzkonformität von Sperrklauseln dem Bundesverfassungsgericht überlassen. Wenn das Bundesverfassungsgericht eine Sperrklausel für verfassungswidrig befindet, weil sie mit dem Grundgesetz unvereinbar ist, stößt es damit möglicherweise auf größere Akzeptanz als ein Landesverfassungsgericht mit einer Entscheidung gleichen Inhalts (zumal sich das Landesverfassungsgericht seinen Maßstab anmaßt).

*d) Rechtssicherheit: Vorbeugender Schutz von Sperrklauseln bei
Landtagswahlen vor einer Kehrtwende der Rechtsprechung*

Die Sperrklauseln bei den Wahlen zum Bundestag und zu den Landtagen haben die Verfassungsgerichte wiederholt für verfassungsgemäß erklärt. Ihre Position zu Sperrklauseln bei den Wahlen zum Europäischen Parlament und bei Kommunalwahlen hat sich hingegen geändert: Nachdem die Verfassungsgerichte diese Sperrklauseln jahrzehntelang gebilligt hatten, haben sie sie erst in vergleichsweise junger Zeit für verfassungswidrig befunden.[442] Die Verfassungsgerichte bemühen sich um den Eindruck, dass ihre Rechtsprechung zu Sperrklauseln kontinuierlich verlaufe, obwohl ihre jüngeren Entscheidungen für das Europa- und das Kommunalwahlrecht ein anderes Ergebnis hatten als ihre älteren und die frühere Einigkeit der Spruchkörper knappen Abstimmungsergebnissen und meinungsfreudigen Sondervoten gewichen ist.[443]

Dass die Verfassungsgerichte bei der Beurteilung von Sperrklauseln im Kommunalwahlrecht eine Kehrtwende vollzogen haben, lässt sich auf Grundlage gleichbleibender Maßstäbe rechtfertigen, weil die Gesetzgeber in den Ländern, in denen Sperrklauseln galten, zuvor die Volkswahl von Bürgermeistern und Landräten eingeführt hatten. Ein wichtiges Kriterium, das für die Rechtfertigung einer Sperrklausel spricht, ist seitdem nicht mehr erfüllt.[444] Dass das

---

[441] Zur akzeptanzfördernden Wirkung von Begründungen näher *U. Kischel,* Die Begründung, 2003, S. 52 ff.

[442] Positionswechsel für das Kommunalwahlrecht in VerfGH NRW, Urteil vom 6.7.1999, 14 und 15/98 – Kommunalwahl-Sperrklausel II; BVerfG, Urteil vom 13.2.2008, 2 BvK 1/07, BVerfGE 120, 82 – Kommunalwahl-Sperrklausel SchlH III. Positionswechsel für das Europawahlrecht in BVerfG, Urteil vom 9.11.2011, 2 BvC 4/10 u. a., BVerfGE 129, 300 (324) – Europawahl-Sperrklausel II; BVerfG, Urteil vom 26.2.2014, 2 BvE 2/13 u. a., BVerfGE 135, 259 (288 f.) – Europawahl-Sperrklausel III.

[443] *H. M. Heinig/M. Morlok,* Konkurrenz belebt das Geschäft!, in: ZG 15 (2000), S. 371 (377): „Schein der Kontinuität"; *P. Cancik,* Wahlrecht und Parlamentsrecht als Gelingensbedingungen repräsentativer Demokratie, in: VVDStRL 72 (2013), S. 268 (301): Sperrklausel-Entscheidung von 2011 als Zeichen eines „deutlichen Sinneswandels eines Teils des Senats"; VerfGH NRW, Urteil vom 21.11.2017, 21/16 u. a., Rn. 73 ff.: „In seiner neueren Rechtsprechung hat das Bundesverfassungsgericht die Anforderungen an Sperrklauseln [...] verschärft" (Rn. 74).

[444] Gleiche Einschätzung etwa bei *J. Oebbecke,* Der Grundsatz der gleichen Wahl im Kommunalwahlrecht, in: Die Verwaltung 31 (1998), S. 219 (238 ff.); BVerfG, Urteil vom

Bundesverfassungsgericht bei der Beurteilung von Sperrklauseln im Europa-wahlrecht eine Kehrtwende vollzogen hat, lässt sich hingegen mit den nominell unveränderten rechtlichen Maßstäben nicht in Einklang bringen. Nachdem das Bundesverfassungsgericht 1979 seine erste Entscheidung zu einer Sperrklausel im Europawahlgesetz getroffen hatte, hat das Europäische Parlament an Kom-petenzen, an Bedeutung und an Binnenvielfalt gewonnen.[445]

Erstens haben die Mitgliedsstaaten durch Änderungen der Europäischen Verträge den Einfluss des Europäischen Parlaments auf die Zusammensetzung der Europäischen Kommission erweitert: Das Parlament wählt den Präsidenten der Kommission und bestätigt die Kommission als Kollegium; durch ein Miss-trauensvotum kann es den Rücktritt der Kommission erzwingen.[446] Der Euro-päische Rat schlägt dem Parlament den Kommissionspräsidenten und die Kom-missare zur Wahl vor, muss aber im ersten Fall das Ergebnis der Wahlen zum Europäischen Parlament „berücksichtigen" (und sich im zweiten Fall mit dem Kommissionspräsidenten auf einen Vorschlag einigen).[447] Die Kommissions-

---

13.2.2008, 2 BvK 1/07, BVerfGE 120, 82 (116) – Kommunalwahl-Sperrklausel SchlH III: „Mit der Einführung der Direktwahl der Bürgermeister in hauptamtlich verwalteten Gemein-den sowie der Landräte ist das zentrale Element weggefallen, das bislang die Rechtfertigung der Fünf-Prozent-Sperrklausel im schleswig-holsteinischen Kommunalwahlrecht gestützt hat"; *Hubert Meyer,* Anmerkung [zu VerfGH NRW, Urteil vom 21.11.2017, 21/16 u. a.], in: NVwZ 2018, S. 172 (172): „Mit der überwiegenden Einführung der Direktwahl der Haupt-verwaltungsbeamten im letzten Jahrzehnt des vorigen Jahrhundert büßten die Kommunalver-tretungen ihre maßgebliche zur Legitimierung der Sperrklausel herangezogene wichtige Wahl-funktion ein."

[445] *C. Schönberger,* Das Bundesverfassungsgericht und die Fünf-Prozent-Klausel bei der Wahl zum Europäischen Parlament, in: JZ 2012, S. 80 (85); *V. M. Haug,* Muss wirklich jeder ins Europäische Parlament?, in: ZParl 45 (2014), S. 467 (483 f.); *O. Lepsius,* Parlamentsrechte und Parlamentsverständnisse in der neueren Rechtsprechung des Bundesverfassungsgerichts, in: RuP 52 (2016), S. 137 (143 f.).

[446] Art. 14 I 3 EUV (Wahl des Präsidenten der Kommission); Art. 17 VII 3 EUV (Be-stätigung der Kommission als Kollegium); Art. 17 VIII EUV, Art. 234 AEUV (Misstrauens-votum). Damit unvereinbar *R. Bocklet,* Art. „Europäisches Parlament", in: Görres-Gesellschaft (Hrsg.), StL[8] II, 2018, Sp. 465 (470): „Im Unterschied zu den nationalen parlamentarischen Regierungssystemen müssen sie [scil. die Fraktionen; S. L.] aber keine Regierung bilden oder unterstützen."

[447] Art. 17 VII 1 EUV (Vorschlag des Präsidenten der Kommission); Art. 17 VII 2 EUV (Vorschlag der Kommissare). Die Berücksichtigungspflicht ist eine Neuerung des Vertrages von Lissabon von 2009. Nach der Europawahl im Jahr 2014 erwirkte das Europäische Par-lament, dass der Europäische Rat den Spitzenkandidaten der stimmenstärksten Partei, den frü-heren luxemburgischen Premierminister Jean-Claude Juncker von der Europäischen Volkspar-tei (EVP), als Kommissionspräsidenten vorschlug, obwohl die Staats- und Regierungschefs es vorzogen, unabhängig vom Wahlergebnis einen Bewerber auszuwählen: *D. Nohlen,* Zum Verhältnis von Wahlsystem und Parteiensystem im internationalen vergleichenden politikwis-senschaftlichen Diskurs, in: J. Krüper/H. Merten/T. Poguntke (Hrsg.), Parteienwissenschaften, 2015, S. 185 (195 in Fn. 22); *R. Bocklet,* Art. „Europäisches Parlament", in: Görres-Gesell-schaft (Hrsg.), StL[8] II, 2018, Sp. 465 (474). Möglicherweise wird sich die Deutung der in deutscher Terminologie von Art. 17 VII 1 EUV vorgesehene Berücksichtigungspflicht als eine Beachtungspflicht durchsetzen. Der Europäische Rat müsste das Wahlergebnis nicht lediglich

mitglieder sind demnach auf eine Mehrheit im Europäischen Parlament angewiesen, damit sie ins Amt gelangen und im Amt bleiben können. Die Europäische Union entspricht dem Typus des parlamentarischen Regierungssystems.[448]

Zweitens kommen die Gesetzgebungsakte regelmäßig im ordentlichen Gesetzgebungsverfahren oder auch Mitentscheidungsverfahren zustande.[449] Dabei
müssen der Rat und das Europäische Parlament einen Gesetzgebungsakt gemeinsam annehmen. Normalerweise bedarf es dazu eines Zustimmungsbeschlusses
des Europäischen Parlaments. Ausnahmsweise kann ein Gesetzgebungsakt in
diesem Verfahren dadurch zustande kommen, dass das Europäische Parlament
in zweiter Lesung davon absieht, sich zu einem vom Rat geänderten Vorschlag
eines Gesetzgebungsaktes zu äußern. Es genügt demnach, wenn es weder die
Ablehnung des Vorschlags beschließt noch selbst einen Änderungsvorschlag
unterbreitet; eines Zustimmungsbeschlusses bedarf es nicht.[450] Doch die Mehrheitsverhältnisse sind darum selbst in diesem Ausnahmefall nicht weniger ausschlaggebend: Damit das Europäische Parlament keinen Ablehnungsbeschluss
fasst, darf sich keine Mehrheit gegen den Gesetzgebungsvorschlag finden.
Einen Ablehnungsbeschluss muss es mit der Mehrheit seiner Mitglieder fas-

---

in seine Entscheidungsfindung einbeziehen, sondern stets den von der Parlamentsmehrheit bevorzugten Bewerber vorschlagen.

[448] Geltendes Recht (vor und nach Inkrafttreten des Vertrags von Lissabon) übergeht
P. Dann, Die politischen Organe, in: A. v. Bogdandy/J. Bast (Hrsg.), Europäisches Verfas-
sungsrecht, 2. Aufl. 2009, S. 335 (385): „Die Kompetenz zur Wahl und die demokratische
Basis des Regierungschefs dienen gewöhnlich dazu, Regierungssysteme zu kategorisieren.
Verkürzt könnte man sagen, dass es im parlamentarischen Regierungssystem grundsätzlich das
Parlament ist, welches den Regierungschef kürt, während dies im präsidentiellen System ein
unmittelbares Recht des Volkes ist. Wendet man diesen Maßstab auf die EU an, so gibt es hier
weder einen direkt gewählten Präsidenten noch eine parlamentarisch gewählte Regierung. Die
EU scheint ein undefiniertes tertium zu sein. Bei näherer Betrachtung tritt jedoch ein Charak-
teristikum der europäischen Situation hervor: die negative Kreationskompetenz des EP. Dies
reicht kaum aus, um die EU als ein parlamentarisches Regierungssystem zu bezeichnen. Aber
die negative Kompetenz, eine Art Vetorecht im Ernennungsprozess und eine Notbremse in
der laufenden Legislaturperiode, gibt dem EP ein entscheidendes Mitspracherecht – und dem
System ein charakteristisches Merkmal." Selbst wenn die Wiedergabe der Rechtslage zuträfe:
Auch das House of Commons hat lediglich eine „negative Kreationskompetenz" in dem Sinne,
dass es den Premierminister nicht wählen, nur abwählen kann. Ebenfalls unzutreffende Ein-
ordnungen bei *dems.,* Die politischen Organe, ebd., S. 385: „Die EU ist *nur* ‚semi'-parlamen-
tarisch, da der Rat (als ein Teil der unionalen Exekutive) nicht vom Europäischen Parlament
kontrolliert oder gar aufgelöst werden kann" (Hervorhebung im Original; S. L.). Der Rat gehört allerdings nach Art. 16 I 1 EUV zur gesetzgebenden Gewalt. Weder seine Zusammensetzung aus Vertretern der Mitgliedsstaaten steht dieser Einordnung entgegen noch die vereinzel-
te Ausübung vollziehender Gewalt. Andernfalls gehörte der Bundesrat in Deutschland nicht
zur gesetzgebenden Gewalt: Er setzt sich aus Vertretern der Länder zusammen und übt vereinzelt vollziehende Gewalt aus; der Bundestag kann den Bundesrat so wenig kontrollieren und
auflösen wie das Europäische Parlament den Rat.

[449] Art. 289 I, Art. 294 AEUV.

[450] Art. 294 VII lit. a Var. 2 AEUV. Im besonderen Gesetzgebungsverfahren hingegen ist
die Zustimmung des Europäischen Parlaments zwingend erforderlich.

sen, nicht mit der Mehrheit seiner Stimmen.[451] Wann immer eine Mehrheit der Mitglieder erforderlich ist, schadet ein Mitglied einem Antrag, indem es sich nicht beteiligt oder sich enthält, genauso als gäbe es eine Nein-Stimme ab. Da das Europäische Parlament einerseits keinen Ablehnungsbeschluss fassen darf und andererseits keinen Zustimmungsbeschuss fassen muss, damit ein Gesetzgebungsakt zustande kommen kann, schaden Nichtbeteiligung und Enthaltung den Gegnern eines Gesetzgebungsvorschlags. Auf ihnen ruht daher die Last, dass sie eine Mehrheit gegen einen Gesetzgebungsvorschlag zustande bringen müssen, damit sie sich durchsetzen können.

Der Ablehnungsbeschluss des Europäischen Parlaments erinnert an den Einspruch des Bundesrates: Der Unterschied zwischen Einspruch und Zustimmung besteht nicht darin, dass es bei Einspruchsgesetzen im Gegensatz zu Zustimmungsgesetzen auf die Mehrheitsverhältnisse im Bundesrat nicht ankäme, sondern darin, dass der Bundestag einen Einspruch, nicht aber die Verweigerung der Zustimmung überstimmen kann.[452] Der Rat der Europäischen Union hingegen kann einen Ablehnungsbeschluss des Europäischen Parlaments nicht überstimmen. Ein Gesetzgebungsakt kann demnach formaliter ohne Zustimmung des Europäischen Parlaments zustande kommen, aber materialiter nicht gegen die Ablehnung einer Mehrheit der Mitglieder des Europäischen Parlaments.[453]

Die Einschätzung des Bundesverfassungsgerichts in den Jahren 2011 und 2014, dass das Europäische Parlament keine „Unionsregierung [wählt], die auf seine fortlaufende Unterstützung angewiesen wäre", und demnach keine Kompetenzen bei der Personalauswahl und der Gesetzgebung hätte, die den Kompetenzen des Bundestages und der Landtage gleichkomme, lässt sich, seit der Vertrag von Lissabon in Kraft getreten ist, mit der Rechtslage nicht vereinbaren.[454] Wenn die Sperrklausel im Europawahlrecht im Jahr 1979 verfassungsgemäß war, so war sie es nach den nominell unveränderten rechtlichen

---

[451] Art. 294 VII lit. b AEUV. Das Europäische Parlament entscheidet nach Art. 231 AEUV grundsätzlich mit der Mehrheit der abgegebenen Stimmen. Abwesenheit und Enthaltungen wirken unter der Geltung dieser Mehrheitsregel neutral.

[452] Art. 77 IIa bis IV GG.

[453] Gegenteilig BVerfG, Urteil vom 9.11.2011, 2 BvC 4/10 u. a., BVerfGE 129, 300 (338 f.) – Europawahl-Sperrklausel II. Nach Art. 314 AEUV setzt die Feststellung des Jahreshaushaltsplans der Europäischen Union ebenfalls voraus, dass das Europäische Parlament keinen Ablehnungsbeschluss fasst, also den Jahreshaushaltsplan nicht mit der Mehrheit seiner Mitglieder ablehnt.

[454] Fehleinschätzungen in BVerfG, Urteil vom 9.11.2011, 2 BvC 4/10 u. a., BVerfGE 129, 300 (335 ff.) – Europawahl-Sperrklausel II; BVerfG, Urteil vom 26.2.2014, 2 BvE 2/13 u. a., BVerfGE 135, 259 (293 ff.) – Europawahl-Sperrklausel III; BVerfG, Beschluss vom 19.9.2017, 2 BvC 46/14, BVerfGE 146, 327 (357) – Eventualstimme. Kritik beispielsweise bei *C. Schönberger,* Das Bundesverfassungsgericht und die Fünf-Prozent-Klausel bei der Wahl zum Europäischen Parlament, in: JZ 2012, S. 80 (83 ff.); *V. M. Haug,* Muss wirklich jeder ins Europäische Parlament?, in: ZParl 45 (2014), S. 467 (476 ff.); *O. Lepsius,* Parlamentsrechte und Parlamentsverständnisse in der neueren Rechtsprechung des Bundesverfassungsgerichts, in: RuP 52 (2016), S. 137 (143 f.).

Maßstäben des Bundesverfassungsgerichts erst recht in den Jahren 2011 und 2014.[455] Dennoch hat das Bundesverfassungsgericht zuerst die 5-Prozent-Sperrklausel und später die 3-Prozent-Sperrklausel für verfassungswidrig erklärt. Mit der Vorgängerentscheidung von 1979, die davon in der Begründung und im Ergebnis stark abweicht, setzt es sich allerdings kaum auseinander.[456] Die Rechtsprechung zu den Sperrklauseln im Europawahlrecht leidet an erheblichen Unstimmigkeiten.

Diese Unstimmigkeiten geben Anlass zu Mutmaßungen: Die *Darstellung* der jüngeren Entscheidungen zu Sperrklauseln jedenfalls im Europawahlrecht, möglicherweise auch im Kommunalwahlrecht gibt kein treffendes Bild der Gründe, die die *Herstellung* der Entscheidungen beeinflusst haben.[457] Zum einen begreifen die Verfassungsgerichte die Vielfalt an Parteien verglichen mit den Nachkriegsjahrzehnten weniger als Bedrohung, weil ermutigende Erfahrungen mit Wahlsystemen ohne eine Sperrklausel die Erinnerung an vermeintlich schlechte Erfahrungen mit der reinen Verhältniswahl in der Weimarer Republik verdrängt haben.[458] Zum anderen macht sich verzögert bemerkbar, dass die Verfassungsgerichte die geringen Vorgaben, die früher für die Rechtfertigung von Ungleichbehandlungen bestanden ("Willkürformel"), den strengeren

---

[455] *V. M. Haug,* Muss wirklich jeder ins Europäische Parlament?, in: ZParl 45 (2014), S. 467 (483 f.); *O. Lepsius,* Parlamentsrechte und Parlamentsverständnisse in der neueren Rechtsprechung des Bundesverfassungsgerichts, in: RuP 52 (2016), S. 137 (143): „Wir stehen vor einem paradoxen Phänomen: Als das Europäische Parlament wenig Macht hatte, wurde eine 5%-Sperrklausel akzeptiert; in einer Zeit, in der das Europäische Parlament wesentlich mehr zu sagen hat, wird die Sperrklausel nicht mehr akzeptiert." *D. Ehlers,* Sicherung der Funktionsfähigkeit des Europäischen Parlaments mittels einer Sperrklausel im deutschen Wahlrecht, in: ZG 27 (2012), S. 188 (197) begrüßt die Entscheidung von 2011 und ist auch der Auffassung, dass bei „Zugrundelegung der nun getroffenen Wertungen bereits die Entscheidung des Gerichts im Jahre 1979 anders hätte ausfallen müssen."

[456] *C. Schönberger,* Das Bundesverfassungsgericht und die Fünf-Prozent-Klausel bei der Wahl zum Europäischen Parlament, in: JZ 2012, S. 80 (85); *V. M. Haug,* Muss wirklich jeder ins Europäische Parlament?, in: ZParl 45 (2014), S. 467 (484).

[457] *U. Di Fabio/R. Mellinghoff,* Abweichende Meinung zu BVerfG, Urteil vom 9.11.2011, 2 BvC 4/10 u. a., BVerfGE 129, 300 (346 f.) – Europawahl-Sperrklausel II: „Hat das Bundesverfassungsgericht noch im Jahr 1979 die Fünf-Prozent-Sperrklausel für die Europawahl als gerechtfertigt angesehen [...], so hält der Senat heute trotz abnehmender praktischer Wirkung der Sperrklausel [...] und trotz beträchtlicher Kompetenzzuwächse sowie einer deutlich gestiegenen politischen Bedeutung des Europaparlaments [...] die Sperrklausel für nicht mehr gerechtfertigt, *ohne dass hinreichend offengelegt wird, inwieweit sich die Maßstäbe der Beurteilung verändert haben*" (Hervorhebung nicht im Original; S. L.). – Abgrenzung von „Entscheidungsfindung" und „Entscheidungsbegründung" bei *U. Kischel,* Die Begründung, 2003, S. 9 ff. Erläuterungen und zahlreiche Nachweise zum Begriffspaar aus Herstellung und Darstellung und zu verwandten Gegensatzpaaren bei *M. Jestaedt,* Grundrechtsentfaltung im Gesetz, 1999, S. 132 f. mit Fn. 258; *ders.,* Das mag in der Theorie richtig sein ..., 2006, S. 8 ff. mit Fn. 31–34.

[458] *H. M. Heinig/M. Morlok,* Konkurrenz belebt das Geschäft!, in: ZG 15 (2000), S. 371 (376 f.); *U. Sacksofsky,* Wahlrecht und Wahlsystem, in: M. Morlok/U. Schliesky/D. Wiefelspütz (Hrsg.), Parlamentsrecht, 2016, § 6 Rn. 65.

Vorgaben angenähert haben, die seit langem für die Rechtfertigung von Eingriffen in Freiheitsgrundrechte bestehen („Neue Formel").[459] Schließlich hat der Anstieg der „Repräsentativitätssensibilität" in der Bevölkerung, also des Bedürfnisses nach Repräsentation in einem substanziellen Sinne, die Verfassungsgerichte erreicht.[460] Ein Wahlsystem ohne Sperrklausel entspricht diesem Bedürfnis stärker als ein Wahlsystem mit Sperrklausel.

Das Bundesverfassungsgericht betont, dass die Fraktionen des Europäischen Parlaments große Binnenvielfalt in Kauf nähmen, regelmäßig Große Koalitionen eingingen und, wenn die Große Koalition eine ausnahmsweise erforderliche qualifizierte Mehrheit verfehle, wechselnde Mehrheiten bildeten.[461] Indem das Europäische Parlament diese Arbeitsweise beibehalte und nötigenfalls verbessere, könne es die bestehende und möglicherweise zunehmende Fragmentierung des Parlamentsparteiensystems ausgleichen. Dieser Gedanke lässt sich verallgemeinern: In erster Linie soll sich die Arbeitsweise einer Volksvertretung nach der Struktur des Parteiensystems richten, die unter anderem vom Wahlsystem abhängt; weniger soll sich das Wahlsystem danach richten, wie die Volksvertretung bisher arbeitet oder künftig arbeiten will. Dieser Gedanke ist Ausdruck eines Einstellungswandels des Gerichts. Die Tragweite des Wandels ist deshalb nicht offensichtlich, weil das Gericht wenigstens in der Darstellung seiner Entscheidung die Antwort auf die Frage, in welchen Fällen eine Mehrheit erforderlich ist, mit der Antwort darauf vermengt, auf welche Weise die Mehrheiten zustande kommen: ob sie auf einem dauerhaften Parteienbündnis beruhen, auf einer Absprache von Fall zu Fall oder einer Mischung.[462]

---

[459] *H. M. Heinig/M. Morlok,* Konkurrenz belebt das Geschäft!, in: ZG 15 (2000), S. 371 (376 f.).

[460] Begriff und Erläuterung bei *P. Cancik,* Wahlrecht und Parlamentsrecht als Gelingensbedingungen repräsentativer Demokratie, in: VVDStRL 72 (2013), S. 268 (278 ff.; Anführungszeichen auch im Original; S. L.), die eine hohe Dichte von Gerichtsentscheidungen zum Wahlrecht in den Vorjahren ausdrücklich als ein Zeichen zunehmender Repräsentativitätssensibilität wertet. *O. Lepsius,* Parlamentsrechte und Parlamentsverständnisse in der neueren Rechtsprechung des Bundesverfassungsgerichts, in: RuP 52 (2016), S. 137 (144 f.) mutmaßt in ähnlichem Zusammenhang, dass das Bundesverfassungsgericht auf Kosten des Bundestages sein Ansehen in der Bevölkerung steigern wolle.

[461] BVerfG, Urteil vom 9.11.2011, 2 BvC 4/10 u. a., BVerfGE 129, 300 (327 ff.) – Europawahl-Sperrklausel II. Eine Große Koalition im Europäischen Parlament besteht aus der Fraktion der Europäischen Volkspartei (EVP), der aus Deutschland die Abgeordneten von CDU/CSU angehören, und der Fraktion der Progressiven Allianz der Sozialdemokraten (S&D), der aus Deutschland die Abgeordneten der SPD angehören. Häufig stimmt die Fraktion der Allianz der Liberalen und Demokraten für Europa (ALDE), der aus Deutschland die Abgeordneten der FDP angehören, gemeinsam mit EVP und S&D.

[462] Diese Vermengung zeigt sich beispielsweise in der zusammenfassenden Einschätzung in BVerfG, Urteil vom 9.11.2011, 2 BvC 4/10 u. a., BVerfGE 129, 300 (335 f.) – Europawahl-Sperrklausel II: „Die Fünf-Prozent-Sperrklausel findet bei der Wahl zum Deutschen Bundestag ihre Rechtfertigung im Wesentlichen darin, dass die Bildung einer *stabilen* Mehrheit für die Wahl einer handlungsfähigen Regierung und deren fortlaufende Unterstützung nötig ist und dieses Ziel durch eine Zersplitterung des Parlaments in viele kleine Gruppen gefährdet

Von den Fraktionen im Bundestag und in den Landtagen verlangen die Verfassungsgerichte bisher weniger Beweglichkeit. Die Kompetenzen und die Mehrheitsregeln des Bundestages und der Landtage weichen aber, jedenfalls soweit ein Rechtsanwender eine Sperrklausel beurteilt, nicht wesentlich von denen des Europäischen Parlaments ab. Der größte Unterschied besteht darin, dass die Abgeordneten und die Fraktionen des Europäischen Parlaments keine Gesetzesvorlagen einbringen können.[463] Für die Beurteilung einer Sperrklausel ist dieser Unterschied aber unwesentlich, weil es darauf ankommt, dass auch dem Europäischen Parlament die Gesetzgebungskompetenz zusteht. Die Verfassungsgerichte entschieden folgerichtig, wenn sie vom Bundestag und von den Landtagen verlangten, dass sie ihre Arbeitsweise der des Europäischen Parlaments annäherten, falls sich dadurch eine Sperrklausel erübrigte. Die Verfassungsgerichte könnten aus diesem Grund eine Sperrklausel für verfassungswidrig befinden, die sie früher ausdrücklich als verfassungsgemäß eingestuft haben.

Im Jahr 2017 hat das Bundesverfassungsgericht geäußert, dass sich aus seinen Entscheidungen, nach denen Sperrklauseln im Europawahlrecht verfassungswidrig sind, keine „Notwendigkeit einer Neubewertung" der Sperrklausel im Bundestagswahlrecht ergebe.[464] Jedenfalls für das Landtagswahlrecht aber lässt sich nicht ausschließen, dass die Verfassungsgerichte ihre Position zu den Sperrklauseln ändern werden.[465] Zur Verunsicherung trägt bei, dass das Bundesverfassungsgericht in jüngerer Zeit verschiedene Eigenheiten des Wahlrechts, die es zunächst als verfassungsgemäß eingestuft hatte, für verfassungswidrig befunden hat: den Effekt des negativen Stimmgewichts, die Überhangmandate (ab einer Anzahl von fünfzehn Mandaten) und die Dreimonatsregel für

---

wird. Der Gesetzgeber darf daher das mit der Verhältniswahl verfolgte Anliegen, dass die politischen Meinungen in der Wählerschaft im Parlament weitestgehend repräsentiert werden, in gewissem Umfang zurückstellen [...]. Eine vergleichbare Interessenlage besteht auf europäischer Ebene nach den europäischen Verträgen nicht. Das Europäische Parlament wählt keine Unionsregierung, die auf seine fortlaufende Unterstützung angewiesen wäre. Ebenso wenig ist die Gesetzgebung der Union von einer *gleichbleibenden* Mehrheit im Europäischen Parlament abhängig, die von einer *stabilen* Koalition bestimmter Fraktionen gebildet würde und der eine Opposition gegenüberstünde" (Hervorhebungen nicht im Original; S. L.).

[463] Art. 17 II 1 EUV. Immerhin gewährt Art. 225 AEUV dem Europäischen Parlament und Art. 241 AEUV dem Rat ein indirektes Initiativrecht.

[464] BVerfG, Beschluss vom 19.9.2017, 2 BvC 46/14, BVerfGE 146, 327 (357) – Eventualstimme.

[465] *H. H. v. Arnim,* Was aus dem Urteil des Bundesverfassungsgerichts zur 5-Prozent-Klausel bei Europawahlen folgt, in: DÖV 2012, S. 224 (226); *V. M. Haug,* Muss wirklich jeder ins Europäische Parlament?, in: ZParl 45 (2014), S. 467 (487); *J. Oebbecke,* Ist die 5 % Klausel noch zeitgemäß?, 2016, S. 1 (6): „Die Betonung der Einzelfallbetrachtung lässt den Verfassungsgerichten im Gegenteil Spielraum dafür, auch für Landtage zu fragen, ob der Nutzen einer 5%-Hürde ihre Nachteile wirklich überwiegt. Wahrscheinlich ließen sich, wenn man die Landesverfassungen untersucht, Kandidaten ausmachen, für welche die Antwort auf diese Frage Nein lauten kann. Die Alternative zu 5 % muss ja nicht sofort 0 % sein."

das Wahlrecht der Auslandsdeutschen.[466] Das Bundesverfassungsgericht hat in seinen Entscheidungen nicht (ausreichend) offengelegt, welche Gründe es jeweils zu seiner Kehrtwende bewogen haben.

Der verfassungsändernde Bundesgesetzgeber kann die Entscheidungen zu den Sperrklauseln im Kommunalwahlrecht und besonders im Europawahlrecht, die eine kaum begreifliche Kehrtwende der Rechtsprechung bedeuten, als Vorboten dafür deuten, dass sich die Rechtsprechung zu den Sperrklauseln für Landtagswahlen ebenfalls ändern wird. Je nachdem, für wie wahrscheinlich er eine Kehrtwende der Gerichte hält und wie viel Wert er auf die Entscheidungsfreiheit der Länder legt, deren Landtagswahlrecht eine Sperrklausel enthält, sollte er vorbeugend eine Sperrklausel-Ermächtigung für die Länder einführen, die für das Landtagswahlrecht gilt. Dadurch würde er die Rechtssicherheit verbessern.

2. Rechtspolitische Kriterien der Einführung der Ersatzstimmgebung besonders bei Kommunalwahlen in Nordrhein-Westfalen

a) Annahmen über Gestalt und Verfassungsmäßigkeit einer Kompetenz zur Ersatzstimmgebung

Der Gesetzgeber kann eine Sperrklausel um eine Kompetenz des Wählers ergänzen, dass er eine Alternativ-, Ersatz-, Eventual-, Hilfs- oder Nebenstimme abgibt für den Fall, dass die Partei, der er seine Hauptstimme gibt, wegen der Sperrklausel nicht an der Mandatsverteilung teilnimmt.[467] Gedanklich findet ein zweiter Wahlgang statt, an dem die Parteien teilnehmen, die im ersten Wahlgang wenigstens 5 Prozent der Stimmen erhalten haben, und bei dem die Wähler, die beim ersten Wahlgang für eine der erfolgreichen Parteien gestimmt haben, ihre Wahlentscheidung beibehalten, während sich die Wähler der Parteien, die im ersten Wahlgang gescheitert sind, für eine der verbliebenen Parteien

---

[466] BVerfG, Urteil vom 3.7.2008, 2 BvC 1/07 und 7/07, BVerfGE 121, 266 – Negatives Stimmgewicht; BVerfG, Urteil vom 25.7.2012, 2 BvF 3/11 u. a., BVerfGE 131, 316 – Überhangmandate; BVerfG, Beschluss vom 4.7.2012, 2 BvC 1/11 und 2/11, BVerfGE 132, 39 – Dreimonatsregel. Kritik an diesen Kehrtwenden bei *J. Ipsen,* Wahlrecht im Spannungsfeld von Politik und Verfassungsgerichtsbarkeit, in: DVBl. 2013, S. 265 ff.; *G. Strohmeier,* Kann man sich auf Karlsruhe verlassen?, in: ZParl 44 (2013), S. 629 ff.; *V. M. Haug,* Muss wirklich jeder ins Europäische Parlament?, in: ZParl 45 (2014), S. 467 (482 f.).

[467] Vorschlag bekanntgemacht von *E. Jesse,* Wahlrecht zwischen Kontinuität und Reform, 1985, S. 258 ff., 364 ff.; *ders.,* Aktuelle Reformvorschläge zum Wahlrecht, in: T. Mörschel (Hrsg.), Wahlen und Demokratie, 2016, S. 119 (126 f.); *E. Jesse,* Plädoyer für ein Einstimmensystem bei der Bundestagswahl ergänzt um eine Ersatzstimme, in: ZParl 47 (2016), S. 893 (893 f., 903). *Ders., Wahlrecht zwischen Kontinuität und Reform,* ebd., S. 258 in Fn. 225 legt nahe, dass *W. Speckmann,* 5 %-Klausel und subsidiäre Wahl, in: ZRP 1970, S. 198 ff. eine solche Regelung erstmals vorgeschlagen hat.

entscheiden.[468] Die Einführung eines solchen Ersatzstimmrechts wäre verfassungskonform.[469]

b) Kompromiss: Wahrung des Konzentrationsanreizes einer Sperrklausel bei gleichzeitigem Abbau von Ungleichbehandlungen bei der Wahl

Ein Wahlsystem setzt sich verschiedenen Erwartungen aus.[470] *Erstens* soll es sicherstellen, dass die Volksvertretung die Vielfalt der politischen Vorlieben in der Wählerschaft abbildet (Spiegelbildlichkeitswirkung), und *zweitens* bewirken, dass sich die Mandate bei wenigen großen Parteien sammeln (Konzentrationsanreiz). *Drittens* soll jeder Wähler mit seiner Stimme den gleichen Einfluss auf die Zusammensetzung der Volksvertretung haben (Erfolgswertgleichheit). *Viertens* soll jeder Wähler seinen Willen gezielt kundtun und besonders statt oder neben Parteien bestimmte Personen wählen können (Zielgenauigkeit). *Fünftens* soll jeder Wähler die Wirkungsweise des Wahlsystems verstehen und die Wahlhelfer die Auszählung leicht handhaben können (Einfachheit). *Sechstens* soll ein Wahlsystem möglichst breite Zustimmung finden und dazu beitragen, dass die Bevölkerung das politische System insgesamt billigt (Akzeptanz). Die Bewertung eines Wahlsystems und seiner einzelnen technischen Elemente richtet sich vor allem nach diesen sechs Kriterien: Spiegelbildlichkeitswirkung, Konzentrationsanreiz, Erfolgswertgleichheit, Zielgenauigkeit, Einfachheit, Akzeptanz. Zwischen ihnen treten praktisch zwangsläufig Zielkonflikte auf.

Durch den gedachten zweiten Wahlgang beeinflusst jeder Wähler gleichermaßen die Zusammensetzung der Volksvertretung, es sei denn, ein Wähler vergibt seine Ersatzstimme an eine Partei, die wegen der Sperrklausel genauso

---

[468] Erläuterung dieser Dualwahl bei *B. Benken,* Die Ersatzstimme – ein Instrument, dessen Zeit gekommen ist?, in: T. Mörschel (Hrsg.), Wahlen und Demokratie, 2016, S. 165 (169 in Fn. 6). Entwurf und Erläuterung eines passenden Stimmzettels bei *F. Decker,* Ist die Fünf-Prozent-Sperrklausel noch zeitgemäß?, in: ZParl 47 (2016), S. 460 (466 f.); *ders.,* Reformen der Stimmgebung, in: J. Behnke u. a. (Hrsg.), Reform des Bundestagswahlsystems, 2017, S. 97 (124). Ein Ersatzstimmrecht kann möglicherweise die Stichwahl bei der Wahl von Bürgermeistern und Landräten ersetzen: *H. Holste,* Alternativ-Stimme statt Stichwahl!, in: ZRP 2007, S. 94 ff.

[469] *M. Damm,* Die Nebenstimme bei Bundestagswahlen, in: DÖV 2013, S. 913 (918 ff.); *H. K. Heußner,* Die 5 %-Sperrklausel: Nur mit Hilfsstimme! Teil 1, in: LKRZ 2014, S. 7 (9); *B. Benken,* Die Ersatzstimme – ein Instrument, dessen Zeit gekommen ist?, in: T. Mörschel (Hrsg.), Wahlen und Demokratie, 2016, S. 165 (176 ff.); *F. Decker,* Ist die Fünf-Prozent-Sperrklausel noch zeitgemäß?, in: ZParl 47 (2016), S. 460 (467 f.); *P. Barlet,* Entscheidungsbesprechung [zu BVerfG, Beschluss vom 19.9.2017, 2 BvC 46/14], in: ZJS 2018, S. 179 (180 ff.). Nach der Auffassung des Bundesverfassungsgerichts lassen sich die Beeinträchtigungen von Wahlgrundsätzen, die es für den Fall der Einführung eines Eventualstimmrechts annimmt oder mindestens für möglich hält, wenigstens im Einzelfall rechtfertigen: BVerfG, Beschluss vom 19.9.2017, 2 BvC 46/14, BVerfGE 146, 327 (360 f.) – Eventualstimme.

[470] Diese Auflistung ist eine Synthese der Kriterien bei *E. Jesse,* Wahlrecht zwischen Kontinuität und Reform, 1985, S. 45 ff.; *D. Nohlen,* Wahlrecht und Parteiensystem, 7. Aufl. 2014, S. 187 ff., bes. 190 ff.

wenig an der Mandatsverteilung teilnimmt wie die Partei, der er seine Hauptstimme gibt. Solchen Fällen kann das Wahlrecht vorbeugen, indem es den Wählern mehr als eine Ersatzstimme zugesteht. Im Grenzfall bringen die Wähler
sämtliche Parteien, die zur Wahl stehen, auf dem Stimmzettel in eine Reihenfolge.[471] In jedem Fall wäre eine Sperrklausel, die der Gesetzgeber um das Ersatzstimmrecht ergänzt, ein milderes Mittel als eine gewöhnliche Sperrklausel:
Nahezu jeder Wähler würde wenigstens mit seiner oder seinen Ersatzstimme(n)
beeinflussen, wie sich die Volksvertretung zusammensetzt.[472]

Ungewiss bleibt, wie sich die Einführung des Ersatzstimmrechts auf die
Mandatsverteilung auswirken und wie stark eine ergänzte Sperrklausel zur Gewährleistung der Funktionsfähigkeit der Volksvertretung beitragen würde.[473]
Einerseits werden die Wähler möglicherweise vermehrt ihren inhaltlichen Vorlieben folgen und mit ihrer Hauptstimme eine Partei wählen, deren Teilnahme
an der Mandatsverteilung ungewiss ist, weil sie annehmen, dass jedenfalls ihre
Ersatzstimme wirksam wird. Dadurch könnte die Anzahl kleiner Parteien, die
Mandate in der Volksvertretung erhalten, zunehmen und die Funktionsfähigkeit
leiden. Andererseits werden die Wähler mit ihrer Ersatzstimme möglicherweise
die Parteien, die voraussichtlich Mandate erhalten werden, wählen, weil sie si-
chergehen wollen, dass jedenfalls ihre Ersatzstimme wirksam wird. Dadurch
könnte sich die Mehrheitsbildung vereinfachen und die Funktionsfähigkeit
steigen. Entweder überwiegt die eine Wirkung die andere oder die Wirkungen
gleichen sich aus.[474] Ob eine ergänzte Sperrklausel genauso starken Konzentrationsanreiz entfaltet und genauso wirksam zur Gewährleistung der Funktionsfähigkeit beiträgt wie eine gewöhnliche Sperrklausel, lässt sich nicht sicher beantworten, solange der Gesetzgeber die Regelung nicht erprobt hat.

Indem ein Landesgesetzgeber im Kommunalwahlrecht eine Sperrklausel
einführt und um ein Ersatzstimmrecht ergänzt, kann er möglicherweise den
Zielkonflikt lösen, dass ein Wahlsystem einerseits zur Ansammlung der Man-

---

[471] Dies geschieht im System übertragbarer Einzelstimmgebung (Single Transferable
Vote). Am Beispiel Irlands erläutert bei *D. Nohlen,* Wahlrecht und Parteiensystem, 7. Aufl.
2014, S. 410 ff. Dem Bundeswahlgesetzgeber empfiehlt *D. Hellmann,* Weg vom Pfadabhängigkeitsproblem: Präferenzwahl in Mehrpersonenwahlreisen als Reformoption des Bundeswahlrechts?, in: ZParl 46 (2016), S. 389 ff. dieses System.

[472] Versuch einer Prognose bei *H. K. Heußner,* Die 5%-Sperrklausel: Nur mit Hilfsstimme! Teil 2, in: LKRZ 2014, S. 52 (53 ff.).

[473] *F. Decker,* Ist die Fünf-Prozent-Sperrklausel noch zeitgemäß?, in: ZParl 47 (2016),
S. 460 (468 ff.). Versuch einer Prognose für Landtags- und für Kommunalwahlen im Saarland
bei *H. K. Heußner,* Die 5%-Sperrklausel: Nur mit Hilfsstimme! Teil 1, in: LKRZ 2014, S. 7
(10 ff.).

[474] Eine empirische Untersuchung im Vorfeld der Bundestagswahl 2017 legt nahe, dass
bei einer Bundestagswahl mit einer Haupt- und einer Ersatzstimme pro Wähler die Anzahl
erfolgloser Stimmen abnähme, ohne dass die Fragmentierung des Parlamentsparteiensystems
zunähme: *F. Graab/A. Vetter,* Ersatzstimme statt personalisierter Verhältniswahl, in: ZParl 49
(2018), S. 552 ff.

date bei wenigen Parteien führen und andererseits die Erfolgswertgleichheit der Stimmen gewährleisten soll. Er kann möglicherweise einen Ausgleich zwischen den Befürwortern und den Gegnern einer gewöhnlichen Sperrklausel herstellen: Die Sperrklausel und ihre konzentrierende Wirkung bestünden fort, aber Ungleichbehandlungen blieben nahezu vollständig aus, sodass der Haupteinwand gegen Sperrklauseln entfiele.[475] Der Ausgleich gelänge, wenn die ergänzte Sperrklausel wenigstens ähnlich wirksam zur Gewährleistung der Funktionsfähigkeit beitrüge wie eine gewöhnliche Sperrklausel und deutlich weniger Wähler ohne Einfluss auf die Sitzverteilung blieben. Nach dem historisch-empirischen Ansatz der Wahlsystemforschung sind solche Kompromisse zwischen verschiedenen Anforderungen an Wahlsysteme ein Wert an sich.

c) Praktikabilität: Wechselwirkungen zwischen Ersatzstimmgebung und anderen technischen Elementen eines Wahlsystems

Je mehr Ersatzstimmen ein Wähler vergeben kann, umso freier kann er bei der Wahl seinen inhaltlichen Vorlieben folgen. Doch je mehr Ersatzstimmen ein Wähler vergeben kann, umso wahrscheinlicher und stärker sind nachteilige Wirkungen: Zum einen wächst die Gefahr, dass der Konzentrationsanreiz der Sperrklausel deshalb schwindet, weil die Wähler viele ihrer Ersatzstimmen kleinen Parteien geben, deren Teilnahme an der Mandatsverteilung ungewiss ist, in der Erwartung, dass wenigstens eine nachgeordnete Ersatzstimme wirksam sein wird. Zum anderen wäre ein Wahlsystem mit mehreren Ersatzstimmen schwerer verständlich und die Auszählung anspruchsvoller, als wenn der Gesetzgeber eine einzige Ersatzstimme pro Wähler vorsähe. Deshalb würde ein Gesetzgeber, der eine Kompetenz zur Ersatzstimmgebung einführt, wenigstens zu Beginn jedem Wähler lediglich eine einzige Ersatzstimme einräumen.[476]

Ein Wahlgesetzgeber muss regeln, ob die Wahlhelfer die Ersatzstimme eines Wählers auszählen sollen, auch wenn es darauf für das Wahlergebnis deshalb nicht ankommt, weil der Wähler seine Hauptstimme für eine Partei abgegeben hat, die Mandate erhält. Wenn die Wahlhelfer solche Ersatzstimmen auszählen, erweitert sich das Bild, welche politischen Vorlieben in der Wählerschaft wie stark verbreitet sind und wie nah oder wie fern die eine Partei der anderen nach Einschätzung der Wähler steht. Die Wähler können Hinweise geben, welche Regierungsbündnisse sie bevorzugen.[477] Die Parteien können ihre Programme

---

[475] *F. Decker,* Ist die Fünf-Prozent-Sperrklausel noch zeitgemäß?, in: ZParl 47 (2016), S. 460 (464): „zwei Fliegen mit einer Klappe schlagen".

[476] *H. K. Heußner,* Die 5 %-Sperrklausel: Nur mit Hilfsstimme! Teil 1, in: LKRZ 2014, S. 7 (9); *B. Benken,* Die Ersatzstimme – ein Instrument, dessen Zeit gekommen ist?, in: T. Mörschel (Hrsg.), Wahlen und Demokratie, 2016, S. 165 (170); *F. Decker,* Ist die Fünf-Prozent-Sperrklausel noch zeitgemäß?, in: ZParl 47 (2016), S. 460 (465).

[477] *J. Linck,* Zur verfassungsnäheren Gestaltung der 5-%-Klausel, in: DÖV 1984, S. 884 (885); *B. Benken,* Die Ersatzstimme – ein Instrument, dessen Zeit gekommen ist?, in: T. Mör-

und ihr Personal genauer auf die politischen Vorlieben der Wahlberechtigten abstimmen.[478] Doch können Wirkungen eintreten, die dem Gesetzgeber möglicherweise unerwünscht sind: *Erstens* wird die Auszählung der Stimmen fehleranfälliger, mühsamer und zeitintensiver. *Zweitens* kann der Ruf einer Partei leiden, je mehr ihrer Wähler mit der Ersatzstimme eine Partei am Rande des politischen Spektrums bevorzugen.[479] *Drittens* kann eine Partei politischen Freiraum einbüßen, ob und mit welchen Parteien sie eine Koalition eingeht.

Wie sich eine Kompetenz zur Ersatzstimmgebung auf die Zielgenauigkeit und die Einfachheit eines Wahlsystems auswirkt, hängt im Übrigen davon ab, wie das Wahlsystem die Wahlbewerbung und die Hauptstimmgebung gestaltet. Im Einstimmensystem wählen die Wähler mit derselben Stimme einen Wahlkreisbewerber und eine Partei, im Zweistimmensystem mit ihrer Erststimme einen Wahlkreisbewerber und mit ihrer Zweitstimme eine Partei. Im Mehrstimmensystem bei deutschen Kommunalwahlen hat jeder Wähler so viele Stimmen, wie Vertreter zu wählen sind, und darf einem Listenbewerber mehrere Stimmen geben (kumulieren) oder seine Stimmen auf mehrere Listen verteilen (panaschieren).[480] Zwischen diesen drei technischen Elementen (Wahlbewerbung, Hauptstimmgebung und Ersatzstimmgebung) bestehen Wechselwirkungen.

Das Ersatzstimmrecht fügt sich besser in ein Einstimmensystem als in ein Zwei- oder ein Mehrstimmensystem.[481] Wenn die Wähler eine Ersatzstimme abgeben können, wird das Wahlsystem undurchsichtiger und die Auszählung mühsamer, zeitaufwendiger und fehleranfälliger. Im Einstimmensystem sind diese Erschwerungen besser verkraftbar als im Zweistimmensystem. Ein Einstimmensystem erreicht den Schwierigkeitsgrad des Zweistimmensystems, wenn der Gesetzgeber es um eine Ersatzstimme ergänzt, während ein Zweistimmensystem, wenn eine Ersatzstimme hinzukommt, undurchsichtiger wird und größeren Auszählungsaufwand verursacht, als es die Wähler und Wahlhelfer jedenfalls in Nordrhein-Westfalen gewohnt sind. Das Ersatzstimmrecht ist aber mit einem Zweistimmensystem nicht schlechthin unvereinbar: Die Wähler

---

schel (Hrsg.), Wahlen und Demokratie, 2016, S. 165 (175 f.); *F. Decker*, Ist die Fünf-Prozent-Sperrklausel noch zeitgemäß?, in: ZParl 47 (2016), S. 460 (464 f.). Abweichende Einschätzung bei *E. Jesse*, Plädoyer für ein Einstimmensystem bei der Bundestagswahl ergänzt um eine Ersatzstimme, in: ZParl 47 (2016), S. 893 (893).

[478] *W. Speckmann*, 5%-Klausel und subsidiäre Wahl, in: ZRP 1970, S. 198; *E. Jesse*, Wahlrecht zwischen Kontinuität und Reform, 1985, S. 259 ff.

[479] *E. Jesse*, Aktuelle Reformvorschläge zum Wahlrecht, in: T. Mörschel (Hrsg.), Wahlen und Demokratie, 2016, S. 119 (127); *E. Jesse*, Plädoyer für ein Einstimmensystem bei der Bundestagswahl ergänzt um eine Ersatzstimme, in: ZParl 47 (2016), S. 893 (894): „Beifall von der falschen Seite".

[480] *D. Nohlen*, Wahlrecht und Parteiensystem, 7. Aufl. 2014, S. 115 f.

[481] *E. Jesse*, Wahlrecht zwischen Kontinuität und Reform, 1985, S. 364 f.; *ders.*, Plädoyer für ein Einstimmensystem bei der Bundestagswahl ergänzt um eine Ersatzstimme, in: ZParl 47 (2016), S. 893 (903).

und die Wahlhelfer können sich, wie der weltweite Vergleich zeigt, durch Aufklärung und Übung an anspruchsvollere Wahlsysteme gewöhnen.[482] Wenn die meisten Länder bei Kommunalwahlen ein Mehrstimmensystem praktizieren, ist ein weniger anspruchsvolles Zweistimmensystem mit Ersatzstimme erst recht praktikabel.[483] Dem Gesetzgeber steht es ohnehin frei, Erschwerungen hinzunehmen, wenn es ihm auf die Vorteile einer Änderung ankommt.[484]

Wenn ein Gesetzgeber eine Kompetenz zur Ersatzstimmgebung einführt, kann er zeitgleich ein etwaiges Zweistimmensystem abschaffen, damit die relativ hohe Verständlichkeit des Wahlsystems und die relativ geringen Ansprüche an die Auszählung erhalten bleiben. Wenn er umgekehrt ein Zweistimmensystem abschafft, kann er zeitgleich eine Kompetenz zur Ersatzstimmgebung einführen, um der Deutung vorzubeugen, dass er den Wähler um eine seiner Stimmen und damit um einen Teil seines Einflusses bringe.[485] Wer eine Kompetenz zur Ersatzstimmgebung einführen will, kann sein Anliegen leichter durchsetzen, wenn entweder bereits ein Einstimmensystem besteht oder der Gesetzgeber es im gleichen Schritt einführt. Wenn der Gesetzgeber das Ersatzstimmrecht aber in ein Mehrstimmensystem einführen will, muss er für jede Hauptstimme eine Ersatzstimme vorsehen. Da jedem Wähler eine Vielzahl von Haupt- und Ersatzstimmen zustünde, ließe die Verständlichkeit des Wahlsystems nach und stiegen die Ansprüche an die Auszählung. Die Erschwerungen wären so erheblich, dass eine Kompetenz zur Ersatzstimmgebung mit einem Mehrstimmensystem praktisch allenfalls schwer vereinbar ist. Der Gesetzgeber muss im gleichen Schritt ein Einstimmen- oder ein Zweistimmensystem einrichten.

In Nordrhein-Westfalen befindet sich der Gesetzgeber in einem Zielkonflikt, wenn er eine Wahlrechtsänderung erwägt, die zur Gewährleistung der Funktionsfähigkeit der Kommunalvertretungen beitragen soll: Einerseits besteht ein Einstimmensystem mit der Folge, dass der Gesetzgeber ein Ersatzstimmrecht ohne weitere Maßnahmen einführen und dadurch wahrscheinlich die Verfas-

---

[482] *B. Benken,* Die Ersatzstimme – ein Instrument, dessen Zeit gekommen ist?, in: T. Mörschel (Hrsg.), Wahlen und Demokratie, 2016, S. 165 (174) fordert eine „öffentliche Infokampagne" begleitend zur Einführung eines Ersatzstimmrechts.

[483] *J. Linck,* Zur verfassungsnäheren Gestaltung der 5-%-Klausel, in: DÖV 1984, S. 884 (887); *B. Benken,* Die Ersatzstimme – ein Instrument, dessen Zeit gekommen ist?, in: T. Mörschel (Hrsg.), Wahlen und Demokratie, 2016, S. 165 (173 f.); *F. Decker,* Ist die Fünf-Prozent-Sperrklausel noch zeitgemäß?, in: ZParl 47 (2016), S. 460 (467); *A. Thiele,* Verlustdemokratie, 2. Aufl. 2018, S. 316 f.: „Das Wahlrecht würde dadurch zwar erneut komplexer, betroffen wäre aber wiederum praktisch allein der Bereich der Stimmenauswertung. Auf Seiten der Wählerinnen und Wähler hielte sich der Komplexitätszuwachs hingegen in engen Grenzen. Statt zwei Stimmen, gäbe es nun insgesamt drei" (S. 316; fehlerhafte Zeichensetzung im Original; S. L.).

[484] Nach der Auffassung von *U. Sacksofsky,* Wahlrecht und Wahlsystem, in: M. Morlok/ U. Schliesky/D. Wiefelspütz (Hrsg.), Parlamentsrecht, 2016, § 6 Rn. 66 dürfen praktische Schwierigkeiten nicht „zu einer voreiligen Verwerfung einer genaueren Prüfung dieser Option führen."

[485] *E. Jesse,* Plädoyer für ein Einstimmensystem bei der Bundestagswahl ergänzt um eine Ersatzstimme, in: ZParl 47 (2016), S. 893 (903).

sungsmäßigkeit einer Sperrklausel herbeiführen kann. Andererseits kann der Gesetzgeber ein Mehrstimmensystem einschließlich einer Kompetenz zum Kumulieren und Panaschieren einführen und dadurch das Bedürfnis nach einer Sperrklausel verringern. Die Einführung einer Kompetenz zum Kumulieren und Panaschieren kann die Bedeutung der Personen, die zur Wahl stehen, steigern und die Bedeutung der parteipolitischen Gegensätze verringern, die in der Kommunalpolitik in Nordrhein-Westfalen stark ausgeprägt sind und die Arbeit der Kommunalvertretungen behindern können. Allerdings schließen diese beiden Maßnahmen einander aus praktischen Gründen aus: Kumulieren und Panaschieren können allenfalls schwer Hand in Hand mit Ersatzstimmgebung gehen.

Wenn der Gesetzgeber eine der beiden Änderungen vornehmen will, sollte er sich dafür entscheiden, eine Kompetenz zur Ersatzstimmgebung einzuführen: *Erstens* trüge eine Sperrklausel, die mit der Ersatzstimmgebung verbunden ist, wahrscheinlich weit stärker zur Gewährleistung der Funktionsfähigkeit der Kommunalvertretungen bei als ein Mehrstimmensystem, in dem Kumulieren und Panaschieren zulässig sind. Eine ergänzte Sperrklausel ist mindestens genauso wirkungsvoll wie eine gewöhnliche Sperrklausel, es sei denn, es überwiegt die etwaige Wirkung, dass die Wähler mit ihrer Hauptstimme vermehrt für kleine Parteien stimmen und dadurch zur Streuung der Mandate beitragen. Unwahrscheinlich ist, dass eine Kompetenz zum Kumulieren und Panaschieren die Bedeutung der parteipolitischen Gegensätze so stark verringern würde, dass eine solche Kompetenz genauso wirksam zur Gewährleistung der Funktionsfähigkeit der Kommunalvertretungen beitrüge wie eine ergänzte Sperrklausel. *Zweitens* enthält das Kommunalwahlsystem in Nordrhein-Westfalen bereits ein personales Element, auch wenn die Wähler weder kumulieren noch panaschieren können: Jeder Wähler wählt bei den dortigen Kommunalwahlen mit seiner einzigen Stimme neben einer Liste einen Direktbewerber. In den Ländern, deren Kommunalwahlen sich nach einem Mehrstimmensystem richten, kann der Gesetzgeber hingegen davon absehen, eine Sperrklausel verbunden mit einem Ersatzstimmrecht einzuführen: Er würde auf ein bewährtes personales Element verzichten, obwohl das Bedürfnis nach einer Sperrklausel bei Kommunalwahlen in seinem Land vermutlich geringer ist als in Nordrhein-Westfalen, wo rechtliche und politische Besonderheiten dieses Bedürfnis steigern.

d) Reformaussichten: Einführung der Ersatzstimmgebung als potentieller Befreiungsschlag des Wahlgesetzgebers in Nordrhein-Westfalen

Ein Wahlgesetzgeber kann die praktischen Schwierigkeiten, die sich ergeben können, wenn er ein Ersatzstimmrecht einführt, begrenzen, indem er jedem Wähler eine einzige Ersatzstimme einräumt und, wo es nicht ohnehin besteht, ein Einstimmensystem einrichtet. In diesem Fall gehen die Ansprüche, die das Wahlsystem an die Wähler und die Wahlhelfer stellt, nicht über das Maß hinaus, das den Deutschen von einem Zweistimmensystem bekannt ist. Auch wenn sich der Gesetzgeber für eine aufwendigere Gestaltung entscheidet, indem er jedem Wähler mehrere Ersatzstimmen einräumt oder das Ersatzstimmrecht in ein Zweistimmensystem einführt, lassen sich praktische Anfangsschwierigkeiten durch Übung und Aufklärung überwinden. Die praktischen Hürden sind weniger hoch, als sie auf den ersten Blick erscheinen können.

Empirische Unsicherheiten und die Gesetze der Pfadabhängigkeit sprechen dennoch dagegen, dass ein Wahlgesetzgeber ein Ersatzstimmrecht einführen wird.[486] Zum einen sind die Parteien, auf deren Zustimmung es ankommt, unsicher, wie sich eine solche Wahlrechtsänderung auf ihre Erfolgsaussichten auswirken würde. Ob kleinere oder größere Parteien daraus Nutzen zögen oder ob einzelne Parteien, unabhängig von ihrer Größe, Vor- oder Nachteile hätten, lässt sich erproben, aber nicht vorhersagen. Da sämtliche Parteien von der Unsicherheit betroffen sind, sinkt die Wahrscheinlichkeit, dass sich eine Mehrheit für eine Änderung finden wird. Zum anderen schüfe der Gesetzgeber wohl das weltweit erste Verhältniswahlsystem mit Ersatzstimmgebung.[487] Bisher kommt dieses technische Element ausschließlich in Mehrheitswahlsystemen zum Einsatz. Wer ein Ersatzstimmrecht einführt, muss gründliche Überzeugungsarbeit leisten, die Wähler vor der Wahl umfassend aufklären und in Kauf nehmen, dass ein neues Wahlsystem möglicherweise trotz solcher Bemühungen unter Anfangsschwierigkeiten leiden wird. Die Parteien könnten die empirischen Unsicherheiten und die Kosten vermeiden wollen, die die Umstellung von einem Wahlsystem auf ein anderes Wahlsystem verursacht.

Für das Kommunalwahlrecht in Nordrhein-Westfalen sind die Reformbedingungen allerdings vergleichsweise günstig: Der Landesgesetzgeber spürt Handlungsdruck, weil er einerseits keine gewöhnliche Sperrklausel behalten kann und andererseits von erheblichen Risiken für die Funktionsfähigkeit der Kommunalvertretungen ausgeht. Wenn er seinem Wort treu bleiben will, muss er unverzüglich Maßnahmen ergreifen, die zur Gewährleistung der Funktionsfähigkeit der Kommunalvertretungen beitragen. Sein Handlungsdruck könnte ihn dazu bewegen, dass er die empirischen Unsicherheiten und die Kosten in Kauf

---

[486] Negative Einschätzung der Reformaussichten bei *E. Jesse,* Wahlrecht zwischen Kontinuität und Reform, 1985, S. 366 f.; *F. Decker,* Reformen der Stimmgebung, in: J. Behnke u. a. (Hrsg.), Reform des Bundestagswahlsystems, 2017, S. 97 (134 ff.); *P. Barlet,* Entscheidungsbesprechung [zu BVerfG, Beschluss vom 19.9.2017, 2 BvC 46/14], in: ZJS 2018, S. 179 (188); *A. Thiele,* Verlustdemokratie, 2. Aufl. 2018, S. 316 f. Etwas positiver hingegen *F. Decker,* Ist die Fünf-Prozent-Sperrklausel noch zeitgemäß?, in: ZParl 47 (2016), S. 460 (469 ff.).

[487] *E. Jesse,* Wahlrecht zwischen Kontinuität und Reform, 1985, S. 260: „Die wohl einzige Schwäche des Vorschlags läge weniger in seiner Ungewöhnlichkeit, sondern in seiner Ungewohntheit. Eine Traditionslinie existiert in Deutschland nicht"; *H. Pünder,* Wahlrecht und Parlamentsrecht als Gelingensbedingungen repräsentativer Demokratie, in: VVDStRL 72 (2013), S. 191 (218 in Fn. 105); *B. Benken,* Die Ersatzstimme – ein Instrument, dessen Zeit gekommen ist?, in: T. Mörschel (Hrsg.), Wahlen und Demokratie, 2016, S. 165 (170).

nimmt, die mit der Einführung eines Rechts auf Ersatzstimmgebung verbunden wären. Wenn aber der verfassungsändernde Bundesgesetzgeber eine Sperrklausel-Ermächtigung erlässt, geht der Handlungsdruck schlagartig zurück, weil der Landesgesetzgeber jederzeit eine gewöhnliche Sperrklausel einführen könnte.

Wenn ein deutscher Gesetzgeber ein Verhältniswahlsystem um ein Ersatzstimmrecht ergänzte, wäre er nicht zum ersten Mal ein Vorreiter: Die personalisierte Verhältniswahl ist eine deutsche Erfindung und erfährt im In- und Ausland viel Zuspruch. Ein Landesgesetzgeber, der eine Sperrklausel verbunden mit einem Ersatzstimmrecht einführt, macht sich unabhängig davon, welche Haltung das zuständige Verfassungsgericht zu gewöhnlichen Sperrklauseln einnimmt und ob der verfassungsändernde Bundesgesetzgeber eine Sperrklausel-Ermächtigung einführt. Besonders der Gesetzgeber in Nordrhein-Westfalen könnte von sich aus gestaltend tätig werden, statt mit einem vergeblichen „Akt parlamentarischer Notwehr" auf die vermeintlichen Übergriffe der Rechtsprechung und die Untätigkeit des verfassungsändernden Bundesgesetzgebers nur zu reagieren.[488] Aus der Sicht des nordrhein-westfälischen Landesgesetzgebers kann die Einführung eines Ersatzstimmrechts ein Befreiungsschlag sein.

---

[488] Zitat bei *F. Decker,* Stellungnahme zum Entwurf eines Kommunalvertretungsstärkungsgesetzes vom 22.9.2015, Stellungnahme 16/3331, ohne Datum, S. 1 (1).

Schlussbetrachtung

Die Untersuchung hat nahezu den gesamten Stufenbau der deutschen Rechtsordnung durchschritten vom änderungsfesten Demokratieprinzip des Grundgesetzes hinab zu Normen des kommunalen Eigenrechts und ist dabei inhaltlich vom Allgemeinen zum Besonderen vorgedrungen, beginnend mit grundsätzlichen Betrachtungen zum Begriff der Demokratie und endend mit einer rechtspolitischen Bewertung der Ersatzstimmgebung im Kommunalwahlrecht. Die Studie hat ihren Leser in die Perspektive eines Laboranten versetzt, der durch Veränderung der Brennweite der Linsen seines Mikroskops allmählich in die Einzelheiten vordringt. Zum Schluss betrachtet der Laborant das Gesamtbild.

Die ‚Entdeckung‘, dass Nachbarwissenschaften wie die Politikwissenschaft und ausländische Rechtsordnungen andere Kriterien der Rechtfertigung staatlichen Handelns kennen, kann das organisatorisch-formale Modell der demokratischen Legitimation unter dem Grundgesetz von vornherein nicht widerlegen. Dazu ist ausschließlich der Nachweis imstande, dass ein alternatives Modell das geltende deutsche Verfassungsrecht adäquater abbildet. Das bedeutet nicht, dass andere Herangehensweisen an Demokratie und die daraus gewonnenen Erkenntnisse für die Rechtswissenschaft belanglos wären. Sie haben ihren Platz besonders in der Verfassungstheorie, in diesem Fall genauer in der Demokratietheorie, die Einsichten aus verschiedenen Nachbarwissenschaften und aus der Rechtsvergleichung in sich aufnehmen kann. Rechtswissenschaft erschöpft sich nicht in Rechtserkenntnis und Rechtsdogmatik. Rechtserkenntnis und Rechtsdogmatik sind aber die Gebiete, auf denen die Rechtswissenschaft konkurrenzlos forscht und deshalb ihren spezifischen Beitrag zum Erkenntnisfortschritt leisten kann.

Die zu interpretierende Offenheit, also die Mehrdeutigkeit einer Bestimmung, die am Beginn des Auslegungsvorgangs steht, unterscheidet sich von der interpretierten Offenheit, also dem Entscheidungsfreiraum des Rechtsanwenders, dessen Grenzen am Ende des Auslegungsvorgangs feststehen.[1] Trotz

---

[1] Gleichbedeutende Unterscheidungen bei *M. Jestaedt,* Grundrechtsentfaltung im Gesetz, 1999, S. 338 ff., bes. 343 mit Fn. 49; *ders.,* Das mag in der Theorie richtig sein …, 2006, S. 49 in Fn. 138; *C. Hillgruber,* Verfassungsrecht zwischen normativem Anspruch und politischer Wirklichkeit, in: VVDStRL 67 (2008), S. 7 (17 in Fn. 36); *ders.,* Verfassungsinterpretation, in: O. Depenheuer/C. Grabenwarter (Hrsg.), Verfassungstheorie, 2010, § 15 Rn. 35. – Damit nicht identisch ist die Unterscheidung von „interpretatorischer" und „interpretierter" Offenheit bei

vieldeutiger Ausdrücke wie „Demokratie", „Staatsgewalt" und „Volk" und
komplexer Syntaxen wie in Art. 20 II 2 GG ließ sich durch grammatische, historische und systematische Auslegung das Demokratieprinzip des Grundgesetzes mit den hier vorgestellten Inhalten ermitteln. Die verbliebene (interpretierte) Offenheit ist keine Ermächtigung zur tendenziell beliebigen Ableitung von
Subprinzipien im Verfassungsrang, sondern gleichbedeutend mit dem Entscheidungsfreiraum des Gesetzgebers und anderer Verfassungsanwender beim Erlass
von Normen im Rang unter der Verfassung, den die Rechtswissenschaft und, je
nach Verteilung der Letztentscheidungsmacht, auch die Rechtsprechung achten
müssen.

Die Kommunalverwaltung ist aus demokratietheoretischer Sicht ambivalent:
Da die Kommunen bestimmte Aufgaben in Selbstverwaltung und damit eigenverantwortlich erledigen, gefährden sie die Rückbindung eines Teils der Verwaltung an die Gesetzgebung und die Regierung. Da die Bürger einer Kommune ihre eigene Vertretung wählen, tritt das Kommunalvolk in Konkurrenz
zum Staatsvolk, die Kommunalvertretung in Konkurrenz zum Gesetzgeber.
Dennoch ist die Kommunalverwaltung für die Demokratie keineswegs allein
eine Bedrohung, sondern auch eine Bereicherung. Aus einer philosophischen,
einer ökonomischen und einer soziologischen Sicht auf die Demokratie erbringt
die Kommunalverwaltung wertvolle Leistungen gerade für einen demokratischen Staat. Wer die Staatsorganisation regelt, muss die Bedrohungen und die
Bereicherungen ausbalancieren, die von der Kommunalverwaltung ausgehen.

Das Grundgesetz gibt seine Antwort, indem es in Art. 28 I GG ein Gebot der
dualen oder triadischen demokratischen Legitimation der Kommunalverwaltung durch Staatsvölker und Kommunalvölker statuiert. Es erweitert den Kreis
der Legitimationssubjekte um sechzehn Landesvölker und unzählige Kommunalvölker. Die von einer Kommune ausgeübte Staatsgewalt muss anteilig
sowohl auf das Bundes- oder das Landesvolk als auch auf das Kommunalvolk
rückführbar sein. Die Rückbindung an eines der Völker kann Schwächen der
demokratischen Legitimation, die von einem der anderen Völker stammt, ausgleichen. Das Homogenitätsgebot verringert das Maß, in dem ein Akt auf ein
einzelnes Volk rückführbar sein muss. Insgesamt aber muss das Maß an Rückführbarkeit auf die verschiedenen Völker das Niveau erreichen, das für die demokratische Legitimation eines Aktes der Bundes-Staatsgewalt erforderlich ist.

Den positivrechtlichen Vorgaben für die demokratische Legitimation (der
Kommunalverwaltung) liegt die Unterscheidung zwischen einem Einheitsproblem und einem Demokratieproblem zugrunde, die aus demokratietheore-

---

M. Jestaedt, Grundrechtsentfaltung im Gesetz, 1999, S. 151 f. (Anführungszeichen auch im
Original; S. L.): Unter interpretatorischer Offenheit versteht er eine Ermächtigung zur Vervoll-
ständigung einer Norm auf derselben Ebene, unter interpretierter Offenheit (wie hier) den Entscheidungsfreiraum des Normanwenders, der die Norm anwendet, indem er sie vollzieht oder
Recht auf einer unteren Ebene setzt.

tischer Sicht nicht zwingend ist. Der Bedarf an demokratischer Legitimation entsteht durch den Eigenanteil des Rechtsanwenders, der einen prinzipiell unvermeidlichen und häufig absichtlich zugestandenen Entscheidungsfreiraum ausfüllt. Die demokratische Legitimation setzt voraus, dass sich die Ausfüllung des Entscheidungsfreiraums wertungsmäßig auf das Volk zurückführen lässt. Die Einheit des Staates setzt hingegen voraus, dass der Rechtsanwender rechtmäßig handelt und seine Entscheidung im Übrigen praktisch im Einklang mit etwaigen Maßgaben der Regierung und der Volksvertretung steht. Deshalb trägt die Rechtsaufsicht ausschließlich zur Einheit des Staates bei und die Fachaufsicht zusätzlich zur demokratischen Legitimation von Akten der Staatsgewalt.

Da sich ein geringfügiger Entscheidungsfreiraum prinzipiell nicht vermeiden lässt, ist die personelle demokratische Legitimation im Unterschied zur inhaltlichen niemals vollständig verzichtbar. Da ranghöheres Recht vom Gesetz bis zur Weisung die Entscheidung eines Rechtsanwenders niemals vollständig programmieren kann, lässt sich der notwendige Verbleib eines Rests an Entscheidungsfreiraum nicht als Billigung seiner Ausfüllung werten. Die Billigung der Ausfüllung des notwendig verbliebenen Entscheidungsfreiraums kann sich ausschließlich aus der konkret-individuellen Bestellung des Amtswalters herleiten. Für die demokratische Legitimation und damit die Verfassungsmäßigkeit der Selbstverwaltung ist deshalb entscheidend, dass die Kommunalvertretungen und die Hauptverwaltungsbeamten eine höhere personelle demokratische Legitimation genießen als ein von einem Minister ernannter Beamter.

Die genauere Anatomie des deutschen Staatsorganisationsrechts relativiert einige Vorstellungen, die mit der viel beschworenen Eigenstaatlichkeit der Länder verbunden sind. Aus rechtsanatomischer Sicht beschränken sich die kategorialen Unterschiede zwischen Ländern und Kommunen darauf, dass die Länder gesetzgebende und rechtsprechende Gewalt ausüben und eine Verfassung im formellen Sinne erlassen können. Allerdings können auch die Kommunen abstrakt-generelle Normen erzeugen und Verfassungsrecht in einem materiellen Sinne setzen. Die Kommunalverwaltung wiederum ist aus anatomischer Sicht, anders als ihre starke Präsenz vermuten lässt, kein Prototyp, sondern eine Sonderform der Verwaltung, weil sich allein in ihr Dezentralisation, Selbstverwaltung und Demokratie vereinen. Die Länder sind Staaten, die Kommunen „ein Stück ‚Staat‘“.[2] Dieses Verhältnis setzt sich fort in den Legitimationsstrukturen unter dem Grundgesetz. Anders als die Kommunalvölker können die Landesvölker einen Akt der Staatsgewalt grundsätzlich eigenständig demokratisch legitimieren. Doch so, wie die kommunale Staatsgewalt stets auf Legitimati-

---

[2] BVerfG, Urteil vom 4.11.1986, 1 BvF 1/84, BVerfGE 73, 118 (191) – Rundfunkentscheidung IV: Gemeinden als „ein Stück ‚Staat‘“.

onsbeiträge wenigstens eines weiteren Volkes, nämlich des Bundes- oder des Landesvolkes, angewiesen ist, benötigen die Akte der Landes-Staatsgewalt in einigen Fällen einen Legitimationsbeitrag, der auf das Bundesvolk zurückgeht.

Auffallend ist der Widerspruch zwischen der Einigkeit über das Ergebnis, dass beispielsweise ein Verwaltungsakt einer Kommunalbehörde von Seiten des Grundgesetzes demokratisch legitimiert sein muss, und der Provokanz der für dieses Ergebnis notwendigen Annahme, nach der das Homogenitätsgebot nicht nur den Verfassunggeber und den Gesetzgeber in den Ländern an das Demokratieprinzip bindet, sondern auch die vollziehende Gewalt und die Rechtsprechung. Jahrzehnte nach der Hochkonjunktur quasi-naturrechtlicher Deutungen des Verhältnisses von Bund, Ländern und Kommunen sollte sich ein alltäglicher, unbefangener Umgang mit Bestimmungen wie Art. 28 I, II GG einstellen und die verunklarend bildhafte Sprache, die überkommene Sonderdogmatik und den falsch verstandenen Respekt vor der Eigenstaatlichkeit der Länder sowie den historischen Verdiensten der Kommunen verdrängen. Die Bestandteilstheorie ist eine geschichtlich und machtsoziologisch erklärbare, aber mit dem geltenden Recht unvereinbare Zweckkonstruktion und gehört deshalb ins Museum verbannt.[3] Neueren Zweckkonstruktionen wie zum Beispiel der Rezeptionstheorie des nordrhein-westfälischen Verfassungsgerichtshofs muss die Rechtswissenschaft früh und entschieden entgegentreten, damit sie sich nicht ausbreiten können.

Aus dem Gebot der Wahlgleichheit, das das Grundgesetz in Art. 28 I 2 GG auch an die Länder richtet, ergibt sich für den nordrhein-westfälischen Gesetzgeber eine Erprobungsobliegenheit. Die Kommunalwahl-Sperrklausel in Höhe von 2,5 Prozent, die nach wie vor in der Landesverfassung enthalten ist, verstößt deshalb gegen das Grundgesetz, weil das Land noch keine der milderen, verfassungsgemäßen und wahrscheinlich ebenso wirkungsvollen Alternativen erfolglos erprobt hat. Die wohl vielversprechendste Alternative ist die Ergänzung der Sperrklausel um ein Ersatzstimmrecht. Jeder Wähler könnte eine zusätzliche Stimme abgeben eigens für den Fall, dass die von ihm gewählte Partei an der Sperrklausel scheitert. Gedanklich fände ein zweiter Wahlgang statt. Die Aussichten, dass dieser Vorschlag bald Wirklichkeit werden wird, sind allgemein ungünstig, weil die Parteien die Risiken und die Kosten scheuen, die mit einer solchen Wahlrechtsreform einhergingen. Speziell in Nordrhein-Westfalen aber sind die Reformbedingungen vergleichsweise günstig. Der Landesgesetzgeber verspürt Handlungsdruck, weil er die Funktionsfähigkeit der Kommunalvertretungen für bereits beschädigt und für zukünftig stark gefährdet hält,

---

[3] Nach der optimistischen Einschätzung von *F. Wittreck,* Grenzen der Landesverfassungen, in: M. Hein/F. Petersen/S. v. Steinsdorff (Hrsg.), Die Grenzen der Verfassung, 2018, S. 209 (225) hat der Umzug ins Museum bereits stattgefunden: „Nur sporadische Erwähnung verdient zuletzt eine Rechtsfigur [scil. die Bestandteilstheorie; S. L.], die aus guten Gründen mittlerweile fast einhellig museal entsorgt worden ist".

die bisherige gewöhnliche Sperrklausel nach der Auffassung des Verfassungsgerichtshofs aber landesverfassungswidrig ist. Die Einführung eines Ersatzstimmrechts könnte für den Landesgesetzgeber ein Befreiungsschlag sein.

Für ihre Wahlrechtsdogmatik stehen Rechtswissenschaft und Rechtsprechung in der Kritik von Seiten der Wahlsystemforschung, die überwiegend von Politikwissenschaftlern betrieben wird. Der Eindruck, dass ihre Einwände folgenlos blieben, mitunter nicht einmal gebührende Aufmerksamkeit fänden, bewegt Wahlsystemforscher dazu, ihre Kritik ungewöhnlich vehement vorzutragen, sodass ihre Aussichten, eine Veränderung zu bewirken, eher sinken als steigen. Rechtswissenschaft und Rechtsprechung können über den Wahlgrundsatz der Erfolgswertgleichheit nicht disponieren, selbst wenn sie politikwissenschaftlicher Kritik nachkommen wollen. Er ist geltendes Verfassungsrecht. Sie können aber die Akzeptanzaussichten ihrer Untersuchungsergebnisse bzw. ihrer Gerichtsentscheidungen erhöhen, indem sie sich mit den Einwänden der Wahlsystemforschung stärker als bislang (in erkennbarer Weise) auseinandersetzen.

Die Auseinandersetzung mit Sperrklauseln gewönne durch umfassendere und zuverlässigere empirische Erkenntnisse, wie es um die Funktionsfähigkeit der Kommunalvertretungen in einem Land bestellt ist und wie sich die Einführung oder die Abschaffung einer Sperrklausel im Einzelfall auswirkt.[4] Eine Befragung von Akteuren, wie sie in Nordrhein-Westfalen unter den Bürgermeistern und Landräten zur Funktionsfähigkeit der Kommunalvertretungen stattgefunden hat, kann lediglich eine Informationsquelle unter mehreren sein, weil die Befragten dazu neigen, die Nachteile von Veränderungen für sich selbst stärker wahrzunehmen als die Vorteile für andere und die Wirkungen auf sich bei ihrer Meinungsbildung besonders hoch zu gewichten. Die bisherigen empirischen Unsicherheiten führen dazu, dass das Urteil über Sperrklauseln stark von Festlegungen abhängt, welche Ungewissheiten sich zu wessen Lasten auswirken.

Das „Recht der Politik"[5] und das „Betriebsrecht"[6] der Demokratie umfassen neben dem Wahl-, Parteien- und Abgeordnetenrecht das Recht der direkten Demokratie. In den Kommunen gehört sie in Form von Bürgerbegehren und Bürgerentscheiden zum Alltag (mit einem Schwerpunkt in Bayern), während sie auf Landesebene selten zum Einsatz kommt und für den Bund nahezu überhaupt nicht vorgesehen ist.[7] Das Grundgesetz regelt Verfahren der direkten

---

[4] Desiderat bei *F. Schoch,* Kommunalrecht als Gegenstand rechtswissenschaftlicher Forschung, in: DVBl. 2018, S. 1 (3). Ein Fragenkatalog findet sich bei *J. Dietlein/D. Riedel,* Zugangshürden im Kommunalwahlrecht, 2012, S. 87 ff.

[5] *M. Morlok,* Notwendigkeit und Schwierigkeit eines Rechtes der Politik, in: DVBl. 2017, S. 995 ff.

[6] *P. Cancik,* Wahlrecht und Parlamentsrecht als Gelingensbedingungen repräsentativer Demokratie, in: VVDStRL 72 (2013), S. 268 (280; Anführungszeichen auch im Original; S. L.).

[7] Reichhaltige Materialsammlungen zu Sprachgebrauch, Regelungen und Praxis bei Mehr Demokratie e. V./Forschungsstelle Bürgerbeteiligung Marburg/Institut für Demokratie- und

Demokratie ausschließlich für die Neugliederung des Bundesgebiets.[8] Immer wieder ist Gegenstand von Auseinandersetzungen, wie groß der Entscheidungsfreiraum des Landesgesetzgebers ausfällt und auf welche Weise er ihn nutzen sollte, wenn er Einzelheiten der kommunalen direkten Demokratie regelt wie zum Beispiel thematische Begrenzungen, Kostendeckungsvorschläge oder Kostenschätzungen und Quoren auf den verschiedenen Verfahrensstufen.[9] Die Einsichten, die aus der Untersuchung von Sperrklauseln stammen, können für die Auseinandersetzung mit Fragen der direkten Demokratie von Nutzen sein.

Die begriffliche Entgegensetzung von repräsentativer und direkter Demokratie bereitet den Weg für die Annahme, dass für das Wahlrecht ohne Weiteres andere rechtliche und rechtspolitische Maßstäbe gälten als für das Abstimmungsrecht (wie das Rechtsgebiet konsequentermaßen heißen muss), weil Wahlen einem gänzlich anderen Modus von Demokratie angehörten als Abstimmungen. Obwohl Wahlen der Besetzung von Volksvertretungen dienen, durch die das Volk mittelbar Staatsgewalt ausübt, äußert sich das Volk selbst in Wahlen nicht minder direkt als in Abstimmungen. Umgekehrt sind Abstimmungen genauso repräsentativ wie Wahlen, weil sich in beiden Fällen nicht jeder Stimmberechtigte äußert, sich aber jeder von ihnen die Entscheidung der Mehrheit zurechnen lassen muss.[10] Art. 20 II 2 GG wird eine andere Begrifflichkeit besser gerecht: Wahlen und Abstimmungen sind Akte der personalunmittelbaren bzw. der sachunmittelbaren Demokratie; die Entscheidungen der besonderen Organe der Gesetzgebung, der vollziehenden Gewalt und der Rechtsprechung sind Akte der mittelbaren Demokratie.[11] Deshalb ist etwa die verbreitete Behaup-

---

Partizipationsforschung Wuppertal (Hrsg.), Bürgerbegehrensbericht 2018, [2018]; Mehr Demokratie e. V. (Hrsg.), Volksbegehrensbericht 2017, [2017].

[8] Art. 29, Art. 118 f. GG. Die Einordnung dieser jedenfalls bei lockerem Sprachgebrauch direktdemokratischen Instrumente speziell als Abstimmungen im Sinne von Art. 20 II 2 GG ist umstritten. Befürwortend *K. Hesse,* Grundzüge des Verfassungsrechts der Bundesrepublik Deutschland, 20. Aufl. 1995, Rn. 148; *P. Krause,* Verfassungsrechtliche Möglichkeiten unmittelbarer Demokratie, in: J. Isensee/P. Kirchhof (Hrsg.), HStR³ III, 2005, § 35 Rn. 19. Ablehnend *S. Lenz,* Volksgesetzgebung als „Minderheitendiktatur"?, in: ZG 28 (2013), S. 167 (178); *H. Dreier,* in: ders. (Hrsg.), GGK³ II, 2015, Art. 20 (Demokratie), Rn. 100.

[9] Aus der Vielzahl von Veröffentlichungen zu diesen Themen stellvertretend *P. Neumann,* Bürgerbegehren und Bürgerentscheid, in: T. Mann/G. Püttner (Hrsg.), HkWPr³ I, 2007, § 18; *M. Pottmeyer/S. Lenz,* Die Neuregelung der Kostenschätzung beim Bürgerbegehren in Nordrhein-Westfalen, in: L. P. Feld u. a. (Hrsg.), Jahrbuch für direkte Demokratie 2013, 2014, S. 263 ff.; *J. Tischer,* Bürgerbeteiligung und demokratische Legitimation, 2017, S. 65 ff., 103 ff., 243 ff.

[10] *H. Hofmann/H. Dreier,* Repräsentation, Mehrheitsprinzip und Minderheitenschutz, in: H.-P. Schneider/W. Zeh (Hrsg.), Parlamentsrecht und Parlamentspraxis in der Bundesrepublik Deutschland, 1989, § 5 Rn. 17; *H. Dreier,* Das Demokratieprinzip des Grundgesetzes, in: Jura 1997, S. 249 (251); *S. Lenz,* Volksgesetzgebung als „Minderheitendiktatur"?, in: ZG 28 (2013), S. 167 (182).

[11] Sprachgebrauch eingeführt von *P. Neumann,* Sachunmittelbare Demokratie im Bundes- und Landesverfassungsrecht unter besonderer Berücksichtigung der neuen Länder, 2009, S. 168 ff.

tung wenigstens begründungsbedürftig, dass eine Entscheidung gegen den Status quo in einem Bürgerentscheid eine Mindestbeteiligung voraussetze, obwohl sie bei Wahlen und bei Gremienbeschlüssen entbehrlich sei.[12] Die Parallelität von Wahlen und Abstimmungen in Art. 20 II 2 GG muss stets zu denken geben.

Das Untersuchungsprogramm für Wahlsystemelemente wie Sperrklauseln kann ein Modell sein für Untersuchungen zu Regelungen im Abstimmungsrecht, etwa zu Quoren. Nicht anders als Sperrklauseln entfalten Quoren mechanische und psychische Wirkungen, indem sie dem Verhalten der Stimmberechtigten eine Bedeutung beimessen und dadurch Anreize schaffen, und zwar sowohl für das Verhalten der Stimmberechtigten selbst als auch für das von Bürgerinitiativen, Hauptverwaltungsbeamten, Parteien usw. Das Abstimmungsrecht lässt sich genauso wie das Wahlrecht als Wettbewerbsrecht begreifen. Die Regelungen von Bürgerbegehren und Bürgerentscheiden beeinflussen die Bedingungen, unter denen Befürworter und Gegner eines Antrags um Stimmen werben, und können sich mittelbar auf den gewohnten Parteienwettbewerb auswirken. Die genannten Wirkungen und die Wettbewerbsrelevanz von Regelungen müssen bei der rechtlichen wie auch der politischen Beurteilung berücksichtigt werden.

Überprüfungsbedürftig ist die Annahme, dass das Grundgesetz deshalb für den Bund keine Volksabstimmungen im Sinne von Art. 20 II 2 GG vorsehe, weil der Parlamentarische Rat seine Lehren aus Erfahrungen in der Zwischenkriegszeit gezogen und Volksabstimmungen in den Worten eines seiner Mitglieder, Theodor Heuss, als „Prämie für jeden Demagogen"[13] erkannt habe.[14] Ob diese Annahme zutrifft, kann die historische Auslegung von Grundgesetznormen ebenso beeinflussen wie die rechtspolitische Bewertung direkter Demokratie. Eine ähnliche Annahme für das Wahlrecht, nach der die reine Verhältniswahl in der Weimarer Zeit zur starken Fragmentierung des Parteiensystems geführt und dadurch zum Niedergang der Republik beigetragen hat, ließ sich nicht bestätigen.

Das änderungsfeste Demokratieprinzip des Grundgesetzes ist eigenständig gegenüber seinen verfassungsunmittelbaren Konkretisierungen und richtet sich allein in dieser Form an die Länder. Dass der änderbare Normenbestand des Grundgesetzes selbst keine Volksabstimmungen vorsieht, rechtfertigt demnach nicht die Annahme, dass sich die Regelungen zu Bürgerbegehren und Bürger-

---

[12] Dazu statt vieler *H.-D. Horn,* Mehrheit im Plebiszit, in: Der Staat 38 (1999), S. 399 ff.; *H. Dreier,* Landesverfassungsänderung durch quorenlosen Volksentscheid aus der Sicht des Grundgesetzes, in: BayVBl. 1999, S. 513 ff.; *S. Lenz,* Volksgesetzgebung als „Minderheitendiktatur"?, in: ZG 28 (2013), S. 167 ff.; *M. Möstl,* Elemente direkter Demokratie als Entwicklungsperspektive, in: VVDStRL 72 (2013), S. 355 (397 ff.); *M. Schuler-Harms,* Elemente direkter Demokratie als Entwicklungsperspektive, in: VVDStRL 72 (2013), S. 417 (456 ff.).

[13] *[T.] Heuss,* Dritte Sitzung des Plenums, 9. September 1948, in: Deutscher Bundestag/ Bundesarchiv (Hrsg.), Der Parlamentarische Rat 1948–1949, Bd. IX, 1996, S. 111.

[14] Gegen diese Annahme vor allem *O. Jung,* Grundgesetz und Volksentscheid, 1994.

entscheiden vor dem Demokratieprinzip in Gestalt eines Grundsatzes des Vorrangs der repräsentativen Demokratie rechtfertigen müssten.[15] Falls das Grundgesetz ein Gebot enthält, nach dem der Gesetzgeber die Funktionsfähigkeit der Volksvertretungen wahren muss,[16] wären genauso wie für die Beurteilung von Sperrklauseln empirische Erkenntnisse zu sammeln, wie es um die Funktionsfähigkeit von Volksvertretungen bestellt ist und wie sich Änderungen des Abstimmungsrechts auswirken.

Ihren jüngsten Höhepunkt erreichte die Auseinandersetzung um direkte Demokratie, als sich zu Beginn des Jahrzehnts die „Wutbürger"[17] zu Massenprotesten gegen der Umbau des Stuttgarter Hauptbahnhofs versammelten.[18] Heute genießt aus guten Gründen das Wahlrecht die größere Aufmerksamkeit. Mit Sicherheit aber wird sich die Debatte über direkte Demokratie früher oder später intensivieren. Wenn die Kommunen als die „Schulen der Demokratie"[19] jene staatsbürgerlichen Tugenden lehren sollen, von denen das Gemeinwesen lebt, und den Bürgern jene Möglichkeiten der Beteiligung einräumen sollen, die ihnen im Bund und in den Ländern verwehrt sind, dann muss diese Debatte nicht zuletzt für das Kommunalrecht und die Kommunalpolitik geführt werden.

---

[15] Dazu statt vieler *P. Krause,* Verfassungsrechtliche Möglichkeiten unmittelbarer Demokratie, in: J. Isensee/P. Kirchhof (Hrsg.), HStR³ III, 2005, § 35 Rn. 17 ff.; *H. Dreier/F. Wittreck,* Repräsentative und direkte Demokratie im Grundgesetz, in: L. P. Feld u. a. (Hrsg.), Jahrbuch für direkte Demokratie 2009, 2010, S. 11 (18 f.); *S. Lenz,* Volksgesetzgebung als „Minderheitendiktatur"?, in: ZG 28 (2013), S. 167 (176 ff.); *M. Möstl,* Elemente direkter Demokratie als Entwicklungsperspektive, in: VVDStRL 72 (2013), S. 355 (365 ff.); *M. Schuler-Harms,* Elemente direkter Demokratie als Entwicklungsperspektive, in: VVDStRL 72 (2013), S. 417 (440 f.).

[16] Dazu statt vieler *H. Dreier/F. Wittreck,* Repräsentative und direkte Demokratie im Grundgesetz, in: L. P. Feld u. a. (Hrsg.), Jahrbuch für direkte Demokratie 2009, 2010, S. 11 (18 f.); *M. Möstl,* Elemente direkter Demokratie als Entwicklungsperspektive, in: VVDStRL 72 (2013), S. 355 (365 ff.).

[17] *D. Kurbjuweit,* Der Wutbürger, in: Der Spiegel vom 11.10.2010, S. 26.

[18] Stellvertretend *J. Ziekow,* Neue Formen der Bürgerbeteiligung?, in: Ständige Deputation des Deutschen Juristentages (Hrsg.), Verhandlungen des 69. Deutschen Juristentages, Bd. I, 2012, S. D1 ff.; *M. Möstl* und *M. Schuler-Harms,* Elemente direkter Demokratie als Entwicklungsperspektive, in: VVDStRL 72 (2013), S. 355 ff. bzw. 417 ff.; *K. Waechter* und *T. Mann,* Großvorhaben als Herausforderung für den demokratischen Rechtsstaat, in: VVDStRL 72 (2013), S. 499 ff. bzw. 544 ff.

[19] *T. Heu[ss],* Demokratie und Selbstverwaltung, 1921, S. 10.

Zusammenfassung

A. Das Demokratieprinzip des Grundgesetzes

1. Die Bedeutung des Wortes „Demokratie" richtet sich stark nach seinem Verwendungskontext. „Demokratie" ist ein semantisches Chamäleon, das sein Äußeres ändern, aber nur eine Gestalt zugleich annehmen kann (S. 14 ff.).

2. Die Verfassungsgeschichtswissenschaft schreibt eine vergleichsweise kurze Geschichte der Demokratie speziell in Deutschland (S. 19 ff.).

a) Aus dem Umbau des Staates anfangs des 19. Jahrhunderts entsteht der Konstitutionalismus, der den Rahmen einer Auseinandersetzung bildet, während der sich die Demokratie in Deutschland nur zaghaft intensiviert (S. 19 ff.).

b) Durch die Revolution 1918/19 werden das Reich und seine Gliedstaaten zu Republiken und Demokratien. Die Weimarer Reichsverfassung etabliert ein parlamentarisches Regierungssystem, das allgemeine und gleiche Wahlrecht sowie die reine Verhältniswahl und verpflichtet die Länder auf diese Grundsätze. Der Niedergang der Republik lässt sich der Verfassung kaum anlasten. Nach dem Zweiten Weltkrieg glückt ein zweiter Anlauf zur Demokratie. Grundsätze aus der Reichsverfassung wie Republik und Demokratie sowie die Allgemeinheit und Gleichheit der Wahl finden sich im Grundgesetz wieder und gelten auch für die Länder. Zu den Neuheiten gehören ein eigenständiges Demokratieprinzip und sein Schutz durch eine Ewigkeitsgarantie (S. 23 ff.).

3. Die Verfassungstheorie entwickelt Begriffe und Modelle der Demokratie, ohne den Anspruch zu erheben, das geltende Recht abzubilden (S. 29 ff.).

a) Output-Theorien, die demokratische Herrschaft an ihren Leistungen erkennen wollen, ermöglichen im Unterschied zu Input-Theorien, die demokratische Herrschaft nach ihrer Herkunft bestimmen, keine sinnvolle Abgrenzung zwischen verschiedenen Staatsformen. Ein unzweifelhaft demokratischer Staat kann auch gemeinwohlschädliche, irrationale und ungerechte Entscheidungen treffen, ein unzweifelhaft diktatorisches Regime auch gemeinwohldienliche usw. Entscheidungen fällen. Aristoteles und Abraham Lincoln werden zu Unrecht als Vorläufer der Output-Theorien in Anspruch genommen (S. 31 ff.).

b) Die Philosophie deutet Demokratie als Ausgleich zwischen der Notwendigkeit von Regeln für das Zusammenleben und dem individuellen Anspruch auf Selbstbestimmung. Die Ökonomik begreift Demokratie als Wettbewerb der Parteien um Wählerstimmen, der die Parteien unter Anpassungsdruck setzt und die Wähler in die Lage versetzt, politisches Personal zu entmachten. Aus soziologischer Sicht leistet Demokratie einen Beitrag zum friedlichen Zusammenleben, weil das Mehrheitsprinzip zu Kompromissen zwingt und die Aussicht auf einen Mehrheitswechsel die Akzeptanz von Niederlagen fördert (S. 34 ff.).

4. Das Grundgesetz statuiert im Unterschied zu anderen Verfassungen in Art. 20 I, II GG eigens ein Verfassungsprinzip der Demokratie (S. 42 ff.).

a) Die Ewigkeitsgarantie des Grundgesetzes in Art. 79 III GG schützt das Demokratieprinzip vollständig, so wie es der Verfassunggeber in Art. 20 I, II GG niedergelegt hat, vor Verfassungsänderungen. Im Gegenzug lässt das Demokratieprinzip großen Entscheidungsfreiraum für seine Anwendung (S. 44 ff.).

b) Das Demokratieprinzip ist eigenständig gegenüber den anderen änderungsfesten Normen und gegenüber seinen Konkretisierungen (S. 51 ff.).

c) Das Demokratieprinzip hat eine Doppelnatur als Maßstab für den Inhalt von Normen und für das Zustandekommen der Akte der Staatsgewalt. Es umfasst gleich einer Wesensgehaltsgarantie solche Inhalte, die nach der Vorstellung des Verfassunggebers das demokratische politische System prägen und den Schutz der Ewigkeitsgarantie erfordern, aber nicht zu einem anderen Bezugsobjekt der Ewigkeitsgarantie gehören. Zu seinen Gewährleistungen zählen wiederkehrende allgemeine, freie und gleiche Wahlen zur Volksvertretung, aber keine Grundrechte. Das Demokratieprinzip ist kein Prinzip im Sinne der Prinzipientheorie (S. 55 ff.).

d) Das Demokratieprinzip gebietet, dass sich jeder Akt der Staatsgewalt auf das Volk zurückführen, sich ihm zurechnen lässt. Wenn die Zurechnung gelingt, genießt er demokratische Legitimation. Das Gebot demokratischer Legitimation gilt dem Grunde nach einheitlich für die Akte der Staatsgewalt, die das Volk als das Primärorgan in Wahlen und Abstimmungen ausübt, sowie für die Akte, die von den Sekundärorganen wie Behörden und Gerichten stammen. Das Demokratieprinzip fordert ausschließlich „government by the people" (S. 58 ff.).

5. Das Gebot der demokratischen Legitimation verlangt, dass sich dem Volk jeder Akt der Staatsgewalt nach gewissen Kriterien zurechnen lässt (S. 65 ff.).

a) Das Volk in Art. 20 II GG ist ein durch das Grundgesetz erschaffenes Organ und nicht identisch mit dem Träger der verfassunggebenden Gewalt (S. 65 ff.).

b) Das Volk übt in Wahlen und Abstimmungen unmittelbar Staatsgewalt aus (S. 71 ff.).

c) Das Volk übt mittelbar Staatsgewalt aus, wenn die besonderen Organe der Gesetzgebung, der vollziehenden Gewalt und der Rechtsprechung unmittelbar Staatsgewalt ausüben. Staaten im grundgesetzlichen Sinne sind sowohl der Bund als auch die Länder. Die Kommunen sind ein Stück „Staat". Der Staat übt jedenfalls dann „Gewalt" aus, wenn er Normen erzeugt oder vollzieht oder in Grundrechte eingreift. Legitimationsbedürftig sind Tätigkeiten, nicht Personen, Organe oder Rechtsträger. Welche Organisationsform der Staat annimmt und welcher Handlungsform er sich bedient, hat keine Bedeutung (S. 72 ff.).

d) Gesetzgebung, vollziehende Gewalt und Rechtsprechung haben strukturell gemeinsam, dass sie Recht anwenden und dabei neues Recht setzen. Rechtsanwendung setzt die Ermittlung eines rechtlichen Rahmens durch die Interpretation von Normen voraus und geht mit der Inanspruchnahme von Entscheidungsfreiräumen einher. Entscheidungsfreiräume sind weder ungewöhnlich noch grundsätzlich besorgniserregend, sondern prinzipiell unvermeidlich und typischerweise zweckdienlich. Es ist der Eigenanteil des Rechtsanwenders, der den Bedarf an demokratischer Legitimation verursacht (S. 79 ff.).

6. Die demokratische Legitimation von Wahlen und Abstimmungen setzt das allgemeine, gleiche und freie Stimmrecht voraus (S. 84 ff.).

7. Das organisatorisch-formale Modell der demokratischen Legitimation macht die Zurechenbarkeit eines Aktes der Staatsgewalt, der von einem Sekundärorgan stammt, von personellen und inhaltlichen Kriterien abhängig (S. 87 ff.).

a) Indem der Verfassunggeber bestimmte Rechtsträger, Staatsorgane usw. vorsieht, leistet er keinen Beitrag zur demokratischen Legitimation (S. 88 ff.).

b) Personelle demokratische Legitimation entsteht dadurch, dass ein Organwalter einen anderen durch Wahl oder Ernennung konkret-individuell bestellt. Die Bestellung muss ihrerseits personell demokratisch legitimiert sein. Jeder Organwalter muss sein Amt über eine Kette aus solchen Einsetzungsakten auf das Volk zurückführen können. Das Maß der personellen demokratischen Legitimation richtet sich nach der Dauer und der Revisibilität der Bestellung sowie danach, wie viele Einsetzungsakte den Bestellten vom Volk trennen (S. 91 ff.).

c) Inhaltliche demokratische Legitimation entsteht dadurch, dass ein Rechtserzeuger eine Norm setzt und dabei den Entscheidungsfreiraum des Normanwenders weniger stark einschränkt, als er es tun könnte. Die Norm selbst verringert den Entscheidungsfreiraum des Anwenders und damit den Bedarf an demokratischer Legitimation. Im Fall der Einzelweisung kann auch der vollständige Verzicht auf eine Normsetzung inhaltliche demokratische Legitimation stiften. Wie stark eine Normerzeugung zur demokratischen Legitimation eines anderen Aktes beiträgt, richtet sich danach, welches Maß an personeller demokratischer Legitimation der Normerzeugung zukommt (S. 93 ff.).

d) Ein Akt der Staatsgewalt muss nicht mehr als ein Mindestmaß an demokratischer Legitimation erreichen, damit er verfassungskonform sein kann. Personelle und inhaltliche Legitimationsbeiträge können Schwächen untereinander ausgleichen. Die inhaltliche demokratische Legitimation ist in bestimmten Fällen vollständig ersetzbar, die personelle demokratische Legitimation niemals. Andere Formen der Legitimation lassen sich, wenn das Grundgesetz sie überhaupt kennt, mit demokratischer Legitimation nicht verrechnen (S. 96 ff.).

e) Das organisatorisch-formale Modell ist ein Modell der Verfassungsdogmatik, weil es das geltende Verfassungsrecht adäquat abbildet, und kann als solches durch steuerungswissenschaftliche Einwände nicht widerlegt werden (S. 102 ff.).

B. Kommunalverwaltung und Demokratieprinzip

8. Die Kommunalverwaltung siedelt im Schnittpunkt von Dezentralisation, Selbstverwaltung und Demokratie (S. 106 ff.).

a) Dezentralisation ist die Gliederung des Staatsgebiets in verschiedene Teilgebiete verbunden mit der Einsetzung eigener Rechtserzeuger für jedes Teilgebiet. Der Umfang der Dezentralisation der Länder und Kommunen unterscheidet sich graduell, soweit die einen wie die anderen generell-abstrakte Normen erzeugen, aber kategorial, soweit allein die Länder eine formelle Verfassung erlassen sowie gesetzgebende und rechtsprechende Gewalt ausüben. Kommunalverwaltung ist mittelbare Landesverwaltung. Die Intensität der Dezentralisation richtet sich danach, ob das Organ gewaltenintern zur Letztentscheidung ermächtigt ist. Selbstverwaltung ist gleichbedeutend mit intensiver, Auftragsverwaltung gleichbedeutend mit schwacher Dezentralisation (S. 106 ff.).

b) Selbstverwaltung im Sinne von Art. 28 II GG ist die Regelung aller Angelegenheiten der örtlichen Gemeinschaft in eigener Verantwortung. Da die Aufgabenzuweisung und die Eigenverantwortlichkeitsgarantie unter Gesetzesvorbehalt stehen, unterscheiden sich die Merkmale des verfassungsrechtlichen Begriffs der kommunalen Selbstverwaltung und die verfassungsrechtlichen Vorgaben für den Gesetzgeber. Kommunalverwaltung, kommunale Selbstverwaltung und Verwaltung durch vom Volk gewählte Organwalter sind nicht identisch. Soweit ein Gesetzgeber die Kommunen der Fachaufsicht unterwirft, endet die Selbstverwaltung. Die Kommunalaufsicht ist kein verfassungsrechtlich gebotenes „Korrelat" der Selbstverwaltung (S. 126 ff.).

c) Die Kommunen waren im Konstitutionalismus Exklaven des Bürgertums und bildeten die Grundlage des Neubeginns in der Nachkriegszeit. Ihre historischen Verdienste führen auch in der Gegenwart zu Überhöhungen und zur Vermengung systematischer Zusammenhänge mit historischen Abläufen. Geltendes Recht muss sich vor keinem angeblich naturgegebenen Recht der Kommunen auf Selbstverwaltung rechtfertigen. Das Recht, etwa die Verfassung Bayerns, kann über die Kommunen in ihrer Eigenschaft als historisch vorfindbare Einrichtungen zwar sprechen, sie aber nicht regeln (S. 138 ff.).

9. Aus dem Homogenitätsgebot in Art. 28 I GG folgt, welchen Adressaten in den Ländern das Demokratieprinzip des Grundgesetzes welche Vorgaben macht und welche Rechtsfolgen sich aus deren Missachtung ergeben (S. 145 ff.).

a) Das Homogenitätsgebot bindet neben dem Verfassunggeber alle drei Staatsgewalten der Länder an das Demokratieprinzip des Grundgesetzes (S. 147 ff.).

b) Das Homogenitätsgebot enthält eine modifizierende Binnenverweisung auf das Demokratieprinzip des Grundgesetzes. Das Demokratieprinzip in Art. 28 I 1 GG macht den Ländern und Kommunen für die Gestaltung des politischen Systems keine Vorgaben, an die es nach Art. 79 III GG nicht auch den verfassungsändernden Gesetzgeber bindet. Die Vorgaben müssen nur soweit angepasst werden, wie es der Adressatenwechsel erforderlich macht (S. 158 ff.).

c) Das Homogenitätsgebot statuiert ein Gebot der dualen oder triadischen demokratischen Legitimation der Kommunalverwaltung durch Staatsvölker und Kommunalvölker. Dazu bedient es sich einer partiellen Rechtsgrund- und einer partiellen Rechtsfolgenverweisung auf das Gebot demokratischer Legitimation in Art. 20 II GG. Das Homogenitätsgebot erweitert den Kreis der Legitimationssubjekte um sechzehn Landesvölker und unzählige Kommunalvölker. Sie sind je selbständige Staatsorgane, keine Teilvölker oder Volksteile. Die von einer Kommune ausgeübte Staatsgewalt muss anteilig sowohl auf das Bundes- oder das Landesvolk als auch auf das Kommunalvolk rückführbar sein. Die Rückbindung an eines der Völker kann Schwächen der demokratischen Legitimation, die von einem der anderen Völker stammt, ausgleichen. Das Homogenitätsgebot verringert das Maß, in dem ein Akt auf ein einzelnes Volk rückführbar sein muss; insgesamt aber muss das Maß an Rückführbarkeit auf die verschiedenen Völker das Niveau erreichen, das für die demokratische Legitimation eines Aktes der Bundes-Staatsgewalt erforderlich ist (S. 163 ff.).

d) Die personelle demokratische Legitimation der Akte der Staatsgewalt, die von einer Kommune stammen, vollzieht sich unabhängig davon, ob das Organ im Einzelfall Selbstverwaltung oder Auftragsverwaltung ausübt. Der Verwaltungstyp wirkt sich aber darauf aus, wie sich die inhaltliche demokratische Legitimation vollzieht. Die Fachaufsicht trägt zur inhaltlichen demokratischen Legitimation bei, die Rechtsaufsicht hingegen nicht. Für die demokratische Legitimation und damit die Verfassungsmäßigkeit der Selbstverwaltung ist deshalb entscheidend, dass die Akte der Kommunalvertretungen und der Hauptverwaltungsbeamten eine höhere personelle demokratische Legitimation genießen als die eines von einem Minister ernannten Beamten (S. 169 ff.).

10. Wenn eine Norm mit dem Homogenitätsgebot unvereinbar ist, findet das nach Rechtsschichten oder Rechtsaktformen differenzierte Fehlerkalkül, das positivrechtliche Rechtswidrigkeitsreaktionsregime, unverändert Anwendung. In bestimmten Fällen trifft den Bund zusätzlich eine Gewährleistungspflicht, deren Bedeutung sich praktisch in ihrer Reservefunktion erschöpft (S. 174 ff.).

11. Ausschließlich das Bundesverfassungsgericht kann ein Landesgesetz wegen Verstoßes gegen das Demokratieprinzip des Grundgesetzes oder eine seiner grundgesetzunmittelbaren Konkretisierungen verwerfen (S. 180 ff.).

a) Das Bundesverfassungsgericht entscheidet am Maßstab des Grundgesetzes, die Landesverfassungsgerichte am Maßstab der Landesverfassung. Wenn der gesetzliche Entscheidungsmaßstab eines Landesverfassungsgerichts grundgesetzwidrig ist, muss das Landesverfassungsgericht das Gesetz nach Art. 100 I GG dem Bundesverfassungsgericht vorlegen. Wenn ein Verfahren vor einem Landesverfassungsgericht ein Gesetz zum Gegenstand hat, das zwar mit der Landesverfassung vereinbar ist, aber gegen das Grundgesetz verstößt, nimmt

das Verfahren einen scheinbar paradoxen Ausgang: Das Landesverfassungsgericht kann das Gesetz weder selbst für nichtig erklären, noch kann es das
Gesetz dem Bundesverfassungsgericht vorlegen. Deshalb muss das Landesverfassungsgericht den Antrag des Rechtsschutzsuchenden abweisen (S. 181 ff.).

b) Nach der Bestandteilstheorie sind das Demokratieprinzip und einige seiner
grundgesetzunmittelbaren Konkretisierungen zugleich Normen der Landesverfassung, sodass sich der Entscheidungsmaßstab der Landesverfassungsgerichte
um diese Normen erweitert. Solche Bestandteilsnormen aber sind dem Grundgesetz fremd. Die Bestandteilstheorie ist eine unverhüllte Zweckkonstruktion,
mit der die Verfassungsgerichte ein bestimmtes Rechtsschutzkonzept erzwing-
en und sich auf Kosten des Landesgesetzgebers selbst ermächtigen (S. 187 ff.).

C. Sperrklauseln im Kommunalwahlrecht

12. Die Wahlsystemforschung ermittelt den Standort von Sperrklauseln im
Wahlsystem und ihre vielfältigen praktischen Wirkungen (S. 206 ff.).

a) Mehrheitswahl und Verhältniswahl sind die beiden Wahlsystemgrundtypen. Mehrheitswahlsysteme zielen darauf, dass sich die Mandate bei wenigen
Parteien konzentrieren, Verhältniswahlsysteme streben danach, dass die Sitzverteilung das Stimmergebnis proportional abbildet. Jedes Wahlsystem siedelt
auf einer Skala kontinuierlich steigenden Konzentrationsanreizes (S. 206 ff.).

b) Das System zur Wahl der Kommunalvertretungen in Nordrhein-Westfalen
entspricht dem Wahlsystemsubtyp der personalisierten Verhältniswahl. Jeder
Wähler wählt mit einer einzigen Stimme einen Bewerber im Einpersonenwahlkreis und eine Partei im Einheitswahlkreis. Kumulieren und Panaschieren ist
nicht vorgesehen. Die Landesverfassung enthält eine 2,5-Prozent-Sperrklausel,
die der Verfassungsgerichtshof für landesverfassungswidrig befunden hat, aber
aus Gründen der Verfahrensart nicht für nichtig erklären konnte (S. 211 ff.).

c) Auf Betreiben der Rechtsprechung sind Sperrklauseln aus dem Europawahlrecht und nahezu vollständig aus dem Kommunalwahlrecht verschwunden. Die Rechtsprechung hat einen Positionswechsel vollzogen, indem sie
Sperrklauseln für verfassungswidrig befunden hat, die sie lange Zeit gebilligt
hatte (S. 215 ff.).

d) Die meisten ausländischen Verfassungen regeln das individuelle Stimmrecht, überlassen aber anders als das Grundgesetz die Gestaltung des Wahlsystems als eine Theorie- und Machtfrage dem politischen Prozess (S. 218 ff.).

13. Sperrklauseln entfalten aus Wähler- und aus Parteiensicht weitreichende
Wirkungen (S. 220 ff.).

a) Eine Sperrklausel verschiebt das Wahlsystem auf dem Kontinuum von der
Verhältniswahl ein Stück in Richtung der Mehrheitswahl. Wer für eine Partei
stimmt, die an der Sperrklausel scheitert, nimmt keinen Einfluss auf die Zusam-

mensetzung der Volksvertretung. Sperrklauseln schaffen einen Anreiz zu taktischem Wahlverhalten. Umfrageergebnisse können zu einer selbstzerstörenden
oder einer selbsterfüllenden Prophezeiung werden (S. 220 ff.).

b) Sperrklauseln befestigen die Grenze zwischen Wahlparteiensystem und
Parlamentsparteiensystem. Das Scheitern an der Sperrklausel hat rechtliche, finanzielle und politische Nachteile. Da die Mandate, die den erfolglosen Parteien zuständen, umverteilt werden, kommen die entsprechenden Vorteile den
erfolgreichen Parteien doppelt zugute: Wer viel hat, dem wird noch mehr gegeben, und wer wenig hat, dem wird auch das Wenige genommen. Aus Sicht
der erfolglosen Parteien kann eine Abwärtsspirale in Gang kommen (S. 224 ff.).

c) Seit Abschaffung der Kommunalwahl-Sperrklausel im Jahr 1999 hat sich
das kommunale Parteiensystem in Nordrhein-Westfalen stark fragmentiert. Wie
stark die Abschaffung dazu beigetragen hat, lässt sich nicht genau ermessen.
Die Ergebnisse der Kommunalwahl 2014 bieten Anhaltspunkte dafür, dass der
Trend zum Erliegen kommt, sich möglicherweise umkehrt (S. 228 ff.).

14. Wahl-, Parteien- und Abgeordnetenrecht ist Wettbewerbsrecht. Parteien
können durch Änderung der Spielregeln der Politik ihre Konkurrenten schädigen, um ihre Macht zu erhalten. Systemische Schwächen steigern unabhängig
davon das Risiko eines voreingenommenen, unausgewogenen Wahlrechts. Die
Verfassungsgerichte müssen als Wettbewerbshüter fungieren (S. 230 ff.).

15. Ob eine Sperrklausel verfassungsgemäß ist, richtet sich vor allem nach
dem verfassungsrechtlichen Gebot der Wahlrechtsgleichheit (S. 237 ff.).

a) Der Grundsatz der gleichen Wahl in Art. 28 I 2 GG verpflichtet den verfassungsändernden wie den einfachen Landesgesetzgeber ohne Unterschied und
berechtigt sowohl die Wähler als auch die Wahlbewerber. Art. 21 I GG ist kein
Standort für ein Gleichheitsrecht von Wahlbewerbern (S. 237 ff.).

b) Der Inhalt der Wahlgleichheit richtet sich nach einer Systementscheidung
des Gesetzgebers: Wenn er sich für Mehrheitswahl entscheidet, muss er bei der
Wahlgesetzgebung lediglich beachten, dass jeder Stimme der gleiche Zählwert
zukommen muss. Wenn er sich für Verhältniswahl entscheidet, bindet er sich
selbst an die zusätzliche Vorgabe, dass jede Stimme den gleichen Erfolgswert
hat, also sich gleichermaßen in der Zusammensetzung der Volksvertretung niederschlägt. Diese Einsicht firmiert als Unterwerfungstheorie. Der Parlamentarische Rat hat die Unterwerfungstheorie vom Staatsgerichtshof für das Deutsche
Reich übernommen. Dieser entstehungsgeschichtliche Befund überwiegt bei
der Interpretation die Bedenken der Wahlsystemforschung (S. 243 ff.).

16. Eine Ungleichbehandlung bei der Wahl ist gerechtfertigt, wenn sie einen
verhältnismäßigen Beitrag zur Gewährleistung der Funktionsfähigkeit der
Volksvertretung leistet. Für die Kommunalwahl-Sperrklausel in Nordrhein-
Westfalen misslingt der Rechtfertigungsversuch (S. 260 ff.).

a) Sperrklauseln können als Beitrag zur Funktionsfähigkeit einer Volksvertretung, verstanden als die effektive und effiziente Wahrnehmung ihrer Kom-

petenzen, gerechtfertigt sein. Die Prüfung der Verhältnismäßigkeit muss sich präzise auf das Gebot der Erfolgswertgleichheit einerseits und die Gewährleistung der Funktionsfähigkeit andererseits beschränken und darf nicht in eine Abwägung einer Vielzahl von Erwartungen an Wahlsysteme und Volksvertretungen übergehen. Die Verfassungsgerichte sind zur Letztentscheidung darüber ermächtigt, ob das Verhältnismäßigkeitsgebot gewahrt ist (S. 261 ff.).

b) Der Gesetzgeber in Nordrhein-Westfalen kann auf mildere verfassungsgemäße Mittel zurückgreifen, die jedenfalls gebündelt wahrscheinlich so wirkungsvoll wären wie die Kommunalwahl-Sperrklausel. Da die Wirkungen im Einzelnen ungewiss sind, ist die Sperrklausel dennoch erforderlich. Sie ruft aber zahlreiche schwerwiegende Ungleichbehandlungen hervor, denen vergleichsweise geringe Funktionsstörungen gegenüberstehen, und ist deshalb unangemessen, solange der Gesetzgeber die Alternativen nicht erfolglos erprobt hat. Aus dem Wahlgleichheitsgebot folgt eine Erprobungsobliegenheit (S. 272 ff.).

17. Den Gesetzgeber trifft keine Pflicht zur Begründung von Wahlgesetzen, verstanden als die Angabe von Beweggründen. Die Behauptung von Begründungspflichten ist eine Ausweichstrategie von Verfassungsgerichten (S. 287 ff.).

18. Die Demokratieprinzipien im Grundgesetz und in der Verfassung Nordrhein-Westfalens enthalten kein Gebot der Erfolgswertgleichheit (S. 292, 293 ff.).

19. Art. 78 I NW Verf. verbürgt den Grundsatz der gleichen Wahl, an dem sich die ebenfalls verfassungsunmittelbare Kommunalwahl-Sperrklausel aber nicht messen lassen muss. Art. 69 I 2 NW Verf. statuiert eine als Verweisungsnorm gestaltete Ewigkeitsgarantie, die jedoch ausschließlich die Verfassungsprinzipien des Grundgesetzes rezipiert, nicht auch die Wahlgrundsätze. Der Verfassungsgerichtshof hat die Rezeption in seiner Sperrklausel-Entscheidung von 2017 trotzdem auf die Wahlgrundsätze erstreckt und damit eine der Bestandteilstheorie ähnliche Zweckkonstruktion erdacht: die Rezeptionstheorie (S. 296 ff.).

20. Unter den rechtspolitischen Optionen kommt in Betracht, dass der Bund eine Sperrklausel-Ermächtigung ins Grundgesetz aufnimmt (S. 308 ff.).

a) Wenn der verfassungsändernde Bundesgesetzgeber eine Sperrklausel-Ermächtigung mit Angabe einer Maximalhöhe ins Grundgesetz aufnimmt, stellt er die Zulässigkeit sämtlicher Sperrklauseln sicher, die die Maximalhöhe nicht überschreiten, gleich ob eine solche Sperrklausel im Einzelfall verhältnismäßig ist. Eine solche Ermächtigung ist verfassungskonform (S. 308 ff.).

b) Eine demokratietheoretische Betrachtung ist weitgehend unergiebig für die Frage nach der Berechtigung einer Sperrklausel-Ermächtigung. Eine Sperrklausel-Ermächtigung entlastet die Länder allerdings von empirischen Unsicherheiten und von Kosten, senkt die Experimentierbereitschaft in den Ländern und ist ein Zugeständnis an jene, die die Verengung des Entscheidungsfreiraums des Gesetzgebers durch die Rechtsprechung kritisieren. Sie kann schließlich ein Beitrag zur Rechtssicherheit sein (S. 311 ff., 314 ff., 322 ff.).

21. Der Landesgesetzgeber kann außerdem eine Sperrklausel um ein Ersatz-stimmrecht ergänzen (S. 329 ff.).

a) Wenn der Gesetzgeber eine Sperrklausel um ein Ersatzstimmrecht er-gänzt, findet gedanklich ein zweiter Wahlgang statt, an dem die Parteien teil-nehmen, die im ersten Wahlgang die Sperrklausel überwunden haben, und bei dem die Wähler, die für eine der erfolgreichen Parteien gestimmt haben, ihre Wahlentscheidung beibehalten, während sich die Wähler der Parteien, die im ersten Wahlgang gescheitert sind, für eine der verbliebenen Parteien entschei-den. Ein solches Ersatzstimmrecht ist verfassungskonform (S. 329 f.).

b) Eine ergänzte Sperrklausel wahrt wahrscheinlich ungefähr den Konzen-trationsanreiz einer gewöhnlichen Sperrklausel und baut gleichzeitig Ungleich-behandlungen ab. Die praktischen Hürden richten sich nach der Gestaltung des Wahlsystems im Übrigen und sind insgesamt weniger hoch, als sie erscheinen können. Für das Kommunalwahlrecht in Nordrhein-Westfalen sind die Re-formbedingungen vergleichsweise günstig, weil dort ein unkompliziertes Ein-stimmensystem besteht und der Gesetzgeber großen Handlungsdruck verspürt (S. 330 ff., 332 ff., 335 ff.).

22. Das Untersuchungsprogramm für Wahlsystemelemente wie etwa Sperr-klauseln kann ein Modell sein für Untersuchungen zu Regelungen im Recht der direkten Demokratie (S. 339 ff.).

Schrifttumsverzeichnis

Alexy, Robert: Theorie der Grundrechte (1985), 7. Aufl., [Berlin] 2015.

Ders.: Hans Kelsens Begriff der Verfassung, in: Stanley L. Paulson/Michael Stolleis (Hrsg.), Hans Kelsen. Staatsrechtslehrer und Rechtstheoretiker des 20. Jahrhunderts, Tübingen 2005, S. 333–352.

Aristoteles: Politik, Hamburg 2012 (Meiner-Ausgabe).

Arnim, Hans Herbert von: Gemeindliche Selbstverwaltung und Demokratie, in: AöR 113 (1988), S. 1–30.

Ders.: Der Staat als Beute. Wie Politiker in eigener Sache Gesetze machen, München 1993.

Ders.: Wahlgesetze: Entscheidungen des Parlaments in eigener Sache, in: JZ 2009, S. 813–820.

Ders.: Was aus dem Urteil des Bundesverfassungsgerichts zur 5-Prozent-Klausel bei Europawahlen folgt, in: DÖV 2012, S. 224–227.

Ders.: Die unheilvolle Doppelwirkung von Sperrklauseln, in: Heike Jochum u. a. (Hrsg.), Freiheit, Gleichheit, Eigentum – Öffentliche Finanzen und Abgaben. Festschrift für Rudolf Wendt zum 70. Geburtstag, Berlin 2015, S. 1071–1075.

Ders.: Entscheidungen des Parlaments in eigener Sache: Das Problem ihrer gerichtlichen Kontrolle, in: DÖV 2015, S. 537–546.

Bachof, Otto: Verfassungswidrige Verfassungsnormen? (1951), in: ders., Wege zum Rechtsstaat. Ausgewählte Studien zum Öffentlichen Recht, Königstein im Taunus 1979, S. 1–48.

Ders.: Begriff und Wesen des sozialen Rechtsstaates, in: VVDStRL 12 (1954), S. 37–84.

Badura, Peter: Die parlamentarische Demokratie, in: Josef Isensee/Paul Kirchhof (Hrsg.), Handbuch des Staatsrechts der Bundesrepublik Deutschland, Bd. II, 3. Aufl., Heidelberg 2004, § 25 (S. 497–540).

Barczak, Tristan: Verfassungswidrigkeit der verfassungsunmittelbaren Sperrklausel für Kommunalwahlen, in: NWVBl. 2017, S. 133–141.

Barlet, Philipp: Entscheidungsbesprechung [zu BVerfG, Beschluss vom 19.9.2017, 2 BvC 46/14], in: ZJS 2018, S. 179–188.

Barley, Katarina: Das Kommunalwahlrecht für Ausländer nach der Neuordnung des Art. 28 Abs. 1 S. 3 GG, Berlin 1999.

Bartlsperger, Richard: Das Verfassungsrecht der Länder in der gesamtstaatlichen Verfassungsordnung, in: Josef Isensee/Paul Kirchhof (Hrsg.), Handbuch des Staatsrechts der Bundesrepublik Deutschland, Bd. VI, 3. Aufl., Heidelberg 2008, § 128 (S. 231–270).

Bauer, Angelika/Jestaedt, Matthias: Das Grundgesetz im Wortlaut. Änderungsgesetze, Synopse, Textstufen und Vokabular zum Grundgesetz, Heidelberg 1997.

Becht, Ernst: Die 5 %-Klausel im Wahlrecht: Garant für ein funktionierendes parlamentarisches Regierungssystem?, Stuttgart/München/Hannover 1990.

Benda, Ernst: Konsens und Mehrheitsprinzip im Grundgesetz und in der Rechtsprechung des Bundesverfassungsgerichts, in: Hans Hattenhauer/Werner Kaltefleiter (Hrsg.), Mehrheitsprinzip, Konsens und Verfassung. Kieler Symposium vom 14.–16. Juni 1984, Heidelberg 1986, S. 61–77.

Benken, Björn: Die Ersatzstimme – ein Instrument, dessen Zeit gekommen ist?, in: Tobias Mörschel (Hrsg.), Wahlen und Demokratie. Reformoptionen des deutschen Wahlrechts, Baden-Baden 2016, S. 165–180.

Berg, Winfried: Demokratie und kommunale Selbstverwaltung, in: StuGR 1979, S. 345–355.

Bethge, Herbert: Art. „Bundesstaat", in: Görres-Gesellschaft (Hrsg.), Staatslexikon, Bd. I, 8. Aufl., Freiburg u. a. 2017, Sp. 869–876.

Böckenförde, Christoph: Die sogenannte Nichtigkeit verfassungswidriger Gesetze. Eine Untersuchung über Inhalt und Folgen der Rechtssatzkontrollentscheidungen des Bundesverfassungsgerichts, Berlin 1966.

Böckenförde, Ernst-Wolfgang: Der deutsche Typ der konstitutionellen Monarchie im 19. Jahrhundert (1967), in: ders., Recht, Staat, Freiheit. Studien zur Rechtsphilosophie, Staatstheorie und Verfassungsgeschichte, 6. Aufl., Frankfurt am Main 2016, S. 273–305.

Ders.: Verfassungsprobleme und Verfassungsbewegung des 19. Jahrhunderts (1971), in: ders., Recht, Staat, Freiheit. Studien zur Rechtsphilosophie, Staatstheorie und Verfassungsgeschichte, 6. Aufl., Frankfurt am Main 2016, S. 244–262.

Ders.: Die Bedeutung der Unterscheidung von Staat und Gesellschaft im demokratischen Sozialstaat der Gegenwart (1972), in: ders., Recht, Staat, Freiheit. Studien zur Rechtsphilosophie, Staatstheorie und Verfassungsgeschichte, 6. Aufl., Frankfurt am Main 2016, S. 209–243.

Ders.: Die verfassungstheoretische Unterscheidung von Staat und Gesellschaft als Bedingung der individuellen Freiheit, Opladen 1973.

Ders.: Verfassungsfragen der Richterwahl. Dargestellt anhand der Gesetzentwürfe zur Einführung der Richterwahl in Nordrhein-Westfalen (1974), 2. Aufl., Berlin 1998.

Ders.: Die Methoden der Verfassungsinterpretation. Bestandsaufnahme und Kritik (1976), in: ders., Wissenschaft, Politik, Verfassungsgericht. Aufsätze von Ernst-Wolfgang Böckenförde. Biographisches Interview von Dieter Gosewinkel, Berlin 2011, S. 120–155.

Ders.: Mittelbare/repräsentative Demokratie als eigentliche Form der Demokratie. Bemerkungen zu Begriff und Verwirklichungsproblemen der Demokratie als Staats- und Regierungsform, in: Georg Müller u. a. (Hrsg.), Staatsorganisation und Staatsfunktionen im Wandel. Festschrift für Kurt Eichenberger zum 60. Geburtstag, Basel/Frankfurt am Main 1982, S. 301–328.

Ders.: Demokratie als Verfassungsprinzip (1987), in: Josef Isensee/Paul Kirchhof (Hrsg.), Handbuch des Staatsrechts der Bundesrepublik Deutschland, Bd. I, 2. Aufl., Heidelberg 1995, § 22 (S. 887–952).

Ders.: Demokratie als Verfassungsprinzip, in: Josef Isensee/Paul Kirchhof (Hrsg.), Handbuch des Staatsrechts der Bundesrepublik Deutschland, Bd. II, 3. Aufl., Heidelberg 2004, § 24 (S. 429–496).

Ders.: Demokratische Willensbildung und Repräsentation, in: Josef Isensee/Paul Kirchhof (Hrsg.), Handbuch des Staatsrechts der Bundesrepublik Deutschland, Bd. III, 3. Aufl., Heidelberg 2005, § 34 (S. 31–53).

Ders./Grawert, Rolf: Kollisionsfälle und Geltungsprobleme im Verhältnis von Bundesrecht und Landesverfassung, in: DÖV 1971, S. 119–127.

Bocklet, Reinhold: Art. „Europäisches Parlament", in: Görres-Gesellschaft (Hrsg.), Staatslexikon, Bd. II, 8. Aufl., Freiburg u. a. 2018, Sp. 465–478.

Boehl, Henner Jörg: Wahlrecht und Volksparteien, in: Ralf Thomas Baus (Hrsg.), Parteiensystem im Wandel. Perspektiven, Strategien und Potentiale der Volksparteien, 2. Aufl., Sankt Augustin/Berlin 2013, S. 121–137.

Bogumil, Jörg/Grohs, Stephan/Holtkamp, Lars: Auswirkungen der Abschaffung der kommunalen 5 %-Sperrklausel auf das kommunalpolitische Entscheidungssystem in NRW, Bochum 2009.

Ders./Grohs, Stephan/Holtkamp, Lars: Zersplitterte Kommunalparlamente oder Stärkung lokaler Demokratie? Warum die Abschaffung der kommunalen Fünfprozenthürde in Nordrhein-Westfalen ein Fehler war, in: ZParl 41 (2010), S. 788–803.

Ders. u. a.: Auswirkungen der Aufhebung der kommunalen Sperrklausel auf das kommunalpolitische Entscheidungssystem in Nordrhein-Westfalen, Bochum 2015.

Borowski, Martin: Die Lehre vom Stufenbau des Rechts nach Adolf Julius Merkl, in: Stanley L. Paulson/Michael Stolleis (Hrsg.), Hans Kelsen. Staatsrechtslehrer und Rechtstheoretiker des 20. Jahrhunderts, Tübingen 2005, S. 122–159.

Brennan, Jason: Gegen Demokratie. Warum wir die Politik nicht den Unvernünftigen überlassen dürfen, Berlin 2017 (englisches Original 2016).

Brenner, Michael: Das Prinzip Parlamentarismus, in: Josef Isensee/Paul Kirchhof (Hrsg.), Handbuch des Staatsrechts der Bundesrepublik Deutschland, Bd. III, 3. Aufl., Heidelberg 2006, § 44 (S. 477–519).

Brohm, Winfried: Strukturen der Wirtschaftsverwaltung, Stuttgart 1969.

Ders.: Die Dogmatik des Verwaltungsrechts vor den Gegenwartsaufgaben der Verwaltung, in: VVDStRL 30 (1972), S. 245–312.

Brosius-Gersdorf, Frauke: Deutsche Bundesbank und Demokratieprinzip. Eine verfassungsrechtliche Studie zur Bundesbankautonomie vor und nach der dritten Stufe der Europäischen Währungsunion, Berlin 1997.

Brunkhorst, Hauke: Demokratischer Experimentalismus, in: ders. (Hrsg.), Demokratischer Experimentalismus. Politik in der komplexen Gesellschaft, Frankfurt am Main 1998, S. 7–12.

Bryde, Brun-Otto: Die Einheit der Verwaltung als Rechtsproblem, in: VVDStRL 46 (1988), S. 181–216.

Ders.: Die bundesrepublikanische Volksdemokratie als Irrweg der Demokratietheorie, in: StWStPr 5 (1994), S. 305–330.

Bull, Hans Peter: Kommunale Selbstverwaltung als Schule der Demokratie, in: Dieter Schimanke (Hrsg.), Verwaltung und Raum. Zur Diskussion um Leistungsfähigkeit und Integrationsfunktion von Verwaltungseinheiten, Baden-Baden 2010, S. 131–142.

Burgi, Martin: Selbstverwaltung angesichts von Europäisierung und Ökonomisierung, in: VVDStRL 62 (2003), S. 405–455.

Ders.: Verwaltungsorganisationsrecht: Grundlagen, in: Dirk Ehlers/Hermann Pünder (Hrsg.), Allgemeines Verwaltungsrecht, 15. Aufl., Berlin/Boston 2016, § 7 (S. 256–275).

Ders.: Verwaltungsorganisationsrecht: Strukturen und Organisationseinheiten, in: Dirk Ehlers/Hermann Pünder (Hrsg.), Allgemeines Verwaltungsrecht, 15. Aufl., Berlin/Boston 2016, § 8 (S. 275–297).

Burmeister, Joachim: Vorlagen nach Art. 100 Abs. 3 GG, in: Christian Starck/Klaus Stern (Hrsg.), Landesverfassungsgerichtsbarkeit, Teilbd. II, Baden-Baden 1983, S. 399–466.

Cancik, Pascale: Wahlrecht und Parlamentsrecht als Gelingensbedingungen repräsentativer Demokratie, in: VVDStRL 72 (2013), S. 268–328.

Dies. (Hrsg.): Demokratie und Selbstverwaltung – Selbstverwaltung in der Demokratie. 25. Bad Iburger Gespräche, Göttingen 2015.

Coelln, Christian von: Stellungnahme zum Entwurf eines Gesetzes zur Änderung der Verfassung für das Land Nordrhein-Westfalen und wahlrechtlicher Vorschriften (Kommunalvertretungsdemokratisierungsgesetz) vom 12.12.2017, Stellungnahme 17/903 vom 29.10.2018, S. 1–7.

Cornils, Matthias: Gewaltenteilung, in: Otto Depenheuer/Christoph Grabenwarter (Hrsg.), Verfassungstheorie, Tübingen 2010, § 20 (S. 657–702).

Crouch, Colin: Postdemokratie (2008), 13. Aufl., Frankfurt am Main 2017 (englisches Original 2004).

Damm, Matthias: Die Nebenstimme bei Bundestagswahlen: Wer A sagt, darf auch B sagen?, in: DÖV 2013, S. 913–920.

Dann, Philipp: Die politischen Organe, in: Armin von Bogdandy/Jürgen Bast (Hrsg.), Europäisches Verfassungsrecht. Theoretische und dogmatische Grundzüge, 2. Aufl., Heidelberg u. a. 2009, S. 335–387.

Decker, Frank: Stellungnahme zum Entwurf eines Gesetzes zur Änderung der Verfassung für das Land Nordrhein-Westfalen und wahlrechtlicher Vorschriften (Kommunalvertretungsstärkungsgesetz) vom 22.9.2015, Stellungnahme 16/3331, ohne Datum, S. 1–2.

Ders.: Der Irrweg der Volksgesetzgebung. Eine Streitschrift, Bonn 2016.

Ders.: Ist die Fünf-Prozent-Sperrklausel noch zeitgemäß? Verfassungsrechtliche und -politische Argumente für die Einführung einer Ersatzstimme bei Landtags- und Bundestagswahlen, in: ZParl 47 (2016), S. 460–471.

Ders.: Reformen der Stimmgebung. Rückkehr zum Einstimmensystem von 1949 und Einführung einer Ersatzstimme, in: Joachim Behnke u. a. (Hrsg.), Reform des Bundestagswahlsystems, Gütersloh 2017, S. 97–136.

Deutscher Bundestag/Bundesarchiv (Hrsg.), Der Parlamentarische Rat 1948–1949. Akten und Protokolle, Bd. IX, München 1996; Bd. XIV, München 2009.

Di Fabio, Udo: Gewaltenteilung, in: Josef Isensee/Paul Kirchhof (Hrsg.), Handbuch des Staatsrechts der Bundesrepublik Deutschland, Bd. II, 3. Aufl., Heidelberg 2004, § 27 (S. 613–657).

Ders.: Art. „Demokratie" [J], in: Görres-Gesellschaft (Hrsg.), Staatslexikon, Bd. I, 8. Aufl., Freiburg u. a. 2017, Sp. 1204–1213.

Ders.: Art. „Gottesbezug", in: Görres-Gesellschaft (Hrsg.), Staatslexikon, Bd. II, 8. Aufl., Freiburg u. a. 2018, Sp. 1407–1412.

Ders.: Die Weimarer Verfassung. Aufbruch und Scheitern. Eine verfassungshistorische Analyse, München 2018.

Dietlein, Johannes: Die Rezeption von Bundesgrundrechten durch Landesverfassungsrecht. Zum Verhältnis der Bundesgrundrechte zu den durch Rezeption geschaffenen Grundrechten der Länder, in: AöR 120 (1990), S. 1–31.

Ders.: Die Grundrechte in den Verfassungen der neuen Bundesländer. Zugleich ein Beitrag zur Auslegung der Art. 31 und 142 GG, München 1993.

Ders.: Das Verhältnis von Bundes- und Landesverfassungsrecht, in: Präsident des Verfassungsgerichtshofs für das Land Nordrhein-Westfalen (Hrsg.), Verfassungsgerichtsbarkeit in Nordrhein-Westfalen. Festschrift zum 50-jährigen Bestehen des Verfassungsgerichtshofs für das Land Nordrhein-Westfalen, Stuttgart u. a. 2002, S. 203–224.

Ders.: Die Verfassungsentwicklung in Nordrhein-Westfalen in den vergangenen 25 Jahren, in: JöR 51 (2003), S. 343–384.

Ders.: Art. „Landesverfassungen", in: Werner Heun u. a. (Hrsg.), Evangelisches Staatslexikon. Neuausgabe, Stuttgart 2006, Sp. 1394–1397.

Ders.: Verfassungsrecht, in: ders./Johannes Hellermann, Öffentliches Recht in Nordrhein-Westfalen, 6. Aufl., München 2016, § 1 (S. 1–125).

Ders.: Landesgrundrechte in Nordrhein-Westfalen, in: Detlef Merten/Hans-Jürgen Papier (Hrsg.), Handbuch der Grundrechte in Deutschland und Europa, Bd. VIII, Heidelberg 2017, § 254 (S. 1025–1065).

Ders./Riedel, Daniel: Zugangshürden im Kommunalwahlrecht. Zur Zulässigkeit moderater Sperrklauseln unterhalb von fünf Prozent zur Sicherung der Funktionsfähigkeit der Räte und Kreistage in Nordrhein-Westfalen, Baden-Baden 2012.

Dittmann, Armin: Verfassungshoheit der Länder und bundesstaatliche Verfassungshomogenität, in: Josef Isensee/Paul Kirchhof (Hrsg.), Handbuch des Staatsrechts der Bundesrepublik Deutschland, Bd. VI, 3. Aufl., Heidelberg 2008, § 127 (S. 201–230).

Downs, Anthony: Ökonomische Theorie der Demokratie, Tübingen 1968 (englisches Original 1957).

Dreier, Horst: Rechtslehre, Staatssoziologie und Demokratietheorie bei Hans Kelsen (1986), 2. Aufl., Baden-Baden 1990.

Ders.: Merkls Verwaltungsrechtslehre und die heutige deutsche Dogmatik des Verwaltungsrechts, in: Robert Walter (Hrsg.), Adolf J. Merkl – Werk und Wirksamkeit. Ergebnisse eines Internationalen Symposions in Wien, Wien 1990, S. 55–88.

Ders.: Hierarchische Verwaltung im demokratischen Staat. Genese, aktuelle Bedeutung und funktionelle Grenzen eines Bauprinzips der Exekutive, Tübingen 1991.

Ders.: Einheit und Vielfalt der Verfassungsordnungen im Bundesstaat, in: Karsten Schmidt (Hrsg.), Vielfalt des Rechts – Einheit der Rechtsordnung? Hamburger Ringvorlesung, Berlin 1994, S. 113–146.

Ders.: Grenzen demokratischer Freiheit im Verfassungsstaat, in: JZ 1994, S. 741–752.

Ders.: Das Demokratieprinzip des Grundgesetzes, in: Jura 1997, S. 249–257.

Ders.: Kelsens Demokratietheorie. Grundlegung, Strukturelemente, Probleme, in: Robert Walter/Clemens Jabloner (Hrsg.), Hans Kelsens Wege sozialphilosophischer Forschung, Wien 1997, S. 79–102.

Ders.: Landesverfassungsänderung durch quorenlosen Volksentscheid aus der Sicht des Grundgesetzes, in: BayVBl. 1999, S. 513–523.

Ders.: Kanonistik und Konfessionalisierung – Marksteine auf dem Weg zum Staat, in: JZ 2002, S. 1–13.

Ders.: Art. „Hierarchie (J)", in: Werner Heun u. a. (Hrsg.), Evangelisches Staatslexikon. Neuausgabe, Stuttgart 2006, Sp. 951–954.

Ders.: Grundlagen und Grundzüge staatlichen Verfassungsrechts: Deutschland, in: Armin von Bogdandy/Pedro Cruz Villalón/Peter M. Huber (Hrsg.), Handbuch Ius Publicum Europaeum, Bd. I, Heidelberg 2008, § 1 (S. 3–85).

Ders.: Gilt das Grundgesetz ewig? Fünf Kapitel zum modernen Verfassungsstaat, München 2009.

Ders.: Art. „Verfassung", in: Hans Jörg Sandkühler (Hrsg.), Enzyklopädie Philosophie, Bd. III, Hamburg 2010, S. 2867–2875.

Ders. (Hrsg.): Grundgesetz-Kommentar, Bd. I, 3. Aufl., Tübingen 2013; Bd. II, 3. Aufl., Tübingen 2015; Bd. III, 3. Aufl., Tübingen 2018.

Ders.: Gewalt – notwendiges Übel? Eine staatsrechtliche Betrachtung, in: Liv Jaeckel/Benno Zabel/Ralph Zimmermann (Hrsg.), Grundrechtspolitik und Rechtswissenschaft. Beiträge aus Anlass des 70. Geburtstags von Helmut Goerlich, Tübingen 2015, S. 63–72.

Ders.: Rechtswissenschaft als Wissenschaft – Zehn Thesen, in: ders. (Hrsg.), Rechtswissenschaft als Beruf, Tübingen 2018, S. 1–65.

Ders./Wittreck, Fabian: Repräsentative und direkte Demokratie im Grundgesetz, in: Lars P. Feld u. a. (Hrsg.), Jahrbuch für direkte Demokratie 2009, Baden-Baden 2010, S. 11–39.

Ders./Wittreck, Fabian: Das Grundgesetz für die Bundesrepublik Deutschland: Entstehung und Entwicklung, Gestalt und Zukunft, in: dies. (Hrsg.), Grundgesetz. Textausgabe mit sämtlichen Änderungen und weitere Texte zum deutschen und europäischen Verfassungsrecht, 11. Aufl., Tübingen 2017, S. XIII–XXIX.

Drews, Bill: Grundzüge einer Verwaltungsreform, Berlin 1919.

Dudenredaktion (Hrsg.): Das Synonymwörterbuch, 6. Aufl., Berlin 2014.

Dies. (Hrsg.): Deutsches Universalwörterbuch, 8. Aufl., Berlin 2015.

Dies./Wöllstein, Angelika (Hrsg.): Die Grammatik, 9. Aufl., Berlin 2016.

Duverger, Maurice: Die politischen Parteien, Tübingen 1959 (französisches Original 1951).

Ehlers, Dirk: Die Grenzen der Mitbestimmung in öffentlichen Unternehmen, in: JZ 1987, S. 218–227.

Ders.: Die Rechtsprechung des Verfassungsgerichtshofs für das Land Nordrhein-Westfalen zur 5 %-Sperrklausel im Kommunalwahlrecht, in: Präsident des Verfassungsgerichtshofs für das Land Nordrhein-Westfalen (Hrsg.), Verfassungsgerichtsbarkeit in Nordrhein-Westfalen. Festschrift zum 50-jährigen Bestehen des Verfassungsgerichtshofs für das Land Nordrhein-Westfalen, Stuttgart u. a. 2002, S. 273–292.

Ders.: Die Staatsgewalt in Ketten – zum Demokratiegebot im Sinne des Grundgesetzes –, in: Heiko Faber/Götz Frank (Hrsg.), Demokratie in Staat und Wirtschaft. Festschrift für Ekkehart Stein zum 70. Geburtstag am 24.9.2002, Tübingen 2002, S. 125–142.

Ders.: Sicherung der Funktionsfähigkeit des Europäischen Parlaments mittels einer Sperrklausel im deutschen Wahlrecht, in: ZG 27 (2012), S. 188–198.

Ehmke, Horst: „Staat" und „Gesellschaft" als verfassungstheoretisches Problem (1962), in: ders., Beiträge zur Verfassungstheorie und Verfassungspolitik, Königstein im Taunus 1981, S. 300–324.

Ehrlich, Eugen: Grundlegung der Soziologie des Rechts, München/Leipzig 1913.

Eichenberger, Kurt: Ohnmacht des Parlaments, Allmacht der Verwaltung? (1977), in: ders., Der Staat der Gegenwart. Ausgewählte Schriften, Basel/Frankfurt am Main 1980, S. 485– 498.

Elster, Jon: Ulysses and the Sirens. Studies in rationality and irrationality, Cambridge 1979.

Ders.: Ulysses Unbound. Studies in Rationality, Precommitment, and Constraints, Cambridge 2000.

Elster, Theodor: „Zersplitterung" kommunaler Gremien und das Wahlrecht – das Ende der Sperrklausel?, in: NWVBl. 2018, S. 139–146.

Emde, Ernst Thomas: Die demokratische Legitimation der funktionalen Selbstverwaltung. Eine verfassungsrechtliche Studie anhand der Kammern, der Sozialversicherungsträger und der Bundesanstalt für Arbeit, Berlin 1991.

Engel-Boland, Stefanie: Gemeindliches Satzungsrecht und Gesetzesvorbehalt, Baden-Baden 1999.

Engelbrecht, Kai: Die Kollisionsregel im föderalen Ordnungsverbund, Tübingen 2010.

Engels, Andreas: Die Verfassungsgarantie kommunaler Selbstverwaltung. Eine dogmatische Rekonstruktion, Tübingen 2014.

Esser, Josef: Grundsatz und Norm in der richterlichen Fortbildung des Privatrechts. Rechtsvergleichende Beiträge zur Rechtsquellen- und Interpretationslehre (1956), 4. Aufl., Tübingen 1990.

Ders.: Vorverständnis und Methodenwahl in der Rechtsfindung. Rationalitätsgrundlagen richterlicher Entscheidungspraxis, 2. Aufl., Frankfurt am Main 1972.

Eucken, Walter: Grundsätze der Wirtschaftspolitik (1952), 7. Aufl., Tübingen 2004.

Forsthoff, Ernst: Die Krise der Gemeindeverwaltung im heutigen Staat, Berlin 1932.

Ders.: Begriff und Wesen des sozialen Rechtsstaates, in: VVDStRL 12 (1954), S. 8–36.

Fremuth, Michael Lysander: Die Verfassung kennt sie nicht und die Demokratie bedarf ihrer nicht – Zur Notwendigkeit der Revision der Fünf-Prozent-Sperrklausel im Recht zur Wahl des Deutschen Bundestages, in: JZ 2018, S. 13–22.

Frick, Verena: Die Staatsrechtslehre im Streit um ihren Gegenstand. Die Staats- und Verfassungsdebatten seit 1979, Tübingen 2018.

Fromme, Friedrich Karl: Der Demokratiebegriff des Grundgesetzgebers. Ein Beitrag zur Frage der verfassungsrechtlichen Fixierung von „Grundentscheidungen", in: DÖV 1970, S. 518–526.

Funke, Andreas: Grenzen der rechtstheoretischen Aufklärung der Staatsrechtslehre, in: Der Staat 57 (2018), S. 267–302.

Gadamer, Hans-Georg: Wahrheit und Methode. Grundzüge einer philosophischen Hermeneutik (1960), 4. Aufl., Tübingen 1975.

Gallie, W[alter] B[ryce]: Essentially Contested Concepts, in: Proceedings of the Aristotelian Society 56 (1955/56), S. 167–198.

Gärditz, Klaus F.: Funktionswandel der Verwaltungsgerichtsbarkeit unter dem Einfluss des Unionsrechts – Umfang des Verwaltungsrechtsschutzes auf dem Prüfstand, in: Ständige Deputation des Deutschen Juristentages (Hrsg.), Verhandlungen des 71. Deutschen Juristentages, Bd. I: Gutachten Teil D, München 2016, S. D1-D104.

Ders.: Stellungnahme zum Entwurf eines Gesetzes zur Änderung der Verfassung für das Land Nordrhein-Westfalen und wahlrechtlicher Vorschriften (Kommunalvertretungsstärkungsgesetz) vom 22.9.2015, Stellungnahme 16/3340 vom 18.1.2016, S. 1–6.

Geiger, Willi: Gegenwartsprobleme der Verfassungsgerichtsbarkeit aus deutscher Sicht, in: Thomas Berberich/Wolfgang Holl/Kurt-Jürgen Maaß (Hrsg.), Neue Entwicklungen im öffentlichen Recht, Stuttgart u. a. 1979, S. 131–148.

Gerhardt, Michael: Art. „Gewalt, öffentliche", in: Werner Heun u. a. (Hrsg.), Evangelisches Staatslexikon. Neuausgabe, Stuttgart 2006, Sp. 797–800.

Ders.: Art. „Gewaltverhältnis, besonderes", in: Werner Heun u. a. (Hrsg.), Evangelisches Staatslexikon. Neuausgabe, Stuttgart 2006, Sp. 807–810.

Geyerhahn, Siegfried: Das Problem der verhältnismäßigen Vertretung, Tübingen/Leipzig 1902.

Gonsior, Florian: Die Verfassungsmäßigkeit administrativer Letztentscheidungsbefugnisse. Behördenorganisation und Verwaltungsverfahren als Mittel zur Kompensation materiell-rechtlicher Defizite am Beispiel der Bundesnetzagentur im Telekommunikationsrecht, Tübingen 2018.

Görisch, Christoph: Kommunalrecht, in: Sabine Schlacke/Fabian Wittreck (Hrsg.), Landesrecht Nordrhein-Westfalen. Ein Studienbuch, Baden-Baden 2017, § 3 (S. 113–170).

Graab, Frederic/Vetter, Angelika: Ersatzstimme statt personalisierter Verhältniswahl: Mögliche Auswirkungen auf die Wahlen zum Deutschen Bundestag, in: ZParl 49 (2018), S. 552–563.

Grabenwarter, Christoph: Die Verfassung in der Hierarchie der Rechtsordnung, in: Otto Depenheuer/Christoph Grabenwarter (Hrsg.), Verfassungstheorie, Tübingen 2010, § 11 (S. 391–416).

Grawert, Rolf: Die Bedeutung gliedstaatlichen Verfassungsrechts in der Gegenwart, in: NJW 1987, S. 2329–2338.

Ders.: Staatsvolk und Staatsangehörigkeit, in: Josef Isensee/Paul Kirchhof (Hrsg.), Handbuch des Staatsrechts der Bundesrepublik Deutschland, Bd. II, 3. Aufl., Heidelberg 2004, § 16 (S. 107–141).

Ders.: Kommentar zur Verfassung für das Land Nordrhein-Westfalen, 3. Aufl., Wiesbaden 2012.

Grimm, Dieter: Deutsche Verfassungsgeschichte 1776–1866. Vom Beginn des modernen Verfassungsstaats bis zur Auflösung des Deutschen Bundes (1988), 4. Aufl., Frankfurt am Main 2015.

Groh, Christian: Neuanfänge der kommunalen Selbstverwaltung nach 1945, in: Thomas Mann/Günter Püttner (Hrsg.), Handbuch der kommunalen Wissenschaft und Praxis, Bd. I, 3. Aufl., Heidelberg/Berlin 2007, § 8 (S. 133–144).

Groß, Thomas: Was bedeutet „Fachaufsicht"?, in: DVBl. 2002, S. 793–800.

Ders.: Die Verwaltungsorganisation als Teil organisierter Staatlichkeit, in: Wolfgang Hoffmann-Riem/Eberhard Schmidt-Aßmann/Andreas Voßkuhle (Hrsg.), Grundlagen des Verwaltungsrechts, Bd. I, 2. Aufl., München 2012, § 13 (S. 905–952).

Ders.: Die asymmetrische Funktionenordnung der demokratischen Verfassung. Zur Dekonstruktion des Gewaltenteilungsgrundsatzes, in: Der Staat 55 (2016), S. 489–517.

Gusy, Christoph: Das Mehrheitsprinzip im demokratischen Staat, in: AöR 106 (1981), S. 329–354.

Ders.: Richterliches Prüfungsrecht. Eine verfassungsgeschichtliche Untersuchung, Berlin 1985.

Ders.: 100 Jahre Weimarer Verfassung. Eine gute Verfassung in schlechter Zeit, Tübingen 2018.

Häberle, Peter (Hrsg.): Jahrbuch des Öffentlichen Rechts der Gegenwart n. F. 1 (1951), 2. Aufl., Tübingen 2010.

Ders.: Die Wesensgehaltsgarantie des Art. 19 Abs. 2 Grundgesetz. Zugleich ein Beitrag zum institutionellen Verständnis der Grundrechte und zur Lehre vom Gesetzesvorbehalt (1962), 3. Aufl., Heidelberg 1983.

Ders.: Verfassungsrechtliche Ewigkeitsklauseln als verfassungsstaatliche Identitätsgarantien, in: Yvo Hangartner/Stefan Trechsel (Hrsg.), Völkerrecht im Dienste des Menschen. Festschrift für Hans Haug, Bern/Stuttgart 1986, S. 81–108.

Hain, Karl-Eberhard: Die Grundsätze des Grundgesetzes. Eine Untersuchung zu Art. 79 Abs. 3 GG, Baden-Baden 1999.

Hartmann, Bernd J.: Volksgesetzgebung und Grundrechte, Berlin 2005.

Hatje, Armin: Demokratie als Wettbewerbsordnung, in: VVDStRL 69 (2010), S. 135–172.

Haug, Volker M.: Muss wirklich jeder ins Europäische Parlament? Kritische Anmerkungen zur Sperrklausel-Rechtsprechung aus Karlsruhe, in: ZParl 45 (2014), S. 467–487.

Haverkate, Görg: Die Einheit der Verwaltung als Rechtsproblem, in: VVDStRL 46 (1988), S. 217–258.

Hayek, Friedrich A. von: Der Wettbewerb als Entdeckungsverfahren (1968), in: ders., Gesammelte Schriften in deutscher Sprache, Abt. A: Aufsätze, Bd. IV, Tübingen 2003, S. 132–149.

Ders.: Wissenschaft und Sozialismus (1979), in: ders., Gesammelte Schriften in deutscher Sprache, Abt. A: Aufsätze, Bd. VII, Tübingen 2004, S. 52–62.

Heckmann, Dirk: Geltungskraft und Geltungsverlust von Rechtsnormen. Elemente einer Theorie der autoritativen Normgeltungsbeendigung, Tübingen 1997.

Heinig, Hans Michael/Morlok, Martin: Konkurrenz belebt das Geschäft! Zur Problematik der 5%-Klausel im Kommunalwahlrecht, in: ZG 15 (2000), S. 371–384.

Hellermann, Johannes: Kommunalrecht, in: Johannes Dietlein/Johannes Hellermann, Öffentliches Recht in Nordrhein-Westfalen, 6. Aufl., München 2016, § 2 (S. 127–284).

Hellmann, Daniel: Weg vom Pfadabhängigkeitsproblem: Präferenzwahl in Mehrpersonenwahlkreisen als Reformoption des Bundeswahlrechts?, in: ZParl 46 (2016), S. 389–410.

Hendler, Reinhard: Selbstverwaltung als Ordnungsprinzip. Zur politischen Willensbildung und Entscheidung im demokratischen Verfassungsstaat der Industriegesellschaft, Köln u. a. 1984.

Ders.: Das Prinzip Selbstverwaltung, in: Josef Isensee/Paul Kirchhof (Hrsg.), Handbuch des Staatsrechts der Bundesrepublik Deutschland, Bd. VI, 3. Aufl., Heidelberg 2008, § 143 (S. 1103–1140).

Henneke, Hans-Günter: Kommunalverfassungen als landespolitisches Experimentierfeld?, in: ZG 29 (2014), S. 66–70.

Herdegen, Matthias: Grenzen der Verfassungsgebung, in: Otto Depenheuer/Christoph Grabenwarter (Hrsg.), Verfassungstheorie, Tübingen 2010, § 9 (S. 349–371).

Hesse, Konrad: Grundzüge des Verfassungsrechts der Bundesrepublik Deutschland, 20. Aufl., Heidelberg 1995 (Nachdruck 1999).

Hestermeyer, Holger: Verschränkte Verfassungsräume: das Homogenitätsprinzip in Bund und Land, in: Europäisches Zentrum für Föderalismus-Forschung Tübingen (Hrsg.), Jahrbuch des Föderalismus. Föderalismus, Subsidiarität und Regionen in Europa, Baden-Baden 2011, S. 127–140.

Heu[ss], Theodor: Demokratie und Selbstverwaltung, Berlin 1921.

Heun, Werner: Das Mehrheitsprinzip in der Demokratie. Grundlagen – Struktur – Begrenzungen, Berlin 1983.

Ders.: Staatshaushalt und Staatsleitung. Das Haushaltsrecht im parlamentarischen Regierungssystem des Grundgesetzes, Baden-Baden 1989.

Ders.: Art. „Gewaltenteilung", in: ders. u. a. (Hrsg.), Evangelisches Staatslexikon. Neuausgabe, Stuttgart 2006, Sp. 800–804.

Ders.: Art. „Herrschaft, Herrschaftsformen", in: ders. u. a. (Hrsg.), Evangelisches Staatslexikon. Neuausgabe, Stuttgart 2006, Sp. 945–951.

Ders.: Art. „Legitimität, Legalität", in: ders. u. a. (Hrsg.), Evangelisches Staatslexikon. Neuausgabe, Stuttgart 2006, Sp. 1418–1422.

Ders.: Art. „Mehrheitsprinzip, Mehrheit", in: ders. u. a. (Hrsg.), Evangelisches Staatslexikon. Neuausgabe, Stuttgart 2006, Sp. 1506–1509.

Heusch, Andreas/Duikers, Jan: Zur Geschäftsordnungsautonomie kommunaler Vertretungen. Nach dem verfassungsgerichtlichen Verdikt über die Sperrklausel: Möglichkeiten zur Effektuierung der Tätigkeit der kommunalen Vertretungen durch Regelungen der Geschäftsordnung, in: NWVBl. 2018, S. 313–319.

Ders./Schönenbroicher, Klaus (Hrsg.): Kommentar zur Verfassung für das Land Nordrhein-Westfalen, Siegburg 2010.

Heußner, Hermann K.: Die 5%-Sperrklausel: Nur mit Hilfsstimme! Zur Evaluation des Wahlrechts im Saarland und darüber hinaus. Teil 1: Wirkung, Prüfungsmaßstab, Hilfsstimme, Einwände, in: LKRZ 2014, S. 7–12.

Ders.: Die 5%-Sperrklausel: Nur mit Hilfsstimme! Zur Evaluation des Wahlrechts im Saarland und darüber hinaus. Teil 2: Einwände (Fortsetzung), Ergebnis, in: LKRZ 2014, S. 52–57.

Hilbert, Patrick: Fehlerkalkül oder Alternativbestimmung. Zu den Strategien der Geburtshilfe im Stufenbau der Rechtsordnung, in: Zeitschrift für öffentliches Recht (ZÖR) 72 (2017), S. 549–576.

Hillgruber, Christian: Die Herrschaft der Mehrheit. Grundlagen und Grenzen des demokratischen Majoritätsprinzips, in: AöR 127 (2002), S. 460–473.

Ders.: Art. „Mehrheitsprinzip", in: Meinhard Schröder (Hrsg.), Ergänzbares Lexikon des Rechts, Gruppe 5: Staats- und Verfassungsrecht, Nr. 5/450 (2005), S. 1–10.

Ders.: Verfassungsrecht zwischen normativem Anspruch und politischer Wirklichkeit, in: VVDStRL 67 (2008), S. 7–56.

Ders.: Verfassungsinterpretation, in: Otto Depenheuer/Christoph Grabenwarter (Hrsg.), Verfassungstheorie, Tübingen 2010, § 15 (S. 505–534).

Ders.: Die Meinungsfreiheit als Grundrecht der Demokratie. Der Schutz des demokratischen Resonanzbodens in der Rechtsprechung des BVerfG, in: JZ 2016, S. 495–501.

Hippel, Ernst von: Überprüfung von Verwaltungsakten durch die ordentlichen Gerichte, in: VVDStRL 5 (1929), S. 178–202.

Hobsbawm, Eric J.: Das lange 19. Jahrhundert, 3 Bde. (1962, 1979, 1987), Darmstadt 2017.

Hoffmann, Dierk: Art. „Deutsche Demokratische Republik (DDR)" [His], in: Görres-Gesellschaft (Hrsg.), Staatslexikon, Bd. I, 8. Aufl., Freiburg u. a. 2017, Sp. 1272–1281.

Hofmann, Hasso: Bundesstaatliche Spaltung des Demokratiebegriffs? (1985), in: ders., Verfassungsrechtliche Perspektiven. Aufsätze aus den Jahren 1980–1994, Tübingen 1995, S. 146–160.

Ders./Dreier, Horst: Repräsentation, Mehrheitsprinzip und Minderheitenschutz, in: Hans-Peter Schneider/Wolfgang Zeh (Hrsg.), Parlamentsrecht und Parlamentspraxis in der Bundesrepublik Deutschland, Berlin/New York 1989, § 5 (S. 165–197).

Hölscheidt, Sven: Art. „Fraktion", in: Werner Heun u. a. (Hrsg.), Evangelisches Staatslexikon. Neuausgabe, Stuttgart 2006, Sp. 610–614.

Holste, Heiko: Alternativ-Stimme statt Stichwahl! Ein Ausweg aus dem kommunalen Direktwahldilemma, in: ZRP 2007, S. 94–96.

Holtkamp, Lars: Parteien und Bürgermeister in der repräsentativen Demokratie, in: PVS 47 (2006), S. 641–661.

Ders.: Kommunale Konkordanz- und Konkurrenzdemokratie. Parteien und Bürgermeister in der repräsentativen Demokratie, Wiesbaden 2008.

Horn, Hans-Detlef: Mehrheit im Plebiszit. Zur Voraussetzung eines Zustimmungsquorums bei Volks- und Bürgerentscheiden, in: Der Staat 38 (1999), S. 399–422.

Ders.: Gewaltenteilige Demokratie, demokratische Gewaltenteilung. Überlegungen zu einer Organisationsmaxime des Verfassungsstaates, in: AöR 127 (2002), S. 427–459.

Ders.: Art. „Gewaltenteilung", in: Meinhard Schröder (Hrsg.), Ergänzbares Lexikon des Rechts, Gruppe 5: Staats- und Verfassungsrecht, Nr. 5/280 (2005), S. 1–6.

Ders.: Demokratie, in: Otto Depenheuer/Christoph Grabenwarter (Hrsg.), Verfassungstheorie, Tübingen 2010, § 22 (S. 743–776).

Horneffer, Ernst: Demokratie und Selbstverwaltung. Ein Entwurf zum deutschen Staate, Essen 1927.

Huber, Ernst Rudolf: Deutsche Verfassungsgeschichte seit 1789, Bd. III, 2. Aufl., Stuttgart 1970.

Ders.: Das Kaiserreich als Epoche verfassungsstaatlicher Entwicklung, in: Josef Isensee/Paul Kirchhof (Hrsg.), Handbuch des Staatsrechts der Bundesrepublik Deutschland, Bd. I, 3. Aufl., Heidelberg 2003, § 4 (S. 129–176).

Huntington, Samuel P.: The Third Wave. Democratization in the late Twentieth Century, Norman (Oklahoma) 1991.

Ipsen, Jörn: Rechtsfolgen der Verfassungswidrigkeit von Norm und Einzelakt, Baden-Baden 1980.

Ders.: Art. „Autonomie (J)", in: Werner Heun u. a. (Hrsg.), Evangelisches Staatslexikon. Neuausgabe, Stuttgart 2006, Sp. 159–163.

Ders.: Wahlrecht im Spannungsfeld von Politik und Verfassungsgerichtsbarkeit, in: DVBl. 2013, S. 265–274.

Isensee, Josef: Abschied der Demokratie vom Demos. Ausländerwahlrecht als Identitätsfrage für Volk, Demokratie und Verfassung, in: Dieter Schwab (Hrsg.), Staat, Kirche, Wissenschaft in einer pluralistischen Gesellschaft. Festschrift zum 65. Geburtstag von Paul Mikat, Berlin 1989, S. 705–740.

Ders.: Grundrechtsvoraussetzungen und Verfassungserwartungen an die Grundrechtsausübung (1992), in: ders./Paul Kirchhof (Hrsg.), Handbuch des Staatsrechts der Bundesrepublik Deutschland, Bd. IX, 3. Aufl., Heidelberg 2011, § 190 (S. 265–412).

Ders.: Schlußbestimmung des Grundgesetzes: Artikel 146 (1992), in: ders./Paul Kirchhof (Hrsg.), Handbuch des Staatsrechts der Bundesrepublik Deutschland, Bd. XII, 3. Aufl., Heidelberg 2014, § 258 (S. 131–186).

Ders.: Das Volk als Grund der Verfassung. Mythos und Relevanz der Lehre von der verfassunggebenden Gewalt, Opladen 1995.

Ders.: Vom Stil der Verfassung. Eine typologische Studie zu Sprache, Thematik und Sinn des Verfassungsgesetzes, Opladen/Wiesbaden 1999.

Ders.: Staat und Verfassung, in: ders./Paul Kirchhof (Hrsg.), Handbuch des Staatsrechts der Bundesrepublik Deutschland, Bd. II, 3. Aufl., Heidelberg 2006, § 15 (S. 3–105).

Ders.: Idee und Gestalt des Föderalismus im Grundgesetz, in: ders./Paul Kirchhof (Hrsg.), Handbuch des Staatsrechts der Bundesrepublik Deutschland, Bd. VI, 3. Aufl., Heidelberg 2008, § 126 (S. 3–199).

Ders.: Der Selbstand der Verfassung in ihren Verweisungen und Öffnungen, in: AöR 138 (2013), S. 325–362.

Ders.: Die Rationalität des Staates und die Irrationalität des Menschen. Prämissen der Demokratie, in: AöR 140 (2015), S. 169–197.

Issacharoff, Samuel: Die Defizite der Demokratie, in: Der Staat 56 (2017), S. 329–355.

Jellinek, Georg: Mirabeau und das demokratische Wahlrecht. Geschichte eines Zitates (1905), in: ders., Ausgewählte Schriften und Reden, Bd. II, Berlin 1911, S. 82–88.

Ders.: Allgemeine Staatslehre, 3. Aufl., Berlin 1921.

Jellinek, Walter: Verwaltungsrecht, 3. Aufl., Berlin 1931.

Jesse, Eckhard: Wahlrecht zwischen Kontinuität und Reform. Eine Analyse der Wahlsystemdiskussion und der Wahlrechtsreformen in der Bundesrepublik Deutschland 1949–1983, Düsseldorf 1985.

Ders.: Aktuelle Reformvorschläge zum Wahlrecht, in: Tobias Mörschel (Hrsg.), Wahlen und Demokratie. Reformoptionen des deutschen Wahlrechts, Baden-Baden 2016, S. 119–139.

Ders.: Plädoyer für ein Einstimmensystem bei der Bundestagswahl ergänzt um eine Ersatzstimme, in: ZParl 47 (2016), S. 893–903.

Jestaedt, Matthias: Demokratie unter Bagatellvorbehalt? Zur Bedeutung und Rechtfertigung eines demokratischen Bagatellvorbehalts, in: Der Staat 32 (1993), S. 29–56.

Ders.: Demokratieprinzip und Kondominialverwaltung. Entscheidungsteilhabe Privater an der öffentlichen Verwaltung auf dem Prüfstand des Verfassungsprinzips Demokratie, Berlin 1993.

Ders.: Grundrechtsentfaltung im Gesetz. Studien zur Interdependenz von Grundrechtsdogmatik und Rechtsgewinnungstheorie, Tübingen 1999.

Ders.: Verfassungsrecht und einfaches Recht – Verfassungsgerichtsbarkeit und Fachgerichtsbarkeit, in: DVBl. 2001, S. 1309–1322.

Ders.: Selbstverwaltung als „Verbundbegriff". Vom Wesen und Wert eines allgemeinen Selbstverwaltungsbegriffes, in: Die Verwaltung 35 (2002), S. 293–317.

Ders.: Verfassungsgerichtspositivismus. Die Ohnmacht des Verfassungsgesetzgebers im verfassungsgerichtlichen Jurisdiktionsstaat, in: Otto Depenheuer u. a. (Hrsg.), Nomos und Ethos. Hommage an Josef Isensee zum 65. Geburtstag von seinen Schülern, Berlin 2002, S. 183–228.

Ders.: Bundesstaat als Verfassungsprinzip, in: Josef Isensee/Paul Kirchhof (Hrsg.), Handbuch des Staatsrechts der Bundesrepublik Deutschland, Bd. II, 3. Aufl., Heidelberg 2004, § 29 (S. 785–841).

Ders.: Der Europäische Verfassungsverbund. Verfassungstheoretischer Charme und rechtstheoretische Insuffizienz einer Unschärferelation, in: Rüdiger Krause/Winfried Veelken/Klaus Vieweg (Hrsg.), Recht der Wirtschaft und der Arbeit in Europa. Gedächtnisschrift für Wolfgang Blomeyer, Berlin 2004, S. 637–674.

Ders.: Das mag in der Theorie richtig sein … Vom Nutzen der Rechtstheorie für die Rechtspraxis, Tübingen 2006.

Ders.: Hans Kelsens Reine Rechtslehre: Eine Einführung, in: Hans Kelsen, Reine Rechtslehre, Studienausgabe der 1. Aufl 1934, Tübingen 2008, S. XI–LXII.

Ders.: Die Verfassung hinter der Verfassung. Eine Standortbestimmung der Verfassungstheorie, Paderborn u. a. 2009.

Ders.: Verfassungstheorie als Disziplin, in: Otto Depenheuer/Christoph Grabenwarter (Hrsg.), Verfassungstheorie, Tübingen 2010, § 1 (S. 3–56).

Ders.: Grundbegriffe des Verwaltungsorganisationsrechts, in: Wolfgang Hoffmann-Riem/Eberhard Schmidt-Aßmann/Andreas Voßkuhle (Hrsg.), Grundlagen des Verwaltungsrechts, Bd. I, 2. Aufl., München 2012, § 14 (S. 953–1004).

Ders.: Radien der Demokratie: Volksherrschaft, Betroffenenpartizipation oder plurale Legitimation?, in: Hans Michael Heinig/Jörg Philipp Terhechte (Hrsg.), Postnationale Demokratie, Postdemokratie, Neoetatismus, Tübingen 2013, S. 3–18.

Ders.: Democratic Legitimization of the Administrative Power – Exclusive versus Inclusive Democracy, in: Hermann Pünder/Christian Waldhoff (Hrsg.), Debates in German Public Law, Oxford/Portland 2014, S. 181–202.

Ders.: Selbstand und Offenheit der Verfassung gegenüber nationalem, supranationalem und internationalem Recht, in: Josef Isensee/Paul Kirchhof (Hrsg.), Handbuch des Staatsrechts der Bundesrepublik Deutschland, Bd. XII, 3. Aufl., Heidelberg 2014, § 264 (S. 327–382).

Ders.: Das doppelte Ermessensantlitz. Eine rechtstheoretische Vermessung des administrativen Entscheidungsfreiraums, in: Zeitschrift für Verwaltung (ZfV) 40 (2015), S. 339–347.

Ders.: Politische Parteien und Verfassungstheorie, in: Julian Krüper/Heike Merten/Thomas Poguntke (Hrsg.), Parteienwissenschaften, Baden-Baden 2015, S. 83–104.

Ders.: Maßstäbe des Verwaltungshandelns, in: Dirk Ehlers/Hermann Pünder (Hrsg.), Allgemeines Verwaltungsrecht, 15. Aufl., Berlin/Boston 2016, § 11 (S. 325–371).

Ders.: Art. „Grundrechte", in: Görres-Gesellschaft (Hrsg.), Staatslexikon, Bd. II, Freiburg u. a. 2018, Sp. 1462–1485.

Jünemann, Klaus: Government of, by, for the people – Zur Archäologie eines klassischen Zitats, in: JZ 2013, S. 1128–1136.

Jung, Otmar: Grundgesetz und Volksentscheid. Gründe und Reichweite der Entscheidungen des Parlamentarischen Rats gegen Formen direkter Demokratie, Opladen 1994.

Ders.: Das Quorenproblem beim Volksentscheid. Legitimität und Effizienz beim Abschluß des Verfahrens der Volksgesetzgebung, in: ZPol. 9 (1999), S. 863–898.

Ders.: Die Mehrheit zur Aktivität anspornen, in: Zeitschrift für direkte Demokratie 13 (2001), S. 12–15.

Ders.: Direkte Demokratie als Gegengewicht gegen Kartelle der herrschenden Klasse?, in: Joachim Wieland (Hrsg.), Entscheidungen des Parlaments in eigener Sache. Tagungsband zum Kolloquium anlässlich des 70. Geburtstages von Professor Dr. Hans Herbert von Arnim am 19. März 2010, Berlin 2011, S. 81–102.

Kahl, Wolfgang: Die Staatsaufsicht. Entstehung, Wandel und Neubestimmung unter besonderer Berücksichtigung der Aufsicht über die Gemeinden, Tübingen 2000.

Karpen, Hans-Ulrich: Die Verweisung als Mittel der Gesetzgebungstechnik, Berlin 1970.

Kellner, Martin: Art. „Ermessen", in: Werner Heun u. a. (Hrsg.), Evangelisches Staatslexikon. Neuausgabe, Stuttgart 2006, Sp. 457–461.

Kelsen, Hans: Zur Theorie der juristischen Fiktionen. Mit besonderer Berücksichtigung von Vaihingers Philosophie des Als Ob (1919), in: ders., Hans Kelsen Werke, Bd. IV, Tübingen 2013, S. 209–234.

Ders.: Demokratisierung der Verwaltung, in: Zeitschrift für Verwaltung (ZfV) 1921, S. 5–15.

Ders.: Die Lehre von den drei Gewalten oder Funktionen des Staates, in: Archiv für Rechts- und Wirtschaftsphilosophie (ARWP) 17 (1923/24), S. 374–409.

Ders.: Allgemeine Staatslehre, Berlin/Heidelberg 1925.

Ders.: Vom Wesen und Wert der Demokratie, 2. Aufl., Tübingen 1929.

Ders.: Wesen und Entwicklung der Staatsgerichtsbarkeit, in: VVDStRL 5 (1929), S. 30–88.

Ders.: Reine Rechtslehre. Einleitung in die rechtswissenschaftliche Problematik, 1. Aufl., Leipzig/Wien 1934.

Ders.: Foundations of Democracy (1955), in: ders., Verteidigung der Demokratie. Abhandlungen zur Demokratietheorie, Tübingen 2006, S. 248–385.

Ders.: Reine Rechtslehre. Mit einem Anhang: Das Problem der Gerechtigkeit, 2. Aufl., Wien 1960.

Ders.: Allgemeine Theorie der Normen, Wien 1979.

Ders.: Verteidigung der Demokratie. Abhandlungen zur Demokratietheorie, Tübingen 2006.

Kempny, Simon: Die Staatsfinanzierung nach der Paulskirchenverfassung. Eine Untersuchung des Finanz- und Steuerverfassungsrechts der Verfassung des deutschen Reiches vom 28. März 1849, Tübingen 2011.

Ders./Reimer, Philipp: Die Gleichheitssätze. Versuch einer übergreifenden dogmatischen Beschreibung ihres Tatbestands und ihrer Rechtsfolgen, Tübingen 2012.

Kersten, Jens: Homogenitätsgebot und Landesverfassungsrecht, in: DÖV 1993, S. 896–902.

Kielmansegg, Peter Graf: Demokratische Legitimation, in: Hanno Kube u. a. (Hrsg.), Leitgedanken des Rechts. Paul Kirchhof zum 70. Geburtstag, Bd. I, Heidelberg u. a. 2013, § 59 (S. 641–650).

Kießling, Friedrich: Art. „Deutsche Geschichte" [Moderne], in: Görres-Gesellschaft (Hrsg.), Staatslexikon, Bd. I, 8. Aufl., Freiburg u. a. 2017, Sp. 1322–1329.

Kingreen, Thorsten/Poscher, Ralf: Grundrechte. Staatsrecht II, 34. Aufl., Heidelberg 2018.

Kirchhof, Paul: Die Identität der Verfassung, in: Josef Isensee/Paul Kirchhof (Hrsg.), Handbuch des Staatsrechts der Bundesrepublik Deutschland, Bd. II, 3. Aufl., Heidelberg 2004, § 21 (S. 261–316).

Kirste, Stephan: Kontexte der Demokratie: Herrschaftsausübung in Arbeitsteilung, in: VVDStRL 77 (2018), S. 161–210.

Kischel, Uwe: Systembindung des Gesetzgebers und Gleichheitssatz, in: AöR 124 (1999), S. 174–211.

Ders.: Die Begründung. Zur Erläuterung staatlicher Entscheidungen gegenüber dem Bürger, Tübingen 2003.

Klein, Hans H[ugo]: Demokratie und Selbstverwaltung, in: Roman Schnur (Hrsg.), Festschrift für Ernst Forsthoff zum 70. Geburtstag, 2. Aufl., München 1974, S. 165–185.

Ders.: Fraktionen, in: Martin Morlok/Utz Schliesky/Dieter Wiefelspütz (Hrsg.), Parlamentsrecht. Praxishandbuch, Baden-Baden 2016, § 17 (S. 524–552).

Kley, Andreas: Kontexte der Demokratie: Herrschaftsausübung in Arbeitsteilung, in: VVDStRL 77 (2018), S. 125–160.

Kluth, Winfried: Funktionale Selbstverwaltung. Verfassungsrechtlicher Status – verfassungsrechtlicher Schutz, Tübingen 1997.

Knemeyer, Franz-Ludwig: Die Staatsaufsicht über die Gemeinden und Kreise (Kommunalaufsicht), in: Thomas Mann/Günter Püttner (Hrsg.), Handbuch der kommunalen Wissenschaft und Praxis, Bd. I, 3. Aufl., Heidelberg/Berlin 2007, § 12 (S. 217–243).

Köller, Sandra: Funktionale Selbstverwaltung und ihre demokratische Legitimation. Eine Untersuchung am Beispiel der Wasserverbände Lippeverband und Emschergenossenschaft, Berlin 2009.

Korioth, Stefan: Art. „Föderalismus", in: Werner Heun u. a. (Hrsg.), Evangelisches Staatslexikon. Neuausgabe, Stuttgart 2006, Sp. 596–600.

Korte, Karl-Rudolf: Neue Qualität des Parteienwettbewerbs im „Superwahljahr", in: APuZ 59 (2009), S. 3–8.

Ders.: Der Stimmzettel als Lottoschein, in: Frankfurter Allgemeine Zeitung (Hrsg.), Denk ich an Deutschland 2016. Fluchtpunkt Deutschland, Frankfurt am Main 2016, S. 18–19.

Köttgen, Arnold: Die Krise der kommunalen Selbstverwaltung, Tübingen 1931.

Kotzur, Markus: Demokratie als Wettbewerbsordnung, in: VVDStRL 69 (2010), S. 173–226.

Krajewski, Markus: Kommunalwahlrechtliche Sperrklauseln im föderativen System, in: DÖV 2008, S. 345–353.

Kramer, Urs u. a.: Kommunale Sperrklauseln auf Verfassungsebene. Zulässigkeit und Alternativen am Beispiel der Landesverfassung von Nordrhein-Westfalen, in: DÖV 2017, S. 353–362.

Krause, Peter: Verfassungsrechtliche Möglichkeiten unmittelbarer Demokratie, in: Josef Isensee/Paul Kirchhof (Hrsg.), Handbuch des Staatsrechts der Bundesrepublik Deutschland, Bd. III, 3. Aufl., Heidelberg 2005, § 35 (S. 55–85).

Krebs, Walter: Verwaltungsorganisation, in: Josef Isensee/Paul Kirchhof (Hrsg.), Handbuch des Staatsrechts der Bundesrepublik Deutschland, Bd. V, 3. Aufl., Heidelberg 2008, § 108 (S. 457–520).

Kriele, Martin: Das demokratische Prinzip im Grundgesetz, in: VVDStRL 29 (1971), S. 46–84.

Krüger, Herbert: Verfassungsvoraussetzungen und Verfassungserwartungen, in: Horst Ehmke u. a. (Hrsg.), Festschrift für Ulrich Scheuner zum 70. Geburtstag, Berlin 1973, S. 285–306.

Krüper, Julian: Das Glück der größten Zahl. Zum Mehrheitsprinzip als Funktionsregel im Verfassungsstaat, in: ZJS 2009, S. 477–486.

Ders.: Verfassungsunmittelbare Sperrklauseln. Maßstab, Modelle und Folgen einer Beschränkung der Wahlrechtsgleichheit im Grundgesetz, in: ZRP 2014, S. 130–133.

Ders.: Die Organisation des Verfassungsstaats. Festschrift für Martin Morlok zum 70. Geburtstag, Tübingen 2019.

Ders./Pilniok, Arne (Hrsg.), Organisationsverfassungsrecht. Wissenschaft, Theorie, Praxis, Tübingen 2019.

Kühne, Jörg-Detlef: Die Reichsverfassung der Paulskirche. Vorbild und Verwirklichung im späteren deutschen Rechtsleben, 2. Aufl., Neuwied 1998.

Ders.: Art. „Grundgesetz", in: Werner Heun u. a. (Hrsg.), Evangelisches Staatslexikon. Neuausgabe, Stuttgart 2006, Sp. 903–909.

Kunig, Philip: Das Rechtsstaatsprinzip. Überlegungen zu seiner Bedeutung für das Verfassungsrecht der Bundesrepublik Deutschland, Tübingen 1986.

Kurbjuweit, Dirk: Der Wutbürger, in: Der Spiegel vom 11.10.2010, S. 26.

Lammers, H[ans]-H[einrich]: [Anmerkung zu: StGH, Entscheidungen vom 13.3.1926, 6/25 und 8/25], in: Juristische Wochenschrift (JW) 1927, S. 456–459.

Landenberg-Roberg, Michael von/Sehl, Markus: Genetische Argumentation als rationale Praxis. Eine theoretische Annäherung an das Rekonstruktionsziel „Wille des Gesetzgebers" als Sättigungskriterium genetischer Argumente, in: RW 5 (2015), S. 135–166.

Lang, Heinrich: Gesetzgebung in eigener Sache. Eine rechtstheoretische und rechtssystematische Untersuchung zum Spannungsverhältnis von Distanzgebot und Eigennutz, Tübingen 2007.

Lange, Erhard [H.] [M.]: Der Parlamentarische Rat und die Entstehung des ersten Bundestagswahlgesetzes, in: VfZ 20 (1972), S. 280–318.

Ders.: Wahlrecht und Innenpolitik. Entstehungsgeschichte und Analyse der Wahlgesetzgebung und Wahlrechtsdiskussion im westlichen Nachkriegsdeutschland 1945–1956, Meisenheim am Glan 1975.

Lange, Klaus: Kommunalrecht und Demokratie, in: Heinrich Brinkmann (Hrsg.), Stadt, Gießen 1999, S. 70–79.

Lassahn, Philipp: Rechtsprechung und Parlamentsgesetz. Überlegungen zu Anliegen und Reichweite eines allgemeinen Vorbehalts des Gesetzes, Tübingen 2017.

Lege, Joachim: Drei Versuche über Demokratie – unter besonderer Berücksichtigung der Idee des Wettbewerbs, in: JZ 2009, S. 756–762.

Lehmbruch, Gerhard: Proporzdemokratie. Politisches System und politische Kultur in der Schweiz und in Österreich, Tübingen 1967.

Ders.: Einführung in die Politikwissenschaft, 2. Aufl., Stuttgart u. a. 1968.

Ders.: Art. „Konkordanzdemokratie", in: Dieter Nohlen (Hrsg.), Wörterbuch Staat und Politik, Bonn 1991, S. 311–315.

Ders.: Parteienwettbewerb im Bundesstaat. Regelsysteme und Spannungslagen im politischen System der Bundesrepublik Deutschland, 3. Aufl., Wiesbaden 2000.

Lenski, Sophie-Charlotte: Paradoxien der personalisierten Verhältniswahl, in: AöR 134 (2009), S. 473–512.

Dies.: Die Fünfprozentklausel auf dem Prüfstand politischer Realität. Zur Verfassungsmäßigkeit der Sperrklausel bei zunehmender Stimmendiversifizierung, in: Mitteilungen des Instituts für deutsches und internationales Parteienrecht und Parteienforschung (MIP) 20 (2014), S. 178–180.

Dies.: Regierungs- und Fraktionsarbeit als Parteiarbeit. Skizze einer Kontrolltrias, in: DÖV 2014, S. 585–594.

Lenz, Christofer: Ein einheitliches Verfahren für die Wahl des Europäischen Parlaments. Unverwirklichte Vorgabe der Gemeinschaftsverträge, Baden-Baden 1994.

Ders.: Die Wahlrechtsgleichheit und das Bundesverfassungsgericht, in: AöR 121 (1996), S. 337–358.

Lenz, Stefan: Volksgesetzgebung als „Minderheitendiktatur"? Verfassungsrechtliche Vorgaben und rechtspolitische Vorschläge zur Quorengestaltung, in: ZG 28 (2013), S. 167–190.

Ders.: Erwiderung auf: [Hinnerk Wißmann,] Jenseits von Staatsnotar und Staatsleitung. Die Prüfungskompetenz des Bundespräsidenten, in: ZJS 2015, S. 145–147.

Ders.: Das Elfes-Urteil des Bundesverfassungsgerichts von 1957, in: RW 7 (2016), S. 149–176.

Lepsius, M. Rainer: Parteiensystem und Sozialstruktur. Zum Problem der Demokratisierung der deutschen Gesellschaft, in: Gerhard A. Ritter (Hrsg.), Deutsche Parteien vor 1918, Köln 1973, S. 56–80.

Lepsius, Oliver: Steuerungsdiskussion, Systemtheorie und Parlamentarismuskritik, Tübingen 1999.

Ders.: Braucht das Verfassungsrecht eine Theorie des Staates? Eine deutsche Perspektive: Von der Staatstheorie zur Theorie der Herrschaftsformen, in: EuGRZ 2004, S. 370–381.

Ders.: Art. „Repräsentation", in: Werner Heun u. a. (Hrsg.), Evangelisches Staatslexikon. Neuausgabe, Stuttgart 2006, Sp. 2036–2041.

Ders.: Art. „Weimarer Verfassung", in: Werner Heun u. a. (Hrsg.), Evangelisches Staatslexikon. Neuausgabe, Stuttgart 2006, Sp. 2680–2683.

Ders.: Zwischen Volkssouveränität und Selbstbestimmung. Zu Kelsens demokratietheoretischer Begründung einer sozialen Ordnung aus der individuellen Freiheit, in: Hauke Brunkhorst/Rüdiger Voigt (Hrsg.), Rechts-Staat. Staat, internationale Gemeinschaft und Völkerrecht bei Hans Kelsen, Baden-Baden 2008, S. 15–37.

Ders.: Die maßstabsetzende Gewalt, in: Matthias Jestaedt u. a., Das entgrenzte Gericht. Eine kritische Bilanz nach sechzig Jahren Bundesverfassungsgericht, Berlin 2011, S. 159–280.

Ders.: Kritik der Dogmatik, in: Gregor Kirchhof/Stefan Magen/Karsten Schneider (Hrsg.), Was weiß Dogmatik? Was leistet und wie steuert die Dogmatik des Öffentlichen Rechts?, Tübingen 2012, S. 39–62.

Ders.: Rechtswissenschaft in der Demokratie, in: Der Staat 52 (2013), S. 157–186.

Ders.: Die Chancen und Grenzen des Grundsatzes der Verhältnismäßigkeit, in: Matthias Jestaedt/Oliver Lepsius (Hrsg.), Verhältnismäßigkeit. Zur Tragfähigkeit eines verfassungsrechtlichen Schlüsselkonzepts, Tübingen 2015, S. 1–41.

Ders.: Versammlungsrecht und gesellschaftliche Integration, in: Anselm Doering-Manteuffel/ Bernd Greiner/Oliver Lepsius (Hrsg.), Der Brokdorf-Beschluss des Bundesverfassungsgerichts, Tübingen 2015, S. 113–165.

Ders.: Parlamentsrechte und Parlamentsverständnisse in der neueren Rechtsprechung des Bundesverfassungsgerichts, in: RuP 52 (2016), S. 137–149.

Ders.: Art. „Abwägung", in: Görres-Gesellschaft (Hrsg.), Staatslexikon, Bd. I, 8. Aufl., Freiburg u. a. 2017, Sp. 40–44.

Ders.: Art. „Ermessen", in: Görres-Gesellschaft (Hrsg.), Staatslexikon, Bd. II, 8. Aufl., Freiburg u. a. 2018, Sp. 205–209.

Ders.: Editorial: Über Kompromisse und die Kompromissunfähigkeit unserer Zeit, in: Der Staat 57 (2018), S. 165–169.

Ders.: Normenhierarchie und Stufenbau der Rechtsordnung, in: JuS 2018, S. 950–954.

Lerche, Peter: Zum Apotheken-Urteil des Bundesverfassungsgerichts, in: BayVBl. 1958, S. 231–235.

Ders.: Übermaß und Verfassungsrecht. Zur Bindung des Gesetzgebers an die Grundsätze der Verhältnismäßigkeit und der Erforderlichkeit (1961), 2. Aufl., Goldbach 1999.

Lhotta, Roland: Art. „Bundesstaat", in: Werner Heun u. a. (Hrsg.), Evangelisches Staatslexikon. Neuausgabe, Stuttgart 2006, Sp. 264–273.

Lijphart, Arend: The Politics of Accomodation. Pluralism and Democracy in the Netherlands, Berkeley 1968.

Linck, Joachim: Zur verfassungsnäheren Gestaltung der 5-%-Klausel, in: DÖV 1984, S. 884–887.

Lincoln, Abraham: Message to Congress in Special Session (1861), in: Roy P. Basler (Hrsg.), The Collected Works of Abraham Lincoln, Bd. IV, New Brunswick/New Jersey 1953, S. 421–441.

Ders.: Address delivered at the dedication of the Cemetery at Gettysburg (1863), in: Roy P. Basler (Hrsg.), The Collected Works of Abraham Lincoln, Bd. VII, New Brunswick/New Jersey 1953, S. 22–23.

Lindner, Josef Franz: Rechtswissenschaft als Metaphysik. Das Münchhausenproblem einer Selbstermächtigungswissenschaft, Tübingen 2017.

Ders.: Bundesverfassung und Landesverfassung. Zugleich ein Beitrag zur sogenannten Bestandteilstheorie, in: AöR 143 (2018), S. 437–470.

Ders.: Der Rechtswissenschaftler als sokratische Figur, in: NJW 2019, S. 279–283.

Lippold, Rainer: Reine Rechtslehre und Strafrechtsdoktrin. Zur Theoriestruktur in der Rechtswissenschaft am Beispiel der Allgemeinen Strafrechtslehre, Wien/New York 1989.

Lipset, Seymour Martin/Rokkan, Stein: Cleavage Structures, Party Systems, and Voter Alignments: An Introduction, in: dies. (Hrsg.), Party Systems and Voter Alignments. Cross-National Perspectives, New York 1967, S. 1–64.

Lorz, Ralph Alexander: Art. „Staatsorganisation", in: Werner Heun u. a. (Hrsg.), Evangelisches Staatslexikon. Neuausgabe, Stuttgart 2006, Sp. 2329–2334.

Loschelder, Wolfgang: Weisungshierarchie und persönliche Verantwortung in der Exekutive, in: Josef Isensee/Paul Kirchhof (Hrsg.), Handbuch des Staatsrechts der Bundesrepublik Deutschland, Bd. V, 3. Aufl. 2007, § 107 (S. 409–455).

Löwer, Wolfgang: Zuständigkeiten und Verfahrensarten des Bundesverfassungsgerichts, in: Josef Isensee/Paul Kirchhof (Hrsg.), Handbuch des Staatsrechts der Bundesrepublik Deutschland, Bd. III, 3. Aufl., Heidelberg 2005, § 70 (S. 1285–1526).

Ders.: Bundesverfassungstextliche Ergänzungen der Landesverfassungen zur Gewinnung landesverfassungsgerichtlicher Prüfungsmaßstäbe, in: NdsVBl. 2010, S. 138–144.

Ders./Tettinger, Peter J. (Hrsg.): Kommentar zur Verfassung für das Land Nordrhein-Westfalen, Stuttgart u. a. 2002.

Lübbe-Wolff, Gertrude: Das Demokratiekonzept der Weimarer Reichsverfassung, in: Horst Dreier/Christian Waldhoff (Hrsg.), Das Wagnis der Demokratie. Eine Anatomie der Weimarer Reichsverfassung, München 2018, S. 111–149.

Magen, Stefan: Kontexte der Demokratie: Parteien – Medien – Sozialstrukturen, in: VVDStRL 77 (2018), S. 67–104.

Mann, Thomas: Großvorhaben als Herausforderung für den demokratischen Rechtsstaat, in: VVDStRL 72 (2013), S. 544–593.

Marschall, Stefan: Demokratie, Opladen/Toronto 2014.

Martina, Dietmar: Die Grundrechte der nordrhein-westfälischen Landesverfassung im Verhältnis zu den Grundrechten des Grundgesetzes, München 1999.

März, Wolfgang: Bundesrecht bricht Landesrecht. Eine staatsrechtliche Untersuchung zu Artikel 31 des Grundgesetzes, Berlin 1989.

Maunz, Theodor/Dürig, Günter u. a. (Hrsg.), Grundgesetz-Kommentar, 7 Bde., München 1962 ff. (Stand: 85. Ergänzungslieferung 2018).

Maurer, Hartmut: Das richterliche Prüfungsrecht zur Zeit der Weimarer Verfassung. Ein Beitrag zum historischen Vorverständnis des Art. 100 GG, in: DÖV 1963, S. 683–688.

Ders.: Verfassungsrechtliche Grundlagen der kommunalen Selbstverwaltung, in: DVBl. 1995, S. 1037–1046.

Ders./Waldhoff, Christian: Allgemeines Verwaltungsrecht, 19. Aufl., München 2017.

Mayer, Franz: Selbstverwaltung und demokratischer Staat, in: Hochschule für Verwaltungswissenschaften Speyer (Hrsg.), Demokratie und Verwaltung. 25 Jahre Hochschule für Verwaltungswissenschaften Speyer, Berlin 1972, S. 327–340.

Mayer, Otto: Deutsches Verwaltungsrecht, Bd. I, 3. Aufl., München/Leipzig 1924.

Mehde, Veith: Neues Steuerungsmodell und Demokratieprinzip, Berlin 2000.

Ders.: Die Ministerverantwortlichkeit nach dem Grundgesetz. Dogmatischer Kernbestand und aktuelle Herausforderungen, in: DVBl. 2001, S. 13–19.

Ders.: Die Funktionsfähigkeit kommunaler Vertretungen in der verfassungsgerichtlichen Rechtsprechung zu Sperrklauseln, in: VerwArch. 109 (2018), S. 336–362.

Ders./Hanke, Stefanie: Gesetzgeberische Begründungspflichten und -obliegenheiten. Die neuen Ansätze in der verfassungsgerichtlichen Rechtsprechung, in: ZG 25 (2010), S. 381–398.

Mehr Demokratie e. V. (Hrsg.): Volksbegehrensbericht 2017, Berlin [2017].

Ders./Forschungsstelle Bürgerbeteiligung Marburg/Institut für Demokratie- und Partizipationsforschung Wuppertal (Hrsg.): Bürgerbegehrensbericht 2018, Berlin [2018].

Meier, Christian u. a.: Art. „Demokratie", in: Otto Brunner/Werner Conze/Reinhart Koselleck (Hrsg.), Geschichtliche Grundbegriffe. Historisches Lexikon zur politisch-sozialen Sprache in Deutschland, Bd. I, Stuttgart 1972, S. 821–899.

Meinel, Florian: Selbstorganisation des parlamentarischen Regierungssystems. Vergleichende Studien zu einem Verfassungsproblem der Bundesrepublik Deutschland, Tübingen 2019.

Ders.: Vertrauensfrage. Zur Krise des heutigen Parlamentarismus, München 2019.

Menzel, Jörg: Landesverfassungsrecht. Verfassungshoheit und Homogenität im grundgesetzlichen Bundesstaat, Stuttgart u. a. 2002.

Merkl, Adolf Julius: Das doppelte Rechtsantlitz. Eine Betrachtung aus der Erkenntnistheorie des Rechts (1918), in: ders., Gesammelte Schriften, Bd. I, Berlin 1993, S. 227–252.

Ders.: Demokratie und Verwaltung, Wien/Leipzig 1923.

Ders.: Die Lehre von der Rechtskraft entwickelt aus dem Rechtsbegriff, Leipzig 1923.

Ders.: Allgemeines Verwaltungsrecht, Wien/Berlin 1927.

Ders.: Prolegomena einer Theorie des rechtlichen Stufenbaus (1931), in: ders., Gesammelte Schriften, Bd. I, Berlin 1993, S. 437–492.

Meyer, Hans: Wahlsystem und Verfassungsordnung. Bedeutung und Grenzen wahlsystematischer Gestaltung nach dem Grundgesetz, Frankfurt am Main 1973.

Ders.: Demokratische Wahl und Wahlsystem (1987), in: Josef Isensee/Paul Kirchhof (Hrsg.), Handbuch des Staatsrechts der Bundesrepublik Deutschland, Bd. III, 3. Aufl., Heidelberg 2006, § 45 (S. 521–542).

Ders.: Wahlgrundsätze, Wahlverfahren, Wahlprüfung, in: Josef Isensee/Paul Kirchhof (Hrsg.), Handbuch des Staatsrechts der Bundesrepublik Deutschland, Bd. III, 3. Aufl., Heidelberg 2006, § 46 (S. 543–603).

Ders.: Kommunalwahlrecht, in: Thomas Mann/Günter Püttner (Hrsg.), Handbuch der kommunalen Wissenschaft und Praxis, Bd. I, 3. Aufl., Heidelberg/Berlin 2007, § 20 (S. 391–457).

Ders.: Die Zukunft des Wahlrechts zwischen Unverständnis, Interessenkalkül, obiter dicta und Verfassungsverstoß, in: Joachim Wieland (Hrsg.), Entscheidungen des Parlaments in eigener Sache. Tagungsband zum Kolloquium anlässlich des 70. Geburtstages von Professor Dr. Hans Herbert von Arnim am 19. März 2010, Berlin 2011, S. 41–80.

Ders.: Welche Medizin empfiehlt sich gegen einen adipösen Bundestag?, in: AöR 143 (2018), S. 521–553.

Meyer, Hubert: Die Entwicklung der Kreisverfassungssysteme, in: Thomas Mann/Günter Püttner (Hrsg.), Handbuch der kommunalen Wissenschaft und Praxis, Bd. I, 3. Aufl., Heidelberg/Berlin 2007, § 25 (S. 661–715).

Ders.: Anmerkung [zu VerfGH NRW, Urteil vom 21.11.2017, 21/16 u.a.], in: NVwZ 2018, S. 172–173.

Meyn, Karl-Ulrich: Gesetzesvorbehalt und Rechtsetzungsbefugnis der Gemeinden, Göttingen 1977.

Michael, Lothar: Art. „Verhältnismäßigkeit", in: Werner Heun u. a. (Hrsg.), Evangelisches Staatslexikon. Neuausgabe, Stuttgart 2006, Sp. 2571–2580.

Ders.: Verfassungsunmittelbare Sperrklauseln auf Landesebene. Wahlrechtsgleichheit – Verfassungsrevision – Homogenität, Baden-Baden 2015.

Michl, Fabian: Unionsgrundrechte aus der Hand des Gesetzgebers, Tübingen 2018.

Ders.: Grundrechtlicher Eigentumsschutz in Deutschland und Europa [Teil 2], in: JuS 2019, S. 431–436.

Ders./Kaiser, Roman: Wer hat Angst vorm Gerrymander? Manipulative Wahlkreiszuschnitte in Deutschland, in: JöR 67 (2019), S. 51–105.

Mirabeau, Honoré-Gabriel Riqueti, comte de: Sur la nécessité de convoquer une assemblée générale des trois ordres. Discours devant les états de Provence, Aix, 30 Janvier 1789, in: ders., Oeuvres de Mirabeau, Bd. I, Paris 1834–35, S. 3–21.

Möbius, Ben: Art. „Nation (J)", in: Werner Heun u. a. (Hrsg.), Evangelisches Staatslexikon. Neuausgabe, Stuttgart 2006, Sp. 1569–1573.

Möllers, Christoph: Staat als Argument (2000), 2. Aufl., Tübingen 2011.

Ders.: Gewaltengliederung. Legitimation und Dogmatik im nationalen und internationalen Rechtsvergleich, Tübingen 2005.

Ders.: Art. „Gewaltmonopol", in: Werner Heun u. a. (Hrsg.), Evangelisches Staatslexikon. Neuausgabe, Stuttgart 2006, Sp. 804–807.

Ders.: Art. „Staat", in: Werner Heun u. a. (Hrsg.), Evangelisches Staatslexikon. Neuausgabe, Stuttgart 2006, Sp. 2272–2283.

Ders.: Dogmatik der grundgesetzlichen Gewaltengliederung, in: AöR 132 (2007), S. 493–538.

Ders.: Demokratie. Zumutungen und Versprechen, Berlin 2008.

Ders.: Der vermisste Leviathan. Staatstheorie in der Bundesrepublik, Frankfurt am Main 2008.

Ders.: Wahlrecht: Das missverstandene Systemargument im Streit um die Überhangmandate, in: RuP 48 (2012), S. 1–10.

Ders.: The Three Branches. A Comparative Model of Separation of Powers, Oxford 2013.

Ders.: Wir, die Bürger(lichen), in: Merkur vom Juli 2017, S. 5–16.

Ders.: Art. „Grundgesetz", in: Görres-Gesellschaft (Hrsg.), Staatslexikon, Bd. II, 8. Aufl., Freiburg u. a. 2018, Sp. 1446–1459.

Ders.: Das Grundgesetz. Geschichte und Inhalt, 2. Aufl., München 2019.

Ders./Schneider, Linda: Demokratiesicherung in der Europäischen Union. Studie zu einem Dilemma, Tübingen 2018.

Montesquieu: De l'esprit des loix, Bd. I, Genf 1748.

Morlok, Martin: Demokratie und Wahlen, in: Peter Badura/Horst Dreier (Hrsg.), Festschrift 50 Jahre Bundesverfassungsgericht, Bd. II, Tübingen 2001, S. 559–608.

Ders.: Parteienrecht als Wettbewerbsrecht, in: Peter Häberle/Martin Morlok/Vassilios Skouris (Hrsg.), Festschrift für Dimitris Th. Tsatos zum 70. Geburtstag am 5. Mai 2003, Baden-Baden 2003, S. 408–447.

Ders.: Das BVerfG als Hüter des Parteienwettbewerbs, in: NVwZ 2005, S. 157–160.

Ders.: Art. „Parteien, politische", in: Werner Heun u. a. (Hrsg.), Evangelisches Staatslexikon. Neuausgabe, Stuttgart 2006, Sp. 1742–1749.

Ders.: Art. „Verfassung", in: Werner Heun (Hrsg.), Evangelisches Staatslexikon. Neuausgabe, Stuttgart 2006, Sp. 2556–2562.

Ders.: Volksvertretung als Grundaufgabe, in: ders./Utz Schliesky/Dieter Wiefelspütz (Hrsg.), Parlamentsrecht. Praxishandbuch, Baden-Baden 2016, § 3 (S. 143–186).

Ders.: Notwendigkeit und Schwierigkeit eines Rechtes der Politik, in: DVBl. 2017, S. 995–1002.

Ders./Hientzsch, Christina: Das Parlament als Zentralorgan der Demokratie. Eine Zusammenschau der einschlägigen parlamentsschützenden Normen, in: JuS 2011, S. 1–9.

Ders./Jürgensen, Sven: Faktische Chancengleichheit – insbesondere im Recht der politischen Parteien, in: JZ 2018, S. 695–702.

Ders./Merten, Heike: Partei genannt Wählergemeinschaft. Probleme im Verhältnis von Parteien und Wählergemeinschaften, in: DÖV 2011, S. 125–134.

Möstl, Markus: Landesverfassungsrecht – zum Schattendasein verurteilt? Eine Positionsbestimmung im bundesstaatlichen und supranationalen Verfassungsverbund, in: AöR 130 (2005), S. 350–391.

Ders.: Elemente direkter Demokratie als Entwicklungsperspektive, in: VVDStRL 72 (2013), S. 355–416.

Müller-Franken, Sebastian: Die demokratische Legitimation öffentlicher Gewalt in den Zeiten der Globalisierung. Zur unhintergehbaren Rolle des Staates in einer durch Europäisierung und Internationalisierung veränderten Welt, in: AöR 134 (2009), S. 542–571.

Murswiek, Dietrich: Zu den Grenzen der Abänderbarkeit von Grundrechten, in: Detlef Merten/Hans-Jürgen Papier (Hrsg.), Handbuch der Grundrechte in Deutschland und Europa, Bd. II, Heidelberg 2006, § 28 (S. 157–220).

Mußgnug, Reinhard: Zustandekommen des Grundgesetzes und Entstehen der Bundesrepublik Deutschland, in: Josef Isensee/Paul Kirchhof (Hrsg.), Handbuch des Staatsrechts der Bundesrepublik Deutschland, Bd. I, 3. Aufl., Heidelberg 2003, § 8 (S. 315–354).

Naßmacher, Karl-Heinz: Parteien im kommunalpolitischen Zielfindungsprozeß, in: Österreichische Zeitschrift für Politikwissenschaft (OZP) 1 (1972), S. 39–65.

Neubacher, Alexander: Schwankendes Fugen-s, in: Der Spiegel vom 4.10.2004, S. 80.

Neumann, Peter: Bürgerbegehren und Bürgerentscheid, in: Thomas Mann/Günter Püttner (Hrsg.), Handbuch der kommunalen Wissenschaft und Praxis, Bd. I., 3. Aufl., Berlin/Heidelberg 2007, § 18 (S. 353–377).

Ders.: Sachunmittelbare Demokratie im Bundes- und Landesverfassungsrecht unter besonderer Berücksichtigung der neuen Länder, Baden-Baden 2009.

Niederberger, Andreas: Art. „Demokratietheorien" [Phil], in: Görres-Gesellschaft (Hrsg.), Staatslexikon, Bd. I, 8. Aufl., Freiburg u. a. 2017, Sp. 1234–1240.

Niehuss, Merith: Die Parteien und der Kampf um die Macht in den Ländern Nachkriegsdeutschlands 1946–1955, in: Hans Herbert von Arnim/Gisela Färber/Stefan Tisch (Hrsg.), Föderalismus – Hält er noch, was er verspricht? Seine Vergangenheit, Gegenwart und Zukunft, auch im Lichte ausländischer Erfahrungen, Berlin 2000, S. 197–213.

Nohlen, Dieter: Wahlsysteme der Welt. Daten und Analysen. Ein Handbuch, München 1978.

Ders.: Art. „Wahlen, Wahlsysteme", in: Werner Heun u. a. (Hrsg.), Evangelisches Staatslexikon. Neuausgabe, Stuttgart 2006, Sp. 2676–2680.

Ders.: Erfolgswertgleichheit als fixe Idee oder: Zurück zu Weimar? Zum Urteil des Bundesverfassungsgerichts über das Bundeswahlgesetz vom 3. Juli 2008, in: ZParl 40 (2009), S. 179–195.

Ders.: Die Politik des Sonderweges, in: Klaus Armingeon (Hrsg.), Staatstätigkeiten, Parteien und Demokratie. Festschrift für Manfred G. Schmidt, Wiesbaden 2013, S. 527–546.

Ders.: Wahlrecht und Parteiensystem. Zur Theorie und Empirie der Wahlsysteme, 7. Aufl., Opladen/Toronto 2014.

Ders.: Zum Verhältnis von Wahlsystem und Parteiensystem im internationalen vergleichenden politikwissenschaftlichen Diskurs, in: Julian Krüper/Heike Merten/Thomas Poguntke (Hrsg.), Parteienwissenschaften, Baden-Baden 2015, S. 185–198.

Oberreuter, Heinrich: Art. „Föderalismus", in: Görres-Gesellschaft (Hrsg.), Staatslexikon, Bd. II., 8. Aufl., Freiburg u. a. 2018, Sp. 776–786.

Oebbecke, Janbernd: Weisungs- und unterrichtungsfreie Räume in der Verwaltung, Köln u. a. 1986.

Ders.: Die Einheit der Verwaltung als Rechtsproblem, in: DVBl. 1987, S. 866–877.

Ders.: Demokratische Legitimation nicht-kommunaler Selbstverwaltung, in: VerwArch. 81 (1990), S. 349–369.

Ders.: Die neue Kommunalverfassung in Nordrhein-Westfalen, in: DÖV 1995, S. 701–709.

Ders.: Dezentraler Vollzug und europäische Integration, in: Roland Lhotta/Janbernd Oebbecke/Werner Reh (Hrsg.), Deutsche und europäische Verfassungsgeschichte. Sozial- und rechtswissenschaftliche Zugänge, Baden-Baden 1997, S. 35–53.

Ders.: Zur „englischen" Kommunalverfassung in Nordrhein-Westfalen, in: AfK 36 (1997), S. 116–130.

Ders.: Der Grundsatz der gleichen Wahl im Kommunalwahlrecht, in: Die Verwaltung 31 (1998), S. 219–240.

Ders.: Das Bundesstaatsprinzip, in: Bodo Pieroth (Hrsg.), Verfassungsrecht und soziale Wirklichkeit in Wechselwirkung, Berlin 2000, S. 113–137.

Ders.: Der Schutz der kommunalen Aufgabenwahrnehmung durch die Selbstverwaltungsgarantie des Art. 28 II GG, in: Hans-Günter Henneke (Hrsg.), Kommunale Aufgabenerfüllung in Anstaltsform. Professorengespräch 2000 des Deutschen Landkreistages am 16. und 17. März 2000 im Landkreis Kitzingen, Stuttgart u. a. 2000, S. 11–30.

Ders.: Die reformierte Kommunalverfassung Nordrhein-Westfalen nach der ersten Direktwahl der Bürgermeister, in: Dirk Ehlers/Walter Krebs (Hrsg.), Grundfragen des Verwaltungsrechts und des Kommunalrechts. Symposion aus Anlaß der Emeritierung von Professor Dr. Hans-Uwe Erichsen am 5. Mai 2000 in Münster, Berlin/New York 2000, S. 137–162.

Ders.: Tauziehen um die Entscheidungskompetenz, in: StuGR 2000, S. 24–26.

Ders.: Kommunalaufsicht – nur Rechtsaufsicht oder mehr?, in: DÖV 2001, S. 406–411.

Ders.: Selbstverwaltung angesichts von Europäisierung und Ökonomisierung, in: VVDStRL 62 (2003), S. 366–404.

Ders.: Art. „Dezentralisation, Dekonzentration", in: Werner Heun u. a. (Hrsg.), Evangelisches Staatslexikon. Neuausgabe, Stuttgart 2006, Sp. 364–368.

Ders.: Verwaltungszuständigkeit, in: Josef Isensee/Paul Kirchhof (Hrsg.), Handbuch des Staatsrechts der Bundesrepublik Deutschland, Bd. VI, 3. Aufl., Heidelberg 2008, § 136 (S. 743–809).

Ders.: Die Zuständigkeiten des Rates und des Bürgermeisters nach der nordrhein-westfälischen Gemeindeordnung, in: NWVBl. 2013, S. 469–474.

Ders.: Ist die 5% Klausel noch zeitgemäß?, Vortrag auf der Tagung „Reformen des Wahlrechts" der Friedrich-Ebert-Stiftung, 20./21.10.2016, Berlin, unveröffentlichtes Manuskript, S. 1–8.

Ders.: Stellungnahme zum Entwurf eines Gesetzes zur Änderung der Verfassung für das Land Nordrhein-Westfalen und wahlrechtlicher Vorschriften (Kommunalvertretungsstärkungsgesetz) vom 22.9.2015, Stellungnahme 16/3334 vom 13.1.2016, S. 1–6.

Ders.: Minimierung politischer Kosten durch Verwaltungsrecht, in: DÖV 2017, S. 749–755.

Ders.: Die Aufsicht der Länder über den kommunalen Vollzug der Grundsicherung, in: DVBl. 2019, S. 1–8.

Olshausen, Henning von: Landesverfassungsbeschwerde und Bundesrecht. Zur Geltung und prozessualen Aktualisierung von Landesgrundrechten im Bundesstaat des Grundgesetzes, Baden-Baden 1980.

Ossenbühl, Fritz: Die verfassungsrechtliche Zulässigkeit der Verweisung als Mittel der Gesetzgebungstechnik, in: DVBl. 1967, S. 401–408.

Ders.: Verwaltungsvorschriften und Grundgesetz, Gehlen 1968.

Ott, Yvonne: Der Parlamentscharakter der Gemeindevertretung. Eine rechtsvergleichende Untersuchung der Qualität staatlicher und gemeindlicher Vertretungskörperschaften, Baden-Baden 1994.

Pauly, Walter: Die Verfassung der Paulskirche und ihre Folgewirkungen, in: Josef Isensee/Paul Kirchhof (Hrsg.), Handbuch des Staatsrechts der Bundesrepublik Deutschland, Bd. I, 3. Aufl., Heidelberg 2003, § 3 (S. 93–128).

Ders.: Art. „Konstitutionalismus", in: Werner Heun u. a. (Hrsg.), Evangelisches Staatslexikon. Neuausgabe, Stuttgart 2006, Sp. 1313–1316.

Payandeh, Mehrdad: Das Gebot der Folgerichtigkeit: Rationalitätsgewinn oder Irrweg der Grundrechtsdogmatik?, in: AöR 136 (2011), S. 578–615.

Pestalozza, Christian: Verfassungsprozeßrecht. Die Verfassungsgerichtsbarkeit des Bundes und der Länder mit einem Anhang zum Internationalen Rechtsschutz, 3. Aufl., München 1991.

Peters, Hans: Grenzen der kommunalen Selbstverwaltung in Preußen. Ein Beitrag zur Lehre vom Verhältnis der Gemeinden zu Staat und Reich, Berlin 1926.

Ders.: Zentralisation und Dezentralisation. Zugleich ein Beitrag zur Kommunalpolitik im Rahmen der Staats- und Verwaltungslehre, Berlin 1928.

Petersen, Niels: Demokratie als teleologisches Prinzip. Zur Legitimität von Staatsgewalt im Völkerrecht, Berlin/Heidelberg/New York 2009.

Ders.: Demokratie und Grundgesetz. Veränderungen des Demokratieprinzips in Art. 20 Abs. 2 GG angesichts der Herausforderungen moderner Staatlichkeit, in: JöR 58 (2010), S. 137–171.

Ders.: Verfassungsgerichte als Wettbewerbshüter des politischen Prozesses, in: Anna Baumann u. a. (Hrsg.), Das letzte Wort – Rechtsetzung und Rechtskontrolle in der Demokratie. 53. Assistententagung Öffentliches Recht, Baden-Baden 2014, S. 59–78.

Pieroth, Bodo: Das Demokratieprinzip des Grundgesetzes, in: JuS 2010, S. 473–481.

Ders./Schlink, Bernhard: Grundrechte. Staatsrecht II (1985), 28. Aufl., Heidelberg 2012.

Pietzcker, Jost: Zuständigkeitsordnung und Kollisionsrecht im Bundesstaat, in: Josef Isensee/Paul Kirchhof (Hrsg.), Handbuch des Staatsrechts der Bundesrepublik Deutschland, Bd. VI, 3. Aufl., Heidelberg 2008, § 134 (S. 515–565).

Platon: Der Staat. Über das Gerechte, 11. Aufl., Hamburg 1989 (Meiner-Ausgabe).

Poguntke, Thomas: Zur empirischen Evidenz der Kartellparteien-These, in: ZParl 33 (2002), S. 790–806.

Poier, Klaus: Minderheitenfreundliches Mehrheitswahlrecht. Rechts- und politikwissenschaftliche Überlegungen zu Fragen des Wahlrechts und der Wahlsystematik, Wien 2001.

Poscher, Ralf: Das Weimarer Wahlrechtsgespenst, in: Christoph Gusy (Hrsg.), Weimars langer Schatten – „Weimar" als Argument nach 1945, Baden-Baden 2003, S. 256–280.

Ders.: The Hand of Midas: When Concepts Turn Legal, or Deflating the Hart-Dworkin Debate, in: Jaap C. Hage/Dietmar von der Pfordten (Hrsg.), Concepts in Law, Heidelberg 2009, S. 99–115.

Ders.: Theorie eines Phantoms – Die erfolglose Suche der Prinzipientheorie nach ihrem Gegenstand, in: RW 1 (2010), S. 349–372.

Ders.: Funktionenordnung des Grundgesetzes, in: Wolfgang Hoffmann-Riem/Eberhard Schmidt-Aßmann/Andreas Voßkuhle (Hrsg.), Grundlagen des Verwaltungsrechts, Bd. I, 2. Aufl., München 2012, § 8 (S. 543–584).

Pottmeyer, Maria/Lenz, Stefan: Die Neuregelung der Kostenschätzung beim Bürgerbegehren in Nordrhein-Westfalen, in: Lars P. Feld u. a. (Hrsg.), Jahrbuch für direkte Demokratie 2013, Baden-Baden 2014, S. 263–279.

Pukelsheim, Friedrich/Maier, Sebastian/Leutgäb, Peter: Zur Vollmandat-Sperrklausel im Kommunalwahlgesetz, in: NWVBl. 2009, S. 85–90.

Pünder, Hermann: Wahlrecht und Parlamentsrecht als Gelingensbedingungen repräsentativer Demokratie, in: VVDStRL 72 (2013), S. 191–267.

Ders.: Art. „Gemeinde" [J], in: Görres-Gesellschaft (Hrsg.), Staatslexikon, Bd. II, 8. Aufl., Freiburg u. a. 2018, Sp. 1030–1037.

Püttner, Günter: Kommunale Selbstverwaltung, in: Josef Isensee/Paul Kirchhof (Hrsg.), Handbuch des Staatsrechts der Bundesrepublik Deutschland, Bd. VI, 3. Aufl., Heidelberg 2008, § 144 (S. 1141–1173).

Rae, Douglas W.: The Political Consequences of Electoral Laws, New Haven/London, 1967.

Ranke, Leopold: Geschichten der romanischen und germanischen Völker von 1494 bis 1535, Bd. I, Leipzig/Berlin 1824.

Reimer, Franz: Verfassungsprinzipien. Ein Normtyp im Grundgesetz, Berlin 2001.

Reimer, Philipp: Die Unabhängigkeit von Rechtswirksamkeit und Rechtmäßigkeit. Ein Beitrag zur Lehre vom Fehlerkalkül, in: Rechtstheorie 45 (2014), S. 383–414.

Renan, Ernest: Was ist eine Nation? (1882), in: ders., Was ist eine Nation? Und andere politische Schriften, Wien u. a. 1995, S. 41–58.

Richter, Emanuel: Stellungnahme zum Entwurf eines Gesetzes zur Änderung der Verfassung für das Land Nordrhein-Westfalen und wahlrechtlicher Vorschriften (Kommunalvertretungsstärkungsgesetz) vom 22.9.2015, Stellungnahme 16/3327 vom Januar 2016, S. 1–2.

Roellecke, Gerd: Konstruktionsfehler der Weimarer Verfassung, in: Der Staat 35 (1996), S. 599–613.

Ders.: Identität und Variabilität der Verfassung, in: Otto Depenheuer/Christoph Grabenwarter (Hrsg.), Verfassungstheorie, Tübingen 2010, § 13 (S. 453–488).

Röhl, Hans Christian: Kommunalrecht, in: Friedrich Schoch (Hrsg.), Besonderes Verwaltungsrecht, München 2018, Kap. 2 (S. 301–425).

Röhl, Klaus F./Röhl, Hans Christian: Allgemeine Rechtslehre, 3. Aufl., Köln/München 2008.

Roth, Wolfgang: Verfassungsmäßigkeit der Einführung einer 3 %-Sperrklausel bei Kommunalwahlen durch Verfassungsänderung, insbesondere für das Land Nordrhein-Westfalen, Berlin 2015.

Rozek, Jochen: Das Grundgesetz als Prüfungs- und Entscheidungsmaßstab der Landesverfassungsgerichte. Zugleich ein Beitrag zum Phänomen der in die Landesverfassung hineinwirkenden Bundesverfassung, Baden-Baden 1993.

Ders.: „Leipziger Allerlei II" – ein kompetenzwidriges Landesgesetz, eine Gliedstaatsklausel und eine landesverfassungsgerichtliche Kompetenzextension, in: Steffen Detterbeck/Jochen Rozek/Christian von Coelln (Hrsg.), Recht als Medium der Staatlichkeit. Festschrift für Herbert Bethge zum 70. Geburtstag, Berlin 2009, S. 587–599.

Rupp, Hans Heinrich: Die Unterscheidung von Staat und Gesellschaft, in: Josef Isensee/Paul Kirchhof (Hrsg.), Handbuch des Staatsrechts der Bundesrepublik Deutschland, Bd. II, 3. Aufl., Heidelberg 2004, § 31 (S. 879–927).

Rüthers, Bernd/Fischer, Christian/Birk, Axel: Rechtstheorie mit Juristischer Methodenlehre, 10. Aufl., München 2018.

Sachs, Michael: Die Landesverfassung im Rahmen der bundesstaatlichen Rechts- und Verfassungsordnung, in: ThürVBl. 1993, S. 121–124.

Sacksofsky, Ute: Wahlrecht und Wahlsystem, in: Martin Morlok/Utz Schliesky/Dieter Wiefelspütz (Hrsg.), Parlamentsrecht. Praxishandbuch, Baden-Baden 2016, § 6 (S. 279–327).

Sartori, Giovanni: Parties and party systems. A framework for analysis, Cambridge 1976.

Ders.: The Influence of Electoral Systems. Faulty Laws or Faulty Method? (Eigendruck 1984), in: Bernard Grofman/Arend Lijphart (Hrsg.), Electoral Laws and Their Political Consequences, New York 1986, S. 43–68.

Ders.: Demokratietheorie, Darmstadt 1997 (englisches Original 1987).

Schaal, Gary S.: Der aktuelle Diskurs über die Krise der Demokratie, in: ZfVP 10 (2016), S. 371–390.

Schäfer, Friedrich: Zur Frage der Verfassungsmäßigkeit der Wahl in Mehrmandats-Wahlkreisen, in: Vorstand der Sozialdemokratischen Partei Deutschlands (Hrsg.), Bericht der Wahlrechts-Kommission, Bonn 1968, S. 14–16.

Scharpf, Fritz [W.]: Demokratietheorie zwischen Utopie und Anpassung, Konstanz 1970.

Ders.: Regieren in Europa: Effektiv und demokratisch?, Frankfurt am Main 1999.

Ders.: Legitimationskonzepte jenseits des Nationalstaats, in: Gunnar Folke Schuppert/Ingolf Pernice/Ulrich Haltern (Hrsg.), Europawissenschaft, Baden-Baden 2005, S. 705–741.

Scheuner, Ulrich: Das Mehrheitsprinzip in der Demokratie, Opladen 1973.

Ders.: Zur Neubestimmung der kommunalen Selbstverwaltung (1973), in: ders., Staatstheorie und Staatsrecht. Gesammelte Schriften, Berlin 1978, S. 567–604.

Ders.: Der Mehrheitsentscheid im Rahmen der demokratischen Grundordnung, in: Ulrich Häferlein/Walter Haller/Dietrich Schindler (Hrsg.), Menschenrechte, Föderalismus, Demokratie. Festschrift zum 70. Geburtstag von Werner Kägi, Zürich 1979, S. 301–325.

Schilling, Theodor: Rang und Geltung von Normen in gestuften Rechtsordnungen, Berlin 1994.

Schlaich, Klaus/Korioth, Stefan: Das Bundesverfassungsgericht. Stellung, Verfahren, Entscheidungen, 11. Aufl., München 2018.

Schliesky, Utz: Parlamentsfunktionen, in: Martin Morlok/Utz Schliesky/Dieter Wiefelspütz (Hrsg.), Parlamentsrecht. Praxishandbuch, Baden-Baden 2016, § 5 (S. 204–78).

Schlink, Bernhard: Abwägung im Verfassungsrecht, Berlin 1976.

Schmid, Carlo: Bericht über die dem Parlamentarischen Rat gestellte Aufgabe an Hand der Vorarbeiten, in: Deutscher Bundestag/Bundesarchiv (Hrsg.), Der Parlamentarische Rat 1948–1949. Akten und Protokolle, Bd. IX, München 1996, S. 20–45.

Schmidt, Manfred G.: Art. „Demokratie (J)", in: Werner Heun u. a. (Hrsg.), Evangelisches Staatslexikon. Neuausgabe, Stuttgart 2006, Sp. 325–336.

Ders.: Demokratietheorien. Eine Einführung, 5. Aufl., Wiesbaden 2010.

Ders.: Art. „Demokratie" [Pol], in: Görres-Gesellschaft (Hrsg.), Staatslexikon, Bd. I, 8. Aufl., Freiburg u. a. 2017, Sp. 1213–1226.

Ders.: Art. „Demokratietheorien" [Pol], in: Görres-Gesellschaft (Hrsg.), Staatslexikon, Bd. I, 8. Aufl., Freiburg u. a. 2017, Sp. 1226–1234.

Schmidt-Aßmann, Eberhard: Verwaltungslegitimation als Rechtsbegriff, in: AöR 116 (1991), S. 329–390.

Ders.: Der Rechtsstaat, in: Josef Isensee/Paul Kirchhof (Hrsg.), Handbuch des Staatsrechts der Bundesrepublik Deutschland, Bd. II, 3. Aufl., Heidelberg 2004, § 26 (S. 541–612).

Schmidt-Eichstaedt, Gerd: Bundesgesetze und Gemeinden. Die Inanspruchnahme der Kommunen durch die Ausführung von Bundesgesetzen, Stuttgart u. a. 1981.

Schmitt Glaeser, Alexander: Vorverständnis als Methode. Eine Methodik der Verfassungsinterpretation unter besonderer Berücksichtigung U. S.-amerikanischen Rechtsdenkens, Berlin 2004.

Schmitt Glaeser, Walter: Das Bundesverfassungsgericht als „Gegengewalt" zum verfassungsändernden Gesetzgeber? Lehren aus dem Diäten-Streit 1995, in: Joachim Burmeister (Hrsg.), Verfassungsstaatlichkeit. Festschrift für Klaus Stern zum 65. Geburtstag, München 1997, S. 1183–1199.

Schmitt, Carl: Volksentscheid und Volksbegehren. Ein Beitrag zur Auslegung der Weimarer Verfassung und zur Lehre von der unmittelbaren Demokratie, Berlin/Boston 1927.

Ders.: Verfassungslehre (1928), 11. Aufl., Berlin 2017.

Ders.: Der Hüter der Verfassung (1931), 5. Aufl., Berlin 2016.

Ders.: Legalität und Legitimität (1932), 8. Aufl., Berlin 2012.

Schmitt, Karl: Art. „Demokratisierung", in: Görres-Gesellschaft (Hrsg.), Staatslexikon, Bd. I, 8. Aufl., Freiburg u. a. 2017, Sp. 1241–1246.

Schneider, Hans: Die Reichsverfassung vom 11. August 1919, in: Josef Isensee/Paul Kirchhof (Hrsg.), Handbuch des Staatsrechts der Bundesrepublik Deutschland, Bd. I, 3. Aufl., Heidelberg 2003, § 5 (S. 177–234).

Schneider, Hans-Peter: Gesetzgeber in eigener Sache. Zur Problematik parlamentarischer Selbstbetroffenheit im demokratischen Parteienstaat, in: Dieter Grimm/Werner Maihofer (Hrsg.), Gesetzgebungstheorie und Rechtspolitik, Opladen 1988, S. 327–349.

Schoch, Friedrich: Kommunalrecht als Gegenstand rechtswissenschaftlicher Forschung, in: DVBl. 2018, S. 1–7.

Schönberger, Christoph: Das Bundesverfassungsgericht und die Fünf-Prozent-Klausel bei der Wahl zum Europäischen Parlament, in: JZ 2012, S. 80–86.

Ders.: Kelsen-Renaissance? Ein Versuch über die Bedingungen ihrer Möglichkeit im deutschen öffentlichen Recht der Gegenwart, in: Matthias Jestaedt (Hrsg.), Hans Kelsen und die deutsche Staatsrechtslehre. Stationen eines wechselvollen Verhältnisses, Tübingen 2013, S. 207–222.

Ders.: Lob der Fünfprozenthürde, in: Verfassungsblog vom 27.9.2013, https://verfassungsblog. de/lob-fuenfprozenthuerde/.

Ders.: Vom Verschwinden der Anwesenheit in der Demokratie. Präsenz als bedrohtes Fundament von Wahlrecht, Parteienrecht und Parlamentsrecht, in: JZ 2016, S. 486–494.

Ders.: Machenschaften im Maschinenraum, in: FAZ vom 28.2.2019, S. 11.

Ders./Schönberger, Sophie: Die AfD im Bundestag. Zum rechtlichen Umgang mit einem parlamentarischen Neuling, in: JZ 2018, S. 105–114.

Schönberger, Sophie: Vom Suchen und Finden der Macht im Verfassungsrecht. Neujustierungen im Verständnis von Art. 21 GG, in: JZ 2017, S. 701–707.

Dies.: Geld und Demokratie, in: Merkur vom Juni 2018, S. 47–54.

Dies.: Juristische Trennung und tatsächliche Trennbarkeit von Partei und Fraktion, in: Martin Morlok/Thomas Poguntke/Ewgenij Sokolov (Hrsg.), Parteienstaat – Parteiendemokratie, Baden-Baden 2018, S. 39–58.

Schönenbroicher, Klaus: [Rezension zu:] Wolfgang Roth, Verfassungsmäßigkeit der Einführung einer 3 %-Sperrklausel bei Kommunalwahlen durch Verfassungsänderung, insbesondere für das Land Nordrhein-Westfalen, 2015, in: DVBl. 2015, S. 1510.

Schröder, Meinhard: Grundlagen und Anwendungsbereich des Parlamentsrechts. Zur Übertragbarkeit parlamentsrechtlicher Grundsätze auf Selbstverwaltungsorgane, insbesondere in der Kommunal- und Hochschulverwaltung, Baden-Baden 1979.

Schroeder, Klaus: Art. „Deutsche Demokratische Republik (DDR)" [Pol], in: Görres-Gesellschaft (Hrsg.), Staatslexikon, Bd. I, 8. Aufl., Freiburg u. a. 2017, Sp. 1281–1288.

Schuler-Harms, Margarete: Elemente direkter Demokratie als Entwicklungsperspektive, in: VVDStRL 72 (2013), S. 417–470.

Schulze-Fielitz, Helmuth: Wirkung und Befolgung verfassungsgerichtlicher Entscheidungen, in: Peter Badura/Horst Dreier (Hrsg.), Festschrift 50 Jahre Bundesverfassungsgericht, Bd. I, Tübingen 2001, S. 385–420.

Ders.: Art. „Kompromiss (J)", in: Werner Heun u. a. (Hrsg.), Evangelisches Staatslexikon. Neuausgabe, Stuttgart 2006, Sp. 1291–1294.

Schumpeter, Joseph A.: Kapitalismus, Sozialismus und Demokratie (1946), 8. Aufl. 2005 (englisches Original 1942).

Schunda, Regine: Das Wahlrecht von Unionsbürgern bei Kommunalwahlen in Deutschland, Frankfurt am Main u. a. 2003.

Schwarz, Kyrill-A.: Erweiterung des Kreises der Wahlberechtigten für Ausländer auf Landes- und Kommunalebene?, in: AöR 138 (2013), S. 411–434.

Searle, John R.: Die Konstruktion der gesellschaftlichen Wirklichkeit. Zur Ontologie sozialer Tatsachen, 3. Aufl., Berlin 2013 (englisches Original 1995).

Seibel, Wolfgang: Verwaltung verstehen. Eine theoriegeschichtliche Einführung, Berlin 2016.

Sieyès, Emmanuel Joseph: Was ist der Dritte Stand? (1789), in: ders., Was ist der Dritte Stand? Ausgewählte Schriften, Berlin 2010, S. 111–174.

Simson, Werner von: Das demokratische Prinzip im Grundgesetz, in: VVDStRL 29 (1971), S. 3–45.

Sobota, Katharina: Das Prinzip Rechtsstaat. Verfassungs- und verwaltungsrechtliche Aspekte, Tübingen 1997.

Sommermann, Karl-Peter: Art. „Volk (J)", in: Werner Heun u. a. (Hrsg.), Evangelisches Staatslexikon. Neuausgabe, Stuttgart 2006, Sp. 2655–2658.

Speckmann, Werner: 5 %-Klausel und subsidiäre Wahl, in: ZRP 1970, S. 198.

Spiecker genannt Döhmann, Indra: Kontexte der Demokratie: Parteien – Medien – Sozialstrukturen, in: VVDStRL 77 (2018), S. 9–65.

Starck, Christian: Art. „Gewaltenteilung", in: Görres-Gesellschaft (Hrsg.), Staatslexikon, Bd. II, Freiburg u. a. 2018, Sp. 1314–1319.

Stelkens, Ulrich: Art. 79 Abs. 3 GG und die Neugliederung des Bundesgebietes (unter besonderer Berücksichtigung der Möglichkeit einer Auflösung des Saarlandes), in: Michael Wittinger/Rudolf Wendt/Georg Ress (Hrsg.), Verfassung – Völkerrecht – Kulturgüterschutz. Festschrift für Wilfried Fiedler zum 70. Geburtstag, Berlin 2011, S. 295–315.

Stern, Klaus: Das Staatsrecht der Bundesrepublik Deutschland, Bd. I, 2. Aufl., München 1984.

Ders.: Art. „Bundesstaat", in: Meinhard Schröder (Hrsg.), Ergänzbares Lexikon des Rechts, Gruppe 5: Staats- und Verfassungsrecht, Nr. 5/130 (1996), S. 1–7.

Stolleis, Michael: Besatzungsherrschaft und Wiederaufbau deutscher Staatlichkeit 1945–1949, in: Josef Isensee/Paul Kirchhof (Hrsg.), Handbuch des Staatsrechts der Bundesrepublik Deutschland, Bd. I, 3. Aufl., Heidelberg 2003, § 7 (S. 269–313).

Storr, Stefan: Verfassunggebung in den Ländern. Zur Verfassunggebung unter den Rahmenbedingungen des Grundgesetzes, Stuttgart u. a. 1995.

Ders.: Das Grundgesetz als „mittelbare Landesverfassung"? Zum Prüfungsmaßstab der Landesverfassungsgerichte, in: ThürVBl. 1997, S. 121–126.

Streit, Thilo: Entscheidung in eigener Sache, Berlin 2006.

Strohmeier, Gerd: Kann man sich auf Karlsruhe verlassen? Eine kritische Bestandsaufnahme am Beispiel des Wahlrechts, in: ZParl 44 (2013), S. 629–644.

Sturm, Roland: Art. „Parlament, Parlamentarismus", in: Werner Heun u. a. (Hrsg.), Evangelisches Staatslexikon. Neuausgabe, Stuttgart 2006, Sp. 1731–1738.

Ders.: Art. „Parlamentarisches Regierungssystem", in: Werner Heun u. a. (Hrsg.), Evangelisches Staatslexikon. Neuausgabe, Stuttgart 2006, Sp. 1738–1741.

Suchanek, Andreas: Art. „Wettbewerb", in: Werner Heun u. a. (Hrsg.), Evangelisches Staatslexikon. Neuausgabe, Stuttgart 2006, Sp. 2697–2700.

Tappe, Henning: Festlegende Gleichheit – folgerichtige Gesetzgebung als Verfassungsgebot?, in: JZ 2016, S. 27–32.

Tettinger, Peter J.: Die Verfassungsgarantie der kommunalen Selbstverwaltung, in: Thomas Mann/Günter Püttner (Hrsg.), Handbuch der kommunalen Wissenschaft und Praxis, Bd. I, 3. Aufl., Heidelberg/Berlin 2007, § 11 (S. 187–215).

Thiel, Markus: Art. „Landesstaatsrecht", in: Meinhard Schröder (Hrsg.), Ergänzbares Lexikon des Rechts, Gruppe 5: Staats- und Verfassungsrecht, Nr. 5/430 (2011), S. 1–4.

Thiele, Alexander: Verlustdemokratie. Die drei Verlustebenen der Demokratie, 2. Aufl., Tübingen 2018.

Ders.: Der gefräßige Leviathan. Entstehung, Ausbreitung und Zukunft des modernen Staates, Tübingen 2019.

Tischer, Jakob: Bürgerbeteiligung und demokratische Legitimation. Erscheinungsformen von Bürgerbeteiligung auf kommunaler Ebene und ihr Aufwertungspotenzial aus legitimatorischer Sicht, Baden-Baden 2017.

Towfigh, Emanuel V.: Das Parteien-Paradox. Ein Beitrag zur Bestimmung des Verhältnisses von Parteien und Demokratie, Tübingen 2015.

Ders./Petersen, Niels: Public und Social Choice Theorie, in: dies., Ökonomische Methoden im Recht. Eine Einführung für Juristen, 2. Aufl., Tübingen 2017, § 6 (S. 163–193).

Trute, Hans-Heinrich: Die demokratische Legitimation der Verwaltung, in: Wolfgang Hoffmann-Riem/Eberhard Schmidt-Aßmann/Andreas Voßkuhle (Hrsg.), Grundlagen des Verwaltungsrechts, Bd. I, 2. Aufl., München 2012, § 6 (S. 341–435).

Tschentscher, Axel: Demokratische Legitimation der dritten Gewalt, Tübingen 2006.

Ders.: Die Volkssouveränität als Grund und Grenze der Verfassungsgeltung, in: Fabian Wittreck (Hrsg.), Grundlagen des Grundgesetzes. Geburtstagssymposium für Horst Dreier, Berlin 2018, S. 75–91.

Tsebelis, George: Veto-Players: How Political Institutions Work, Princeton/New York 2002.

Unger, Sebastian: Das Verfassungsprinzip der Demokratie. Normstruktur und Norminhalt des grundgesetzlichen Demokratieprinzips, Tübingen 2008.

Ungern-Sternberg, Antje von: Die Weimarer Suche nach dem richtigen Wahlsystem – zwischen Verfassung und Rechtspolitik, in: Ulrich Jan Schröder/dies. (Hrsg.), Zur Aktualität der Weimarer Staatsrechtslehre, Tübingen 2011, S. 189–210.

Unruh, Georg-Christoph von: Gebiet und Gebietskörperschaft als Organisationsgrundlagen nach dem Grundgesetz der Bundesrepublik Deutschland, in: DVBl. 1975, S. 1–4.

Ders.: „Einheit der Verwaltung". Betrachtungen über Möglichkeiten und Grenzen eines Organisationsmaßstabs, in: DVBl. 1979, S. 761–767.

Ders.: Demokratie und kommunale Selbstverwaltung. Betrachtungen über die Eigenart des Inhalts von Artikel 28 GG, in: DÖV 1986, S. 217–224.

Van Reybrouck, David: Gegen Wahlen. Warum Abstimmen nicht demokratisch ist, Göttingen 2016 (niederländisches Original 2013).

Varain, Heinz Josef: Die Bedeutung des Mehrheitsprinzips im Rahmen unserer politischen Ordnung, in: ZfP 11 (1964), S. 239–250.

Vitzthum, Wolfgang Graf: Die Bedeutung gliedstaatlichen Verfassungsrechts in der Gegenwart, in: VVDStRL 46 (1988), S. 7–56.

Ders.: Form, Sprache und Stil der Verfassung, in: Otto Depenheuer/Christoph Grabenwarter (Hrsg.), Verfassungstheorie, Tübingen 2010, § 10 (S. 373–389).

Vogel, Bernhard/Nohlen, Dieter/Schultze, Rainer-Olaf: Wahlen in Deutschland. Theorie, Geschichte, Dokumente 1848–1970 (1969), 2. Aufl., Berlin 1971.

Volkmann, Uwe: Art. „Opposition", in: Werner Heun u. a. (Hrsg.), Evangelisches Staatslexikon. Neuausgabe, Stuttgart 2006, Sp. 1687–1691.

Ders.: Grundzüge einer Verfassungslehre der Bundesrepublik Deutschland, Tübingen 2013.

Ders.: Rechts-Produktion oder: Wie die Theorie der Verfassung ihren Inhalt bestimmt, in: Der Staat 54 (2015), S. 35–62.

Ders.: Wahlen in der Demokratie, in: Tobias Mörschel (Hrsg.), Wahlen und Demokratie. Reformoptionen des deutschen Wahlrechts, Baden-Baden 2016, S. 9–30.

Voßkuhle, Andreas/Sydow, Gernot: Die demokratische Legitimation des Richters, in: JZ 2002, S. 673–682.

Waechter, Kay: Großvorhaben als Herausforderung für den demokratischen Rechtsstaat, in: VVDStRL 72 (2013), S. 499–543.

Wagner, Eva Ellen u. a. (Hrsg.): Pfadabhängigkeit hoheitlicher Ordnungsmodelle. 56. Assistententagung Öffentliches Recht, Baden-Baden 2016.

Wahl, Rainer: Der Vorrang der Verfassung, in: Der Staat 20 (1981), S. 485–516.

Ders.: Der Vorrang der Verfassung und die Selbständigkeit des Gesetzesrechts, in: NVwZ 1984, S. 401–409.

Ders.: Art. „Demokratie, Demokratieprinzip", in: Meinhard Schröder (Hrsg.), Ergänzbares Lexikon des Rechts, Gruppe 5: Staats- und Verfassungsrecht, Nr. 5/170 (1990), S. 1–7.

Ders.: Die Entwicklung des deutschen Verfassungsstaates bis 1866, in: Josef Isensee/Paul Kirchhof (Hrsg.), Handbuch des Staatsrechts der Bundesrepublik Deutschland, Bd. I, 3. Aufl., Heidelberg 2003, § 2 (S. 45–92).

Waldhoff, Christian: „Der Gesetzgeber schuldet nichts als das Gesetz". Zu alten und neuen Begründungspflichten des parlamentarischen Gesetzgebers, in: Otto Depenheuer u. a. (Hrsg.), Staat im Wort. Festschrift für Josef Isensee, Heidelberg 2007, S. 325–343.

Ders.: Entstehung des Verfassungsgesetzes, in: Otto Depenheuer/Christoph Grabenwarter (Hrsg.), Verfassungstheorie, Tübingen 2010, § 8 (S. 289–348).

Ders.: Kommunale Selbstverwaltung als juristischer Bewegungsbegriff, in: DVBl. 2016, S. 1022–1031.

Ders.: Art. „Dezentralisation", in: Görres-Gesellschaft (Hrsg.), Staatslexikon, Bd. I, 8. Aufl., Freiburg u. a. 2017, Sp. 1349–1352.

Walter, Tonio: Kleine Rhetorikschule für Juristen, 2. Aufl., München 2017.

Weber, Max: Die „Objektivität" sozialwissenschaftlicher und sozialpolitischer Erkenntnis, in: Archiv für Sozialwissenschaft und Sozialpolitik (ArchSozWiss) 19 (1904), S. 22–87.

Ders.: Wirtschaft und Gesellschaft. Grundriß der verstehenden Soziologie (1921), 5. Aufl., Tübingen 1985.

Weber-Grellet, Heinrich: Eigenständigkeit und Demokratisierung der Justiz, in: ZRP 2003, S. 145–149.

Wegge, Georg: Zur normativen Bedeutung des Demokratieprinzips nach Art. 79 Abs. 3 GG. Ein verfassungsdogmatischer Beitrag zur Rationalität des Rechts, Baden-Baden 1996.

Wenner, Ulrich: Sperrklauseln im Wahlrecht der Bundesrepublik Deutschland, Frankfurt am Main/Bern/New York 1986.

Wernsmann, Rainer: Konkrete Normenkontrolle, in: Dirk Ehlers/Friedrich Schoch (Hrsg.), Rechtsschutz im Öffentlichen Recht, Berlin 2009, § 16 (S. 383–406).

Wieckhorst, Arno: Verfassungsrechtliche Gesetzgebungslehre. Das Bundesverfassungsgericht bleibt gespalten?, in: DÖV 2018, S. 845–854.

Wiederin, Ewald: Bundesrecht und Landesrecht. Zugleich ein Beitrag zu Strukturproblemen der bundesstaatlichen Kompetenzverteilung in Österreich und in Deutschland, Wien 1995.

Wild, Michael: Die Gleichheit der Wahl. Dogmengeschichtliche und systematische Darstellung, Berlin 2003.

Ders.: BVerfGE 1, 208 – SSW I, in: Jörg Menzel/Ralf Müller-Terpitz (Hrsg.), Verfassungsrechtsprechung. Ausgewählte Entscheidungen des Bundesverfassungsgerichts in Retrospektive, 3. Aufl., Tübingen 2017, S. 52–58.

Winkler, Heinrich August: Zerbricht der Westen? Über die gegenwärtige Krise in Europa und Amerika, 2. Aufl., München 2017.

Wischmeyer, Thomas: Zwecke im Recht des Verfassungsstaates. Geschichte und Theorie einer juristischen Denkfigur, Tübingen 2014.

Wißmann, Hinnerk: Verfassungsrechtliche Vorgaben der Verwaltungsorganisation, in: Wolfgang Hoffmann-Riem/Eberhard Schmidt-Aßmann/Andreas Voßkuhle (Hrsg.), Grundlagen des Verwaltungsrechts, Bd. I, 2. Aufl., München 2012, § 15 (S. 1005–1066).

Ders.: Stellungnahme zum Entwurf eines Gesetzes zur Änderung der Verfassung für das Land Nordrhein-Westfalen und wahlrechtlicher Vorschriften (Kommunalvertretungsstärkungsgesetz) vom 22.9.2015, Stellungnahme 16/3313 vom 10.1.2016, S. 1–6.

Ders.: Stellungnahme zum Entwurf eines Gesetzes zur Änderung der Verfassung für das Land Nordrhein-Westfalen und wahlrechtlicher Vorschriften (Kommunalvertretungsdemokratisierungsgesetz) vom 12.12.2017, Stellungnahme 17/904 vom 29.10.2018, S. 1–4.

Wittreck, Fabian: Zur Einleitung: Verfassungsentwicklung zwischen Novemberrevolution und Gleichschaltung – Optionen und Tendenzen in den Verfassungsurkunden von Reich und Ländern, in: ders. (Hrsg.), Weimarer Landesverfassungen. Die Verfassungsurkunden der deutschen Freistaaten 1918–1933, Tübingen 2004, S. 1–55.

Ders.: Direkte Demokratie und Verfassungsgerichtsbarkeit. Eine kritische Übersicht zur deutschen Verfassungsrechtsprechung in Fragen der unmittelbaren Demokratie von 2000 bis 2002, in: JöR 53 (2005), S. 111–185.

Ders.: Die Verwaltung der Dritten Gewalt, Tübingen 2006.

Ders.: Gewaltenteilung – Gewaltenverschränkung – Gewaltengliederung. Die Ausdifferenzierung von Staatsfunktionen unter dem deutschen Grundgesetz, [2009], www.uniovideo.es/constitucional/fundamentos/quinto/pdfs/Fabian_de.pdf.

Ders.: Demokratische Legitimation von Großvorhaben, in: ZG 26 (2011), S. 209–226.

Ders.: Bundestreue, in: Ines Härtel (Hrsg.), Handbuch Föderalismus – Föderalismus als demokratische Rechtsordnung und Rechtskultur in Deutschland, Europa und der Welt, Bd. I, Berlin/Heidelberg 2012, § 18 (S. 497–525).

Ders.: Direkte Demokratie in den Ländern – Kontingenter Prozeß oder List der Vernunft?, in: Lars P. Feld (Hrsg.), Jahrbuch für direkte Demokratie 2012, Baden-Baden 2013, S. 41–64.

Ders.: Administratives Unrecht, in: Ulrike Müßig (Hrsg.), Ungerechtes Recht, Tübingen 2013, S. 147–165.

Ders.: Geltung und Anerkennung von Recht, Baden-Baden 2014.

Ders.: Verfassungsrecht, in: Sabine Schlacke/ders. (Hrsg.), Landesrecht Nordrhein-Westfalen. Ein Studienbuch, Baden-Baden 2017, § 1 (S. 25–78).

Ders.: Grenzen der Landesverfassungen, in: Michael Hein/Felix Petersen/Silvia von Steinsdorff (Hrsg.), Die Grenzen der Verfassung, Baden-Baden 2018, S. 209–232.

Wolfrum, Edgar: Die geglückte Demokratie. Geschichte der Bundesrepublik Deutschland von ihren Anfängen bis zur Gegenwart, München 2007.

Würtenberger, Thomas: Art. „Legitimation und Legitimität", in: Werner Krawietz (Hrsg.), Ergänzbares Lexikon des Rechts, Gruppe 2: Rechtsphilosophie, Nr. 2/310 (1985), S. 1–5.

Wurzel, Gabriele: Gemeinderat als Parlament? Eine rechtsvergleichende Studie über die Volksvertretung im kommunalen und staatlichen Bereich, Würzburg 1975.

Zacharias, Diana: Die sog. Ewigkeitsgarantie des Art. 79 Abs. 3 GG, in: Markus Thiel (Hrsg.), Wehrhafte Demokratie. Beiträge über die Regelungen zum Schutze der freiheitlichen demokratischen Grundordnung, Tübingen 2003, S. 57–97.

Ziekow, Jan: Neue Formen der Bürgerbeteiligung? Planung und Zulassung von Projekten in der Parlamentarischen Demokratie, in: Ständige Deputation des Deutschen Juristentages (Hrsg.), Verhandlungen des 69. Deutschen Juristentages, Bd. I: Gutachten Teil D, München 2012, S. D1-D157.

Zippelius, Reinhold: Zur Rechtfertigung des Mehrheitsprinzips in der Demokratie, Wiesbaden 1987.

Personen- und Sachverzeichnis

Studien und Beiträge
zum Öffentlichen Recht

Die Schriftenreihe *Studien und Beiträge zum Öffentlichen Recht* (StudÖR) wurde als Äquivalent zur renommierten Reihe *Jus Publicum* gegründet. Sie bietet herausragenden Dissertationen aus dem Bereich des öffentlichen Rechts eine ansprechende Plattform und deckt sämtliche Fächer des öffentlichen Rechts ab, insbesondere also das Verfassungsrecht (einschließlich Grundrechtstheorie, Methodenlehre und Allgemeine Staatslehre) und das Verwaltungsrecht. Fächerübergreifende und fachgebietsübergreifende Themenstellungen sind dabei nicht ausgeschlossen, solange der Schwerpunkt der Arbeit im öffentlichen Recht einschließlich seiner europarechtlichen beziehungsweise international- und völkerrechtlichen Bezüge zu finden ist. Um die hohe Qualität der in dieser Reihe veröffentlichten Dissertationen zu gewährleisten, werden nur Arbeiten zur Veröffentlichung in Betracht gezogen, die in beiden Gutachten uneingeschränkt mit summa cum laude bewertet wurden.

ISSN: 1867-8912
Zitiervorschlag: StudÖR

Alle lieferbaren Bände finden Sie unter *www.mohrsiebeck.com/studoer*

Mohr Siebeck
www.mohrsiebeck.com